崔溥

漂海錄

譯註

崔溥 漂海錄 譯註

朴元熇 譯

KOREA
UNIVERSITY
PRESS
고려대학교
출판문화원

이는 2002년도 교육인적자원부 학술연구조성사업비로
한국학술진흥재단의 지원을 받아 수행된 연구임
(KRF-2002-074-AS1015)

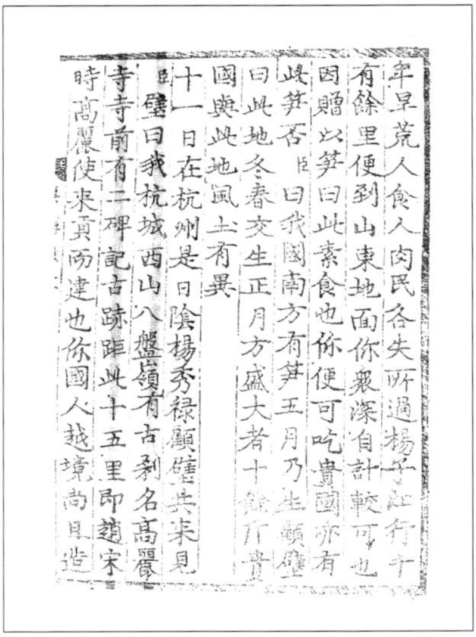
年旱荒人食人肉民各失所過揚子江行千
有餘里便到山東地面你衆深自計較可也
因贈以笋曰此素食也你便可吃貴國亦有
此笋否 臣曰我國南方有笋五月乃生顧壁
曰此地冬春交生正月方盛大者十餘斤貴
國與此地風土有異
十一日在杭州是日陰楊秀禄顧壁共來見
臣 壁曰我杭城西山八盤嶺有古刹名高麗
寺寺前有二碑記古跡距此十五里即趙宋
時高麗使來貢而建也你國人越境尚且造

京都 陽明文庫本

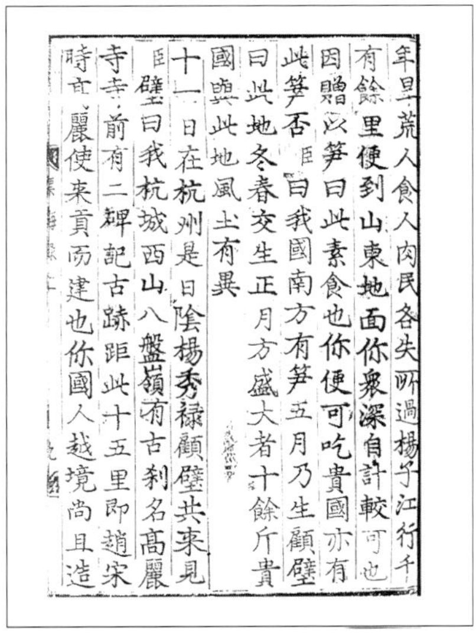
年旱荒人食人肉民各失所過揚子江行千
有餘里便到山東地面你衆深自計較可也
因贈以笋曰此素食也你便可吃貴國亦有
此笋否 臣曰我國南方有笋五月乃生顧壁
曰此地冬春交生正月方盛大者十餘斤貴
國與此地風土有異
十一日在杭州是日陰楊秀禄顧壁共來見
臣 壁曰我杭城西山八盤嶺有古刹名高麗
寺寺前有二碑記古跡距此十五里即趙宋
時高麗使來貢而建也你國人越境尚且造

東京 東洋文庫本

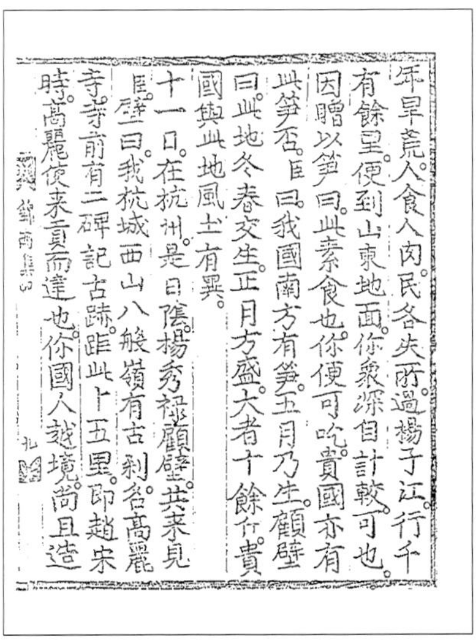
年旱荒人食人肉民各失所過揚子江行千
有餘里便到山東地面你衆深自計較可也
因贈以笋曰此素食也你便可吃貴國亦有
此笋否 臣曰我國南方有笋五月乃生顧壁
曰此地冬春交生正月方盛大者十餘斤貴
國與此地風土有異
十一日在杭州是日陰楊秀禄顧壁共來見
臣 壁曰我杭城西山八般嶺有古刹名高麗
寺寺前有二碑記古跡距此十五里即趙宋
時高麗使來貢而建也你國人越境尚且造

서울 奎章閣本

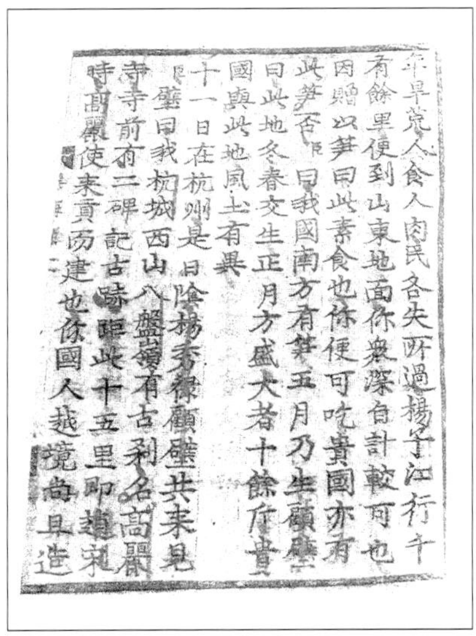
年旱荒人食人肉民各失所過揚子江行千
有餘里便到山東地面你衆深自計較可也
因贈以笋曰此素食也你便可吃貴國亦有
此笋否 臣曰我國南方有笋五月乃生顧壁
曰此地冬春交生正月方盛大者十餘斤貴
國與此地風土有異
十一日在杭州是日陰楊秀禄顧壁共來見
臣 壁曰我杭城西山八盤嶺有古刹名高麗
寺寺前有二碑記古跡距此十五里即趙宋
時高麗使來貢而建也你國人越境尚且造

橫濱 金澤文庫本

《표해록》 초기 판본 4종

요
하
광녕(廣寧)
요양(遼陽)
의주(義州)
산해관(山海關)
만리장성
북경(北京)
한양(漢陽)
천진(天津)
덕주(德州)
제주(濟州)
황
하
서주(徐州)
회안(淮安)
양주(揚州)
진강(鎭江)
소주(蘇州)
주산열도
항주(杭州)
영파(寧波)
소흥(紹興)
도저소(桃渚所)
태주(台州)
양
자
강

최부 일행 이동경로

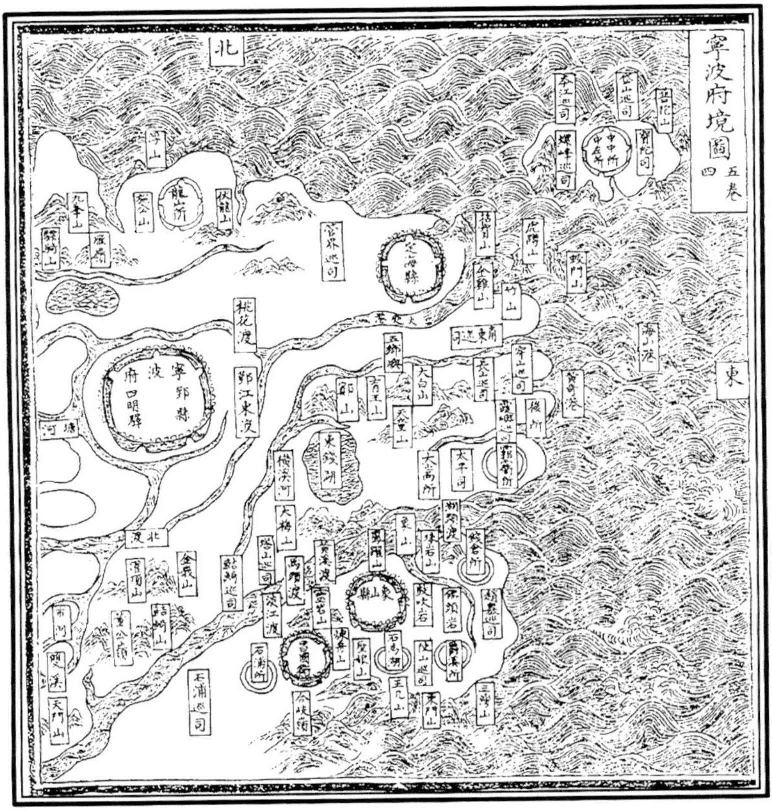

최부가 해적을 만난 寧波 舟山列島 부근(권1, 1월 12일자; 출전 : 《籌海圖編》)

淮水의 물밑에 살고 있다는 無支祈라는 짐승의 상상도
(권2, 2월 27일자; 출전: 日譯 《通俗漂海錄》)

책머리에

崔溥의 《漂海錄》을 필자가 처음 알게 된 것은 臺灣 유학에서 돌아 온 1974년, 高柄翊 교수의 《東亞交涉史의 硏究》(一潮閣, 1970)를 읽으면서부터였다. 이 책 속에 '최부와 표해록'이란 제목의 글이 한 章으로 되어 있었다. 이 글은 高柄翊 교수가 일찍이 1964년에 '成宗朝 崔溥의 漂流와 漂海綠'이란 제목으로 《李相伯博士回甲紀念論叢》에 실었던 논문을 10년 후에 자신의 저서에 재수록한 것으로, 최부 《표해록》에 관한 사실상 최초의 학술논문이었다. 臺灣大學에서 明代史로 석사논문을 썼던 필자가, 明代中期에 중국에 표류하였던 최부가 조선에 귀환한 후 남긴 기록에 대해 큰 흥미를 느낀 것은 당연하였다. 그러나 필자는 당장 눈앞의 연구과제인 '明代初期의 韓中關係'에 매달리다 보니, 좀처럼 최부 《표해록》을 돌아볼 여유를 찾지 못하였다.

日本 유학을 계기로 필자는 다시 明淸社會史 연구에 이끌려 속절없이

세월이 지나고 말았다. 1990년 어느 날 사회과학원 김준엽 이사장 초대의 만찬회에서 北京大學의 葛振家 교수를 만난 필자는, 葛 교수가 최부 《표해록》의 연구를 시작했다는 말을 듣고서는 흠칫 놀라지 않을 수 없었다. 마치 소중히 간직해 오던 연구과제를 빼앗기기라도 한 것 같은 느낌이 순간적으로 들었다. 그러나 이내 낭패한 기분을 추스르고 곧 마음을 고쳐먹기를, 갈진가 교수가 연구를 시작했다고 하더라도 스스로 연구할 몫은 따로 있다고 생각하기로 하였다. 한편 갈진가 교수는 1992년에 연구의 결실인 點注本 《漂海錄 — 中國行記》를 북경에서 출판하여, 최부 《표해록》이 지닌 가치를 중국학계에 널리 알렸다.

이 무렵부터 필자는 《표해록》 연구를 위한 자료수집에 서서히 착수하기 시작하였다. 그러나 연구자에게는 늘 하나뿐만이 아닌 복수의 연구관심이 동시에 존재하게 마련이다. 1993년 문교부 해외파견교수로 북경대학에서 1년간 연구생활을 할 수 있게 된 필자는, 中國社會史 그중에서도 문서사료가 풍부히 남아 있는 徽州研究에 깊숙이 빠져 들어 갔다. 최부 《표해록》에 대한 연구가 또 다시 뒤로 밀리게 된 것이다. 일찍이 소설가 이병주가 "역사를 전문으로 하는 학자들이 이만한 걸작을 완역하지 않았을 만큼 게을렀다는 사실은 깊이 반성하고 자책해야 할 것이라고 믿는다"라고 한 말이 내내 마음속에 남아 오랜 '研究의 負債'가 되었다.

그렇지만 이 기간에도 틈틈이 《표해록》의 연구자료를 찾아 모으고 정리해 두는 작업을 결코 소홀히 하지는 않았다. 갈진가 교수를 통해 김일성종합

대학도서관에 收藏되어 있는 필사본 《漂海錄》과 18세기 일역본 《唐土行程記》를 손에 넣었다. 그동안 한국에서 많이 읽힌 번역본을 낸 최부의 傍孫 최기홍 선생을 통해서는 최부 《표해록》을 英譯한 메스킬의 박사학위논문 복사본 등을 증정 받았다. 명지대학 유영구 이사장이 운영하는 LG연암문고에서는 북한 김찬순의 번역본과 이 번역본을 거의 그대로 옮긴 중국 민족출판사 《표해록》을 복사하기도 하였다. 문학의 관점에서 최부 《표해록》을 연구한 한양대 최래옥 교수로부터 이 무렵 증정 받은 경인문화사 영인본 《錦南先生文集》 한 권에는 최 교수의 서명과 함께 1995년 5월 1일의 일자가 쓰여 있기도 하다.

한편 연구자료를 수집하고 정리해 두는 작업과 병행하여 필자는 이를 교육과 연결시킴으로써 앞으로의 연구의 토대를 마련해 두려고 하였다. 그리하여 1995년 1학기에 대학원 세미나에서 '李載浩 譯本'을 중심으로 《漂海錄》 原典을 강독하여 필자 나름의 《표해록》 기초번역을 일단 완성시켜 놓았다. 1999년에는 다른 목적으로 2주간 미국에 여행하는 길에, 하버드 옌칭도서관에서 《錦南集》 零本을 찾아 내용을 확인해 보기도 하였다. 귀국하는 도중 東京에 들렀을 때는 東洋文庫에만 소장되어 있는 《표해록》 初刊本의 복사를 신청하여, 몇 주일 후 東洋文庫으로부터 完本 《漂海錄》 初刊本을 차질 없이 우송받기도 하였다. 그리고 당시 대학생이었던 필자의 큰 아들 在斌이가 서울대학교도서관 全光鏞文庫에서 뜻밖에 崔周容의 번역본을 찾아 복사해 줌으로써 나를 기쁘게 해준 일도 있었다. 이 번역본이 있다는 사실은 필자도 지금까지 들어본 적이 없었을 뿐 아니라, 그동안 학계에도 소개되거나 알려져 있지 않았던 것이다.

그동안 계속해오던 徽州硏究를 일단 마무리 지은 《明淸徽州宗族史硏究》가 출판준비에 들어가는 시점에, 마침 다행스럽게도 학술진흥재단의 기초학문육성계획이 시작되었다. 2002년 1월에 학술진흥재단 기초학문육성 프로그램에 '崔溥 《漂海錄》과 15세기 中國社會'라는 주제로 응모하여, 8월에 2년간의 연구지원을 확정 통보받았다. 그동안 최부 《표해록》에 대해 관심이 크지 않았던 金聖翰·權仁溶 博士는 필자의 권유를 받고 공동연구에 기꺼이 참여하여 주었다. 결코 적지 않은 연구비와 함께 연구인력의 지원까지 얻게 된 나는, 그동안 10년 가까이 자료를 모으고 정리하며 토대를 다져 오던 《표해록》 연구에 이제 본격적으로 전념할 수 있게 되었다.

그리하여 2002년 10월에는 김성한 박사와 함께 日本 神奈川縣의 金澤文庫를 찾아 稻木俊雄 學藝課長의 협조를 얻어, 한국에는 없는 《표해록》 판본을 디지털 카메라로 찍어 오기도 하였다. 연말에는 김성한·권인용 두 공동연구원이 北京에 가서 2주간 《표해록》 역주를 위한 지방지 조사 작업을 벌이기도 하였다. 2003년 3월에는 京都大學 木田章義 교수의 도움을 받아, 日本 京都 陽明文庫에 소장되어 있는 《표해록》의 또 다른 판본도 CD로 손에 넣을 수가 있었다. 이로써 한국에는 없고 일본에만 있는 임진왜란 이전 간행된 《표해록》 판본인 '東洋文庫本' '陽明文庫本' '金澤文庫本'의 3종을 모두 갖출 수 있게 되었다. 같은 해 8월에는 김성한·권인용 박사가 다시 북경을 다녀왔으며, 김성한 박사는 9월 한차례 더 북경에 가서 자료수집을 하였다. 제주교육대학의 윤치부 교수로부터 中國 延邊의 허문섭이 번역한 《표해록》의 복사본을 기증 받은 것도 이 무렵의 일이다.

2002년 8월에 출범한 《표해록》 연구팀은 위의 김성한·권인용 두 공동연구원 외에 연구보조원으로 육정임·김선혜·고명수 씨가 참여하여, 처음에는 기본적으로 격주에 한 차례씩 독회를 열었다. 제2차년도에는 육정임·김선혜 씨가 박사학위를 받고 졸업하였으며 고명수 씨도 석사학위를 받고 졸업하였으므로, 대신에 홍성구 · 박시현 씨 그리고 최현미 씨가 새로운 연구보조원으로 참여하였다. 그런데 홍성구 씨도 2004년 2월에 박사학위를 받고 졸업하였고 박시현 씨는 중국 유학을 떠났으며, 김성한 공동연구원은 조선대학교 사학과로 부임하게 되어 공동연구원을 그만두게 되었다. 또 다시 연구계획의 수정이 불가피해졌으므로 홍성구 박사가 공동연구원이 되어 나머지 공동연구를 이어 마무리 지을 수밖에 없었다. 사실상 제2차년도인 2003년 후반부터 연구팀을 중심으로 한 독회는 계속되기가 어려운 상황이 되어 있었다.

그리고 한국학술진흥재단에 제출된 연구계획은 실제 연구를 진행해 나가는 과정에서 불가피하게 논문의 제목을 약간 수정하지 않을 수가 없었다. 처음 학술진흥재단에 제출된 공동연구계획은 아래와 같았다.

崔溥《漂海錄》과 15世紀 中國社會 硏究 연구계획		
연구자	1차년도	2차년도
박원호	《崔溥 漂海錄 譯註》	〈崔溥가 본 15世紀 中國社會〉
권인용	〈15世紀 朝鮮使臣들의 '燕行錄' 分析〉	〈15世紀 '燕行錄'과 '漂海錄' 比較 硏究〉
김성한	〈策彦 '入明記'의 主題別 分類〉	〈'入明記'와 '漂海錄'의 比較 硏究〉

제1차년도에 김성한 · 권인용 두 공동연구원은 자신의 논문을 쓰는 외에, 필자의 1차년도 과제이기도 하고 동시에 모두의 연구토대가 되는《최부 표해록 역주》를 완성시키기 위해, 까다로운 校勘과 註釋을 위해 수고하여 주었다. 기본적인 譯文은 몇 년 전부터 마련되어 있었지만 교감과 주석을 충실하게 만드는 작업은 예상했던 것보다 더 많은 시간과 노력을 필요로 하였다. 제2차년도에는 두 공동연구원이 자신들의 논문쓰기가 더 시급해져 교감과 주석에 더 이상 매달리기가 어려워지게 되었다. 필자는 2003년 겨울부터 방학기간을 활용하여 대학원생인 이훈 · 고명수 · 최주연 · 최현미, 그리고 입학이 결정된 김한웅 군과 함께 다시《역주》의 표점 · 문장 · 주석 등을 한 차례 점검하였다. 특히 박사과정의 이훈 씨는 바쁜 조교생활을 하면서도 연구에서 파생되는 여러 과제를 해결하기 위해 동분서주하였으며, 특히 까다로운 '판본 6종 대교표'를 깔끔하게 마무리 지어 주었다.

그리하여 2년간 지원 받은 연구과제를 마무리 지은 다음, 최종적으로 제출된 연구결과는 다음과 같다.

崔溥《漂海錄》과 15世紀 中國社會 硏究 연구결과		
연구자	1차년도	2차년도
박원호	《崔溥 漂海錄 譯註》(고려대학교출판부, 2006)	〈明代 朝鮮 漂流民의 送還節次와 情報傳達—崔溥 漂海錄을 中心으로〉(《明淸史硏究》, 24집, 2005)
권인용	〈明中期朝鮮의 入明使行—蘇世讓의《赴京日記》를 통하여〉(《明淸史硏究》, 19집, 2003)	〈明中期 朝鮮의 宗系辨誣와 對明 外交—權橃의 朝天錄을 中心으로〉(《明淸史硏究》, 24집, 2005)
김성한(1차) 홍성구(2차)	〈明中期 大運河 路程—'圖相南北兩京路程'을 중심으로〉(《明淸史硏究》, 19집, 2003)	〈두 外國人의 눈에 비친 15·16세기의 중국—崔溥 漂海錄과 策彦 '入明記'의 比較〉(《明淸史硏究》, 24집, 2005)

그런데 필자는 학술진흥재단에 보고할 제1차년도의 단행본《崔溥 漂海錄 譯註》와 제2차년도의 논문 1편 〈明代 朝鮮 漂流民의 送還節次와 情報傳達〉(《明淸史硏究》 24집, 2005) 외에, 《崔溥 漂海錄 硏究》를 별도의 단행본으로 출간할 계획을 지니고 있었다. 이를 위해 2002년 2학기 대학원 세미나에서 《漂海錄》의 18세기 日譯本인 《通俗漂海錄》을 강독할 무렵, 앞으로 《崔溥 漂海錄 硏究》를 진행하기 위한 硏究史부터 먼저 정리하였다.

〈崔溥 漂海錄 硏究術評〉, 《史叢》, 56집, 2002.

이로부터 崔溥 《漂海錄》을 주요 텍스트로 한 필자의 연구는 계속 이어지는데, 오랜 기간에 걸쳐 자료를 모으고 정리해 왔기 때문에 논문 쓰기는 매우 빠르게 다음과 같이 진행되었다.

〈崔溥 漂海錄 版本考〉, 《書誌學硏究》, 26집, 2003.

〈崔溥 漂海錄 校勘記〉, 《書誌學報》, 27호, 2003.

〈日譯 通俗漂海錄과 諺解本 표히록의 書誌學的 考察〉, 《東方學志》, 126집, 2004.

그리고 《표해록》 역주에서 미처 해결하지 못한 부분을 중심으로 하여, 2003년 2학기와 2004년 1학기에 대학원세미나를 통해 다시 한번 점검할 기회를 가졌는데, 이 세미나에 참가한 대학원생들도 필자의 연구에 유익한 의견을 다수 제시해 주었다. 2004년 후반부터는 과제로 남겨져 있던 까다로운 부분의 飜譯과 註釋은 더 이상 토론을 할 독회도 없는 가운데, 궁극적으로 필자 혼자 씨름하며 해결해야 했다. 그런데 우연히 겨울방학 기간에 《四庫全書》와 《四部叢刊》의 CD를 컴퓨터에 장착한 필자는 그 위력에 새삼 놀라지 않을 수 없었다. 몇 년간 原典을 읽고 또 읽으며, 또한 아무리 큰 사전을 뒤져도 찾을 수 없었던 몇 가지 어휘와 인명의 용례가 순식간에 화면에 나타나는 것이 아닌가. 마치 戰場에서 오랜 공방으로 지쳐 있는 부대원을 이끌고 고군분투하던 부대장이 결전을 눈앞에 두고, 뜻밖에 막강한 화력을 갖춘 友軍 부대의 지원을 받게 된 심정이 이럴 것인가.

그런데 이렇게 역주 작업의 완결을 눈앞에 둔 시점에, 새로 창립된 高句麗研究財團의 연구지원을 받게 된 공동과제 '15-19세기 중국의 朝鮮認識에 관한 연구'를 먼저 종결하기 위해 역주 작업은 또 한 차례 중단될 수밖에 없었다. 그 사이에 동국대 서인범 교수의 강독팀이 2004년 10월 《표해록》의 역주를 한길사를 통해 먼저 출간하게 되었다. 서인범 교수는 일본

東北大學에서 박사학위를 받고 귀국한 1999년에 은사인 조영록 교수로부터 이 책을 소개 받아 알게 되었고, 바로 독회를 시작하여 2001년까지 3년 만에 강독을 끝냈다고 '역자후기'에서 피력하였다. '後來居上'이라고 할까, 늦게 시작했지만 집중력을 발휘하여 먼저 성과를 내는 일은 흔히 있는 일이다.

2004년 예상치 못한 학과 내의 몇 가지 행정적인 일로 말미암아 1년 이상 연구에 집중할 수 없었던 상황을 겨우 극복한 필자는 2005년 여름부터 다시 마음을 가다듬어 그동안 중단되었던 최부 《표해록》의 역사학적 연구를 재개하였다. 그리하여 그동안 발표를 미루어 왔던 논문을 다음과 같이 차례로 발표할 수가 있었다.

〈15세기 中國人의 朝鮮認識 — 崔溥 漂海錄을 길잡이로 삼아〉, 《15-19세기 중국인의 朝鮮認識》, 高句麗研究財團學術研究叢書 9, 2005.

〈朝鮮人이 본 明 '弘治中興'의 兆朕 — 弘治 元年(1488)의崔溥 漂海錄을 中心으로〉, 《中國學論叢》, 18집, 2005.

〈明代 朝鮮 漂流民의 送還節次와 情報傳達—崔溥 漂海錄을 中心으로〉, 《明清史研究》, 24집, 2005.

연구서는 높이 평가되고 역주서는 낮게 평가하는 이상한 풍토가 있다. 역사학 분야에서는 연구서 단행본을 1-2년 만에 뚝딱 내어 놓을 수도 있을 것이고, 5-6년이 걸려도 내기 힘든 역주서도 있을 것이다. 물론 이 책의 역주는 필자가 집중하여 지속적으로 작업하지 못했기 때문에 시일이 오랜 걸리게 된 점도 있다. 연구가 斷續的으로 진행되다 보니, 다시 시작할 때 워밍업을 할 시간이 필요하여 原典을 되풀이 읽게 되는 횟수가 자연히 늘어나게 되었다. 거기에다 여러 한글 번역본과 일본어 역본, 영어 역본, 언해본, 중국어 點注本 등을 조사하였으므로, 아마 필자는 수십 회에 걸쳐 최부《표해록》을 精讀하며 내용을 검토해 왔다고 할 수 있다. 그러므로 이 최부《표해록》 역주를 내면서 그동안 출판되었던 각종 역주본의 장단점을 비교 검토해 보는 것도 의의 있는 일이라고 생각되어, 지금까지 출판된《표해록》의 역본 7종의 주요 특징과 아울러 誤譯을 간략하게 정리해 본 글이 다음의 가장 마지막 글이다.

〈崔溥 漂海錄 飜譯述評〉,《韓國史學報》, 21집, 2005.

이상에서 소개한 8편의 글을 엮어 필자는 이《崔溥 漂海錄 譯註》와 자매편으로《崔溥 漂海錄 研究》를 펴내고자 기획하였다.

끊어졌다가 이어지고 또 다른 연구과제 때문에 우선순위에서 뒤는 밀렸다가 다시 시작하기를 몇 차례, 지루하게 계속된 필자의 이《표해록》의 역주와 연구에 대해, 그동안 깊은 관심을 가지고 격려를 아끼지 않으신 김준엽 선생님께 특별한 감사를 올리고 싶다. 최부《표해록》이 지닌 가치를 일찍부터 알아보고 이를 널리 알리고자 애쓰며, LG연암문고를 통해 필자에게 자료 면에서도 도움을 주신 명지대학교 유영구 이사장님께도 깊이 감사드린다. 역시 자료 면에서 가지가지의 도움을 주신 갈진가 교수·故 최기홍 선생·金澤文庫의 稻木 學藝課長 그리고 京都大學의 木田 敎授·夫馬進

敎授 · 한양대학교의 최래옥 교수 · 제주교육대학의 윤치부 교수 등 여러분의 흔쾌한 협력에 감사를 드리고자 한다. 연구계획 단계에 잠시 참여하였던 노기식 박사는 연구 팀의 일원이 아니면서도, 기꺼이 이 책 편집의 틀을 짜 주었고, 정리 작업을 꼼꼼하게 도와 준 이훈 선생에게도 고마운 마음을 전하고 싶다. 이훈 선생의 渡美 이후는 석사학위논문을 제출한 김한웅 씨가 끝마무리 작업을 성심껏 도와주었다.

《崔溥 漂海錄 研究》와 함께 자매편으로 出刊되는 《崔溥 漂海錄 譯註》는 필자가 단독으로 내는 세 번째와 네 번째 연구서가 되는 셈이다. 이제 필자도 환갑을 넘기고 나니, 가끔 지난날을 돌이켜보게 되는데, 대학생이던 1960년대부터 필자가 학문의 길로 들어설 수 있도록 많은 감화를 주신 朴相仁 아저씨에게도 머리 숙여 인사드리고 싶다.

이렇게 짧지 않은 기간 최부 《표해록》 역주에 매달려 왔지만, 여전히 미진한 부분이 있을 것으로 생각 된다. 고려대학교출판부와도 약속 기한이 1년 이상 지난 지금, 더 이상 붙들고 있을 여유도 없어 이제 번역상에서 미묘한 차이가 나는 문장을 다듬어 출간을 하려고 한다. 同學의 비판을 받고 토론을 거친 다음, 다시 보완할 수 있는 기회가 있기를 바랄 따름이다.

이 책을 나의 동생들 — 元淑 · 元姬 · 振熇 · 仁淑과 2004년 봄 이 세상을 먼저 떠난 異素에게 바치고자 한다.

2005년 12월 26일

박 원 호

차례

책머리에 9

일러두기 24

표해록 譯註 25

漂海錄 原文 349

부록

최부 일행 인명록 469

최부 일행 경유지명 일람표 471

표해록 판본 6종 대교표 481

찾아보기 504

崔溥

漂海錄

譯註

일러두기

1. 판본 설명

1) 조선시대에 간행된 최부《표해록》판본 6종 중에 초간본인 동양문고본을 저본으로 삼았다.

2) 동양문고본에는 원래 跋文이 없었으나, 선조 2년 양명문고본과 선조 6년 금택문고본의 발문을 후미에 붙였다.

3) 판본 6종 가운데 판본가치가 현저히 떨어지는 화산문고본은 각주에서 완전히 제외시키고, 다만 부록의 〈판본 6종 대교표〉에서만 그 결과를 반영시켰다.

2. 교감 설명

1) 판본 6종의 對校 위주로 校勘을 하고, 중국문헌에 의한 교감은 부차적으로 하였다. 단, 규장각본의 권1은 缺卷이므로 교감에 반영하지 못하였다.

2) 교감의 결과로 저본의 글자를 고친 경우, 원 글자를 ( ) 속에 넣고 바로잡은 글자를 〔 〕 속에 넣어 표시하였다.

3) 중국문헌에 의한 교감의 결과는 내용이 확실한 것만을 반영하고, 나머지는 譯文의 각주에서 언급하였다.

4) 각주에서 각 판본을 【동양】【양명】【금택】【규장】【장서】의 약호로서 구별하였으나, 판본을 특별히 구분하지 않을 경우에는 '원문'으로 표기하였다.

5) 吏讀式 人名 표기는 漢字音을 그대로 표기하였다.

3. 표점설명

1) 원문의 표점은 원칙적으로 중국 中華書局本《二十五史》의 표점 방식을 따랐으며, 저본에서 빈 칸으로 둔 곳은 마찬가지로 빈 칸으로 두었고, 저본의 ○기호는 '교감본'에서도 ○기호로 표기하였으며, 1행을 띄운 곳은 역시 같이 1행을 띄웠다.

2) 원문의 문단은 일자 별로 띄웠으나, 역문의 문단은 일자 별로 띄면서도 문단이 너무 긴 경우에 내용을 살펴 적절히 끊어 주었다.

3) 語句와 단어의 병렬 표기를 세분하여, 語句가 병렬 연결되는 경우 모점(、)으로 표시하고, 단어가 병렬 연결되는 경우는 중점(·)으로 표시하였다.

표해록

권1

상인(喪人)[1]인 신(臣) 최부(崔溥)는 제주(濟州)로부터 표류해서 구동(甌東)[2]에 배를 대고, 월남(越南)[3]을 지나 연북(燕北)[4]을 거쳐, 올[5] 6월 14일에 청파역(青坡驛)[6]에 도착하여 삼가 전지(傳旨)를 받들어 이번 길의 일지를 편집하여 바치나이다.

• • •

1_ 喪制라고도 한다. 부친상을 당한 최부가 喪中임을 나타내기 위하여 사용한 自稱이다.

2_ 甌는 秦漢시대 浙江 남부에 있었던 東甌國을 말한다. 甌東이란 東甌의 동쪽 지역 즉 절강 동남부 연해 지역을 가리킨다.

3_ 越은 春秋戰國時代에 江蘇 일대에 있었던 越國을 가리킨다. 越南은 월국의 남쪽 지역 즉 오늘날 강소 남부 일대에 해당한다.

4_ 燕은 戰國時代 北京 일대를 중심으로 하는 燕國을 가리킨다. 燕北은 연국의 북쪽 지역 즉 河北 북부 지역에 해당한다.

5_ 이 해는 성종19년으로서, 明 弘治 원년이고, 서기 1488년이다.

6_ 朝鮮 漢陽의 崇禮門 밖 약 3리의 거리에 있었는데 오늘날 서울특별시 용산구 청파동 지역에 해당한다. 한양을 出入할 때 반드시 거쳐야 하는 첫 번째 驛으로서 兵曹의 직할이었다. 驛에는 3등 馬 50필이 배정되어 傳命을 받으면 즉시 달릴 수 있도록 준비되어 있었다. 한편 조선의 驛은 공문서의 전달, 관리의 왕래와 숙박, 官物의 수송 등을 돕기 위하여 설치하였다. 세조3년(1457) 驛丞을 察訪이라 개칭하고 전국에 538개의 역을 두고, 이를 4구역으로 나누어 각각 찰방을 두었다. 찰방이 주재하는 역을 察訪驛이라 불렀다. 역은 대체로 30리에 하나씩 두는 것이 원칙이었으나 지형 등의 형편으로 그렇지 못한 경우도 있었다.

성화(成化)23년[7] 정미년 가을 9월 17일 신(臣)은 제주[8]3읍[9]추쇄[10]경차관[11](濟州三邑推刷敬差官)으로서 대궐에서 하직하고 떠나 전라도에 이르러서, 감사(監司)[12]가 사목(事目)[13]에 의거하여 뽑아 보낸 광주목(光州牧)[14]의 아전 정보(程保)[15], 화순현(和順縣)[16]의 아전 김중(金重)과 승사랑(承仕郎)[17]

• • •

7_ 성종18년으로, 서기 1487년이다.

8_ 州는 조선시대 지방행정구획의 하나이다. 고려시대까지만 해도 州는 행정구획의 단위였으나, 조선시대에 이르러 道가 州를 대신하는 행정단위가 되면서 州는 행정구획단위에서 지역명칭으로 의미가 바뀌었다.

9_ 제주도의 濟州牧, 旌義縣, 大靜縣을 가리킨다. 한라산 북쪽이 제주목, 남쪽은 다시 동서로 나누어 동쪽이 정의현, 서쪽이 대정현이다. 《東國輿地勝覽》 권38, 濟州牧, 旌義縣, 大靜縣.

10_ 原籍地에서 이탈한 자를 찾아내어 송환하는 일을 말한다.

11_ 조선시대 各道의 지방행정을 감찰하기 위하여 지방에 파견하는 臨時官으로 문관 가운데 堂下官이 임명되었다. 임무는 倭寇 대책 등 군사적인 것에서부터 田穀의 손실조사 등 경제적 임무, 救荒 등 災民의 구휼적 임무, 獄事·推刷·推鞫과 같은 사법적 임무 등으로 크게 늘어 갔다.

12_ 조선시대 各道의 장관인 觀察使의 다른 명칭이다. 外官職 문관의 종2품 벼슬로 13道에 각기 1명씩 두었는데, 兵馬節度使·水軍節度使의 武官職을 대체로 겸하고 있었다. 중요한 정사에 대해서는 중앙의 명령을 따라 시행하였지만, 관할 道의 民政, 軍政, 財政, 刑政 등을 통할하여 지방행정상 큰 권력을 행사하였으며, 관하의 守令을 지휘하고 감독하였다.

13_ 公事의 처리에 관한 규칙.

14_ 牧은 조선시대의 道 즉 觀察使 소관의 지방행정구역의 하나이다. 留守府의 다음 가는 등급으로 大都護府와 더불어 州府郡縣의 명칭등급에서 3등급에 속하는 것이다. 조선시대에는 경기도에 3명, 충청도에 4명, 경상도에 3명, 전라도에 4명, 황해도에 2명, 강원도에 1명, 함경도에 1명, 평안도에 2명 등 모두 20명의 牧使를 두었다.

15_ 《朝鮮成宗實錄》 19년 6월 丁巳. 성종은 표류했다가 돌아 온 정보 등 42인에게 음식을 내리고, 허상리 등 18인에게 綿布와 正布 각 2필씩을 상으로 내렸다는 기사가 있다.

16_ 縣은 조선시대 지방행정 단위의 하나이다. 고려의 제도를 참작하여 大縣에는 縣令, 小縣에는 縣監을 두었는데, 현의 총수는 164개였다. 縣의 제도는 고종32년(1895) 官制改革 때 폐지되었다.

이정(李楨), 나주(羅州)의 수배리(隨陪吏)[18] 손효자(孫孝子), 청암역리(靑巖驛吏)[19] 최거이산(崔巨伊山), 호노(戶奴) 만산(萬山) 등 6인과 사복시(司僕寺)[20]의 안기(安驥)[21]인 최근(崔根) 등을 거느리고 해남현(海南縣)으로 가서 순풍을 기다렸습니다. 11월 11일 아침에 제주의 신임 목사(牧使)[22]인 허희(許熙)[23]와 함께 관두량(舘頭梁)[24]에서 배를 탔습니다. 12일 저녁에 제

• • •

17_조선시대의 관직으로 종8품의 東班官階이다. 관직으로는 氷庫, 義賢庫의 別檢과 內需司의 典穀 등이 있었으나 대부분 寺, 院, 監, 署, 司, 庫에 배치된 奉事가 차지하였다.

18_수행하며 시중을 드는 아전.

19_驛吏는 驛站에 딸린 吏屬으로 王命의 전달, 稅와 貢物 등 官物의 수송, 사신 왕래와 使行에 따르는 迎送 및 支供 등의 驛役을 세습적으로 부담하였다. 역리는 일반 향리보다 낮은 신분이었다.

20_조선시대의 관청으로 궁중의 乘輿, 馬匹, 牧場 등을 관장하였다. 태종5년(1405)에 兵曹의 屬衙門이 되었고, 成宗 때 《經國大典》에 정3품 아문의 관청으로 편제되었다. 관원은 正(정3품), 副正(종3품), 僉正(종4품), 判官(종5품) 각 1명, 主簿(종6품) 2명, 잡직으로 馬醫 10명, 安驥, 調驥, 理驥, 保驥 각 1명, 牽馬陪 10명 등을 두었다.

21_司僕寺의 雜職 최고인인 종6품의 관직명으로, 말의 조련이나 치료와 보양 등을 총괄하는 임무를 맡았다.

22_조선시대의 지방관직으로 觀察使 밑에서 牧을 맡아 다스린 정3품의 外職 문관이다. 牧은 큰 道 내지 중요한 곳에 두었는데, 왕실과 연관된 지방은 작더라도 牧으로 승격시킨 경우도 있다.

23_許熙는 昆陽 출신으로 世祖13년(1467)에는 都摠使 李浚 밑에서 軍官으로 있었다. 成宗3년(1472)에는 右道水軍僉節制使로 있으면서 아랫사람을 잘 검찰하지 못한 과오로 慶尙道敬差官 金春卿의 탄핵을 받기도 했다. 10년(1479)에 通政大夫行定州牧使에 제수되었고, 11년(1480)에는 團鍊使가 되어 중국 사신의 송환을 맡기도 했는데, 그 과정에서 平安道 백성들을 착취하였다. 또한 돌아오는 길에는 遼東 官人의 말을 듣지 않아, 오랑캐에게 변을 당해 많은 사상자를 내었으며, 이 일로 탄핵을 받기도 했다. 18년(1487)에 通政大夫濟州牧使가 되었으며, 19년에는 奔喪하는 崔溥에게 튼튼한 배를 구해주어 살아 돌아올 수 있게 한 공이 인정되어 성종으로부터 상을 받았다. 22년(1491)에는 北征軍에 右將으로 참전하기도 했다. 허희가 최부에게 튼튼한 배를 구해 준 공로는 《朝鮮成宗實錄》 19년 7월 丁卯 條를 참조.

주의 조천관(朝天舘)[25]에 도착하여 유숙하였습니다.

홍치(弘治)원년(1488) 무신년 정월 30일 흐렸습니다.

해질 무렵에 신의 종 막금(莫金)이 나주(羅州)로부터 제주에 도착하였는데, 상복(喪服)을 가지고 와서 신의 아비의 죽음을 알렸습니다.

윤 정월 1일—비가 내렸습니다.

목사(牧使)가 아침저녁으로 와서 조문(弔問)하였습니다. 수정사(水精寺)[26] 승려 지자(智慈)의 배가 튼튼하고 빨라 관선(官船)도 미치지 못한다고 하며, 병방(兵房)[27] 고익견(高益堅)과 진무(鎭撫) 오순(吳純) 등에게 별도포(別刀浦)[28]로 돌려 대도록 명하여, 신이 바다를 건널 준비를 하여 주었습니

• • •

24_ 제주를 왕래하는 배는 전라남도 海南縣에서 남쪽 41리에 있는 관두산 기슭에 정박하는데, 관두량은 그 포구를 가리킨다. 관두량은 '관머릿도'의 漢字 차용 표기이다.

25_ 제주에서 동쪽으로 10여 리 떨어진 곳에 있는 포구로서 제주도에서 육지로 나가는 배는 이곳에서 순풍을 기다렸고, 전라도를 경유하여 제주도로 들어오는 사람들도 모두 이곳과 涯月浦에 배를 대었다. 《東國輿地勝覽》 권38, 濟州牧.

26_ 제주 서쪽 18리 거리의 都近川 西岸에 있는 사찰이다. 한편 李齊賢의 解歌詩에 "도근천에 물 막은 둑이 무너지면 수정사 안도 바다가 되리"라 하는 구절이 있다. 《東國輿地勝覽》 권38, 濟州牧.

27_ 兵房은 조선시대 漢城府나 지방 관아에서 兵曹의 일을 맡아보던 부서 또는 병조의 일을 맡은 향리로 六房의 하나이다. 지방의 군사훈련, 경찰업무, 군역 부과, 성곽·도로·봉수의 관리 등에 관련된 업무를 담당하였다. 兵房은 戶房이나 吏房 중심체제의 三公兄 즉 이방·호방·형방에 비하여 실권이 적었으나, 군역과 경찰업무는 지방민의 생활에 직결되어 있었고 위세가 자못 컸다. 한편 鎭撫는 조선 초기의 무관직으로 義興親軍衛, 三軍鎭撫所, 五衛鎭撫所, 義禁府 등에 소속되어 있었다.

28_ 제주목 동쪽 8리 거리의 別刀川 어귀에 있는 浦口이다.

다. 판관(判官)[29] 정전(鄭詮)은 군관(軍官)[30] 변석산(邊石山)을 보내어 조문하였습니다.

2일—흐렸습니다.

해뜰 무렵에 신은 별도포의 후풍관(候風舘)[31]으로 나아갔습니다. 정의현훈도(旌義縣訓導)[32] 최각(崔角), 향교생도(鄉校生徒)[33] 김정린(金鼎璘) 등 20여 명과 내수사전회(內需司典會)[34] 박중알(朴重斡) 및 최근 등은 모두 걸어

29_ 조선시대 중앙과 지방에 둔 종5품 관직이다. 조선 초기에는 각 道와 大都護府에 판관을 두었으나 후에 폐지하고, 경기도에는 水運判官, 충청도와 전라도에는 海運判官을 두었다. 후기에는 경기도와 평안도를 제외한 각 도 및 水原·江華·廣州·春川 등의 留守營과 濟州·鏡城·清州 등 특정지역에 판관을 두었다.

30_ 조선시대 군사적 職任을 수행하던 武官의 일반 명칭이다. 각 군영에 속하는 勸武官, 別軍官, 知彀官, 旗牌官, 別武士, 教鍊官, 別騎衛 등과 지방관아에서 軍務에 종사하는 屬役 등이 포함된다.

31_ 항해에 앞서 날씨를 살피면서 때를 기다리는 곳으로 朝天館이라고도 한다.

32_ 訓導는 조선시대 정9품 관직이다. 戶曹의 算學, 刑曹의 律學, 觀象監의 天文學·地理學·命課學, 司譯院의 漢學·清學·蒙學·倭學, 惠民署의 醫學訓導가 있었다. 또한 지방에는 종9품의 譯學訓導가 있었다.

33_ 鄉校는 조선시대 시골에 있는 文廟와 거기에 부속된 옛날의 학교를 가리킨다. 일명 校宮, 齋宮이라고도 한다. 고려시대에 비롯하여 조선시대에 계승된 지방 교육기관이다. 조선시대에는 태조원년(1392) 諸道의 按察使에 명하여 학교의 興廢로써 지방관 考課의 法으로 삼고 教學의 쇄신을 꾀하였다. 이에 부·목·군·현에 각각 1校씩 설립을 보게 되고 점차 전국에 이르게 되었다. 한편 生徒는 成均館·四學·鄉校·雜學의 학생을 범칭하는 용어이다. 다만 成均館과 四學의 일반 학생은 흔히 儒生이라 불렀다.

34_ 內需司는 조선시대 궁중에서 쓰는 미곡·포목·잡화 및 노비 등에 관한 일과 고려 때부터 내려온 왕실의 재산, 광대한 왕실 사유토지 등의 관리를 맡은 정5품 아문이다. 원래 本宮이라 하던 것을 세종 때 內需所로, 세조12년(1466)에 內需司로 고쳤다. 왕실의 사유재산을 관리하는 곳이므로 典需, 典貨의 관직은 모두 왕실과 밀접한 관직인 內官이 이를 겸하도록 하였다. 한편 典會는 內需司의 會計를 맡은 종7품 遞兒職으로

서 15리 남짓 따라왔습니다. 조금 후에는 목사가 말을 달려와 위문하였습니다. 이 날 신이 데리고 간 아전 정보와 김중 등이 어승(御乘) 점마별감(點馬別監)[35] 목장(牧場)의 공천(公賤)[36]과 사천(私賤)[37]을 변별하고, 유이인(流移人)[38]을 추쇄(推刷)하고, 멋대로 반당(伴倘)[39]으로 삼거나 양민(良民)으로 잘못 인준한 자 등을 적발한 것 등의 문적(文籍) 및 가져갔던 전주부(全州府)에서 올린 제주(濟州) 3읍 장적(帳籍) 17책과 또 다른 1책, 제주 3읍의 담당관이 올린 매년의 장적·호적(戶籍)·군적(軍籍) 등의 문서(文書)를 봉하여 목사에게 넘겨주어 영청(營廳)에 보관하도록 하고, 그 문서목록을 받아서 돌아왔습니다.

3일—바다에서 표류하였습니다.

이 날은 흐리다 비 오다 하며 동풍이 조금 불고, 바다 물빛은 짙은 청색이었습

• • •

정원은 1인이다. 체아직은 조선시대 특별한 경우에 녹봉을 주기 위하여 만든 관직인데, 典會는 양반이 아니면서 東班 관직을 받지만, 체아직을 받아 正職과는 구별되었고 朝會 때는 西班에 자리 잡았다.

35_ 각도의 牧場에서 기르는 말을 點考하는 일을 맡아보던 司僕寺의 관원.

36_ 官府에 종사하던 賤人. 죄를 지어 종이 된 자 또는 관청 소속의 기생, 內人, 官奴婢, 驛卒 등으로 구성되었는데 대부분은 관노비였다. 15-60세까지 奴役에 종사해야 하는 이들 공천은 獨立戶를 이루고 살았다. 후사가 없이 죽으면 田宅은 소속 官衙에 반환해야 했다.

37_ 개인에게 소속된 노비. 私賤·私奴라고도 하며, 官奴婢·公奴婢에 대응하는 말이다.

38_ 原籍地를 떠나 타향으로 이주하거나 외지로 유랑하는 자.

39_ 조선시대의 騶卒 즉 從卒로서, 王子와 功臣 및 堂上官 등을 우대하기 위하여 개인별로 주는 병졸을 말한다. 兵曹에서 상신하여 선발하되, 황해도, 평안도, 함경도인은 뽑지 않았다.

니다. 대정현감(大靜縣監)[40] 정사서(鄭嗣瑞)와 훈도(訓導) 노경(盧警)은 신이 친상 당한 것을 듣고 달려와 조문하고, 최각(崔角)·박중알, 왜학훈도(倭學訓導)[41] 김계욱(金繼郁), 군관(軍官) 최중중(崔仲衆), 진무(鎭撫) 김중리(金仲理) 등 10여 인과 학장(學長)[42] 김존려(金存麗)·김득례(金得禮) 및 향교생도 20여 명과 함께 포구에서 송별해 주었습니다. 존려와 득례 등은 신이 떠나는 것을 말리면서 말하기를, "저희 늙은이들은 섬에서 자라 바닷길을 잘 압니다. 한라산에 구름이 끼고 비가 오며 날씨가 고르지 못하면 반드시 바람의 변화가 생기니 배를 타서는 안 됩니다. 또 《가례(家禮)》[43]의, '친상(親喪)을 듣자마자 길을 떠나라'[44]는 조목의 주(註)에도, '하루에 100리를 가되 밤길은 가지 말아야 하니 비록 슬프더라도 몸을 해치는 일은 피해야 하기 때문이다'라고 하였습니다. 밤길을 가는 것도 안 되는데, 하물며 바다 건너는 것을 신중히 하지 않을 수 있겠습니까?"라고 하였습니다. 좌중에

40_ 縣監이란 조선시대 지방행정관서인 縣에 둔 우두머리를 말한다. 縣監은 縣令(종5품)이 관할하는 현보다 작은 고을의 원님이었다. 당시 지방의 말단기관장인 驛의 察訪(종6품)과 동격인, 지방수령으로서는 가장 낮은 관직이었다.

41_ 조선시대의 관직으로 일본어 통역을 맡았다. 태조2년(1393)에 司譯院에 정9품관 2명을 두었다. 사역원 외에 왜인들의 到泊處인 경상도의 釜山浦와 薺浦에도 각각 종9품의 倭學訓導를 두어 통역을 맡게 하였다.

42_ 조선시대 鄕校에서 교육을 담당한 교원을 말한다. 500戶 이상 郡縣의 향교에서는 生員과 進士 가운데 訓導官을 임명하고, 500戶 이하 郡縣에는 學長을 임명하였다.

43_ 冠婚喪祭의 각종 儀式을 규정한 朱子의 《家禮》를 말한다. 朱熹의 編著로 알려졌지만 朱熹의 사후에 제자들에 의해 완성되었다고 하는 설이 유력하다. 朱子學的 儀禮의 典範으로 간주되어 후대에 큰 영향을 끼쳤다.

44_ 《家禮》의 원문은 "始聞親喪, 哭, 易服, 遂行"으로서, 여기에서는 "곡을 하고, 상복으로 갈아입은 뒤"라는 내용이 생략되어 있다. 《家禮》 권7, 喪禮, 奔喪.

권하는 이도 있고 말리는 이도 있어, 해가 높이 솟아오를 때까지 결정하지 못하였습니다. 진무(鎭撫) 안의(安義)가 와서 알리기를, "동풍이 마침 알맞으니 떠날 만 합니다"라고 하였습니다. 박중알과 최중중 등도 또한 떠나기를 권하였습니다.

신은 마침내 작별을 고하고 배에 올라 노를 저어 5리쯤 가니, 군인(軍人) 권산(權山)과 허상리(許尙理) 등이 모두 말하기를, "오늘은 바람이 불다가 잦아들기도 하고, 먹구름이 꼈다가 개기도 하니 이처럼 바람이 고르지 못한 날에 이처럼 파도가 사나운 바다를 건넌다면 후회할 일이 있을 듯합니다. 청컨대 별도포로 돌아가서 순풍을 기다렸다가 다시 떠나도 늦지는 않을 것입니다"라고 하였습니다. 안의는 "하늘의 날씨는 사람이 미리 헤아릴 수 없는 것입니다. 잠깐 동안에 구름이 걷히고 하늘을 볼 수 있을지 어찌 알겠습니까? 이 바다를 건넌 사람으로서 민간의 배가 뒤집혀 침몰되는 일은 잇달아 일어났지만, 왕명을 받든 조신(朝臣)으로서는 오직 전 정의현감(旌義縣監) 이섬(李暹)[45] 외에 배가 표류하거나 침몰된 적이 드물었던 것은, 모두 임금의 덕이 지극히 높음을 실제로 하늘이 알기 때문입니다. 하물며 여러 사람들과 의논하다 보면 일이 끝이 없는 법입니다. 어찌 길을 떠났다가 다시 되돌아

• • •

45_旌義縣監 李暹은 成宗14년(1483) 2월 29일에 朝天舘을 떠났다가 폭풍을 만나 표류했으나, 다행히 중국 揚州 長沙鎭에 표착하였다. 일행 47명 중 14명이 굶어 죽고, 33명은 北京을 거쳐 조선으로 귀환하였다. 돌아온 뒤 〈行錄〉을 지어 바쳤는데, 그 내용이 《朝鮮成宗實錄》 14년 8월22일조에 기록되어 있다. 살아 돌아온 공으로 다섯 資級이 승진되었는데, 이는 당시 軍功 1등이 세 자급인 점을 감안하면 아주 파격적인 것이어서, 이에 대한 비판여론이 조정에서 일어나기도 하였다. 司果에 임명되었으며, 15년(1484)에는 滿浦僉節制使가 되었고, 그 후 訓鍊院의 僉正과 副正을 지냈다.

감으로써 시일을 천연할 수 있겠습니까?"라고 말하고는, 돛을 펼치고 가도록 소리쳐 명했습니다. 겨우 대화탈도(大火脫島)[46]를 지났는데 배 안의 사람들이 모두 "배가 거요량(巨要梁)[47]을 향하여 바다를 가로질러 올라가 순풍을 타서 추자도(楸子島)[48]에 정박하면 매우 빠르게 갈 것입니다"라고 말하였으나, 권산은 그 말을 듣지 않고 키를 잡고 바람 따라 뱃머리가 가리키는 대로 수덕도(愁德島)[49]를 지나 서쪽으로 갔습니다.

바다가 어두컴컴해지면서 바람은 약해지고 비가 내리기 시작하였습니다. 추자도의 배 정박할 곳에 가까이 갈 즈음에 물살이 아주 급해지고 하늘도 캄캄하여졌으므로, 곁군[格軍][50]을 독려하여 노를 젓도록 하였습니다. 군인들이 모두, "이 같은 날씨에 배를 출발시킨 것은 누구 잘못입니까?"라고 말하고는, 모두가 거역하는 마음을 품고 힘껏 노를 저으라는 말을 따르지 않아, 뒤로 떠밀려 초란도(草蘭島)[51]에 이르러 서쪽 해안에 의지해서 닻을

• • •

46_ 제주도와 추자도 사이의 서북해상에 있는 무인도이다. 돌 봉우리가 삐쭉삐쭉하고 그 꼭대기에 샘이 있지만 수목은 없고 풀만 남아 있다고 한다. 《東國輿地勝覽》 권38, 濟州牧.

47_ 제주도와 전라남도 海南縣 사이에 있는 섬이다.

48_ 한반도와 제주도 본 섬과의 중간에 위치하는데 제주도에서는 가장 북쪽에 자리잡고 있다. 옛적에 제주도에 가려면 반드시 이 섬에 들렀다. 예를 들어 제주에 가는 자가 羅州에서 떠나면 務安, 靈岩, 海南 등을 거쳐 이 섬에 이르고, 海南에서 떠나면 三寸浦에서 巨要梁과 三內島를 거치고, 康津에서 떠나면 軍營浦, 삼내도를 거치는데 모두 삼 晝夜를 가야 추자도에 이르렀다. 한편 추자도를 경유하여 斜鼠島와 대화탈도, 소화탈도를 지나 애월포와 朝天舘에 이른다. 《東國輿地勝覽》 권38, 濟州牧.

49_ 추자도의 남쪽에 위치한 섬으로 북제주 추자면에 속한다. 추자도와는 거리가 6km이며 무인도로서 사자섬 혹은 사자도라고도 한다.

50_ 格軍은 '곁군'의 取音으로 조선시대의 船夫, 水夫, 雜役水夫 등 노를 젓는 군인을 가리킨다.

내리고 정박하였습니다. 밤 3경(更)[52]이 되자 허상리가 말하기를, "이 섬은 비록 동풍을 막고 있지만 3면이 트여 있어 배를 정박하기에는 적합하지 못합니다. 지금 또 북풍이 조금씩 일어나고 있는데, 앞으로 나아가고 뒤로 물러서는 데 기댈 곳이 없게 될 것이니 장차 어떻게 하겠습니까? 또한 이 배는 처음 정박한 곳에 있지 않고 도리어 점점 바다 한가운데로 들어가고 있으니 내린 닻줄이 이미 끊어졌는지도 모릅니다. 지금의 계책으로는 닻을 올려 조금 앞으로 나아가 해안에 매어 두었다가, 날이 밝기를 기다려 노를 저어 추자도로 들어가는 것이 좋을 것 같습니다"라고 하였습니다. 마침내 닻을 올려보니 과연 끊어져 있었습니다. 노를 저었으나 미처 해안에 가까이 가기도 전에 북풍을 맞아 기댈 데가 없는 곳으로 몰려나오게 되었습니다. 비는 여전히 그치지를 않고 풍랑이 사나워 파도를 따라 오르내리니, 향하는 곳을 알 수 없었습니다.

4일—큰 바다 가운데로 표류해 들어갔습니다.

이 날은 우박이 내리고 큰바람이 불었습니다. 놀랄 만한 파도와 무서운 물결이 하늘로 솟구쳤다가 해면을 내리치니 돛이 모두 찢어져 버렸습니다. 배는 두 돛대가 높고 커서 쉽게 기울어져 뒤집어질 기세였으므로 소근보(肖斤寶)[53]에게 도끼로 돛대를 제거하게 하고, 고이복(高以福)에게 거적을

• • •

51- 전라남도 신안군 岩泰面 康沙里에 속하는 섬으로, 추자도의 남쪽에 있으며 목포와의 거리가 24km이다.

52- 밤 11시에서 1시 사이.

53- 姓氏의 경우에 肖는 '소'로 읽어야 한다.

얽어 선미(船尾)에 붙여 파도를 막게 하였습니다. 정오가 되어 비는 조금 그쳤으나 동풍이 또 크게 일어나 배는 기울어졌다 떠올랐다 하였으며, 그가는 대로 맡겨두었더니 눈 깜짝할 사이에 서해로 들어가고 말았습니다. 사공 김고면이 동북쪽을 가리키기에 바라보니, 마치 한 점 탄환과 같은 섬이 아득한 곳에 있었습니다. 사공은, "저것이 아마 흑산도(黑山島)[54]일 것입니다. 이곳을 지나서 앞으로 간다면 사방에 섬이라고는 없고 물과 하늘이 서로 닿아 있는 끝없이 넓은 바다뿐입니다"라고 말하니, 사람들은 모두 어찌할 줄을 모르고 배 안에 드러누워 버렸습니다. 신이 안의를 시켜 군인들에게 취로(取露)[55]하는 일, 배를 수리하는 일 등을 독려하도록 하였습니다.

군인 고회(高廻)란 자가 소리를 질러 말하기를, "제주는 바닷길이 매우 험난해서 왕래하는 사람들은 누구나 여러 달씩 순풍을 기다려! 전 경차관(敬差官) 같은 분으로 말하면 조천관(朝天館)에 있다가 수정사(水精寺)에 있다가 하며 모두 합쳐 석 달이나 기다린 뒤에야 길을 떠났거든. 지금 이 행차는 비바람이 고르지 않은 때 하루의 날씨도 살펴보지 않고 이러한 극한의 상황에 이르게 되었으니, 이것은 모두 자초한 일이야!"라고 하였습니다. 나머지 군인들은 모두, "상황이 이미 이렇게 되었으니 취로를 하고 배를 수리하는 데 몸과 마음을 다하더라도 끝내는 반드시 죽고 말 것이야. 애를 쓰다가 죽는 것보다는 차라리 편안히 누워서 죽음을 기다리는 편이 나아"라고 말하였습니다. 모두 귀를 막고 명령에 따르지 않았으며, 혹은 때려도

54_ 전라남도 羅州에서 서쪽 水路로 900리 되는 바다에 있는 섬으로, 지금은 무안군 흑산면에 속한다.

55_ 바닷물을 끓여 수증기를 받아 식수로 만드는 일.

일어나지 않았습니다. 송진(宋眞)은 모자라고 어리석기 그지없는 자라, 맞으면서 성내 말하기를, "명도 길구나, 이 배는! 파선되기만을 기다리는데, 왜 빨리 파선되지 않는 거야! 어차피 부서지게 될 것이라면 왜 빨리 부서져 버리지 않는가!"라고 하였습니다. 정보가 말하기를, "제주도 사람들은 겉으로는 어리석어 보이지만 속으로는 독하며 고집스럽고 사나워, 죽음을 가벼이 여기므로 그들의 말투가 이와 같습니다"[56]라고 하였습니다. 신도 또한 물에 빠져 죽을 것이 분명하지만, 혹시 하늘의 도움을 입어 다행히 물에 빠져 죽지 않더라도, 정처 없이 표류하다가 죽는 날에 이르게 될 것이니 어찌할 수 없다고 생각하였습니다.

또 군인들의 게으른 행동에 분개하다가 마침내 배에 같이 탄 사람들을 조사해 보니, 종자(從者)인 정보(程保)·김중(金重)·이정(李楨)·손효자(孫孝子)·최거이산(崔巨伊山)·막금(莫金)·만산(萬山)과 제주목사가 보낸 진무(鎭撫) 안의(安義), 기관(記官)[57] 이효지(李孝枝), 총패(總牌)[58] 허상리(許尙理), 영선(領船)[59] 권산(權山), 사공 김고면(金高面), 격군 김괴산(金

56_ 제주도 사람의 성향을 묘사한 아래의 기록이 있다. "풍속이 유별나고 군졸은 사나우며 백성은 어리석다. 기쁘면 사람 같으나 노하면 짐승 같아, 통제하기가 어렵다." 權近, 《陽村集》 권20.

57_ 조선시대 지방관청의 吏屬이다. 地方官府의 6房을 담당하는 鄕吏 층으로, 고려시대에는 이들을 記官이라 하였다. 조선 초기에 이르면 官品·祿俸·科田도 받지 못하고, 綠衫에 平頂巾을 쓰는 행정실무자로 그 지위가 하락하였다.

58_ 麗末鮮初 중앙군의 기간을 이룬 兵種인 侍衛牌의 통할자이다. 시위패는 高麗末 이래 騎船軍과 함께 양인 농민으로 구성된 국방의 주요 담당 兵種으로, 일명 侍衛軍이라고도 하였다. 正軍의 통할자를 百戶 및 千戶라 한 데 비해 시위패의 통솔자를 總牌라고 하였다.

59_ 漕運船의 한 선박 내의 長인 漕軍을 말한다.

怪山)·소근보(肖近寶)·김구질회(金仇叱廻)·현산(玄山)·김석귀(金石貴)·고이복(高以福)·김조회(金朝迴)·문회(文迴)·이효태(李孝台)·강유(姜有)·부명동(夫命同)·고내을동(高內乙同)·고복(高福)·송진(宋眞)·김도종(金都終)·한매산(韓每山)·정실(鄭實), 호송군(護送軍) 김속(金粟)·김진음산(金眞音山)·고회(高廻)·김송(金松)·고보종(高保終)·양달해(梁達海)·박종회(朴終回)·김득시(金得時)·임산해(任山海), 관노(官奴) 권송(權松)·강내(姜內)·이산(李山)·오산(吳山) 등과 저까지 합해서 모두 43명이었습니다. 신이 안의를 불러 묻기를, "나는 한 상제(喪制)로서 관원의 격식에 따를 처지가 아닌데 종자(從者)가 너무 많아 마음이 몹시 편치 않다. 제주 사람으로서 배를 탄 사람이 35명이나 되니 어찌된 일인가?"라고 하니 안의가 말하기를, "우리 목사(牧使)께서 마음을 다한 것은 경차관에 대한 예의이기 때문입니다. 또 큰 배를 부리는 데는 반드시 많은 사람들의 힘을 써야만 항해가 가능합니다. 하물며 바닷길이 아득하게 멀 뿐더러 울도(蔚島)[60] 등지와 같은 곳은 해적이 많으니 호송을 엄하게 하지 않을 수 없었던 것입니다"라고 하였습니다. 신은 말하기를, "바다를 건널 때는 배를 부리는 자와 바닷길을 잘 아는 자만 가려 뽑으면 비록 수가 적어도 괜찮다. 지금 이 배를 같이 탄 사람은 모두 게으르고 사나운 자들로서 인원수만 늘려놓았지 그 실속이 없다. 배가 표류되어 사지(死地)에 이르게 되면 통곡 소리만 더할 뿐이다"라고 하였습니다.

소리를 질러 군인들에게 말하기를, "나는 초상(初喪)을 당하여 달려가는

60_ 인천에서 남서쪽 72km의 해상에 있는 섬이다.

몸이라 잠시도 머물러 있을 수 없는 형편인 데다 사람들 중에 떠나기를 권하는 이도 있었다. 자식 된 자로서 잠깐 동안이라도 지체할 수 있었겠는가? 너희들이 나와 함께 표류를 당한 것은 실로 나 때문이지만, 형세가 또한 그렇게 되어버린 것이다. 하물며 살고 싶고 죽기 싫은 것은 모든 사람이 똑같은데 너희들도 어찌 살고 싶은 마음이 없겠는가? 배가 혹시 부서졌거나 뒤집어졌다면 끝장이지만 살펴보건대 지금 배는 단단하여 쉽사리 부서지지는 않겠다. 만약 돌섬에만 부딪히지 않는다면 수리해 가며 물을 퍼낼 수 있을 것이다. 다행히 바람이 가라앉고 파도가 잠잠해진다면 비록 표류해서 다른 나라에 이르더라도 살아날 수가 있다. 지금 너희들도 또한 부모와 처자가 있고 형제와 친척도 있어서, 모두가 너희가 살아있기를 바라고 일찍 죽을까 걱정할 것이다. 너희는 그들의 심정을 헤아리지 않고 자기 몸도 아끼지 않으며, 오직 나를 탓하는 마음으로 서로 마음이 뿔뿔이 흩어져 스스로 죽을 곳으로 들어가려고 하니 제 정신을 잃음이 심하다"라고 하였습니다. 상리 등 10여 인이 말하기를, "군인들은 모두 고루하고 우둔하며 무식한 무리들입니다. 그러므로 그들의 마음씀이 이와 같이 막혔으나, 사람마다 마음가짐이 다르니 저희는 마땅히 죽을 때까지 힘껏 일하겠습니다"라고 하였습니다. 밤에도 바람과 비는 그치지 않고 큰 파도는 더욱 심하여 배 안으로 부딪쳐 들어왔으나 물이 들어오는 대로 퍼내었습니다. 밤 2경[61] 쯤 되니 성난 파도가 출렁대면서 봉옥(篷屋)[62] 위로 넘나들었습니다. 배는 반쯤 가라앉

61- 밤 9시에서 11시 사이.

62- 대를 엮어 배를 덮은 일종의 덮개로서 마치 집의 지붕과 같은 것.

아 의복과 행장은 모두 물에 젖었습니다. 추위는 뼈를 깎아내는 듯하였고 목숨은 경각에 달려 있었습니다. 신은 이정의 손을 잡고 정보의 무릎을 베고 누웠습니다. 김중과 효자는 신의 양쪽에서 어지러이 쓰러져 죽기만 기다리고 있었습니다. 곁에서 한 사람이 목을 매어 숨이 끊어지려 할 때 이정이 그 목맨 것을 풀고 보니 바로 오산이었습니다.

거이산과 막금 등이 힘을 다하여 물을 퍼내었으나 물은 여전히 줄어들지 않았습니다. 신은 배가 아직 튼튼하므로, 위로 세차게 쏟아져 들어오는 물과 틈에서 새어드는 물을 퍼내지 않는다면 앉아서 배가 침몰되기를 기다리는 셈이겠지만, 물을 퍼낸다면 살아날 길이 있겠다는 생각이 들었습니다. 억지로 일어나서 큰 소리로 권송을 불러 부싯돌을 쳐서 불을 지피고 짚자리를 말아 때게 하였습니다. 또 근보·고복·고면 등을 큰 소리로 불러 물이 새는 곳을 직접 찾아낸 다음 이를 막도록 하였습니다. 또 옷가지를 풀어 권산·고면·거이산·괴산·상리 등에게 나누어주며 맡은 일에 힘쓰도록 하였습니다. 정보·김중·손효자 등도 또한 여러 군인들에게 의복을 나누어 주었습니다. 군인들 중에 구질회·문회·도종·매산·현산과 같은 사람은 감격하여 죽을힘을 다해 다투어 물을 거의 다 퍼내니 배가 겨우 무사하게 되었습니다. 얼마 안 되어 배가 또 돌섬이 어지러이 흩어져 있는 곳으로 들어가자 권산은 배를 움직이며 어느 방향으로 향하는지를 알지 못했고, 상리와 구질회 등은 삿대를 잡고도 어찌해 볼 수가 없었습니다. 다행히 바람에 힘입어 내몰려 나와, 부서지는 것은 면할 수 있었습니다.

5일―바다에서 표류하였습니다.

이 날은 짙은 안개가 사방에 꽉 끼어 지척을 분별할 수 없었습니다. 저녁때가 되면서 빗발이 삼대 같았습니다. 밤이 되자 비가 조금 그쳤으나 성난 파도가 산더미와 같아서, 높게 일 때는 푸른 하늘로 솟는 듯했고 내려갈 때는 깊은 못에 빠져 들어가는 듯하여, 부딪치는 소리가 천지를 찢는 듯하며, 모두 물에 빠져 썩어 문드러질 것이 순간에 달려 있었습니다. 막금과 권송 등은 눈물을 씻으면서 신에게 말하기를, "형세가 이미 급박하여 다시 희망이 없으니 청컨대 의복을 갈아입고 죽음을 맞도록 하십시오"라고 하였습니다. 신도 그 말과 같이 인장(印章)과 마패(馬牌)[63]를 품에 넣고 상관(喪冠)과 상복(喪服)을 갖추고는 벌벌 떨며 손을 비비면서 하늘에 빌기를, "신은 살아오면서 오직 충효와 우애를 마음에 새기고, 마음으로는 속이려는 생각을 하지 않았고, 몸으로는 원수진 일이 없었으며 손으로는 누구를 죽이거나 해친 적이 없었음은 하늘이 비록 높고 높지마는 실로 굽어 살피시는 바입니다. 이번에도 임금의 명령을 받들고 갔다가 부친상을 당하여 돌아가는 길이었는데, 신에게 무슨 죄와 허물이 있는지 모르겠습니다. 만약 신에게 죄가 있으면 신의 몸에만 벌이 미치면 될 것이지, 같이 배를 탄 40여 인은 죄도 없이 물에 빠져 죽게 되었는데 하늘은 어찌 가엾게 여기지 않는단 말입니까? 하늘께서 만약 이 궁지에 빠진 사람들을 불쌍히 여기시어 바람을 거두고 파도를 그치게 하여 신으로 하여금 세상에서 다시 삶을 얻어, 갓 죽은 신의

63_ 尙書院에서 발행한 둥근 동판의 표지로서 관리들이 지방 출장 때에 驛馬 징발의 증명이 되었다. 표면에는 1-10마리의 말을 새겨 그 수효에 따라 말을 내 주도록 했고, 이면에는 상서원 印의 字號와 年月日 등을 새겨 넣었다.

아비를 장사지내고 늙으신 신의 어미를 봉양하며 다행히 다시 궁궐의 뜰 아래에 국궁(鞠躬)[64]할 수 있게 하신다면, 이후에는 비록 만 번을 죽더라도 신은 실로 달게 받아들이겠습니다"라고 하였습니다. 말을 미처 마치지 않았는데 막금이 갑자기 신의 몸을 안으면서, "한 집안 사람들이 평생의 고락을 모두 이 분에게 기대기를, 마치 '열 소경에 한 막대'처럼 여겼는데, 지금 이 지경에 이르렀으니 한 집안 사람들을 다시는 볼 수 없게 되었습니다"라고 하고는, 마침내 가슴을 치고 발을 구르며 슬피 통곡하였습니다. 배리(陪吏) 이하도 소리를 내어 슬피 울면서 손을 모아 하늘의 도움을 빌었습니다.

6일—바다에서 표류하였습니다.

이 날은 흐렸습니다. 풍랑이 조금 수그러들었습니다. 비로소 구질회 등을 독려하여 조각이 난 돛자리를 기워서 돛을 만들고, 샛대를 세워서 돛대를 만들고, 옛 돛대의 밑둥을 잘라 낸 뒤 구멍을 내 돌 닻(矴)을 만들었습니다. 바람을 따라 서쪽을 향하여 가는데, 살펴보니 큰 파도 사이에 그 크기를 짐작할 수 없는 무엇인가가 있었는데, 물 위에 드러난 것만 해도 기다란 행랑채와 같고, 거품을 뿜어내어 하늘에 솟구치는데 물결이 뒤집어지는 것이었습니다. 사공 김고면이 배 안의 사람들에게 경계하며 손을 흔들어 말을 하지 말도록 하였습니다. 배가 멀리 지나간 후에야 사공이 큰 소리로 외치기를, "저것이 바로 고래입니다. 큰 것은 배를 삼키고 작은 것도 배를 뒤엎을 수 있습니다. 지금 다행히 서로 마주치지 않아서 우리가 다시 살아난

64_ 몸을 굽혀 존경하는 뜻을 나타냄.

"물 위에 드러난 것만 해도 기다란 행랑채와 같고, 거품을 뿜어내어 하늘에 솟구치는데 물결이 뒤집어지는 것이었습니다." **(그림 출전 : 日譯《通俗漂海錄》)**

것입니다. 다시 살아난 것입니다"라고 하였습니다. 밤이 되자 풍랑이 다시 강해지므로 배가 가는 속도가 매우 빨라졌습니다. 안의가 말하기를, "일찍이 듣건대 바다의 용신(龍神)은 매우 욕심이 많다고 합니다. 청컨대 행장에 있는 물건을 던져서 무사하기를 빌기 바랍니다"라고 했지만 신은 응하지 않았습니다. 배 안의 사람들은 모두, "자기 몸이 있고 난 뒤에야 이런 물건이 있는 것이다. 이런 것들은 모두 자기 몸 밖의 물건이다"라고 하고는, 앞 다투어 물들인 의복과 군기(軍器), 철기(鐵器), 구량(口糧)[65] 등 물건을 찾아내어 바다에 던졌습니다. 신 역시 이를 막지 못하였습니다.

7일—바다에서 표류하였습니다.

이 날은 흐렸습니다. 바람이 매우 세게 불고 물결은 용솟음쳤으며, 바다 빛깔은 희었습니다. 정의현감(旌義縣監) 채윤혜(蔡允惠)가 전에 신에게, "제주의 부로(父老)들이 '맑은 날 한라산 꼭대기에 오르면 서남쪽 멀리 떨어진 바다 밖으로 흰 모래톱과 같은 것이 아득히 바라보인다'고 합니다"라고 말했는데 지금 보니 흰 모래가 아니고 곧 이 흰 바다를 바라보고 한 말이었습니다. 신은 권산 등에게 말하기를, "고려 때 너희 제주(濟州)가 원(元) 나라에 조공(朝貢)할 적에 명월포(明月浦)[66]에서 순풍을 만나 곧은길로 이레 밤낮으로 흰 바다를 지나 큰 바다를 건넜다. 지금 우리는 바다에 표류하고 있으니 곧은길인지 돌아가는 길인지 알 수가 없다. 다행히 흰 바다 가운데로 들어왔

65_ 병사나 役夫에게 매달 지급하는 식량.

66_ 북제주 翰林邑 明月里 바닷가 쪽 瓮浦里 포구로 제주에서 서쪽으로 60리의 거리이다. 고려 때 최영 장군이 濟州 牧戶의 亂을 평정하기 위해 상륙한 곳이기도 하다.

으니 아마 중국 땅도 반드시 가까울 것이다. 만약 중국 땅에 배를 댈 수만 있다면 중국은 우리 부모의 나라이다. 이런 때를 당하여 우리를 살리고 죽이는 것은 모두 하늘이 하는 일이며, 순풍이 불고 역풍이 부는 것도 하늘이 실제로 주재하고 있다. 지금 동풍이 변치 않은 채 이미 여러 날이 지나고 있으니, 아마 하늘이 우리를 꼭 살리실 마음이 있는 듯하다. 너희는 각자가 마땅히 해야 할 일을 힘쓴 다음에 하늘의 명을 기다려야 한다"라고 하였습니다.

해가 저물고 바람이 다시 동풍에서 북풍으로 변하였는데도, 권산은 키를 그대로 잡고 배가 서쪽으로 향하도록 하였습니다. 아직 한밤중이 되지 않았을 때 사나운 물결이 부딪쳐 솟구치고 또 봉옥(篷屋)으로 밀려들어 사람의 얼굴을 덮쳐버리니 모두 눈을 뜰 수가 없었습니다. 영선(領船)과 사공이 모두 통곡하면서 어찌할 바를 몰랐습니다. 신 또한 죽음을 면치 못할 줄 알고 홑이불을 찢어서 몸에 여러 겹을 감아 배 가운데의 빗장나무에 묶어 매니, 이는 죽은 후 시신과 배가 오래도록 서로 떨어지지 않도록 함이었습니다. 막금과 거이산도 모두 큰 소리를 내어 울면서 신의 몸을 나란히 감싸고 말하기를, "죽더라도 함께 죽겠습니다"라고 하고, 안의는 큰 소리로 울면서, "나는 짠 바닷물을 마시고 죽기보다는 스스로 목숨을 끊는 편이 낫겠습니다"라고 하며, 활시위로 자기의 목을 매어 죽으려고 하였으나 김속이 구해주어 죽지 않게 되었습니다. 신은 영선과 사공 등을 큰 소리로 불러 말하기를, "배가 부서졌는가?"라고 하였습니다. "아닙니다." "키를 잃었는가?" "아닙니다." 곧 거이산을 돌아보고 말하기를, "비록 파도가 험악하고 사세가 급박하지만, 배는 실로 튼튼하여 쉽사리 부서지지는 않겠다. 만약 물을 퍼내어 버릴 수만 있다면 살아날 수 있을 것이다. 너는 실로 몸이 건장하니 네가 다시 가서 앞장서 물을 퍼내도록 하라"라고 하였습니다. 거이산은 곧 명령에 따라 물을 퍼내려고 하였으나, 물 푸는 그릇이 이미 모두 부서졌으므로 큰 소리로 울부짖어도 소용이 없었습니다. 안의가 즉시 칼로 작은북의 한 면을 찢어 버리고는 이를 그릇으로 삼아 거이산에게 주었습니다. 거이산은 이효지·권송·도종·현산 등과 함께 힘을 다하여 물을 퍼내었지만 그래도 무릎 깊이의 물이 남았습니다. 효자·정보·이정·김중 등이 몸소 물을 퍼내기도 하고, 군인 구질회 등 7-8명을 서서 독려하며 서로 잇달아 물을 다 퍼내어 내니 겨우 침몰하지 않게 되었습니다.

8일—바다에서 표류하였습니다.

이 날은 흐렸습니다. 정오를 지나자 서북풍이 또 불었습니다. 배는 다시 뒤로 떠밀려 동남쪽을 향하여 밤새도록 갔습니다. 신은 권산·고면·이복 등에게 말하기를, "너희들은 키를 잡아 배를 바로잡고 있으니 방향을 몰라서는 안 된다. 내가 일찍이 지도를 훑어보니 우리나라 흑산도에서 동북쪽으로 향해 가면 곧 우리 충청도와 황해도의 경계이며, 정북방은 곧 평안도와 중국의 요동(遼東) 등지요, 서북방은 곧 〈우공(禹貢)〉[67]에 나오는 청주(靑州)[68]와 연주(兗州)[69] 지역이며, 정서방은 서주(徐州)[70]와 양주(揚州)[71] 지역

67_《尙書》의 篇名으로 중국 고대의 地理書이다. 중국을 九州로 나누어 각 지역의 산천, 교통, 물산과 貢賦 등을 서술하였다.

68_ 九州의 하나로 지금의 山東 일대를 가리킨다.

69_ 지금의 山東 일부와 河北 일대를 가리킨다.

이다. 송(宋)나라 때 고려와 교통할 적에 명주(明州)[72]에서 바다를 건너왔으니, 명주는 곧 대강(大江)[73] 이남의 땅이며, 그 서남방은 곧 옛날의 민(閩) 지방으로서 지금의 복건로(福建路)요, 서남방을 향하여 조금 남쪽으로 가다가 서쪽으로 가면 곧 섬라(暹羅)[74] · 점성(占城)[75] · 만랄가(滿剌加)[76] 등의 나라요, 정남방은 곧 대유구국(大琉球國), 소유구국(小琉球國)[77]이요, 정남방으로 가다가 동쪽으로 가면 곧 여인국(女人國)[78]과 일기도(一岐島)[79]요, 정동방은 곧 일본국과 대마주(對馬州)[80]다. 지금 배가 풍랑에 표류된 지 닷새 동안 밤낮으로 서쪽을 향하여 갔는데, 거의 중국의 땅에 닿았을 것으로 생각된다. 불행하게도 또 이 서북풍을 만나서 거꾸로 동남방으로 향하게 되니, 만약 유구국과 여인국에 이르지 않는다면 반드시 천해(天海)[81] 밖으로

···

70_ 지금의 山東, 江蘇, 安徽 일대를 가리킨다.

71_ 지금의 江蘇 남부 일대를 가리킨다.

72_ 境內에 四明山이 있던 데서 이름이 유래한 明州는 宋代에 市舶司가 두어져 高麗 · 日本 등과의 주요 무역항이 되었는데 明 洪武14년(1381) 寧波府로 改名되었다.

73_ 흔히 양자강이라 불려지는 長江을 말한다.

74_ 샴 즉 오늘날의 타이를 말한다.

75_ 참파 즉 오늘날 인도차이나 반도의 남부 특히 베트남의 중남부 지역에 해당한다.

76_ 말레이 반도 서남쪽의 항만도시인 말래카를 가리킨다.

77_ 琉球는 일본 오키나와(冲繩)의 옛 이름이다. 九州와 臺灣의 중간에 위치한 열도로 50여 개의 섬으로 이루어져 있다.

78_ 여인들만이 산다는 전설상의 나라로 扶桑國의 동쪽에 있는 것으로 알려져 있었다.

79_ 對馬島와 九州의 사이에 있는 섬으로 九州의 마쓰우라(松浦) 반도 북서쪽 20km에 있다.

80_ 對馬島를 가리킨다. 일본 九州와 한반도 동남단 사이에 위치한 섬이다. 지리적 조건으로 예부터 韓日 양국 관계에서 중개 역할을 맡아 왔다.

81_ 虛空을 가리킨다. 허공의 넓음을 바다에 비유한 말이다.

흘러 나가서, 위로 은하수에 닿게 되어 가없는 곳에 도달하게 될 것이니, 어찌 할 것인가? 너희들은 내 말을 기억하고서 키를 바로잡고 가야만 한다" 라고 하였습니다. 권산 등은 "날이 개어 해와 달 그리고 별자리로 헤아린다 해도 해상에서는 사방을 가리기 힘든데, 지금은 구름과 안개가 짙게 드리운 것이 여러 날 계속되어 새벽인지 저녁인지 밤인지 낮인지도 알 수 없습니다. 단지 바람의 변화만으로 사방을 미루어 짐작할 뿐이오니, 어찌 바른 방향을 가려내어 알 수 있겠습니까?"라고 하면서, 서로 머리를 맞대고 소리 내어 울었습니다.

9일—바다에서 표류하였습니다.

이 날은 하늘에 조각구름이 떠 있고 바다 빛깔이 더욱 희어졌습니다. 이제 배는 오랫동안 파도에 부딪혀 양두(梁頭)[82] · 풍초(風梢)[83] · 비우(鼻隅)[84]의 세 판자가 모두 흔들거리며 부러지려고 하였고, 물이 또 새어 들면서 저절로 파선이 되려는 조짐이 있었습니다. 근보, 고면, 상리 등이 닻줄을 끊어 뱃머리와 선미를 얽어매고 나무를 깎아 이를 보수하였습니다. 마침내 서로 마주 보고 눈물을 흘리며 말하기를, "이와 같이 배를 수리하면서 정성을 다하지 않음이 없지만, 굶주림과 목마름이 열흘에 가까우니 눈에는 보이는 것이 없고 손발은 마비되어 몸을 가누지 못해 힘을 다 쓸 수가 없다. 그래서 배를 수리하여도 또한 튼튼하게 할 수 없으니 장차 어찌 한단 말인가?"라고 하였

82_ 뱃머리의 橫梁.
83_ 키의 꼬리 부분.
84_ 뱃전의 널빤지.

습니다. 그때 갑자기 바다 갈매기가 떼를 지어 날아갔습니다. 뱃사람들이 이를 바라보고는 기뻐하면서 말하기를, "일찍이 듣건대, 물새는 낮에 바다 위에서 놀다가 밤에 섬 모래톱에서 잔다고 합니다. 우리들이 푸른 바다 만 리 밖에서 표류해 와 다행히 이 새를 보게 되었으니 모래톱이 반드시 멀지 않을 것입니다"라고 하였습니다. 신이 말하기를, "갈매기는 한 종류뿐이 아니므로 강가 호수의 모래톱에서 사는 것도 있지만, 바다갈매기는 바다 가운데 떼 지어 있다가 조수를 따라 날고 항상 3월에 바람이 불어야 모래톱과 섬으로 돌아온다. 지금은 정월이므로 갈매기가 떼 지어 나는 것이 바로 큰 바다 가운데 있을 때이다"라고 하였습니다. 말이 채 끝나기도 전에 또 바다가마우지 몇 쌍이 날아가는 것이 보였으므로 신 또한 어쩌면 섬이 가까이 있을지도 모른다고 생각하였습니다. 정오에 남쪽을 바라보니, 구름이 진(陣)을 치듯 펴져 있고 어렴풋이 산 모양 같은 것이 보였으며 또 인가에서 불 때는 연기 같은 것이 있었으므로, 유구국의 땅이라 여겨 가서 정박하려고 하였습니다. 조금 후에 동풍이 또 일어나서 배는 다시 서쪽으로 향하였습니다. 밤이 되자 바람이 더욱 거세어져 배는 나는 듯 빠르게 내달렸습니다.

10일 — 바다에서 표류하였습니다.

이 날은 비가 내리고 동풍이 어제처럼 불었습니다. 오후에는 바다 빛깔이 도로 푸르러졌습니다. 이에 앞서 제주도를 떠날 때 뱃사람이 무지한 탓으로 식수를 거룻배[85]에 싣고 따르게 하였는데, 풍랑에 표류된 뒤로는 서로 어긋

85_ 돛이 없는 작은 배.

나서 놓쳐버리고 말았습니다. 타고 있는 배에는 물 한 그릇이 없어 밥을 지을 수 없었습니다. 밥도 먹지 못하고 물도 마실 수 없었지만 어찌할 도리가 없었습니다. 권송이 신에게 말하기를, "보아 하니 배 안의 사람들 가운데는 황감(黃柑)[86]과 청주(淸酒)를 가져오기도 했는데, 마구 먹어서 남은 것이 별로 없습니다. 청컨대 이를 한데 모아 배 위의 창고에 운반하여 저장했다가 목마름을 풀도록 하시기 바랍니다"라고 하였습니다. 신은 즉시 거이산에게 명하여, 배 안의 행장을 모두 뒤지게 하여 황감 50여 개와 술 두 동이를 얻었습니다. 손효자에게 말하기를, "배를 함께 탔으면 호인(胡人)과 월인(越人)[87]도 한 마음일 터인데, 하물며 우리들은 모두가 한 나라 사람으로서 정은 골육지친(骨肉之親)[88]과 같으니, 살아도 같이 살고, 죽어도 같이 죽어야 한다. 이 감과 술은 한 방울이 천금과 같다. 네가 이를 맡아서 함부로 쓰지 말고, 배에 탄 사람의 절박한 목마름을 풀어 주는 것이 좋겠다"라고 하였습니다. 효자가 사람들 가운데 입술이 타고 입이 마른 사람을 보아서 고루

86_ 밀감의 일종으로 잘 익어서 빛깔이 누렇게 된 홍귤을 뜻한다. 《東國輿地勝覽》 제38권, 濟州牧 조항을 보면 제주의 물산으로 柑과 橘이 있는데 귤에는 金橘, 山橘, 洞庭橘, 倭橘, 靑橘의 다섯 종류가 있고 감에는 黃柑과 乳柑 등 몇몇 종류가 있다고 한다. 한편 《朝鮮成宗實錄》 16년 10월 11일조 기사에 "제주에는 橘柑이 많이 생산된다"는 언급이 있다.

87_ 胡는 북쪽, 越은 남쪽에 위치하니, 서로 거리가 멀리 떨어져 있을 뿐 아니라 풍속에도 큰 차이가 있음을 의미한다. '胡越'은 《淮南子》 권2, 俶眞訓 편의 "是故自其異者視之, 肝膽胡越"에서 유래한다.

88_ 부모와 자식처럼 지극히 가까운 사이를 뜻한다. 출전은 다음과 같다. "故父母之於子也, 子之於父母也, 一體而兩分, 同氣而異息. 若草莽之有華實也, 若樹木之有根心也, 雖異處而相通, 隱志相及, 痛疾相救, 憂思相感, 生則相歡, 死則相哀, 此之謂骨肉之親." 《呂氏春秋》, 〈紀部〉, 第九卷, 第五篇, 精通.

나누어 마시게 하여 겨우 혓바닥만 적시게 하였습니다.

며칠이 지나자 황감과 술이 모두 없어지니 어떤 사람은 마른 쌀을 잘게 씹고 제 오줌을 받아 마셨지만, 얼마 안 가 오줌마저 없어지고 가슴속이 건조해져 목소리가 나오지 않아 거의 죽을 지경에 이르렀습니다. 이 때 마침 비가 내리니 배 안 사람들이 손으로 봉옥의 처마를 들고 거기에 떨어지는 물방울을 받기도 하고, 모자를 그릇삼아 아래로 떨어지는 빗물을 모으기도 하고, 돛자리를 구부려 뿌려지는 빗물을 받기도 하고, 돛대와 노를 세워 중간에 종이끈을 묶어서 뚝뚝 떨어지는 물방울을 받기도 하면서 한 잔 물이라도 기어코 얻어서 혀로 핥았습니다. 안의가 말하기를, "옷에 비를 적셔 이를 짜서 마신다면 얻는 바가 실로 많을 터이지만, 뱃사람의 옷은 모두 바닷물에 젖어 비록 비에 적셔 짜내더라도 마실 수가 없으니 어찌하겠습니까?"라고 하였습니다. 신은 즉시 간수해 둔 옷 몇 벌을 찾아내어 최거이산에게 비에 적신 뒤 이를 짜게 하니 거의 몇 병이 되었습니다. 김중으로 하여금 숟가락으로 이를 나누어 마시게 하였습니다. 김중이 숟가락을 집어 들면 배 안 사람들이 입을 벌리기를 마치 제비 새끼가 먹이를 먹여주기를 바라는 듯하였습니다. 이때부터 비로소 혀를 움직이고 숨을 쉴 수가 있어 조금 살고자 하는 마음이 생기게 되었습니다.

11일—바다에서 표류하였습니다.

이 날은 흐렸습니다. 새벽에 한 섬에 도착하니 석벽이 우뚝 솟아 매우 험준하였습니다. 바다 물결이 넘실대다 석벽에 부딪치면 거의 1-2장(丈)을 솟구쳤습니다. 배가 물결을 따라 곧장 들어가 부딪쳐 부서질 지경이 되니, 권산은 크게 울부짖다가 마침내 있는 힘을 다하여 배를 몰았습니다. 효자와 정보 등도 또한 돛 가장자리의 아딧줄을 움켜잡고 풍랑을 보아가며 놓아주기도 하고 당기기도 하였습니다. 그때 물이 바다로부터 섬 쪽으로 들어가고 바람은 섬으로부터 바다 쪽으로 나오니, 배가 바람을 따라 휘돌아 나와 화를 면하게 되었습니다. 저녁에 어떤 큰 섬에 도착하였는데 섬은 바위가 깎아지른 듯하였으므로, 배를 대려고 해도 댈 수가 없었습니다. 이복이 옷을 벗고는 물속으로 뛰어 들어가 배를 끌고 헤엄을 쳐서 섬 기슭에 붙들어 매었습니다. 배 안 사람들은 기뻐하며 구르듯이 마구 뛰어 내려가 시냇물을 찾아 손으로 움켜 달콤한 물을 떠 마시고는, 물을 지고 와서 밥을 짓고자 하였습니다. 신이, "굶주림이 극도에 달하면 오장이 말라붙게 되는데 만약 갑자기 밥을 배부르게 먹는다면 반드시 죽게 될 것이다. 먼저 미음을 마신 뒤 죽을 먹되 적당히 먹고 그만두는 게 좋을 것이다"라고 하였더니, 배 안 사람들이 모두 죽을 끓여서 먹었습니다. 섬에는 바람을 피할 곳이 없었으므로 밤에 또 배를 풀어서 떠났습니다.

12일—영파부(寧波府)에서 해적을 만났습니다.

이 날은 흐렸다가 비가 오기도 하더니, 바다 빛깔이 도로 희게 되었습니다. 해질 무렵에 큰 섬에 이르렀는데, 섬이 병풍처럼 잇닿아 있었습니다. 바라보니 중선(中船) 두 척이 모두 거룻배를 매달고서 신의 배를 향하여 똑바로 왔습니다. 정보 등이 신의 앞에 빙 둘러 꿇어앉아 말하기를, "무릇 일에는 경상(經常)[89]도 있고 권변(權變)[90]도 있는 것이니, 청컨대 상복을 벗고 임시로 사모(紗帽)[91]와 단령(團領)[92]을 착용하여 관인(官人)의 위의(威儀)를 보이시기 바랍니다. 그렇지 않으면 저들은 반드시 우리를 도적이라고 떠들어 대며 욕을 보일 것입니다"라고 하였습니다. 신이 말하기를, "해상에서 표류하게 된 것도 하늘의 뜻이고, 여러 번 사지(死地)를 거쳤지만 다시 살아난 것도 하늘의 뜻이고, 이 섬에 도착하여 이 배를 만난 것도 하늘의 뜻이다. 천리(天理)는 본래 곧은 법인데, 어찌 천리를 어기면서 거짓을 행할 수 있겠는가?"라고 하였습니다. 조금 뒤에 두 배가 점차 가까워져서 서로 만났습니다. 한 배에 약 10여 명이 타고 있었는데 사람마다 모두 검은 솜바지를 입고 짚신을 신었으며, 그중에는 수건으로 머리를 동여 맨 사람도 있었고, 대나무 잎으로 만든 삿갓과 종려(棕櫚) 껍질로 만든 도롱이를 입은 사람도 있었는데, 요란스럽게 떠드는 소리가 모조리 중국말이었습니다. 신은 그들이 중국 사람인 줄 짐작하고 정보를 시켜서 종이에 글을 써서 건네기를, "조선국(朝鮮國)의 신(臣) 최부는 왕명을 받들고 해도(海島)에 갔다가 부친상을 당하여 급히 바다를 건너가던 도중, 바람을 만나 표류해 이곳에 도착하였는데, 이곳이 어느 나라 고을의 땅인지 모르겠소"라고 하였습니다. 그 사람이 회답하기를, "이곳은 곧 대당국(大唐國)[93] 절강성(浙江省) 영파부(寧波府)

89_ 항상 일정하여 변하지 않는 道義와 法則.

90_ 임기응변의 조치.

91_ 비단실로 짠 모자로서 魏晉시대에서부터 유래한다. 紗帽에는 황제가 쓰는 白紗帽와 文人 및 관료가 쓰는 烏紗帽 등이 있다. 원문에서 紗帽는 물론 烏紗帽를 가리키는데 明代에는 官帽의 대명사가 되었다.

92_ 깃을 둥글게 만든 옷으로 圓領, 員領, 上領이라고도 한다. 漢魏 이전의 西域에서 기원한다. 六朝 이후 점차 中原에 들어와 隋唐 이후에 많이 입게 되었는데, 특히 官吏의 常服으로 사용되었다. 후에는 官服의 대명사가 되었다.

93_ 중국을 가리키는 말로서, 그 유래에 대해서는 《漂海錄》 3월 8일의 내용을 참조할

지방이오"라고 하고, 또 말하기를, "본국으로 돌아가려면 대당(大唐)으로 가는 것이 좋소"라고 하였습니다. 정보가 손으로 자기의 입을 가리켜 보이니, 그 사람들은 먹을 물 두 통을 가지고 와서 주고는 노를 저어 동쪽으로 가 버렸습니다.

신은 배 안 사람들에게 명령하여 노를 저어 한 섬에 들어가서 대게 하였습니다. 또 다른 배 한 척도 거룻배를 달고 있고 군인 7-8명이 타고 있었는데 그 사람들의 의복과 말소리는 또한 앞에 보았던 자들과 같았습니다. 신의 배에 다가와서 말하기를, "당신은 어느 나라 사람이오?"라고 하였습니다. 신은 또 정보에게 전과 같이 대답하게 하고는 이어서 물어보기를, "이곳은 어느 나라 땅이오?"라고 하니, 그 사람은 그 섬을 가리키면서 말하기를, "이곳은 곧 대당(大唐) 영파부의 하산(下山)[94]이오. 바람과 물길이 좋으면 이틀이면 돌아갈 수 있소"라고 하였습니다. 신이 말하기를, "타국 사람이 풍랑을 만나 사경을 헤매던 나머지 다행스럽게 대국(大國)의 땅에 이르러 다시 살아날 길을 얻게 되어 기쁘오"라고 하였습니다. 또 그의 성명이 누군가 물으니 대답하기를, "나는 대당의 임대(林大)요. 당신이 만약 대당으로 간다면 데리고 갈 터이니 보화(寶貨)가 있으면 내게 주시오"라고 하였습니다. 신이 말하기를, "나는 봉명사신(奉命使臣)[95]이지 장사하는 무리가 아니며 또 바

수 있다.

94_ 三門縣의 地方志辦公室 金賢德 副主編은 최근 《漂海錄》에 나오는 '下山'이라는 섬은 舟山列島의 '岱山' 섬이라는 사실을 확인하였다는 보도가 있었다. 《연합뉴스》 2004년 2월 9일자.

95_ 임금의 명을 받고 파견된 사신.

다에 표류하여 물에 떴다 가라앉았다 한 뒤인데 어떻게 보화가 있겠소?"라고 하고, 쌀을 덜어 주었습니다. 그 사람은 받고 나서 다시 말하기를, "이 산은 배를 매기에 서북풍은 걱정되지 않지만, 다만 남풍이 좋지 않으니 나를 따라와 배를 매시오"라고 하였습니다. 신의 배를 인도하더니 배 댈 만한 섬을 가리키면서 말하기를, "이곳에 댈 만하오, 댈 만하오"라고 하였습니다. 신은 그의 말대로 곧 가서 배를 대었는데 과연 바람이 없었으며, 온 섬 안을 둘러보아 배를 매어 둘 만한 곳이었습니다. 그 서쪽의 물가에는 초가집 두 채가 있었는데 보자기[96]의 집 같았습니다. 그들은 배를 초가집 아래에 매었습니다.

신과 함께 배를 탄 사람들은 오랫동안 굶주리고 목말랐으며 지치고 잠자지 못한 끝에 먹을 것을 먹게 되고 바람 잔 곳에 배를 대자 피로가 몰려들어 사지가 풀려서 배 안에서 서로를 베개 삼아 이내 곯아떨어졌습니다. 밤 2경에 자칭 임대(林大)란 자가 그 무리 20여 명을 거느리고 왔는데, 창을 쥔 자도 있고 칼을 찬 자도 있었지만 활과 화살은 없이 횃불을 잡고 신의 배 안으로 마구 들이닥쳤습니다. 해적의 괴수가 글로 써 보이기를, "나는 관음불(觀音佛)[97]이라 네 마음을 뚫어본다. 네가 금은을 가지고 있으

• • •

96_ 원문은 鮑作干(포작한)으로 되어있는데, 이는 우리말 '보자기' 대신 漢字를 빌려다 쓴 말이다. '보자기' 즉 포작한은 바닷물 속에 들어가 조개, 미역 등 해물을 채취하는 사람을 의미한다. 한편 《朝鮮中宗實錄》 35년 1월 10일조와 《朝鮮宣祖實錄》 33년 1월 3일조 등의 기사를 보면 포작한은 배를 능숙하게 부리므로 格軍 등으로 동원되고 있다.

97_ 觀音은 아미타불을 보좌하는 보살로서 단독으로 신앙의 대상이 되기도 하며 불교의 여러 神 가운데 가장 널리 숭상되어 왔다. 浙江省 舟山群島에 속한 이 섬 부근에 있는 普陀山은 五臺山 · 蛾眉山 · 九華山과 더불어 중국불교 4대 名山 가운데 하나로서,

니 찾아보겠다"라고 하였습니다. 신이 대답하기를, "금은은 본국에서 생산되지 않아서 처음부터 가져온 것이 없소"라고 하였습니다. "네가 벼슬아치라면 어찌 금은을 가지고 오지 않았겠는가? 내가 찾아보아야겠다." 당초 신 및 정보·이정·김중·손효자 등은, 제주도는 바다 밖의 땅이라 갔다 오는데 기약할 수 없다고 해서 사철 의복 몇 벌을 갖추어 갔습니다. 이 때 와서 해적의 괴수는 곧 그 무리들을 큰 소리로 불러서 신 및 배리(陪吏)들의 보자기 속에 있는 의류와 뱃사람의 양식 등을 샅샅이 뒤져 가지고 가 그들의 배에 실었습니다. 그들이 남긴 것은 바닷물에 흠뻑 젖은 옷과 여러 종류의 서책(書冊)뿐이었습니다. 해적 가운데 애꾸눈인 자가 특히 악독하였습니다. 정보가 신에게 말하기를, "해적이 처음 이르렀을 적에는 얌전하였는데, 우리의 형세가 약한 것을 보더니 차츰 날강도로 변하였습니다. 청컨대 한 번 온 힘을 다하여 공격하여 사생결단을 내기 바랍니다"라고 하였습니다. 신이 말하기를, "우리 일행은 모두 굶주리고 목말라 거의 죽게 된 뒤이라 해적에게 기를 빼앗겼기 때문에 그들이 이러한 형세를 이용하여 포악한 짓을 마음대로 하는 것이다. 만약 그들과 서로 싸운다면 우리들은 모두 해적의 손에 죽게 될 것이다. 행장을 모조리 주고 목숨만 살려달라고 비는 것만 못하다"라고 하였습니다. 해적의 괴수가 또 신이 가졌던 인신(印信)과 마패를 빼앗아 그의 소매 속에 넣었습니다. 정보가 그 뒤를 따라가서 돌려주기를 청했으나 받지 못했습니다. 신이 말하기를, "배 안에 있는 물건은 죄다 가져

• • •

五代 때에 지은 不肯去觀音院을 비롯한 觀音道場이 특히 많다. 특히 潮音洞이란 동굴에 관음보살이 나타났다는 전설이 宋代에 만들어진 이래 觀音信仰의 중심이 되었다. 해적 두목인 林大가 스스로 '觀音佛'로 칭하고 있는 점이 흥미롭다.

가도 되지만, 인신과 마패는 나라의 신표(信標)라 사사로이 쓸 곳이 없으니 나에게 돌려주면 좋겠소"라고 하였습니다. 해적의 괴수는 인신과 마패를 돌려주었습니다.

봉창(篷窓)[98]을 나서더니, 그 무리들과 뱃전에 죽 늘어서서 한참 동안 떠들다가 배 안으로 도로 들어왔습니다. 먼저 정보의 웃옷과 바지를 벗기고 묶어놓고 매질을 하였습니다. 그 다음 칼로 신의 옷고름을 끊고 옷을 벗겨서 알몸을 만든 뒤, 손을 뒤로 젖히고 무릎을 굽혀 결박하더니, 몽둥이를 가지고 신의 왼팔을 일곱 여덟 차례 때리고 난 뒤에 말하기를, "네가 만약 목숨이 아깝다면 얼른 금은을 내 놓아라"라고 하였습니다. 신은 큰 소리로 부르짖으며, "몸뚱이가 문드러지고 뼈가 가루가 될지라도 어디에서 금은을 가져온단 말인가?"라고 하였습니다. 해적은 신의 말을 알아듣지 못하였으므로, 신의 결박을 풀어주고는 그 의미를 글로 쓰게 하였습니다. 신이 즉시 썼더니 해적의 괴수는 노하여 눈을 부릅뜨고 입을 벌린 채 정보를 가리키면서 큰 소리를 지르고, 신을 가리키면서 큰 소리를 지르고 나서 곧 신의 머리채를 끌어당겨 도로 묶어 거꾸로 매달고는 칼을 메고 신의 목을 베려고 하였지만, 칼을 마침 오른쪽 어깨로 잘못 내렸고 칼날이 뒤집혀져 있었습니다. 다시 칼을 메고 신의 목을 베려고 할 때 한 해적이 와서 칼을 멘 자의 팔을 잡아 이를 저지시켰습니다. 해적의 무리들이 한꺼번에 소리를 질러 크게 떠들어 댔지만 뭐라고 하는지 알지 못하였습니다. 이때에 뱃사람들은 두려워 제정신을 잃고 쥐새끼처럼 구석구석 숨어버렸습니다. 김중과 최거이산 등만은

98_ 배 아래 칸의 船室.

손을 모아 절하고 꿇어앉아서 신의 목숨을 살려주기를 청하였습니다. 조금 후에 해적의 괴수가 신의 몸뚱이를 짓밟고, 뱃사람들을 공갈 협박하고는 그 무리들을 이끌고 나가면서 신의 배의 닻, 노 등 여러 가지 기구를 끊어 바다에 던져버렸습니다. 마침내 그들의 배로 신의 배를 끌어 큰 바다 가운데 놓은 다음 배를 타고 도망가 버렸는데 밤은 이미 깊었습니다.

13일—다시 바다에서 표류하였습니다.

이 날은 흐리고 서북풍이 크게 일어서 배는 끝이 없는 바다 속으로 흘러 들어갔습니다. 신 및 배에 탄 사람들이 간직했던 솜옷은 모두 해적에게 빼앗겼고, 입은 옷은 바닷물에 절었는데 날씨 또한 계속 흐려서 햇볕에 말리지 못하였으므로 얼어 죽을 날이 가까이 왔고, 배에 실은 양식을 해적에게 모두 빼앗겼으니 굶어 죽을 날이 닥쳐왔으며, 닻과 노를 도적이 던져버렸고 임시로 만든 돛은 바람에 부서졌으므로, 배는 다만 바람을 따라 동쪽으로 갔다가 서쪽으로 가기도 하고 조수를 따라 나왔다가 들어가기도 하여 사공이 힘을 쓸 수가 없었으니, 침몰될 날 또한 가까이 닥쳐왔습니다. 배에 탄 사람들은 모두 목이 막혀서 소리도 내지 못하고, 앉아서 죽을 날만 기다리고 있었습니다. 효지가 신에게 말하기를, "우리들의 죽음은 분에 맞는 일이지만 경차관의 죽음만은 매우 애석할 뿐입니다"라고 하였습니다. 신이 말하기를, "너는 어찌 죽는 것을 분에 맞는 일이라 하는가?"라고 하였습니다. 효지가 말하기를 "우리 제주도는 큰 바다 가운데 멀리 떨어져 있어, 수로가 900여 리나 되고 파도는 다른 바다에 비하여 특히 사납습니다. 공선(貢船)[99]과 상선(商船)의 왕래가 잇달아 끊이지 않는데, 표류되고 침몰되는 것이 10에 5-6척은 되어 제주사람은 일찍 빠져죽지 않더라도 나중에는 반드시 빠져죽곤 합니다. 그런 까닭에 경내에는 남자의 무덤이 매우 적고, 마을에는 여자가 많아서 남자보다 3배나 됩니다. 부모가 된 사람이 딸을 낳으면 반드시 '이 애는 나에게 효도할 아이이다'라 하고, 아들을 낳으면 모두 '이 물건은 내 자식이 아니고 곧 고래와 거북의 밥이다'라고 합니다. 우리들의 죽음은 하루살이와 같아서 평소에도 어찌 자기 집에서 죽기를 바랄 수 있겠습니까? 오직 조신(朝臣)들이 왕래할 때면 조용히 순풍을 기다리고 선박도 빠르고 견고한 까닭에 풍랑으로 죽은 사람은 예전부터 드물었습니다. 그런데 지금 경차관만을 하늘이 도와주지 않아 죽음의 지경에까지 이르게 되었으니, 이 때문에 통곡할 따름입니다."

14일—바다에서 표류하였습니다.

이 날은 맑았습니다. 해질 무렵에 배가 표류하여 한 섬에 이르니 동, 서, 남 3면이 탁 터져 있고, 북풍은 피할 수 있는 곳이었으나, 살펴보니 닻이 없는 것이 근심거리였습니다. 처음에 제주도를 출발할 때는 배가 매우 큰데도 실을 물건이 없었으므로 몇 개의 돌덩이를 배 안에 실어서 배가 흔들리지 않도록 하였습니다. 이 때 상리 등이 새끼줄로 그 돌 네 개를 얽어매어 합쳐서 임시 닻돌(碇)을 만들어 배를 머물게 하였습니다. 안의는 신(臣)이 들을 수 있도록 군인 등에게 말하기를, "이번 행차에서 표류하여 죽게 된 까닭을 나는 안다. 옛날부터 제주도에 가는 사람들은 모두 광주(光州) 무등산(無等

99_ 나라의 賦稅를 운송하는 배.

山)의 신사(神祠)[100]와 나주(羅州) 금성산(錦城山)의 신사[101]에서 제사를 지냈으며, 제주도에서 육지로 나오는 사람들도 모두 광양(廣壤)·차귀(遮歸)·천외(川外)·초춘(楚春) 등의 신사[102]에서 제사를 지내고 나서 떠났던 까닭에 신령님의 도움을 받아 큰 바다를 순조롭게 건너갈 수가 있었다. 지금 이 경차관은 특별히 이를 잘못이라고 큰소리치며 비난하며, 올 때도 무등산과 금성산의 신사에서 제사를 지내지 않았고, 갈 때도 광양 등 여러 신사에서 제사를 지내지 않았다. 신령님을 업신여겨 공경하지 않았으므로, 신령님 또한 돌보지 아니하여 이러한 지경에 이르게 되었으니 또한 누구의 잘못이겠는가?"라고 하였습니다. 군인들은 동조하며 모두 신을 탓하였습니다. 권송만은 홀로 말하기를, "그렇지 않다. 이에 앞서 정의현감 이섬은 3일 동안 재계(齋戒)한 뒤 광양 등의 신령님께 정성껏 제사를 지냈는데도, 표류되어 거의 죽을 뻔하다 다시 살아났다. 경차관 권경우(權景祐)[103]는 아무 제사를

100_무등산의 신사 즉 天祭壇은 신라 때 小祀를 올렸던 곳으로 전해지고 있다. 신라 때는 명산대천에 올리는 제사를 大祀, 中祀, 小祀로 구분했는데 무등산 천제단에서는 소사를 지냈다. 고려 때에는 천제단에서 國祭를 모셨고 조선시대에는 國祭를 모시지 않는 대신 봄, 가을에 光州牧으로 하여금 제사를 지내게 했다.

101_羅州에 있는 神祠로서, 나주인 뿐 아니라 전라도 각지에서 제사를 지내러 오는 자가 끊이지 않았다.

102_廣壤堂은 제주의 남쪽에 있는 한라산 護國神祠에 있다. 遮歸祠는 제주 서쪽 3리에 있고, 川外祠는 제주 서쪽 79리, 楚春祠는 제주 동쪽 70리 정의현 경계에 있다. 《東國輿地勝覽》 권38, 濟州牧.

103_조선 전기의 문신으로, 본관은 安東이고, 자는 子綏이다. 성종원년(1470) 別試文科丙科에 급제하고, 奉教를 지냈다. 그 후 修撰을 거쳐 濟州敬差官, 經筵侍讀官, 司諫, 刑曹參議가 되었다. 연산군2년(1496) 都承旨로 승진, 이듬해 중추부동지사로 千秋使가 되어 명나라에 다녀왔다. 1498년 大司憲이 되어 연산군의 亂政을 直言하는 한편, 任士洪 일파를 탄핵하다가 파직, 가산이 모두 籍沒되었다.

지내지 않았지만 왕래가 아주 순조로웠고 아무 탈도 없었다. 결국 바다를 건너는 데 그 안전한가 아니한가는 순풍을 기다리는 여부에 달려 있지, 어찌 신령님에 대한 제사를 올리고 말고 하는 것과 관계가 있겠는가?"라고 하였습니다.

신 또한 일러 말하기를, "천지는 사심이 없고, 귀신은 말없이 운행(運行)하면서 착한 사람에게 복을 주고 악한 사람에게 재앙을 주니 공평할 따름이다. 악한 사람이 귀신을 아첨해 섬겨서 복을 구한다면 그에게 복을 내리겠는가? 착한 사람이 사설(邪說)에 미혹되지 않아 제사지내지 않는다고 그에게 재앙을 내리겠는가? 천지와 귀신이 아첨하는 음식을 올렸다 하여 그에게 복을 내린다는 말이 일찍이 있었던가? 절대로 그런 이치는 없다. 하물며 제사도 일정한 등급이 있으니, 사대부와 서인(庶人)이 산천에 제사지내는 것은 예에 어긋난 일이다. 예에 어긋난 제사가 바로 음사(淫祀)[104]인데, 음사로써 복을 얻은 일은 나는 본 적이 없다. 너희들 제주도 사람들은 귀신을 몹시 좋아하여 산택(山澤)과 천수(川藪)에 모두 신사를 세워, 광양 등의 신당(神堂) 같은 데는 조석으로 받들어 제사 지내기를 지극하게 하거늘, 바다를 건너는 데 표류거나 침몰하는 재앙이 없어야 마땅하다. 그러나 오늘은 어느 배가 표류하고 내일은 또 다른 배가 침몰하여, 표류하거나 침몰하는 배가 앞뒤로 서로 잇닿으니, 이것이 과연 신령님의 영험이 있는 셈인가? 제사를 지낸다고 복을 받을 수 있단 말인가? 하물며 지금 함께 배를 탄 우리들 가운데 제사를 지내지 않은 사람은 나 한 사람뿐이고, 너희 군인들은

104_《禮記》 曲禮下에 "非其所祭而祭之, 名曰淫祀. 淫祀無福"이라 하였다.

모두 정성스런 마음으로 재계(齋戒)하고 제사를 지내고 왔는데, 신이 만약 영험이 있다면 어찌 나 한 사람이 제사를 지내지 않았다고 해서 너희들 40여 명이 재계하고 제사 지낸 정성을 저버릴 수가 있는가? 나의 배가 표류한 것은 오로지 일정을 서두르다, 순풍 기다리기를 잘못한 데서 말미암은 것인데, 도리어 제사 지내지 않은 일로 나를 탓하니, 또한 미혹된 일이 아니겠는가?"라고 하였습니다. 안의 등은 여전히 신의 말을 물정에 어두운 탓이라 하며 옳다고 여기지를 않았습니다.

15일—바다에서 표류하였습니다.

이 날은 흐리고 바다 빛깔은 붉으면서 탁하였습니다. 다시 동풍이 불었으므로 순풍을 타고 키를 잡아 서쪽으로 향하였습니다. 배 안에 있는 사람들 중에 박종회, 만산, 이산 등은 병이 나서 일을 하지 못하였습니다. 고보종, 양달해, 고회, 김조회, 임산해 등은 바다에서 표류가 시작된 뒤로 여태까지 드러누워 움직이려 하지 않고, 취로(取露) 등의 일로 이들을 독려하여도 귀담아 듣지도 않았습니다. 정실, 부명동, 김득시, 강유, 송진, 김속, 강내, 오산, 고내을동 등은 열 번 부르면 한 번 대답하였으며, 마지못해 일을 하는 자도 있었습니다. 소근보, 김괴산, 고복, 김송, 김석귀, 이효태, 김진산(金眞山)[105] 등은 낮에는 부지런하다가도 밤에는 게으름을 피우기도 하고, 처음에는 부지런하다가도 나중에는 나태하기도 하였습니다. 허상리, 권산, 김고면, 김구질회, 최거이산, 김도종, 고이복, 문회, 현산, 한매산, 권송, 막금

105_ 앞의 김진음산(金眞音山)과 동일 인물이다.

등은 밤낮으로 부지런히 배를 운행하는 일을 자기의 책임으로 삼았으며, 정보, 김중, 이정, 손효자, 이효지, 안의 등은 몸소 일하기도 하고, 배를 수리하는 일을 점검하고 독려하기도 하며, 일을 끝내기를 기하였습니다. 해적을 만나 바다에 다시 표류한 이후로는 사람들이 모두 살고자 하는 의욕이 없어 하는 일이 점차 전만 같지 못하여졌습니다. 배가 사나운 파도에 부딪친 지 오래 되자 수많은 구멍과 틈이 생겼고, 막는 즉시 곧 터져 새어 들어오는 물을 이루 다 퍼낼 수 없었습니다. 신이 말하기를, "물새는 것이 이러하고, 뱃사람들 마음이 흩어진 것이 또 이러하니, 무턱대고 높은 사람이라고 점잔만 빼다가 앉아서 익사 당하는 것이 어찌 옳겠는가?"라고 하였습니다. 마침내 정보 등 6명과 함께 몸소 물을 거의 다 퍼내었습니다. 상리 이하 10여 명 또한 조금씩 힘을 내어 일어나는 자가 있었습니다. 밤에는 바람은 없었지만 비가 내렸습니다. 어느 큰 섬에 이르렀지만 썰물의 힘에 밀려 정박할 수 없었고 배는 바다 쪽으로 흘러갔습니다.

16일—우두(牛頭) 앞 바다에 정박하였습니다.

이 날은 흐리고 바다 빛깔은 검붉었으며 완전히 탁하였습니다. 서쪽으로 바라보니 잇닿아 겹친 산봉우리가 하늘을 버티고 바다를 둘러쌌는데 사람이 피운 연기가 피어오르는 듯하였습니다. 동풍을 타고 이르러, 산 위에 봉수대(烽燧臺)가 죽 늘어서 있는 것을 보니 기쁘게도 다시 중국 땅에 도착한 것이었습니다. 오후에는 풍랑이 더 세고 보슬비가 자욱하게 내리는데, 배는 바람이 부는 대로 나아갔습니다. 잠깐 동안에 갑자기 표류하여 두 섬 사이에 이르러 기슭을 옆으로 지나가니, 중선(中船) 6척이 죽 늘어서 정박하고 있는 것이 멀리 보였습니다. 정보 등이 신에게 청하기를, "전일 하산(下山)에 이르렀을 때엔 벼슬아치의 위의(威儀)를 보이지 않았기 때문에 해적을 불러들여 거의 죽을 뻔하였습니다. 지금은 마땅히 권도(權道)[106]를 따라 관대(冠帶)를 갖춰서 저들의 배에 보여야 할 것입니다"라고 하였습니다. 신이 말하기를, "너는 어찌 의리에 어긋나는 일로 나를 이끄는가?"라고 하였습니다. "지금 죽음이 임박했는데, 어느 겨를에 예의를 차리겠습니까? 일단 권도를 행하여 살길을 찾은 뒤에 예로써 상사(喪事)를 치르더라도 의리에 어긋나지는 않을 것입니다."

신은 이를 거절하면서 말하기를, "상복(喪服)을 벗고 길복(吉服)을 입는 것은 효(孝)가 아니고, 거짓으로 남을 속이는 것은 신(信)이 아니다. 차라리 죽음에 이를지언정, 효(孝)와 신(信)이 아닌 일은 차마 할 수가 없으니, 나는 마땅히 정당한 운명으로 받아들일 것이다[107]"라고 하였습니다. 안의가 와서 청하기를, "제가 일단 이 관대를 착용하여 관인(官人)처럼 보이겠습니다"라고 하였습니다. "안 된다. 저 배가 혹시 전에 만났던 해적과 같다면 그래도 괜찮겠지만, 만약 좋은 사람의 배라면 반드시 우리들을 관부(官府)로 데려가 공술서를 받을 것인데, 너는 장차 무슨 말로 답변하겠는가? 조금이라도 정직하지 못하면 저들은 반드시 의심을 하게 될 것이다. 정도(正道)를 지키는 것만 못하다." 조금 후에 앞서 말한 6척의 배가 와서 신의 배를 둘러쌌는데

• • •

106_수단이 常道에 반하지만 결과가 常道에 합하는 道. 임기응변의 수단. 常法을 행하기 어려울 때 취하는 방법.

107_《孟子》, 盡心 上. "莫非命也, 順受其正(命이 아닌 것이 없으나, 그 바른 것을 순조롭게 받아야 한다)"이란 구절이 있다.

한 배에 8-9인이 있었고, 그들의 의복과 말소리는 또한 하산에서 만났던 해적과 같았습니다. 글을 써서 신 등에게 보이기를, "보아하니 그대들은 다른 나라 사람 같은데 어디에서 왔소?"라고 하였습니다. 신은 정보를 시켜 또한 글을 써서 대답하기를, "나는 조선국 조신(朝臣)으로 왕명을 받아 해도(海島)를 순찰하였소. 친상을 당하여 급히 돌아가면서 바다를 건너다가 바람을 만나 이곳에 왔소. 이 바다가 어느 나라의 땅인지 모르겠소"라고 하였습니다. 그 사람이 대답하기를, "이 바다가 바로 우두 앞바다로서, 지금의 대당국 태주부(台州府) 임해현(臨海縣)에 속해 있소"라고 하였습니다. 정보가 손으로 자기 입을 가리켰습니다. 그 사람이 물통을 가져와서 주고, 또 북쪽 산을 가리키면서 말하기를, "이 산에 샘물이 있으니 당신들은 물을 길어 밥을 지어먹을 수 있소. 당신들에게 후추가 있으면 우리에게 두세 냥 정도 주시오"라고 하였습니다. 신이 대답하기를, "우리나라에서는 후추가 산출되지 않아 애초부터 가지고 오지 않았소"라고 하였습니다. 그 사람들은 마침내 노를 저어 조금 물러나 신의 배를 포위하여 죽 늘어서 닻을 내리므로, 신의 배도 또한 언덕을 의지하여 정박하였습니다. 안의, 거이산, 상리 등으로 하여금 배에서 내려 산에 올라 인가를 둘러보게 했더니, 과연 이곳은 육지와 잇닿은 곳이었습니다.

신이 이번에 지나온 바닷물은 비록 동일한 바다지만 물살과 빛깔은 곳에 따라 달랐습니다. 제주도 바다는 빛깔이 짙푸르고, 파도가 사납고 급하여 비록 바람이 조금만 일어도 파도 위에 파도가 덮쳐, 휘돌며 솟구치고 물살이 빠르기가 이보다 더할 수 없었습니다. 흑산도 서쪽에 이르러서도 여전하였습니다. 나흘 밤낮을 가니 바다 빛깔이 희었고, 이틀 밤낮을 가니 더욱 희었습니다. 또 하루 밤낮을 가니 빛깔이 도로 푸르렀고, 또 이틀 밤낮을 가니 도로 희었다가, 다시 사흘 밤낮을 가니 붉으면서 탁하더니, 또 하루 밤낮을 가니 검붉으며 온통 탁하였습니다. 신의 배는 바람을 따라 나아가기도 하고 물러서기도 하면서, 동, 서, 남, 북으로 부평초처럼 표류하여 정처가 없었으니, 그동안에 본 바다 빛깔은 대개 이와 같았습니다. 빛깔이 흰 데서부터 푸른 데로 되돌아온 이후 바람의 힘은 비록 세지만, 물결은 그다지 높지 않았습니다. 빛깔이 푸른 데서 흰 데로 다시 되돌아온 다음에야 비로소 섬이 나타났는데, 섬은 모두 층암절벽에 우뚝 솟은 바위더미로 위에는 흙을 이고 있어 잡초와 향초가 무성하게 푸르렀습니다. 물살은 느리고 약하므로 만약 큰바람만 만나지 않는다면 거센 물결로 인한 재난은 드뭅니다. 신이 해적을 만나 다시 표류하게 된 바다가 또한 제주 바다처럼 험했다면 어찌 다시 섬을 만날 수 있었겠습니까?

무릇 매년 정월은 바로 한창 추울 때로서 매서운 바람이 거세게 불고 큰 물결이 진동하여 부딪치게 되니, 배를 타는 사람들이 꺼리는 때입니다. 2월에 가서야 점차로 바람이 잦아들지만, 제주 풍속은 오히려 연등절(燃燈節)[108]이라 하여 바다를 건너지 못하게 합니다. 또 강남의 조주(潮州) 사람들

108_ 燃燈은 원래 등불을 켜 놓음으로써 번뇌와 무지로 가득 찬 어두운 세계를 밝게 비춰주는, 부처의 공덕을 기려 善業을 쌓고자 하는 공양의 한 방법이었다. 이러한 연등 의식이 인도에서 중국에 전래되면서 연중 행사화하고, 또 신에 대한 제사를 함께 지내는 등의 성격 변화를 거치게 된다. 고려에서는 처음에 매년 1월 15일에 행사를 거행했는데, 현종 때 거란의 침입으로 피난길에 올랐다가 돌아오던 중 淸州의 별궁에서 2월

도 정월에는 바다에 나가지 않습니다. 4월에 이르러 매우(梅雨)[109]가 지나가고 난 뒤 시원한 청풍(淸風)이 불면 바다를 다니는 큰 배들이 돌아오니, 이를 '박초풍(舶趠風)'[110]이라 부릅니다. 신이 표류할 적은 마침 풍랑이 사나울 때로서 바다 날씨는 나날이 흐려졌고, 돛과 밧줄과 노가 부러지거나 잃어버렸습니다. 굶주림과 목마름으로 고통받은 것이 열흘이었으며, 하루에도 물에 빠져 죽을 뻔한 적이 한두 번이 아니었습니다. 그러나 다행히 겨우 목숨을 보전하여 해안에 배를 댈 수 있었던 것은 다만 빗물에 옷을 적셔 물을 짜내 타는 창자를 적셨기 때문만이 아니라, 배가 견고하고 빨라 능히 바람과 파도를 이겨 낼 수 있었기 때문이었습니다.

17일—배를 버려두고 상륙하였습니다.

이 날은 비가 내렸습니다. 날이 샐 녘에 앞서 말한 6척의 배가 빙 둘러싸고 와서 신 등에게 말하기를, "보아하니 당신들은 좋은 사람들 같소. 우리를 따라 오시오. 당신들에게 진기(珍奇)한 물건이 있으면 조금 주시오"라고

• • •

15일에 연 것을 계기로 형편에 따라 이 때에 거행하기도 했다. 제주에서는 2월 초하룻날 歸德, 金寧 등지에 사는 자들은 나무 장대 열둘을 세워 신을 맞아 제사하고, 涯月浦에 사는 자는 나무 등걸 형상이 말머리 같은 것을 얻어 채색 비단으로 꾸며 말이 뛰는 놀이를 하며 신을 즐겁게 해주다가 보름날이 되면 파했다. 이를 燃燈이라 하였으며, 이 달에는 배타는 것을 금하였다. 《東國輿地勝覽》 권38, 濟州牧.

109_ 중국의 江南 지방에서 梅實이 노랗게 익어갈 무렵 비가 많이 내리는 데서 유래한 말로서, 장마를 뜻함.

110_ 원문에는 '舶趕風(박간풍)'으로 기재되어 있으나 이는 '舶趠風(박초풍)'의 誤記이다. 박초풍에 대해서는 《平江紀事》에 "梅雨之際, 必有大風連晝夜, 謂之舶趠風"이라 했고, 蘇軾의 〈舶趠風〉이란 시에 "三旬已過梅黃雨, 萬里初來舶趠風"이라 하였다. 《東坡詩集註》 권6, 〈述懷〉.

하였습니다. 신이 대답하기를, "바다에 표류한 지 이미 오래라, 가졌던 물건은 모두 바다에 버렸소. 만약 우리의 살길을 가르쳐 준다면 타고 온 배와 노는 모두 당신들에게 주겠소"라고 하였습니다. 이어서 마을과의 거리를 물으니, 그중의 한 사람이 말하기를, "이곳은 관부(官府)에 가까우니 당신들이 갈 수도 있소"라고 하였습니다. 한 사람은 "앞으로 1리만 가면 곧 인가가 있소"라 하고, 한 사람은 "여기는 인가와 먼 곳이니, 여기에 머물러서는 안 될 것이오"라 하였습니다. 신이 또 관청과의 거리를 물으니, 그중 한 사람은 "태주부(台州府)는 이곳에서 180리나 떨어졌소"라 하고, 한 사람은 "150리오"라 하고, 한 사람은 "240리오"라고 하였습니다. 그들의 말이 서로 어긋나 믿을 수가 없었습니다. 그들은 시끄럽게 떠들면서 신의 배에 다투어 들어와, 눈에 보이는 것은 비록 보잘것없는 물건일지라도 모두 빼앗았습니다. 신 등에게 말하기를, "우리와 같이 가지 않는다면 우리는 화를 내고 말 것이오"라고 하였습니다. 안의는 배를 버려두고 그들의 배에 타고 따라 가기를 청하였습니다. 이정은 그중 한 사람을 쳐 죽여서 그들을 물리치자고 하였습니다. 신이 말하기를, "너희들의 계책은 모두 옳지 않다. 살펴보건대 저들은 그 말이 성실하지 못하고 물건을 겁탈하는 것 또한 심하니, 진실인지 거짓인지 알 수가 없다. 저들이 전일의 하산의 해적과 같은 부류라면, 안의의 계책대로 저들을 따라 가는 경우 저들은 반드시 노를 저어 육지에서 멀리 떨어진 섬에 이르러 우리를 물에 빠뜨려 죽이고는 흔적을 없애버릴 것이다. 저들이 어선(漁船)이나 방어선(防禦船)이라면, 이정의 계책에 따라 쳐 죽이는 경우 저들은 반드시 자신들이 한 짓은 숨기고 도리어 우리 이국인(異國人)이 와서 약탈을 하고 사람을 죽였다 할 것이니, 그렇다면 대국(大國)의 변경이 시끄러워지는 결과가 된다. 우리를 도적으로 무고하는데 말도 통하지 않아 해명하기가 어렵게 되면 반드시 모두가 변장(邊將)에게 죽임을 당할 것이다. 너희들의 계책은 모두 스스로 죽을 길을 취하는 것이니, 임시변통의 말을 하여 그 형세를 살펴보는 것만 같지 못하다"라고 하였습니다.

그 사람들에게 말하기를, "우리가 바다에 떠다닌 지 오래고, 굶주리고 목말라 피곤함이 극도에 이르러, 위태한 목숨은 겨우 한 오라기 실과 같소. 청컨대 밥을 지어먹어 시장기를 면하고 난 후에 같이 가도록 하겠소"라고 하였습니다. 그 사람들이 다시 말하기를, "당신들은 조금 머물렀다가 천천히 가도록 하시오"라고 하였습니다. 즉시 노를 저어 2-3리가량 조금 물러가더니 다시 신의 배를 둘러싸고 정박하였습니다. 비 때문에 모두 선창(船艙) 속에 들어갔으므로 망을 보는 사람은 없었습니다. 신은 같이 배를 탄 사람에게 말하기를, "보아하니 저 사람들의 말과 거동이 매우 황당하다. 이 산을 살펴보면 육로에 잇닿아 있으니 반드시 인가에 통할 것이므로, 이때에 일을 잘 처리하지 못하면 우리들의 목숨은 저들의 손에 달려 있어, 끝내는 반드시 바다 한 모퉁이의 귀신이 되고 말 것이다"라고 하였습니다. 마침내 배리(陪吏) 등을 거느리고 먼저 배에서 내리고, 여러 군인들도 잇달아 내려 비를 무릅쓰고 숲 사이를 뚫고 도망해 숨어 들어갔습니다.

두 고개를 넘었는데, 고개는 모두 바다에 잇닿아 있으며 길 양쪽으로 돌담을 쌓아 놓았습니다. 6-7리를 가니 한 마을[111]이 있었습니다. 신은 배리와

• • •

111- 원문의 里社는 본래 향촌에서 土地神에게 제사지내는 祠堂을 가리키나, 여기서는 마을의 뜻으로 쓰였다.

군인들에게 말하기를, "이처럼 생사의 괴로움을 함께 하니 골육과 다름이 없다. 이제부터 서로 보호한다면 몸을 온전히 하여 돌아갈 수 있을 것이다. 너희들이 만약 재난을 당한다면 함께 구조하고 한 그릇의 밥을 얻으면 나누어 먹고, 질병이 있으면 함께 돌보아 한 사람의 목숨도 잃어서는 안 될 것이다"라고 하였습니다. "분부대로 하겠습니다." "우리나라는 본래 예의의 나라이니 비록 표류하고 도망하여 급박한 가운데 놓이더라도, 또한 마땅히 위의(威儀)를 보여 이 땅의 사람들에게 우리나라의 예절이 이 같은 것임을 알도록 해야 한다. 이르는 곳마다 배리들은 나에게 엎드려 절하고 꿇어앉고, 군인들은 배리에게 엎드려 절하고 꿇어앉아 틀림이 없도록 하라. 또 마을 앞에서나 성(城) 안에서나 떼 지어 와서 구경하는 사람이 있더라도 반드시 읍(揖)하는 예의를 차리고 감히 방자하게 굴어서는 안 된다." "분부대로 하겠습니다."

그 마을에 이르니 마을 안의 남녀노소가 다투어 신 등을 괴이하게 여겨, 구경꾼이 담처럼 둘러 서 있었습니다. 신은 종자(從者)와 함께 앞으로 나아가 읍하니 모두 소매를 모아 몸을 굽혀 답례하였습니다. 신은 즉시 조선에서 온 연유를 알렸습니다. 용모가 보통 사람들과는 다른 두 사람이 신 등에게 말하기를, "당신들이 조선국 사람이라면 어떤 사연으로 우리나라 국경을 넘어 들어오게 되었소? 당신들이 해적인지 진공(進貢)하는 사람인지, 혹은 바람을 만나 정처 없이 표류해 온 사람인지, 낱낱이 써 내면 본국으로 돌려보내 주게 될 것이오"라고 하였습니다. "나는 본디 조선국 신하로 왕명을 받들어 해도(海島)에 갔다가 부친상을 당하여 급히 돌아가던 중, 바다를 건너다 바람을 만나 표류하다가 해안에 도착하여 배를 버려두고 육지를 따라 인가를 바라보고 찾아 왔으니, 원컨대 대인(大人)[112]들께서는 관부(官府)에 알려 다 죽어 가는 목숨을 살려 주십시오." 곧 가지고 온 인신(印信)·관대(冠帶)·문서(文書)를 그들에게 보여주었습니다. 그 두 사람은 다 보고 나서, 신의 앞에 진무(鎭撫), 배리 등이 차례로 늘어 꿇어앉고, 말단 군인들도 차례로 부복한 것을 가리키면서 신에게 말하기를, "귀국이 예의의 나라임을 들은 지 오래였는데 과연 듣던 바와 같구려"라고 하였습니다. 곧 가동(家僮)을 불러 미음과 다주(茶酒)를 가져다 접대케 하는데, 군인들에게까지도 두루 마시게 하였습니다. 마을 앞의 불당(佛堂)을 가리키면서 말하기를, "당신들은 이 불당에 머물러 편히 쉬도록 하시오"라고 하였습니다. 신은 불당에 이르러 젖은 옷을 벗어서 바람을 쏘였습니다. 얼마 후에 그 두 사람은 또 밥을 지어 와 접대했는데 과연 모두 충후(忠厚)한 사람이었지만 그들의 관직과 성명은 잊어버렸습니다. 조금 후에 그 두 사람이 와서 말하기를, "떠나야만 하겠습니다. 당신들을 좋은 곳으로 보내 드리겠소"라고 하였습니다. "그 곳이 몇 리나 됩니까?" 그 두 사람은 속여서 말하기를, "2리쯤 더 가면 됩니다"라고 하였습니다. "그 지명은 무엇입니까?" "서리당(西里堂)[113]입니다." "비가 많이 오고 길이 진흙길인 데다 해가 또 저물어 가는데 어찌하겠습니까?" "가는 곳이 멀지 않으니 걱정할 것은 없습니다." 신은 그 말에 따라 종자(從者)들을 거느리고 길을 떠나니, 마을 사람들이 몽둥이와 칼을 집어 들고 징과 북을 치기도 하였습니다. 앞길에서 그 징과 북 소리를 들은 사람들

112_ 원래 官衙서 하급 관원이 上司를 지칭하는 敬語이지만 여기에서는 '나으리' 정도에 해당할 것이다.

113_ 臨海縣 承恩鄕 19都에 西里란 촌락이 있다. 民國《臨海縣志》권4, 疆域.

이 구름처럼 모여서, 소란스럽게 큰 소리를 지르면서 사방에서 밀려들어 차례로 교대하며 체송하였습니다. 앞마을에서도 뒷마을에서도 다 이와 같이 하였습니다. 50여 리를 지나니 밤이 벌써 깊었습니다.

18일―천호(千戶)[114] 허청(許淸)을 노상에서 만났습니다.

이 날은 큰비가 내렸습니다. 한밤중에 신 등이 마을 사람들에게 쫓겨서 어떤 높은 언덕을 지나니 소나무와 대나무가 숲을 이루고 있었습니다. 은사(隱士)[115]를 자칭하는 성은 왕(王), 이름은 을원(乙源)이란 사람을 만났는데, 그는 신이 밤에 비를 맞으며 고생스럽게 마을 사람에게 내몰려 온 것을 불쌍히 여겨, 마을 사람을 제지시켜 조금 멈추게 하고는 신이 어디서 왔는지를 물었습니다. 신은 풍랑에 표류된 사연을 고하였습니다. 을원은 가엾게 여기고 곧 술을 가져다 신에게 권하였습니다. 신이 말하기를, "우리 조선 사람은 친상을 당하면 술과 고기, 훈채(葷菜)[116] 및 맛있는 음식을 들지 않고 삼년상을 마치게 됩니다. 술을 내려주시니 은혜에 깊이 감사드리지만 저는 지금 상중(喪中)이므로 감히 사양하겠습니다"라고 하였습니다. 을원은 마침내 신에게는 차를 대접하고, 종자들에게는 술을 대접하고는 이어서 묻기를, "당신 나라에도 불법(佛法)이 있습니까?"라고 하였습니다. "우리나라는 불법은 숭상하지 않고 오로지 유술(儒術)만 숭상하므로, 집집마다 모두 효제

114_ 衛所制度의 한 부대 단위인 千戶所의 長官으로 정5품이며, 世官으로 充任하였다.
115_ 벼슬을 하지 않고 은거하고 있는 儒者.
116_ 파, 마늘, 부추 등 맵거나 냄새나는 蔬菜.

충신(孝悌忠信)을 업으로 삼고 있습니다." 을원은 신의 손을 잡고 뒤돌아보면서 작별하였습니다. 그 마을 사람들이 신 등을 몰아 큰 고개에 이르렀습니다. 신은 발이 누에고치처럼 퉁퉁 부어 앞으로 나아갈 수가 없었습니다. 마을 사람들이 신의 팔을 당겨 앞에서 끌고 뒤에서 밀면서 지나갔습니다. 또 여러 곳을 거쳐서 20여 리를 갔습니다. 그 마을에는 큰 다리가 있었는데, 마을 사람들이 모두 각진 몽둥이를 휘둘러 신 등을 마구 치면서 함부로 겁탈함이 너무 심하였습니다. 오산이란 자는 신의 말안장을 짊어지고 있었는데, 한 사람이 오산을 때리고 빼앗아 갔습니다. 신 등은 몽둥이에 얻어맞으며 앞으로 내몰렸고 넘어져 소리를 내어 울고 말았습니다. 두 고개를 지나서 다른 마을로 체송(遞送)되니, 새벽녘이 되었습니다. 큰 다리가 있었던 마을의 이름을 물었더니, "선암리(仙岩里)이오"[117]라고 하였습니다. 육지에 오른 이후 길가에서 구경하는 사람들은 모두 신 등에게 팔을 휘두르고 목을 가리키며 머리를 베는 시늉을 지어 보였으나 그 의미를 알지 못하였습니다.

가다가 포봉리(蒲峯里)에 이르니 비가 조금 그쳤습니다. 관인(官人)이 군리(軍吏)를 거느리고 와서 신에게 묻기를, "너희들은 어느 나라 사람이며, 어떻게 이곳에 도착하였는가?"라고 하였습니다. "나는 곧 조선국 사람으로 두 번 문과(文科)에 올라[118] 국왕(國王)의 근신(近臣)이 되었는데, 국사에 관한 명령을 받들고 해도를 순찰하던 중 친상을 당하여 육지로 나오다가

• • •

117- 臨海縣 承恩鄕 19都 소속. 民國《臨海縣志》권4, 疆域, 坊鄕.

118- 조선에서는 태종7년(1407) 이후 이미 등용된 文臣들에게 다시 10년마다 실시하는 重試라는 시험을 치르도록 하였다. 여기에서는 최부가 성종13년(1482) 문과급제하고 17년(1486) 重試 乙科에 합격한 것을 뜻한다.

바람을 만나 표류해서 이곳에 도착하였습니다. 기갈로 사경을 헤매던 나머지 잔명(殘命)을 겨우 이어오다가 다시 마을 사람들에게 쫓기어 천신만고 끝에 관인을 이곳에서 만나게 되었으니 살길을 찾은 듯합니다." 그 관인은 곧 신에게 먼저 죽을 주었고, 이어 밥 지을 그릇을 주어 신의 종자들에게도 밥을 지어서 먹도록 하였습니다. 신이 관인의 성명과 직업을 물으니 왕괄(王适)이란 자가 말하기를, "이 분은 곧 해문위[119]천호(海門衛千戶) 허청(許淸)인데, 당두채(塘頭寨)를 지키다가 왜적(倭賊)이 침범했다는 소식을 듣고 잡기 위해 왔으니 당신들은 조심해야 하오"라고 하였습니다. 신은 피곤하여 길가에 드러누워 사지를 움직일 수 없었습니다. 허청이 신에게 말하기를, "우리 대당(大唐)의 법도는 엄격하니, 당신들 딴 지방 사람들은 이곳에 오래 머물러 양민들을 어지럽게 해서는 안 되오!"라고 하였습니다. 군리(軍吏) 등에게 신 등을 빨리 내몰게 하였습니다. 5리가량을 가니 관해(官廨)[120]가 있었는데 바로 당두채였습니다. 긴 제방 하나를 지나게 되었는데 길이는 10여 리쯤 되었습니다. 비가 다시 쏟아졌습니다. 신은 절룩거리는 걸음으로 걷다가 전연 다리를 움직일 수 없어 중도에서 넘어지면서 말하기를, "나의 근력이 다하였으니 곧 죽겠구나. 이럴 줄 일찍 알았더라면 바다 위에서 죽는 편이 나았을 텐데"라고 하였습니다. 정보 이하가 신을 마주하고 통곡

119_ 臨海縣 縣治에서 동남쪽으로 90리 거리에 있다. 3면은 산으로 둘러져 있고, 1면은 바다에 접해 있다. 衛는 洪武20년(1387)에 설치되었다. 松門衛와 함께 松海備倭把總에 예속되었는데 海門前所, 新河, 桃渚, 健跳의 4所를 거느렸다. 康熙《臨海縣志》권2, 建置; 民國《臨海縣志》권5, 建置;《浙江通志》권98, 海防, 台州府 등 참조.

120_ 官司, 官署의 뜻.

하였습니다. 그러나 군리들이 심히 독촉하므로 조금도 머무를 수 없었습니다. 이정, 효지, 상리, 현산 등 몸이 튼튼한 자들이 번갈아 신을 업고 갔습니다.

두 고개를 지나서 거의 30여 리를 가니, 인가가 매우 많고 그 앞에는 불사(佛寺)가 있었습니다. 날은 저물어 가는데 비는 그치지 않았습니다. 그러므로 허청은 신 등을 불사에 머물러서 하룻밤을 지내게 하려고 하였으나, 그 마을 사람들이 모두 안 된다고 하였습니다.[121] 허청이 신에게 말하기를, "이 지방 사람들이 모두 당신들을 해적으로 의심하는 까닭에 머무르게 하지 않는군요. 당신이 비록 걷기가 힘들더라도 가지 않을 수 없겠소"라고 하였습니다. 군리를 시켜 신 등을 몰아 큰 고개 하나를 넘게 하였습니다. 밤 2경에 어느 한 냇가에 이르자 이정 등도 또한 힘이 다하여 자기 몸도 가누지 못하였으니 신을 업고 갈 수 없게 되었습니다. 종자들 또한 모두 피곤하여 걷지 못하였습니다. 허청이 몸소 신의 손을 잡아 일으켰으나, 신의 두 다리가 절룩거려 한 걸음도 옮겨 놓을 수 없었습니다. 고이복이 크게 성을 내며 신을 가리키며 말하기를, "이 사람아! 이 사람아! 미쳐버린 것이겠지! 당신이 그렇게 힘들다면 사지를 뻗어버리고 일어서지도 못해야 할 것 아니겠나?"라고 하였습니다. 신은 그 말에 굴욕을 느끼고, '내가 차라리 죽을 지경에 이르렀다면 마땅히 여기서 죽으리라' 하고 다시 드러누워 일어나지 않았습니다. 종자들도 모두 쓰러져 여기저기 드러누워 버렸습니다. 허청이 군

• • •

121_ 이 때 허청이 최부에게 시를 지어 마을 사람들에게 보이도록 권하였으므로 최부는 絶句를 지어 보이기도 하였다. 이 부분은 최부가 성종에게 구두로 보고한 내용 속에 들어 있다. 《朝鮮成宗實錄》 23년 1월 乙酉.

리들을 시켜 독려하기도 하고 구타하기도 했지만 몰아갈 수는 없었습니다. 한참 후에 또 한 관인이 횃불을 든 군사를 거느리고 이르렀습니다. 갑옷, 창검, 방패의 위세와 쇄납(嗩吶)[122], 발라(哱囉)[123], 나팔, 징, 북, 총통(銃熥)의 소리와 함께 갑자기 겹겹 둘러싸더니, 칼을 빼고 창을 써서 치고 찌르는 동작을 해 보였습니다. 신 등은 눈과 귀가 몹시 놀라 넋을 잃고 어찌할 바를 몰랐습니다. 관인은 허청과 함께 군사의 위용(威容)을 정돈하고 나서 신 등을 몰았습니다. 3-4리쯤 가니, 큰 옥사(屋舍)가 있고, 성곽이 빙 둘러서 관방(關防)[124]과 같기에 물었더니, 곧 두독장(杜瀆場)[125]으로 현재 도지소(桃知所)[126]라고도 하고 비험소(批驗所)[127]라고도 하였습니다. 성안에 안성사(安性寺)란 절도 있었는데, 신 등을 절에 머물러 유숙하도록 하였습니다. 신은 그 관인이 누구인가 물으니, 어떤 중이 말하기를, "이 분은 곧 도저소천호(桃渚所千戶)요. 왜인이 국경을 침범했다는 소식을 듣고 무기를 가지고서 여기에서 대비하고 있었는데, 허천호(許千戶)의 보고로 군사를 거느리고 가서 당신들을 몰고 온 것이오. 그러나 아직 당신 마음이 진실된지 거짓인

122_ 나무로 만든 긴 관에 혀를 넣고 부는 악기인 태평소를 가리킨다.

123_ 바라 즉 소라고둥의 껍데기로 만든 옛 군대 악기.

124_ 守兵이 지키는 關隘.

125_ 杜瀆鹽場을 가리킨다. 元代부터 설치된 鹽場으로 武官 1인을 두었다. 康熙《臨海縣志》 권2, 建置.

126_ 桃知所는 桃渚所의 誤記로 보아야 할 것이다. 두독장과 도저소는 별개의 장소일 뿐만 아니라 양자 사이에는 두 산이 있어 서로 보이지도 않는다. 본문에서 말하는 桃知所는 해안으로부터 桃渚所로 가는 도중에 위치한 桃渚中舊城을 가리키는 것으로 보인다. 《籌海圖編》 권1, 浙江 7.

127_ 私鹽 방지를 목적으로 產鹽區로부터 行鹽地에 이르는 중간의 교통 要地에 설치되어 상인의 鹽引 및 袋鹽의 重量을 檢閱하는 기구이다. 大使와 副使를 각각 1인씩 두었다.

지를 알지 못하므로 내일 도저소에 이르면 당신들을 심문할 것이오"라고 하였습니다.

19일—도저소에 도착하였습니다.

이 날은 큰비가 내렸습니다. 천호(千戶) 두 사람이 말을 나란히 타고 신 등을 몰아 비를 무릅쓰고 길을 떠났습니다. 신은 정보를 시켜 허청에게 알리기를, "우리들은 바다에 표류하여, 풍랑과 기갈로 죽을 뻔했다가 다시 살아나 겨우 잔명을 보전하여 귀국의 땅에 도착하게 되어 관인을 만나 어제 아침에 밥을 배부르게 먹고 다시 살아나게 되었습니다. 그러나 장맛비와 진흙길에서 구덩이에 엎어지고 골짜기에 넘어지며 돌에 긁히고 진흙에 빠져, 몸은 얼고 발은 이지러졌으며 가슴이 타고 힘은 다 빠졌습니다. 어제 저녁에도 밥을 먹지 못했고, 오늘 아침에도 밥을 먹지 못했는데, 또 몰아내어 큰비를 무릅쓰고 떠나게 하니 우리는 아마 도중에 죽게 될 것입니다"라고 하였습니다. 허청이 대답하기를, "어제는 당신들이 관사(官司)에 도착하지 못하였기 때문에 굶주림을 자초한 것이오. 이제 관사에 도착하는 대로 바로 관에서 지급할 것이니 빨리 빨리 갑시다"라고 하였습니다. 신은 걸음을 옮기려고 해도 되지 않아서 길모퉁이에 넘어져서 땅바닥에 사지를 뻗어버렸습니다. 효자, 정보, 김중, 막금, 만산, 거이산 등이 빙 둘러앉아서 통곡하였습니다. 때마침 소를 끌고 지나는 사람이 있었으므로, 정보가 천호에게 고하기를, "이 소를 타는 값으로 옷을 벗어줄 테니 우리 관원을 태우기를 청합니다"라고 하였습니다. 허청이 말하기를, "난들 어찌 당신들이 이런 고통을 받는 것을 불쌍히 여기지 않겠는가? 나라의 법에 걸리기 때문에 당신들을 감싸줄

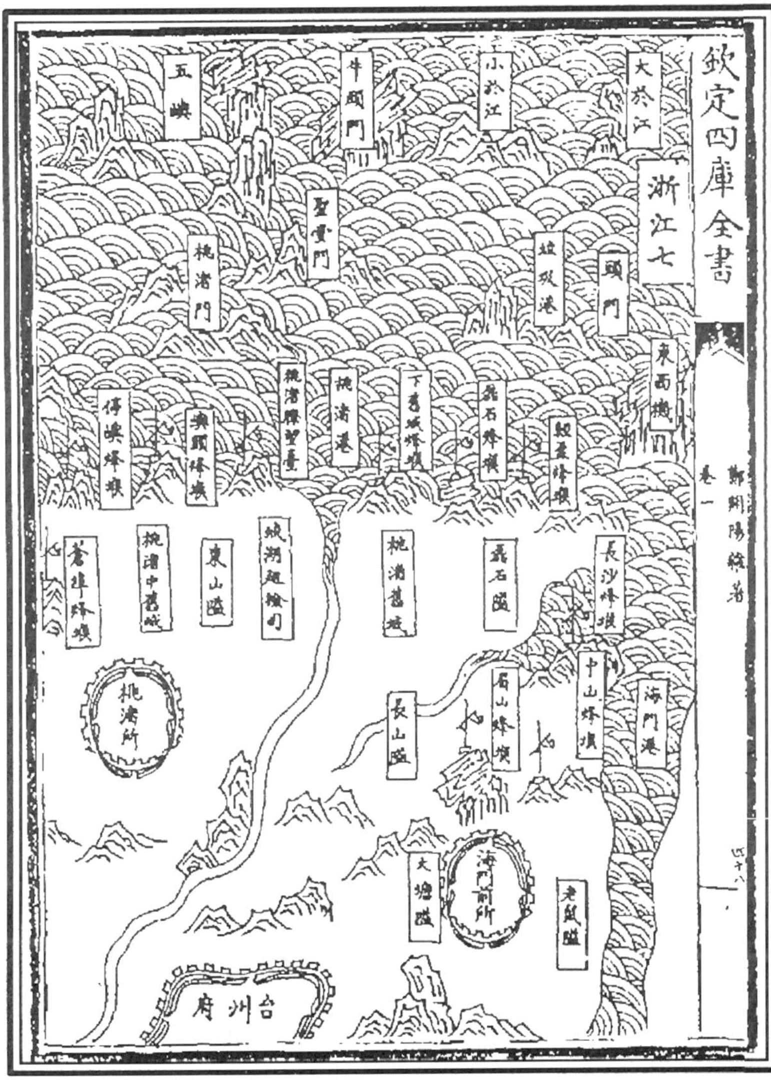

浙江 台州府 臨海縣의 桃渚所 위치(출전 :《鄭開陽雜著》)

수 없을 뿐일세"라고 하였습니다. 이정, 효지, 상리 등이 또 번갈아 신을 업고 고개를 하나 넘어 20여 리쯤 지나 한 성(城)에 이르니, 바로 해문위(海門衛)의 도저소였습니다.

성에 이르기 7-8리 앞에서부터 갑옷을 입고 창칼과 총통이나 방패를 든 군졸들이 길거리 양 옆을 꽉 메웠습니다. 그 성에 이르니, 성에는 겹 문이 있고 문에는 쇠빗장이 있었으며, 성 위에는 경수루(警戍樓)가 죽 늘어 있고 성안에는 상점이 서로 잇닿아 사람들과 물건이 많고 풍부하였는데, 신 등을 이끌어 한 공관(公舘)[128]에 이르러 유숙케 하였습니다. 신의 얼굴은 바싹 마르고 관(冠)과 옷에 진흙이 묻어 구경꾼들이 몹시 웃어댔습니다. 왕벽(王碧)이란 자가 글을 써서 신에게 보이기를, "어제 이미 상사(上司)에게 왜선(倭船) 14척이 변경을 침범하여 약탈했다고 보고했는데, 당신은 정말 왜인이오?"라고 하였습니다. "나는 왜인이 아니라 곧 조선국 문사(文士)요." 또 노부용(盧夫容)이란 자가 자칭 가난한 선비라고 하면서 신에게 말하기를, "수레는 바퀴가 같고 글은 문자(文字)가 같은데[129], 유독 당신들의 말소리가 중국과 같지 않으니 무슨 까닭이오?"라고 하였습니다. "천리에 풍속이 같지 않고, 백리에 습속이 같지 않은 것이오.[130] 족하(足下)[131]는 내 말을 괴이하게 듣고, 나 또한 족하의 말을 괴이하게 듣는 것은 습속이 그러하기 때문이오.

128_ 公家에 설치된 館舍.

129_ 이 구절은 《中庸》 28장의 "今天下, 車同軌, 書同文, 行同倫"에 보인다. 수레바퀴의 폭이 동일하고 書體가 통일되고 행동 윤리가 일치되었으니 이는 결국 천하 통일과 禮의 통일을 뜻하는 말이다.

130_ 《晏子春秋》 권3, 內篇問上의 "古者百里而異習, 千里而殊俗"에 나오는 말이다.

131_ 동년배끼리 혹은 아랫사람이 윗사람을 칭할 때 사용하는 경어.

그러나 하늘이 준 성품을 같이 얻었으니 나의 성품 또한 요(堯)[132]·순(舜)[133]·공자(孔子)[134]·안회(顏回)[135]의 성품인데, 어찌 말소리가 다름을 의심하겠소?" 그 사람은 손뼉을 치며 말하기를, "당신은 분상(奔喪)을 할 때 주문공(朱文公)[136]의 《가례》를 따르오?"라고 하였습니다. "우리나라 사람들은 상

132_ 고대 중국 전설상의 임금으로, 舜과 아울러 '堯舜의 治'라 하여, 예로부터 가장 이상적인 통치자로 알려져 왔다. 五帝의 하나인 帝嚳의 손자로, 태어나면서부터 총명하여 위에 오르자 羲和 등에게 명하여 달력을 만들었다. 또한 효행으로 이름이 높았던 舜을 등용하여 자기의 두 딸을 아내로 삼게 하고 천하의 정치를 대신 맡아 하게 하였다. 요가 죽은 뒤, 순은 요의 아들 단주에게 뒤를 잇게 하려 하였으나, 제후들이 순을 추대하였으므로 순이 천자에 올랐다고 한다.

133_ 고대 중국의 전설상의 제왕으로 5帝의 한 사람이다. 부친으로부터 모진 학대를 받았으나 효성을 다하여, 堯로부터 인정을 받아 요의 두 딸에게 장가들었다. 有虞氏 부락의 추장이므로 虞舜이라고도 한다. 4凶을 몰아내고 주변 부락의 추대를 받아 동맹의 수령이 되었으며, 요로부터 선양을 받았다고 전해진다. 순 또한 만년에 治水를 잘 한 禹에게 禪讓을 하여, 堯임금과 함께 儒家에서 최고로 받드는 聖君의 한 사람이다.

134_ 춘추시대 말기 魯나라의 사상가로, 儒家의 창시자이다. 이름은 丘이고, 자는 仲尼이다. 한때 관직에 나아가기도 했으나, 고향으로 돌아가 제자들의 교육에 힘을 쏟았다. 그는 정치를 하는 사람은 덕이 있어야 하며 도덕과 예의에 의한 가르침이 이상적인 지배 방법이라 생각하였다. 이러한 생각에서 가장 중요한 것이 仁이라고 하였으며 이를 최고의 덕이라고 보았다. 그의 말과 행동은 제자들이 쓴 《論語》를 통해서 전해지고 있다.

135_ 춘추시대 말기의 학자로, 자는 子淵이다. 顏淵으로도 불린다. 魯나라 사람으로 공자의 제자이다. 하나를 들으면 열을 알아 공자가 가장 아끼고 사랑했다. 安貧樂道하고 노여움을 남에게 옮기지 않으며, 두 번 과실을 범하지 않아 덕행으로 이름이 높았다. 늘 깊이 생각하여 29세에 백발이 되었다고 한다. 그가 32세의 나이로 죽자, 공자는 "하늘이 나를 버리는구나"라며 슬퍼했다. 후세에 復聖으로 追尊되었다.

136_ 宋나라의 유학자로, 이름은 朱熹이다. 그는 19세에 進士試에 급제하여 생애를 마칠 때까지 여러 관직을 거쳤으나, 약 9년 정도만 실제로 일하였고 나머지 시간은 학문을 닦는 일로 보냈다. 말년에는 정치가들의 미움을 사 그의 학문이 거짓 학문이라 하여 많은 박해를 받았으나, 그가 죽은 뒤 인정을 받아 太師, 徽國公의 칭호를 받았다.

을 당했을 땐 모두 한결같이 《가례》를 따르오. 나도 마땅히 이를 따라야 하는데 다만 역풍을 만나 지금까지 널 앞에 울지 못하게 되었기 때문에 통곡하는 것이오." "당신은 시를 지을 줄 아오?" "시사(詩詞)는 곧 경박한 사람이 풍월(風月)을 농하는 것으로 도학(道學)을 배운 돈독한 군자가 할 짓은 아니오. 나는 격물(格物), 치지(致知), 성의(誠意), 정심(正心)[137]을 공부하였지 시사를 배우는 일에는 마음을 쓰지 않았소. 먼저 시를 지어 부르는 사람이 있으면 화답(和答) 정도는 하지 않을 수 없을 뿐이오."

또 한 사람이 손바닥 위에 글을 썼는데, "보아하니 당신은 나쁜 사람은 아닌데, 다만 언어가 달라 실제 장님이나 벙어리와 마찬가지이니 참으로 불쌍하오. 내가 당신에게 한마디 할 테니 당신은 이를 기억하였다가, 처신을 잘 하고 부디 다른 사람과 경솔하게 얘기를 나누지 않도록 하시오. 예로부터 왜적이 여러 번 우리의 변경을 침탈하였기 때문에 나라에서는 비왜도지휘(備倭都指揮)[138]와 비왜파총관(備倭把摠官)[139]을 두어 왜적을 방비하게 했소. 만약 왜적을 잡는다면 모두 먼저 목을 베고 나중에 보고하게 되어 있소. 이번에 당신이 처음 배를 맨 곳은 사자채(獅子寨)의 관할지인데, 수채관(守寨官)[140]은 당신을 왜적이라 무고하여 목을 베어 바쳐 공을 세우려 했

137_ 四書의 하나인 《大學》에 나오는 '格物 致知 誠意 正心 修身 齊家 治國 平天下'의 8條目 중 일부.

138_ 明 洪武 초에 沿海에 衛를 설치하면서 備倭都指揮使가 거느리게 하였다. 巡察海道도 함께 두었다.

139_ 浙江에는 總督備倭都司 1員과 把摠指揮 4員이 두어져서 衛所를 통할하였다. 《紹興府志》 권25, 武備志 1.

140_ 寨의 방어를 맡고 있는 지휘관.

소. 그러므로 먼저 '왜선 14척이 변경을 침범하여 약탈하였다'고 보고했던 것이오. 군사를 거느리고 가서 당신을 잡아 목 베려는 참에 당신들이 먼저 배를 버리고 사람이 많은 마을로 들어갔던 까닭에 그들은 계략을 펴지 못했던 것이오. 내일은 파총관이 와서 당신들을 심문할 것이니 당신은 자세히 해명하시오. 조금이라도 어긋나거나 틀리면 죽음을 면치 못할 것이오"라는 등의 말이었습니다. 신이 그의 성명을 물으니, "내가 이런 말을 하는 것은 당신을 아끼고 위태롭게 여겼기 때문이오"라고 하고는 머리를 흔들며 갔습니다. 신은 그 말을 듣고 머리털이 곤두서는 듯하여 바로 정보 등에게 얘기했습니다. 정보 등이 말하기를, "길가 사람들이 우리를 가리키면서 목 베는 시늉을 했던 것은 모두 이 계략에 현혹되었기 때문이었군요"라고 하였습니다.

이 날 저녁 천호 등 관원 7-8인이 큰 탁자 하나를 놓고 탁자 가에 죽 둘러서더니, 정보를 앞에 끌어내어 심문하여 말하기를, "너희가 함께 온 배가 14척이라고 하니 사실인가?"라고 하였습니다. 정보가, "아닙니다. 한 척뿐입니다"라 대답하자 손을 휘둘러서 정보를 내보내었습니다. 또 신을 끌어내어 심문하기를, "너희들이 타고 온 원래의 선박이 몇 척이나 되는가?"라고 하였습니다. "오직 한 척뿐입니다." "우리의 변경에서 왜선 14척이 어제 그 곳 바다에 함께 정박한 것을 분명히 보았고, 내가 수채관(守寨官)의 보고에 따라 이미 상급 관청의 영감님께 보고를 올렸다. 너희 배 13척은 어디에 두었는가?" "우리가 해안에 도착할 때 귀국 사람들이 탄 배 6척이 한 바다에 같이 정박하고 있었습니다. 만약 6척의 배에 탄 사람을 조사한다면 우리 배의 수효를 알 수 있을 것입니다." "너희는 왜인으로 이곳에 상륙하여 약탈하는 것은 무슨 이유인가?" "나는 곧 조선 사람으로서 왜인과는 언어도 다르고 의관도 다르니, 이것으로 가려낼 수 있을 것입니다." "왜인으로서 도적질에 교묘한 놈은 혹 변장을 해서 조선 사람처럼 가장하는 자가 있으니 네가 그 왜인이 아닌지 어찌 알겠는가?" "나의 행동거지를 살펴보고, 나의 인신(印信), 마패, 관대(冠帶), 문서를 조사한다면 진위를 가릴 수 있을 것입니다." 천호 등이 즉시 신에게 인신 등의 물건을 가져오게 하고는 대조한 뒤, 이어서 묻기를, "네가 왜인으로서 조선 사람에게서 이 물건을 빼앗은 것이 아닌가?"라고 하였습니다. "만약 조금이라도 나를 의심하는 마음이 있으면, 우선 나를 북경(北京)으로 보내서 조선 통사원(通事員)과 한번 이야기를 시켜보면, 실상이 즉시 드러날 것입니다." "너는 성은 뭐고, 이름은 뭐며, 어느 주현(州縣) 사람이고, 무슨 관직이며, 무슨 일로 인하여 우리 변경에 도착했는가? 그 정상(情狀)을 쓰되 거짓이 없어야 할 것이다. 내가 상사(上司)에게 보고하겠다." "저는 성은 최, 이름은 부로, 조선국 전라도 나주(羅州) 성내에 거주하였습니다. 두 번 문과에 올라 조정의 반열에 올라 처음으로 벼슬한 지 몇 해가 되었습니다. 지난 정미년 9월에 국왕의 명령을 받들고 제주 등지의 해도에 갔다가 금년 윤 정월 3일에 부친상을 당하여, 황급히 집으로 돌아가다가 바람을 만나 표류해 이곳에 도착하게 되었습니다." "네 부친의 이름은 뭐고, 관직은 뭐며, 어느 곳에서 죽었는가?" "아버지 이름은 택(澤)인데, 진사시(進士試)에 합격했으나 어버이를 봉양키 위하여 벼슬하지 않으셨습니다. 상복을 벗은 지 겨우 4년 만에 나주에서 돌아가셨습니다." 공초(供招)를 마친 뒤 신을 별관(別館)에 숙박하게 하고, 신과 종자에게 음식을 제공하였습니다.

우리나라 사람으로서, 공무로든 사무로든 제주도에 왕래하다가 바람을 만나서 행방불명된 자가 일일이 셀 수도 없지만 마침내 살아서 돌아온 사람은 열 명, 백 명 가운데 겨우 1-2명에 불과합니다. 이들이 어찌 모두 바다에 빠진 것이겠습니까? 그중에 표류해서 도이(島夷)들이 사는 섬라(暹羅), 점성(占城)국과 같은 나라로 들어간 사람은 다시 돌아오기를 바랄 수도 없었고, 혹시 표류해서 중국 땅에 이르게 된 사람도 국경지대 사람들이 잘못 왜적으로 무고하고 목을 베어 상을 받는다고 해도 누가 그 실정을 가려낼 수 있겠습니까? 신 등과 같은 사람도 만약 먼저 스스로 육지에 내려오지 않았거나, 인신과 마패와 같은 신표(信標)가 없었더라면 어떻게 다시 화를 면할 수 있었겠습니까? 우리나라에서도 중국의 제도에 의거하여 모든 백관(百官)들에게 호패(號牌)[141]와 석패(錫牌)를 주어 관직과 성명을 전자(篆字)로 써서 평민과 다름을 드러나게 하고, 봉명사신(奉命使臣)에게는 대소를 논할 것 없이 절월(節鉞)[142]을 주어 왕명을 높이도록 하고, 또 연해 지방에 거주하는 사람은 비록 사상(私商)으로 바다를 건너는 사람이라도 모두 호패를 주어서, 어느 나라, 어느 주현, 성명 아무개, 어떤 형상(形狀), 나이 얼마를 써서 구별되도록 하며, 또 통사(通事) 1명을 제주에 두어서 모든 봉명사신과 3읍 수령이 왕래할 적엔 항시 데리고 다녀 뒷날의 근심을 고려

141_조선시대 때 16세 이상이 된 남자가 차고 다녀야 하는 것으로 규정되었던 패로 戶牌라고도 한다. 기원은 元에서 시작되어 고려 공민왕3년(1354)에 水陸軍丁에 한하여 실시하였으나 잘 시행이 되지 않았다. 조선시대에 들어와 그 사용범위가 확대되었다.

142_관찰사, 留守, 兵使, 水使, 大將, 統制使 등이 지방에 부임할 때 임금이 내어주던 符節과 斧鉞이다. 符節은 증명, 斧鉞 즉 도끼는 권한을 각각 상징한다.

해야만 재난을 면할 수 있을 것입니다.

20일—도저소에 머물렀습니다.

이 날은 흐렸다 개었다 하였습니다. 신이 도저소 천호의 성명을 물으니 진화(陳華)라고 하였습니다. 진화는 한 관인과 함께 신을 보러 와서 신의 갓을 가리키면서 말하기를, "이것은 무슨 모자입니까?"라고 하였습니다. "이것은 상립(喪笠)[143]입니다. 우리나라 풍속에는 모두 3년 동안 여묘(廬墓)[144]를 사는데, 불행히 나처럼 바다에 표류하거나, 부득이 멀리 여행하게 된 사람은 감히 하늘과 해를 우러러 보면서는 비통한 마음을 견지할 수 없기 때문에 깊은 상립을 쓰는 것입니다." 밥 먹을 때가 되자, 허청(許淸)은 신을 인도하여 식탁을 같이 하였습니다. 좌중의 어떤 사람이 탁자 위에 젓가락으로 글씨를 쓰며 묻기를, "당신은 돼지고기를 먹습니까?"라고 하였습니다. "우리나라 사람은 부모상을 입으면 3년 동안은 어육(魚肉), 젓갈, 훈채를 먹지 않습니다." 그 사람은 다른 그릇에 채소 반찬을 담아서 신을 접대하였습니다. 허청은 또 신의 의복이 젖어 마르지 않은 것을 보고 신에게 말하기를, "오늘은 햇볕이 있으니 옷을 벗어서 햇볕에 쪼이십시오"라고 하였습니다. "나는 옷이 모두 젖었으니 이 옷을 벗으면 입을 것이 없으므로 햇볕에 쪼일 수 없습니다." 허청은 신을 이끌어 햇볕이 드는 곳에 앉히고 옷을 말리게 하였습니다.

143_ 服喪 중에 쓰는 삿갓.

144_ 부모가 죽었을 때 자식이 무덤 근처에 초막을 짓고 살면서 무덤을 지키는 일.

한 관인이 와서 묻기를, "당신 나라의 왕도 황제라 일컫습니까?"라고 하였습니다. "하늘에는 해가 둘이 없는데, 어찌 한 하늘 아래에 두 황제가 있을 수 있겠습니까? 우리 왕은 성심껏 대국을 섬기고 있을 뿐입니다." "그대 나라의 관인들은 모두 서대(犀帶)를 맵니까?" "1품·2품은 금대(金帶), 3품·4품은 은대(銀帶), 5품·6품 이하는 모두 오각대(烏角帶)를 띠지만 서대는 없습니다."[145] "당신 나라에는 금은이 있습니까?" "금은은 우리나라에서 나지 않습니다." "그렇다면 어떻게 금대, 은대가 있습니까?" "모두 상국(上國)[146]에 와서 매입하므로 귀한 것입니다." 신은 그가 어떤 사람인가를 물었더니, 그 사람은 곧 공문(公文)을 내어 보였는데, 바로 파총관이 먼저 이 관인에게 패문(牌文)[147]을 주어 도저소에 빨리 달려가 신 등을 잡아두고 조사하여 압송하는 데 차질이 없도록 한 자이니 성명은 설민(薛旻)이었습니다. 또 한 사람이 와서 말하기를, "나는 영파부 정해위(定海衛)[148]의 사람인

• • •

145_《朝鮮太祖實錄》 元年 12월 12일조 기사에 의하면 예조에서 품계별 관직의 복식을 정하면서, 허리에 두르던 띠로 1품 관원은 서대, 2품 관원은 금대를 착용토록 한 바 있다. 서대는 물소 뿔로 장식했는데 朝服, 祭服, 公服, 常服을 입을 때 사용하며 서띠라고도 한다. 그런데 언제부터인가 분명치는 않으나 서대는 특별한 경우에만 착용하는 것으로 제한되면서 1품 관원도 금대를 사용하게 되었던 것으로 보인다. 한편 《朝鮮成宗實錄》 8년 1월 13일조 기사를 보면 "이제는 대저 조정의 縉紳 사이에 犀帶를 띠는 사람이 30여 인이고, 金帶를 띠는 사람이 무려 수백 인이며, 銀帶를 띠는 堂上官은 수없이 많지만, 이들이 과연 다 어질겠습니까?"라는 언급이 있다. 따라서 본문에서 최부가 서대는 없다는 말은 현재 품관들이 정식으로 착용하는 관대에 포함되지는 않는다는 말로 보아야 할 것이다.

146_ 중국을 가리킨다.

147_ 공문서로서 下行文書의 일종이다.

148_ 洪武12년(1379)에 定海千戶所를 두었다가 20년에 衛로 바꾸었는데 定海縣 縣治의 동북쪽에 위치한다. 定海備倭把總에 예속되었는데 大嵩, 穿山, 舟山 등 6所를 거느렸

데, 이곳 도사(都司)[149]가 파견하여 이곳에 온 것입니다"라고 하였습니다. 신은 곧 묻기를, "영파부에 하산(下山)이란 곳이 있습니까?"라고 하였습니다. "있습니다." 신은 이어서 전일 하산에 정박했다가 해적을 만나 다시 표류하게 된 사정을 말하였습니다. 그 사람이 말하기를, "내가 이 글을 가지고 가서 지부(知府)[150]에게 알려, 가서 조사하게 할 것입니다"라고 하였습니다. 신이 그의 성명을 물었더니 왕해(王海)라고 하였습니다. 또 바깥사람들이 떼 지어 와서 앞을 다투어 종이와 붓을 가지고 물으니 일일이 대답할 수가 없었습니다. 어떤 관인이 가만히 써 보이기를, "이곳 사람들은 경박하니, 쓸데없는 얘기는 하지 마십시오"라고 하였습니다.

21일—도저소에 머물렀습니다.

이 날은 맑았습니다. 바깥사람들이 모여들어 신을 구경하였습니다. 왕해(王海)가 벽의 한 초상화를 가리키면서 말하기를, "당신은 이 그림을 압니까?"라고 하였습니다. "모르겠습니다." "이 그림은 곧 당(唐)나라 때 진사(進

• • •

다. 《明一統志》 권46, 寧波府, 公署; 《浙江通志》 권97, 海防三, 嘉興府.

149_ 都指揮使司의 약칭으로서 한 省의 軍政을 담당하는 官署이다. 布政使司, 按察使司와 함께 三司라고 부른다. 所屬衛는 나누어 五軍都督府에 예속되었으며, 軍政은 兵部의 명령을 들었다. 都指揮使, 都指揮同知, 都指揮僉事 등을 두었다. 流官으로 충임하였으며, 世官을 얻을 수도 있었다. 그 부속기관에는 經歷司, 斷事司, 司獄司 등이 있었다.

150_ 明初에 元朝의 路를 府로 고치고, 官을 두어 한 府의 政事를 맡긴다는 의미에서 '知府'라고 하였다. 兩京의 順天府와 應天府 외에는 모두 설치하였다. 洪武6년(1373)에 所在府의 稅糧의 다소에 따라 3등급으로 나누어 官을 두었다. 20만석 이상이 上府로 종3품이고, 20만석 이하가 中府로 정4품이며, 10만석 이하가 下府로 종4품이다. 후에 모두 고쳐 정4품으로 하였다. 本府의 政令을 관장하여 해당 소속 州縣의 부역, 소송 등의 일을 총괄하여 布政司 및 按察司에게 보고하였다.

士) 종규(鍾馗)[151]랍니다." "종규는 평생에 진사가 되지 못했는데, 어찌 진사라고 하는 것입니까?" 왕해 등은 떠들며 크게 웃었습니다. 또 백발노인이 왔기에 신이 묻기를, "천태산(天台山)과 안탕산(雁蕩山) 등은 이곳에서 몇 리나 떨어져 있습니까?"라고 하였습니다. "천태산은 천태현(天台縣) 북쪽에 있는데 이곳에서 이틀 거리이고, 천태산의 남쪽으로 하루 거리에 안탕산이 있습니다." "이 성(城)의 주산(主山)은 무슨 산입니까?" "석주산(石柱山)[152]입니다"라고 대답하고는 신을 이끌고 문밖에 나가서 석주산을 손가락으로 가리켰는데 과연 석벽으로 산이 만들어졌고 산꼭대기에는 기둥처럼 생긴 큰 돌이 있었습니다. 신이 말하기를, "이곳에서 북경까지는 몇 리나 됩니까?"라고 하였습니다. "5천8백여 리입니다." "양자강(揚子江)[153]은 몇 리쯤에 있습니까?" "북쪽 2천여 리에 있습니다." 신은 또 이섬이 정박했던 양주부(揚州府)를 들어 묻기를, "여기에서 몇 리나 됩니까?"라고 하였습니다. "양자강 북쪽에 있습니다. 당신이 가다가 강을 건너면 바로 양주 땅입니다." "남경과는 몇 리나 됩니까?" "서북 2천여 리에 있습니다. 그러나 모두 대충 헤아린 것일 뿐 정확한 것은 아닙니다."

어떤 고관이 앞에선 갈도(喝導)[154]하고 뒤에선 옹위하며 엄정하게 군대를

• • •

151_ 와병 중이었던 唐玄宗의 꿈에 나타난 大鬼로서, 소란을 피우던 小鬼를 죽인 뒤 玄宗의 물음에 '終南山의 進士 鍾馗'라고 대답했다고 한다. 玄宗이 꿈에서 본 종규는 검은 의관을 걸치고, 눈이 크고 수염이 많은 무서운 얼굴을 하고 칼을 차고 있었으므로, 唐玄宗은 그와 똑같은 畵像을 그려 수호신으로 하였다고 전한다. 이후 종규는 민간에서 악귀를 잡는 신통력을 가진 존재로 받아들여지게 되었다. 《古今事文類聚》 前集 권6.

152_ 民國 《臨海縣志》 권3, 疆域, 敍水.

153_ 처음 양자강은 揚州와 鎭江 사이의 河段을 가리켰으나, 후에 儀眞 이하의 長江을 지칭하다가, 마지막에는 長江을 통칭하는 말로 사용되었다.

정렬시켜 오더니 황화관(皇華館)[155]에 자리잡고 앉았습니다. 물어보았더니 곧 송문등처비왜지휘(松門等處備倭指揮)[156] 유택(劉澤)이었습니다. 그는 신 등을 불러 앞으로 나오게 하더니 말하기를, "너희들은 사사로이 변경을 넘어왔으니, 본래 군법으로 처단해야 하지만 혹 불쌍히 여길 만한 사정이 있을까 싶어 아직 죽이지 않은 것이다. 우리나라를 침범한 일이 있는지 여부를 사실대로 공술하라"라고 하였습니다. 신이 공술하기를, "성은 최, 이름은 부로 조선국 전라도 나주 성내에서 살았습니다. 두 번 문과에 올라 국왕의 근신(近臣)이 되었습니다. 지난 정미년 9월 17일에 왕명을 받들고 제주 등지의 경차관이 되었습니다. 제주는 남해 가운데 있으므로 나주와는 거리가 수로로 천여 리입니다. 그 해 11월 12일에 바다를 건너가 인정(人丁)을 추쇄(推刷)하다가 일을 채 마치지 못했는데, 금년 무신년 정월 30일에 아비의 상을 듣고 윤정월 3일에 순풍을 기다리지 않고 서둘러 바다를 건너다가 역풍을 만났습니다. 노도와 격랑 속에 배는 잠겼다가 기울어지기도 하고 굶주리고 목말라 죽을 지경에 이르렀는데 이 달 12일에 이름도 알 수 없는 섬에 이르러 정박하였습니다. 어선이 와서 '당신들은 어느 나라 사람이오?' 하고 묻기에, 조선국 사람으로서 표류해 온 까닭을 들어 답변하고 이어서 '이곳은 어느 나라의 땅이오?'하고 물으니, 그 사람은 '이곳은 대당국 영파부의 하산이오'라는 등의 대답을 하였습니다. 그 날 밤 해적선의 20여 인이 와서 칼로 위협하며 목을 베려다가 의복, 양식, 행장 등의 물건을 빼앗고

154_ 지체 높은 사람이 행차할 때 驅從이 소리를 질러 일반인의 통행을 잠시 금하는 일.
155_ 지방에서 使臣을 접대하는 공관.
156_ 松門衛 · 海門衛 · 昌國衛 등을 통할하는 把總指揮를 가리킨다.

마침내 배의 노와 닻을 끊어버리고 떠나가 버려 다시 큰 바다에서 표류하게 되었습니다. 17일에는 또 지명을 알 수 없는 해안에 이르러 정박하니, 또 어선 6척이 죽 늘어서 있었습니다. 앞서 만났던 해적과 같은 무리인 듯하여 배를 버리고 육지에 올라 고개 둘을 넘어 6-7리가량 가니 인가가 있었으며, 서로 차례로 번갈아 가며 다음 마을로 보냈습니다. 밤에 선암리에 이르니 그 마을 사람들은 다투어 각진 몽둥이로 함부로 치면서 물건을 빼앗았습니다. 체송(遞送)되어 한 곳에 이르자 한 관인을 만났으니 그가 이 성까지 몰아 온 것입니다"라고 하였습니다.

또 묻기를, "너는 어느 해에 등과하고, 어떠한 관직을 역임했으며, 데리고 온 사람들은 어느 주현에 거주하고, 행장에는 무슨 무기가 있으며, 원래 있던 배는 몇 척인가?"라고 하였습니다. "나는 성화(成化) 정유년(1477)에 진사시(進士試)[157] 제3등으로 합격하고 임인년(1482)에 문과(文科) 을과(乙科)[158]의 제1등으로 합격하여 교서관저작(校書館著作)[159], 박사(博

157_고려 德宗 때 처음 실시한 國子監試의 별칭으로 賦와 詩를 시험했다. 조선 태조4년(1395) 12월에 없앴다가 세종 때 다시 두었고, 26년(1444)에 폐지했다가 단종 즉위년(1452) 12월에 부활했다. 小科의 하나인 進士試의 합격자는 성균관에 들어갈 자격이 부여되고 또 하급관리로 등용될 수도 있었다. 소과는 가을에 실시하는 初試와 이듬해 봄에 서울에서 보는 2차 시험인 覆試를 보았다. 초시와 복시 모두 2場이 있었으니 이를 初場과 終場이라 한다. 초시와 복시의 초장은 賦 1편, 古詩, 銘, 箴 가운데 1편을 보았고, 종장에서는 五經義, 四書疑 2편을 보았다. 복시의 初場에 합격한 자를 進士라고 하였다.

158_조선시대 文科覆試 합격자를 禮曹에서 殿試를 보아 성적에 따라 분류하는 둘째 등급. 製述로 시험하여 7명을 뽑았으며 이들은 정8품의 품계를 주었고, 기성 관리로 승진을 위해 응시한 자는 2품을 올려주었다.

159_校書館은 經籍의 인쇄와 반포 및 香祝, 印篆 등의 일을 관장한 조선시대의 관서이다. 태조 원년(1392)에 설치하였으며, 判校(정3품) 1명, 校理(종5품) 1명, 別座(종5품)

士)[160], 군자감주부(軍資監主簿)[161], 성균관전적(成均館典籍)[162], 사헌부감찰(司憲府監察)[163], 홍문관부수찬(弘文館副修撰)[164], 수찬(修撰)[165]이 되었

...

4명, 別提(정·종6품) 4명, 博士(정7품) 2명, 著作(정8품) 2명, 正字(정9품) 2명, 副正字(종9품) 2명을 두었다. 한편 著作은 조선시대 弘文館, 承文院, 校書館에 둔 정8품직으로, 세조9년(1463) 11월 홍문관 신설 때 著作郎을 두었던 것이 12년(1466) 7월 관제 개혁 때에 著作으로 개칭되었는데, 國史의 修撰이 그 주요 임무였다.

160_조선시대의 정7품 관직으로 중국의 經書를 위주로 한 古今의 학문을 섭렵하여 制撰, 教育, 校勘 등의 일을 보좌케 하였다. 정원은 成均館 3인, 弘文館 1인, 承文院 2인, 校書館 2인이었다. 校書館 박사는 태종원년(1401) 처음 설치되었는데, 燕山君 때 他官員의 겸직으로 되었다가 1506년 中宗反正으로 환원되었다.

161_軍資監은 조선시대의 관청으로 군수품의 저장과 출납에 관한 일을 관장하였다. 태조원년(1392)에 처음으로 설치하였고, 本監과 分監으로 구분했다. 관원으로는 正(정3품 堂下官)과 副正(종3품) 각 1명, 僉正(종4품) 2명, 判官(종5품), 主簿(종6품) 각 3명, 直長(종7품), 奉事(종8품), 副奉事(정9품), 參奉(종9품) 각 1명이 있었다. 한편 主簿는 敦寧府, 奉常寺, 軍資監, 司譯院, 訓鍊院 등 東·西班의 30여 官衙에 설치되었던 종6품직으로, 세조12년(1466) 1월 관제 개정 때 종래의 注簿와 副使 등이 主簿로 개칭되었다. 각 아문의 문서와 簿籍을 주관하는 임무를 맡았다.

162_成均館은 조선시대 최고의 교육기관이다. 유학교육을 위한 국가의 최고학부로 일명 學宮 혹은 泮宮이라고도 한다. 최고의 책임자로 정3품직인 大司成을 두었으며, 그 아래에 祭酒, 樂正, 直講, 博士, 學正, 學錄, 學諭 등의 관직을 두었다. 조선시대의 교육제도는 과거제도와 긴밀히 연결되어서, 초시인 生員試와 進士試에 합격한 儒生에게 우선적으로 성균관 입학의 기회를 주었다. 한편 典籍은 成均館의 정6품직으로, 정원은 13명이었다. 圖籍의 收藏과 출납, 관리의 일을 맡았다. 司成 이하 典籍 이상은 宗學教官을 겸하게 되어 있었다. 또한 성균관의 전적 중 1인은 養賢庫의 注簿를 겸하고, 또한 典籍 이하는 四學의 學官을 겸하였다.

163_司憲府는 조선시대 刑曹, 漢城府와 더불어 三法司 또는 出禁三衙門의 하나로, 당시의 정치에 관하여 논의하고 모든 벼슬아치의 비행을 조사하여 그 책임을 규탄하며, 풍기와 풍속을 바로잡고 백성들 사이에 원성이 있는가를 살피는 등의 일을 맡아보았다. 또 司憲府와 司諫院을 병칭하여 그 관원을 모두 臺諫이라 불렀다. 사헌부는 관원의 인사에도 관여하여 임금이 결정 임명한 관원의 자격을 심사하여 이에 대한 동의 여부를 결정하는 署經기관이기도 했다. 한편 監察은 조선시대 司憲府의 정6품 관직을 말한다. 정원은 초기에 다소의 변화가 있다가 세조 때 24명으로 정해졌다. 內·

으며, 병오년(1486)에는 문과중시(文科重試) 을과(乙科) 제1등으로 합격하여, 홍문관부교리(弘文館副校理)[166], 용양위사과(龍驤衛司果)[167], 부사직(副司直)[168]이 되었습니다. 데리고 온 사람으로는 배리(陪吏)가 4인으로,

• • •

外官의 불법행위를 실제로 감찰하는 임무를 주로 수행하였다. 구체적으로는 국고출납, 祠祭, 朝廷禮會, 科擧 등 모든 면에 걸쳐 감찰하여 기강을 세우고 풍속을 바로잡는 일을 맡아보았다.

164_ 弘文館은 조선시대 궁중의 經書, 史籍의 관리, 文翰의 처리 및 왕의 자문에 응하는 일을 맡아보던 관청이다. 玉堂, 玉署, 瀛閣이라고도 하며, 司憲府·司諫院과 더불어 三司라고 불렀다.

165_ 조선시대 弘文館의 관직으로 修撰은 정6품, 副修撰은 종6품이었다. 세조9년(1463)에 弘文館이 신설된 뒤에 증설된 것으로 생각된다. 修撰은 文翰 편수의 임무를 맡고, 副修撰은 修撰을 보좌하는 임무를 맡는다. 副提學 이하 副修撰까지는 知製教를 兼帶한다. 三司 관원의 일원으로 언론활동에도 참여하였다. 문과 합격자 중 圈點을 통하여 선발하여 弘文錄에 등재하였다.

166_ 副校理는 조선시대 弘文館의 종5품직이다. 세조9년에 홍문관이 신설된 뒤, 정5품직의 校理와 함께 부교리의 직이 두어진 것으로 생각된다. 교리는 서적의 異同과 正誤를 조사 정리하는 임무를 맡았고, 부교리는 교리를 보좌하는 임무를 맡았다. 이들은 經筵官, 史官, 知制教를 당연직으로 겸임하였으며, 司憲府 · 司諫院과 함께 三司의 일원으로 국정의 시비를 가리는 諫言 활동에 참여하기도 하였다.

167_ 龍驤衛는 朝鮮前期 중앙군의 근간인 5衛의 하나이다. 1457년 용양사가 용양위로 바뀌어 5위 중 左衛를 맡았다. 5衛에는 각기 신분별로 편성된 2-3개의 특색 있는 단위부대를 두었는데, 용양위는 別侍衛와 隊卒로 구성되었다. 별시위는 5衛의 12개 단위부대 중 신분별로는 가장 상위의 서열에 드는 부대로서 태종 원년(1401)에 설치되어 禁軍의 성격을 띠었다. 한편 司果는 조선시대 5衛에 속하는 정6품의 무관직으로, 정원은 21명이다. 고려시대 2군, 6위에 200명 단위 부대의 지휘관으로 정6품의 郎將이 있었는데, 이것이 그대로 조선 건국 초까지 지속되다가 태조3년(1395)에 副司直으로 개칭되었다. 세조12년(1466)의 관직 정비 때에 다시 사과로 고쳐져 고정되었다. 사직과 마찬가지로 正品職이므로 遞兒職으로 배정되지 않았으며, 군사적으로 중요한 구실을 담당하였다.

168_ 조선시대의 5衛에 속한 정5품의 武官職이다. 司直에 대한 보좌직으로서 이와 같은 攝事職이 세종 때에 널리 임용되기 시작하였다. 세조13년(1467) 종5품 부사직으로 개칭되어 법제화하였다. 정원은 본래 123명이었으나 후에 21명이 감원되어 102명이

광주목리(光州牧吏) 정보, 화순현리(和順縣吏) 김중, 나주목리(羅州牧吏) 손효자, 제주목리(濟州牧吏) 이효지이고, 반솔(伴率) 1인 이정은 서울 사람, 진무(鎭撫) 1인 안의는 제주 사람, 역리(驛吏) 1인 최거이산은 나주(羅州) 청암역(靑巖驛) 사람이며, 종은 막금 등 2인이고, 제주관노(濟州官奴)는 권송 등 4인이고, 호송군(護送軍)은 김속 등 9인이고, 배의 곁군[格軍]은 허상리 등 20인으로 모두 제주 사람입니다. 타고 온 배는 큰 배 1척뿐인데, 돛대와 상앗대는 바람을 만나 잃고, 닻과 노는 해적을 만나 잃었습니다. 가지고 온 물건은 인신(印信) 1개, 마패 1척, 사모, 각대, 공문서, 중시방록(重試榜錄)[169], 서책, 활 1장, 칼 1자루와 각자가 입는 의상 이외에는 다른 무기는 없습니다."

파총관(把總官)은 즉시 인신 등 물건을 점검하고는 또 묻기를, "너희 나라의 영토는 얼마나 되며, 부·주(府州)는 몇이나 되며, 군량은 대략 얼마나 있으며, 그 땅에서 생산되는 물품에는 어느 물품이 귀한 것이며, 읽는 시서(詩書)는 어느 경전을 존숭하며, 의관과 예악(禮樂)은 어느 시대 제도를 따르고 있는가? 낱낱이 써 내어 조사하는데 근거가 되게 하라"라고 하였습니다. "본국은 영역이 대개 수천 여 리이고 팔도가 있으며, 소속된 주(州)·부(府)·군(郡)·현(縣)이 300이 넘고, 생산되는 것은 인재(人材), 오곡, 소, 말, 닭, 개이고, 읽고 존숭되는 것은 사서(四書)·오경(五經)이고, 의관과 예악은 한결같이 중화(中華)의 제도를 따르고 있으며, 군량은 내가 유신(儒

었다. 補職을 맡지 않은 문관, 무관, 蔭官, 雜職 중에서 임용되었으며, 실무는 보지 않고 녹봉만 받았다.

169_ 重試에 급제한 자의 성명을 적은 榜目.

臣)으로서 일찍이 담당하지 못했기 때문에 그 수량을 자세히 알지 못합니다." "너희 나라는 일본, 유구, 고려와 서로 통교하는가?" "일본과 유구는 모두 동남방의 큰 바다 가운데에 있어 거리가 아주 멀어 서로 왕래하지 않고 있으며, 고려는 지금 우리 조선으로 바뀌었습니다." "너희 나라도 우리 조정에 조공(朝貢)을 하는가?" "우리나라는 해마다 성절(聖節)[170]과 정조(正朝)[171]에 공물 바치는 것을 특히 엄수하고 있습니다." "너희 나라는 어떤 법도를 사용하며, 별도의 연호가 있는가?" "연호와 법도는 한결같이 명(明)나라를 따르고 있습니다." 파총관은 묻는 일을 마치고 난 후에 이어서 말하기를, "당신 나라가 해마다 조공을 하여 군신간의 의리가 있고 침범하거나 반역한 정상은 없어 마땅히 예절로 대우할 것이니, 각자 안심하고 다른 걱정일랑 하지 마시오. 북경으로 전송하여 본국으로 돌려보낼 것이니 급히 행장을 차리고 지체하지 마오"라고 하고 곧 다과를 접대하였습니다. 신은 즉시 사례하는 시(詩)를 지어 절하려고 하니, 파총관은 "절할 필요는 없소"라고 하였습니다. 신이 말을 알아듣지 못하고 절을 하니 파총관 또한 일어나 미주보고 답례하였습니다.

22일—**도저소에 머물렀습니다**.

이 날은 흐렸습니다. 파총관은 또 신을 앞으로 나오게 하더니, 어제의 공술서 가운데 하산에서 해적을 만난 일과 선암에서 구타를 당한 등의 일 및

170_ 황제의 탄신일.
171_ 정월 초하루.

문장이 번거로운 대목을 삭제하고 신에게 다시 한 장을 쓰도록 하였습니다. 설민(薛旻)이 탁자 옆에 섰다가 신에게 말하기를, "이 글은 상사에게 보고하여 황제에게 전달되는 것이니 간결해야만 합니다. 그러므로 우리 나으리께서 번거로운 것은 지워버리고 간략히 해서 당신에게 고쳐 쓰게 한 것이니 의심하지 마십시오"라고 하였습니다. 신은 고쳐 쓰기를 달가워하지 않으면서 말하기를, "공술서는 바른 대로 써야 하니 글자가 비록 많다 해도 무슨 문제이겠습니까? 또 지워 버린 것은 바로 해적을 만났던 일인데, 도리어 한마디를 보태어 '군인의 의복은 모두 그대로 있었다'[172] 운운하면서 내가 해적을 만났던 사실은 없애 버렸으니 이 또한 무슨 뜻입니까?"라고 하였습니다. 설민은 몰래 글을 써서 보이기를, "지금 황제께서 새로 즉위해서 법령이 엄숙하니 만약 당신이 전일에 진술한 공술서를 보신다면 황제께서는 틀림없이 '도적이 횡행하고 있구나'하고 여기시고 변장(邊將)에게 죄를 돌릴 터이니 작은 일이 아닙니다. 당신을 위해 헤아린다면 살아서 본국으로 돌아갈 것만을 염두에 두어야지, 일을 만드는 것은 좋지 않습니다"라고 하였습니다. 신은 그 말을 들으니 그럴 듯하여 곧 붓을 들어 몇 곳을 뺀 대로 썼습니다.

설민이 또 신에게 말하기를, "당신은 군자감주부(軍資監主簿)를 역임했는데, 어째서 군량의 수량을 모른다는 것입니까?"라고 하였습니다. "나는

172_《조선성종실록》 19년 4월 戊申. 賀冊封使 安處良이 북경에서 베껴 가지고 온 공문을 보면, 최부의 공술 속에 '所帶馬鞍一部, 及各人衣服具在'라는 말이 들어 있다. 이는 '軍人衣服具有'와 부합하는 내용으로서, 결국 최부 휘하 군인들의 의복이 없어진 것이 없고 그대로 모두 남아 있었다는 것을 강조한 뜻이 틀림없다.

군자감주부가 된 지 한 달이 채 차기 전에 직책이 바뀌었던 까닭에 그 수량을 자세히 알지 못합니다." "당신은 바다 위에서 밥을 먹지 못한 것이 며칠이나 됩니까?" "3일부터 11일까지입니다." "그렇다면 어찌하여 굶어 죽지 않았습니까?" "간혹 마른 쌀을 씹고 오줌을 마시기도 하였으며, 오줌도 없어지면 비 오기를 기다려서 옷을 적셔 짜내어 마시고는 한 가닥 터럭과도 같은 목숨을 이어 죽지 않은 것이 다행일 뿐입니다." "당신의 나이는 몇입니까?" "35세입니다." "당신은 집을 떠난 지 며칠이나 되었습니까?" "여섯 달입니다." "당신은 고향집 생각이 나지 않습니까?" "아버지는 이미 별세하셨고 살아 계신 어머니는 슬피 울어 이미 나라의 풍속을 바꾸었고[173] 또 내가 물에 빠져 죽었으리라 여겨 슬퍼하는 마음이 더욱 간절하실 것입니다. 나는 지금 살아서 이국(異國)에 이르렀지만 생각이 이에 미치면 통곡하지 않는 날이 없습니다." "신하된 사람은 나라만을 위하고 자기 집은 잊어야 한다'[174]고 하였습니다. 당신은 왕사(王事)로 인해 표류하여 이곳에 도착하였으니 마땅히 효도를 충성으로 옮겨야 할 것인데, 어찌 집을 생각합니까?" "충신은 효자의 가문에서 구한다[175] 하니 어버이에게 효도를 다하지 않고서 임금에게 충성을 다한 사람은 없었습니다. 하물며 나무에 부는 바람은 그치지 않고[176] 해는

• • •

173_《孟子》 告子下에 "華周杞梁之妻, 善哭其夫, 而變國俗"이란 고사가 있다. 戰國時代 齊나라 사람 華周와 杞梁이 전사했는데 그의 아내들이 슬피 울어 나라의 풍속이 바뀌었다는 뜻이다.

174_《漢書》 권48 列傳 賈誼. "爲人臣者主耳忘身, 國耳忘家"

175_《後漢書》 권16 列傳 韋彪. "事親孝故忠可移於君. 是移求忠臣必於孝子之門"

176_"樹欲靜而風不止, 子欲養而親不待"에서 유래한다. 부모를 모실 수 있는 시간이 길지 않음을 경계하는 말이다. 《韓詩外傳》 권9.

서산에 지려 하니[177], 어찌 나의 돌아가신 아버지와 살아 계신 어머니를 생각하지 않을 수 있겠습니까?" "당신의 국왕은 성명이 무엇입니까?" "효자는 타인이 부모의 이름을 거명하는 것을 참지 못하니, 타인의 과실을 듣기를 마치 부모의 이름을 듣는 것처럼 해야 한다[178]고 하였습니다. 하물며 신하된 자가 임금의 이름을 경솔히 다른 사람에게 말할 수 있겠습니까?" "국경을 넘었으니 지장 없을 것입니다." "나는 조선 신하가 아니겠습니까? 신하된 사람이 국경을 넘었다고 나라를 저버리고 행동을 달리하고 말을 바꿀 수 있겠습니까? 나는 그렇게 할 수 없습니다." 설민이 곧 신과 문답한 글을 가져다 파총관에게 바치니 파총관은 읽다가 머리를 끄덕이더니 신을 돌아보고 말하기를, "내일 관원을 시켜서 당신을 떠나보낼 것입니다. 휴대한 모든 물건은 건수(件數)에 따라 기록해, 앞길에 잃어버리는 일이 없도록 하십시오"라고 하였습니다. 신은 사관(舍館)으로 물러 나왔습니다. 왕광(王匡)이란 자는 허청(許淸)의 사나운 앞잡이로서 위협하기도 하고 달래기도 하면서 염치없이 물건을 요구함이 끝이 없었습니다. 신의 행장에는 줄 만한 물건이 없기 때문에 이에 응하지 않았습니다. 이때에 이르러 또 와서 말하기를, "우리 대인(大人)의 은혜는 갚지 않을 수가 없습니다"라고 하였습니다. 신이 입었던 솜으로 댄 철릭[179]을 벗어서 허청의 아들 융(隆)에게 주었습니다.

177_ 연로하여 죽음이 임박했음을 비유하는 말이다. 이러한 뜻으로 쓴 대표적 용례로 元 陸文圭의 《牆東類稿》 권14의 "今吾老疾, 日迫西山"이란 구절이 전한다.

178_ 《後漢書》 권24 列傳 馬援. "吾欲汝曹聞人過失, 如聞父母之名, 耳可得聞, 口不可得言也."

179_ 원문은 帖裡로 되어 있는데 이는 철릭의 取音으로 天翼 혹은 天益이라고도 한다. 관복의 밑받침으로 입는 포이다. 홑, 겹, 솜으로 지어 계절에 따라 바꿔 입었다. 깃이

태주(台州)는 옛날 동구국(東甌國)의 땅으로서 민(閩)[180]지방의 동쪽과 월(越)지방의 남쪽에 있고, 우두(牛頭) 앞 바다 등지는 임해현(臨海縣) 관할이며 또 태주 동남방으로 가장 먼 변방에 위치하여 기후가 따뜻하고 늘 비가 와서 햇볕은 적었으니 실로 염황장려(炎荒瘴癘)[181]의 땅이었습니다. 신은 정월에 이곳에 도착하였는데, 기후는 3-4월과 같아서 보리가 이삭이 패려고 하고 죽순 싹이 한창 무성하게 크고 복숭아꽃과 살구꽃이 활짝 피었습니다. 또 산은 높고 내는 크며 수풀은 무성한데다, 인구가 많고 물자는 풍부하며, 주택은 웅장하고 화려하였으니 하나의 별천지였습니다.

23일—도저소에서 길을 떠났습니다.

이 날은 흐렸습니다. 파총관이 또 신과 종자들을 앞으로 나오게 하여, 신에게 이름을 불러 인원을 일일이 세게 하였습니다. 천호 적용(翟勇)과 군리(軍吏) 20여 인을 차출하여 신 등을 총병관(總兵官)[182]에게 호송하도록 하였습니다. 신과 배리 등은 모두 가마를 타고 갔습니다. 양달해는 간교한 자로서

곧고 상의와 하의가 1:1의 비율로 연결되었으며 치마 부분에 주름이 잡혀 있었다. 색상은 堂上官은 藍色, 堂下官은 紅色이었다.

180_ 福建省의 옛 명칭.

181_ 남방의 무덥고 풍토병이 많은 곳.

182_ 한 지역의 武官으로 明代 초기에는 전쟁이 일어나면 公·侯·伯·都督 중에서 추천하고, 戰事가 끝나면 본래의 직무로 돌아가도록 하였다. 후에 변경에 일이 많아 마침내 현지에 머물러 鎭守하게 하였다. 將軍의 印으로 제수한 사람을 挂印將軍이라 불렀다. 또 備倭 혹은 總督漕運 등의 명칭이 있었다. 황제의 직접적인 지휘를 받으며 品級이 없고 定員이 없었으며, 권한이 매우 컸다. 중기 이후에는 설치된 곳이 날로 늘어나 점차 流官으로 充任되었으며, 總督과 巡撫의 지휘를 받았다.

병을 핑계하고 지팡이에 의지하며 걸을 수 없는 척하니 파총관이 또 가마를 타도록 허가하여, 가마 탄 사람이 모두 8인이었습니다. 적용, 허청, 왕광 등이 신 등과 함께 산장(山場)과 오두(烏頭) 두 고개를 지나가는데 그 사이에 큰 내가 셋이 있었습니다. 오두령(烏頭嶺) 아래에는 또 감계(鑑溪)가 있었는데, 허청이 신 등을 감계 가의 민가로 데려가 밥을 지어 먹였습니다. 또 길을 떠나 당두(塘頭)와 포봉(蒲峯) 등을 지나 밤을 타서 가다가 길가의 한 불사(佛寺)에 이르러 잠을 잤습니다. 그 앞마을이 바로 선암리인데 도저소에서 이곳에 이르기까지는 곧 신이 전에 내몰리며 지나갔던 길이었습니다. 밤에 허청과 적용이 그곳 이장(里長)[183]을 국문하여 제 말안장을 빼앗은 사람을 잡아서 관사에 보고하고 말안장을 신에게 돌려주었습니다. 군인들의 빼앗긴 갓과 망건 등은 모두 찾지 못하였습니다.

대개 강도질을 하는 자는 사람을 죽이고 재물을 빼앗는[184] 포학한 행위를 거리낌 없이 합니다. 지금 강남 지방 사람들 중에는 비록 더러 이익을 탐하는 마음 때문에 도적질을 하고 약탈하는 자가 있지만 하산의 해적은 신 등을 죽이지 않았고 또 남겨준 물건도 있었으며, 선암 사람은 약탈한 것을 숨기지 않고 빼앗았던 말안장을 마침내 돌려주었으니, 기풍이 부드럽고 인심이 그다지 포악하지 않다는 증거입니다.

• • •

183_ 明代 향촌조직인 里甲의 長으로 모두 10戶로 구성되는데, 각종 正役을 부담하였다.
184_ 원문은 '殺越人于貨'이고, 출전은 《尙書》 周書 康誥이다.

24일 — 건도소(健跳所)[185]에 도착하였습니다.

이 날은 맑았습니다. 새벽에 천암리(穿岩里)를 지났습니다. 마을 서쪽에 있는 산 위쪽으로 석벽이 높게 솟아있는데, 홍문(虹門)[186]처럼 보이는 동굴이 있었기 때문에 천암(穿岩)이라 불리는 것이었습니다. 또 전령(田嶺)을 지나니 전령 위에는 중이 불사(佛舍)를 짓느라 도로를 가로막았으므로, 행인들이 절 가운데로 지나갔습니다. 신 등은 평지에서는 더러 가마도 탔지만 고개가 높고 길이 험하므로 가마에서 내려 걷는 일이 많았습니다. 이 절에 이르러 온갖 모양으로 절룩거리며 걸으니 그 절의 중이 불쌍히 여겨 차를 끓여 대접하였습니다. 조금 머물렀다가 출발해서 바닷가에 이르니 무기를 갖춘 병선(兵船)이 물가를 따라 오르내리며 수전(水戰)을 하는 모습이 보였습니다. 신은 거룻배를 타고 건넜는데 바로 이곳이 건도소였습니다. 건도소 성(城)은 해안에 붙어 있었습니다. 건도소의 천호인 이앙(李昻)은 신체가 장대하고 용모가 준수하였는데, 갑주(甲胄)와 무장을 갖추고 신 등을 이끌어 성문 안으로 들어갔습니다. 문은 모두 겹성이었고, 고각(鼓角)[187]과 총통의 소리는 바다와 산을 진동시켰습니다. 그 쇄납(嗩吶) 등 크고 작은 피리는 끝이 모두 위가 굽어 있어 부는 사람의 미간(眉間)을 향하였습니다. 성 안의 사람과 저택은 도저소에 비해 더욱 많았습니다. 이앙은 신을 이끌고

185_ 健跳所城은 寧海縣 縣治에서 동남쪽 130리 거리에 위치하는데 높이는 2丈 3尺, 둘레는 3里 17步, 문은 두 개이다. 洪武20년(1387) 信國公 湯和가 세웠다. 海門衛에 예속된다. 崇禎《寧海縣志》권1, 輿地 ; 권2, 建置 등 참조.

186_ 무지개 모양의 문.

187_ 軍中의 號令에 사용하는 太鼓와 角笛.

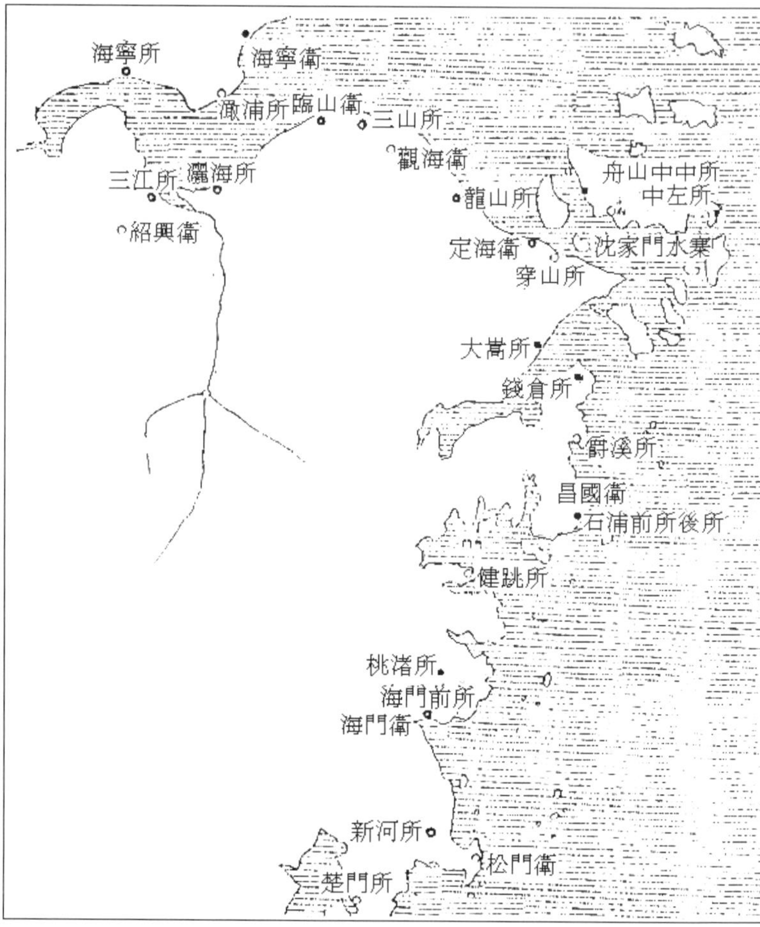

浙江 연해지방 衛所 분포도

한 객관(客館)에 이르러서, 적용, 허청, 왕광, 왕해 등 및 이름은 잊었지만 성이 장(莊)이니 윤(尹)이니 하는 중후하고 나이 든 건도소 관인들과 함께 탁자의 좌우에 빙 둘러서서 신에게 표류된 까닭을 물었습니다. 신은 대략 그 전말을 진술하였습니다. 이앙은 신에게 당(堂)에 올라서 빈주(賓主)의 예를 행하기를 청하였습니다. 이앙은 서계(西階)로부터 올라가고 신은 동계(東階)로부터 올라가서 서로 마주보고 두 번 절한 뒤에 이앙이 신에게 다과를 접대하고, 또 신의 종자들에게도 술과 고기를 먹여 자못 환대하는 뜻을 보였습니다. 성이 윤(尹)인 노령의 관인은 정보 등을 이끌고 사저로 가서 음식을 먹이고 이어 그 처첩과 자녀로 하여금 인사 올리게 하였습니다. 그 인심의 순박하고 두터움이 이와 같았습니다.

어떤 사람이 병오년에 등과(登科)한 소록(小錄)[188]을 가지고 와서 신에게 보이면서 말하기를 "이것은 내가 과거에 합격한 방록(榜錄)입니다"라고 하였습니다. 또 방록 가운데 '장보(張輔)'[189]란 두 글자를 가리키면서 말하기를, "이것이 내 이름입니다"라고 하였습니다. 이어서 묻기를, "당신 나라에서도 등과한 사람을 귀하게 여깁니까?"라고 하였습니다. "그렇습니다." "우리나라 제도는 초야에 있던 선비로서 등과한 사람은 모두 관청에서 봉록을 주고 문가에 정문(旌門)[190]을 세워주며, 명함에도 무슨 과 몇 등으로 진사급

• • •

188_ 科擧의 題名錄으로 榜錄을 뜻한다.

189_ 字가 邦佐이다. 조상이 軍功으로 旗丁을 통솔하였으며, 대대로 健跳所의 관리를 지냈다. 海寧에 籍을 두었다. 그는 英敏하고, 經世의 학문에 뜻을 두었다. 成化22년(1486)에 鄕에서 천거되어 禮部 乙榜에 합격하였다. 蘄水敎諭에 제수되었으나, 얼마 안 되어 그만두고 집에 은거하면서 《寧海縣志》를 편찬하였다.

190_ 충신, 효자, 열녀 등을 표창하기 위하여 붉은 색으로 단장하고 그 額에다 忠, 孝, 烈과

제한 자 등이라고 써주게 되어 있습니다." 그는 신을 이끌고 자기 집에 이르렀습니다. 그 집 앞의 네거리에 과연 용(龍)을 아로새긴 석주(石柱)로 2층 3간의 문을 만들었는데, 노란빛과 푸른빛이 눈이 부시도록 빛났고, 그 위에는 '병오과(丙午科)[191] 장보(張輔)의 가(家)'라는 글씨가 크게 씌어 있었습니

직함, 성명을 새겨, 마을 입구나 그 집 문 앞에 세우는 문을 말한다. 일명 紅門이라고도 한다.

191_ 成化22년(1486) 丙午年에 실시한 鄕試에서 장보는 제7등으로 합격하여 擧人이 된 바 있다. 民國《台州府志》권24, 選擧, 表4.; 권118, 人物 등 참조. 한편 崇禎《寧海縣志》권10, 藝文에는 張輔의 〈送朝鮮崔校理序〉가 실려 있는데, 이는 최부의 표류사건에 대한 중국문헌의 귀중한 기록으로서 全文은 다음과 같다.

〈送朝鮮崔校理序〉 (明)張輔(字 邦佐, 邑人)

朝鮮弘文館副校理崔溥淵淵, 將其王命括戶口于其國之濟州海島, 旣而, 奔父喪, 乘巨舟, 涉海道以還, 爲暴風所逆, 飄泊入我健跳. 守邊堠吏往說之, 告以故, 遂迎其所率吏卒四十三人者, 館之公所, 將致之藩府, 以達于京師, 而還諸其國. 子弟邦職, 請曰今之朝鮮, 昔之高麗, 箕子之遺墟, 我之東藩也. 其人必能守禮持義. 遂往訪之, 見其動靜紆徐, 聲容哀戚, 蓋患難不入于心, 而克持喪禮者, 因加敬焉, 告之曰子之此行, 所謂失于東隅收桑楡者乎! 是雖摧帆失楫于風濤之中, 神泣膽落, 自分葬于魚腹, 萬無生理, 抑孰知繇是以覩中國之大觀, 庸非天之意乎? 且朝鮮之陪臣以職事來者, 無歲無之. 然皆自遼東一道以入, 其于輿地廣輪之博, 版籍生齒之蕃, 城池甲兵之利, 聲名文物之美, 古今興亡之跡, 固不得而歷覽也. 子行將上會稽, 涉錢塘, 追延陵, 渡天塹, 歷呂梁之險, 登歌風之臺, 觀泰山之巍峩, 孔林之叢蔚, 以極于皇都之大擧, 朝鮮之以聞見自雄者, 莫先焉, 是亦此行之失收之也. 隋唐之際, 中國之君, 逞其好大喜功之心, 而爲之臣者, 復以率繇漢晋故事濟之, 于是兵連禍結, 數世無寧日, 平壤扶餘銀黃之野, 流血千里, 烟火遼絶, 亦云殆矣. 我太祖高皇帝平定海宇之初, 諸臣亦有以郡縣高麗爲請者, 上念其率先臣屬, 立其君爲朝鮮國王, 保彼東方聖子神孫, 世守家法. 朝鮮之人, 老子長孫, 不識兵革, 鴨綠之水, 駐蹕之山, 益高以清, 故跡茫茫, 不可致詰者, 大明覆燾之恩也. 子歸故國, 謁而君, 以予言獻之, 臣節益堅, 職貢益修, 永藩垣我東土, 子亦有無窮之譽, 是亦此行之失收之也. 崔再拜曰遐僻之人死而生, 幸也. 聞至教, 大幸也. 海濶天空, 徒勒瞻遡. 倘他年入聘, 風流運會于黃金臺上, 當不爲生客云.

이를 번역한다면 다음과 같다.

〈조선의 崔校理를 보내는 序文〉 張輔(字는 邦佐, 寧海人)

조선의 弘文館副校理 崔溥 淵淵은 王命으로 본국의 제주도에서 戶口를 조사하였다. 얼마 후 부친상을 당하여 큰 배를 타고 바닷길로 돌아가다가 폭풍을 만나 표류하여 우리 건도소에 오게 되었다. 변경을 지키는 小吏가 가서 심문하니 사정을 말하므로 드디어 그가 데려온 吏卒 43인을 맞이하여 公所에 묵게 하였고, 장차 藩府로 보내 京師에 이르게 하여 본국으로 돌려보내려고 한다. 지방의 공직을 맡은 子弟가 청하여 말하기를, "오늘날의 조선은 옛날의 高麗입니다. 箕子의 遺風이 남겨진 곳으로서 우리의 동쪽 울타리가 됩니다. 그 사람은 반드시 禮와 義를 잘 지키는 자일 것입니다"라고 하였다. 드디어 가서 살펴보니 그의 행동거지는 느긋하고 여유가 있었으며 목소리와 얼굴은 비통에 잠겨 있었는데, 患難을 마음속에 새기지 않고 능히 喪禮를 지키는 것이 더욱 존경스러웠다. 내가 고하여 말하기를 "그대의 이번 행차는 이른바 '아침에 잃어버렸다가 저녁에 찾는다'는 것이겠지요! 비록 풍랑 속에서 돛과 노를 잃어 간담이 떨어져 스스로 생각하기에 물고기 뱃속에 장사를 지내게 되어 도저히 살 리가 없으리라 생각했겠지만, 뜻하지 않게 이로부터 中國의 웅장한 경관을 보게 되었으니 어찌 하늘의 뜻이 아니겠습니까? 또한 조선의 陪臣으로서 職事로 오는 자는 해마다 없는 적이 없지만, 모두 遼東의 한 길로만 들어오게 되니, 드넓은 땅과 수많은 인구와 城池와 甲兵의 날카로움, 聲名과 文物의 아름다움, 古今과 興亡의 자취를 본디 두루 볼 수는 없는 노릇입니다. 그대의 행차에서는 장차 會稽로 가서 錢塘을 넘고, 延陵을 회상하며 長江을 건너고, 呂梁의 험난을 겪고 歌風臺의 유적에 오르고, 높다란 泰山과 빽빽한 孔林을 보고, 皇都의 장관까지 다 볼 것이니, 조선에서 見聞이 넓기로 최고라 하는 자도 그대를 앞서지는 못할 것입니다. 이 또한 이번 행차의 '아침에 잃어버렸다가 저녁에 찾는다'는 데 해당됩니다. 隋唐시대에 中國의 군주는 영토의 확장과 공을 남기기를 좋아하는 마음으로 우쭐대고, 신하들은 다시 漢晉의 옛 방식으로 해결하려 하였습니다. 이에 戰禍가 잇달아 몇 세대동안 편안한 날이 없었고, 평양과 부여의 은황색 벌판에는 흐르는 피가 천리에 이르고, 음식 짓는 연기가 끊어져 위태한 상황이었다고 할 수 있습니다. 우리 太祖高皇帝께서 천하를 평정한 초기에 여러 신하 가운데는 또한 高麗를 郡縣으로 삼자고 청하는 자가 있었지만, 皇上께서는 솔선하여 臣屬한 점을 고려하여 그 군주를 세워 조선의 國王으로 삼아 저 동방의 聖子神孫을 보호하고 대대로 家法을 지키도록 하니, 조선인은 자자손손 전쟁의 참화에서 벗어나 압록의 물과 駐蹕의 山이 더욱 높고도 맑았고, 옛일은 아득하여 詰問당하지 않게 되었으니 이는 大明이 베풀어준 은혜입니다. 그대가 故國에 돌아가 그대의 군주를 알현하여 내 말을 아뢰어, 臣節을 더욱 굳게 하고 職貢을 더욱 다듬어 영원히 우리의 東土의 울타리가 되면, 그대도 무궁한 영예를 갖게 될 것이니 이 또한 이번 행차의 '아침에 잃어버렸다가 저녁에 찾는다'는 데 해당할

다. 장보는 자기의 등과를 신에게 과시한 것입니다. 신 또한 떠벌리는 말로 그에게 자랑하며 말하기를, "나는 두 번이나 과거에 합격하여 해마다 쌀 200석을 받았고 정문이 3층이나 되니 족하가 나에게 미치지 못할 것입니다" 라고 하였습니다. "그것을 어찌 알 수 있습니까?" 신은 "나의 정문은 먼 곳에 있으니 보일 수 없지만, 내게 문과(文科) 중시(重試)의 소록(小錄)이 있습니다"라고 하고 펼쳐 보였습니다. 장보는 소록 속에 신의 관직과 성명이 있는 것을 보고 무릎을 꿇으며 말하기를, "내가 미치지 못하는 듯합니다"라고 하였습니다.

25일—월계순검사(越溪巡檢司)[192]에 도착하였습니다.

이 날은 흐리고 어두웠습니다. 이앙, 허청, 왕광 및 성이 장이니 윤이니 하는 분들이 모두 신을 바다에서 전송하였습니다. 이앙은 신의 손을 잡고 말하기를, "나와 족하는 천 년 만에 만 리 밖에서 한번 만났다가 곧 헤어지니 다시 보지 못할 것입니다"라고 하였습니다. 신은 배 위에서 작별을 고하며 말하기를, "제가 올 적에는 장군께서 수백 내지 천여 명의 군인으로 성을 둘러싸 깃발이 어지럽게 펄럭이고 북소리가 요란하게 울렸으니, 이는 장군께서

• • •

것입니다"라고 하였다. 최부는 再拜하고 말하기를, "멀고 먼 땅에서 온 제가 죽었다 살아난 것은 행운입니다만, 지극한 가르침을 듣게 된 것은 더 큰 행운입니다. 끝없이 넓은 천지에서 오직 이를 우러러 가슴속에 새기겠습니다. 만약 훗날 정식으로 중국 땅에 들어와 바람을 따라 黃金臺에서 만나게 되더라도 낯선 손님은 아니 될 것입니다" 라고 하였다.

192_巡檢司는 洪武 연간 각지의 關津과 要害에 설치한 부서로서 姦細·私鹽業者·逃軍·逃囚 및 文引이 없는 수상한 자의 검문과 체포 등 지방의 치안을 담당했다. 巡檢과 副巡檢을 두었는데 모두 종9품이었다. 《諸司職掌》 권5, 兵部.

먼 지방 사람에게 위엄을 보이신 것입니다. 제가 사관(舍館)에 머물 적에는 당(堂)에 오르게 하였는데, 예절이 틀림없고 음식을 대접하는 데 뜻이 더욱 두터웠으며 마음을 터놓고 성의를 보여서 처음 보고도 옛 벗과 같이 친밀하였으니, 이는 장군께서 먼 지방 사람을 관대하게 대하신 것입니다. 제가 떠날 적에는 성 서쪽까지 걸어 나오고 멀리 바다 모퉁이까지 전송하며 저를 부축하여 배에 태우고 글을 지어 작별하였으니, 이는 장군께서 먼 지방 사람을 보내심이 후하신 것입니다. 저는 일개 먼 지방 사람인데 서로 만난 지 하루가 못되었는데도 엄함으로써 위엄을 보이고 관대함으로써 응대하고 두터움으로써 작별하였으니, 그것은 반드시 뜻이 있어서일 것입니다. 대개 우리 조선은, 땅은 비록 바다 밖에 있으나 의관, 문물은 모두 중국과 같으니 외국으로 볼 수 없습니다. 하물며 지금 명나라가 통일을 이루어 북방의 호(胡)와 남방의 월(越)도 일가가 되었으니, 한 하늘 아래에서 모두가 형제입니다. 어찌 지역의 거리로 안팎을 나누겠습니까? 하물며 또 우리나라는 천조(天朝)를 정성으로 섬겨 공물 바치는 일을 게을리 아니한 까닭에 천자께서 예절로써 대우하고 인애로써 어루만져 주셨으니, 감싸고 안정시켜 주신 덕화(德化)는 지극하였습니다. 또 저는 조선의 신하요, 장군은 천자(天子)의 지방을 맡은 신하인데 천자의 자소지심(字小之心)[193]을 체현하여 먼 나라 사람을 대우하심이 이처럼 지극하시니 이 또한 충(忠)이 아니겠습니까? 그동안의 두터운 온정은 제가 이미 깊이 느낀 바이지만 하루도 장군

193_小國을 아끼고 어루만진다는 뜻이다. 용례로는 《左傳》 昭公 傳十六年의 "僑聞爲國非不能事大, 字小之難" 등이 있다.

및 장(莊), 윤(尹) 두 관인과 함께 조용히 담화하며 회포를 풀 짬을 얻지 못하였으니, 백년 한 평생을 만 리 밖에서 만날 수 없는 그리움이 어찌 그치겠습니까?"[194]라고 하였습니다.

또 허청에게 작별하며 말하기를, "장군은 왕광 족하와 함께 나를 포봉(蒲峯)이란 마을에서 만나보고, 지극히 배고프고 목마른 나를 배부르게 먹이고, 나를 죽을 지경에서 살려주고, 두독장과 도저소 및 이 성에 이르기까지 산길이 험준한 수백 리의 땅에서 7-8일 동안을 돕고 보호해 주셨으니, 그 은정(恩情)의 두터움은 이루 다 말할 수 없습니다. 한 번 작별한 뒤에는 서로 만남을 기약하기 어려우니 슬픔이 더할 뿐입니다"라고 하였습니다. 드디어 작별을 고하고 적용과 함께 배를 타고 큰 바다를 건넜습니다. 적용은 신에게, "이 바다를 떠가노라면 서쪽으로 천태산이 보이는데, 지금 마침 구름과 안개로 사방이 막혀서 바라볼 수가 없겠습니다"라고 운운하였습니다. 저녁에 영해현(寧海縣)의 월계순검사[195]에 도착하였습니다. 성은 산꼭대기에 있었고, 군졸들은 모두 갑옷을 입고 바닷가에 죽 늘어서 있었습니다. 적용은 그 무리와 함께 배에서 내려서 성에 들어가고 신 등은 해안에 머물게 하였는데, 무엇을 하는지 알 수가 없었습니다.

194_ 원문에서 멀리 떨어져 있는 친구를 그리워함을 비유하여 표현한 '雲樹之望'의 출전은 杜甫의 詩 〈春日憶李白〉의 '渭北春天樹, 江東日暮雲'이다. '어찌 그치겠습니까'의 원문인 '曷維其已'의 출전은 《詩經》 國風 邶風 綠衣이다.

195_ 2002년 7월 최부의 후손 崔秉一 선생 등이 寧海縣 越溪鄉 越溪村의 希望初等學校 구내에 〈崔溥漂流事蹟碑〉를 건립하였다. 碑文은 北京大學의 葛振家 교수가 썼다.

26일—영해현을 지났습니다.

이 날은 비가 내렸습니다. 순검사의 건너편 언덕에 월계포(越溪鋪)[196]가 있었습니다. 월계포 앞에 배를 놓아두고 육지에 올라 시냇가의 언덕을 따라서 걸었습니다. 시내의 바다로 통하는 어귀는 매우 넓었는데 그 원류가 어디인지 알 수 없었습니다. 가다가 서양령(西洋嶺) 허가산(許家山)을 지나서 시오포(市奥鋪)에 이르니, 포(鋪) 안의 사람이 차 몇 사발을 대접하였습니다. 또 가다가 백교령(白嶠嶺)에 이르니, 군졸 20여 인이 가마를 메고 와서 신 등을 맞이하였습니다. 신 등 여덟 사람은 또 가마를 타고 진사방(進士坊)을 지나서 영해현의 백교역(白嶠驛)[197]에 이르렀습니다. 역은 현치(縣治) 안에 있었습니다. 당(唐)이란 성을 가진 지현(知縣)[198]이 신 등에게 음식을 배부

196_ 鋪 즉 急遞鋪는 공문을 遞送하기 위하여 연도에 설치한 기구로서 규모와 직능이 驛站보다 작았다. 중요한 일은 驛站, 사소한 일은 鋪를 이용하였다. 洪武26년의 규정에 의하면 10里마다 1鋪를 두었는데 鋪長은 1명, 鋪兵은 要路와 偏路에 따라 10명에서 4-5명 등이었다. 鋪兵은 부근의 丁力田糧이 1石5斗에서 2石 이하의 戶에서 點充하였다. 萬曆《明會典》권149, 兵部32, 驛傳五 ;《諸司職掌》권5, 兵部 등 참조.

197_ 驛 즉 水馬驛은 공문의 遞送과 官物의 운송 및 왕래하는 관원이 잠시 쉬기 위한 곳으로 병부 소속이었다. 洪武元年 전국 각지에 水馬站과 急遞鋪를 둔 바 있는데 水馬站은 洪武9년에 水馬驛으로 바뀌었다. 馬驛은 衝要의 정도에 따라 所定의 馬驢를 구비했고, 驛站 부근의 人戶를 馬夫로 點充하였다. 水驛도 정도에 따라 소정의 驛船과 水夫를 두어 대비하였다. 萬曆《明會典》권145, 兵部28, 驛傳一, 水馬驛上 ;《諸司職掌》권5, 兵部 등 참조. 한편 白嶠驛은 縣治에서 서쪽으로 160步 떨어진 곳에 위치한다. 원래는 동으로 100보 거리에 이름도 迎恩이었는데 元 至正23년(1363)에 현재의 위치로 옮기면서 백교로 改名하였다. 崇禎《寧海縣志》권2, 建置.

198_ 弘治元年(1488) 寧海 知縣은 江澂(字는 景吳)으로 지방지의 名宦傳에 실려 있다. 당시에 唐이란 성을 가진 知縣은 찾을 수 없는데 姓氏 혹은 관직에 대한 최부의 착각이 있었던 듯하다. 崇禎《寧海縣志》권2, 建置. 그렇지 않다면 다른 현의 知縣을 역임했거나 휴직으로 현지에 내려와 살던 唐이란 성을 가진 어떤 鄕紳을 지칭할 가능성도

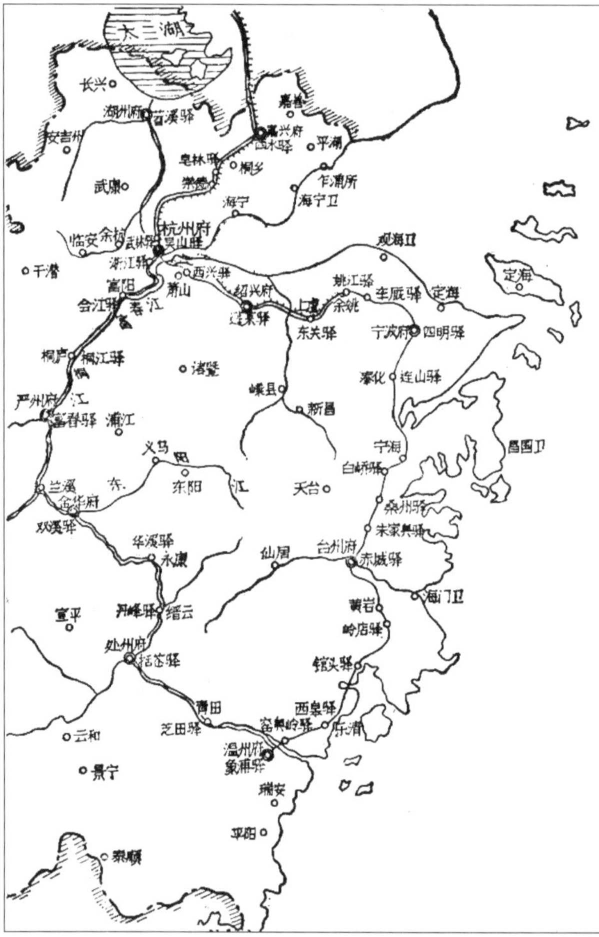

최부 일행이 도저소에 상륙한 후 항주에 이른 驛站路

배제할 수는 없을 것이다. 한편 知縣은 縣의 장관을 뜻한다. 吳元年(1367)에 천하의 縣을 3등급으로 나누어 上縣은 종6품, 中縣은 정7품, 下縣은 종7품으로 하였다. 후에 모두 정7품으로 하였다. 한 縣의 政令을 관장하여 직접 賦役, 訴訟, 文教 등의 일을 처리하였기 때문에, '父母之官'이라는 호칭이 있었다. 明初에는 자못 吏治를 중시하여 考核을 엄정하게 실시하였다. 그러나 明中期 이후에는 지위가 날로 낮아졌다.

르게 먹였습니다. 가마를 타고 비를 무릅쓰고 길을 떠나서 동산포(桐山鋪)[199], 매림포(梅林鋪), 강격령(江浛嶺), 항공포(缸空鋪)[200], 해구포(海口鋪)를 지났습니다. 그 중간에 큰 내 셋과 큰 다리 둘이 있었는데, 그 이름을 잊었습니다. 밤 2경쯤에 서점역(西店驛)[201]에 이르러 유숙하였습니다. 서점역에는 갑병(甲兵)[202]이 경비하고 있었는데 방어소(防禦所) 같았습니다.

27일 — 서점역에 머물렀습니다.

이 날은 큰바람이 불고 큰비가 내려서 시냇물이 불어 넘쳤으므로 하는 수 없이 서점역에서 묵었습니다.

28일 — 연산역(連山驛)[203]에 도착하였습니다.

이 날은 큰비가 내렸습니다. 적용이 신에게 말하기를, "우리 중국의 법령은 엄정해서 조금이라도 더디고 늦어지면 반드시 처벌을 받게 됩니다. 지금

199_ 鋪에는 舖司 1명과 舖兵 4명이 배치되어 있었다. 이하의 포도 동일하다. 崇禎《寧海縣志》권2, 建置.

200_ 縣治에서 40리의 거리에 있는 缸窯舖를 가리키는 듯하다. 崇禎《寧海縣志》권2, 建置.

201_ 봉화현치에서 남쪽으로 70리 거리인데 台州府 寧海縣과의 경계에 위치한다. 明 洪武 19년(1386) 信國公 湯和가 增置하였고, 21년 驛丞을 두었다. 成化《寧波府志》권5, 廨宇考. 한편 光緒《奉化縣志》권2, 建置上에는 그 거리가 60리, 增置한 연도는 홍무 20년으로 되어 있다.

202_ 무장한 병사.

203_ 봉화현 현치의 동쪽으로 5리 거리의 寧海縣과의 경계에 위치한다. 唐代에 설치되었는데 그 후 여러 차례에 걸친 개명 끝에 明 洪武12년(1379)에 연산이란 이름으로 바뀌었다. 成化《寧波府志》권5, 廨宇考.; 光緒《奉化縣志》권10, 兵制 등 참조.

비록 큰비가 내리지만 더 이상 머무를 수 없습니다"라고 하였습니다. 적용의 군리(軍吏)와 신의 종자들이 모두 가려고 하지 않으면서 말하기를, "오늘은 비가 많이 내려서 물이 계곡에 넘치므로 갈 수 없습니다"라고 하였습니다. 적용이 말하기를, "계곡의 물은 가득 찼다가도 다시 줄어들고 또 이 역에서 지급하는 식량도 한정이 있으니, 어제 머문 것도 이미 안 되는 일이었습니다"라고 하였습니다. 드디어 신 등과 함께 비를 무릅쓰고 책허포(堋墟鋪), 탁개령(拆開嶺), 산황포(山隍鋪)를 지나고, 또 대령(大嶺), 방문포(方門鋪)를 지나서 쌍계포(雙溪鋪)에 이르렀습니다. 쌍계포 북쪽에 쌍계(雙溪)가 있는데 시냇물이 불어 넘쳤으므로 사람들이 모두 옷을 입은 채 건넜습니다. 상전포(尙田鋪)를 지나서 봉화현(奉化縣)의 연산역에서 유숙하였습니다. 현은 역 동쪽으로 2리쯤 떨어져 있었습니다. 지현의 성명은 두안(杜安)[204]이었습니다. 역승(驛丞)[205]은 신 등이 옷이 비에 젖어서 소름이 돋은 것을 보고 건물 앞에서 나무 등걸을 불태워 주었습니다. 신과 종자들은 빙 둘러앉아 불을 쬐어 온기를 취하였습니다. 어떤 사람이 밖에서 들어오더니, 마구 화를 내며 등걸불을 차고 짓밟았습니다. 신 등은 두려워서 달아나 숨었지만, 적용과 역승은 욕을 당하였습니다. 적용이 신에게 말하기를, "밖에서 어떤 사람이 당신을 해적이라고 말하면서, 역관(驛官)이 지급해 주지 못하도록 방해하였습니다. 내가 그에게 저 분은 글을 읽는 군자라고 말했지만

204_ 吏員 출신으로 南康人인 두안은 당시 知縣이 아니고, 봉화현의 縣丞이었다. 최부가 지현으로 착각한 것이다. 光緒《奉化縣志》권16, 職官表上.

205_ 각 州縣의 驛站에 설치한 未入流 즉 從9品 이하의 관리이다. 驛站의 郵傳, 車馬, 儀仗, 迎送 등의 일을 관장하였다.

저 사람은 여전히 횡포한 짓을 거리낌 없이 하고 있습니다. 당신은 저 자가 의복을 빼앗아 갔다는 등의 내용으로 고소장을 써서 지현에게 바치십시오" 라고 하였습니다. 신이 말하기를, "저 사람의 나쁜 짓은 진실로 징계하고 싶지만, 빼앗긴 물건이 없는데도 빼앗겼다고 무고하여 남을 부당한 죄로 덮어씌우는 일은 매우 도리에 어긋납니다. 지금 족하는 우리를 호위해 왔으니 대중을 공갈하고 폭행한 죄로 저 자를 다스린다 해도 말이 안 될 것이 없습니다"라고 하였습니다. 적용은 곧 고소장을 작성하여 지현에게 보냈습니다.

29일—영파부(寧波府)를 지났습니다.

이 날은 비가 내렸습니다. 적용과 신 등이 가마를 타고 큰 내를 건넜습니다. 냇가에 절이 있었는데 매우 화려하였습니다. 앞에는 다섯 개의 부도(浮圖)[206]와 두 개의 큰 탑이 있었습니다. 또 허백관(虛白觀)[207], 금종포(金鐘鋪), 남도포(南渡鋪)[208]를 지나서 광제교(廣濟橋)[209]에 이르렀습니다. 광제교는 큰 내에 걸쳐 있었는데 다리 위에는 지붕을 얽었고 다리의 길이는 20여 보(步)나 되었습니다. 다리가 있는 땅이 곧 영파부의 영역이니 옛날 명주(明

• • •

206_ 浮屠라고도 하는데 梵語 Buddha의 음역이다. 佛者와 승려를 의미하기도 하지만, 여기에서는 득도한 高僧이 죽은 뒤에 그 유골을 안치하여 세운 돌탑을 말한다.

207_ 奉化縣의 동북에 위치한 道觀으로 舊名은 興唐觀인데 唐昭宗 時(889-903) 虛白으로 賜額받았다. 嘉靖《寧波府志》권18, 寺觀.

208_ 봉화현치에서 동쪽으로 20리 떨어진 곳에 있는데 舊名은 廣濟鋪이다. 成化《寧波府志》권5, 廨宇考.

209_ 奉化縣 縣治에서 북으로 25리의 거리에 위치한다. 俗名은 南渡橋이다.《寶慶四明志》권14, 奉化縣志, 권1.

州)였을 적[210]에 세운 것입니다. 또 3리를 가니 큰 다리가 있었는데, 다리의 북쪽이 진사리(進士里)였습니다. 또 10여 리를 가니 다시 큰 다리가 있었는데, 다리 위에는 지붕을 얽었고 광제교와 같으면서 조금 적은 편인데 그 이름은 잊었습니다. 다리의 남쪽에 문수향(文秀鄕)이 있었습니다. 또 상포교(常浦橋)를 넘어 북도강(北渡江)[211]에 이르러 작은 거룻배를 타고 건넜습니다. 우두 앞바다에서 서북쪽으로 연산역에 이르기까지는 뭇 산들의 죽 늘어선 산봉우리가 어지러이 둘러싸여 있고, 시내와 암벽이 서로 얽히고 뒤섞여 있었습니다. 이 강에 이르니 평평하고 넓은 들이 넓게 트여 있고, 다만 먼 곳에 있는 산들이 눈썹처럼 보일 뿐이었습니다. 강의 북쪽 언덕에 방죽[壩] 하나를 쌓았으니, 방죽은 곧 배를 끌어 올려서 지나가게 하는 곳이었습니다. 방죽의 북쪽에 제방을 쌓고 강을 파서 작은 거룻배가 강가를 둘러 죽 늘어서서 정박하고 있었습니다. 적용이 신 등을 이끌어 그 거룻배를 타고 석교(石橋) 열 셋을 지나 20여 리를 갔습니다. 강의 동쪽 제방에는 민가가 가득하였습니다. 그 서남방에는 사명산(四明山)이 보였습니다. 산의 서남쪽으로는 천태산에 연해 있고, 동북쪽으로는 회계산(會稽山), 진망산(秦望山) 등과 연해 있었으니 곧 하지장(賀知章)[212]이 젊었을 때 머물던 곳이었습

210_ 明州는 唐 開元26년(738)에 두어졌는데, 宋 紹熙5년(1194)에 慶元府가 되었고, 元代에는 慶元路로 바뀌었다가 明初에 明州府가 되었지만 洪武14년(1381) 寧波府로 개칭되었다.

211_ 四明의 鎭亭山에서 발원하며 舊名은 奉化江이다. 《浙江通志》 권14, 山川, 寧波府, 奉化縣六下.

212_ 唐나라의 시인으로, 어려서부터 文才로 이름을 떨친 會稽 출신의 하지장은 風流之士로도 유명하다. 만년에는 '四明狂客'으로 자칭하기도 했다. 695년에 진사에 급제하여 太常博士, 禮部侍郎, 工部侍郎, 太子賓客을 거쳐 秘書監까지 지냈다. 만년에 관직을

니다.

노를 저어 영파부성(寧波府城)에 이르니 물을 가로막아 성을 쌓았는데 성은 모두 겹 문, 문도 모두 겹 층, 문 밖도 겹 성, 그리고 수구(水溝)[213] 또한 이중이었습니다. 성에는 모두 홍문(虹門)을 설치했는데 문에는 쇠 빗장이 있었고 배 한 척이 드나들 만하였습니다. 노를 저어 성안으로 들어가서 상서교(尙書橋)[214]에 이르니 다리 안의 강의 너비는 100여 보(步)였습니다. 다시 혜정교(惠政橋)[215]와 사직단(社稷壇)[216]을 지났습니다. 성안에서 지나간 큰 다리 또한 10여 곳이었고, 높고 큰 집들이 언덕 좌우에 죽 이어져 있었으며, 자석(紫石)으로 기둥을 만든 것이 거의 절반을 차지하였으니 기이한 광경과 좋은 경치는 이루 다 기록할 수 없습니다. 노를 저어 북문으로 나오니 북문 또한 남문과 같았습니다. 성 주위의 둘레를 알 수 없었습니다. 부치(府治)[217], 영파위(寧波衛)[218], 은현(鄞縣)의 현치(縣治)와 사명역(四明驛)이 모

• • •

버리고 도사가 되어 낙향했으나 곧이어 병사했다. 현종을 섬겼고, 시인 李白의 발견자로 알려졌으며, 그 자신도 호방한 성격으로 술을 좋아하여, 飮中八仙의 한 사람으로 꼽힌다. 작품에는 〈詠柳〉, 〈回鄕偶書〉 등이 있다. 《舊唐書》 권190中, 列傳140, 文苑中; 嘉靖 《寧波府志》 권37, 傳13, 集異 등 참조.

213_ 성을 빙 둘러 파놓은 해자 및 못을 가리킨다.

214_ 乾隆 《寧波府志》 권7, 山川 上, 鄞縣 上.

215_ 봉화현 현치에서 동으로 3리 떨어진 곳에 위치한다. 舊名은 善勝 혹은 通剡이다. 宋 乾德2년(964)에 처음 만들어졌다. 光緖 《奉化縣志》 권3, 建置下.

216_ 원래는 봉화현 현치의 남쪽에 있었으나 明 洪武初 현치의 북쪽 1리 되는 곳으로 옮겼다. 光緖 《奉化縣志》 권11, 壇廟上.

217_ 府의 治所 즉 府廳의 소재지로 城內의 西北隅에 위치한다. 成化 《寧波府志》 권5, 廨宇考.

218_ 寧波府 府治의 서측에 위치한다. 宋 慶元府의 故址로 洪武初에 明州衛를 두었다가 얼마 후에 寧波衛로 고쳤다. 《明一統志》 권46, 寧波府, 公署.

두 성안에 있었습니다. 과대득교(過大得橋)에 이르니 다리에는 홍문 세 개가 있었습니다. 비가 세차게 내려 강에서 유숙하였습니다.

2월 1일—자계현(慈溪縣)을 지났습니다.

이 날은 비가 내렸습니다. 신청교(新淸橋)와 진사향(進士鄕)을 지나서 송(宋)나라 석장군(石將軍)의 사당[219]에 이르렀습니다. 사당의 크기는 관부(官府)처럼 컸고, 정표(旌表)[220]하는 문이 세워져 있었습니다. 부성(府城)에서 이곳까지 10여 리 사이에 강의 양쪽 언덕에는 상점과 큰 배가 구름처럼 모여 있었습니다. 이곳을 지난 뒤에는 소나무, 대나무, 등자나무, 귤나무가 언덕 좌우에 숲을 이루고 있었습니다. 또 다정(茶亭), 경안포(景安鋪), 계금향(繼錦鄕), 유씨정절문(兪氏貞節門)을 지나서 서진교(西鎭橋)에 이르니 다리가 높고 컸습니다. 또 두 개의 큰 다리를 지나갔습니다. 서파청(西壩廳)에 이르니, 방죽의 양쪽 언덕은 돌로 제방을 쌓아, 물을 가로막아 보[堰]를 만들어 바깥 강과는 서로 통하지 못하게 하고, 양쪽 옆에 기계(機械)를 설치하고 대로 만든 새끼로 밧줄을 만들어 배를 당겨서 지나가게 하였습니다. 서서향(西嶼鄕)의 신언(新堰)에 이르니, 신언은 옛날 찰자항(刹子港)과 안공언(顔公堰)으로서 후에 찰자항을 막고 안공언을 없애어 전지(田地)를 만들고 물을 끌어 동쪽으로 합류시켜 광리교(廣利橋)[221]의 남쪽에 이르게 하였

• • •

219_ 石將軍廟는 宋의 장군 石守信을 모신 사당으로 鄞城의 서쪽 9리 거리의 望春橋 밖에 있다. 成化《寧波府志》권6, 祀典考.

220_ 善行을 널리 드러내어 많은 사람이 알고 본받을 수 있도록 함.

221_《寶慶四明續志》권2, 郡圃에 〈廣利橋記〉가 실려 있다.

습니다. 이 방죽을 설치하여 밖으로 강호(江湖)를 막고 관선(官船)을 당겨 건너게 하고 이를 '신언'이라 불렀는데, 대개 서파(西壩)와 같았습니다. 이곳에 이르러 또 배를 당겨 지나야 하였습니다. 신교(新橋), 개희교(開禧橋)[222], 요평(姚平)[223] 처사(處士)의 무덤을 지나서 자계현(慈溪縣)에 이르렀습니다. 노를 저어 그 안으로 들어가니 경원문(經元門), 종영문(鍾英門), 도당리문(都堂里門), 도헌교(都憲橋)[224], 진사문(進士門), 덕성교(德星橋)[225], 보봉문(寶峯門)이 있었고, 임청정(臨淸亭) 앞에 이르러 배를 잠시 멈추었습니다. 밤에 또 강을 거슬러 북쪽으로 가서 닭이 울 무렵 언덕에 정박하고 날이 새기를 기다렸습니다. 그 강 이름을 물으니 바로 요강(姚江)[226]이었습니다. 강가에 역(驛)이 있으니 거구역(車廐驛)[227]이고, 역승(驛丞)은 진고(秦高)였습니다.

• • •

222_ 舊名은 夾田으로 慈溪縣 縣治에서 동남 방향으로 3리 거리이다. 驛路 왕래의 요충에 해당된다. 皇祐2년(1057)에 만들어지고, 紹興8년(1138)에 중건되었다. 開禧元年(1205) 知縣 趙希觀이 크게 확충하면서 연호를 따서 改名하였다. 《寶慶四明續志》 권16, 慈溪縣志 第一 敍縣 橋梁.

223_ 後漢 사람으로 焦延壽의 易을 京房으로부터 전수받고 郎博士가 되어 京氏의 학문을 전한 인물.

224_ 일명 御史橋라고도 하는데 자계현 현치에서 동남 방향으로 45리의 거리에 위치한다. 嘉靖《寧波府志》 권5, 山川; 成化《寧波府志》 권4, 閭里考 등 참조.

225_ 慈谿縣 縣治에서 서남 방향으로 1리 반의 거리에 있다. 원래는 大寶山과 가깝다고 하여 大寶橋라 했는데 開禧2年(1206) 知縣 趙希觀이 현재의 이름으로 바꾸었다. 明 洪武18년(1385)에 重建되었다. 《浙江通志》 권35, 關梁三, 慈谿縣.

226_ 餘姚縣 縣治의 남쪽에 있다. 潮水가 200여 리를 오르내리지만 강물이 짜지 않다고 한다. 舜江이라고도 한다. 《明一統志》 권45, 紹興府, 山川.

227_ 府城에서 서쪽으로 60리 떨어진 慈溪縣의 石臺鄉에 위치한다. 元 至元연간에 설치되었다. 成化《寧波府志》 권5, 廨宇考; 《浙江通志》 권88, 驛傳上, 慈谿縣 등 참조.

2일—여요현(餘姚縣)을 지났습니다.

이 날은 흐렸습니다. 아침 일찍이 배를 출발시켜 서북방으로 거슬러 올라갔습니다. 강과 산은 크고 높았고 들판은 평평하게 펼쳐 있으며 인가는 빽빽하고 경치는 천태만상이었습니다. 저녁에 오령묘(五靈廟), 역전포(驛前鋪), 요강역(姚江驛)[228], 강교(江橋)[229]를 지나서 여요현에 도착하였습니다. 강이 성을 안고 서쪽으로 흐르니 연금향(聯錦鄕)의 조서교(曹墅橋)가 있었는데 다리에는 홍문(虹門) 세 개가 있었습니다. 또 등과문(登科門)과 장씨광명당(張氏光明堂)을 지나 밤 3경에 하신파(下新壩)에 이르니 하신파도 또한 앞서 본 신언과 같았습니다. 또 배를 당겨 하신파를 지나 큰 다리를 지나니, 큰 나무 수십 그루가 강 가운데에 죽 늘어서 있었습니다. 날이 새려고 할 때 중파(中壩)에 이르니 중파 또한 하신파와 같았습니다. 또 배를 당겨 거슬러 강으로 올라가니 곧 상우강(上虞江)이었습니다.

3일—상우현(上虞縣)을 지났습니다.

이 날은 맑았습니다. 큰 다리 둘을 지나 올라갔습니다. 강 남쪽에서 어떤 관인이 가마를 타고 왔는데 바로 상우지현(上虞知縣)[230]이 현성에서 온 것이었습니다. 상우현성은 강 언덕에서 2-3리가량 떨어져 있었습니다. 또 황포교(黃浦橋), 화도포(華渡鋪), 채묘포(蔡墓鋪), 대판교(大板橋), 보청운

228_《餘姚縣志》 권4, 公廨.

229_ 紹興府城에서 동북으로 약 2리의 거리이다. 萬曆《紹興府志》 권8, 山川.

230_ 成化22년(1486)에서 弘治2년(1489)까지 상우지현을 역임한 자는 吳縣人 曾橓이다. 萬曆《紹興府志》 권26, 職官.

문(步靑雲門), 신교포(新橋鋪)를 지나 조아역(曹娥驛)에 이르렀는데 역승은 서심(徐深)이었습니다. 역 북쪽에 방죽이 있었습니다. 배를 놓아두고 방죽을 지나 도보로 조아강(曹娥江)[231]에 이르러 강을 가로질러 건넜습니다. 건너편 언덕에 또 방죽이 있었습니다. 방죽과 양호순검사(梁湖巡檢司)[232]는 남북으로 서로 마주 보고 있었습니다. 또 배를 놓아두고 방죽을 지나 서쪽으로 2리를 걸어서 동관역(東關驛)에 이르렀습니다. 다시 배를 타고 문창교(文昌橋), 동관포(東關鋪), 경령교(景靈橋), 황가언포(黃家堰鋪), 과산포(瓜山鋪), 도가언포(陶家堰鋪), 모양포(茅洋鋪)를 지났습니다. 밤 4경[233]에 이름을 모르는 강기슭에 이르러 유숙하였습니다.

4일—소흥부(紹興府) 도착하였습니다.

이 날은 맑았습니다. 감수(鑑水)로 노를 저어 올라갔습니다. 물은 경호(鏡湖)[234]의 한 갈래로부터 와서 성안을 둘렀습니다. 해 뜰 무렵 소흥부에 도착하였습니다. 성 남쪽에서부터 감수를 거슬러 올라 동쪽으로 갔다가 북쪽으로 가서, 창안포(昌安鋪)를 지나 노를 저어 성으로 들어갔습니다. 성에는 홍문이 수문(水門)의 구실을 하고 있었으며 네 겹으로 되었는데 모두 쇠로 만든 문짝을 설치하였습니다. 광상교(光相橋) 등 큰 다리 다섯과 경괴문(經

231_ 萬曆《紹興府志》권7, 山川志 4, 海河江湖.

232_ 上虞縣 百官市 남측의 百官驛이 梁湖巡檢司로 바뀌었다.《浙江通志》권89, 驛傳下 上虞縣.

233_ 새벽 1시부터 3시 사이.

234_ 紹興府城의 서남 방향 30리 거리에 있는 호수로 옛 이름은 南湖였다.《明一統志》권45, 紹興府 山川.

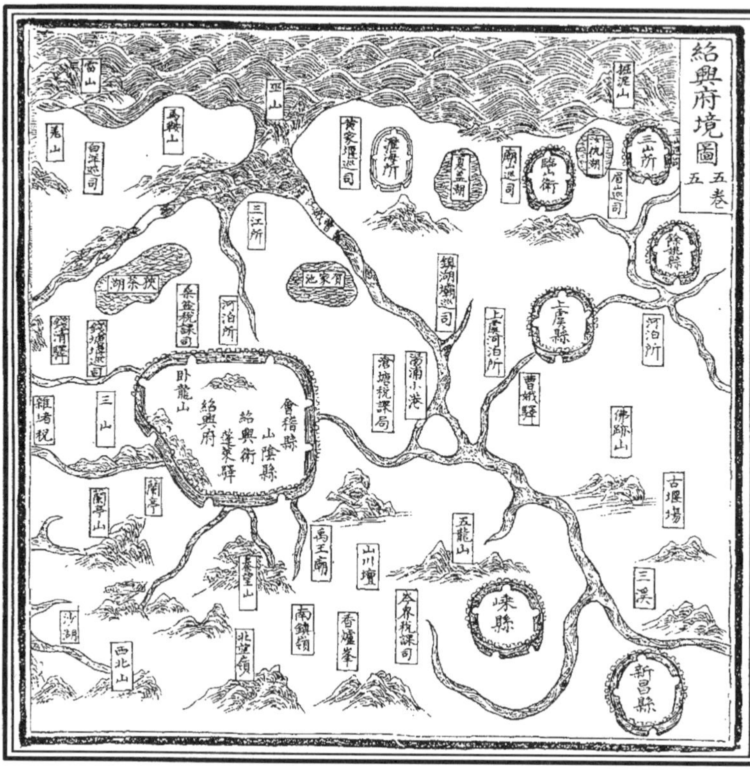

최부가 조사를 받았던 浙江 紹興(출전: 《籌海圖編》)

魁門), 연계문(聯桂門), 우성관(佑聖觀), 회수칙비(會水則碑) 등을 거쳐서 10여 리쯤 가니 관부(官府)가 있었습니다. 적용은 신 등을 이끌고 기슭에 내리니, 그 저자의 번화함과 인구의 많음은 영파부의 3배나 되었습니다. 총독비왜서도지휘첨사(總督備倭署都指揮僉事)[235] 황종(黃宗), 순시해도부사(巡視海道副使)[236] 오문원(吳文元)[237], 포정사분수우참의(布政司分守右參議)[238] 진담(陳潭)[239]이 징청당(澂清堂)[240] 북벽(北壁)에 죽 늘어앉았는데, 병갑(兵甲)[241], 태장(笞杖)이 그 앞에 삼엄하게 늘여져 있고 탁자 하나가 있었습니다. 신을 인도하여 탁자 옆에 이르러서 서쪽을 향해 서게 하였습니다. 신의 성명, 살던 지방, 역임한 관직, 그리고 표류하게 된 까닭, 상륙하여 약탈한 일이 없었는지의 정상, 가지고 온 무기가 있는지 없는지 등을 물었습니다. 신은 파총관에게 답하던 말로 답하고 난 뒤 하산에서 해적을 만나고, 선암에서 몽둥이를 맞았던 일을 더 보태고, 가져온 행장에는 말안장 1벌을 다시 추가하였습니다. 세 사상(使相)[242]은 곧 파총관이 보고한 문서를 내어

235_ 예전에는 公, 侯, 伯 등이 맡았으나, 洪武30년(1397)에 都指揮가 맡았다.

236_ 전에는 侍郎, 都御史가 맡았으나, 洪武30년(1397)에 비로소 按察副使가 맡았다.

237_ 甌寧人으로 巡按御史와 提刑按察司副使 등의 관직을 지냈다.

238_ 布政司 즉 承宣布政使司는 省級行政機構이다. 한 省의 民政과 財政을 관장하였다. 명대에는 浙江, 江西, 福建, 廣西, 四川, 山東, 廣東, 河南, 陝西, 湖廣, 山西, 雲南, 貴州 등 13 布政司를 설치하였다. 각기 左·右布政使, 左·右參政, 左·右參議 등의 正官을 두었다. 부속기관에 經歷司, 照磨所, 理問所, 司獄司, 庫, 倉, 雜造局, 軍器局, 寶泉局, 織染局 등이 있다.

239_ 長樂人으로 成化 연간에 承宣布政司右參議를 지냈다.

240_ 紹興府 府治의 동쪽에 있는 提刑司 내에 蓬萊館과 서로 마주하고 있다. 嘉定16년(1223) 知府事 겸 提刑 汪綱이 건립하였다. 《會稽續志》 권2, 提刑司.

241_ 무기와 갑옷.

신에게 보이면서 말하기를, "어째서 공술서의 앞뒤의 상세함과 간략함이 같지 않소?"라고 하였습니다. "파총관이 처음 심문할 적엔 표류하여 정박하게 된 사정만을 답했을 뿐이었고, 오늘 포정삼사(布政三司)[243]가 다시 심문하시니 해적을 만났던 일 등을 상세히 거론했던 것입니다." 세 사상은 모두 신에게 천천히 말하기를, "공술서에 어긋나는 점이 있으면 당신에게 실로 죄가 되오. 당신은 마땅히 앞서 쓴 말을 베껴 쓰되 한 글자도 가감이 없어야 하오"라고 운운하였습니다. 신은 곧 베껴 썼습니다. 세 사상은 또 신에게 말하기를, "다음날 당신이 항주(杭州)에 도착하면 진수태감(鎭守太監)[244]·수의(綉衣)[245]·삼사(三司)의 대인(大人)[246]께서, 북경에 도착하면 병부(兵部)와 예부(禮部)에서 다시 당신의 사정을 물을 것이니 그 때에도 또한 이대로 답해야 하오. 조금이라도 서로 어긋나면 절대로 안 되오"라고 하였습니다. 또 묻기를, "처음에는 당신들을 왜선(倭船)을 타고 와서 접략하는

242_ 使相은 總督의 별칭이지만 여기서의 세 使相이란 앞에 나오는 總督 황종, 副使 오문원, 參議 진담을 가리킨다.

243_ 布政司 등 三司 즉 布政司와 按察司 및 都指揮使司에 각각 소속된 황종, 오문원, 진담을 가리킨다.

244_ 鎭守는 원래 武官의 職銜으로 總兵이 충임되었다. 永樂元年(1403)에 成祖는 顧成, 韓觀, 何福을 파견하여 貴州, 廣西, 西夏의 변방에 出鎭시키면서, 동시에 환관을 선발하여 함께 가게 하면서 公侯의 服을 하사하였는데, 그 지위가 將帥보다 상위였다. 이것이 太監이 出鎭하게 된 시초이다. 洪熙元年(1425)에 太監 王安이 甘肅에 出鎭하여 비로소 鎭守太監의 명칭이 있었다. 후에 각 省 각 변방에 모두 鎭守太監을 설치하여 武臣을 감시하고 軍權을 통제하였다.

245_ 綉衣는 '繡衣直指' 즉 巡按御史의 별칭이다. 繡衣直指는 漢 武帝때 두었던 御史大夫의 임시직으로 파견된 直指使者가 수 놓은 비단옷을 입고 도끼와 符節을 지닌 데서 이르는 말이다.

246_ 三司의 장관인 布政使, 按察使, 都指揮使를 가리킨다.

무리들이라고 여겨, 잡아다 죽이려고 했소. 당신이 만약 조선인이라면 당신 나라의 역대 연혁과 도읍·산천·인물·속상(俗尙)[247]·사전(祀典)[248]·상제(喪制)·호구(戶口)·병제(兵制)·전부(田賦)·관상(冠裳)의 제도를 자세히 써 내면 여러 사서(史書)에 맞추어 보고 옳고 그름을 가리도록 하겠소" 라고 하였습니다.

신은 진술했습니다. "연혁과 도읍은 처음에 단군(檀君)[249]께서 당요(唐堯)와 같은 시대에 즉위하여 나라 이름을 조선이라 하고 평양(平壤)에 도읍을 정하여 세대(世代)를 천여 년이나 지냈습니다. 주(周)나라 무왕(武王)[250]이 기자(箕子)[251]를 조선에 봉하고, 평양에 도읍하여 8조[252]로 백성을 가르쳤

247_ 세속에서 숭상하는 것.

248_ 제사의 典禮.

249_ 天帝인 桓因의 손자이며 桓雄의 아들로, 기원전 2333년 아사달(평양 근처)에 도읍을 정하고 단군 조선을 개국하였다. 《三國遺事》〈紀異篇〉에 의하면, 인간 세상을 구하고자 인간 세상에 내려온 환웅은 인간이 되기를 원해 환웅의 말대로 해서 인간이 된 熊女와 결혼하여 아이를 낳았는데, 그가 바로 단군왕검이다. 단군신화는 한민족이 수난을 당하고 위기에 처할 때마다 민족의 단결을 요구하는 求心體的 역할을 해왔다.

250_ 周나라 제 2대 왕이며, 사실상의 창건자이다. 아버지 文王의 뜻을 이어받아 殷나라 서부 諸侯의 맹주로서 은나라 토벌의 전쟁을 일으켜 河南省 牧野에서 紂王의 대군을 격파하여 은나라를 멸망시켰다. 지금의 陝西省 西安 부근인 당시의 鎬京에 수도를 정하여 周나라를 창건하고 아우인 周公 旦 등의 보필을 받아 나라의 기초를 공고히 하였다.

251_ 古朝鮮시대 전설상의 箕子朝鮮의 시조로, 이름은 胥餘, 須臾이다. 殷나라의 賢人으로 周나라의 武王이 은나라를 빼앗자, 기원전 1122년 동쪽으로 도망하여 조선에 들어와 기자조선을 건국하고, 예의, 田蠶, 방직, 八條禁法을 가르쳤다 한다.

252_ 犯禁八條로 古朝鮮 시대 최초의 성문법이다. 《前漢書》 권28下, 地理志 第8下에는 그 가운데 아래의 3조가 기재되어 있다. "相殺以當時償殺, 相傷以穀償, 相盜者, 男沒入爲其家奴, 女子爲婢, 欲自贖者, 人五十萬"

으니, 지금 나라 사람들이 예의(禮義)로 풍속을 이룸이 이때에 시작되었습니다. 그 후에 연(燕)나라 사람 위만(衛滿)[253]이 망명하여 조선에 들어와서 기자의 후손인 기준(箕準)[254]을 내쫓으니 기준은 마한(馬韓)으로 달아나서 그 곳에 도읍을 정하였습니다. 그 중간에 구한(九韓)[255]이 되기도 하고, 이부(二府)[256]가 되기도 하고, 사군(四郡)[257]이 되기도 하고, 삼한(三韓)[258]이 되기도 했는데, 연대가 멀고 오래되었으므로 다 기술할 수 없습니다. 전한(前漢)의 선제(宣帝)[259] 때에 이르러 신라(新羅)의 박씨(朴氏)[260]가 처음으로

• • •

253_ 衛滿朝鮮의 창건자로, 본래는 燕나라 출신이다. 연왕 盧綰이 漢나라에 대하여 반란을 일으켰을 때 망명하여 浿水를 건너와 왕 箕準에게 항복하여 왕의 신임을 얻고 후한 대접을 받았다. 그러나 마침내 왕을 쫓아내고 위만조선을 세워 王儉城에 도읍을 두었다. 위만은 준왕 때의 통치체제를 그대로 이어받아 국호를 그대로 조선이라 불렀다.

254_ 箕子朝鮮의 왕이다. 箕否의 아들로 秦 말기에서 漢 초기에 걸쳐 재위하였다. 漢高祖 말년에 燕나라 사람 衛滿이 천여 명의 무리를 거느리고 망명하여 오자, 準王은 그를 신용하여 博士의 벼슬을 주었다. 위만은 중국 피난민을 통합하고 부근의 종족을 종속시켜 세력을 키우자, 準을 내쫓고 대신 朝鮮王이 되었다. 위만에게 나라를 빼앗긴 準은 宮人들을 거느리고 辰나라 북쪽 변방지방으로 가서 자리잡고 韓王이라 칭하여 마한의 시조가 되었다.

255_ 九韓은 원래 신라의 이웃에 있다고 여겨지던 9국으로서 日本, 中華, 吳越, 托羅, 鷹遊, 靺鞨, 丹國, 女狄, 濊貊 등을 지칭한다. 황룡사 9층탑은 이들 제국이 來朝한다는 理想에서 만든 것이다. 다만 여기에서 구한은 고대 한반도 남부의 여러 부족에 대한 총칭으로서 九란 實數라기 보다는 많다는 정도의 뜻일 것이다.

256_ 漢昭帝 始元5년 平那·玄菟郡을 平州都尉府, 臨屯·樂浪郡을 東部都尉府의 二府로 바꾸었다.

257_ 기원전 108년 漢武帝가 古朝鮮을 멸하고 樂浪, 玄菟, 眞番, 臨屯의 四郡을 설치했다.

258_ 馬韓, 辰韓, 弁韓의 총칭.

259_ 前漢의 제9대 황제(재위 기원전 74-49)이다. 18세로 황위에 올랐을 때 霍光이 攝政을 하였으나, 곽광이 병들어 죽은 후에 곽씨 일족을 제거하고 親政을 하였다. 지방행정제도를 정비하고 처음으로 常平倉을 설치하여 빈민구제를 도모하는 한편, 대외적으로는 匈奴의 세력이 쇠퇴함을 틈타 烏孫과 손잡고 흉노를 격파하였다.

나라를 세웠고, 고구려(高句麗)의 고씨(高氏)와 백제(百濟)의 부여씨(扶餘氏)가 서로 잇달아 일어나서 옛 조선 땅을 셋으로 나누었습니다. 신라는 동남지방을 점거하여 경주(慶州)에 도읍하였습니다. 고구려는 서북 지경을 점거하여 요동(遼東) 그리고 평양에 도읍했으며, 또 여러 번 그 나라를 옮겼는데 그 지명은 잊었습니다. 백제는 중부의 서남지역을 점거하여 직산(稷山)에 도읍 했다가 뒤에 광주(廣州), 한양(漢陽), 공주(公州), 부여(扶餘)에 도읍하였습니다. 당(唐) 나라 고종(高宗) 때에 와서 신라의 문무왕(文武王)[261]이 당군(唐軍)과 함께 고구려를 멸망시키고, 또 백제도 멸망시켜 삼국을 통합하여 한 나라로 만들었습니다. 뒤에 견훤(甄萱)[262]이 반란을 일으켜 전주(全州)를 점거하고, 궁예(弓裔)[263]가 반란을 일으켜 철원(鐵原)을 점거

260_ 신라의 시조 朴赫居世를 가리킨다. 고조선의 유민이 지금의 경상도 지방에 여섯 개의 마을을 이루고 살았다. 어느 날 한 촌장이 숲 속에서 말의 울음소리를 듣고 찾아가자 말은 없고 큰 알이 하나 있었는데, 그 속에서 남자아이가 나왔다. 그 때 알이 매우 커서 박과 같다 하여 성을 박이라 하였다. 그가 13세가 되었을 때 매우 영특하여, 여섯 마을의 촌장들이 의논하여 왕으로 삼고 국호를 徐羅伐이라 하였다고 한다.

261_ 신라 30대 왕(재위 661-681)으로, 성은 金이고 이름은 法敏이며, 태종무열왕과 文明王后의 맏아들이다. 655년 태자가 된 뒤 唐나라를 끌어들여 김유신과 함께 백제와 고구려를 멸망시켰다. 그러나 당나라가 고구려와 백제의 옛 땅을 자기들의 영토로 삼으려 하자, 당나라 세력을 몰아 내고, 677년에 삼국 통일을 이룩하였다.

262_ 後百濟의 초대 왕(재위 900-935)으로, 본래 성은 이씨였으나 뒤에 견씨라 하였다. 신라가 혼란스러워지자 900년에 完山州(全州)에 후백제를 세웠다. 926년 신라 景哀王을 살해하고 金傅를 왕으로 내세워, 신라인들의 원성을 샀다. 고려와의 전쟁에서 패한 뒤 점차 내분에 휩싸였다. 왕위 계승 문제를 둘러싸고 맏아들 神劍과 대립하다가 마침내 고려의 王建에게 항복하고 말았다.

263_ 後高句麗를 세운 왕(재위 901-918)으로, 신라의 憲安王 또는 景文王의 서자라고도 전한다. 신라가 쇠약해져 각지에서 반란이 일어나자, 梁吉의 부하가 되어 세력을 길러 898년에 松岳(지금의 開城)에 도읍을 정하여 후고구려를 세우고 왕이 되었다.

했으나, 고려(高麗)의 왕씨(王氏)[264]가 공적이 높고 덕망이 많았으므로 나라 사람들이 그를 추대하니, 궁예는 스스로 도망했고 견훤은 스스로 항복했으며, 신라왕은 부고(府庫)를 봉하고 군현(郡縣)을 장부에 기재하여 와서 항복했으니, 재차 삼국을 통합하여 개성(開城)에 도읍하고 대대로 전한 지 거의 500년이나 되었습니다. 지금은 우리 조선으로 바뀌어, 한양에 도읍한 지 약 100년이 됩니다.

산천은, 장백산(長白山)은 동북방에 있는데 백두산(白頭山)이라고도 합니다. 가로는 천여 리 뻗쳤고 높이는 200여 리 되는데 그 산꼭대기에 못이 있어 둘레가 80여 리 됩니다. 동쪽으로 흘러서 두만강이 되고, 남쪽으로 흘러서 압록강(鴨綠江)이 되고, 동북으로 흘러서 속평강(速平江)이 되고, 서북으로 흘러서 송화강(松花江)이 되는데, 송화강 하류가 곧 혼동강(混同江)입니다. 묘향산(妙香山)은 북쪽에 있고, 금강산(金剛山)은 동쪽에 있는데 1만2천여 봉우리가 있으며, 지리산(智異山)은 남쪽에 있고 구월산(九月山)은 서쪽에 있는데, 이상 네 산은 매우 높고 험하며 기이한 유적이 많습니다. 삼각산(三角山)은 곧 국도(國都)의 진산(鎭山)[265]입니다. 대동강(大同

• • •

그 후 국호를 摩震과 泰封으로 바꾸고, 강원도 鐵原에 도읍을 정했다. 세력을 넓혀 국력이 커지자, 사치와 횡포로 민심을 잃은 끝에 왕건에게 쫓겨 도망가다가 平康에서 백성에게 잡혀 죽임을 당했다.

264_ 王建을 가리킨다. 궁예의 부하가 되어 수많은 전공을 세우고, 백성을 잘 보살펴 신망을 얻었다. 세력이 커짐에 따라 난폭한 행동을 저지르는 궁예가 민심을 잃자, 918년 왕으로 추대되어 나라 이름을 '高麗'라 하였다. 융화, 북진, 숭불정책을 건국이념으로 삼아 정책을 펴 나가, 936년 후삼국을 통일하였다. 《政誡》·《誡百寮書》를 짓고 遺訓으로 '訓要十條'를 남겨 후세의 왕들에게 정치의 귀감으로 삼게 하였다.

265_ 지역의 主山.

江)·살수(薩水)·임진도(臨津渡)·한강(漢江)·낙동강(洛東江)·웅진(熊津)·두치진(豆恥津)·영산진(榮山津) 등은 큰 강입니다.

인물은 신라의 김유신(金庾信)[266]·김양(金陽)[267]·최치원(崔致遠)[268]·설총(薛聰)[269], 백제의 계백(階伯)[270], 고구려의 을지문덕(乙支文德)[271], 고

• • •

266_ 삼국통일을 이룩한 신라의 장군이다. 15세 때 花郞이 되어 몸과 마음을 닦았다. 654년 진덕여왕이 왕위를 이을 자식 없이 죽자, 金春秋를 왕으로 추대하고 자신은 上大等이라는 최고 관직에 올랐다. 그 후 蘇定方이 이끄는 唐나라군과 연합하여 백제를 멸망시키고, 668년 고구려도 멸망시켰다. 고구려 정복 후 당나라가 신라마저도 정복하려 하자, 김유신은 망한 고구려 백제군과 연합하여 이를 물리치고 삼국통일을 이룩하였다.

267_ 신라 신무왕 때의 공신으로, 자는 魏昕이다. 홍덕왕3년(828)에 固城太守가 되고, 武州都督 등을 역임했다. 836년 홍덕왕 사후의 왕위 쟁탈전에 개입했다가 실패하여 산중으로 피신했다. 민애왕2년(839) 균정의 아들 佑徵(神武王), 淸海鎭의 張保皐 등과 함께 군사를 동원하여 왕을 시해하고 우징을 왕으로 추대했다. 신무왕이 죽은 후 그 아들인 文聖王을 옹립했으며, 公檢校衛尉卿 등을 지냈다.

268_ 신라의 학자로, 자는 孤雲, 海雲이며, 경주 최씨의 시조이다. 13세 때 당나라에 유학하여, 874년 과거에 급제하였다. 879년 황소의 난 때는 〈討黃巢檄文〉을 지어 문장가로서 이름을 떨쳤다. 885년 귀국하여 한림학사, 수병부시랑 등의 벼슬을 지냈으며, 894년 '時務十條'를 올려 시행하게 하였고 아찬 벼슬에 올랐다. 그 후 어지러운 세상을 비관하여 관직을 내놓고 유랑하다가 가야산 해인사에서 여생을 마쳤다. 저서로는 《桂苑筆耕》 등이 있다.

269_ 신라 경덕왕 때의 학자로, 元曉大師의 아들이며, 호는 氷月堂이다. 신라 十賢의 한 사람으로, 翰林을 지냈고 주로 왕의 자문역을 맡아보았다. 유학과 문학을 깊이 연구한 학자로서, 그가 만든 중국 문자에 토를 다는 방법은 당시 중국 학문을 이해하는 데 큰 도움이 되었다. 또한 이두도 만들었다고 하나 그가 태어나기 전에 〈薯童謠〉, 〈風謠〉 등이 이두로 기록되어 있는 점으로 보아 그가 새로 만든 것이 아니라 집대성한 것으로 보인다.

270_ 백제 말기의 장군으로, 堦伯이라고도 표기한다. 관등은 達率이다. 660년 金庾信과 蘇定方의 羅唐연합군이 백제의 요충지인 炭峴(지금의 대전 동쪽 馬道嶺)과 白江으로 진격해오자, 결사대 5,000명을 거느리고 黃山벌에 나가 5만여 명의 신라군을 맞이하여 싸웠다. 계백의 결사대는 신라의 공격을 네 차례나 막아냈으나, 어린 花郞의 戰死로 사기가 오른 신라의 대군을 대적하지 못하고 패배하였으며, 계백은 장렬한 최후를

려의 최충(崔冲)[272] · 강감찬(姜邯贊)[273] · 조충(趙冲)[274] · 김취려(金就礪)[275] · 우탁(禹倬)[276] · 정몽주(鄭夢周)[277] 그리고 우리 조선은 일일이 셀 수도 없

마쳤다.

271_ 고구려 영양왕 때의 대신이자 명장이다. 612년 隋나라 30만 5천명의 대군이 고구려를 침범하여 양측이 압록강에서 대치하고 있을 때 적의 동향을 살피기 위하여 거짓으로 항복, 적군의 허점을 정탐하고 돌아왔다. 적군이 이 사실을 알고 추격하자 평양성 30리 밖까지 유인하였는데, 우중문이 비로소 술수에 빠진 것을 깨닫고 지친 군사들을 후퇴시키자, 살수에서 수나라의 군사를 크게 무찔렀다. 그는 성품이 침착 대담하고 지략과 무용에 뛰어났으며, 시문에도 뛰어났다.

272_ 고려의 문신으로 본관은 海州이다. 자는 浩然이고, 호는 惺齋, 月圃, 放晦齋이다. 1005년 문과에 장원하였고, 관은 門下侍中까지 지냈다. 벼슬에서 물러난 뒤 많은 인재를 배출하였는데, 그 제자들을 文憲公徒라고 하였는데, 12공도 중의 하나이다. 문장과 글씨에 능하여 '海東孔子'로 불리었다. 주요 저서로는 《崔文憲公遺稿》가 있고, 개성에 있는 〈歸法寺題詠石刻〉을 비롯하여 글씨가 남아 있다.

273_ 고려시대의 명장으로, 본관은 衿州이고, 初名은 殷川이다. 성종2년(983) 文科에 장원으로 급제하여 禮部侍郎이 되었다. 1018년에 침입한 거란의 10만 대군을 이듬해 무찔렀다. 그 이듬해 벼슬을 사양하고 물러났다가 1030년 왕에게 청하여 성을 쌓고 문하시중이 되었다. 이듬해 특진검교태사시중 천수국 開國侯에 봉해졌다. 현종 廟庭에 配享, 수태사 겸 중서령에 追贈되었다. 저서에 《樂道郊居集》·《求善集》 등이 있다.

274_ 고려의 문신으로, 본관은 橫川(횡성)이다. 성균관에서 공부한 뒤 명종 때 文科에 급제하였다. 그는 학문과 무술에 두루 뛰어나, 1216년 樞密副使, 翰林學士承旨로서 上將軍을 아울러 지냈다. 그 해 쳐들어온 거란족을 麟州에서 무찔렀으며, 그 뒤 몽골군과 연합하여 거란군이 있는 江東城을 공격하여 항복하게 했다. 이어 政堂文學, 禮部判事, 守太尉 등을 지냈다.

275_ 고려시대의 장군으로 본관은 彥陽이고, 시호는 威烈이다. 蔭官으로 正尉에 임명되어 東宮衛를 거쳐 정4품 벼슬인 장군이 되어 북동 국경(함경도)을 진압한 뒤 대장군이 되었다. 1216년부터 18년까지 계속된 거란군의 침략을 크게 무찔렀다. 전공으로 兵部判事까지 되었다. 성품이 곧고 청렴 결백하였으며, 군기를 엄하게 다스렸고 부하들을 고루 아꼈으며, 싸움을 할 때마다 기발한 計巧를 써서 승리하였다.

276_ 고려 후기의 유학자로, 호는 易東이다. 문과에 급제하여 寧海司錄으로 있을 때 백성들의 마음을 어지럽게 하는 귀신을 모신 사당을 없애 버렸다. 1308년 충선왕의 잘못을

습니다. 속상은 예의(禮義)를 숭상하고 오륜(五倫)을 밝히고 유술(儒術)을 존중합니다. 해마다 봄가을에 양로연(養老宴)[278] · 향사례(鄕射禮)[279] · 향음주례(鄕飮酒禮)[280]를 행합니다. 사전(祀典)은 사직(社稷)[281], 종묘(宗廟)[282], 석전(釋奠)[283]과 여러 산천에 대한 제사가 있습니다. 형제(刑制)는 《대명

· · ·

간언하고는 벼슬에서 물러났으며, 충숙왕이 그 충성심을 가상히 여기고 여러 번 불렀으나, 사양하고 학문에 정진하여 經史와 易學에 통달하였다. 뒤에 成均祭酒를 지내다가 致仕하였다. 당시 元나라를 통하여 들어온 程朱學 서적을 처음으로 이해하고 깨우쳐, 이를 후진에게 가르쳤다.

277_ 고려 말기의 문신·학자로, 호는 圃隱이다. 1360년 문과에 장원하여 여러 관직을 거치다가 1389년에 藝文館大提學, 文下贊成事가 되어 이성계와 함께 공양왕을 임금으로 모셨다. 고려를 끝까지 지키려고 하였던 그는 병으로 누운 이성계를 찾아보고 귀가하던 도중 선죽교에서 이방원의 부하 조영규 등에게 살해되었다. 의창을 세워 가난한 백성을 구하고 유학을 널리 알렸으며, 성리학에 밝았다. 문집에 《圃隱集》이 있다.

278_ 매년 봄가을에 연로하고 어진 자에게 饗宴을 베풀어 존경을 표하는 의식.

279_ 鄕射禮는 원래 周代에 州의 장관이 봄가을에 백성들을 모아 州序에서 射禮를 하던 의식에서 유래한다. 조선시대에는 州府郡縣 등 각 지방장관이 主人이 되어 여러 賓과 庶人을 불러 활쏘기와 관련 儀式을 집행하였다.

280_ 고을의 儒生이 모여 鄕約을 읽고 술을 마시며 잔치하는 예절.

281_ 社는 國土之主, 稷은 五穀之長으로 나라에서 백성의 복을 위해 제사하는 대상이다. 나라를 세우면 먼저 사직과 종묘를 만드는데 사직은 궁성의 서쪽에 두었다. 조선시대에는 태조3년(1394) 신라 중기의 壇과 고려의 제도를 모방하여 현재의 종로구 사직동 인왕산 기슭에 세웠다.

282_ 궁성의 동쪽에 위치한 종묘는 조선의 역대 왕과 妃 및 追尊된 왕비의 신주를 奉安한 廟이다. 太祖4년(1395) 준공했는데, 중앙에 정면 7칸의 太室을 남향으로 세우고, 좌우에 7祀 및 공신의 配享廟를 두었다. 현재 종로3가에 남아 있는 廟宇는 임진왜란으로 소실된 뒤 선조41년(1608)에 중건된 건물이다.

283_ 文廟에서 先聖과 先師에게 제사지내는 의식으로 일명 釋菜·釋奠祭라고도 한다. 《예기(禮記)》의 〈王制〉 文王世子篇에 나오는 말로 釋과 奠은 놓는다는 뜻으로 간단하게 채소를 차려놓고 지내는 제사를 말한다. 원래는 周公을 제사하다가 漢 이후 孔子를 모시는 의식으로 바뀌었다. 봄가을 두 차례에 걸쳐 上丁 즉 2월과 8월의 첫째 丁 날에

률(大明律)》[284]에 따릅니다. 상제(喪制)는 주자(朱子)의 《가례》에 따릅니다. 관상(冠裳)은 중화의 제도를 따릅니다. 호구(戶口), 병제(兵制), 전부(田賦)는 내가 유신(儒臣)이기 때문에 그 자세한 것을 모르겠습니다."

"인정을 추쇄한다는 것은 무슨 일이오?" "제주도는 큰 바다 가운데 있어 수로가 매우 험하고 멀기만 합니다. 죄를 범한 사람들이 모두 도망해 들어가 피하여 오랫동안 도망범의 소굴이 되었으니, 그런 까닭에 가서 이들을 잡아 오는 것입니다." "제주도는 우리 중국과 거리가 몇 리나 되오?" 신은 수로가 먼 것을 부풀려서 말하기를, "그 상세한 것은 알 수 없습니다. 대개 배가 큰 바다에서 순풍을 만난다면 하루에 천리도 갈 수 있는데, 지금 나는 제주도로부터 바다에 뜬 것이, 주야를 따져 본다면 무릇 29일이나 되며, 큰바람에 몰려서 나는 듯이 빨리 달려 중국의 해안에 도착 정박하였습니다. 따라서 중국으로부터 제주도로 가는 길은 대개 수만 여 리나 될 것입니다"라고 하였습니다. "당신 나라와 우리나라와의 거리가 얼마나 되오?" "전해 듣기로는 우리나라 수도에서 압록강을 건너 요동성(遼東城)을 지나 황도(皇都)[285]에 도착하자면 3천9백여 리나 된다고 합니다."

총병관 등의 세 사상은 곧 신에게 다과를 접대하고 이어서 단자를 써서 내려 주었습니다. 단자 속에는 "최관(崔官)에게 예물로 돼지고기 1쟁반,

• • •

거행하며 제물은 후세에 이르러서는 고기와 과일 등을 함께 올렸다.

284_ 明의 官撰 律書로 洪武元年(1368)에 공포한 이후 7년(1374), 22년 및 30년에 각각 개수되어 반포되었다. 30년 律은 名例律 등 7律 30篇 460條로 구성되었다. 보통 明律이라고 하면 바로 30년 律을 가리킨다. 한편 朝鮮의 《大明律直解》는 洪武22년 律에 기초한 것이다.

285_ 황제가 있는 明의 수도 즉 北京을 가리킨다.

거위 2마리, 닭 4마리, 물고기 2마리, 술 1동아리, 쌀 1쟁반, 호두 1쟁반, 채소 1쟁반, 죽순 1쟁반, 국수 1쟁반, 대추 1쟁반, 두부 1쟁반을 보냄"이라고 적혀 있었습니다. 또 반찬과 식량 등 물품을 배리(陪吏)와 군인에게 차등 있게 내려주었습니다. 신은 곧 사례하는 시를 지어 두 번 절하니 세 사상들도 일어나 공손스레 답례하였습니다. 또 신에게 말하기를, "당신의 사례하는 시를 보건대 이 지방 산천을 어찌 그리도 자세히 알고 있소? 이는 필시 이곳 사람이 말해 준 것이겠지요?"라고 하였습니다. "사방을 돌아봐도 친한 사람이라곤 도무지 없고 말도 통하지 않는데 누구와 얘기하겠습니까? 내가 일찍이 중국의 지도를 훑어보았기 때문에 이곳에 도착하여 기억나는 대로 적었을 뿐입니다." 답을 마치고 나서, 신은 서너 명의 관인들과 함께 탁자 가에 두 손을 마주잡고 서 있었습니다. 적용의 군리(軍吏) 한 명이 밖에 있다가 신의 종자인 김도종을 구타하여 상처를 입혔습니다. 신은 이 사실을 글로 써서 여러 관인들에게 보였더니 한 관인이 달려가서 총병관에게 알렸습니다. 총병관이 구타한 사람을 잡아와서 죄를 다스려 곤장을 치고 또 적용에게 부하를 통솔치 못한 죄로 곤장을 쳤습니다. 신 등은 물러 나와 다시 호수를 따라서 노를 저어 성 밖으로 나갔습니다. 영은교(迎恩橋)를 지나 봉래역(蓬萊驛)[286] 앞에 이르러 유숙하였습니다. 저녁에 지부(知府) 주(周)[287]라는 사

286_ 소흥부성의 迎恩門 밖에 있는데 唐代에는 西亭, 宋代에는 仁風이라 불렸다. 《浙江通志》 권89, 驛傳 紹興府.

287_ 당시 지부로서 周姓인 자는 지방지에서 찾을 수 없었다. 周姓으로서 郡職인 자는 成化22년(1486)부터 홍치4년(1491)까지 推官을 지낸 周進隆이 유일하다. 萬曆《紹興府志》 권27, 職官.

람과 회계현, 산음현 두 지현(知縣)[288]이 모두 식량과 반찬을 넉넉히 보내주었습니다.

288_ 당시 회계현 지현은 韓祥, 산현 지현은 李良이었다. 萬曆 《紹興府志》 권28, 職官.

권2

5일—서흥역(西興驛)[1]에 도착하였습니다.

이 날은 맑았습니다. 총병관 등 세 사상(使相)이 함께 나란히 교자를 타고 새벽에 봉래역에 도착한 뒤 다시 신과 종자(從者)들을 불러 행장을 앞으로 가져오게 하고는 이리저리 뒤적이며 점검하였습니다. 신이 가진 것은 인신(印信) 1개, 마패 1개, 말안장 1벌, 여러 문서와 책이 든 크고 작은 상자 2개, 의복·이불·갓·갓끈·구리그릇을 넣은 작은 가죽 부대 1개, 관모(冠帽)와 관모집뿐이었습니다. 정보·김중·손효자·이정·안의·이효지·최거이산과 종 2인은 가진 것이 없어 군인과 보자기를 함께 썼습니다. 군인들이 가진 것은 보자기에 싸기도 하고 부대에 넣기도 하고 짐이 없기도 하였습니다. 점검을 마치고 신에게 말하기를, "당신은 먼저 항주(杭州)에 가게 될 터인데 진수태감(鎭守太監), 수의(繡衣), 삼사(三司)의 대인(大人)이 다시 물을 것이니, 일일이 해명하고 대답하되 어긋남이 없어야 하오"라고 하였습니다. 또 신 등에게 다과를 접대하였습니다. 신은 하직하고 물러 나왔는데,

1_ 蕭山縣 서쪽의 興場運河의 南岸에 있다. 唐代에는 莊亭, 宋代에는 邊驛이라 불렀다. 《大淸一統志》 권226, 紹興府.

총병관은 지휘첨사(指揮僉事)를 가리켜 말한 것이었습니다.

소흥부(紹興府)는 곧 월왕(越王)[2]의 옛 도읍으로 진한(秦漢) 시대에는 회계군(會稽郡)이었는데, 절강(浙江)의 동쪽 하류에 있었습니다. 부치(府治), 회계·산음의 두 현 및 소흥위의 치소(治所)와 와룡산(臥龍山)[3]은 모두 성안에 있었습니다. 회계산(會稽山)은 성 동쪽 10여 리에 있고, 그 밖에 진망산(秦望山)[4]과 같은 높은 산들이 겹겹이 솟아 있고, 수많은 바위와 골짜기가 동·서·남 3방에서 빼어남을 서로 다투고 있었습니다. 북쪽은 큰 바다에 연해서 평탄하고 넓었으며 구릉이 없었습니다. 난정(蘭亭)[5]은 누공부(婁公埠) 위쪽에 있는 천장사(天章寺)의 앞에 있었으니 바로 왕희지(王羲之)[6]가 수계(修禊)[7]한 곳이었습니다. 하가호(賀家湖)[8]는 성 서남쪽 10여 리에 있었

• • •

2_ 春秋時代의 越王 句踐을 가리킨다. 처음에 吳王 闔閭에게 패했으나 후에 이를 설욕하였다. 그 후 闔閭의 아들 夫差의 공격을 받아 대패를 당했지만 결국 吳를 격파하고 중원에 들어가 覇者가 되었다.

3_ 舊名은 種山. 萬曆《紹興府志》권4, 山川.

4_ 秦望山이란 이름은 秦始皇이 이 산에 올라 東海를 바라보았다는 고사에서 유래한다.《明一統志》권45, 紹興府.

5_ 紹興府城의 서남쪽 27리 거리에 있는 山陰의 會稽山麓에 있는 삼각형의 碑亭이다. 東晋 永和9년(353) 삼월 초3일 王羲之와 謝安 등 41인이 이곳에서 修禊하며 각기 시를 지었다. 특히 王羲之는 이때 유명한 〈蘭亭集序〉를 지었다. 萬曆《紹興府志》권9, 古蹟.

6_ 東晋의 서예가이다. 漢나라와 魏나라의 비문을 연구하여 楷書, 行書, 草書의 각 서체를 예술적으로 완성함으로써 書聖으로 불린다. 인생 후반에는 벼슬을 그만두고 오직 산수를 벗삼고 약초를 캐는 데 몰두하는 등 유유자적한 생활을 즐기다가 한평생을 마쳤다. 그의 글씨는 우아하고 힘차며, 귀족적인 기품이 높다. 그의 아들 王獻之도 서예에 뛰어나, 보통 이 두 부자를 '二王'이라 불렀다. 주요 작품으로는 行書體의 〈蘭亭序〉 등이 있다.

7_ 三國의 魏 이후 삼월 초3일로 고정되었지만 원래는 삼월 上旬의 巳日에 물가에서 연회

고, 하지장(賀知章)의 천추관(千秋觀)[9] 옛 터가 있었습니다. 섬계(剡溪)는 진망산 남쪽 승현(嵊縣)의 땅에 있었으니 부(府)와는 거리가 100여 리나 되었는데, 바로 왕자유(王子猷)[10]가 대규(戴逵)[11]를 찾아갔던[12] 시내였습니다. 강은 네 갈래로 나뉘어 흐르고 있었습니다. 한 갈래는 태주(台州)의 천태산(天台山)에서 나와 서쪽으로 신창현(新昌縣)에 이르고, 또 서쪽으로 승현에 이르러 북쪽으로 회계현과 상우현(上虞縣)을 거쳐서 바다로 들어가니 이것이 동소강(東小江)입니다. 한 갈래는 산음현 서북쪽에서 나와 소산현(蕭山縣) 동쪽을 거쳐 산음현으로 되돌아와서 회계현에 이르러 바다로 들어가니 이것이 서소강(西小江)입니다. 한 갈래는 상우현 동쪽에서 나와 여요

• • •

를 베풀며, 흐르는 물로 액을 없애는 의식을 말한다.

8_ 賀家湖는 賀家池의 다른 이름이다. 소흥부성에서 동으로 22리의 거리이며 周圍는 47리에 달한다. 萬曆《紹興府志》권8, 山川.

9_ 唐 天寶3년(744) 하지장이 秘書監職을 사퇴하고 道士가 된 뒤 자기 집 이름을 道觀으로 바꾸고 이를 千秋觀이라 불렀다. 7년에 天長觀으로 개명하였다. 萬曆《紹興府志》권22, 祠祀.

10_ 王羲之의 아들인 王徽之를 가리킨다. 역시 東晋의 이름난 서예가이자 詩人으로서, 子猷는 王徽之의 字이다.

11_ 東晋의 조각가이자 화가로, 자는 安道이다. 관직을 마다하고 학문에만 몰두했다. 조각에 탁월한 재능을 보여 山陰 靈寶寺의 무량수불상을 제작하였다. 漢代의 조악한 불상 제작 방법에서 탈피하여 작품이 매우 섬세하고 생동감 넘치는 것으로 평가되고 있다. 인물, 산수, 동물 등도 동적인 기법으로 그려내 산수화의 선구적 역할을 하였다. 그의 작품으로 〈三馬伯樂圖〉 등이 있는데, 이미 唐 이전에 없어진 듯하다.

12_ 東晋의 왕자유가 山陰에서 눈 내린 달 밝은 밤에 小船을 타고 대규를 찾아 갔다가 대규의 집 문 앞에서 되돌아왔다. 그 이유를 묻자 "내 본래 흥이 일어 갔다가 흥이 다하여 되돌아왔던 것이다. 대규를 굳이 만나야 할 필요가 있겠는가?"라 했다고 한다. 여기에서 흥에 겨워 친구를 찾는다는 의미를 가진 '山陰乘興'이란 고사가 유래한다. 《晉書》권80, 列傳 第50, 王徽之.

현(餘姚縣)을 지나고, 또 동쪽으로 자계현(慈溪縣)을 거쳐 정해현(定海縣)에 이르러 바다로 들어가서 여요강(餘姚江)이 되는데 이것이 신이 지나온 강입니다. 한 갈래는 금화현(金華縣)의 동양(東陽)에서 나와 포강(浦江)과 의오강(義烏江)과 합류하여 제기현(諸暨縣)에 이르고 산음현을 거쳐 소산현에 이르러서 절강(浙江)으로 돌아가니, 이것이 제기강(諸暨江)입니다. 그 중간에 천원(泉源)의 지류가 돌아가다가 제방에 막히고 모였다가 따라 들어간 것이, 마치 혈맥이 서로 연결되고 등나무가 얽혀 끊어지지 않는 것 같았습니다.

신은 또 감수(鑑水)를 거슬러 서쪽으로 가서 운전포(韻田鋪)·엄씨정절문(嚴氏貞節門)·고교포(高橋鋪)를 거쳐 매진교(梅津橋)에 이르렀습니다. 언덕에서 5리쯤 떨어진 지점에 산이 불쑥 솟았는데, 동쪽엔 깎아지른 석벽이 있고 앞에는 큰 석인(石人) 두 개가 서 있었습니다. 그중 하나는 천연적으로 만들어진 것인데도 사람의 모습과 흡사하였습니다. 또 융광교(融光橋)를 지나 가교포(柯橋鋪)에 이르니 그 남쪽에 작은 산이 있고, 산등성마루에는 옛 정자 터가 있었는데 사람들이, '채옹(蔡邕)[13]이 연죽(椽竹)을 보고 그것으로 피리를 만들었던 가정(柯亭)의 유적'[14]이라고 말하였습니다. 또 원사

13_ 後漢의 학자·문인·서예가이다. 젊어서부터 박학하기로 이름이 높았고 문장이 뛰어났다. 靈帝 때 郎中이 되었으며, 諸經의 文字平定을 奏請하여 스스로 써서 돌에 새긴 후 太學의 문 밖에 세웠다. 이것이 '熹平石經'이다. 한때 모략을 받아 유배되었다가 사면을 받았으나 귀향하지 않았다. 후에 董卓에게 발탁되어 관직을 가졌으나 끝내 獄死하였다. 저서로는 조정의 제도와 칭호에 대하여 기록한 《獨斷》이 있다.

14_ 채옹이 피난 차 會稽에 와서 柯亭에서 잘 때, 椽竹을 우러러다 거기에서 기이한 소리가 나는 것을 알고 피리를 만들었는데, 그것이 드디어 寶器가 되었다고 한다. 《後漢書》권 60下, 蔡邕列傳 참조.

교(院社橋)·백탑포(白塔鋪)·청강교(淸江橋)를 지나 전청역(錢淸驛)에 이르니 강 이름은 일전강(一錢江)이었습니다. 밤에 염창관(鹽倉館)·백학포(白鶴鋪)·전청포(錢淸鋪)·신림포(新林鋪)·소산현(蕭山縣) 지방을 지나 서홍역에 이르니 날이 새었습니다. 강 이름은 서홍하(西興河)였습니다.

6일—항주에 도착하였습니다.

이 날은 흐렸습니다. 서홍역의 서북방은 평탄하고 넓었는데 곧 전당(錢塘)[15] 이었습니다. 강물은 조수가 불어나면 호수가 되고 조수가 빠지면 육지가 되었습니다. 항주 사람들이 매년 8월 18일에 조수가 크게 밀려오면 파도에 맞부딪치기도 하며,[16] 조수를 구경하던 곳이었습니다.[17] 신 등은 서홍역 앞에서 배를 버려두고 언덕에 올라 수레를 타고 10여 리를 가다가 절강(浙江)에 이르러서는 다시 배를 타고 건넜습니다. 강의 흐름이 산을 끼고 구불구불 굽이치고, 또 거꾸로 물결치는 형세도 있었습니다. 그러므로 이를 절강이라 부르는데 절(浙)은 또 '절(淛)'이라 쓰기도 하였습니다. 강의 너비는 8-9리이

• • •

15_ 府城의 남쪽에 있다. 海水를 막기 위하여 東漢代에 華信이 만든 塘이다. 土石 1斛을 가져온 자에게 千錢을 주겠다고 하니, 10일 만에 塘이 만들어졌다고 해서 錢塘이란 명칭이 붙게 되었다. 萬曆《紹興府志》 권4, 山川.

16_《民國杭州府志》 권23, 山水 4, 江潮. "每年八月十八日數百里士女共觀, 舟人漁子泝濤觸浪, 謂之弄潮. 秋中潮愈怒, 吳人輕生者, 乃無故以身試怒潮', 名爲弄潮, 往往沈沒." 여기서 '觸浪'이란 강 속에 뛰어 들어 직접 몸을 파도에 부딪치는 행위임을 알 수 있다.

17_ 海寧潮·浙江潮·錢塘潮 등으로 불린다. 매년 음력 8월 18일 錢塘江에는 潮水가 역류하며, 커다란 파도가 강을 거슬러 오르는 특이한 자연현상이 일어난다. 평균 2-3미터, 최고 9미터에 달하는 파도가 역류하는 이 장관을, 明代 馮夢龍은 《三言》에서 '天下四絶'로 꼽았다.

고 길이는 서남쪽으로 복건로(福建路)에 이르고, 동북쪽은 바다로 통하였습니다. 조수를 막기 위해 화신(華信)[18]이 쌓은 제방은 단어취(團魚嘴)로부터 범촌(范村)까지 대략 30리이고, 또 부양현(富陽縣)까지 합계 60여 리입니다. 석축(石築)이 새것처럼 아직 견고하였습니다. 그러므로 또 강을 전당강(錢塘江)이라고도 하였습니다. 신은 그 제방에 이르러 다시 언덕을 따라 걸어가니 서쪽으로 강가에 세워진 육화탑(六和塔)[19]이 보였습니다. 걸어서 연성사(延聖寺)와 절강역(浙江驛)을 지나 항주성의 남문에 이르니 겹성에다 이중문이었고 문에는 3층의 누각이 있었습니다. 그 성에 들어가 문괴문(文魁門)·영순궁(靈順宮)·숙헌문(肅憲門)·징청문(澄淸門)·남찰원(南察院)[20]·우성전(祐聖殿)·토지묘(土地廟)·지송방포(芝松坊鋪)를 지나서 무림역(武林驛)에 이르렀습니다. 성문으로부터 이 역에 이르기까지는 대략 10여 리쯤 되었습니다. 적용(翟勇)은 신 등을 이끌고 비로 인해 하루를 머무른 것 이외에는 지체한 적이 없고 밤길을 가기까지 하면서 천여 리의 땅을 거쳐 왔지만, 진수태감(鎭守太監) 장경(張慶)은 오히려 적용에게 더디

18_ 華信은 東漢代에 郡議曹를 역임하며 錢塘을 수축했다. 관련 기록은 아래와 같다. "錢塘, 今杭州縣也. 錢塘記云 '昔郡議曹華信議立此塘, 以防海水. 始開募, 有能致土石一斛, 與錢一千, 旬日之間, 來者雲集. 塘未成而譎不復取, 皆遂土石而去, 塘以之成也.'" 《後漢書》 권71, 列傳 第61, 皇甫崇朱.

19_ 전당강의 潮水를 누르고자 하는 기원을 담아 北宋 開寶 3년(970)에 세워졌다. 불교 '六和敬'의 뜻을 취하여 '六和塔'이라고 이름 지었다. 밖에서 볼 때는 13층이나 내부는 7층으로 설계되어 있다.

20_ 察院은 명대 都察院의 약칭이지만 외지에 파견된 巡按御史가 근무하는 아문도찰원이라 하였다. 항주에는 北察院과 南察院 2곳이 있었다. 전자는 紀家橋 서측에 있는데 후에 按察分司가 되었고, 후자는 鳳山門 북측에 있는데 이곳이 巡按察院이 되었다. 萬曆 《杭州府志》 권37, 公署.

게 왔다는 죄를 물어 곤장을 쳤습니다. 저녁에 역승(驛丞) 양수록(楊秀祿)이 찬거리를 가져다주었습니다.

7일—항주에 머물렀습니다.

이 날은 흐렸습니다. 새벽에 태감(太監)[21]이 관인(官人)을 시켜 묻기를, "정인지鄭麟趾)[22] · 신숙주(申叔舟)[23] · 성삼문(成三問)[24] · 김완지(金浣之) ·

21_ 가장 품급이 높은 宦官으로 정4품이다. 內府 24衙門에 각각 掌印太監 1인을 두었다. 이 밖에 都督 · 秉筆 · 隨堂 · 守備太監 등의 명칭이 있었다. 처음 설치하였을 때에는 오로지 皇帝 및 皇室의 시중을 드는 일만을 하였으나, 후에 권세가 날로 강해져 出使 · 監軍 · 鎭守 및 신하와 백성의 감추어진 일을 적발해내는 등의 막강한 권한을 지니게 되었다. 본문에서는 鎭守太監 張慶을 가리킨다.

22_ 조선 전기의 문신 · 학자로, 본관은 河東이다. 자가 伯睢이고, 호는 學易齋이다. 1414년 식년 문과에 장원 급제한 뒤 세종의 신임을 받아 集賢殿 學士를 거쳐 直提學에 올랐다. 1427년 文科 重試에 장원 급제하여 左弼善이 되었으며, 이후 여러 관직을 거치다가 1453년 癸酉靖亂 때는 수양대군을 도운 공으로 우의정, 영의정까지 올랐다. 훈민정음을 만드는 데 참여하였고, 안지 등과 함께 〈龍飛御天歌〉를 지었으며, 天文 · 曆法 · 雅樂 등에 대한 책을 펴냈다.

23_ 조선 전기의 학자이자 문신으로, 호는 保閑齋이다. 1439년 親試文科에 급제하고, 훈민정음 창제에 공을 세웠다. 1447년 文科重試에 급제하여 부제학 등을 거쳐, 1453년 부승지로 계유정난에 참여, 정난 공신 2등이 되었다. 1454년 도승지에 오르고, 세조가 즉위하자 병조판서, 우찬성, 대사성 등을 거쳐 영의정이 되었다. 뛰어난 학식과 글재주로서 6대왕을 섬겼고, 《國朝五禮儀》 등을 책으로 엮었다. 주요 저서로는 《保閑齋集》 등이 있다.

24_ 조선 전기의 문신이자 학자로, 호는 梅竹軒이다. 死六臣의 한 사람이다. 1438년 생원으로 식년 문과에 급제하였고, 1447년 문과 중시에 장원하여 집현전학사, 修撰 등을 지냈다. 그 뒤 왕명으로 신숙주와 함께 《禮記大文諺讀》을 편찬하고 經筵官이 되어 세종의 총애를 받았다. 한글의 창제에도 참여하였다. 1455년 세조가 단종을 몰아내고 왕위에 오르자 단종 복위를 꾀하였으나, 李塏 등과 함께 체포되어 극형을 당하였다. 저서로는 문집인 《成謹甫集》이 있다.

조혜(趙惠)[25] · 이사철(李思哲)[26] · 이변(李邊)[27] · 이견(李堅)은 모두 조선의 인물들인데, 이들이 어떤 관직에 있었는가를 일일이 적어 알려 주시오"라고 하였습니다. 신이 대답하기를, "정인지 · 신숙주 · 이사철은 모두 관위(官位)가 1품까지 이르렀고, 성삼문은 3품에 이르렀으며, 이변 · 김완지 · 조혜 · 이견은 내가 후배[28]로서 그 사람들의 벼슬 품계를 알지 못합니다"라고 하였습니다. 역중(驛中)의 사무를 맡은 고벽(顧壁)이란 자가 와서 신 등에게 말하기를, "당신이 먹는 물품은 조정에서 주는 것인데, 지출하려면 1년을 기다려야 문부(文簿)가 부(部)에 도착할 것입니다. 본 역승은 귀주(貴州)의 이인(夷人)[29]으로서 물정을 전혀 모르는 것이 꼭 어린애와 같고 상사(上司)에게 상신할 줄을 몰라서 당신들이 먹을 것을 넉넉하게 장만하지 못하였습니다"라고 하고, 또 "이곳에 와서 구경하는 사람들은 모두가 할 일 없는 사람

• • •

25_조선 초기의 문신으로, 본관은 楊州이다. 자는 濟夫이고 호는 施齋이다. 세종21년(1439) 전라도병마도절제사를 지냈다. 1442년 호조참판으로 있을 때 賀正使로 명나라에 다녀왔으며, 1464년에 判中樞院事의 職을 받았다. 시호는 恭安이다.

26_조선 전기의 문신으로, 본관은 全州이고 자가 誠之이며, 시호가 文安이다. 세종14년(1432)에 문과에 급제하여 集賢殿의 博士로 있다가 都承旨, 吏曹 · 禮曹判書, 左贊成에 이르렀고, 문종2년(1452) 首陽大君을 따라 명나라에 다녀왔고, 靖難공신이 되어 左議政으로 임명, 佐翼공신이 되었다.

27_조선 전기의 문신으로, 본관은 德水이다. 세종 원년(1419) 進士試에 합격하고 承文院博士, 藝文館大提學, 工曹判書 등을 역임하였다. 특히 漢語와 吏文을 잘하여 司譯院의 提調를 겸하여 많은 공을 세웠다. 이후 여러 관직을 지낸 다음 성종3년(1472)에 領中樞府事에 이르렀다.

28_이변과 조혜는 모두 최부보다 활동시기가 앞선 인물이다. 예를 들면 그중에 이변은 세종원년(1419)에 급제하였으므로, 성종13년(1482)에 급제한 최부보다 급제한 해가 훨씬 이르다.

29_漢族이 아닌 소수민족을 가리킨다. 貴州省에는 苗族 · 布依族 · 侗族 등 여러 소수민족이 있다.

들이니 그들과 이야기해서 원기를 떨어뜨리지 마십시오"라는 등의 말을 하였습니다.

저녁에 안찰제조학교부사(按察提調學校副使) 정(鄭) 대인이 어떤 대인과 함께 역에 이르러 신을 불러 앞으로 나오게 하고는 묻기를, "당신 나라의 과거 제도는 어떠하오?"라고 하였습니다. "진사시(進士試)·생원시(生員試)[30]·문과시(文科試)[31]·무과시(武科試)[32]가 있고, 또 문과(文科)·무과(武科)의 중시(重試)가 있습니다." "사인(士人)의 시험은 어떻게 치릅니까?" "인년(寅年)·신년(申年)·사년(巳年)·해년(亥年)의 가을마다 유생(儒生)으로서 학업에 정통한 사람을 모아서 삼장(三場)으로써 시험을 봅니다. 초장(初場)에는 의(疑)[33]·의(義)[34]·논(論)[35] 중에서 2편(篇)을 시험하

• • •

30_ 생원시는 진사시와 함께 小科에 해당하는데 五經義와 四書疑 2편을 시험보는 覆試의 終場에 합격한 자를 生員이라 하였다. 생원에게는 진사와 함께 성균관에 입학하는 자격 및 하급관료에 취임하는 자격이 부여되었다. 그 자격만으로 관직에 나아가기는 힘들었지만 免役의 특권은 향유하였다.

31_ 문관의 등용자격시험으로 東堂試라고도 한다. 숭문정책의 영향으로 가장 중시되었다. 가을에 시험하는 문과의 初試는 漢城府에서 실시하는 漢城試, 성균관에서 시행하는 館試 및 各道에서 실시하는 鄕試의 3종이 있다. 초시의 합격자는 이듬해 봄에 서울의 明倫堂 및 조闡堂에서 2차시험을 보는데 이를 覆試라 하였다. 복시에 합격한 자는 다시 궁궐 안의 殿庭에서 임금이 친히 시험을 주재했는데 이를 殿試라 하였다. 후기에 이르러 전시는 형식에 그치고 복시에 합격하면 사실상 최종 합격한 셈이 되었다.

32_ 弓術과 講書 등을 시험과목으로 하고 문과시와 마찬가지로 초시와 복시 및 전시의 절차를 밟았다. 조선에서 무과시는 崇文정책의 영향으로 그다지 중시되지는 않았다.

33_ 四書의 古義를 묻기 위하여 疑事 문항을 설정한 科擧試의 文體의 하나이다. 이를 통하여 응시자의 판단능력을 고찰하였는데, 이를 四書疑라고 한다.

34_ 五經의 經文 가운데 어떤 문구를 출제하면 응시자는 그 속의 義理를 논술하도록 하는 시험으로 五經義라고 한다.

35_ 經의 본문을 내어놓고 해석을 가하면서 일종의 立論을 하는 시험과목이다.

고, 중장(中場)에는 부(賦)[36] · 표(表)[37] · 기(記)[38] 중에서 2편을 시험하고, 종장(終場)에는 대책(對策)[39] 1도(道)를 시험하여 몇 사람을 뽑습니다. 그 이듬해 봄에 또 합격한 사람을 모아서 삼장을 시험합니다. 초장에는 사서오경(四書五經)을 외우게 하여 사서삼경(四書三經)을 통달한 사람을 뽑고, 중장에는 부 · 표 · 기 중에서 2편을 시험하고, 종장에는 대책 1도를 시험하여 33인을 뽑습니다. 다시 그 33인을 모아서 대책 1도를 시험하여 등급을 나누는데, 이를 일러 '문과급제'라 하며 방방(放榜)[40]을 허가하여 홍패(紅牌)[41]를 내리고 화개(花蓋)[42]를 주어 3일 동안 유가(遊街)[43]하게 한 뒤에 또 은영연(恩榮宴)[44] · 영친연(榮親宴)[45] · 영분연(榮墳宴)[46]을 내린 다음 벼슬길에 나

• • •

36_ 賦란 원래 古詩의 일종이지만 여기에서는 어떤 일을 부연 진술하여 直言하는 문체이다.

37_ 文體의 하나로 아래에서 위로 올리는 글을 말하는데, 속에 있는 생각을 밖으로 드러낸다는 뜻이다. 조선 국왕이 중국 황제에게 올리는 외교문서도 表라 하였는데, 주로 慶賀할 때 쓰이는 문체이다.

38_ 敍事文과 紀事文의 형식의 文體이다.

39_ 經史와 時務 문제에 대하여 질문을 하면 응시자가 이에 대답하는 문체.

40_ 과거 합격자에게 證書를 주던 일. 文武의 大科와 小科인 생원과 진사에 합격한 사람은 榜을 써 붙여 합격을 알렸고, 이들이 宮中에 謝恩할 때 문무 大科에 합격한 사람은 紅牌와 仮花, 小科에는 白牌를 각각 하사하였다.

41_ 文武 大科에 급제한 사람이나 雜科에 入格한 사람에게 내어주는 증서. 급제한 사람에게 주는 홍패는 온 폭의 붉은 종이를 쓰고, 잡과의 입격자에게 주는 홍패는 반폭의 붉은 종이를 썼다.

42_ 御賜花와 日傘을 가리킨다.

43_ 科擧의 及第者가 座主, 선배, 친척, 친구들을 찾아보기 위하여 풍악을 울리며 시가를 행진하던 일. 원래 唐의 풍속으로 우리나라에서는 고려시대부터 행해졌다. 대개 放榜 후 3일 동안 행했다. 유가 때는 대개 광대들이 유희를 연출하며 樂手가 앞장을 섰다.

44_ 과거 급제자와 重試에 합격한 자의 영예를 축복하여 임금이 내리는 연회.

45_ 문과 및 무과 급제자들이 부모를 찾아뵈올 때 베풀어주는 잔치. 이때 서울에서는

아가도록 합니다." "문체(文體)는 어떠하오?" "표(表)는 송원(宋元)의 파방(播芳)[47]을, 기(記)와 논(論)은 당송(唐宋)을 본보기로 하고, 의(義)는 오경(五經)의 글을, 의(疑)는 사서(四書)의 글을 집어내어 제목으로 짓되 모두 중화의 체제를 따르고, 대책은 《문선(文選)》[48]의 대책을 본보기로 삼고 있습니다." "당신은 어떤 경서를 공부하였소?" "사서와 오경을 비록 정밀히 연구하지는 못했지만 일찍이 대강은 섭렵하였습니다." "당신은 경서의 이름을 낱낱이 셀 수 있겠소?" "《중용(中庸)》·《대학(大學)》·《논어(論語)》·《맹자(孟子)》가 사서이고, 《역경(易經)》·《시경(詩經)》·《서경(書經)》·《춘추(春秋)》·《예기(禮記)》가 오경입니다." "'역(易)'자는 무슨 뜻이오?" "역(易)은 글자 모양으로 말한다면 일(日)과 월(月)을 합친 것이고, 글자 뜻으로 말한다면 바뀌고 변화한다는 뜻입니다." "역의 방위(方位)와 괘수(卦數)는 무엇에 근거하였소?" "황하(黃河)에서 도(圖)가 나오고, 낙수(洛水)에서 서(書)가 나오니[49], 성인(聖人)이 이를 본보기로 삼은 것입니

예조가 임금에게 보고하여 술과 음악을 베풀어주고, 외방에서는 수령이 잔치를 베풀어주었다.

46_ 과거 급제나 처음 入仕한 자가 조상의 묘소에 가서 보고하고 제사지내는 형식의 잔치를 말한다.

47_ 《五百家播芳大全文粹》 110권을 가리키는 듯하다. 宋文 가운데 表뿐 아니라 箋·制·誥·簡·疏·賦·頌·記·序·銘·跋 등이 실려 있는데 騈儷文이 전체의 60-70%를 차지한다.

48_ 일명 《昭明文選》이라고 한다. 南朝 梁의 昭明太子 蕭統이 편한 책으로 東周 이래 梁代에 이르는 각종 文體의 詩文 800여 편이 수록되어 있는데 고대 士人들의 필독서였다.

49_ 河圖 즉 伏羲 때 황하에서 발견된 龍馬의 등에 그려져 있다는 55점의 그림과 洛書 즉 禹가 치수할 때 낙수에서 발견된 거북의 등에 씌어 있었다는 글자를 말한다.

다." "하도(河圖)와 낙서(洛書)가 아니면 역을 지을 수 없는 것이오?" "천하의 만물에는 모두 수(數)가 있으니, 토끼 파는 사람만 보더라도, 역 속의 방위와 괘수를 추측할 수 있습니다."[50] 두 대인은 서로 돌아보고 눈짓을 하고는 신에게 말하기를, "당신이 실로 글을 읽은 선비라는 것을 이 지방 사람들이 잠시 알아보지 못했던 것 같소"라고 하였습니다. 정 대인의 이름은 잊어버렸지만 호는 동원자(東園子)[51], 재명(齋名)은 복재(復齋)였습니다.

8일—항주에 머물렀습니다.

이 날은 흐렸습니다. 고벽이 와서 신에게 말하기를, "지금 듣건대 당신들의 일은 사람을 시켜 밤낮으로 달려 북경에 가서 아뢰게 하고 회보(回報)를 받은 뒤에야 돌려보낸다고 합니다. 이 성에서 북경에 이르기는 수로(水路)가 거의 5천여 리나 되니, 그대는 이곳에 여러 날 머물러야만 할 것입니다"라고 하였습니다. 신이 말하기를, "내가 이곳에 도착해서는 언어가 달라 실로 장님이나 귀머거리와 같은데, 족하께서는 지금처럼 듣고 본대로 즉시 얘기해 주어 먼 나라 사람을 돌보아 주시기 바랍니다"라고 하였습니다. 고벽은, "국법이 매우 엄하고 율조(律條)가 아주 무거우니, 이인(夷人)에게 사정을 누설하면 새 법령에는 군호(軍戶)로 충당하게 되어 있습니다. 내가 말한

• • •

50_ 河圖와 洛書뿐 아니라 토끼 같은 미물을 보고서도 팔괘의 수를 지을 수 있다는 의미로서, 宋의 程頤가 토끼 파는 사람을 보고 한 말이 그 전거이다. 원문은 다음과 같다. "因見賣兎者曰, 聖人見河圖洛書而畫八卦, 然何必圖書? 只看此兎, 亦可作八卦數. 便此中可起古聖人只取神物之至著者耳, 只如樹木, 亦可見數." 朱熹 編, 《二程遺書》 권18.

51_ 明代에 '東園'이란 號를 가진 鄭氏 姓의 인물은 鄭紀가 있다. 《明史》 列傳68, 葉紳.

것을 다른 사람에게 드러내어서는 안 되고 혼자만 알고 있어야 합니다"라 하고는 머리를 끄덕이면서 갔습니다. 두 관인이 와서, "도총태감(都總太監)께서 총병관이 점검한 당신의 활 1장과 칼 1자루를 찾아 살펴보시겠다고 하오" 운운하면서 결국 거두어 가버렸습니다.

어떤 사람이 와서 묻기를, "경태(景泰) 연간[1450-1456]에 우리나라 급사중(給事中)[52] 벼슬을 한 장녕(張寧)이 귀국에 사신으로 가서[53] 〈각금정시(却金亭詩)〉를 지어 《황화집(皇華集)》[54]에 실렸다는데 알고 있소?"라고 하였습니다. 신이 답하기를, "장(張) 급사(給事)가 우리나라에 와서 《황화집》을 지었는데 그중 '한강(漢江)'[55]이라는 제목의 시에, '햇빛은 청작(靑

• • •

52_ 皇帝의 近侍로서 六科 소속이다. 各科에 都給事中(정8품)을 1인, 左·右給事中(종8품) 각 1인을 두었으며, 給事中은 吏科 4인, 戶科 8인, 禮科 6인, 兵科 10인, 刑科 8인, 工科 4인을 두었는데 모두 정9품이었다. 侍從, 規諫, 補闕, 拾遺를 담당하고, 六部·百司를 稽査하며 制勅의 頒奏, 章疏의 封駁, 六部에 분부하는 등의 일을 관장하였다. 또 朝參의 門籍과 登聞鼓를 관장하고 아울러 廷鞫에도 참여하였다.

53_ 世祖6년(天順4년, 1460) 禮科給事中 張寧이 正使의 신분으로 朝鮮에 왔으며, 이 때 使行의 기록이 《奉使錄》이다. 《朝鮮世祖實錄》 6년 3월 己卯 條 등 참조.

54_ 조선의 접대관이 명의 使臣과 화답한 시집이다. '皇華'란 《詩經》의 "皇皇者華"란 말에서 딴 것으로 中華의 광대함과 使命의 중대함을 나타내었다. 명의 사신이 오면 조선에서는 遠接使를 義州에 보내어 맞이한 뒤 서울로 동반하여 들어오게 하였고, 갈 때에는 伴送使로 개칭하여 의주까지 환송하게 했다. 조선에서는 文才있는 자를 遠接使로 임명하여 迎送케 하는 동시에 明使들과 서로 詩를 唱和하도록 했는데 세종 32년(1450) 이후 唱和한 시문을 편찬하여 《皇華集》이라 이름지었다.

55_ 明使 張寧은 한강을 유람한 뒤 〈登漢江樓詩〉 10首를 지었다. 詩의 원문은 다음과 같다. "東國有高樓, 樓前漢水流. 光搖靑雀舫, 影落白鷗洲. 望遠天疑盡, 陵虛地欲浮. 入窓風月好, 下榻重淹留." 《朝鮮成宗實錄》 21년 8월 28일조. 한편 成宗17년에 朝鮮에 出使했던 董越도 漢江樓에 올라 〈三月望日登漢江樓〉라는 詩를 지은 바 있다. 《皇華集》.

雀)[56]배를 흔들고, 그림자 떨어지는 백구(白鷗)의 모래톱. 저 멀리 바라보니 하늘은 끝이 없고, 공중으로 솟구쳐 땅이 문득 뜨려하네'라고 한 글귀는 더욱 칭송이 자자합니다"라고 하였습니다. 그 사람은 기쁜 빛을 얼굴에 나타내며 또 말하기를, "장 급사는 벼슬을 그만두고 집에 있는데 집이 가흥부(嘉興府)의 해염현(海鹽縣)에 있으므로 이곳과의 거리가 100리입니다. 장공(張公)이 이곳 항주성에 도착하여 조선의 문사(文士)가 바다로 표류하여 왔다는 소식을 듣고는, 조선의 사정을 묻고자, 여러 날 머물러 기다리다가 하루 전에 돌아갔습니다"라고 하였습니다. 그 사람의 성명을 물으니 왕개(王玠)였는데, 장 급사의 생질이었습니다. 자칭 진양(陳梁)이란 사람이 와서 말하기를, "변변치 못한 내가 일찍이 정지(靖之)[57] 대인과 함께 당신 나라에 다녀온 적이 있소"라 하였습니다. 신이, "장공은 어느 벼슬까지 하셨으며, 무엇 때문에 벼슬하지 않고 집에 있습니까?"라고 묻자, "장공은 관직이 도급사(都給事)에 이르렀고 후에는 도어사(都御史)[58]에 임명되었는데, 아들이 없기 때문에 벼슬하지 않고 42세에 집으로 돌아와 병을 요양하고 있습

56_ 백로와 비슷한 큰 새로서 풍파에 잘 견디어 내므로 뱃머리에 이 새의 그림을 그려 넣는 습속이 있었다. 배를 일컫는 말로 쓰기도 한다.

57_ 張寧의 字. 《明史》 권180, 列傳 68 참조.

58_ 都察院의 장관이다. 洪武15년(1382)에 처음으로 설치하였는데, 監察都御史(정7품) 8인을 두었다. 16년에 고쳐 左·右都御史(정3품) 각 1인, 左·右副都御史(정4품) 각 1인, 左·右僉都御史(정5품) 각 2인을 두었다. 17년에 각 官의 秩을 1품씩 올렸다. 百司를 감찰하고 各道의 御史를 통솔하여 황제의 대리인으로 풍기를 바로잡는 직책이었다. 皇帝가 각지에 파견하는 總督·提督·巡撫·經略·總理 등의 大臣은 모두 都御史의 직함을 겸하여 일을 하는 데 편하게 하였으나, 都察院의 일에는 관여하지 않았다.

니다"라고 하였습니다.

9일—항주에 머물렀습니다.

이 날은 맑았습니다. 어제 활과 칼을 가져간 관인이 또 와서 말하기를, "당신의 활과 칼은 진수(鎭守) 나으리께서 남겨두었다가 살펴보려 하시오"라고 하였습니다. 신은 "분부대로 하겠습니다"라고 하였습니다. 고벽이 또 와서 말하기를, "해상의 군관(軍官)이 보내온 문서는 당신이 배 14척을 가지고 바다에서 겁략하고 있었다는 내용이었습니다. 지금 순안어사(巡按御史)[59]는, '이미 배 14척이 있었다면 당초에 어찌 잡아오지 않았는가?'라 하면서 이 일로 그에게 죄를 주려고 하고 있습니다. 진수와 삼사(三司)의 의논이 일치하지 않았으나 당신의 공술이 명확하여 왜적이 아닌 것을 알았습니다. 지금은 이미 의논이 정해져 지휘(指揮) 양왕(楊旺)을 시켜 당신을 북경으로 보낸 뒤 귀국시키기로 하고 별다른 이야기는 없었습니다. 3-4일 동안은 이곳에 있어야 하겠지만 당신은 이제 마음을 놓아도 됩니다"라고 하였습니다. 또 포정사(布政司)의 대인 서규(徐圭)와 안찰사부사(按察司副使)[60] 위복(魏福)이 역의 객관(客館)에 함께 앉아서 신 등을 불러 말하기를, "당신

59_ 都察院의 屬官(정7품)이다. 院에 있는 御史를 守院御史라고 불렀다. 밖으로 나가 순찰하는 경우는 파견되는 지역에 따라 大差·中差·小差 3등급으로 나누었다. 파견된 임무에 근거하여 巡按御史·巡漕御史·淸軍御史 등이 있었다. 밖으로 나갔다가 돌아오는 것은 '回道'라고 하였는데, 都御史가 임무 수행의 輿否를 考覈하였다.

60_ 按察司는 提刑按察使司의 약칭으로, 省級의 司法과 監察을 담당한 기구이다. 宣德5년(1430)에 13 按察司로 정해졌다. 하부기관에 經歷司·照磨所·司獄司 등이 있다. 처음 설치되었을 때에는 外臺라고 불려, 百僚를 강압하는 등 권한이 상당했지만 明 중엽 이후 각지에 巡撫가 설치되면서 그 비중이 줄었다.

을 보내어 본국으로 돌아가게 할 터이니, 당신은 돌아갈 일을 걱정하지 않아도 좋소"라고 하였습니다. 신은 곧 시를 지어 사례하고 사관으로 물러갔습니다.

북경 사람 이절(李節)이 와서 신의 의복이 남루하고 얼굴에 때가 묻은 것을 보고 신에게 말하기를, "이 지방 사람들은 용모 가꾸기를 좋아하기 때문에 당신들을 보면 모두 놀라고 비웃으면서 조선 사람들은 모두 이와 같다고 생각할 것이니, 양지바른 곳에서 당신 몸을 깨끗이 씻는 것이 좋겠습니다"라고 하였습니다. 신은 곧 종자들에게 명하여 각자 스스로 몸을 씻도록 하고, 드디어 정보 등과 함께 볕을 향하여 빙 둘러앉아서 먼지와 때를 씻어내었습니다. 이절은 또 와서 신의 피부가 모두 벗겨지고 발톱이 빠진 것을 가리키면서 말하기를, "이것은 환란에 시달려서 몸을 돌볼 수 없었던 표가 되겠군요"라고 하였습니다. 신이 말하기를, "내가 바다에 있을 때 목구멍에서 피를 두어 움큼이나 토하고 입에는 침이 마른 지가 3일이나 되었습니다. 지금은 또 피부가 짠물에 찌들어 벗겨졌고, 발은 맨발로 험한 땅을 밟아 다친 것입니다. 일찍이 '몸과 모발과 피부에 상처를 내지 않는 것이 효도의 시작이다'[61]라 들었지만 나의 몸과 피부의 상처가 이와 같으니 참으로 불효자입니다"라고 하였습니다. 이절이 말하기를, "그럴 것 없습니다. 당신이 상처를 내고자 한 것이 아니라 하늘이 실로 당신을 상하게 한 것이니 비록 상처가 났더라도 뭐 상심할 게 있겠습니까? 상심할 필요 없습니다"라

61_《孝經》 권1, 〈開宗明義章〉의 "身體髮膚, 受之父母, 不敢毁傷, 孝之始也"에 나오는 말이다.

고 하였습니다. 그 성명은 잊었지만 이절의 벗이 《소학(小學)》 1부를 소매 속에 넣어 이절을 통하여 신에게 주고 시를 청하고자 하였습니다. 신이 말하기를, "공로도 없으면서 남이 주는 것을 받는다면 이는 염치없는 짓이므로 감히 사양합니다"라고 하였습니다. 이절이 말하기를, "이 사람은 시가(詩歌) 한 장을 구하여 기념으로 삼고자 하는 것뿐입니다"라고 하여, "시를 잘 짓지도 못하고 글씨도 또한 좋지 못한데 좋지 못한 것으로서 남의 좋은 것과 바꾸는 일은 바라는 바가 아닙니다"라고 하였습니다. 그 사람은 책을 도로 소매 속에 넣고 가버렸습니다. 이절이 신에게 말하기를, "도리로써 사귀고 예절로써 대접하면 공자(孔子)께서도 또한 받았사온데[62], 어찌 그리도 심하게 물리치시는 것인지요?"라고 하였습니다. "그 사람은 책을 기꺼이 주려는 것이 아니고 생각이 시를 얻는 데 있었습니다. 도리로써 사귐이 아니고 예절로써 대접함이 아니니, 내가 만약 한번 받는다면 이는 시를 값을 받고 파는 셈이므로 이를 물리친 것입니다." 이절은 "예, 예, 그렇습니다." 하면서 물러갔습니다. 저녁에 이절은 그의 벗 김태(金太) 등 3인과 함께 와서 신과 종자들을 접대하였습니다.

10일—항주에 머물렀습니다.

이 날은 맑았습니다. 고벽이 와서 말하기를, "당신이 경사에 가려면 앞길을 몰라서는 안 됩니다. 우리나라의 소주(蘇州)·항주 및 복건(福建)·광동(廣東) 등 지역에서 바다로 장사하러 가는 사선(私船)들이 점성국(占城國)과

62_ 출전은 다음과 같다. "交以道, 接以禮, 斯孔子受之矣"《孟子》萬章 下.

회회국(回回國)[63] 지역에 이르러 홍목(紅木)[64], 후추, 번향(番香)[65]을 사들이느라 배가 끊이지 않는데, 열이 가면 다섯만 돌아오게 되니 그 길이 아주 좋지 않습니다. 경사(京師)로 가는 수로만은 매우 좋기 때문에 유구(琉球), 일본(日本), 섬라(暹羅), 만랄가(滿剌加) 등의 나라에서 공물을 바칠 적엔 모두 복건포정사에서 배를 정박한 뒤 이 항주부에 도착하였다가 가흥(嘉興)을 지나 소주에 이르게 되니, 천하의 사라단필(紗羅段匹)[66]과 여러 가지 값진 물건이 모두 소주에서 산출되는 것입니다. 소주에서 상주(常州)를 지나 진강부(鎭江府)에 이르러 양자강(楊子江)을 건너게 되니 양자강은 이 부(府)와의 거리가 천여 리나 됩니다. 강의 이 구간은 물이 세차고 험악하므로 풍랑이 없어야만 건널 수 있습니다. 강을 건너면 바로 북경까지 물길이 약 40일 걸리는 노정입니다. 당신들은 봄이어서 다행이지 여름철이라면 찌는 듯한 무더위에 병이 날 터이니 어떻게 갈 수 있겠습니까? 또 산동(山東), 산서(山西), 섬서(陜西)의 세 포정사에서는 해마다 가뭄으로 흉년이 들어 사람이 인육을 먹고 백성들이 그 터전을 잃었습니다. 양자강을 지나서 천여 리를 가면 곧 산동 땅에 도착하는데 당신들은 스스로 깊이 살피는 것이 좋을 것입니다"라고 하였습니다. 이어서 죽순을 주면서 말하기를, "이것은 소식(素食)이니 드십시오. 귀국에도 죽순이 있습니까?"라고 하였습니다. "우리나라에도 남방엔 죽순이 있는데, 5월이 되어서야 나지요."

• • •

63_ 서아시아의 이란과 아라비아 등 여러 이슬람 국가를 가리킨다.
64_ 雲南에서 나오는 목재로 견고하고 紅色을 띠는데 家具를 만드는 재목으로 유명하다.
65_ 동남아시아 일대에서 산출되는 각종 향료.
66_ 紗羅는 얇은 비단으로 만든 織物로 여름옷에 주로 쓰인다. 段匹은 織物을 의미한다.

《高麗寺與高麗王子》에 실린 고려사 전도(혜인사)

"이 지방에서는 겨울과 봄에 나서 정월이 한창인데 큰 것은 10여 근이나 됩니다. 귀국은 이곳의 풍토와 다르군요."

11일—항주에 머물렀습니다.

이 날은 흐렸습니다. 양수록(楊秀祿)과 고벽이 함께 신을 보러 왔습니다. 고벽이 말하기를, "우리 항주성 서쪽 산인 팔반령(八盤嶺)에 고찰이 있는데 이름을 '고려사(高麗寺)'[67]라 합니다. 절 앞에 2개의 비(碑)가 있어 옛 사적을 기록했는데 이곳과는 15리가 떨어져 있습니다. 이는 곧 송나라 때 고려의 사신이 와서 공물을 바치고 세운 것입니다. 당신 나라 사람이 국경을 넘어와서도 힘써 절을 지었으니 불교를 숭상하는 뜻을 알 만합니다"라고 하였습니다. 신이 말하기를, "이는 고려 사람이 세운 것입니다. 지금 우리 조선은 이단(異端)을 물리치고 유도(儒道)를 높이어 사람마다 모두 집에 들어오면 부모에게 효도하고 밖에 나가면 어른에게 공손하고, 임금에게 충성하고 친구에게 신의를 지키는 것을 직분으로 삼고 있을 뿐입니다. 만약 머리를 깎은 자가 있으면 모두 군역(軍役)에 편입시킵니다"라고 하였습니다. "무릇 사람들은 부처를 섬기지 않으면 반드시 귀신에게 제사지내는데, 그렇다

• • •

67_고려사는 속칭일 뿐 원래의 이름은 惠因寺이다. 五代十國 시대에 吳越國의 국왕 錢鏐가 창건하였다. 北宋 神宗 元豊8년(1085)에 고려의 大覺國師 義天이 求法을 위해 중국에 왔을 때, 이 절에 한동안 머물며 淨源法師로부터 華嚴教義를 전수 받았다. 義天은 귀국한 후 이 절에 재정적인 지원을 아끼지 않았고, 혜인사는 경내에 高麗王祠를 지어 이에 화답하였다. 이후 이 절은 고려사란 별칭으로 더 잘 알려지게 되었다. 清代에 乾隆帝가 法雲寺라는 새로운 이름을 하사한 일도 있으나 清末의 太平天國의 동란 때 불타버리고 말았다. 鮑志成, 《高麗寺與高麗王子》(杭州大學出版社, 1995). 현재 杭州市政府는 高麗寺를 복원하는 공사를 대대적으로 추진 중에 있다.

면 당신 나라는 귀신을 섬기고 있습니까?" "우리나라 사람들은 모두가 사당을 세워 조상에게 제사를 지내면서 당연히 섬겨야 할 귀신만 섬기고 부정한 귀신에게 제사지내는 일은 하지 않습니다." 조금 후에 양수록은 하직하고 나갔습니다. 고벽이 공문(公文) 한 장을 신에게 보여주었는데 바로 항주부[68]에서 앞으로 가야 할 각 부·현·역(府縣驛)에 신 등의 호송을 통지하는 공문이었습니다. 그 공문의 내용은 다음과 같습니다.

항주부 : 〈해양 상황에 관한 건〉

절강등처승선포정사사(浙江等處承宣布政使司)의 차부(箚付)[69]를 받았는데 내용은 이하와 같습니다.

흠차진수절강사설감태감(欽差鎭守浙江司設監太監) 장경(張慶)과 순안절강감찰어사(巡按浙江監察御史) 창형(暢亨)의 전사(前事)[70]에 대한 공동의안(議案)을 받들었는데, "총독절강비왜서도지휘첨사(摠督浙江備倭署都指揮僉事) 황종(黃宗), 순시해도절강안찰사부사(巡視海道浙江按察司副使) 오문원(吳文元)의 정문(呈文)[71]과 아울러 정해위(定海衛), 창국위(昌國衛) 등 및 태주부(台州府) 등 아문(衙門)이 각기 올린 보고서는, '홍치(弘

68_ 당시 항주의 知府는 陽曲人 張縉이었다. 萬曆《杭州府志》권14, 古今守令表.

69_ 상급기관이 하급기관에 보내는 문서.

70_ 張慶과 暢亨은 이 무렵에 한창 서로를 탄핵하고 있는 중이었다. 그 정황은 아래와 같다. "…亨請罷溫、處銀課, 而置鎭守中官張慶於法. 章下所司, 銀課得減, 責慶陳狀. 慶因訐亨考察不公, 停亨俸三月. 亨又劾僉事鄒滂, 滂亦訐亨. 慶等搆之, 逮亨, 謫涇陽知縣. 給事中龐泮上疏爭, 不聽."《明史》권180, 列傳 68, 暢亨.

71_ 하급기관이 상급기관으로 보내는 문서로서, 명청시대에 가장 널리 쓰였다.

治) 원년 윤정월 17일에 해문위(海門衛) 도저천호소(桃渚千戶所)[72]의 우두산(牛頭山) 앞 바다에 배가 있는 것을 멀리서 보고 사자채(師子寨)로 들어오도록 하였다'는 내용이었다. 해양의 선박에 관한 중대한 일이므로 곧 총독(總督)·순해(巡海)·분수(分守)·분순(分巡)의 관원에게 아울러 이첩하여, '파총(把總) 및 소속 연해(沿海) 군위(軍衛)의 순사(巡司)·출해(出海) 등 관원을 독려하여 군선(軍船)을 거느리고 정찰하며 빈틈없이 방비하라'고 지시하였다. 또 이어서 받은 도저천호소의 보고서가 첨부된 서도지휘첨사(署都指揮僉事) 황종 등의 정문(呈文)에 '해당 천호(千戶)·백호(百戶) 유춘(柳春) 등이 기군(旗軍)[73]을 거느리고 임해현(臨海縣) 20도(都)로 가서 그 곳 화갑(火甲)[74]과 함께 사람과 배를 붙잡아 유치하고, 도저소로 압송하여 심문했으나 말을 알아듣기 어려웠다'고 하며, 성명과 내력 및 사유를 쓴 초단(抄單)을 보내왔다. 순안절강감찰어사 창형과 회동하여 논의하며 초단을 살펴보니, '이인(夷人) 최부를 심문하여 공술에 의거, 〈조선 사람으로 제주 등지의 섬에 갔다가 폭풍을 만나 천자가 다스리는 대국(大國) 땅에 도착한 것〉'이라는 사정을 써 놓았지만, 이인(夷人)들은 속임이 많아 사실인지 거짓인지 헤아리기 어렵고, 더구나 정박한 배 안에 무기나 별도의 행장 등을 점검했는지 여부를 보고하지 않았으니 마땅히 모두 실지 조사를 해야

72_ 千戶所는 衛所 편제의 하나로 대체로 1,120명으로 구성되었다. 正千戶 1인, 副千戶 2인, 鎭撫 2인을 두었다. 아래에 10 百戶所를 관할하였다. 무릇 軍政은 衛가 所에게 명령을 하달하고, 千戶는 百戶를 관할하는데, 각기 그 부대를 이끌고 명령에 따랐다.

73_ 衛所의 군졸. 百戶는 2 總旗, 총기는 5 小旗, 소기는 10 旗軍을 거느렸다.

74_ 5인이 伍, 10인이 火로 편성되는 隊伍.

할 것이다. 다시 공문을 보내고 나서 받은 총독비왜서도지휘첨사(總督備倭署都指揮僉事) 황종과 순시해도부사(巡視海道副使) 오문원 · 분수우참의(分守右參議) 진담(陳潭) · 분순부사(分巡副使) 양준(楊竣)의 정문(呈文)은 '해당 파총송문등위소(把摠松門等衛所) 비왜지휘동지(備倭指揮同知) 유택(柳澤)이 이인(夷人) 43명을 정문과 함께 보내 왔으므로, 회동하여 심사하고 한 사람씩 이름을 써서 … 운운하였다. 두세 차례 모여 심사해 보았으나 별 이상이 없었고, 바로 인신(印信) · 마패(馬牌) · 방록(榜錄) · 문적(文籍) · 관모(冠帽) · 의포(衣袍) 등을 하나씩 점검해 보아도 분명하였으므로 최부 등에게 내주어 수령하게 하였다. 압류한 이인(夷人)의 선박은 선가대(船架臺)[75]로 끌어다 올려두는 한편 사유서를 갖춘 관련 인원을 칼 한 자루, 활 한 장(張) 딸려서 본직(本職)[76]에게 보낸다'는 것이었다. 이에 절강 도(都) · 포(布) · 안(按) 삼사(三司)의 장인도지휘첨사(掌印都指揮僉事) 최윤(崔徿), 좌포정사(左布政使)[77] 서규(徐圭), 부사(副使) 위복(魏福)과 회동하여 복심(覆審)해 보아도 앞뒤가 서로 동일하였다. 사연이 풍랑을 만난 외이(外夷)의 사람과 배에 관한 사항이므로 응당 그대로 실행해야 하는 외에, 인원 인수의 건을 초록(抄錄)한 다음 포정사사(布政使司)로 보내라"는 내용이었다.

75_ 배를 만들거나 수리할 때 필요한 도크의 재래식 시설.

76_ 공문서에서 '職'이란 그 문서를 작성한 자가 스스로를 칭하는 용어이다. 여기서는 공동 議案의 작성자인 진수태감 장경을 가리킨다.

77_ 承宣布政使司의 장관이다. 洪武9년(1376) 行省平章政事와 左 · 右丞을 없애고, 參知政事를 布政使(정3품)로 하였다. 처음 둘 때는 六部와 함께 중시되어 尙書, 侍郎, 副都御史 중에서 임명되기도 하였으나, 明中期 이후 점차 總督과 巡撫를 설치하면서 그 직책이 점점 가벼워졌다.

공동 의안(議案)의 사리(事理)에 따라 최부 등은 곧 본사(本司)에서 비문(批文)으로 지휘첨사(指揮僉事)[78] 양왕(楊旺)을 차출하여 북경으로 호송하도록 하였다. 지나는 각지의 역체(驛遞)[79]에 이첩하여 파견 관원의 늠급(廩給)[80]·참선(站船)[81]과 아울러 호송 군여(軍餘)[82] 및 최부 등의 구량(口糧)·홍선(紅船)[83]·각력(脚力)[84]을 지급하게 하라. 앞길의 관사(官司)에도 이첩하여 모든 것을 제공하게 하라. 보내는 칼 한 자루와 활 한 장은 전송(轉送)하여 관고(官庫)에 보관하도록 하고, 창고에서 꺼낼 때는 보관증을 받도록 하라. 직접 상주하여 시행하도록 하고, 먼저 근거로 삼을 수 있는 초안(抄案)을 갖추니 각기 따로 보고하기 바란다.

12일—항주에 머물렀습니다.

이 날은 맑았습니다. 신이 정보 등에게 말하기를, "고벽이 성심껏 나를 대하여 보고 듣는 바를 숨김없이 죄다 알려주어 나를 헷갈리지 않도록 하였다. 심히 두터운 은정을 신물(信物)로 표시하고자 나의 행장을 돌아보니, 남아

78_ 정4품으로서 指揮使를 보좌하여 司의 일을 관장하였다.

79_ 水馬驛과 遞運所의 병칭이다. 公文과 政令의 전달, 使臣의 迎送, 軍情의 빠른 보고, 上供物品과 軍需의 轉運 등의 일을 관장하였다. 人夫, 舟車, 馬驢牛騾, 房舍 등을 두어 왕래하는 公私差人에게 공급하여 휴식하고 묵도록 하였다. 兵部의 車駕淸吏司에 속하는데, 소재의 각 布政司 및 州縣에서 官을 두어 관리하였다.

80_ 관리의 급료.

81_ 역참에서 사용하는 官船.

82_ 餘丁이라고도 하는데 衛所 군사 가족 가운데 성년 男丁을 말한다. 正軍이 죽거나 老疾의 경우에는 대신 충당하도록 하였다.

83_ 水驛에 갖추어 놓은 운수용 선박.

84_ 짐 나르는 인부 혹은 운반비.

있는 것이라고는 하나도 없다. 가진 것은 이 옷뿐이니 내가 벗어서 주고자 한다"라고 하였습니다. 정보 등이 말하기를, "전일에 옷 한 벌을 벗어 허(許) 천호(千戶)에게 주었는데, 오늘 또 옷을 벗어 고공(顧公)에게 준다면 입고 있는 옷은 다만 한 벌뿐입니다. 머나먼 만 리 길에 옷이 해지면 누가 고쳐 만들겠습니까?"라고 하였습니다. 신이 말하기를, "옛날 사람 가운데 옷 한 벌로 30년을 입은 이가 있었다.[85] 내가 타향에서 손 노릇 하는 것은 다만 1년 동안뿐이며, 지금 날씨가 점차 따뜻해지고 있으니, 베옷 한 벌로도 감당할 수 있다. 또 뱀과 물고기도 받은 은혜에 감격하여 이를 갚으려고 하는데[86] 하물며 사람이야!"라 하고, 즉시 옷을 벗어 고벽에게 주니, 고벽은 손을 휘둘러 물리쳤습니다. 신이 말하기를, "벗이 주는 것은 비록 거마(車馬)일지라도 배례하지 않는 법인데 하물며 이런 보잘것없는 옷이겠소? 옛날 한퇴지(韓退之)[87]는 옷을 남겨 두어 대전(大顚)에게 작별[88]하였으니, 작별

85_ 春秋時代 齊人 晏嬰이 한 벌의 狐裘를 30년 동안 입었다는 故事를 말한다. 《禮記大全》 권4, 〈檀弓〉下 참조.

86_ 隨侯가 큰 뱀의 창자가 끊어진 것을 보고 약을 써서 고쳐주었더니, 후에 뱀이 江에서 큰 구슬을 물고 나와 은혜를 갚았다는 故事(《淮南鴻烈解》 권6, 〈覽冥訓〉)와 어떤 사람이 낚시에 걸린 잉어가 눈물을 흘리기에 불쌍히 여겨 살려주었더니, 후에 물속에서 푸른 구슬을 물고 나와 은혜를 갚았다는 傳說을 말한다.

87_ 唐나라의 문학자이자 사상가로 唐宋八大家의 한 사람인 韓愈(768-824)를 가리킨다. 吏部侍郞까지 지냈으나, 바른 말을 잘하여 황제의 노여움을 사는 등 정치적으로는 불우한 삶을 살았다. 당시에는 시나 문장이 형식에 너무 치우쳐 꾸밈이 많았으나, 이에 반대하고 자유롭게 표현할 수 있는 散文 문체를 쓰는 古文운동을 주창하였다. 또한 유가의 사상을 존중하고 도교, 불교를 멀리하였으며, 송대 이후 道學의 선구자가 되었다. 주요 작품으로는 《昌黎先生集》 등이 있다.

88_ 韓愈는 佛敎를 信奉하는 것은 아닌가라는 세간의 의혹에 대하여 해명하면서, 潮州에 내려가 있을 때 왕래할 만한 자도 없는 형편에 총명하고 학식이 높은 승려인 大顚과

에 임하여 옷을 남겨 두는 것은 곧 옛 사람의 뜻이오"라고 하였습니다. 고벽은, "원래는 물리치려고 했는데 두터운 은정을 막을까 두렵군요"라고 하면서 받아 갔습니다.

절강포정사는 동남으로 바다에 이르고, 남으로는 복건의 경계에 이르러 11개의 부·주를 관할하고 76개의 현을 통할하고 있습니다. 그 안에서는 항주가 제일인데 곧 오대(五代) 때의 오월국(吳越國)이고, 송나라 고종(高宗)[89]이 남쪽으로 양자강을 건너 도읍을 옮겼던 땅으로서 이른바 임안부(臨安府)입니다. 부치(府治)와 인화현(仁和縣)·전당현(錢塘縣) 두 현의 현치(縣治)와 진수부(鎭守府)·도사(都司)·포정사(布政司)·염운사(鹽運司)·안찰원(按察院)·염법찰원(鹽法察院)[90]·중찰원(中察院)·부학(府學)·인화학(仁和學)·전당학(錢塘學)·무림역(武林驛)이 모두 성안에 있습니다. 성안에 또 오산(吳山)[91]이 있는데 그 경치가 가장 좋습니다. 산 위에는

교류한 뒤, 헤어질 때 인정상 衣服을 선물로 주고 왔을 뿐이라고 말한 바가 있다. 《唐宋八大家文鈔》 권3, 〈與孟尙書書〉 참조.

89_ 南宋의 첫 황제(재위 1127-1162)로 徽宗의 아들이자 欽宗의 동생이다. 1127년 金나라 군사가 침략하여 휘종과 흠종을 포로로 잡아가자, 帝位에 올랐다. 그 후 金軍을 피하여 江南으로 건너가서, 1138년 杭州를 임시수도로 정하였다. 1142년 金에 대해서 스스로를 臣이라 부르고 은과 비단을 보내는 등 굴욕적인 화약을 맺어 20년간 평화를 얻었다. 양자 孝宗에게 양위한 뒤로 15년 동안 太上皇으로서 유유자적한 생활을 즐겼다.

90_ 巡鹽察院을 가리키는 듯하다. 순염찰원은 宗陽宮의 東北과 傳法寺의 좌측에 있다. 萬曆《杭州府志》 권37, 公署1.

91_ 吳山이란 명칭의 유래는 春秋時代에 吳越의 경계가 되는 산이었기 때문에 붙여졌다는 설과, 伍子胥와의 연고로 胥山이라고도 불리는데 伍자가 吳자로 와전되었기 때문이라는 설 등이 있다. 萬曆《杭州府志》 권20, 山川.

오자서묘(伍子胥廟)[92]·삼모관(三茅觀)[93]·사성묘(四聖廟) 등 10묘(廟)가 있습니다. 또 9정(井)과 3담(潭)이 있으니, 오산의 대정(大井)[94]이 상등이고, 곽파(郭婆)의 상팔안(上八眼)·하팔안(下八眼)·중팔안(中八眼), 서사(西寺)[95] 등의 우물이 다음이고, 또 작은 도랑으로 서호(西湖)의 물을 성 안으로 끌어 들어오게 하였습니다. 부의 진산(鎭山)은 무림산(武林山)입니다. 서호는 성 서쪽 2리에 있는데 남북은 길고 동서의 직경이 10리나 되고, 산천이 수려하므로 노래와 연주 소리가 그치지 않았습니다. 죽각(竹閣)은 광화원(廣化院)에 있었으니 백낙천(白樂天)[96]이 세운 것입니다. 백낙천의 시에, '밤에는 죽각(竹閣)에서 잠들다'[97]는 곳이 곧 이곳입니다. 악악왕(岳鄂王)[98]

• • •

92_ 伍子胥는 춘추시대 말기의 책략가로, 楚나라 사람이다. 이름은 員, 자는 子胥이다. 아버지와 형이 平王에게 피살되자, 한을 품고 吳나라의 공자 光(闔閭)을 도와 그를 왕위에 오르게 한 뒤 초나라를 쳐서 원수를 갚았다. 夫差를 도와 越나라를 항복시킨 다음, 항복한 越王 句踐을 죽이고 월나라에 대한 경계를 게을리 하지 말 것을 진언하였으나 받아들여지지 않았다. 후에 그는 모함까지 받아 자살하라는 왕명을 받고 죽었고, 오나라도 월나라 구천에게 멸망당하였다.

93_ 三茅寧壽觀을 가리킨다. 원래는 삼모당이라 하였으나 宋 紹興20년(1150) 東京의 舊名이라 하여 寧壽라는 賜額을 받았다. 咸淳《臨安志》권13, 宮觀; 萬曆《杭州府志》권97, 寺觀 등 참조.

94_ 吳山의 북측에 있는데 周圍는 4丈이다. 吳越錢氏時에 韶國師라는 자가 처음 만들었는데 이곳의 물맛이 錢塘에서 第一로 일컬어졌다. 萬曆《杭州府志》권20, 山川.

95_ 相國寺의 서측에 위치하기 때문에 붙여진 西井을 가리키는 듯하다. 萬曆《杭州府志》권20, 山川.

96_ 본명은 白居易로, 唐나라의 시인이다. 어려서부터 머리가 좋아 5세 때부터 시 짓는 법을 배웠으며, 15세가 지나자 주위 사람을 놀라게 하는 문장 재능을 보였다. 29세로 진사에 급제하여 여러 벼슬을 지냈으며, 玄宗과 楊貴妃의 사랑을 노래한 〈長恨歌〉를 써서 시인으로서 명성을 얻었다. 그는 백성들의 슬픔과 고통을 표현하였으며, 정치와 사회를 비판하는 풍유시에도 재질을 보였는데, 이로 인해 벼슬에서 쫓겨나기도 했다. 詩 3천8백여 수가 전해지고 있다.

의 무덤은 서하령(棲霞嶺)[99] 입구에 있습니다. 냉천정(冷泉亭)[100]은 영은사(靈隱寺) 앞의 비래봉(飛來峯)[101] 아래에 있으니, 고지(古誌)에, '허유(許由)[102]가 일찍이 영은간(靈隱澗)에서 물을 마셨다'[103]는 곳이 이곳입니다. 표충관(表忠觀)[104]은 용산(龍山)의 남쪽에 있는데, 소동파(蘇東坡)[105]가 지

• • •

97_《白氏長慶集》 권20, 〈宿竹閣〉에 실려 있다. 원문은 다음과 같다. "晩坐松簷下, 宵眠竹閣間. 淸虛當服藥, 幽獨抵歸山. 巧未能勝拙, 忙應不及閒. 無勞別修道, 卽此是玄關."

98_岳飛를 가리킨다. 鄂王이란 嘉定 연간에 追贈된 岳飛의 封號이다. 北宋이 멸망할 무렵 의용군이 되어 공을 세웠으며, 湖北 일대를 다스리는 군인 세력의 우두머리가 되었고, 그가 거느린 군대는 '岳家軍'이라 불렸다. 金과의 전투에서 크고 작은 수많은 戰功을 세웠으나 1141년 재상 秦檜의 무고를 받아 옥에 갇힌 뒤 끝내 사형을 당했다. 진회가 죽은 뒤에는 혐의가 풀리고 명예가 회복되어, 나라를 구한 영웅으로 추앙을 받게 되었다.

99_錢塘門 밖 顯明院 북쪽에 위치한다. 이곳에 桃花가 활짝 필 때 놀과 같았으므로 서하령이란 명칭이 붙게 되었다. 咸淳《臨安志》 권28 ; 萬曆《杭州府志》 권20, 山川 등 참조.

100_唐 刺史 元藇가 만들었다. 편액의 '冷泉'이란 글자는 白居易가 쓰고, '亭'이란 글자는 蘇軾이 썼다고 한다. 萬曆《杭州府志》 권44, 宮室.

101_靈隱寺는 杭州 武林山에 있는 절로 慧理라는 高僧이 이곳에 올라 그 絶景을 찬탄하면서 天竺의 靈鷲山이 날아온 것이 아니냐고 한 데서 이후 飛來峯이라 불리게 되었다.

102_고대 전설상의 인물이다. 堯임금이 말년에 이르러 자신의 자리를 그에게 넘겨주려 했으나, 거절하고 箕山에 은거하여 농사를 지었다. 후에 요임금이 또다시 그에게 九州의 장관이 되어 달라고 하자, 그는 더러운 말을 들었다며 潁水로 달려가 귀를 씻었다고 한다. 巢父와 함께 '巢由'라 불리며, 청렴하고 명예와 권력을 탐하지 않은 隱君子로 통한다.

103_《西湖百詠》 권下, 〈冷泉亭〉.

104_涌金門 밖에 있는데 吳越武肅王 錢鏐 등을 제사지냈다. 萬曆《杭州府志》 권47, 祠廟.

105_蘇軾을 말한다. 北宋시대의 시인으로, 호는 東坡居士이다. 송나라 최고의 시인이며, 문장에 있어서도 唐宋八大家의 한 사람이다. 22세 때 진사에 급제하고, 歐陽修에게 인정을 받아 문단에 등장하였다. 舊法黨의 일원이었던 그는 新法黨과 구법당의 당쟁에 따라 높은 벼슬을 지내기도 하였고, 귀양살이를 하기도 하였다. 그가 귀양갔을 때 지은 〈赤壁賦〉는 불후의 명작이다. 唐詩가 서정적인 데 비하여 그의 시는 철학적 요소가 짙어, 새로운 詩境을 개척하였다.

은 비문[106]이 있습니다. 풍황령(風篁嶺)은 방목하는 마장(馬場) 서쪽에 있으니, 곧 소동파가 변재(辨才)[107]를 찾아보았던 곳입니다.[108] 남병산(南屛山)은 흥교사(興敎寺)의 뒤에 있습니다. 낭떠러지가 벗겨져 떨어진 나머지에 다만 사마온공(司馬溫公)[109]의 예서(隸書) 가인괘(家人卦)[110]와 미원장(米元章)[111]이 쓴 '금대(琴臺)'란 두 글자[112]가 남았는데, 소동파의 시에, '내가 남병산의 금직어를 안다'[113]는 곳이 곧 이곳입니다. 소공제(蘇公隄)는 흥교사와 서로 마주보고 있으니 소동파가 항주의 지주(知州)로 있을 때[114] 쌓은

• • •

106_ 碑文의 내용은 《東坡全集》 권86, 〈碑一十首〉에 〈表忠觀碑〉가 실려 있어 참조할 수 있다.

107_ 宋의 高僧으로, 西湖에 은거하였다고 한다.

108_ 《東坡詩集註》 권19, 〈仙釋〉의 〈追和沈遼項贈南華詩〉 밑에 "辨才老師退居龍井, 不復出入. 軾往見之, 常出至風篁嶺"이라는 언급이 있다.

109_ 본명은 司馬光으로, 죽은 뒤 溫國公에 봉하여져 司馬溫公이라고 불렀다. 北宋시대의 정치가이자 사학자로, 호는 迂夫이다. 神宗 때 王安石의 新法에 반대하여 지방관으로 나가서 편년체의 史書 《資治通鑒》을 썼다. 哲宗 때 재상이 되자 왕안석의 신법을 하나하나 폐지하고 구법으로 대체하여, 구법당의 영수로서 수완을 크게 발휘하였으나 몇 달 안 되어 세상을 떠났다. 그 밖의 저서로는 《涑水紀聞》 등이 있다.

110_ 咸淳 《臨安志》 권23 ; 萬曆 《杭州府志》 권20, 山川 등 참조.

111_ 원명은 米芾로 元章은 字이다. 北宋시대의 서예가이자 화가이다. 관직은 禮部員外郞에 이르렀고, 궁정의 書畵博士를 지내기도 하였다. 규범에 얽매이는 것을 싫어하고 행동이 특이하였다. 왕희지의 서풍을 이어 송의 4대가로 불렀다. 水墨畵에서는 독자적인 점묘법을 창시하여 원나라 말 4대가와 명나라의 吳派에게 그 수법을 전하였다. 뒷날 南畵의 대표로 일컬어졌다. 주요 작품으로 〈草書九帖〉과 저서로 《畵史》 등이 있다.

112_ 咸淳 《臨安志》 권78 참조.

113_ 《東坡全集》 권18, 〈去杭十五年復游西湖用歐陽察判韻〉에 실려 있는 원문은 다음과 같다. "我識南屛金鯽魚, 重來拊檻散齋餘. 還從舊社得心印, 似省前生覓手書. 葑合平湖久蕪漫, 人經豐歲尙凋疎. 誰憐寂寞高常侍, 老去狂歌憶孟諸."

114_ 蘇軾은 元祐4년(1089)부터 6년까지 知杭州事를 역임했다. 萬曆 《杭州府志》 권14,

것으로 길이가 10여 리나 되었고, 가운데에 6교(橋)가 있습니다.[115]

정덕관(旌德觀)은 소공제의 제일교(第一橋) 아래에 있습니다. 원소(袁韶)[116]가 주청(奏請)하여 사당을 세웠는데 전당(錢塘)의 명인 허유(許由)로부터 장구성(張九成)[117] 및 절부(節婦) 5인 등 39인을 취하여 전기(傳記)를 적고 사당을 세웠습니다. 풍악루(豊樂樓)[118]는 성 서쪽의 용금문(湧金門) 밖 서호(西湖)의 언덕에 있는데, 그 북쪽에 환벽원(環碧園)[119]이 있습니다. 옥련당(玉蓮堂)[120]은 용금문(湧金門)에 있고, 성의 북문 안에 또 용금지(湧金池)가 있습니다. 옥호원(玉壺園)[121]은 전당문(錢塘門) 밖에 있으니, 소동파가 남의당(南漪堂)의 두견화(杜鵑花)를 읊은 곳[122]이 곧 이곳입니다. 전당문 서쪽에는 선득루(先得樓)[123]가 있습니다. 운동원(雲洞園)[124]은 소경사

···

古今守令表2.

115_ 蘇公隄는 元祐 연간 소식이 쌓은 긴 제방이다. 咸淳《臨安志》 권32, 山川11; 民國《杭州府志》 권53, 水利1 등 참조.

116_ 南宋시대의 인물로서 청렴하고 유능한 지방관으로 정평이 있었다. 《宋史》 권415, 袁韶.

117_ 宋나라의 학자로, 자는 子韶이고 호는 橫浦居士이며, 無垢居士라고도 한다. 紹興2년(1132)에 進士 第一로 及第하였고, 刑部侍郎 등의 관직을 지냈다. 금나라와의 和議에 반대하여 유배되었다가 복직되어 溫州知州를 지냈다. 經學을 연구하여 訓解가 많이 있었으며, 일찍부터 佛者와 교류하였고 論義에 편파적인 것이 많다. 그의 일파를 세간에서 橫浦學派라고 한다. 저서에 《橫浦集》 등이 있다.

118_ 舊名은 聳翠樓. 咸淳《臨安志》 권32 참조.

119_ 宋 楊郡王府의 庭園이었다. 咸淳《臨安志》 권86 ; 萬曆《杭州府志》 권50, 古蹟 등 참조.

120_ 咸淳《臨安志》 권32 참조.

121_ 咸淳《臨安志》 권13 참조.

122_ 출전은 다음과 같다. "南漪杜鵑天下無, 披香殿上紅氍毹. 鶴林兵火眞一夢, 不歸閬苑歸西湖." 《東坡詩集註》 권25, 〈菩薩南漪堂杜鵑花〉.

(昭慶寺)[125] 북쪽에 있는데, 꽃과 버들이 들쭉날쭉 섞여 있고, 가운데는 부인(婦人)의 무덤이 있습니다. 석함교(石函橋)[126]는 수마두(水磨頭)에 있는데, 백낙천의 〈호석기(湖石記)〉에, '전당을 또한 상호(上湖)라 부르니 북쪽에 석함(石函)이 있다'[127]고 한 곳이 곧 이곳입니다. 총의원(摠宜園)[128]은 덕생당(德生堂)[129] 서쪽에 있는데, 소동파 시의, '아담하고 짙은 분장이 모두 서로 알맞다'[130]에서 '총의(摠宜)' 두 글자를 따서 어필(御筆)로 당(堂)의 편액(扁額)에 썼던 것입니다. 단교(斷橋)는 총의원의 서쪽에 있으니 이른바 '단교의 지는 해에 오사모(烏紗帽)를 젖혀 쓴다'고 한 곳이 곧 이곳입니다. 서석두(西石頭)는 석함교의 서쪽에 있는데, 진시황(秦始皇)[131]이 동쪽으로 순행하여

・・・

123_ 古名은 望湖樓. 《武林舊事》 권5 참조.

124_ 楊和王府. 《增補武林舊事》 권7 ; 萬曆 《杭州府志》 권50, 古蹟 등 참조.

125_ 大昭慶律寺의 약칭. 宋 乾德2년(964)에 창건되고, 太平興國7년(982)에 賜額을 받았다. 萬曆 《杭州府志》 권99, 寺觀.

126_ 일명 西石頭橋. 咸淳 《臨安志》 권21 참조.

127_ 출전은 다음과 같다. "錢塘湖一名上湖, 周迴三十里, 北有石函" 《白氏長慶集》 권68, 〈錢塘湖石記〉.

128_ 《浙江通志》 권39에 의하면 張內侍의 정원이었는데 총의의 '摠'자는 '總'으로 쓰여 있다. 萬曆 《杭州府志》 권50, 古蹟에도 비슷한 내용이 실려 있다.

129_ 慶元4년 安撫 趙師擇이 석함교 서쪽에 지었다. 《浙江通志》 권39, 古蹟.

130_ 《東坡全集》 권4, 〈飮湖上初晴後雨二首〉. "水光瀲灩晴方好, 山色空濛雨亦竒. 欲把西湖比西子, 淡粧濃抹總相宜. 朝曦迎客宴重岡, 晩雨留人入醉鄕. 此意自佳君不會, 一杯當屬水仙王."

131_ 韓, 魏, 楚, 燕, 趙, 齊 나라를 차례로 멸망시키고 천하 통일을 달성한 다음, 스스로 始皇帝라 칭하고 강력한 중앙집권 정책을 추진하여 법령의 정비, 郡縣制의 실시, 문자·도량형·화폐의 통일 및 焚書坑儒를 통한 사상의 통일을 이루었다. 흉노족을 격파하고 황하 이남의 땅을 빼앗았으나, 만리장성의 건설 등 대규모 토목 공사로 국력을 소진하였다.

바다에 떠서 배를 닻줄로 매었던 곳입니다.[132] 고산(孤山)은 서호의 고산로(孤山路)[133] 서쪽에 있는데 고산의 동쪽에 임화정(林和靖)[134]이 숨어 살던 초려(草廬)의 옛터와 무덤이 있습니다. 삼현사(三賢祠)[135]는 소공제 제삼교[136] 아래에 있으니, 곧 백문공(白文公)·임화정(林和靖)·소문충공(蘇文忠公)[137]의 사당이었습니다. 이상의 고적들은 모두 고벽이 신에게 얘기해 준 것입니다. 항주는 곧 동남방의 큰 도회(都會)로서, 가옥이 잇달아 행랑을 이루고 치맛자락이 이어져 장막을 이뤘으며, 저자에는 금은이 쌓여 있고 사람마다 비단옷을 걸쳤습니다. 그리고 만장(蠻檣)[138], 해박(海舶)이 빗살처럼 죽 늘어서 있고, 거리에는 주렴(酒帘)[139]과 가루(歌樓)[140]가 가깝게 서로 마주보고 있었으며, 사철에 시들지 않는 꽃이 있고, 팔절(八節)[141]에 늘 봄과 같은 경치가 있었으니, 참으로 이른바 별천지였습니다.

132_ 咸淳《臨安志》권30 참조.

133_ 북쪽으로 斷橋가 있다. 咸淳《臨安志》권32 참조.

134_ 林逋(967-1028)를 가리킨다. 北宋의 시인으로, 和靖은 그의 諡號이다. 젊어서부터 학업에 힘쓰고 名利에 뜻을 두지 않고서 西湖의 孤山에 오두막을 얽어 짓고 거주하여 20년간 사람 많은 곳으로 나아가지 않았다고 한다. 薛映, 李及 등과 교제하며 清談하게 自適의 생활을 보냈다. 평생 결혼하지 않고 매화와 학을 좋아하여 '梅妻鶴子'라고 하였다. 그의 詩는 뛰어난 구절이 많은데, 쓴 뒤 스스로 파기하여 버려 현재는 300여 수밖에 전해지지 않는다.

135_《武林舊事》권5에는 三賢堂으로 되어있다.

136_《武林舊事》권5 참조.

137_ 白樂天, 林逋, 蘇東坡를 가리킨다.

138_ 많은 돛대.

139_ 술집에 단 깃발.

140_ 妓樓. 茶屋.

141_ 立春, 春分, 立夏, 夏至, 立秋, 秋分, 立冬, 冬至 등의 절기.

13일—항주에서 길을 떠났습니다.

이 날은 흐렸습니다. 지휘 양왕이 신 등을 호위하여 무림역(武林驛)에서 길을 떠나 20여 리를 가서 성의 북문에 이르니, 문은 3층 겹성이었고 외문(外門) 또한 2층이었는데, '무림지문(武林之門)'이라 씌어 있었습니다. 성안에서 층문(層門) 14개, 대교(大橋) 10여 개, 묘(廟) 3개, 포(鋪) 2개 등을 지나왔습니다. 신은 당나귀를 타고 빨리 달려갔으므로, 더러 그 이름을 적지 못한 것도 있습니다. 기록할 수 있었던 것은 다만 수정공관(水亭公館)·해원문(解元門)·진교사(眞教寺)[142]·등영주문(登瀛洲門)·운봉문(雲鳳門)·관광문(觀光門)·진사방(進士坊)·공원(貢院)[143]·형구문(亨衢門)·천승묘(千勝廟)·안공묘(晏公廟)[144]뿐입니다. 겹성 밖에 오산역(吳山驛)[145]이 있고, 오산역 앞에는 오산포(吳山鋪)가 있었는데 그 밖의 세 대교(大橋)와 네 문은 모두 그 이름을 잊었습니다. 문 밖으로 10여 리 가는 동안 상점이 서로 잇따라 있어 또한 성 안과 같았습니다. 가다가 천비궁(天妃宮)[146]에 이르니, 천비궁 앞이 곧 덕승파하(德勝壩河)였습니다. 강가에 화방(畵舫)[147]이 연달

142_ 錢塘縣의 西文錦 남측에 있다. 元 延祐 연간(1314-1320) 回回의 阿老丁이 세웠다. 雍正《浙江通志》권226, 寺觀1.

143_ 鄕試와 會試의 시험 장소이다. 明代에는 北京과 南京 및 各省의 省都에 설치하였다. 杭州의 貢院은 觀橋의 동쪽에 위치한다. 萬曆《杭州府志》권38, 公署.

144_ 武林門 북쪽의 夾城巷內에 있는데 元의 晏戌仔를 모신 사당이다. 元初에 비단을 上都에 수송하다 죽은 뒤 신격화되어 사당이 건립되었으나 元末에 훼손되었다. 明 洪武初에 平浪侯의 封號를 받았고, 23년에 浙江都指揮 儲傑이 漕運의 비호를 비는 의미에서 봉록을 덜어 현재의 사당을 修築했다고 한다. 萬曆《杭州府志》권47, 祠廟.

145_ 杭州府城의 북쪽에 있다. 洪武7년(1374)에 처음 만들 때는 杭州驛이라고 했으나 9년에 오산역으로 改稱하였다. 雍正《浙江通志》권47, 驛傳.

146_ 民國《杭州府志》권9, 祠祀 1.

아 있어 이루 셀 수가 없었습니다. 양왕은 그 아우 양승(楊昇)과 송문위천호(松門衛千戶) 부영(傅榮), 전당 사람 진훤(陳萱)과 종자 이관(李寬)·하빈(夏斌)·당경(唐敬)·두옥(杜玉) 등 7-8인과 한 배를 같이 타고, 신은 배리(陪吏) 등과 북경 사람 이절(李節)·김태(金太)와 한 배를 타고, 신이 데리고 간 허상리 등이 한 배에 탔습니다. 보제교(普濟橋)를 지나니 다리에는 홍문(虹門) 세 개가 있었고 다리 위쪽으로 화광사(華光寺)와 강창교(江漲橋)가 있었습니다. 강창교 다리에는 네 개의 홍문이 있고, 강창교 위에는 강창포(江漲鋪)가 있었습니다. 향적사(香積寺)[148] 앞에 이르러 잠시 머물렀는데, 절에는 병방리(兵房吏)와 전부리(典簿吏)가 있었으며, 이 절은 곧 소동파가 노닐던 곳이었습니다.[149] 덕승파에서 이곳에 이르기까지는 온주(溫州)·처주(處州)·태주(台州)·엄주(嚴州)·소흥(紹興)·영파(寧波) 등 절강 이남의 상선이 모두 모였는데, 돛대가 총총 잇닿아 있었습니다. 밤에 통시교(通示橋) 등 세 다리를 지났는데, 강이 넓은 까닭으로 다리에는 모두 다섯 개의 홍문이 설치되어 있었으며 매우 높고 컸습니다.

14일—숭덕현(崇德縣)을 지났습니다.

이 날은 흐렸습니다. 사촌하(謝村河)를 거슬러 동쪽으로 가니, 그 남쪽은 돌로 쌓은 새 제방으로서 길이가 30여 리나 되었습니다. 물어보니 도지휘

• • •

147_ 遊宴을 목적으로 아름답게 장식한 배.

148_ 太平興國3년(978) 柯氏가 자신의 저택을 희사하여 만든 절로 舊名은 興福이었다. 大中祥符 연간(1008-1016)에 改名하였다. 萬曆《杭州府志》권98, 寺觀.

149_《東坡全集》권23에〈游博羅香積寺〉와〈與正輔游香積寺〉란 시가 실려 있다.

사, 포정사, 안찰사 등 삼사(三司)에서 새로 쌓은 것이라 하였습니다. 십이리양(十二里洋)·견제교(堅濟橋)·보안교(普安橋)[150]·대윤묘(大尹廟)를 지나니 강은 곧 홍려하(鴻麗河)이고, 홍려하 위의 관해(官廨)는 당서진(塘棲鎭)이었습니다. 관인(官人) 한신(韓紳)이 신에게 말하기를, "당신 어머님께서 당신이 이곳에 도착한 것을 알고 계십니까?"라고 하였습니다. 신이 말하기를, "바다 위의 하늘이 망망한데 기러기는 아득하고 물고기는 가라앉았으니,[151] 어머니께서는 필시 내가 이미 물고기 뱃속에 들어갔으리라 여기실 것입니다. 어머니의 마음을 상하게 해드렸으니, 나처럼 어버이에게 불효한 자는 없습니다. 지금 대국의 두터운 은혜를 입어 살아서 고향에 돌아가게 된다면 모자가 서로 보게 됨이 수도(隧道)[152] 밑에서 서로 만나는 기쁨[153]보다 더할 것입니다"라고 하였습니다. 이어서 과당교(夸塘橋)·만수교(萬壽橋)·복록수교(福祿壽橋)·복덕교(福德橋)·보제교(普濟橋)·팽화교(彭和橋)를 지나서, 그 물 이름을 물으니 승침하(丞沈河)였습니다. 또 은영문(恩榮門)·대덕신교(大德新橋)[154]·삼리교(三里橋)·산천단(山川壇)·어계교(語溪橋)를 지나서 숭덕현(崇德縣)에 도착하니, 자(字)가 요경(堯卿)인 지현 조희현(趙希賢)이 양식과 반찬을 매우 넉넉하게 보내왔습니다. 수

150_ 萬曆 《錢塘志》에는 '轉運新橋'라 되어 있다고 한다. 民國 《杭州府志》 권7, 橋梁.

151_ 서로 소식이 끊어짐을 비유하는 말이다.

152_ 棺을 묻기 위하여 평지에서 아래쪽으로 비스듬하게 墓穴에 뚫은 길.

153_ 春秋時代 鄭莊公이 땅을 파고 들어가 隧道에서 어머니 姜氏와 서로 만났다는 고사가 전한다. 《春秋左傳》 隱公 元年 참조.

154_ 일명 大通橋라고도 한다. 숭덕현치의 서남 방향으로 4리의 거리에 있다. 宣德연간(1426-1435)에 만들어졌다. 光緖 《石門縣志》 권2, 建置.

부(水夫)가 신에게 말하기를, "지나온 곳에 장안역(長安驛)[155]이 있었는데 대인께서는 알았습니까?"라고 하였습니다. "몰랐소." "이는 양(楊) 지휘의 종자 진훤이 지급하는 양식과 반찬을 착복하고는, 대인이 알지 못하게 한 것입니다." 또 숭덕하(崇德河)에서 배를 끌고 올라가 종교(終橋), 세과국(稅課局)[156], 영안교(永安橋)[157], 양제원(養濟院), 삭의문(朔義門)을 지났는데, 지나온 곳에는 큰 홍교(虹橋) 예닐곱 개가 있었습니다. 밤 3경에 조림역(皂林驛)[158]을 지나 밤새도록 갔습니다.

15일—가흥부(嘉興府)를 지났습니다.

이 날은 맑았습니다. 삼탑만(三塔灣)을 거슬러 올라가 삼탑포(三塔鋪)를 지나 경치 좋은 용연(龍淵) 앞에 이르니, 큰 탑 셋이 강가에 있었습니다. '삼탑'이란 이름을 얻게 된 것은 이 때문이었습니다. 또 용왕묘(龍王廟)[159], 가화체운소(嘉禾遞運所)[160], 조씨정절문(趙氏貞節門), 사직단(社稷壇)[161],

• • •

155_ 海寧縣城에서 서북으로 20리 거리에 있다. 唐 貞觀5년(631)에 처음 설치되었다. 明代에 吳山驛에서 皂林驛까지 30리에 불과하다는 이유로 혁파되었다. 康熙《海寧縣志》권3, 建置 ;《浙江通志》권88, 驛傳 등 참조.

156_ 明代에는 布政司와 府에 稅課司를 두고, 州縣에는 稅課局을 두었다. 萬曆15년(1587)에 전국의 稅課司局이 모두 111처가 있었다.

157_ 縣治에서 동북으로 200보의 거리에 있다. 宋 紹興4년(1134)에 만들어졌는데 俗稱 北橋라 한다. 光緒《石門縣志》권2, 建置.

158_ 조림진에 있었는데 嘉靖12년(1533) 崇德(石門)縣의 南門 밖으로 옮겼다. 光緒《嘉興府志》권28, 郵傳 ;《浙江通志》권88, 驛傳; 光緒《石門縣志》권2, 建置 등 참조.

159_ 景德禪寺의 우측, 삼탑만의 좌측에 있는 順濟龍王廟를 가리키는 듯하다. 宋 嘉定10년(1217) 가뭄이 들자 嘉興縣人들이 龍에게 기우제를 지낸 이후 용왕을 제사지냈다고 한다. 光緒《嘉興府志》권10, 壇廟.

향주교(香珠橋)를 지나 서수역(西水驛)[162]에 이르렀습니다. 서수역 앞에 돌 기둥을 세워 강 가운데에 100여 보쯤에 부교(浮橋, ponton)를 만들었는데, 배를 부교 아래에 매어 두었습니다. 역승 하영(何榮)이 시 세 절구를 지어주므로 신도 화답하였습니다. 하영은 채찬(菜饌), 건계(乾雞), 팔대어(八帶魚) 등 물품을 특별히 가져다주면서 말하기를, "우리 조정의 낭중(郎中)[163] 기순(祁順)[164]과 행인(行人) 장근(張謹)[165]이 일찍이 조선에 사신으로 가서 《황화집(皇華集)》을 지었습니다. 조선 사람들이 시를 지어 화답했는데 서거정(徐居正)[166]이 맨 첫줄에 있었습니다. 그의 시에, '영명한 황제께서

• • •

160_遞運所는 官府에서 각종 物資를 운송하기 위하여 설치한 것이다. 明初에는 衛所의 軍士가 軍囚를 傳送하였는데 洪武帝는 守禦에 방해가 된다는 이유로 兵部로 하여금 각지에 遞運所를 增置토록 하였다. 遞運所에 두어지는 船隻과 水夫는 일정하지 않아 300-600料에 달하는 船隻에 따라 水夫를 10-13명씩 두었다. 水夫는 5石 이하의 糧戶 가운데에서 징발하였다. 《諸司職掌》 권5, 〈兵部〉.

161_民國 《杭州府志》 권9, 祠祀 1.

162_萬曆 《嘉興府志》 권3, 公署.

163_六部 各司의 長으로 尙書와 侍郎 밑의 중요 部員이었다. 秩은 정5품이다.

164_廣東 東莞 출생으로, 字는 致和이고 號는 巽川이다. 天順연간에 進士가 되었고 戶部 郎中을 역임했다. 成宗7년(1476) 朝鮮에 사신으로 왔다. 戶部郎中 祈順[성종실록의 '祈'는 '祁'의 誤字]을 正使로, 行人司左司副 張謹을 副使로 하는 明使 일행이 오자 朝鮮에서는 徐居正을 遠接使로 보내어 맞이하게 하였다. 《朝鮮成宗實錄》 7년 1월 壬申 ; 2월 己卯 ; 2월 甲申 條 등 참조.

165_《朝鮮成宗實錄》 7년 2월 己卯 條와 19년 12월 癸丑 條의 기록에는 '行人司左副 張瑾'으로 되어 있으나, 《明史》 권155, 列傳 43, 劉聚와 대조해 보면 '瑾'은 '謹'의 誤記임을 알 수 있다.

166_조선의 문신이자 학자로, 호는 四佳亭이다. 1444년 문과에 급제하였고, 이후 兩館大提學이 되었다. 1466년 다시 拔英試에 장원한 뒤 六曹의 判書를 두루 지내고 1470년 左贊成에 이르렀다. 문장과 글씨에 능하여 《經國大典》 등의 편찬에 참여하였으며, 또 왕명을 받고 《鄕藥集成方》을 번역하였다. 성리학을 비롯하여 천문, 지리, 의약

삼한(三韓)의 일을 묻는다면, 문물과 의관은 상국(上國)과 같다고 하오'라 한 구절이 있었습니다. 지금 족하를 뵈니, 진실로 천년 동안에 한 번 만나게 되는 좋은 기회인데, 저를 내치지 않으시고 다시 화답하는 시를 얻는 은혜까지 받게 되었습니다. 삼가 변변치 못한 예물을 드리오니 배 안에서 드시는데 조금이라도 도움이 되고 눈에 찬다면 매우 다행이겠습니다"라고 하였습니다. 신이 말하기를, "기(祁) 낭중의 문장과 고매한 덕은 사람들이 흠모하는 바인데, 지금은 무슨 관직이며, 장(張) 행인은 어떤 일을 맡고 있습니까?"라고 하였습니다. "기 낭중은 귀주(貴州) 석천부(石阡府)의 지부(知府)로 폄직(貶職)을 당하였는데, 지금은 벌써 돌아가셨습니다. 장 행인은 죄를 받아 지금은 금의위(錦衣衛)[167]의 군인으로 충당되었습니다." 이어서 묻기를, "서거정은 지금 무슨 벼슬을 합니까?"라고 하였습니다. "의정부(議政府) 좌찬성(左贊成)[168]입니다." 하영이 말하기를, "서거정은 문장가로서 해

• • •

등에 정통하였다. 주요 저서로는 《東人詩話》 등이 있다.

167_ 明代 京衛상의 直衛親軍指揮使司의 하나이다. 洪武15년(1382)에 원래의 儀鑾司를 고쳐 설치하였다. 侍衛, 緝捕, 刑獄의 일을 관장하였다. 아래에 詔獄을 설치하였는데, 法司가 관여할 수 없었다. 소속의 鎭撫司를 남북 2司로 나누어, 北鎭撫司가 詔獄을 전담하고, 南鎭撫司가 軍匠을 전담하였다. 아래에 中, 左, 右, 前, 後 등 17所를 통할하였고, 所 아래에 鑾輿, 擎盖, 扇手 등의 司가 있어, 將軍校尉를 거느리고 扈衛, 儀仗, 直宿에 대비하였다.

168_ 議政府는 조선시대의 최고 관청을 말한다. 고려시대의 都評議使司의 계통을 이은 것으로서 그 수반인 3인의 政丞 즉 領議政, 左議政, 右議政의 合坐기관이었다. 三政丞은 국가의 중요한 정사를 논의하고 그 합의를 거쳐 정사를 왕에게 稟達하며, 왕의 결재는 역시 의정부를 거쳐서 해당관서에 전달되었다. 한편 左贊成은 議政府에 속해 있던 종1품 벼슬이다. 세종8년(1426) 의정부를 개편하면서 처음으로 좌찬성과 우찬성 각 1명을 두었다. 貳相 또는 二宰라고도 하였는데, 百官을 통솔하고 일반 政事의 처리, 국토계획, 외교 등을 맡아보았다.

동의 인물입니다"라고 하였습니다. 서수역에서 큰 다리 하나를 지나 가흥부에 이르니, 곧 옛날의 추리성(檇李城)으로서 월(越) 나라가 오(吳) 나라를 격퇴시켰던 땅이었습니다. 성 안에 부치와 수수현(秀水縣), 가흥현(嘉興縣) 두 현의 치소가 있었습니다. 강은 성을 둘러싸, 동남쪽에서 남쪽으로 갔다가 서쪽으로 돌아 북쪽으로 갔습니다. 그 가옥의 크고 웅장함과 문물의 번화함은 또한 영파부와 같았습니다. 신은 성 남쪽에서 삼청갑(杉靑閘)을 지나 당 나라 승상 육지(陸贄)[169]가 옛날에 살던 마을에 이르니, 마을은 성의 서쪽에 있었으며, 정문(旌門)은 강가에 있었습니다. 또 안양문(安洋門)· 운정문(雲程門)·단병교(丹兵橋)·영복교(永福橋)·송청순검사(松靑巡檢司)를 지났습니다. 밤에 또 비를 무릅쓰고 순풍을 타고 가서 새벽에 평망역(平望驛)[170]에 도착하여 정박하였습니다.

16일—오강현(吳江縣)을 지나 소주부(蘇州府)에 도착하였습니다.

이 날은 흐렸습니다. 배를 당겨 평망하(平望河)를 거슬러 올라가서 영은문(迎恩門)·안덕교(安德橋)[171]·대석교(大石橋)·장로포(長老鋪)[172]·야호

• • •

169_ 唐代의 정치가이자 문인으로 자는 敬輿이고 嘉興 출신이다. 德宗 때 翰林學士, 中書侍郎, 同平章事 등을 역임하면서 각종 개혁정책을 폈으며, 이로 인해 주변의 모함을 받아 忠州別駕로 좌천되어 거기에서 죽었다. 議論文을 잘 지었으며 時弊를 잘 지적하기로 이름이 났다. 그의 저서 《陸宣公奏議》 24권은 唐代 중기의 사회경제 연구에 꼭 필요한 책이다.

170_ 弘治 《吳江志》 권4, 官宇.

171_ 宋 慶元3년(1197)에 만들어졌는데 縣內에서 가장 높은 다리이다. 弘治 《吳江志》 권5, 橋塘.

172_ 弘治 《吳江志》 권4, 官宇.

(野湖)·앵두호(鶯脰湖)를 지났습니다. 호숫가 기슭에 제방을 돌로 쌓았는데 10여 리 정도 되었습니다. 또 오강호(吳江湖)의 석당(石塘)·대포교(大浦橋)·철포교(徹浦橋)[173]를 지나서 구리석당(九里石塘)[174]에 이르니, 석당(石塘)은 태호(太湖)를 가두고 있었습니다. 태호는 곧 〈우공(禹貢)〉의 '진택(震澤)이 제자리를 잡게 되었다'[175]는 곳과 《주례(周禮)》의 〈직방(職方)〉에 '양주(揚州)의 호수를 구구(具區)[176]라 한다'는 곳이 이곳입니다. 어떤 이는 '오호(五湖)'[177]라고도 부르는데 그 길이가 500여 리가 되는 까닭에 이름 지어진 것으로 범려(范蠡)[178]가 노닐던 곳입니다.[179] 호수 안에 동정동산(洞庭東山)과 동정서산(洞庭西山) 두 산이 있는데 '포산(苞山)'[180]이라고도 불렀습니다. 눈앞이 천리나 되었고, 높은 바위와 첩첩한 계곡이 광활한 물 사이에 점을 찍은 것처럼 여기저기 흩어져 있었습니다. 호수의 동북방에

···

173_ 乾隆《吳江縣志》권6, 橋梁.

174_ 乾隆《吳江縣志》권6, 塘路.

175_〈禹貢〉의 원문은 "三江旣入, 震澤底定"으로 '三江이 흘러 들어가니 震澤이 제자리를 잡게 되었다'는 뜻이다. '진택'은 호수 이름이다.

176_ 이 구절은 《周禮》에도 나오기는 하지만 여기서는 《書經》의 주를 그대로 인용한 것이다. 具區는 震澤 곧 太湖를 뜻한다. 원문은 "揚州藪曰具區"이다.

177_《國語》〈越語〉와 《史記》〈河渠書〉 등에 의하면 五湖는 처음에는 太湖를 지칭하였던 듯한데, 후일에는 太湖 유역 일대의 모든 호수를 범칭하는 것으로 사용되었다.

178_ 춘추시대 말기의 정치가로 자는 少伯이다. 楚나라 사람이나 趙나라에 들어가 上將軍이 되었다. 越王 句踐이 吳나라에 패한 뒤 그는 대부 文鍾과 함께 월왕을 도와 초나라를 멸망시키는 큰 공을 세웠다. 그러나 兎死狗烹의 화를 염려하여 스스로 관직을 떠났으며, 이후 장사를 시작해 큰 돈을 벌었다. 일설에는 그가 오나라를 멸망시킨 후 오왕 闔閭의 애첩인 西施를 데리고 살았다고 한다.

179_《李太白集注》권32의 〈雜言寄李白〉에 "莊周萬物外, 范蠡五湖間"이란 구절이 있다.

180_ 包山 혹은 洞庭山이라고도 한다. 한편 포산은 동정서산만 지칭하기도 한다. 光緖《蘇州府志》권6, 山1.

영암산(靈岩山)[181]이 내려다보고 있었는데 '연석산(硯石山)'이라고도 불렸으니, 곧 오나라에서 관와궁(舘娃宮)[182]을 연석산에 건축한 곳이 이곳입니다. 연석산은 고소산(姑蘇山)과의 거리가 10리인데, 산세가 서로 이어져 태호를 둘러싸고 있었습니다. 태호의 북쪽에는 또 산 하나가 있었는데, 이를 바라보면 한없이 넓어 아득했으니 바로 횡산(橫山)이었습니다. 태호 방죽에 이르니 방죽은 돌로 쌓은 것으로서 호수의 남북으로 가로질러 있었습니다. 50여 리쯤 가니 곧 수홍교(垂虹橋)였는데 홍문은 400여 개[183]의 구멍이 촘촘히 서로 잇따라 있었습니다. 그 큰 것으로는 목장교(木莊橋) · 만경교(萬頃橋)[184] 등과 같은 다리가 있었습니다.

태호방죽을 따라 북쪽으로 가서 용왕묘(龍王廟) · 태호묘(太湖廟)[185] · 축성문(祝聖門)을 지났습니다. 축성문(祝聖門) 앞에 큰 탑이 있었는데, 탑은 14층으로서 층마다 모두 지붕을 얽었으므로, 이를 바라다보니 하늘에 오르는 사다리 같았습니다. 또 주절문(駐節門)을 지나서 송릉역(松陵驛)[186]에 이르러 배를 잠시 멈추었다가 지나갔습니다. 은영문(恩榮門) · 회원문(會

181_ 古名은 石鼓山. 《吳郡志》 권15 山 참조.

182_ 春秋時代 吳의 宮名으로 吳王 夫差가 연석산에 궁을 만들어 西施에게 살도록 했다. 오에서는 미녀를 '娃'라고 했기 때문에 '舘娃'라고 한 것이다. 이상 《吳郡志》 권8, 古蹟 ; 권15, 山 등 참조.

183_ 홍문은 실제로 72개이다.

184_ 石塘 위에 있는데 元 至正 연간에 창건되고 明 永樂연간에 重修되었다. 弘治 《吳江志》 권5, 橋塘.

185_ 太湖의 神을 제사지내는 사당으로 宋 大中祥符 연간에 창건되었다. 乾隆 《吳江縣志》 권7, 壇廟祠.

186_ 송대에 처음 만들어졌는데 洪武元年(1368)에 學宮 즉 江南儒學의 동쪽으로 옮겼다. 光緖 《蘇州府志》 권23, 公署3 ; 弘治 《吳江志》 권4, 官宇 등 참조.

元門)·도실조사문(都室造士門)·진사문(進士門)·예모문(譽髦門)·유학(儒學)·대명교(大明橋)·등과문(登科門)을 거쳤습니다. 이른바 태호방죽은 또 역 앞의 마을 가운데를 통해서 바로 오강현(吳江縣)에 이어졌는데, 그 사이에 또 돌로 만든 큰 다리가 있어 홍문이 모두 70여 구멍이나 되었습니다. 역과 현이 모두 태호의 섬 안에 있었으며, 옥사(屋舍)가 웅장하고 화려했는데, 아래에 주춧돌을 놓고 위에 돌기둥을 세워 호수를 둘러싸 돛대가 여염(閭閻) 속에 나뭇단처럼 서 있었으니, 이른바 '사면으로 어가(漁家)가 현성을 둘렀다'[187]는 곳이 바로 이곳입니다. 노를 저어 삼리교(三里橋)[188], 영은암(迎恩菴)을 지나 윤산호(尹山湖)를 거슬러 올라갔습니다. 서쪽에 바라다 보이는 한 산을 물으니 사자산(絲子山)이었습니다. 그 북쪽에 산이 있었으니 고소산(姑蘇山)[189]이었습니다. 송강(松江)[190]은 윤산호(尹山湖)의 동쪽에 있었습니다. 또 노를 저어 윤산포(尹山鋪)[191], 윤산교(尹山橋)를 지나가니, 왼쪽에 배로 만든 부교(浮橋)가 있었는데 3리 정도 되었습니다. 보대교(寶帶橋)에 이르니 다리에는 또 홍문 55개[192]가 있어 배와 수레가 왕래하는 요충이었으며, 담대호(澹臺湖)[193] 건너 아름다운 호수와 산의 경치는 바라

• • •

187_《方輿勝覽》 권2에 의하면 이 시는 李貫의 吳江縣詩에 나온다고 한다.

188_北門 밖의 倉場 좌측에 있다. 元 泰定원년(1324)에 창건되었다가 무너진 뒤 天順6년(1462)에 重建되었다. 弘治《吳江志》 권5, 橋塘.

189_府治에서 서쪽으로 30리의 거리에 있는데 橫山의 서북과 접해 있다. 일명 姑胥 혹은 姑餘라고도 한다. 光緒《蘇州府志》 권6, 山1.

190_吳江縣의 東門 밖에 있는데 일명 松陵으로 바로 吳淞江을 지칭한다. 光緒《蘇州府志》 권8, 水.

191_隆慶《寶應縣志》 권3, 建置, 鋪舍.

192_홍문은 실제로 53개이다.

보면 허리띠를 두른 것과 같았으니 바로 추응박(鄒應博)이 다시 세운 것이었습니다.[194] 밤 3경에 소주성 동쪽에 가까이 가서 남쪽으로 갔다가 서쪽으로 돌아 고소역(姑蘇驛)[195] 앞에 이르렀습니다. 보대교에서 이 역에 이르기까지의 양쪽 언덕에 시점(市店)이 서로 잇닿아 있고 상선(商船)이 한 곳으로 몰려드니 참으로 이른바 동남방의 큰 도시였습니다.

17일—고소역 앞에서 유숙했습니다.

이 날은 맑았습니다. 소주는 곧 옛날 오왕(吳王) 합려(闔閭)[196]가 오자서(伍子胥)에게 성을 쌓게 하여 도읍으로 정했던 곳입니다. 성 둘레는 항주와 같았으며, 부치와 오현(吳縣), 장주현(長洲縣)의 치소도 모두 성안에 있었습니다. 성의 서문(胥門)[197]에 옛날에는 고소대(姑蘇臺)[198]가 있었는데, 지

• • •

193_ 원문에는 '儋臺湖'로 되어 있으나, '澹臺湖'의 誤記로 보인다. 隆慶《長洲縣志》권10 水部, 城外運河에 의하면 澹臺湖는 長洲縣 南西界 太湖에 위치하고 있다.

194_ 寶帶橋는 남북으로 30여 丈 길이로 澹臺湖에 걸쳐 있다. 그 명칭은 唐의 王仲舒가 寶帶를 풀어헤치고 공사를 도운 데서 유래한다. 宋 紹定5년(1232) 郡守 鄒應博이 重建하였다.《吳都文粹續集》권35, 橋梁.

195_ 姑蘇水馬驛의 약칭으로 吳縣 胥門 밖에 있다. 宋 紹興14년(1144)에 건립되었는데 웅장하고 화려하여 三吳의 으뜸이라고 한다. 光緒《蘇州府志》권23, 公署3.

196_ 춘추시대 吳나라 왕이다. 기원전 515년 楚나라에서 망명하여 온 伍子胥와 함께 자객 專諸의 힘을 빌려 오왕 僚를 살해하고 즉위하였다. 오자서를 재상으로 삼고, 중국에서 가장 오래된 兵書인《孫子》의 저자 孫武로 하여금 군대를 조직하게 하였다. 그리하여 초나라를 위협, 결국 그 수도를 공략하였고, 오나라의 세력을 中原에까지 넓혔다. 후에 越王 句踐에게 패하여 죽었다.

197_ 府城의 서쪽에 있는 문으로 姑胥門이라고도 한다. 합려가 이 서문을 지어 고소대를 유람하고 太湖를 바라보았다고 하는데, 姑胥山에서 따온 이름이다. 光緒《蘇州府志》권4, 城池.

금은 없어지고 역이 되었습니다. 물속에 나무를 세워 황주(滉柱)[199]를 만들고 돌 제방을 3면으로 만들었는데, 황화루(皇華樓)는 그 앞에 기대 있고, 소양루(昭陽樓)는 뒤에 세워져 있었습니다. 신이 부영(傅榮)에게 묻기를, "이 역이 고소대의 터라면 바로 옛날 오왕이 대(臺)를 축조했던 곳입니까?" 라고 하였습니다. 부영은, "아닙니다. 옛날의 이른바 고소대는 고소산(姑蘇山)에 있었으니, 오왕 합려가 산에 의거하여 대를 만든 것을 부차(夫差)[200]가 다시 넓힌 것인데 허물어진 집터가 아직 남아 있습니다. 소흥(紹興) 연간에 또 대를 이곳에 축조하고는 고소대라 명칭하여 고사(故事)를 보존했는데, 지금 또 없어지고 역이 되었던 것을 다시 성안에 대를 축조하고는 '고소'란 명칭으로 액자를 붙였던 것입니다" 운운하였습니다. 동쪽에는 체운소(遞運所)가 있고, 또 산해진(山海鎭)이 있었는데, 태호의 물은 석당(石塘)을 거쳐 운하로 흘러 들어가고, 성 동쪽을 거쳐 서쪽으로 가서 역에 이르게 됩니다. 오자서가 살았기 때문에 또 '서호(胥湖)'라고 불리기도 합니다. 호수의 너비는 100여 보나 되는데, 북쪽으로는 시가를 둘러싸고 있습니다. 난간 사이로 광선이 반사하니, 빛이 위아래로 흔들리는 듯하였습니다. 성

• • •

198_ 일명 胥臺 혹은 姑胥臺라 한다. 吳縣에서 서남쪽으로 30리 거리에 있다. 光緖《蘇州府志》 권35, 古蹟.

199_ 제방을 튼튼하게 하기 위해 심은 나무.

200_ 춘추 말기 吳나라의 왕(재위 기원전 496-기원전 473)으로, 闔閭의 아들이다. 합려가 越나라에 패해 전사하자 원수를 갚기 위해 월나라를 공격하여 월나라 군사를 대파하고 句踐을 신하로 삼았다. 또 艾陵에서 齊나라를 크게 물리치고 제후국 간 會盟을 주도하여 중원의 覇者가 되었다. 그러나 伍子胥의 충간을 물리치고 월나라에 대한 방비를 게을리 한 데다 寵姬 西施에게 빠진 끝에 구천의 반격을 받아 나라를 잃고 자살하고 말았다.

서쪽의 여러 산 가운데 천평산(天平山)[201] 한 봉우리를 군(郡)의 진산(鎭山)이라 하였습니다. 그 군에서 경치 좋은 산은 영암산(靈巖山)[202], 오오산(五塢山), 앙천산(仰天山)[203], 진대산(秦臺山)[204]으로서 질서 정연하게 벌여 있었는데, 역이 적당히 위치하고 있어 참으로 경치가 좋았습니다.

정오에 성이 왕(王)과 송(宋)인 안찰어사(按察御史) 두 대인이, 역 안에 와서 저를 예빈관(禮賓館)에서 대접하고는, "당신 벼슬은 무슨 품계입니까?"라고 물었습니다. "5품 벼슬입니다." "당신은 시를 잘 짓습니까?" "우리나라의 선비들은 모두 경학의 궁리(窮理)로 업을 삼고 풍월을 농(弄)하는 것은 천하게 여기기 때문에 저도 시와 사(詞)는 배우지 않았습니다." "기자(箕子)가 조선에 봉해졌는데 지금도 후손이 있습니까? 또한 사당과 무덤에 제사를 지내는 일이 끊어지지 않고 있습니까?" "기자의 후손 기준(箕準)이 위만(衛滿)에게 쫓겨서 마한(馬韓)으로 달아나 도읍을 정했는데, 후에는 백제에게 멸망을 당하고 지금은 후사가 없습니다. 기자의 사당은 평양에 있는데, 국가에서 해마다 봄과 가을에 분향을 하고 생폐(牲幣)[205]를 올리며 제사를 지내고 있습니다." "귀국은 무슨 장기가 있어서 수나라와 당나라의

201_ 吳縣治에서 서쪽으로 20리 거리에 있는 산으로 府內에서는 가장 높고 기암괴석이 많은 것으로 유명하다. 光緖《蘇州府志》권6, 山1 ;《吳郡志》권15, 山 등 참조.

202_ 府治에서 서쪽으로 30리 거리에 있는 산으로 일명 硯石山이라 한다. 光緖《蘇州府志》권6, 山1.

203_ 천평산과 5리도 되지 않는 가까운 산이다. 舊名은 馬鞍山이다. 光緖《蘇州府志》권6, 山1.

204_ 천평산의 서쪽에 있다. 전설에 의하면 진시황이 회계를 유람할 때 이 산에 올랐던 적이 있기 때문에 秦臺라는 이름이 붙게 되었다고 한다. 光緖《蘇州府志》권6, 山1.

205_ 제사 때 올리는 가축과 幣帛.

군대를 물리칠 수 있었습니까?" "지모 있는 신하와 용맹스런 장수가 군사를 부리는 데 적절하였고, 병졸은 모두 윗사람을 어버이처럼 따르고 그를 위해 죽었습니다. 그런 까닭에 고구려는 작은 나라인데도 오히려 천하의 백만 대군을 두 번이나 물리쳤던 것입니다. 지금은 신라, 백제, 고구려를 합쳐서 한 나라가 되었으니 물산(物產)은 많고 땅은 크며, 재물은 넉넉하고 군사는 강성하며, 충성스럽고 지모 있는 선비들은 헤아릴 수 없을 정도로 많습니다." 두 대인은 다 묻고 나서 외랑(外郎)[206]을 시켜서 쌀 1쟁반, 두부 1쟁반, 국수사리 1쟁반을 받들고 와서 신을 접대하도록 하였습니다. 신은 시를 지어 사례하였습니다.

또 정(鄭)씨 성을 가진 관원이 약헌(約軒)[207]의 시(詩)에 화운(和韻)해 주기를 청하기에 바로 차운(次韻)해 주었더니, 그 관인이 또 쌀 6되, 거위 1마리, 채소 1쟁반, 호두 1쟁반을 보내왔습니다. 또 나(羅) 태감의 가동(家僮)으로 유(柳)씨 성을 가진 자는 나이 겨우 15-16세인데도 말씨가 맑고 단아하였습니다. 그는 성 안에서 와서 음식을 접대하였는데 종자들에게도 두루 미쳤습니다. 이절과 김태도 반찬을 사 가지고 와서 대접하였습니다. 밤 3경에 또 달빛을 이용하여 노를 저어 북쪽으로 가서 창문(閶門)을 지나니, 창문 밖에는 통파정(通波亭)[208]이 호수를 내려다보고 있었는데, 예전 이름은 '고려정(高麗亭)'이라 합니다. 송나라 원풍(元豐) 연간[209]에 건축하여 고려에

206_ 지방 관아의 小吏.

207_ 約軒은 寧海人 方湜의 別號이다. 方湜에게는 《約軒稿》라는 저작이 있다. "《約軒稿》 寧海縣志 方湜 著" 《浙江通志》 권249, 經籍 9, 集部 2.

208_ 후에 通波新館으로 바뀌었다. 光緒 《蘇州府志》 권23, 公署3.

서 조공하던 사신을 대접했던 곳이었습니다. 고려정 앞에는 집과 담이 잇닿아 있으며, 배들이 빗살처럼 죽 늘어서 있었습니다. 노를 저어 접관정(接官亭)[210]에 이르러 정박하였습니다. 접관정의 서쪽에 큰 탑이 보였는데 이곳이 곧 한산선사(寒山禪寺)로서 이른바 '고소성 밖의 한산사'[211]라는 곳입니다. 그 땅 이름을 물으니 풍교(楓橋)라 하고, 그 물 이름을 물으니 사독하(射瀆河)라 하였습니다.

소주는 옛날에 오회(吳會)[212]라 불렸던 곳으로 동쪽으로는 바다에 연하고, 삼강(三江)[213]을 끼고 오호(五湖)를 둘렀으며 비옥한 들판이 천 리나 되고, 사대부들이 많이 모인 곳입니다. 사라능단(紗羅綾緞)[214], 금은주옥과 같은 바다와 육지의 진귀한 보물과 온갖 기술을 가진 장인(匠人)들과 부상대고(富商大賈)들이 모두 이곳에 모입니다. 옛날부터 천하에서는 강남을 수려한 곳으로 여겼는데 강남에서도 소주와 항주가 제일가는 주(州)이고 특히 소주성이 최고였습니다. 낙교(樂橋)[215]는 성안에 있는데, 오현(吳縣)

209_ 高麗亭이 세워진 것은 元豊7년(1084)이다. 光緒《蘇州府志》권23, 公署3.

210_ 詔勅을 맞이하기 위하여 세운 것으로 皇華亭이라고도 한다. 元代에 창건되었고 明 洪武 연간에 重建되었다. 光緒《蘇州府志》권23, 公署3.

211_ 唐 張繼의 詩 〈楓橋夜泊〉에 나오는 구절이다. 원문은 다음과 같다. "月落烏啼霜滿天, 江楓漁火對愁眠. 姑蘇城外寒山寺, 夜半鐘聲到客船."《唐百家詩選》권9.

212_ 秦漢代에 會稽郡治가 吳縣에 있었기 때문에 郡과 縣을 함께 칭해서 吳會라고 했다. 東漢代에 회계군은 吳郡과 會稽郡으로 분리되었는데 합쳐서 吳會라고 칭했다. 唐代 이후에는 일반적으로 平江府, 즉 오늘날의 江蘇 蘇州 일대를 吳會라고 칭했다.

213_ 吳松江, 錢塘江, 浦陽江을 가리킨다.

214_ 紗羅는 얇은 비단이고, 綾緞은 두터운 비단으로서, 絹織物을 총칭하는 말이다.

215_ 吳 赤烏2년(239)에 창건되고, 元 至正6년(1346)에 李道寧이 重修하였다. 光緒《蘇州府志》권33, 津梁1.

과 장주현(長洲縣) 두 현치의 사이에 있었습니다. 상점이 별처럼 촘촘히 놓여 있고 강과 호수가 여러 갈래로 그 속을 꿰뚫어 흘렀으며, 사람과 물화가 사치스럽고 누대가 서로 연이어져 있었습니다. 또 창문(閶門)과 나루터 사이에는 초(楚)의 상인과 민(閩)의 선박이 구름처럼 모여들었습니다. 호수와 산은 아름답고 고왔으며 온갖 경치가 펼쳐졌습니다. 그러나 신 등은 밤을 이용해 고소역에 도착하였고, 그 이튿날은 구경하지 못하였으며, 또 밤을 이용하여 성을 옆으로 지나갔습니다. 그런 까닭에 백낙천(白樂天)이 이른바 '칠언팔문육십방(七堰八門六十坊)'[216], '삼백구십교(三百九十橋)'[217]와 지금 옛 것을 없애고 만든 새 것과 더불어 빼어난 경치와 기이한 자취를 모두 상세히 기록할 수가 없었습니다.

18일—석산역(錫山驛)에 도착하였습니다.

이 날은 맑았습니다. 날샐 녘에 성은 오(吳), 이름은 막(邈)이란 관인이 양왕과 배를 같이 타고 있던 중에 신에게 서신을 보내 말하길, "공(公)이 훌륭한 선비란 말을 들어 한형주(韓荊州)에게 알려지고자[218] 하오. 동료인 양(楊) 또한 배 안에 있는데 옥보(玉步)를 옮기어 한번 만나기를 바라오니 사양하

216_《白氏長慶集》 권21, 〈九日宴集醉題郡樓兼呈周殷二判官〉에 실려 있다.

217_《白氏長慶集》 권24, 〈正月三日閒行〉에 실려 있다. 《方輿勝覽》 권2에 의하면 城內 官橋의 대강의 수를 뜻한다고 한다.

218_韓荊州는 荊州刺史를 지낸 韓朝宗을 가리킨다. 후진을 발탁하기를 좋아하여 당시의 士人들에게서 크게 칭송받은 것으로 유명하다. 특히 李白은 〈與韓荊州書〉란 글에서 "生不用封萬戶侯, 但願一識韓荊州" 즉 "내 평생 萬戶侯에 봉해지기보다는 다만 한번 韓荊州에게 알려지길 바란다"(《李太白文集》 권25)고 한 바 있는데, 원문의 "識韓荊"이란 여기에서 나온 故事이다.

지 마시오"라고 하였습니다. 진훤(陳萱)이 신을 인도하여 데려갔습니다. 신이 정보와 함께 그 배에 이르니, 오막과 양왕은 탁자 하나에 의자를 빙 둘러놓고 신에게 읍(揖)하고 같이 앉게 한 다음, 차와 밥을 대접하면서 예절을 베푸는 것이 매우 은근하였습니다. 신 등은 풍교(楓橋)에서 순풍을 만나 돛을 달고 북쪽으로 가니, 동쪽에는 호구사(虎丘寺)가 있고 탑이 있었으며, 서쪽에는 방산(方山)이 있고 또 탑이 있었는데, 바라보니 모두 하늘을 버티고 있는 듯하였습니다. 사독포(射瀆鋪)와 조왕경교(趙王涇橋)[219]를 지나서 호서진(滸墅鎭)에 이르니, 호서진 앞에는 초관(鈔關)[220]이 있었습니다. 남북에서 왕래하는 배가 이곳에 도착하여 정박하면 낱낱이 검사를 받은 후에야 출발시켰습니다.

성이 나(羅)인 태감[221]이, 그 전에는 절강(浙江)에서 직염(織染) 등의 일을 관장하고 있었는데, 지금 또한 소주를 지나 북경을 향해 가면서 먼저 와서 이곳에 정박하고 있었습니다. 어사(御史) 세 대인이 와서 배 위에서 전송하다가 신을 맞이하여 앞에 오게 하고는 예절로 대우하고 신에게 말하기를,

219_ 光緖《無錫金匱縣志》권5, 橋梁에는 曹王涇橋로 되어 있다.

220_ 선박이 왕래하는 內河水路의 요충지에 설치하여 통행 선박에 대해 收稅했던 관청을 말한다. 鈔法 유통대책의 일환으로 신설되어 收稅時 鈔를 거두었기 때문에 鈔關이란 명칭이 붙게 되었다. 宣德4년(1429) 운하 연안의 각 重鎭에 설치하기 시작하였다. 모든 왕래하는 商船은 그 크기와 넓이의 차이에 따라 각기 鈔를 들여 세금을 납부하여야 했다. 남북의 兩京 사이에 처음에는 漷縣·臨清·濟寧·徐州·淮安·揚州·上新河 등에 설치하였다. 萬曆 연간에 여전히 河西務·臨清·淮安·揚州·蘇州·杭州·九江 등 7곳이 있었다. 臨清과 杭州 두 關은 專賣稅와 商稅를 겸하였다.

221_ 成化 연간 蘇杭督織太監을 역임한 羅政을 가리킨다. 孫珮,《蘇州織造局志》권1, 沿革 ; 권2, 職員(江蘇人民出版社, 1959).

"당신은 예의를 숭상하는 나라의 좋은 사람이므로, 우리들 모두 당신을 존경합니다"라고 하고, 이어서 묻기를, "천순(天順), 성화(成化) 연간에 태감들이 칙서(勅書)를 받들고 당신 나라에 사신으로 갔는데, 당신은 성명을 차례대로 댈 수 있습니까?"라고 하였습니다. 신이 대답하기를, "천순 연간에는 제가 강보 속에 싸여 있었던 까닭에 나랏일을 알지 못합니다. 성화 연간에는 태감 정동(鄭同)[222]·강옥(姜玉)[223]·김흥(金興)[224]이 서로 잇달아 사신으로 왔었습니다"라고 하였습니다. 또 글을 써서 보이기를, "정 태감과 강 태감은 모두 이미 작고(作古)하고, 김 태감만이 북경에 있습니다"라고 하였습니다. 신이 말하기를 "'작고'란 두 글자는 잘 모르겠습니다"라고 하였습니다. "중국 사람은 죽은 사람을 일러 작고라 하니, 이미 고인이 되었음을 이르는 말입니다." 이어서, "당신나라에서는 무엇이라 이릅니까?"라고 물었습니다. "'물고(物故)'라고 합니다." "'물고'는 무슨 뜻입니까?" "물(物)은 일이고 고(故)는 없음이니, 죽은 사람은 다시 일을 할 수가 없음을 말하는 것입니다." "당신나라에서는 어떤 경서를 높이고 있습니까?" "유사(儒士)들은 모두 사서와 오경만 배워 익히고 다른 기예(伎藝)는 배우지 않습니다." "당신 나라에도 학교가 있습니까?" "국도(國都)에는 성균관(成均館)이 있

222_ 鄭同은 조선 출신 환관으로서, 成化4년(조선 세조14년)에 세자를 왕(睿宗)으로 책봉하는 목적으로 出使하였다. 《明史》 권320, 列傳208, 外國 1, 朝鮮.

223_ 姜玉은 조선 출신 환관으로서, 세조14년에 조선에 出使하였고 후에도 여러 번 出使했다. 특히 성종11년 5월 1일에는 正使 정동과 함께 副使의 신분으로 조선에 파견된 바 있다. 《朝鮮世祖實錄》 14년 2월 24일조 ; 《朝鮮成宗實錄》 11년 5월 1일조 등 참조.

224_ 성종14년에 正使 정동과 함께 副使의 신분으로 조선에 파견되었으나, 정동이 병으로 활동을 하지 못하자, 金興이 사실상 正使의 임무를 수행하였다. 《조선성종실록》 14년 7월 임진 ; 9월 신해 ; 9월 무오.

고, 또 종학(宗學)[225]과 중학(中學) · 동학(東學) · 서학(西學) · 남학(南學)[226]이 있고, 주(州) · 부(府) · 군(郡) · 현(縣)에도 모두 향교(鄕校)[227]와 향학당(鄕學堂)[228]이 있고, 또 집집마다 모두 국당(局堂)[229]이 있습니다." "옛날의 어떤 성현을 숭상합니까?" "대성지성문선왕(大成至聖文宣王)[230]을 숭상합니다." "당신 나라에서는 상례(喪禮)를 몇 해나 행합니까?" "한결같이 주문공(朱文公) 《가례(家禮)》를 따르고, 참최(斬衰)와 자최(齊衰)[231]는 모두 3년을 행하며, 대공(大功)[232] 이하의 상복(喪服)도 모두 등급이 있습니다." "당신나라의 예절에는 몇 조목이 있으며, 형벌에는 어떤 조목이 있습니

• • •

225_ 조선시대 종실의 교육을 담당하던 곳으로 성균관의 司成 이하 典籍 이상의 관원이 겸직했다. 세종10년(1428)에 설치하여 연산군 때 폐지했다가 중종 때 복구했지만 후에 다시 폐하였다.

226_ 조선시대 양반 자제를 위하여 京城에 설치한 교육기구이다. 중학은 북부의 觀光坊, 동학은 동부의 彰善坊, 서학은 서부의 餘慶坊, 남학은 남부의 誠明坊에 두어졌는데 이상을 줄여서 四學이라 하였다.

227_ 고려시대 이래 조선시대에 계승된 지방 교육기관이다. 孔子를 제사하는 文宣王廟를 중심으로 강당으로 明倫堂이 있고, 중국과 우리나라의 先哲과 先賢을 제사하는 東西兩廡, 東西兩齋가 있다. 향교는 중앙의 四學과 같은데 여기에서 수학한 후 1차 과거에 합격한 자는 생원과 진사의 칭호를 받고 성균관에 가게 되며, 다시 문과시에 응하여 고급 官位에 오르는 자격을 얻었다. 중기 이후 향교는 과거를 준비하는 장으로 되고 書院이 발흥하면서 점차 쇠미해졌다.

228_ 각 지방에서 국자감에 들어가지 못하는 학생들을 위하여 설치한 관립학교.

229_ 원래 평민층의 자제에게 經典과 弓術을 교습시키기 위하여 전국 각지에 설치한 고구려의 사립 교육기관으로서, 흔히 '局堂'이라고 하나 정확한 명칭에 대해서는 앞으로 더 연구가 필요하다. 여기에서는 미혼의 평민자제를 교육시키던 私塾을 뜻한다.

230_ 元 至大원년(1308) 7월에 加號된 孔子의 封號.

231_ 喪服名이다. 五服 가운데 참최는 가장 무거운 상복으로 가장 거친 麻布로 만들고, 자최는 두 번째 무거운 상복으로 조금 덜 거친 마포로 만든다.

232_ 五服의 하나로 9개월의 喪服을 말한다.

까?" "예절에는 길례(吉禮)·흉례(凶禮)·군례(軍禮)·빈례(賓禮)·가례(嘉禮)[233]가 있고, 형벌에는 참형(斬刑)·교형(絞刑)·유형(流刑)·도형(徒刑)·장형(杖刑)·태형(笞刑)[234]이 있어 한결같이 《대명률(大明律)》의 제도를 따르고 있습니다." "당신나라는 어떤 정삭(正朔)[235]을 사용하며, 어떤 연호를 사용합니까?" "한결같이 대명(大明)의 정삭과 연호를 따릅니다." "금년은 무슨 연호입니까?" "홍치(弘治) 원년입니다." "얼마 되지 않았는데 어떻게 알고 있습니까?" "대명이 해상에 처음 돋아서 만방에 비치거늘, 하물며 우리나라는 대국과 한 집안이 되어 공물을 헌납함이 끊어지지 않는데, 어찌 알지 못하겠습니까?" "당신나라의 관복(冠服)도 중국과 같습니까?" "무릇 조복(朝服)[236]·공복(公服)[237]·심의(深衣)[238]·원령(圓領)[239]은 한결같이 중화의 복제와 같으나, 다만 철릭의 주름이 조금 다를 뿐입니다." 이어서 신으로 하여금 배리(陪吏) 이하 종자들을 불러 와서 상하의 주례(酒禮)를

• • •

233_ 吉禮는 祭事, 凶禮는 喪事, 軍禮는 軍事, 賓禮는 送迎, 嘉禮는 結婚에 관한 예의를 뜻한다.

234_ 참형은 참수형, 교형은 교수형, 유형은 邊遠지방에 보내어 勞役하도록 하는 형벌, 도형은 구금시킨 뒤 勞役하도록 하는 형벌, 장형은 大荊條나 大竹板으로 둔부 등을 치는 형벌, 태형은 小荊條나 小竹板으로 치는 형벌을 말하는데 이상을 합하여 六刑이라 한다.

235_ 正朔은 정월 초하루를 의미하기도 하나, 여기서는 제왕이 새 왕조를 열고 새로 반포하는 曆法을 뜻한다.

236_ 朝會時 君臣이 입는 禮服.

237_ 帝王과 百官이 공무를 볼 때 입는 옷으로 官服의 통칭으로도 쓰인다.

238_ 上衣와 下衣가 서로 연결되어 아래는 주름이 잡히고 소매는 넓은 옷으로 평상시에 입는 常服을 말한다.

239_ 관리의 常服을 뜻하는 團領의 다른 이름이다. 團領에 대해서는 앞의 주 참조.

행하도록 하였습니다. 신은 정보 이하 종자들에게 명령하여 읍양(揖讓)[240]으로 예를 행하게 하였습니다. 태감은 세 대인과 함께 눈짓을 하며 담소하고는 이어 쌀 20되, 돼지고기 1쟁반, 채소 1쟁반, 약과(藥果) 1쟁반, 술 5동이를 주었습니다. 신 등은 사례하고 물러 나왔습니다. 드디어 배를 타고 보원교(普圓橋)·보은교(普恩橋)[241]·호서포(滸墅鋪)·오가점(吳家店)·장공포(張公鋪)·불평득승교(不平得勝橋)[242]·통병교(通兵橋)[243]·망정순검사(望亭巡檢司)·마묘포(馬墓鋪)·순안교(純安橋)를 지나, 밤을 타서 가다가 4경에 석산역(錫山驛)에 이르러 유숙하였습니다.

19일—상주부(常州府) 도착하였습니다.

이 날은 맑았습니다. 성명은 잊은 무석현(無錫縣)의 지현[244]이 와서 아침에 찬거리를 주었습니다. 석산역에서 건도교(建渡橋)를 지나 무석현치(無錫縣治)의 안으로 들어왔는데, 무석현은 곧 옛날 구오(句吳) 태백(太伯)[245]이

240_ 賓主가 相見하는 禮.

241_ 원문은 '普恩橋'로 되어 있으나, '普思橋'의 誤記로 보인다. 본문에 의하면 普恩橋는 滸墅에 위치하고 있는데, 隆慶《長洲縣志》 권12, 橋梁에 의하면 滸墅에 普思橋가 위치하고 있다.

242_ 太平得勝橋의 誤記이다.

243_ 원문에는 '通兵橋'로 되어 있으나, '通吳橋'의 誤記로 보인다. 본문에 의하면 '通兵橋'는 望亭巡檢司로 가기 바로 직전에 위치하고 있다. 그런데 光緖《無錫金匱縣志》 권5, 橋梁에 의하면 無錫縣과 長洲縣의 분계에 위치한 通吳橋는 일명 '望亭橋'라고 하였다고 한다.

244_ 당시 지현이던 榮華를 지칭하는 듯하다. 영화의 字는 躬實이고 進士 출신이며 藍田人이다. 成化23년(1487)에 부임했는데 후에 감찰어사로 승진하였다. 正德《常州府誌續集》 권2, 職官.

도읍했던 곳이었습니다. 건홍교(建虹橋)·도헌문(都憲門)·소사구제(少司寇第)[246]·억풍교(億豐橋)·진사방(進士坊)을 지나 석산(錫山)의 아래에 이르렀는데, 석산은 무석현의 서쪽과 북쪽 사이에 있었습니다. 또 석산에서 십리포(十里鋪)·고교순검사(高橋巡檢司)[247]·반봉포(潘葑鋪)[248]·낙사포(洛社鋪)·석독교(石瀆橋)·횡림진포(橫林鎭鋪)·횡림교(橫林橋)·척서포(戚墅鋪)·흥명교(興明橋)를 지나 검정(劍井)에 이르렀습니다. 검정은 동쪽 언덕에 있었는데 지붕을 만들어 덮었으니, 곧 상서로운 기운이 올라오는 곳이었습니다. 해질 무렵 마안포(亇鴈鋪)[249], 대교(大橋)를 지나 채릉교(采菱橋)에 이르렀습니다. 채릉교의 동쪽, 서쪽에는 모두 2층 누각을 지어서 길을 막고 있으니 곧 진사패루(進士牌樓)였습니다. 또 큰 홍교(虹橋) 셋을 지나 상주부에 이르러서 동수관(東水關)[250]으로부터 성에 들어갔습니

245_ 句吳는 太伯의 호이다. 周代 전설적인 賢者로, 주나라 대왕 古公亶父의 장자이다. 아버지가 셋째 아들인 季歷의 아들 文王이 吉祥을 받고 태어나 총민하고 유덕한 데에 희망을 걸고 있는 것을 알고서, 계력이 상속받게 하기 위해 동생 虞仲과 함께 주나라를 도망쳤다. 동남의 蠻夷민족이 거주하는 蘇州지방에 정착하여 吳나라의 始祖가 되었다고 전해진다.

246_ 少司寇는 刑部侍郎의 별칭이다.

247_ 無錫縣治에서 서북으로 10리 거리에 있다. 洪武2년(1369)에 설치되었다. 康熙《常州府志》권12, 公署.

248_ 원문에는 '藩葑鋪'로 되어 있으나, '潘葑'의 誤記이다. 正德《常州府志續集》권4, 橋梁 無錫에 의하면 無錫縣 북 18里에 潘葑橋가 運河에 걸쳐 있고, 康熙《常州府志》권12, 公署 無錫縣에는 鋪司名에 潘葑이 있다. 이에 근거하여 바로잡는다.

249_ 萬曆《重修常州府志》권2, 疆域 水程에 의하면 淺鋪에 丁堰이 있는데, 이것이 혹시 亇鴈을 가리키는 것이 아닌가 생각된다.

250_ 상주부에는 東水關, 西水關, 北水關, 小西水關 등 4개의 水門이 있었다. 康熙《常州府志》권5, 疆域.

다. 상주부의 부치와 무진현(武進縣)의 현치는 모두 성안에 있었습니다. 지나온 홍교 또한 7-8개나 되었습니다. 10여 리를 가서 비릉역(毗陵驛)[251]에 이르러 조금 머물렀다가 다시 서수관(西水關)으로 나왔습니다. 상주부는 곧 연릉군(延陵郡)이므로, 오나라 계자(季子)[252]의 채읍(采邑)[253]으로서, 호수와 산의 아름다움과 정(亭)과 대(臺)의 설치는 예로부터 명성이 자자합니다. 또 체운소(遞運所)[254]와 패하교(沛河橋)를 지나 분우대파(犇牛大壩)에 이르러, 배를 당겨 매고 언덕으로 끌어올려 겨우 방죽의 끝을 지나니 날이 샜습니다.

20일—여성역(呂城驛)을 지나 진강부(鎭江府)에 도착하였습니다.

이 날은 맑았다가 오후에는 구름이 끼어 어둠침침하였습니다. 아침에 장점포(長店鋪), 여성진순검사(呂城鎭巡檢司)[255], 태정교(泰定橋)[256]를 지나서

• • •

251_ 朝京門 밖 100步 거리에 있다. 元代에는 水馬站을 두었으나, 洪武6년(1373)에 驛으로 바꾸었다. 康熙《常州府志》 권12, 公署.

252_ 春秋시대 吳나라의 현인으로, 吳王 壽夢의 넷째 아들인 季札을 가리킨다. 오왕은 계찰이 어진 것을 보고 그에게 왕위를 물려주려 하였으나 받지 않았다. 기원전 544년에 중원의 여러 나라에 사신으로 갔다가 魯나라에서 周나라의 禮樂을 보고 德에 대해 말하였고, 徐君이 자신의 劍을 가지고 싶어하는 것을 알고서 귀국 도중에 그것을 주고자 하였으나, 서군은 이미 죽었기 때문에 검을 그 집의 나무에 매어 그 初志를 이루었다고 한다.

253_ 卿大夫가 받는 封地.

254_ 朝京門 밖의 1리 거리에 있다. 洪武初에 奔牛鎭에 두었다가 天順6년(1462)에 옮겨왔으니 곧 비릉역의 舊址이다. 康熙《常州府志》 권12, 公署.

255_ 洪武元年(1368) 呂城驛의 동쪽에 설치했는데 9년에 鎭東運河 연변으로 옮겼다. 乾隆《鎭江府志》 권16, 公署.

256_ 단양현치의 동쪽 40리 거리의 여성진에 있다. 原名은 大橋로서 元 泰定 연간에 만들

여성역에 이르렀습니다. 여성파(呂城壩)·여성갑(呂城閘)·여성포(呂城鋪)·청휘관(淸徽觀)·청룡교(靑龍橋)·당가구(唐家溝)·책구포(柵口鋪)·육조포(陸朝鋪)·자운사(慈雲寺)[257]·성서포(聖墅鋪)·칠성교(七星橋)·장락포(長樂鋪)·정선원(定善院)·혜정교(惠政橋)[258]를 지나서 운양역(雲陽驛)에 이르니, 강의 이름은 윤하(潤河)였습니다. 또 운양교(雲陽橋)[259]·승은문(承恩門)·귀신단(鬼神壇)·영진관(寧眞觀)·신교(新橋)[260]·신하교(新河橋)를 지나서 단양현(丹陽縣)에 이르니, 단양현은 윤하 가에 있었습니다. 단양현을 지나서 신묘(新廟)·광복교(廣福橋)·칠성묘(七星廟)[261]·백강묘(柏岡廟)를 거쳐, 밤에 감수갑(減水閘)[262]·만경호(萬景湖)·신풍진(新豐鎭)을 지났습니다. 큰비가 내리는데 밤새도록 가서 진강부(鎭江府)의 신문(新門)에 이르렀습니다.

· · ·

어졌기 때문에 태정교라 이름 하였다. 光緒《丹陽縣志》권4, 城郭.

257_ 丹陽縣治에서 동으로 20리 거리의 陵口鎭의 漕渠 서측에 있다. 舊名은 慈雲院으로 宋 淳祐 연간에 세웠다. 明 天順3년(1459)에 改名하였다. 乾隆《鎭江府志》권20, 寺觀; 光緒《丹陽縣志》권11, 寺觀 등 참조.

258_ 雲陽橋의 우측에 있는데 속칭 斜橋라 한다. 成化11년(1475)에 重建하였다. 乾隆《鎭江府志》권18, 津梁.

259_ 丹陽縣治의 동쪽 漕渠 위에 있는 다리로서 舊名은 淸化橋, 俗名은 賢橋이다. 成化5년(1469)에 重建하였다. 乾隆《鎭江府志》권18, 津梁; 光緒《丹陽縣志》권4, 城郭 등 참조.

260_ 丹陽縣의 便民倉 측면의 漕渠 위에 있는데 正統 연간에 세웠다. 乾隆《鎭江府志》권18, 津梁.

261_ 원문에는 '七星廟'로 되어 있으나, '七里廟'의 誤記로 보아야 할 듯하다. 《士商類要》권1, '杭州府由蘇州至揚州府水路'에 의하면 丹陽縣 雲陽驛에서 7里 떨어진 곳에 七里廟가 있다.

262_ 丹徒縣의 程公下壩 동쪽에 있는데 宋 咸淳 연간에 만들었다. 光緒《丹徒縣志》권4, 輿地9.

21일—양자강(揚子江)에 도착하였습니다.

이 날은 흐렸습니다. 신 등은 남수관(南水關)[263]에서 전성하(甎城河)를 거슬러 올라가 진강부성(鎭江府城)을 끼고 남쪽으로 갔다가 서쪽으로 가서 신파(新壩)를 지나 경구역(京口驛)에 이르러 머물렀습니다. 저녁에 걸어서 경구갑(京口閘)[264]을 지나 통진체운소(通津遞運所)에 이르니, 통진은 물이 얕아서 반드시 조수가 이르기를 기다려야 대강(大江)과 통할 수 있는 까닭에 배를 바꾸어 타고 머물러 조수가 이르기를 기다려 강을 건너갈 준비를 하였습니다. 이절과 김태 등은 신에게 작별하면서 말하기를, "길을 따라 다니면서 거듭 보살핌을 받았는데 오늘 서로 헤어져 당신은 양주(揚州)를 향하고 나는 의진(儀眞)을 향하게 되었습니다. 나는 늦은 봄에 또 북경을 향하여 갈 것이니 바로 회동관(會同館)[265]으로 당신을 찾아뵙겠습니다"라고 하였습니다.

진강부는 곧 윤주성(潤州城)이니 손권(孫權)[266]이 단도(丹徒)로 옮겨 철옹성(鐵甕城)[267]을 쌓고 이를 경성(京城)이라 불렀던 곳입니다. 진강부의

263_ 水門의 하나. 關의 높이는 3丈 1寸이다. 光緖《丹徒縣志》권3, 輿地6.

264_ 俗名은 大閘으로 長江과는 1리 정도 떨어진 城의 서북방에 있다. 光緖《丹徒縣志》권4, 輿地九.

265_ 京城內에 내외 使臣과 賓客을 접대하기 위하여 만든 官署이다. 그런데 여기에서의 會同館이란 조선 등의 사신을 접대하는 南館 즉 玉河館을 의미할 것이다.

266_ 삼국시대 吳나라의 초대 황제(재위 222-252)이다. 孫堅의 둘째 아들로 200년에 형 孫策이 죽자 그 뒤를 이었다. 208년 남하한 曹操의 대군을 蜀나라 劉備와 함께 赤壁에서 격파함으로써 강남에서의 지위가 확립되었다. 219년 조조와 결탁하여 유비의 용장 關羽를 격파하고 荊州를 공략하였다. 그 결과 魏·吳·蜀 3국의 영토가 거의 확정되었다. 이후는 대체로 蜀漢과 결합하여 위나라에 대항하는 한편, 국내의 발전에 힘썼다.

267_ 鎭江의 별칭. 乾隆《鎭江府志》권4, 形勝에 "子城, 吳大帝所築 […] 內外甃以甓, 號

부치와 단도현의 현치는 성안에 있었습니다. 성 동쪽에 또 철옹지(鐵甕地)가 있었으나 그 성은 없었습니다. 향오정(向吳亭)은 성 서남쪽에 있고, 북고산(北固山)[268]은 서북쪽에 있었으니 곧 양무제(梁武帝)[269]가 명명한 것입니다. 대공산(戴公山)은 서남쪽에 있었으니 곧 송무제(宋武帝)[270]가 노닐던 곳[271]이었습니다. 감로사(甘露寺)[272]와 다경루(多景樓)[273]는 모두 성 동북방에 있었습니다. 초산(焦山)[274]과 은산(銀山)[275]에는 모두 거찰(巨刹)을 세웠는데 성 북쪽에 있었습니다. 금산(金山)[276]은 대강(大江)의 가운데에서 은

...

鐵甕城"이라 하여 견고함을 강조했는데, 明 洪武9년 舊城을 폐하고 磚城을 쌓았다.

268_ 일명 北顧山. 府治의 後城 북측 1리의 거리에 있다. 光緒《丹徒縣志》권2, 輿地五.

269_ 南朝 梁의 초대 황제(재위 502-549)로, 이름은 蕭衍이다. 博學하고 文武에 재질이 있어, 일찍이 南齊의 竟陵 王子良의 집에서 문인 귀족들과 교유하여 八友의 이름을 얻었다. 雍州의 刺史였던 그는 남제를 멸하고 제위에 올라 국호를 梁이라 했다. 그의 불교신앙이 정치면에도 나타나, 불교사상에서는 황금시대가 되었지만 정치는 파국의 징조를 보이기 시작했다. 548년에 일어난 侯景의 반란 와중에 병사하였다.

270_ 南朝 宋의 초대 황제(재위 420-422)로 이름은 劉裕이다. 가난한 집안에서 태어나 일찍이 군에 투신하였다. 東晉末 내란에서 桓玄의 專權을 토벌하고, 揚州를 중심으로 군사권을 장악하여 南燕, 後秦을 멸망시켰다. 나아가 執政이 되어 호족을 탄압하고, 稅收의 증가를 도모하기 위해 이주민을 현주소의 호적에 등록시키는 土斷法을 단행하였다. 419년 恭帝의 선양을 받아 제위에 올랐고, 국호를 宋이라 하였다. 무공뿐만 아니라 통치 수완도 뛰어나 국력의 부강을 꾀하였으나, 즉위 3년 만에 죽고 말았다.

271_《南史》권75, 列傳 65, 隱逸 上, 戴顒 참조.

272_ 北固山 第一峯에 있는데 唐 寶歷 연간에 李德裕가 지었다고 한다. 光緒《丹徒縣志》권6, 輿地 14.

273_ 臨江亭의 故址로 宋 熙寧 연간에 창건했는데 元明 이래로 여러 차례 수축을 했다. 光緒《丹徒縣志》권7, 輿地 15.

274_ 丹徒縣城에서 동쪽으로 9리의 거리에 있다. 금산과 10여리의 거리를 사이에 두고 마주하고 있다. 本名은 譙山이다. 光緒《丹徒縣志》권2, 輿地 5.

275_ 舊名은 土山. 元代에 金山과 마주하고 있다는 이유로 銀山으로 改名되었다. 光緒《丹徒縣志》권2, 輿地 5 ;《江南通志》권13 등 참조.

산과 서로 마주보고 있었으며, 위에는 용연사(龍延寺)가 있었으니 곧 송진종(宋眞宗)[277]이 꿈에 노닐던 곳[278]이었습니다. 부성(府城)의 동북 모퉁이는 강 언덕에 접해 있었으니 강은 곧 양자강(揚子江)으로서 속칭 '양자강(洋子江)'이라 하였습니다. 강의 너비는 20여 리나 되는데, 민산(岷山)에서 발원하여 한수(漢水)와 만난 다음, 남경을 거쳐 이 진강부에 이르러 바다로 흘러 들어가니, 곧 〈우공〉의 '민산(岷山)에서 강(江)이 발원하여'라는 곳이 이곳입니다. 동쪽으로 오군(吳郡)과 회계군(會稽郡)에 통하고, 서쪽으로 한수(漢水)와 면수(沔水)에 접하며, 북쪽으로 회수(淮水)와 사수(泗水)에 이르고, 남쪽으로 복건과 절강에 도달하니 참으로 사방에서 모두 모여드는 큰 도시였습니다.

22일—광릉역(廣陵驛)에 도착하였습니다.

이 날은 맑았습니다. 수부신사(水府神祠)[279]에서 배를 출발시켜 양자강에 이르니, 강가의 5-6리 사이에는 육지에서 배를 손으로 밀고 가는 사람이

• • •

276- 원래의 명칭은 浮玉山으로 伏牛山이라고도 하였다. 송진종이 꿈에 금산에서 노닐었다는 이유로 한때 龍游山이라 부르기도 했다고 한다. 《江南通志》 권13.

277- 北宋 제 3대의 황제(재위 997-1022)이다. 그의 치세 초기에는 과거관료가 官界를 차지하고 천자의 권력이 강화되었으나, 문신정치의 취약점인 군사력의 약체화 현상이 나타나 1004년 契丹의 침입을 초래하였다. 그 결과 맺은 '澶州의 盟'에 따른 거란에 대한 歲幣 지불로 인해 재정 부담이 증가한 한편 泰山에서의 封禪 및 玉淸昭應宮의 건립 등 거듭된 대규모 토목공사로 인해 송나라의 재정이 크게 어려워지는 전기가 되었다.

278- 《江南通志》 권13 참조.

279- 水府란 전설상의 水神 혹은 龍王이 거처하던 곳을 가리키는데 전하여 水神의 稱號로 쓰이기도 한다.

앞뒤에 잇따라 있었습니다. 신 등이 돛을 달고 강 가운데에 이르니 금산 아래의 강돈(江豚)[280]이 물결을 희롱하는 것이 마치 전마(戰馬)가 떼를 지어 달리는 듯하였습니다. 서진도(西津渡)[281]의 마두석제(馬頭石堤)에 이르니, 나무 기둥을 물속에 세워서 긴 다리를 만들었습니다. 왕래하는 사람들이 모두 다리 아래에 배를 매고는 다리를 따라 석제(石堤)의 언덕으로 올라갔습니다. 강회승개루(江淮勝槪樓)[282]는 길을 막고 솟아 있어, 신 등은 누각 아래를 걸어 과주진(瓜洲鎭)[283]을 지나 일명 진상하(鎭上河)라고도 하는 시례하(是禮河)에 이르러서 다시 배를 타고 갔습니다. 양왕이 부영(傅榮)을 시켜 신에게 말하기를, "당신 나라의 한노로(韓老老)[284]란 분이 우리나라에

• • •

280_江豚은 흔히 '江猪'로 부르기도 하는데, 민물에 살고 있는 희귀한 돌고래 종류이다. 환경이 나빠지면서 1980년대 이후 크게 감소하여, 최근 長江 전 구역의 頭數가 2천 마리 이하라고 보고된 바 있다.

281_鎭江府治와 9리의 거리에 있다. 북으로 瓜洲와 마주 보고 있다. 舊名은 蒜山渡이다. 乾隆《鎭江府志》권18, 津梁.

282_江都縣의 瓜州鎭에 있다. 正統13년(1448)에 侍郎 周忱이 건립하였다. 光緒《江都縣志》권16, 古蹟.

283_江都縣城의 남쪽으로 40리 거리에 있다. 예부터 屯戍의 요해지로 알려졌다. 雍正《揚州府志》권6, 都里.

284_韓老老는 左議政 韓確의 누이로 이름은 桂蘭이다. 韓桂蘭은 태종17년에 永樂帝의 후궁이 되었다가 殉葬을 당했던 언니를 이어, 세종10년에 宣德帝의 후궁으로 뽑혀갔다. 이후 成化帝를 양육하기도 한 韓桂蘭은 74세 되던 해인 成化19년(1483)에 죽었다. 明 皇室에서의 오랜 생활로 궁실 내부의 사정에 밝아 嬪妾 사이에서 '老老'라 불렸다. 한편 明朝에서는 勅書를 내려 聖節使는 반드시 韓氏의 族親으로 差遣할 것을 명하였기 때문에 여러 韓氏들이 중국에 다녀오게 되었는데, 韓致亨의 경우 귀국 후 관직 제수와 賞賜가 지나치다는 비판이 일기도 하는 등 많은 말썽이 일었다.《朝鮮成宗實錄》8년 9월 乙亥 ; 11년 7월 庚寅 ; 12년 12월 丙寅 ; 14년 8월 辛未 ; 18년 7월 癸丑 條 등 참조.

들어온 것을 아시오?"라고 하였습니다. 신이 말하기를, "한씨(韓氏)가 대국에 들어갔다는 말을 들었을 뿐입니다"라고 하였습니다. 양왕이 말하기를, "바로 이 한씨가 귀국의 부인(婦人)으로서 우리나라에 들어와서 대행황제(大行皇帝)[285]의 유모가 되었소. 지금은 이미 작고하여 천수사(天壽寺)에 무덤을 만들었소"라고 하였습니다. 부영이 말하기를, "이 지휘(指揮)가 바로 한씨의 장례를 감독한 분인 까닭에 물어 보신 것이오"라고 하였습니다. 반계문(攀桂門), 남경전창(南京甎廠), 기구우택사(祈求雨澤祠), 칠전포(七錢鋪), 화가원포(花家園鋪), 어정포(魚井鋪), 금성택(衿城澤), 양자포(揚子鋪)를 지나서 양자교(揚子橋)에 이르니, 다리는 없어졌고 표지가 달린 각(閣)과 교창(橋倉)이 있었을 뿐입니다. 날이 저물녘에 청량포(淸涼鋪)를 지나 밤에 광릉역(廣陵驛)에 이르렀습니다. 광릉역 북쪽으로 1리쯤 가면 곧 양주부성(揚州府城)입니다. 성안에 양주부치(揚州府治)와 양주위(揚州衛)[286], 강도현치(江都縣治), 양회운염사(兩淮運鹽司)[287]가 있었습니다.

• • •

285_ 大行이란 황제가 승하한 뒤 謚號를 올리기 전의 칭호로 여기서는 明憲宗 成化帝를 지칭한다.

286_ 원명은 揚州衛指揮使司로 前後左右中의 五所가 예속된다. 府治의 서남쪽에 있다. 雍正《揚州府志》권13, 公署.

287_ 都轉運鹽使司의 하나로서 泰州 · 淮安 · 通州가 예속되었다. 한편 運鹽司는 兩淮 · 兩浙 · 長蘆 · 河東 · 福建 · 山東 등지에 설치하여 食鹽의 생산과 관리에 관한 일을 관장하였다. 아래에 14分司를 관할하였다. 泰州 · 淮安 · 通州는 兩淮에, 嘉興 · 松江 · 寧紹 · 溫台는 兩浙에, 滄州 · 州는 長蘆에, 膠萊 · 濱樂은 山東에, 解鹽의 東場 · 西場 · 中場은 河東에 각기 예속되었다. 都轉運使를 두어 司務 · 同知 · 副使 · 判官을 總領하였다. 각 穀場倉을 독려하였으며, 場에는 鹽課司를 설치하였다. 모두 巡鹽御史 또는 鹽法道臣의 감독을 받았다.

23일 — 양주부를 지났습니다.

이 날은 비가 내렸습니다. 아침에 광릉역을 떠나 양주부성을 지났습니다. 양주부는 곧 옛날 수(隋)나라 강도(江都)의 땅으로서 강좌(江左)[288]의 큰 진(鎭)이었습니다. 10리의 주렴(珠簾)[289], 24교(橋)[290], 36피(陂)[291]의 경치는 여러 군(郡) 가운데 제일이었으니, 이른바 '봄바람이 성곽을 흔들고, 귓전에 가득한 노랫가락'[292]이라는 곳이었습니다. 신 등은 배를 타고 지났기 때문에 구경할 수가 없었으니, 볼 수 있는 것은 진회루(鎭淮樓)[293]뿐이었습니다. 진회루는 곧 성의 남문으로서 3층이었습니다. 강을 따라 동쪽으로 갔다가 북쪽으로 가서 하국공(夏國公)의 신도묘(神道廟)·관음당(觀音堂)·회원장군(懷遠將軍) 난공(蘭公)의 무덤·안공묘(晏公廟)·황건파(黃巾壩)·북래사(北來寺)·죽서정포(竹西亭鋪)·수정청(收釘廳)·양자만순검사(揚子灣巡檢司)·만두관황묘(灣頭關荒廟)·봉황교돈(鳳凰橋墩)·회자하포(淮子河鋪)·하박팔탑포(河泊八塔鋪)[294]·제오천포(第伍淺鋪)·세과국

• • •

288_ 일명 江東. 魏禧《日錄雜說》에 "江東稱江左, 江西稱江右, 蓋自江北視之, 江東在左, 江西在右耳"라 하였다.

289_ '東南之士'가 京師로 과거에 응시하러 갈 때 모두 이곳을 경유하게 되면서 생긴 말이다. 杜牧 등의 시에 인용된 바 있다. 《方輿勝覽》 권44 참조.

290_ 隋代에 만든 다리의 수로 杜牧, 蘇子瞻 등의 시에 인용되기도 하였다. 《方輿勝覽》 권44 ; 雍正《揚州府志》 권8, 河渠 등 참조.

291_ 王介甫의 〈題西太乙宮壁〉에 인용된 바 있다. 《王荊公詩注》 권40.

292_ 《姚少監詩集》 권6의 〈揚州春詞〉에 실려 있다. 다만 본문의 "滿耳沸笙歌"는 "滿耳是笙歌"로 되어 있다. 원문은 다음과 같다. "江北煙光裏, 淮南勝事多. 市廛持燭入, 鄰里漾船過. 有地惟栽竹, 無家不養鵝. 春風蕩城郭, 滿耳是笙歌."

293_ 宋代에 지어진 甘泉縣城의 南門으로서 웅장한 누각이다. 光緒《甘泉縣志》 권10, 古蹟.

(稅課局)·사리포(四里鋪)·소백보공사(邵伯寶公寺)·영은문(迎恩門)을 지났는데, 지나온 곳에 갑(閘) 2개가 있었습니다. 소백역(邵伯驛)에 이르니 역 북쪽에는 소백대호(邵伯大湖)가 있었습니다. 노를 저어 호수를 따라 2-3리가량을 가서 소백체운소(邵伯遞運所)에 이르렀는데, 물이 불어나고 바람이 어지럽게 불어 밤에 호수를 지나갈 수가 없으므로 하룻밤을 묵었습니다. 항주성 이후부터는 지나온 위소(衛所)[295]에서 또한 백호를 번갈아 차출하여 호송하였습니다.

양주위백호(揚州衛百戶) 조감(趙鑑)이란 자가 신에게 말하기를, "6년 전에 당신 나라의 이섬[296]이란 분이 또한 이곳에 표류해 왔다가 본국으로 돌아갔는데 알고 있습니까?"라고 하였습니다. 신은, "그렇습니다"라고 하였습니다. 이어서 이섬이 표착했다 돌아간 전말을 물으니 조감이 말하기를, "이섬이 처음에 바람을 만나 양주 굴항채(掘港寨)에 도착하니, 수채관(守寨官) 장승(張昇)이 백호 상개(桑愷)[297]를 보내어 군사를 거느리고 가서 잡아와서

294_ 光緒《甘泉縣志》권2, 疆域에는 '八塔舖'로만 되어 있다. 한편 회자하포와 팔탑포 사이에는 邵伯舖가 있다.

295_ 明代의 軍事編制로서 기본적으로 1府에 所를 설치하고 여러 府에 衛를 설치하였다. 각 都司·行都司·留守司가 관할하면서 나누어 五軍都督府에 예속되었다. 대체로 5천6백인이 1衛, 1천120인이 1千戶所, 112인이 1百戶所가 되었다. 衛에는 指揮使司를 두는데, 指揮使가 장관이고 指揮同知 및 指揮僉事가 副官이었다. 所는 千戶와 百戶가 각각 長官이 되고, 아래에 鎭撫, 總旗, 小旗 등을 두었다.

296_ 旌義縣監 李暹은 성종14년 2월 제주를 떠난 후 추자도 부근에서 폭풍을 만나 10일간을 표류하다가 중국 揚州에 가까운 長沙鎭에 표착하였다. 일행 47명 중에서 14명이 표류 과정에 죽었고 남은 33명은 조사를 받은 다음 揚州를 거쳐 북경으로 이송되었다가, 조선의 千秋使 朴楗을 따라 8월에 漢陽으로 귀환하여 〈行錄〉을 지어 바쳤다. 《朝鮮成宗實錄》권157, 14년 8월 庚午, 壬申, 壬午.

옥에 가두었습니다. 어느 순검(巡檢)이 '서방사(西方寺)[298]에 편히 묵게 하라'고 말하고, 배를 타고 지나 온 길을 심문하느라 1개월 가까이 머물렀는데, 연해비어도지휘(沿海備禦都指揮) 곽(郭) 대인[299]이 이섬에게 '돛 열 폭이 바람을 막아내지 못했네'라는 글귀가 있음을 보고는 그가 좋은 사람임을 깨닫고 손님과 벗의 예로 대접하였습니다"라고 하였습니다. 다시 신에게 묻기를, "당신이 배를 댔던 해안에서 이곳까지는 모두 몇 리나 됩니까?"라고 하였습니다. "우두 앞 바다에서 도저소에 이르고, 항주를 거쳐서 또 양주에 이르렀으니, 지나온 길이 무려 2천5백여 리는 될 것입니다." 조감이 말하기를, "이섬은 이곳에 이르러 오히려 고향이 멀다고 근심했는데, 지금 당신의 근심은 이섬보다 배는 되겠습니다"라고 하였습니다. "이섬은 단순히 길이 멀다고 근심했지만, 내가 괴로운 것은 아버지가 돌아가셨는데 염습도 하지 못했고, 어머니는 늙어 살아 계시지만 자식의 직분[300]을 못했으며, 나그네의 길은 멀기만 하니, 비통한 마음은 천지가 캄캄할 정도입니다."

• • •

297_《朝鮮成宗實錄》 14년 8월 22일 壬午. 李暹이 桑愷 등과 응접한 일이 소개되어 있다. 다만 《實錄》에는 百戶가 아닌 千戶, '桑愷'가 아닌 '桑鎧'로 나와 있다.

298_西方禪寺는 감천현 西門 四望亭 북측에 있는데 唐 永貞 연간에 僧 智完이 건립하였다. 光緒 《甘泉縣志》 권9, 寺觀.

299_《朝鮮成宗實錄》 14년 8월 壬午. 郭 大人은 蘇州에서 온 總兵官 郭鋐을 가리킨다.

300_원문의 '子職已虧'은 자식으로서 부모를 섬기는 데 응당 최선을 다해야 할 일이란 뜻으로 출전은 《孟子》 〈萬章上〉이다.

24일—우성역(盂城驛)[301]에 도착하였습니다.

이 날은 맑았습니다. 소백체운소(邵伯遞運所)에서 소백호(邵伯湖) 신당(新塘)을 따라 소백순검사(邵伯巡檢司)·소백진(邵伯鎭)[302]·마가도포(馬家渡鋪)·삼구포(三溝鋪)·요포(腰鋪)·노근열녀사(露筋烈女祠)[303]·노근포(露筋鋪)·왕금포(王琴鋪)·팔리포(八里鋪)[304]를 지났습니다. 신당(新塘)의 석축은 길이가 30여 리나 되었습니다. 또 신개호(新開湖)를 따라 밤 2경에 우성역에 이르렀는데, 우성역은 고우주(高郵州) 성 남쪽 3리 밖에 있었습니다.

25일—고우주를 지났습니다.

이 날은 흐렸습니다. 첫 닭이 울 무렵 우성역을 떠나 고우주를 지났는데, 고우주는 곧 옛날의 한주(邗州)였습니다. 한구(邗溝)는 한강(寒江)이라고

301_ 고우주의 南門 밖에 있다. 洪武8년(1375)에 개설하였다. 雍正《揚州府志》권13, 公署; 道光《高郵州志》권1, 建置 등 참조. 우성역은 지금까지 중국에 남아 있는 몇몇 驛站의 유적 가운데 가장 보존이 잘 되어 있는 驛站으로서, 현재 중국의 유일한 郵驛博物館이기도 하다. 뒤늦게 유적의 가치를 깨달은 高郵市가 그동안 민가로 쓰이고 있던 부분을 사들여 1995년에 복원시켰다. 복원된 것은 역의 중심 부분 10% 정도이고, 40%는 여전히 민가로 쓰이고 있으며 나머지는 완전히 훼손되었다. 복원된 우성역에는 正廳과 손님을 접대하는 駐節堂, 驛丞의 주택과 숙소, 馬神祠, 鼓樓, 주방, 감옥 등이 고루 갖추어져 있다.

302_ 甘泉縣城에서 북으로 40리 거리에 있다. 水陸의 要地로 사방의 物產이 다 모여 과주진과 함께 양주부의 대표적인 市鎭이다. 雍正《揚州府志》권6, 都里.

303_ 俗稱 露筋廟라 한다. 감천현과 고우주의 交界에 있다. 道光《高郵州志》권1, 建置; 光緖《甘泉縣志》권5, 祠祀 등 참조.

304_ 道光《高郵州志》권1, 彊域, 鋪舍에 '王八里鋪'란 명칭이 보이므로, '八里鋪'는 '王八里鋪'를 가리킬 가능성이 많다.

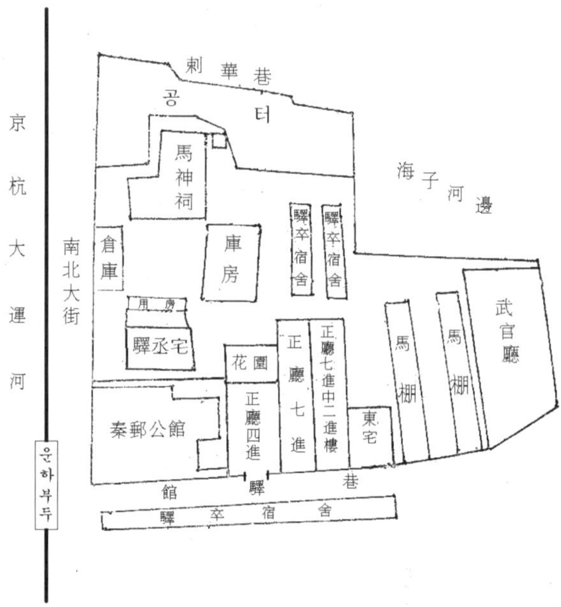

최부가 숙박한 高郵 盂城驛 평면도

도 부르는데, 남북의 수로를 둘러싸고 있는 요충이었습니다. 고우주의 성은 큰 호수에 임해 있으니 호수는 곧 고우호(高郵湖)였습니다. 강호의 경치가 뛰어나고 사람과 재물은 많아 또한 강북의 수향(水鄕)[305]이었습니다. 대개 하(夏)나라 우왕(禹王)[306] 때는 양자강과 회수가 서로 통하지 못했던 까닭에 〈우공〉에는 '강과 바다를 따라서, 회수와 사수(泗水)에 도달한다'[307]고 했고, 오왕 부차(夫差) 때에 이르러 비로소 한구(邗溝)를 개통했으며, 수나라 사람이 이를 넓혀서 뱃길이 비로소 개통되었던 것입니다. 또 서하당(西河塘)에 이르니 서하당은 호숫가에 있었는데 목책(木柵)의 길이가 70여 리나 되었습니다. 호수 가운데에는 섬이 있고 섬에는 칠공묘(七公廟)가 있었는데, 바라보니 아득하게 바라보이는 것이 도관(道觀)과 같아 보였습니다. 또 번장군묘(樊將軍廟)[308] · 전총포(前總鋪) · 당두포(塘頭鋪) · 순검사(巡檢司) · 장가포(張家鋪)[309] · 정정포(井亭鋪) · 당만포(塘灣鋪)를 지나서 계수역(界首驛)에 이르니, 역은 체운소와 동쪽 서쪽에서 서로 마주보고 있었습니다. 진훤은 군리(軍吏)로서 양왕을 따라왔는데, 조금 문자를 터득했기

• • •

305_ 강과 호수가 많아 수자원이 풍부한 지방.

306_ 夏 왕조의 전설상 시조로, 儒家에서 받드는 聖人의 한 사람이다. 《尙書》와 《史記》에 묘사된 禹는 舜으로부터 司空에 임명되어 홍수를 다스린 공으로 舜 다음에 천자가 되고, 중국 전역을 9州로 나누어 貢賦를 정하였다. 禹는 나라 이름을 夏라고 하고 재위 10년 뒤에 죽자, 제후들은 그의 아들 啓를 천자로 삼음으로써 중국 최초의 세습왕조가 시작되었다고 한다.

307_ 원문의 沿은 물 흐름에 따라 내려가는 것을 말한다. 江을 따라 내려가서 바다로 들어간 뒤에 바다에서 淮水로 들어가고 다시 泗水로 들어간다.

308_ 漢初의 장군으로 沛縣人인 樊噲를 모신 사당.

309_ 고우주의 州治에서 북으로 30리의 거리에 있는 張家溝鋪를 지칭하는 듯하다. 道光 《高郵州志》 권1, 疆域.

때문에 양왕이 서수(書手)[310]를 맡겼습니다. 진훤은 욕심 많기가 비할 데 없었고 아주 간사하였는데, 이때에 와서 우리 군인 김속(金粟)에게 노염을 품어 양왕에게 호소하니, 양왕이 김속을 잡아다 곤장 10대에 처하였습니다. 신은 정보를 시켜서 양왕에게 고하기를, "지휘께서는 우리들을 호송하면 될 뿐인데, 마음대로 우리 이국인에게 곤장을 때리니 그런 법규가 있습니까? 우리 군인들은 실로 장님과 벙어리 같습니다. 더러 잘못이 있더라도 알도록 깨우쳐 주며 불쌍히 여겨야 할 것인데 도리어 구타하니 상국(上國)이 먼 나라 사람을 호송하는 도리가 아닙니다"라고 하니, 양왕은 대답하지 못하였습니다. 부영이 신에게 몰래 알려주기를, "양공(楊公)은 본디 북경 사람으로서 항주위(杭州衛)로 배치되었는데 글을 읽지 못하여 사리를 알지 못합니다. 내가 여러 번 그에게 간하였으나 그는 우리의 말을 듣지 않고 도리에 어긋난 일을 행하니, 책망할 거리도 못 됩니다"라고 말하였습니다. 또 비를 무릅쓰고 가서 자영천(子嬰淺)을 지나 계수대호(界首大湖)를 따라 가니, 호숫가에 또한 긴 제방이 있었습니다. 순검사(巡檢司), 괴각루(槐角樓)를 지나서 밤에 범수포(氾水鋪)[311] 앞에 정박하였습니다.

26일—회음역(淮陰驛)에 도착하였습니다.

이 날은 흐렸습니다. 범광대호(氾光大湖)와 보응대호(寶應大湖)를 지나서 안평역(安平驛)에 이르고, 또 보응현치(寶應縣治)를 지나고 백마대호(白馬

310_ 기록을 담당하는 役.

311_ 원문에는 '范水鋪'로 되어 있으나, '氾水鋪'의 誤記이다. 雍正《揚州府志》권8, 河渠, 寶應縣에 의하면 氾水淺이 寶應縣 남 60里에 위치해 있다.

大湖)와 백마포(白馬鋪), 황포포(黃浦鋪), 평하교(平河橋), 이경하(里涇河), 진점(鎭店), 십리정포(十里亭鋪)를 지나서 밤에 회음역(淮陰驛)에 정박하였습니다. 범수포(氾水鋪)에서 이곳까지 100여 리 사이에 동쪽 언덕에는 긴 제방을 쌓았는데, 돌로 쌓기도 하고 말뚝을 박아 울을 만들기도 하여 끊어지지 않고 죽 이어져 있었습니다.

27일—회안부(淮安府)를 지났습니다.

이 날은 비가 내렸습니다. 회음역의 건너편 언덕 마두성문(馬頭城門) 밖에는 표모사(漂母祠)[312]가 있고, 그 북쪽에는 과하교(胯下橋)가 있었으니, 곧 한신(韓信)[313]이 밥을 얻어먹고 욕을 당했던 곳[314]이었습니다. 회음역은 또 체운소와 접해 있고 체부[315]창(遞夫廠)과 서로 마주보고 있었습니다. 회음역에서 노를 저어 회안부에 다가가니, 회안부는 곧 옛날의 동초주(東楚州)로서 실로 동남방의 중요한 진(鎭)이었습니다. 그 구성(舊城)의 안에 회안

• • •

312_ 漂母는 韓信이 굶주렸을 때 먹을 것을 주었다는 빨래하는 아낙을 말하는데 漂母祠는 山陽縣城 望雲門 밖에 있다. 《大淸一通志》 권65 ; 咸豊 《淮安府志》 권26, 壇廟 등 참조.

313_ 漢初의 武將이다. 秦나라 말 난세에 처음에는 楚의 項梁과 項羽를 섬겼으나 중용되지 않아 漢王 劉邦의 군에 참가하였다. 승상 蕭何에게 인정을 받아 군사 면에서 크게 공을 세움으로써 齊王, 이어 楚王이 되었다. 그러나 漢帝國의 권력이 확립되자 劉氏 외의 다른 諸王과 함께 차차 밀려나, 기원전 201년 淮陰侯로 격하되고, 기원전 196년 陳豨의 亂에 가담하였다 하여 呂后의 부하에게 慘殺당하였다.

314_ 淮陰侯 韓信이 어렸을 때 가난하여 漂母에게 寄食하고, 무뢰배 소년들의 가랑이 사이로 기어 들어가는 수모를 당하여 겁쟁이로 비웃음을 당한 고사를 말한다. 《史記》 권92, 列傳32, 淮陰侯 참조.

315_ 화물의 장거리 운송을 담당하는 壯丁.

부치(淮安府治)·산양현치(山陽縣治)·회안위(淮安衛)와 도당부(都堂府)·총병부(總兵府)·어사부(御史府) 등의 여러 관사(官司)가 있었습니다. 구성의 동쪽에 또 신성(新城)을 쌓았는데, 신성의 안쪽에 대하위(大河衛)[316]가 있었으며, 나머지 관사는 미처 세우지 못하고 있었습니다. 신성과 구성은 사이가 1리가량 떨어져 있었는데, 호수가 두 성의 안팎을 둘러싸고 있었으며, 성과 인가는 모두 평도(平島)안에 있었습니다. 남도문(南渡門)을 지나 북쪽으로 가서 회하(淮河)에 이르니, 그 사이에 금룡사대왕묘(金龍四大王廟)[317]·부교정(浮橋亭)·용홍탑(龍興塔)·종루전(鐘樓殿)·뇌신점(雷神店)·서호하취(西湖河嘴)·노화상탑(老和尙塔)·초청(鈔廳)·판갑(板閘)·이풍갑(移風閘)·봉저문(鳳翥門)·공부창(工部廠)[318]·청강갑(淸江閘)[319] 등교기봉문(騰蛟起鳳門)·청강폭주문(淸江輻輳門)·청강갑(淸江閘) 상영창문(常盈倉門)·천비묘(天妃廟)·동악인성궁(東嶽仁聖宮)·영자궁(靈慈宮)[320]·평강공양후묘(平江恭襄侯廟)[321]·조운부(漕運府)[322]·총창동가

316_ 옛 大淸觀基로서 洪武2년(1369)에 창건되었다. 咸豊《淮安府志》권17, 營制.

317_ 宋朝 理宗의 외척 謝緖를 모신 사당이다. 사서는 남송이 멸망할 무렵 항주의 金龍山에 은거하였는데, 謝太后가 북쪽으로 끌려갔다는 소식을 듣고 물에 뛰어 들어 자살하고 말았다. 元代에 謝緖는 민간에서 黃河의 수호신으로 추앙되었고, 후에 顯佑通濟王이라는 爵號를 받았다. 《江南通志》권39 ; 咸豊《淮安府志》권26, 壇廟 등 참조.

318_ 工部分司의 別署를 가리킨다. 正堂 5間, 後堂 3間, 廂房은 동서로 각 3間, 庫房 3間, 儀門 3間, 大門 3間, 更樓 1座, 牌樓 1座로 구성되어 있다. 正德《淮安府志》권6, 規制 2, 公署.

319_ 山陽縣城에서 서북으로 30리 거리로서 龍王閘이라고도 한다. 咸豊《淮安府志》권5, 城池.

320_ 天妃宮을 가리키는데 漕運을 위하여 세운 것이다. 靈慈宮은 모두 3곳이 있는데 그 가운데 본문의 그것은 淸江浦에 위치한 것을 가리키는 듯하다. 宣德 연간 平江伯

(總廠東街)·총창서가(總廠西街)·복흥갑(福興閘)·현제사(玄帝祠)[323]·우성사(佑聖祠)·신장갑(新藏閘)[324]이 있었습니다. 또 그 사이에 봉양중도(鳳陽中都)·봉양좌위(鳳陽左衛)·용호우위(龍虎右衛)·용강좌위(龍江左衛)·표도위(豹韜衛)·표도전위(豹韜前衛)·회안위(淮安衛)·대하위(大河衛)·진강위(鎭江衛)·고우위(高郵衛)·양주위(楊州衛)·의진위(儀眞衛)·수군좌위(水軍左衛)·수군우위(水軍右衛)·부군전위(府軍前衛)·사주위(泗州衛)·비주위(邳州衛)·수주위(壽州衛)·장회위(長淮衛)·여주위(廬州衛) 등이 있었습니다. 회남(淮南)·강북·강남의 여러 위(衛)가 이곳에 모여 배를 만드는데 모두 선창(船廠)이 있었습니다. 무릇 장강과 회하(淮河)의 400-500리 사이의 땅은 소백호(邵伯湖)·고우호(高郵湖)·계수호(界首湖)·백마호(白馬湖) 등과 같은 큰 호수에 침식당했으니, 큰 호수는 4면으로 끝이 없었습니다.

이 날 큰비를 무릅쓰고 회하를 건넜는데 황하(黃河)라고도 불렀습니다.

• • •

陳瑄이 세웠는데 勅額을 下賜받았다. 少師 楊士奇의 〈記〉가 있다. 正德《淮安府志》권11, 〈祀祠〉, 寺觀.

321_ 明 永樂연간에 漕運에 공을 세운 平江伯 陳瑄을 모신 사당. 다만《江南通志》와《山東通志》등에는 '恭襄侯廟'가 아닌 '恭襄侯祠'라고 되어있다.《江南通志》권40 ;《山東通志》권21 참조.

322_ 漕運鎭守府를 가리킨다. 永樂 연간 總兵官 平江伯 陳瑄이 漕運을 提督하기 위하여 세웠다. 正德《淮安府志》권6, 規制2, 公署.

323_ 玄帝는 두 가지 뜻이 있다. 먼저 道敎에서 眞武帝를 玄天上帝 즉 玄帝라 하기도 하고, 治水 사업에 大功을 세운 禹王을 玄帝라 부르기도 한다. 다만 淮安이 漕運路上에서 차지하는 위치 등을 고려해 볼 때 여기에서의 玄帝는 禹王을 가리키는 것으로 생각된다.

324_ 正德《淮安府志》권6, 規制2, 公署를 보면 閘名은 新藏이 아니라 新莊이라 되어있다.

신이 부영에게 묻기를, "〈우공〉을 살펴보면, 황하는 적석(積石)·용문(龍門)·화음(華陰)·저주(底柱)·대비(大伾) 등 여러 산을 지나고, 또 홍수(洚水)와 대륙(大陸)을 지나 구하(九河)가 되고, 역하(逆河)[325]가 되어 동북으로 흘러 바다에 들어가고, 회수는 동백산(桐栢山)을 지나 사수(泗水)와 기수(沂水)를 만나 동으로 흘러 바다에 들어가게 됩니다. 임지기(林之奇)[326]는, '황하의 하류는 연주(兗州)가 받고, 회수의 하류는 서주(徐州)가 받는다'라 하였으니, 그렇다면 회수와 황하는 연원도 같지 않고 지류의 갈림도 같지 않고, 바다에 들어간 땅도 또한 같지 않은데 지금 합하여 회하가 된 것은 무슨 이유입니까?"라고 하였습니다. 부영은, "우리 명나라 조정이 황하의 수로를 파서 회수에 유입시켜, 합류해서 바다로 들어가게 하였으므로 황하는 옛 길을 잃게 되었으니 〈우공〉과는 다른 점이 있습니다"라고 운운하였습니다. 회하는 실로 여러 물이 모이는 강입니다. 황하와 회수가 합류하여 서하(西河)가 되고, 제수(濟水)·탑수(漯水)·문수(汶水)가 수수(洙水)·사수(泗水)와 합류하여 또 변수(汴水)를 만나고, 다시 동으로 흘러 기수(沂水)를 만나 동하(東河)가 됩니다. 서하는 물 빛깔이 누렇기 때문에 황하라 이르고, 동하는 물 빛깔이 푸르기 때문에 청하(淸河)라 이릅니다. 두 강물이 합하

325_ 黃河가 바다로 들어가기 직전의 河流를 말하는데 潮水가 거슬러 들어온 데에서 유래한 이름이다.

326_ 南宋 초기의 학자로, 세간에서는 三山先生이라 불렀다. 紹興21년(1151)에 진사가 되어, 지방을 거쳐 중앙의 여러 관직을 거쳤다. 그 후 外任을 청하여 지방관이 되었다가 얼마 후 사임하였다. 남송 중기의 名儒 呂祖謙은 그의 제자로서 呂氏學問의 중계자로서 중요한 역할을 하기도 한다. 동시에 그는 훌륭한 시인이기도 하여 〈江月圖〉와 〈早春偶題〉 등의 명작을 남겼다. 저서에는 《春秋周禮說論》 등이 있다.

여 이곳으로 흐르니 회하라고 부르는 것입니다. 강의 너비는 10여 리나 되고 깊이는 끝이 없으며, 물의 흐름은 사납고 급하였습니다. 강가에는 경칠공신사(耿七公神祠)[327]가 있었고, 또 귀산(龜山)이 강과 접해 있었습니다. 조감이 신에게 말하기를, "이 산 밑에는 신물(神物)이 있는데, 모양은 원숭이와 같으며 주름진 코, 높은 이마, 푸른 몸뚱이, 흰 머리털에 눈빛이 번개와 같습니다. 전해 오는 속담에, '우왕이 홍수를 다스릴 때 큰 새끼로 이 신물을 잡아매어 이곳에 살면서 회수가 편안히 흐르게 하도록 명했다'고 합니다. 요즈음 사람들이 이 신물의 형상을 그려서 갖고 있으면 풍랑의 조난을 면한다고 합니다"라고 하였습니다. 신이 말하기를, "이는 참으로 터무니없고 사리에 맞지 않는 말이니 믿을 것이 못 됩니다"라고 하였습니다. 조감은 잠자코 있었습니다. 신 등은 회하를 거쳐 동하를 거슬러 올라가서 청구역(淸口驛)에 이르렀습니다. 밤에 청하현(淸河縣)을 지나서 인가가 없는 기슭에 정박하였습니다. 청하현치(淸河縣治)에 한신성(韓信城)과 감라성(甘羅城)[328]이 있다는 말을 일찍이 들었으나, 밤에 지나가 볼 수 없었습니다.

28일—흐리고 큰바람이 불었습니다.

배를 끌어 바람을 맞받으면서 청하구(淸河口)를 거슬러 올라가 삼차천포

• • •

327_ 宋 耿遇德을 모신 사당이다. 그런데 《江南通志》에는 '耿七公神祠'가 아닌 '耿七公廟'로 되어 있다. 康澤廟의 俗名으로 이곳에서 항해의 안전을 비는 자들이 많았다고 한다. 《江南通志》 권40 참조.

328_ 淸河縣의 舊 淮陰縣治 북측에 있는데 秦의 甘羅가 쌓은 것이라고도 하고 甘羅가 묻힌 곳이라고도 한다. 咸豊 《淮安府志》 권28, 古蹟. 한편 甘羅는 戰國時代의 策士로서 趙王을 설득하여 五城을 들어 秦에 割讓하고 秦을 섬기도록 한 인물이다.

(三汊淺鋪)를 지났습니다. 또 백양하(白洋河)를 거슬러 올라가 밤중에 강가에 정박했는데, 지명은 알 수 없었습니다.

29일 – 맑았습니다.

새벽에 길을 떠나서 장사충천(張泗冲淺)과 백묘천(白廟淺)을 지나 도원역(桃源驛)[329]에 이르렀습니다. 도원역 서쪽에 위치한 삼결의묘(三結義廟)[330]가 바로 유비(劉備)[331] · 관우(關羽)[332] · 장비(張飛)[333]의 사당이었습니다. 도원역 안에 또 거사비(去思碑)[334]가 있었습니다. 용구하(龍溝河)를 거슬러 올라가서 도원현(桃源縣)을 지나 북쪽으로 가서 또 최진(崔鎭)을 지나 저녁

• • •

329_ 桃源縣治에서 북으로 半里의 거리에 있는데 洪武4년에 創建되었다. 正德《淮安府志》권6, 規制2, 公署.

330_ 正德《淮安府志》권6, 〈祀祠〉, 祠廟에는 '三義廟'라고 기재되어 있다. 桃源縣治에서 동으로 80步의 거리에 있는데 洪武22년 知縣 陳德彰이 重建한 것이다.

331_ 삼국시대 蜀漢의 건립자(재위 221-223)이다. 關羽, 張飛와 의형제를 맺어 黃巾賊을 토벌하였다. 뒤에 諸葛亮을 맞아들여 그의 계략으로 孫權과 동맹하여 赤壁戰에서 曹操를 이기고, 三國 鼎立의 기틀을 마련하였다. 황제에 오른 다음 해인 222년에 형주의 탈환과 관우의 죽음에 대한 복수를 위하여 吳를 공격하였으나, 夷陵의 싸움에서 대패하여 백제성에서 병사하였다.

332_ 삼국시대 蜀漢의 무장으로, 자는 雲長이다. 후한 말기에 涿縣에서 유비를 만나 장비와 함께 의형제를 맺었다. 뛰어난 학문과 무예를 겸비하여 蜀나라의 동방 방위를 맡아 위세를 떨쳤지만, 결국 荊州에서 조조와 손권의 공격을 받아 사로잡혀 죽음을 당하고 말았다. 宋代 이후로 그를 武神 또는 財神으로 모시는 關帝廟가 각지에 건립되는 등 중국 민간신앙의 대상이 되었다.

333_ 삼국시대 蜀나라의 무장이다. 劉備, 關羽와 함께 의형제를 맺고, 後漢末 동란기의 많은 전쟁에서 용맹을 떨쳤다. 유비가 益州를 취한 후 車騎將軍이 되었다. 그 후 유비가 吳를 공격하는 東征 준비를 하던 중, 부하에게 암살되었다.

334_ 善政을 편 지방관이 이임할 때 鄕民들이 그의 공적을 기리기 위하여 세우는 비석.

에 고성역(古城驛)[335]에 이르렀습니다.

30일—숙천현(宿遷縣)을 지났습니다.

이 날은 흐렸습니다. 아침에 고성역에서 무가구(武家溝)를 지나 백양하, 육가돈(陸家墩), 소하구(小河口)를 거슬러 올라가서 종오역(鐘吾驛)[336]에 이르렀습니다. 역 앞에 황화문(皇華門), 비영문(蜚英門), 쌍계문(雙桂門) 등이 있었고, 역의 북쪽은 숙천현이었습니다. 또 체운소를 지나 순풍에 돛을 펼치니 마치 나는 듯이 빠르게 갔습니다. 조하(皂河), 청돈(青墩), 사방(沙坊)[337] 등의 천포(淺鋪)를 지나 밤 3경에 직하역(直河驛)[338]에 이르렀습니다. 5경에 큰 천둥소리가 나고 번개가 번쩍이며 우박이 내렸습니다.

3월 1일—비주(邳州)를 지났습니다.

이 날은 흐렸습니다. 직하역에서 용강(龍江)·시두만(匙頭灣)·합기(合沂) 등의 천포(淺鋪)를 지나갔는데, 기수(沂水)가 동북쪽에서 흘러와서 이 강과 합해졌습니다. 가다가 하비역(下邳驛)[339]에 이르니 하비역은 비주성(邳州

335_ 桃源縣治에서 西北으로 60리 거리에 있다. 洪武23년에 만들어졌다. 正德《淮安府志》 권6, 規制2, 公署.

336_ 宿遷縣治에서 서남으로 1리의 거리에 있다. 洪武元年 縣丞 葉仲康이 창건하였다. 처음에는 水驛이라 불렀으나 洪武5년에 鍾吾驛으로 改名하였다. 正德《淮安府志》권6, 規制2, 公署.

337_ 원문에는 '沙方'으로 되어 있으나, '沙坊'의 오기이다. 《士商類要》 권1 '南京由漕河至北京水路程'에 의하면 直河驛에서 12里 떨어진 곳에 沙坊이 있다.

338_ 邳州州治에서 동남으로 60리 거리에 있다. 洪武23년 知州 王毅가 創建하였다. 正德《淮安府志》 권6, 〈規制2〉, 公署.

城)의 남쪽에 있었습니다. 비주는 옛날에 섬자국(剡子國)[340]인데, 성의 동쪽에는 섬자묘(剡子廟)[341]가 있었으니, 곧 '중니(仲尼)가 관명(官名)에 대하여 물었다'[342]는 곳입니다. 서쪽에 애산(艾山)[343]이 있었으니 곧 노공(魯公)[344]과 제후(齊侯)[345]가 서로 만났던 곳[346]입니다. 또 반하산(半河山)이 있고, 반하산 위에는 양산사(羊山寺)가 있었습니다. 또 석경산(石磬山)[347]이 있었는데, 강 언덕에서 6-7리 떨어져 있었습니다. 〈우공〉의 '사수(泗水) 물가에 뜬 경쇠'[348]라는 구절의 주(註)에 '하비(下邳)에 석경산이 있는데 혹자는 옛날에 경쇠를 취했던 곳이라고 한다' 했으나, 이 말이 옳은지는 알 수 없습니다. 항주에서 북쪽은 땅이 모두 편평한 들판으로 간혹 먼 산이 있었습니다. 양자강(洋子江)[349]에서 북쪽은 구릉 하나 없었는데, 이곳에 이

···

339_ 邳州州治에서 서남방에 있는 泗水의 북측에 있는데 洪武3년 知州 馬拯이 創建한 것이다. 正德《淮安府志》권6, 〈規制2〉, 公署.

340_ 西周시대 剡子가 分封받은 나라.

341_ 正德《淮安府志》권11, 〈祀祠〉, 祠廟에는 邳州州治의 동북방에 있다고 되어 있다.

342_ 孔子는 옛 西周의 각종 제도를 전해 주는 典籍이 中原에 남아 있지 않은 상황에서 剡子가 來朝하자 官名에 대하여 질문했는데, 이에 대하여 剡子는 黃帝 이래 역대의 연혁을 들어 설명했다는 고사를 말한다. 《左氏傳說》권13, 〈剡子來朝〉 참조.

343_ 邳州의 東北 100여 里 되는 곳에 있는데 쑥이 많이 산출되어 艾山으로 불렸다. 《江南通志》권14 참조.

344_ 춘추시대 魯의 諸侯인 息姑를 가리킨다. 《史記》 世家 권33, 魯周公世家.

345_ 齊釐公을 가리킨다.

346_ 魯隱公이 齊釐公과 艾山에서 會盟한 일을 말한다. 《春秋左傳注疏》권3 참조.

347_ 石磬山은 《明一統志》권7 ; 光緒《邳州志》권4, 山川 등에는 磬石山으로 되어 있다.

348_ 泗水 가에 드러난 돌이 마치 떠 있는 듯 보이는데 이 돌을 경쇠로 삼을 만하여 결국 이것이 이 지역의 貢物이 되었다는 뜻이다.

349_ 揚子江을 말함.

르러 이런 산을 보았지만 높고 크지 않아서 우리나라의 남산만 하였습니다. 비주의 지주(知州)인 성이 이(李)[350]라는 사람과 비주위지휘(邳州衛指揮)인 성이 한(韓)이란 사람이 와서 신을 보고 예로 대우하며, 국수사리 1쟁반, 두부 1쟁반, 소채(素菜) 2쟁반을 대접하였습니다. 하비역(下邳驛) 앞에서 서쪽으로 가서 비주성(邳州城)을 돌아 지나고, 또 한 나루를 거쳐서 백랑구(白浪口), 건구아(乾溝兒)를 건넜습니다. 첫 닭이 울 무렵 신안체운소(新安遞運所)를 지나 날이 밝을 무렵에 신안역(新安驛)[351]에 이르게 되었습니다. 신 등이 동하를 거슬러 올라온 이후에는 강이 매우 넓고 양쪽 언덕이 높고 가파르기 때문에 때때로 구경할 수가 없었습니다.

2일—방촌역(房村驛)을 지났습니다.

이 날은 비가 조금 내리고 큰바람이 불었습니다. 신안역에서 마가천(馬家淺)·쌍구(雙溝)·풍현(豐縣)·패현(沛縣)·소현(蕭縣)·탕현(碭縣) 등 4현의 부창(夫廠)[352]과 방촌집(房村集)[353]을 지나고, 또 금룡현성령묘(金龍顯

350_ 弘治元年(1488) 邳州知州로 부임한 杞縣人 李文聰을 지칭한다. 同治《徐州府志》권6, 職官表.

351_ 邳州州治에서 북으로 60리 거리에 있다. 洪武23년 知州 王毅가 創建하였다. 正德《淮安府志》권6, 規制2, 公署.

352_ 撥夫廠이라고도 하는데 勞役을 撥付하는 곳이다.

353_ 集은 明代 북방에서 集市를 부르는 명칭이다. 集市는 市集이라고도 하는데 상인이 장사를 하던 곳이다. 不定期市와 定期市 및 常市 등으로 나뉘었다. 대부분 인구가 밀집하고 경제가 발전하여 교통이 편리한 곳에 설치되었다. 地方官府가 장소와 날짜를 지정하고, 아울러 담당자를 파견하여 관리하였다. 노비, 牛馬 등의 가축, 곡물과 직물 등을 매매하였다. 파는 사람은 열을 지어 行을 이루었으며, 官府의 牙人이 교역을 주재하였다.

聖靈廟)를 거쳐 여량소홍(呂梁小洪)[354]에 이르러 대로 만든 새끼로 배를 끌고 올라가서 이타사(尼陀寺)를 지나니, 서쪽 언덕에 관우(關羽)와 울지공(尉遲公)[355]과 조앙(趙昻)[356]의 사당이 있었습니다. 또 방촌역(房村驛)을 지나 여량대홍(呂梁大洪)에 이르니, 홍은 여량산(呂梁山)의 사이에 있었습니다. 홍(洪)의 양쪽 가의 물밑에는 여기저기 흩어진 돌과 가파른 바위가 높이 서 있었는데, 일어나서 높이 솟은 것도 있고 엎드려 죽 늘어선 것도 있었습니다. 강의 흐름이 꼬불꼬불하다가 이곳에 와서야 언덕이 탁 트여서 세차게 흐르는데, 세찬 기세는 바람을 뿜고 소리는 우레와 같아 지나가는 사람들은 두려워서 가슴이 두근거렸으며 간혹 배가 뒤집힐까 걱정했습니다. 동쪽 언덕에는 돌 제방을 쌓았는데 서로 어긋나게 파내어 물살을 터놓았습니다. 비록 작은 거룻배일지라도 반드시 대로 만든 새끼를 사용하여 소 열 마리라야만 배를 당겨서 올릴 수가 있었습니다. 신 등은 청산용신사(青山龍神祠)[357] 앞에서 홍수(洪水)를 거슬러 형승루(形勝樓)를 지나서 밤에 공부분사(工部分司)·왕가교(王家橋)·이가교(李家橋)·노담묘(老聃廟)[358]를 지나

354_ 洪은 물길이 좁아져 급하게 흐르는 곳.

355_ 원문의 '蔚遲公'은 尉遲恭을 가리킨다. 字가 敬德인 尉遲恭은 唐太宗 때의 武將으로 竇建德, 王世充을 토벌하는 데 큰 공을 세워 鄂國公에 봉해진 바 있다. 關羽와 尉遲恭의 사당이란 呂梁洪 가에 있는 關尉神祠를 가리킨다. 漢의 壽亭侯 關羽와 唐의 鄂國公 尉遲恭 두 神을 모신 사당으로서, 元 皇慶 연간에 건립되었다. 嘉靖《徐州志》권8, 人事.

356_ 三國時代에 魏의 장군으로 馬超를 토벌하여 공을 세우고 益州刺史가 되었다.

357_ 徐州에는 呂梁洪神廟가 둘이 있다. 하나는 上洪에 있는 것으로 舊稱 河平王이라 한다. 다른 하나는 下洪에 있는데 舊稱 龍神이라 한다. 본문의 龍神祠는 후자를 지칭하는 듯하다. 嘉靖《徐州志》권8, 人事.

358_ 老子를 모신 사당. 老聃은 중국 고대의 사상가로, 道家의 창시자이다. 春秋時代 말기

수수묘(水首廟) 앞에 이르렀습니다. 홍의 여울이 급한 곳은 8-9리나 되었습니다. 진훤은, "이것이 여량홍입니다. 우왕이 땅을 뚫어 막힌 물을 통하게 한 이후에 진숙보(秦叔寶)[359]란 사람이 이 홍을 맡아 수리하였습니다"라고 운운하였습니다. 신이 말하기를, "〈우공〉의 '양(梁)과 기(岐)를 다스린다'[360]는 구절의 주에, '양은 여량산이다'라 했으며, 역도원(酈道元)[361]은, '여량의 돌이 우뚝 솟았으므로, 강물이 이에 부딪쳐서 천지를 진동시킨다'고 했으니, 이 홍이 그게 아니겠습니까?"라고 하였습니다. 진훤이 말하기를, "과연 그럴 듯합니다. 다만 〈우공〉의 여량은 기주(冀州)에 기재되어 있는데, 이 홍은 서주(徐州)에 관할되어 있어 의심스러울 뿐입니다"라고 하였습니다.

• • •

周나라의 장서실 관리인이었다. 공자가 젊었을 때 洛陽으로 노자를 찾아가 禮에 관한 가르침을 받은 것으로 알려진다. 《老子》 혹은 《道德經》이 老聃의 저술인지에 대해서는 논란이 있다.

359_ 唐의 開國功臣으로 이름은 瓊이며 叔寶는 그의 字이다. 隋나라 大業 중에 士卒이 되었다가, 李密 등의 농민반란군에 가담하였다. 武德 2년(619) 唐에 투항하여 馬軍總管으로서 李世民을 따라 劉黑闥 등을 평정하였다. 尉遲敬德 등이 이끄는 군대와 함께 당나라 군대의 정예가 되었다. 전투 때마다 선봉에 서서 적진을 함락시켰다. 무덕9년에 玄武門의 變에 참여하고, 左武衛大將軍에 임명되었다.

360_ 원문은 "旣載壺口, 治梁及岐"라 하여 호구에서부터 시작하여 서쪽으로 梁山과 岐山에 이르러 治水를 한다는 뜻이다.

361_ 北魏의 지리학자로, 字는 善長이다. 그의 통치가 가혹하여 〈酷吏傳〉에 실려 있다. 그가 東荊州刺史로 있을 때 蠻民의 원한을 사 면직되었다. 그로부터 10년 뒤 다시 등용되어 御史中丞까지 지냈는데, 陝西 방면으로 행정 사찰을 나갔을 때 암살당했다. 그는 학문을 좋아하여 기이한 책을 일일이 살펴 《水經注》 40권, 《本志》 13편을 완성했다.

3일—서주를 지났습니다.

이 날은 비가 내리고 큰바람이 불었습니다. 새벽에 구녀총(九女塚)과 자방산(子房山)을 지나 운룡산(雲龍山)[362]에 이르렀습니다. 운룡산 위에는 석불사(石佛寺)가 있었는데 매우 화려하였습니다. 그 서쪽에는 희마대(戲馬臺)[363]와 발검천(拔劍泉)[364]이 있었습니다. 또 황충집(蝗蟲集)·부창(夫廠)·광운창(廣雲倉)·국저문(國儲門)·화성묘(火星廟)[365]를 지나 팽성역(彭城驛)에 이르렀는데 등용문(登庸門), 진사주헌(進士朱軒)은 팽성역 앞에 있었습니다. 서주부성(徐州府城)은 팽성역 서북방의 2-3리에 있었습니다.

서주는 옛날의 대팽씨국(大彭氏國)으로, 항우(項羽)[366]가 서초패왕(西楚霸王)이라 자칭하고는 이곳에 도읍을 정했었는데[367], 성의 동쪽에는 성을

362_ 서주성의 남쪽 2리 거리에 있다. 산에 雲氣가 蜿蜒함이 용과 같다하여 雲龍山이라 부르게 되었는데 石佛山이라고도 한다. 嘉靖《徐州志》권4, 地理.

363_ 項羽가 산에 臺를 쌓고 戲馬를 관람했다는 데에서 유래한 이름으로 높이 數十仞에 폭이 數百步여서 유사시에 군대의 주둔과 수비가 가능했다고 한다. 嘉靖《徐州志》권4, 地理.

364_ 漢高祖가 이곳에 군대를 주둔하고 있을 때 물이 부족하여 곤란을 겪자 高祖가 칼을 빼어들고 내리치자 샘물이 쏟아졌다는 고사가 전한다. 嘉靖《徐州志》권4, 地理.

365_ 전설상의 火神인 回祿을 모신 사당을 말한다.

366_ 秦나라 말기의 무장이다. 기원전 209년 陳勝吳廣의 亂으로 秦이 혼란에 빠지자, 叔父인 項梁과 함께 군사를 일으켜 函谷關을 넘어 關中으로 들어갔다. 그 뒤 秦을 멸하고, 彭城으로 도읍을 옮겨 스스로를 西楚霸王이라 칭하였다. 그러나 기원전 206-202년에 漢과 싸워, 처음에는 전세가 유리한 듯하였으나 마지막에 垓下에서 劉邦에게 포위되자 스스로 목숨을 끊었다.

367_《史記》권7 〈項羽本紀〉에 "項王自立爲西楚霸王, 王九郡, 都彭城."이라는 언급이 있다.《史記集解》에서 彭城이 西楚가 된다고 하였고,《史記正義》에서는 彭城이 徐州라고 하였다.

보호하는 제방이 있었습니다. 또 황루(黃樓)의 옛터가 있었으니, 이는 소식(蘇軾)이 서주의 지주(知州)였을 때[368] 세운 것이었습니다.[369] 소철(蘇轍)[370]에겐 〈황루부(黃樓賦)〉[371]가 있어 지금까지 칭송되고 있습니다. 신 등은 팽성역(彭城驛)에서 부창(夫廠)을 지났는데, 부창은 두 강물이 서로 만나서 흐르는 그 사이에 있었습니다. 백보홍(百步洪)을 지나가니 사수(泗水)·수수(洙水)·제수(濟水)·문수(汶水)·패수(沛水)가 합류하여 동북방으로부터, 변수(汴水)·수수(睢水)는 합류하여 서북방으로부터 서주성 북쪽에 이르렀습니다. 사수는 맑고 변수는 흐렸으나 한곳에 모여 흘러 남쪽으로 이 홍에 들어가는데, 홍의 물이 빨리 흐르는 곳이 비록 여량에는 훨씬 미치지 못하지만 그 험준한 것이 더욱 심하여 난잡한 돌이 뒤섞여 많이 쌓여서 범의 머리나 사슴의 뿔과 같았으니, 사람들이 이를 '배를 뒤집어엎는 바위[翻船石]'라고 불렀습니다. 물 흐르는 기세가 급하게 흐르다가 꺾이어 구부러지면서 막히기도 하고 세차게 부딪치면서 빠르게 흐르고 솟아오르면서 급류가 되어 벼락 치는 소리처럼 진동하고 물보라를 뿜어내며 맞부딪치며 뚫려 흐르다 엎어져 쏟아지니 배를 움직이기가 매우 어려웠습니다. 신의 배는

368_ 宋 神宗時에 徐州의 知州를 역임하였다. 嘉靖《徐州志》 권11, 宦蹟.

369_ 宋 熙寧 연간 소식이 徐州城의 東門에 세운 누각이다. 《江南通志》 권33 ; 嘉靖《徐州志》 권8, 人事 등 참조.

370_ 北宋 때의 문인으로, 唐宋八大家의 한 사람이다. 호는 欒城이다. 부친 蘇洵, 형 蘇軾과 함께 '三蘇'라 불렸다. 19세 때 형 蘇軾과 함께 진사 시험에 급제하여 정계로 들어갔으나, 舊法黨의 일원이었던 그는 신법당과 구법당의 당쟁에 따라 높은 벼슬을 지내기도 하였고, 귀양살이를 하기도 하였다. 주요 저서로는 시문 외에도 많은 고전의 주석서와 《欒城集》, 《欒城應詔集》, 《詩傳》, 《春秋集傳》 등이 있다.

371_ 《欒城集》 권17 〈黃樓賦〉.

공부분사(工部分司) 청풍당(淸風堂)의 앞에서 인부 100여 명을 써서 양쪽 언덕의 좁은 길을 따라 대로 꼰 새끼로 배를 얽어매어 당기면서 올라가게 하였습니다. 신은 부영 등과 함께 언덕에 올라가 좁은 길을 따라 걸어 가다가 돌을 단단하고 가지런히 깔아 놓은 것을 보고 부영에게 묻기를, "이 길을 닦은 사람은 후세에 공로를 남긴 것이겠지요!"라고 하였습니다. 부영이 말하기를, "옛날에는 이 길이 지형이 낮고 좁아서 조금만 물이 불어도 길을 찾을 수가 없으며, 물이 물러가면 흙은 사라지고 돌이 솟아나와 걸어가기가 고생이었습니다. 근년에 곽승(郭昇)과 윤정용(尹庭用)이 서로 잇달아 보수하여 석판(石板)을 깔고 이어 철정(鐵錠)을 두드려 박고 석회로 땜질을 한 까닭에 이같이 단단하고 굳게 된 것입니다"라고 하였습니다. 밤에 변수와 사수가 서로 만나 흐르는 곳에 이르러 정박하였습니다.

4일—맑았습니다.

배를 끌어 체운소에 이르니, 체운소 앞에 기봉문(起鳳門)과 목욕당(沐浴堂)이 있었습니다. 또 배로 다리를 만들어 강을 가로지르게 하니 이를 대부교(大浮橋)라 불렀습니다. 다리의 위아래에는 돛대가 나뭇단처럼 섰는데 다리 가운데의 두 배를 빼서 왕래하는 배를 통행시키고, 배가 지나고 나면 뽑아냈던 배로 다시 다리를 만들었습니다. 신의 배는 이 다리와 탑응부창(搭應夫廠)을 지나서 소현(蕭縣)의 수차창(水次倉)[372] 앞의 강가에 이르

372_ 대운하 연변의 주요 지점에 설치한 창고이다. 각지로부터 民運으로 운송되어 온 漕糧을 받아들였다가, 運軍이 다시 이를 차례차례 북방으로 운송해 갈 수 있도록 한 漕運의 중계시설이다.

러 정박하였습니다.

5일—유성진(留城鎭)을 지났습니다.

이 날은 맑았습니다. 새벽에 배를 출발시켜 구리산(九里山)[373]을 지나 동산(洞山)에 이르니, 산에는 시왕전(十王殿)[374]이 있었습니다. 또 진량홍포(秦梁洪鋪)[375], 다성점(茶城店), 양산사(梁山寺)를 지나서 경산시진(境山市鎭)[376]에 이르렀습니다. 경산(境山)[377]에는 상사(上寺)와 하사(下寺)가 있는데 모두 큰절이었습니다. 또 집전(集殿), 백묘아포(白廟兒鋪)[378]·협구천(夾溝淺)[379]을 지나 협구역(夾溝驛)에 이르렀는데, 성명은 잊었지만 어떤 역승이 진훤의 말을 따르지 않고 신 등에게 음식을 매우 넉넉하게 주었습니다. 두옥(杜玉)에게도 쌀 한 말을 주었는데, 진훤과 두옥은 서로 빼앗으려고 다투다가 두옥이 진훤의 이마를 쳤습니다. 협구역에서 황가갑(黃家閘)에 이르니, 황가갑 위에 미산만익비(眉山萬翼碑)[380]가 있었습니다. 신이 정보

373_서주성의 북으로 5리 거리에 있는 산으로 동서로 9리가 이어져 九里山이라 하였다고 한다. 嘉靖《徐州志》권4, 地理.

374_불교에서 地獄을 관장한다고 일컬어지는 十王을 모신 殿堂이다. 十王은 秦廣王, 初江王, 宋帝王, 伍官王, 閻羅王, 變成王, 泰山王, 平等王, 都市王, 轉輪王을 가리킨다.

375_嘉靖《徐州志》권7, 人事에는 秦梁洪淺이라고 표기되어 있다.

376_嘉靖《徐州志》권4, 地理 上 ; 권7, 人事 등에 의하면 境山鎭이 있어 본문의 '市'字는 衍字로 보인다.

377_徐州城에서 40리 거리로 서쪽으로 泗水에 임해있다. 嘉靖《徐州志》권4, 地理上.

378_嘉靖《徐州志》권7, 人事에는 白廟兒淺이라고 표기되어 있다.

379_淺은 淺舖를 의미한다. 嘉靖《徐州志》권7, 人事에 협구천이 백묘아천, 진량홍천 등과 함께 서주의 15개 淺舖 가운데 하나를 이루고 있다.

380_최부가 이곳을 지나기 30년 전에 세워진 眉山萬翼碑는 바로 다음 해 黃河의 대범람으

를 시켜 양왕에게 보기를 청하였습니다. 양왕은 내켜하지 않았지만 강하게 조르니 허락하였습니다.

그 비문의 내용은 대략 다음과 같습니다. "우리나라의 태조고황제(太祖高皇帝)께서 회전(淮甸)[381]에서 몸을 일으켜 천하를 통일하고 남경에 도읍을 세워서 천하에 군림하셨다. 우리 태종문황제(太宗文皇帝)[382]에 이르러 큰 제업(帝業)을 계승하여 북경으로 도읍을 옮기셨다. 당시에 방악(方嶽)과 제진(諸鎭) 및 사이(四夷)의 조빙(朝聘)과 공부(貢賦)가 해마다 모두 기내(畿內)[383]로 모였다. 그리고 전촉(滇蜀)·형초(荊楚)·구월(甌越)·민절(閩浙)이 모두 양자강을 경유하여 동해에 떠서 물의 흐름을 따라 북쪽으로 가서, 천진(天津)에 들어와 노하(潞河)를 건너서 경사에 이르렀다. 그 강해(江海)의 광활함과 풍파의 험난함으로 경사로의 운반 수송이 어려웠다. 그런 까닭에 우리 태종문황제께서 동남방의 해운이 곤란함을 염려하여 이에 고굉대신(股肱大臣)[384]을 불러 서주, 양주, 회남, 제남(濟南)에 가서 지세를 헤아리고, 물길을 따라 동쪽은 과주(瓜洲)로부터, 서쪽은 의진(儀眞)으로

• • •

로 마을 전체와 함께 水沒된 것으로 보인다. 따라서 이 碑文은 중국 문헌에서 찾아볼 수가 없으며, 오직 최부 《표해록》에서만 남아 있는 귀중한 기록이다.

381_ 淮河 流域을 일컬음.

382_ 成祖 永樂帝를 지칭한다. 文은 諡號, 太宗은 廟號인데 嘉靖 연간에 묘호가 成祖로 바뀌었다.

383_ 國都 즉 北京 부근의 땅.

384_ 股肱이란 手足이 되어 보좌의 역할을 한다는 뜻이다. 따라서 股肱大臣이란 좌우에서 보좌하는 가장 믿을 만한 대신을 가리킨다. 여기에서는 工部尙書 宋禮를 가리키는 듯하다. 永樂9년(1411) 永樂帝의 명을 받은 宋禮는 특히 會通河 일대의 水利 사업을 성공적으로 완수하였다. 이 결과 永樂13년에는 海運을 폐지하고 河運을 시행하게 된다. 《明史》 권85, 河渠志3 運河上 등 참조.

부터 모두 제방을 만들어서 물을 막아 장강으로 새지 않도록 하셨다. 이어서 근세(近世)의 구규(舊規)[385]를 따라 뱃길을 파서 물을 끌어들여 강을 만들어 모두 양주에 모이게 했으므로, 양주를 경유하여 회안(淮安)에 이르고, 회안을 경유하여 서주에 이르고, 서주를 경유하여 제남에 이르게 하였다. 제남에서 남쪽은 수세(水勢)가 남쪽으로 흘러내려 황하와 접하여 회수를 만나 바다로 들어가고, 제남에서 북쪽은 수세가 북쪽으로 흘러 위하(衛河)에 접하여 백하(白河)를 만나 또한 바다로 들어가게 하였다. 황제께서는 다시 지형의 남쪽과 북쪽이 높고 낮음이 같지 않아 물길이 나뉘어져 물을 모아놓을 수 없는 것은 장기적인 계책이 못 된다는 이유로 곧 유사(有司)에게 명령하여 갑(閘)을 두되, 5-7리에 1갑을 두기도 하고 십 수리에 1갑을 두기도 해서 물을 모아 배를 건너게 하여 지금에 이르기까지 물의 연원이 마르지 아니하였다. 이로부터 방악(方嶽)과 번진(蕃鎭) 및 사이(四夷)의 조빙(朝聘)과 회동(會同)[386], 군민(軍民)의 공부(貢賦) 수송, 상고(商賈)의 무역이 모두 이곳을 경유하게 되고, 배의 이로움이 비로소 천하에 통하여 만민을 구제하고 다시는 장강과 바다에 풍랑의 재액이 없게 되었다. 우리 태종께서 하신 이 일은 실로 우왕(禹王)의 공적을 계승하여 하늘의 부족한 점을 보충하고 만세의 태평을 열어놓은 성대한 사업이었다. 하물며 서주는 곧 옛 팽성

385_ 元 至正11년(1351) 都漕運使 賈魯를 總治河防使로 삼아 民 15만 명, 軍 2만여 명을 동원하여 黃河의 水利사업을 수행토록 하였다. 후에 翰林學士承旨 歐陽玄은 順帝의 명을 받고 이 治水 공정의 구체적 方略을 후세에 전하기 위하여 〈至正河防記〉라는 碑文을 지어 남겼다. 《元史》 권66, 河渠志3, 黃河 참조.

386_ 사방의 近隣遠邦에서 天子에 來朝하는 것을 會, 衆見하는 것을 同이라 한다.

(彭城)으로서 동방의 큰 군(郡)이며, 회수를 끼고 제수(濟水)를 둘러싸 남경과 북경의 길목이 되었음에랴! 서주의 북쪽 황가촌(黃家村)의 동쪽에 산에서 흐르는 시냇물 한 가닥이 남쪽으로 흘러 갑문으로 들어가는데, 수세가 용솟음치고 돌아 흐르는 곳이 많아 모래가 밀려 내려와 쌓여 하천을 막으니, 배가 이곳을 지나는데 항상 장애가 되어 백성들이 매우 고통스럽게 여겼다. 천순(天順) 무인년(1458) 봄에 유사가 자세히 상소하여 조정에 알리니, 우리 영종예황제(英宗睿皇帝)께서 유업을 계승하여 이를 빛내고 전대의 공업(功業)을 더욱 두터이 하려고, 이에 유사를 불러 갑문을 세워서 이를 통하게 하고 관직을 설치하여 이를 관리하게 하셨다. 이로부터 배가 왕래하면서 다시는 예전과 같은 우환이 없어지게 되었다." 갑관(閘官)이 갑문을 열더니 인부로 하여금 신의 배를 들어 올려 지나가게 하였습니다. 또 가다가 의정(義井)·황가포(黃家鋪)[387]·후촌포(侯村鋪)·이가중포(李家中鋪)[388]·신흥갑(新興閘)·신흥사(新興寺)·유성진(留城鎭)을 지나서 밤 3경에 사구갑(謝溝閘)에 이르렀습니다.

6일—패현(沛縣)을 지났습니다.

이 날은 맑았습니다. 새벽에 고두하갑(沽頭下閘)·고두중갑(沽頭中閘)·사학(社學)·고두상갑(沽頭上閘)·조양호(刁陽湖)·금구아천(金溝兒淺)

387_ 徐州 지방의 15 淺舖 가운데 하나로 嘉靖《徐州志》권7, 人事에는 黃家淺이라고 되어 있다.

388_ 嘉靖《徐州志》권7, 人事, 漕政에 徐州地方 15淺 가운데 李家淺이 열거되어 있다. 李家中鋪는 李家淺을 가리키는 듯하다.

의 상·중·하 세 곳을 지나서 패현에 이르니, 패현은 곧 한고조(漢高祖)[389]의 고향이었습니다. 패현의 동북방에 강이 있었으니 곧 포하(泡河)였습니다. 포하의 건너편 언덕에 높은 돈대(墩臺)가 있었는데, 그 앞에 정문(旌門)을 세워 '가풍대(歌風臺)'란 이름을 붙였으니 곧 한고조가 대풍(大風)을 노래[390]한 곳이었습니다. 패현의 동남방에는 사정역(泗亭驛)이 있었으니 곧 한고조가 젊었을 때 사상정장(泗上亭長)으로 있던 곳이었습니다. 포하의 서쪽 언덕에는 이교(圯橋)가 있었으니 곧 장량(張良)[391]이 신을 주워 준 곳[392]이었습니다. 비운갑(飛雲閘)은 포하의 어구에 있었습니다. 신 등은 그 포하를 거슬러 올라가서 갑(閘)을 지나 대(臺)를 구경하고 다리를 찾아보고 사정역 앞에 이르니, 사정역은 포하에서 30보 떨어져 있었습니다. 부영이 신에게 말하기를, "족하는 우리 대국의 제도를 보고 어떻게 생각하십니까? 강남

···

389_ 漢高祖(재위 기원전 202-기원전 195)로, 이름은 劉邦이다. 농민의 아들로 태어나 하급 관리직에 있다가 秦始皇이 죽은 다음해(기원전 209) 군사를 일으켜 沛公이라 칭하였다. 그 뒤 項羽보다 앞서 진나라의 수도 咸陽을 함락시키고, 진나라를 멸망시켰다. 그 뒤 4년간에 걸친 항우와의 쟁패전에서 張良, 韓信 등의 도움으로 승리하여 천하 통일의 대업을 실현시켰다. 기원전 202년 황제에 오르고 수도를 長安으로 정하였다.

390_ 劉邦이 天下를 정복하고 고향인 沛로 돌아와 父老와 子弟를 모아놓고 술을 마시면서 子弟 120명에게 詩를 읊도록 하고 자신이 의기양양하게 불렀다는 노래를 말한다. 《史記》 권8 〈高祖本紀〉 참조.

391_ 漢高祖 劉邦의 功臣으로, 자는 子房이다. 한나라 명문 출신으로, 기원전 218년 始皇帝를 습격했으나 실패하였고, 은신하고 있을 때 黃石公으로부터 《太公兵法書》를 물려받았다고 한다. 陳勝·吳廣의 亂이 일어났을 때 유방의 진영에 속하였으며, 후일 項羽와 유방이 만난 '鴻門의 會'에서는 위기 속의 유방을 구하였다. 蕭何와 함께 책략에 뛰어나 한나라 창업에 힘썼다. 그 공으로 留侯에 책봉되었다.

392_ 張良이 秦始皇을 암살하려다 실패한 뒤 圯橋를 지나게 되었는데, 黃石公이 신발을 다리 아래로 떨어뜨리고 집어 오라 하는 등 시험을 한 끝에 張良의 誠意를 칭찬하고 兵書를 주었다는 故事를 말한다. 《史記》 권55 〈留侯世家〉 참조.

으로부터 북도(北都)에 이르기까지는 옛날에는 강의 수로가 없었는데, 지정(至正)[393] 연간으로부터 비로소 수로를 개통할 계책을 세웠습니다.[394] 우리 태종대에 와서 평강후(平江侯)[395]를 두어 이를 다스리게 하여 청원(淸源)을 소통시키고, 제수(濟水)·패수(沛水)를 깊이 치고 회음(淮陰)의 땅을 파서 대강(大江)에 도달하게 하니, 한 줄기 맥락이 만 리나 되는 수로로 통하여 배가 다니는 데 안전을 보장하여 백성들이 그 은혜를 입어 만세에 길이 힘입게 되었습니다"라고 하였습니다. 신이 말하기를, "지금까지 이 강의 수로가 아니었더라면 우리들은 기구한 만 리 길에 온갖 고통을 겪었을 것인데 지금 배 가운데 편안히 누워서 먼 길을 오면서 전복의 근심을 알지 못했으니 큰 은혜를 받았습니다"라고 하였습니다. 이 날 사정역에서 수모신묘(水母神廟)[396]를 지나 밤을 무릅쓰고 길을 떠났습니다.

7일—흐렸다 비가 내렸다 했습니다.

새벽에 묘도구(廟道口), 호능성갑(湖陵城閘)[397]을 지나서 연주부(兗州府)

393_ 元惠宗 順帝의 연호(1341-1368).

394_ 至正11년(1351) 賈魯가 주관한 黃河 水利사업을 가리킨다.

395_ 平江伯 陳瑄을 가리킨다. 字는 彦純, 安徽 合肥人이다. 永樂元年(1403) 總兵官이 되어 漕運을 總督하였다. 死後에 淸河縣에서 그의 공적을 기려 祠堂을 만들었다.

396_ 沛縣治의 남측으로 泡水가에 있는 水母廟를 가리킨다. 水母는 水神을 뜻한다. 民國《沛縣志》권6, 古蹟.

397_ 湖陵城閘은 沛縣의 閘名이다.《明會典》권159 참조. 한편 호능성은 패현의 서북방향 50리가량 떨어진 곳에 있는데 묘도구와는 18리의 거리로 運河가 거쳐 가는 곳이다.《江南通志》권33 참조. 한편 嘉靖《徐州志》권4, 地理에는 호능성갑과 묘도구갑의 거리가 20리로 되어 있다.

지방에 이르니, 연주는 곧 옛날의 노국(魯國)이었습니다. 사하역(沙河驛)을 지나서 조금 정박했다가 또 맹양박갑(孟陽泊閘)을 지나 팔리만갑(八里灣閘)에 이르니, 팔리만갑의 서쪽은 곧 어대현(魚臺縣)의 땅이었습니다. 어대현 앞에는 관어대(觀魚臺)가 있었으니 곧 노은공(魯隱公)[398]이 물고기를 구경[399]했던 곳이므로 현이 '어대'란 명칭을 얻은 것 또한 이 때문이었습니다. 또 상천포(上淺鋪), 하천포(下淺鋪)의 두 포와 하서집장(河西集場)[400]을 지나 곡정갑(穀亭閘)에 이르러 강의 언덕에 올라가서 바라보니, 동북으로 아득히 바라보이는 사이에 산이 있었는데 그다지 높고 가파르지는 않았습니다. 부영이 그 산을 가리키면서 말하기를, "저 산이 바로 이구산(尼丘山)으로 공자께서 태어나신 곳입니다"라고 하였습니다. 이구산 아래에 공리(孔里)와 수수(洙水)·사수(泗水)·기수(沂水)가 있습니다. 또 동북쪽으로 바라보니 높은 산이 수백 리를 이어져 있었는데 마치 구름 같았습니다. 부영은 그 산을 가리키면서 말하기를, "저 산이 태산(泰山)이니 바로 옛날의 대종산(岱宗山)입니다. 우(虞) 나라 순(舜) 임금과 주(周) 나라 천자께서 동쪽으로 순수(巡狩)하던 곳입니다. 이번 걸음이 만약 육로로 연주 곡부현(曲阜縣)을 경유하게 된다면 이구산도 지날 수 있고 수수와 사수도 건널 수 있고 공리도 구경할 수 있고 태산도 가까이서 바라볼 수 있었을 것입니다"

398_ 춘추시대 魯나라의 군주로, 惠公의 長庶子이다. 이름은 息姑이고, 시호는 隱이다. 혜공이 죽자 어린 태자 允을 세워놓고는 11년 동안 攝政을 하였다. 후에 公子翬의 무고로 마침내 弑害당하였다.

399_《春秋左傳》 隱公 傳五年 條 참조.

400_ 集場은 墟場이라고도 하는데 集市 交易하는 장소를 말한다. 市鎭의 街肆, 河灘, 山場에 설치하여 官府가 稅를 거두었다.

라고 하였습니다. 옥황묘(玉皇廟)[401]를 지나 남양갑(南陽閘)에 이르러 정박하였습니다.

8일—노교역(魯橋驛)[402]을 지났습니다.

이 날은 흐렸습니다. 남양갑에서 조림갑(棗林閘)[403]을 지나 노교역에 이르니 노교역 앞에 노교갑(魯橋閘)이 있었는데 동쪽으로는 제로(齊魯) 지방으로 통하고, 서쪽으로는 거야현(鉅野縣)과 접하고, 남쪽으로는 회초(淮楚)와 이어지고, 북쪽으로는 경사에 이르게 되니 사방으로 통하는 길이었습니다. 노교갑 서쪽에는 흑연지(黑硯池)가 있었는데 흑연지의 물은 검었습니다. 성이 유(劉)라는 태감이 왕을 봉하고 북경으로 갈 때, 정기(旌旗), 갑주(甲胄), 종고(鐘鼓), 관현(管絃)의 성대함이 천지를 진동시켰는데, 이 갑문에 와서는 유(劉) 태감이 탄환으로 뱃사람을 향해 함부로 쏘니 그의 난폭한 행동이 이와 같았습니다. 진훤이 말하기를, "이 배의 내관(內官)[404]이 이같이 못된 짓을 하는 것이오"라고 하였습니다. 부영은 신에게 묻기를, "귀국에도 이런 태감이 있습니까?"라고 하였습니다. "우리나라의 내관들은 궁중에서 청소하는 일과 왕명을 전달하는 일만 맡고 관부의 일은 맡지 않습니다." 부영이 말하기를, "태상황제(太上皇帝)께서 환관을 신임했던 까닭에 이 같

401_玉皇은 道教에서 가장 지위가 높고 권력이 큰 神인 昊天金闕至尊玉皇上帝의 略稱이며 모든 禍福을 관장한다고 한다.

402_兗州府 경계에 있는 水驛으로 嘉靖45년(1566)에 沙河驛과 같이 河橋驛으로 병합되었다. 萬曆《兗州府志》권18, 驛傳.

403_南陽에서 북으로 12리 거리에 있는 漕河閘이다. 萬曆《兗州府志》권19, 河渠.

404_환관의 별칭.

은 궁형(宮刑)을 받은 사람들이 막중한 권력을 쥐고 근시(近侍)가 되어 문·무관들이 모두 이에 빌붙게 되었습니다"라고 하였습니다. 진훤이 말하기를, "의술, 도교, 불교의 세 가지 가운데 귀국에서는 어떤 것을 중하게 여깁니까?"라고 하였습니다. "우리나라에서는 유술(儒術)을 중히 여기고 의방(醫方)은 그 다음이며, 불교는 있지만 좋아하지 않고 도법(道法)은 없습니다." "성화황제(成化皇帝)께서는 도교, 불교의 두 가지 법을 가장 중하게 여겼는데, 지금 신황제(新皇帝)께서 일절 이를 금지시켰습니다." 신이 묻기를, "귀국은 지금 대명(大明)의 시대임에도 모두 대당(大唐)이라 일컫는 것은 무슨 이유입니까?"라고 하였습니다. 부영이 말하기를, "이는 다름이 아니라 대당 시대부터 전습되어 오던 대로 일컫는 것이니 습속이 그러하기 때문이지요"라고 하였습니다. "우리가 귀국에 도착한 이후로 사람들이 모두 우리들을 가리켜 '높으신 오야지[大大的烏也機]'라 말하니 이것은 무슨 말입니까?" "이는 일본인이 우리나라의 '대인(大人)'을 그렇게 부르는 훈(訓)입니다. 이 지방 사람들은 당신들이 일본에서 왔을까 하여 그런 말을 하게 된 것입니다."

신 등이 노교갑에서 통리왕묘(通利王廟), 노진교(魯津橋)를 지나 오루교(五樓橋)에 이르니, 동로(東魯) 지방의 여러 갈래의 물이 서로 만나 이곳으로 흐르고 있었습니다. 또 사가장(師家莊)의 상포(上鋪)·하포(下鋪)[405], 중가포(仲家鋪)[406], 중가천갑(仲家淺閘)을 지나서 신갑(新閘)에 이르렀습니

405_ 師家莊上淺鋪와 師家莊下淺鋪는 모두 運河淺鋪의 하나이다. 萬曆《兗州府志》권19, 河渠.

406_ 萬曆《兗州府志》권19, 河渠를 보면 運河淺鋪의 하나로 仲家莊淺이 있는데 莊이란

다. 부영이 신에게 다음과 같은 말들을 하였습니다. "이 수문은 곧 도수감승(都水監丞) 야선불화(也先不華)[407]가 세운 것입니다. 회통하(會通河)[408]가 이곳에 이르면 모래 섞인 흙이 물에 밀리고 수세가 흩어져서 배를 띄울 수 없었으므로 앞뒤에 수문을 설치하였습니다. 신점(新店)에서 사씨장(師氏莊)까지는 오히려 물이 얕아 어려운 곳이 있으므로, 조운 선박이 이곳을 지날 적마다 상하가 힘을 다해서 종일 부르짖어도 한 치를 나아가면 한 자를 물러나게 되므로 반드시 육지에서 수레를 이용하여 운반하여야 했는데, 이렇게 새 수문을 만든 이후로는 배의 운행이 안전하고 순조롭게 되었습니다." 수문의 동쪽에는 하신사(河神祠)[409]가 있고 서쪽에는 공서(公署)가 있었으며 공서의 남쪽에는 하관대(遐觀臺)가 있었습니다. 하관대 위에는 정자를 건축하여 동쪽으로 추역산(鄒嶧山)과 마주보게 하고는 편액을 '첨추(瞻鄒)'라고 하였습니다. 신 등은 그 수문을 지나서 밤에 신점갑(新店閘)을

글자가 생략이 된 듯하다.

407_ 也先不花를 가리킨다. 元의 정치가로, 케레이트 부족의 사람이다. 태자 眞金이 燕王에 봉해지자, 世祖의 명에 따라 그의 후견인이 되었다. 1286년에 雲南行省平章政事가 되어, 반란을 일으킨 蠻民을 평정하였다. 登, 雲 등 府州縣 60여 곳을 설치하고 20여 만 戶를 얻었다. 후에 湖廣行省平章에서 河南行省平章으로 옮겨 黃河가 범람하자 治水에 힘썼으며, 湖廣行省左丞相으로 승진하였다.

408_ 元 至元26년(1289) 大都로의 漕道를 확보하기 위하여 오늘날 山東 臨淸縣에서 東平縣에 이르기까지를 開鑿하여 會通河라고 命名하였지만 기술상의 문제로 水深이 충분치 않아 수송력은 기대에 미치지 못하였으므로 元代에는 거의 이용되지 않았다. 明 洪武24년 黃河의 범람으로 망가졌지만 永樂 연간 遷都 이후 江南과 北京 사이의 漕道 확보가 절실하게 되었다. 이에 濟寧州 同知 潘叔正의 上言에 따라 會通河의 준설에 착수하였다. 永樂9년(1411) 2월 工部尙書 宋禮의 지휘 아래 착공하여 6월에 준공되었다.

409_ 전설상의 黃河를 관장하는 水神인 河伯을 가리킨다.

거쳐 갔습니다.

9일—제녕주(濟寧州)에 도착하였습니다.

이 날은 맑았습니다. 날이 새려고 할 때 수문을 지나니 곧 석불갑(石佛閘)이었습니다. 또 조촌갑(趙村閘)을 지나 남성역(南城驛)[410]에 이르러 잠시 배를 정박시켰다가 길을 떠났습니다. 또 진무묘(眞武廟)[411]를 지나 하신갑(下新閘)에 이르니 하신갑은 월하(越河) 어구에서 서쪽으로 800여 척이 되었습니다. 월하는 동쪽으로 천정갑(天井閘)[412]과 매우 가깝고, 북쪽으로 회통하(會通河)와 마주보고 있었는데 두 물이 가로 세로로 '십(十)'자와 같았습니다. 갑(閘)과 하(河)를 경유하여 서쪽으로 가는 것은 흘러가다가 뒤집어지곤 하고, 월하를 거슬러 올라가는 것은 거슬러 당기기가 어려워 이 갑문을 양쪽 어귀의 아래에 설치하고서 물이 차고 줄어드는 것을 보아 이를 닫고 열고 하였습니다. 갑 서북쪽 20리가량에 획린퇴(獲麟堆)가 있었으니 곧 '서쪽으로 사냥 가서 기린(麒麟)을 잡았다'[413]는 곳으로 지금의 가상현(嘉祥縣)지방입니다. 신 등이 그 갑문을 지나서 제녕주성(濟寧州城)에 이르니 동북쪽에

• • •

410_ 河橋驛에서 북으로 90리 거리의 濟寧州城 南門 밖에 있다. 洪武5년(1372)에 건설되었다. 南城驛은 水驛이지만 濟寧州가 水陸의 요충인 만큼 말도 준비해 두었다. 萬曆《兗州府志》권18, 驛傳.

411_ 眞武는 곧 玄武를 가리킨다. 道敎에서 신봉하는 전설상의 北方의 神이다. 大中祥符 연간에 避諱하기 위하여 玄武를 眞武로 改稱하였다.

412_ 趙村閘에서 서북으로 6리를 가면 在城閘, 다시 서쪽으로 2리를 가면 천정갑으로 元代의 會源閘이다. 萬曆《兗州府志》권19, 河渠.

413_《春秋左傳注疏》권59, 哀公 14年 條에 나오는 말이다. 이 구절은 孔子에 의한《春秋》의 絶筆로 유명하다. 麒麟이란 仁獸로서 聖王의 상징이다.

사수(泗水)는 곡부로부터, 황하(洸河)는 조래(徂徠)로부터 노성(魯城)의 동쪽에서 서로 합류하여 조하(漕河)에 들어가 회수에 도달하여 바다에 들어가고 있었습니다. 회수를 넘어가면 남경이 되고 서북쪽에 거호(鉅湖)가 있어 동쪽으로 갈린 것은 조하에 들어가고, 북쪽으로 갈린 것은 임청(臨淸)에서 위하(衛河)를 나와 바다에 도달하여 바다를 건너면 북경이 되니, 남경과 북경은 3천여 리 밖에서 서로 바라보고 있었습니다. 강물은 모두 제녕(濟寧) 성중에서 갈라져 성의 동쪽 경계는 황하(洸河)이고 서쪽 경계는 제하(濟河)인데, 두 강이 빙 둘러서 있어서 제녕성 남쪽 밑에서 합류하고 있었습니다. 두 강물의 복판에 토산(土山)이 있었으니 토산은 동북방에서 일어나 구불구불하면서 길게 이어진 것이 거의 천여 리나 되었습니다. 토산의 위에 관란정(觀瀾亭)이 있었으니 곧 손번(孫蕃)이 세운 것이었습니다. 관란정 아래를 경유하여 통진교(通津橋)에 이르니 통진교는 성 남문의 길이었습니다. 통진교 남쪽에 영원홍제왕묘(靈源弘濟王廟)[414]가 있었으며 묘의 서북쪽 강 언덕에 이르러 유숙하였습니다.

10일—개하역(開河驛)에 도착하였습니다.

이 날은 맑았으나 큰바람이 불었습니다. 새벽에 제녕성을 출발하여 서쪽으로 분수갑(分水閘)을 지나서 남왕호(南旺湖)에 이르니, 남왕호는 물이 가득 차 끝이 없고 다만 서쪽으로 먼 산만 바라보일 뿐이었습니다. 그 동쪽에는

414_ 至元28년(1291) 黃河를 靈源弘濟王으로 加封한 바 있다. 《元史》 권76. 靈源弘濟王廟는 百步洪 가에 있는데 舊名은 聖女祠이다. 《明一統志》 권18.

푸른 풀이 우거진 평지가 있었으니, 곧 〈우공〉의 '대야(大野)에 물이 고이니'[415]라는 못입니다. 지금은 메워져 있었는데 호수 복판에 돌로 긴 제방을 쌓고 명칭을 '관언(官偃)'이라 하였습니다. 신 등은 제방의 언덕을 따라 바람이 부는 대로 북쪽으로 가서 마장파(馬長坡)·안민(安民)·뇌정(牢正)·조정(曹井) 등 포를 지나서 거야현(鉅野縣) 지방에 이르렀습니다. 화두만(火頭灣)·백취아(白嘴兒)·황사만(黃沙灣)·소장구(小長溝) 등 포와 대장만집(大長滿集)을 지나서 다시 가상현(嘉祥縣) 지방에 이르렀습니다. 대장구(大長溝)·십자하(十字河)·사전(寺前)·손촌(孫村) 등 포를 지나서 또 문상현(汶上縣) 지방에 이르렀습니다. 계수포(界首鋪)[416]·노파갑(老坡閘)을 지나서 분수용왕묘(分水龍王廟)에 이르니, 큰 강물이 동북쪽에서 용왕묘 앞에 이르러 남쪽 갈래와 북쪽 갈래로 나뉘어져 있었습니다. 남쪽 갈래는 곧 신이 이미 물길을 따라 남쪽으로 내려온 강이고, 북쪽 갈래는 곧 신이 장차 물길을 거슬러 북쪽으로 올라갈 강이었습니다. 용왕묘는 그 두 갈래 물이 나뉜 곳에 있는 까닭에 분수(分水)라고 명명한 것이었습니다. 그 동북쪽에서 온 큰 강물을 물으니 사람들은 '제하(濟河)의 연원이다'라 하였지만 사실인지는 분명치 않습니다. 양왕은 그 무리와 함께 용왕묘 안에 들어가서 향을 피우고 용신(龍神)에게 배례하면서 제사를 지내고 신 등에게도 또한 절하라 하였습니다. 신이 말하기를, "산천에 제사하는 것은 제후의 일로서 사서인(士庶人)은 조고(祖考)에게만 제사를 올릴 따름입니다. 조금이라도

415_ 원문은 '大野旣瀦'이고 출전은 〈禹貢〉의 '大野旣豬'로서 '瀦'는 '豬'의 誤記이다. 大野는 호수의 이름, 豬는 물이 깊이 고였다는 뜻이다.

416_ 문상현의 14개 천포 가운데 하나이다. 萬曆《兗州府志》권19, 河渠.

그 분수를 넘으면 예절에 어긋난 일입니다. 예절에 어긋난 제사는 사람들이 아첨으로 보고 귀신도 제물을 받지 않습니다. 그런 까닭에 내가 본국에 있을 때 산천의 신에게는 절하지 못했는데 하물며 다른 나라의 사당에 절하겠습니까?"라고 하였습니다. 진훤이 말하기를, "이 사당은 곧 용왕사(龍王祠)로서 영험이 있습니다. 그러므로 이곳을 지나는 사람들은 모두 공경스럽게 절하고 제사지낸 뒤에야 길을 갑니다. 그렇지 않으면 반드시 풍랑의 조난을 당합니다"라고 하였습니다. "바다를 구경한 사람 앞에선 강물은 물이라 하기 어려운 법입니다.[417] 나는 이미 수만 리나 되는 큰 바다에서 거센 파도의 험난함을 겪었으니, 이와 같은 중원의 강물은 두려워할 것도 못 됩니다." 말을 채 마치기도 전에 진훤은 양왕에게, "이 사람은 절하려 하지 않으며 또 그의 뜻을 굽힐 수도 없겠습니다" 운운하였습니다. 또 감성포(闞城鋪)를 지나서 개하역(開河驛)에 이르니 밤이 벌써 3경이 되었습니다. 이른바 '관언(官偃)'이란 것도 감성포에 이르러 끊어졌습니다. 관언 가운데 있는 갑문은 8-9리 혹은 10여 리 간격으로 모두 14개가 있었고, 관언의 길이 또한 100여 리가 넘었습니다.

11일－맑았습니다.

개하진(開河鎭)·유가구(劉家口)·표가구(表家口)·개거(開渠)·두산진(頭山津)·장팔구(張八口)·보가구(步家口) 등 포를 지나서 동평주(東平州) 지방에 이르니 동평은 〈우공〉의 '동원(東原)이 평안해졌다'[418]는 곳으

• • •

417_《孟子》〈盡心〉上. "觀於海者難爲水, 遊於聖人之門者難爲言."

로 모래 섞인 흙이 물에 밀리고 습기가 많은 땅이었습니다. 또 근가구(靳家口)·율가장(栗家莊)·이가구(李家口)·유가장(劉家莊)·왕충구(王忠口)·풍가장(馮家莊)·장장구(長張口) 등 포를 지나 안산갑(安山閘)에 이르러서 언덕에 올라 사방을 바라보니 산이 서북방으로 이어져 있었습니다. 물어보니 양산(梁山)[419]·토산(土山)·효당산(孝堂山)[420] 등이었습니다. 효당산은 곽거(郭巨)가 자식을 묻다가 금을 얻었던 산[421]이라고 하는 자도 있었습니다. 밤에 안산역(安山驛)에 이르렀습니다.

12일—동창부(東昌府)에 도착하였습니다.

이 날은 맑았습니다. 보량창(堡糧倉)·안산보(安山保)·역가화(譯家花)·적수호구(積水湖口)·소가장(蘇家莊)·형가장(邢家莊)·사고퇴(沙孤堆) 등 포[422]와 대가묘(戴家廟)를 지나서 금선갑체운소(金線閘遞運所)에 이르니, 체운소 앞에 경괴문(經魁門)이 있었습니다. 이 경괴문 오른편의 인가에는 새장을 걸어놓고 새를 기르는데, 그 형상은 비둘기 같고 그 주둥이는

418_ 평안해졌다는 것은 水患이 그치고 경작이 가능하게 되었음을 의미한다.

419_ 東平州治에서 서남쪽으로 50리 거리에 있으며, 本名은 良山인데 漢光武帝가 숙부를 避諱하여 梁으로 改名하였다. 民國《東平縣志》권2, 山川.

420_ 本名은 巫山.《山東通志》권6 참조.

421_ 漢代의 郭巨는 24 孝子 가운데 1인으로 老母가 아들에게 밥을 덜어 주는 것을 보고, 굶주리는 가난한 집안 형편을 생각해 아들을 생매장시키려다 도리어 金을 발견했다는 故事가 전한다.《明一統志》권28〈孝子傳〉참조.

422_ 萬曆《兗州府志》권19, 河渠를 보면 東平州의 淺舖로서 안산보는 安山上淺(舖)과 下淺, 담가화는 譚家莊, 적수호구는 積水湖, 사고퇴는 沙堆로 표기되어 있고 그 외에 소가장천, 형가장천 등이 있다.

붉으면서 기다랗고, 그 입가는 조금 누르스름하면서 구부러졌고, 그 꼬리는 길이가 8-9치나 되었으며, 눈은 누르스름하고 등은 푸르며, 머리와 가슴은 먹 빛깔이었습니다. 그 새는 사람의 뜻을 잘 알아듣고, 말소리는 맑고 부드러워 음절이 분명하여 사람이 말을 하면 이에 응답하곤 하였습니다. 신은 부영과 함께 가서 보고는 부영에게 말하기를, "이 새가 말을 하니 앵무새가 아닙니까?"라고 하였습니다. "그렇습니다." "이는 농서(隴西)[423]의 새이고, 나는 곧 해동(海東)의 사람입니다. 농서와 해동은 거리가 수만여 리나 되는데, 오늘 이곳에서 보게 되었으니 다행이 아니겠습니까? 다만 나와 이 새는 타향에서 손 노릇한 것도 같고, 고국을 생각하는 것도 같고, 모습이 초췌한 것도 또한 같아서 이 새를 보니 비탄한 심정이 더할 뿐입니다." "이 새는 새장 속에 오래 갇혀 있다가 마침내 타국에서 죽겠지만 지금 족하는 귀국으로 잘 돌아가서 임금과 어버이에게 본분을 다 할 수 있는데 어찌 이 새와 같다고 하겠습니까." 앵무새 또한 말을 하여 알아들은 듯하였습니다. 또 수장현(壽張縣)[424] 지방에 이르러 대가묘(戴家廟)·유가구(劉家口)·대양(戴洋)·장가장(張家莊)·사만(沙灣) 등 포[425]와 감응사(感應祠)를 지나서

• • •

423_ 隴山 以西란 뜻으로 오늘날 甘肅 隴山 以西, 黃河 以東 일대에 해당한다.

424_ 壽長은 壽張의 誤記이다. 東漢시대에 壽良縣을 壽張縣으로 改名하였다. 明 洪武3년(1370) 壽張縣을 須城과 陽谷 2縣으로 나누었다가 13년 다시 壽張縣을 두었다. 治所는 오늘날 山東 陽谷縣의 동남쪽에 있는 壽張集에 위치한다. 牛平漢, 《明代政區沿革綜表》(中國地圖出版社, 1997) 등 참조.

425_ 壽張縣의 5개 淺舖이다. 그 가운데 대가묘는 上下 淺舖로 나뉘어지는데 上舖는 東平州, 下舖가 壽張縣에 속한다. 또 대양포는 萬曆 《兗州府志》 권19, 河渠에 의하면 戴洋口淺(舖)이다. 한편 사만포는 縣治에서 동쪽으로 30리, 장가장포는 동남쪽으로 35리, 유가구포는 동남쪽으로 45리, 대가묘포는 동남쪽으로 50리의 거리에 있다.

동아현(東阿縣)[426] 지방에 이르렀습니다. 사만천포(沙灣淺鋪) · 대하신사(大河神祠)[427] · 안가구포(安家口鋪) · 북부교(北浮橋) · 괘검포(掛劍鋪) · 통변량(通汴梁) · 통제갑(通濟閘) · 차하(汊河) · 사만순검사(沙灣巡檢司) · 양하구(兩河口) · 종루각(鍾樓閣) · 고루각(鼓樓閣) · 운진문(雲津門)을 지나서 형문역(荊門驛)에 이르니, 역승이 신과 부영을 황화당(皇華堂) 앞에 인도하여 차를 접대하였습니다. 또 평하수포(平河水鋪) · 신첨포(新添鋪) · 형문상갑(荊門上閘)과 하갑(下閘)을 지나서 양곡현(陽穀縣) 지방에 이르렀습니다. 밤에 만동포(灣東鋪)[428] · 장가구포(張家口鋪) · 칠급상갑(七級上閘)과 하갑(下閘)[429] · 주가점갑(周家店閘) · 아성상갑(阿城上閘)과 하갑[430] · 이해무갑(李海務閘)을 지나서 숭무역(崇武驛)에 이르니, 밤 5경[431]이었습니다. 동창부(東昌府)는 곧 옛날 제(齊) 나라의 요성(聊城)과 섭성(攝城)으로서 성은 역 북쪽의 3-4리쯤 되는 강 언덕에 있었습니다. 성 안에는

光緖《壽張縣志》권2, 建置.

426_ 東河는 東阿의 誤記이다. 秦代에 처음 설치된 이래 역대로 廢置가 반복되었다. 明 洪武8년(1375) 오늘날 山東 平陰縣 서남쪽의 東阿鎭에 東阿縣의 治所를 두었다. 18년에는 濟寧府에서 兗州府로 소속이 바뀌었다. 牛平漢, 《明代政區沿革綜表》(中國地圖出版社, 1997) 등 참조.

427_ 東阿縣治에서 서남으로 70리 거리로 沙灣運河의 北岸에 壽張縣과의 경계에 놓여있다. 正統14년(1449)에 黃河가 터진 후에 創建되었다. 民國《東阿縣志》권8, 祠祀.

428_ 陽穀縣의 淺鋪 가운데 하나인 舘驛灣東岸淺(鋪)를 지칭한다. 萬曆《兗州府志》권19, 河渠.

429_ 陽穀縣의 漕河閘으로서 아성하갑에서 북으로 12리가 칠성상갑, 다시 북으로 3리가 칠성하갑이다. 萬曆《兗州府志》권19, 河渠.

430_ 陽穀縣의 漕河閘으로 형문하갑에서 북으로 10리가 아성상갑, 다시 북으로 3리가 아성하갑이다. 萬曆《兗州府志》권19, 河渠.

431_ 새벽 3시부터 5시 사이.

부치·요성현치(聊城縣治)와 안찰사(按察司)·포정사(布政司)·남사(南司)·평산위(平山衛)·예비창(預備倉)[432]·선성묘(宣聖廟)·현학(縣學)[433]이 있었습니다.

13일—청양역(淸陽驛)을 지났습니다.

이 날은 맑았습니다. 통제교갑(通濟橋閘)·동악묘(東岳廟)[434]·진사문(進士門)·동창체운소(東昌遞運所)·태량창(兌糧廠)을 지나고, 또 제구(堤口), 초장갑(稍長閘)·유행구(柳行口)·방가장(房家莊)·백묘(白廟)·쌍도아(雙渡兒)·여가만(呂家灣)·사제(梭堤) 등 포를 지났습니다. 강의 동쪽은 당읍현(堂邑縣) 지방이고 서쪽은 박평현(博平縣) 지방이었습니다.[435] 또 홍가구(洪家口)·양가구(梁家口) 등 포와 양가갑(梁家閘)·감응신사(感應神祠)를 지났습니다. 다시 표가만(表家灣)[436]·마가만(馬家灣)·노제두

• • •

432_ 賑貸에 대비하여 각 州縣에 설치한 창고이다. 洪武3년(1370)에 전국의 州縣에 각각 4倉을 세우고, 官에서 鈔를 지급하고 곡식을 사들여 저장해서 흉년에 대비한 것으로, 현지의 나이가 많고 독실한 사람이 관리하였다. 正統 연간 이후 죄수의 贖米를 거두어 저장하여 창고에 들여 정해진 액수가 없었다. 成化 연간 이후 비로소 里當 양식 300석 또는 500석을 쌓아두는 규정이 있었다.

433_ 지방의 官立學校인 儒學의 하나이다. 洪武2년(1369)에 처음 건립하였다. 府學에는 教授를, 州學에는 學正을, 縣學에는 教諭를 각각 1인씩 두었다. 또 府學에는 訓導 4인, 州學에는 3인, 縣學에는 2인을 두었다. 학생 즉 生員의 수는 府가 40명, 州가 30명, 縣이 20명이었으나 후에 점점 그 수가 늘어갔다.

434_ 東岳은 泰山의 古稱으로 岱宗 혹은 岱岳이라고도 불린다.

435_ 堂邑과 博平 두 현의 위치가 서로 바뀌었다. 民國《山東通志》권1上, 輿圖에도 박평은 동북, 당읍은 서북에 위치한 것으로 되어 있다.

436_ 萬曆《東昌府志》권14, 河渠를 보면 博平縣의 淺舖로 袁家灣淺이 있는데 '表'는 '袁'의 誤字일 가능성이 크다.

(老堤頭)·중갑구(中閘口) 등 포와 토교갑(土橋閘)·신개구포(新開口鋪)·함곡동(函谷洞)·감수갑(減水閘)을 지나서 청평현(淸平縣) 지방에 이르렀습니다. 또 조가구포(趙家口鋪)를 지나서 청양역에 이르렀습니다. 또 주가만(朱家灣)·정가구(丁家口)·십리정(十里井)·이가구(李家口)[437] 등 포와 대가만갑(戴家灣閘)을 지나서 달밤을 이용하여 날이 샐 때까지 갔습니다.

14일—맑았습니다.

임청현(臨淸縣)의 관음사(觀音寺)에 이르니 관음사는 두 강이 만나는 끝에 있었고 동쪽 서쪽에 갑문 넷을 설치하여 물을 모아 두었습니다. 관음사 동쪽에는 배로 부교(浮橋)를 만들어 임청현으로 통하게 하였습니다. 현성(縣城)은 강의 동쪽 언덕 반 리가량에 있었으며 현치와 임청위치(臨淸衛治)는 모두 성안에 있었는데, 양경(兩京) 사이의 요충이며 상인이 몰려드는 곳이었습니다. 그 성 안팎 수십 리 사이엔 누대가 빽빽하고 상점이 성대하며 재화가 풍부하고 선박이 모여들어 비록 소주와 항주에는 미치지 못하지만 산동에서 제일가고 천하에 유명한 곳이었습니다. 신 등은 청천하(淸泉河)를 따라 북쪽으로 가서 누부관(漏浮關)·약국(藥局)[438]·신개상갑(新開上閘)·위하창(衛河廠)·판하갑(板下閘)[439]·대부교(大浮橋)를 지나서 청원

• • •

437_ 萬曆《東昌府志》권14, 河渠를 보면 淸平縣의 淺鋪로 李家淺이 있다.
438_ 漕運官卒을 치료하는 惠民藥局을 지칭하는 듯하다. 乾隆《臨淸州志》권3, 公署.
439_ 萬曆《東昌府志》권14, 河渠에 의하면 臨淸州에 위치한 南板閘은 新開上閘 북쪽 5里쯤에 위치하고 있다. 본문에 보이는 板下閘도 新開上閘 북쪽에 위치하고 있어,

역(淸源驛) 앞에 이르러 유숙하였습니다.

15일—아침에 큰 천둥과 번개를 동반한 비가 내렸다가 오후에 흐렸습니다.

요동 사람 진기(陳玘)·왕찬(王鑽)·장경(張景)·장승(張昇)·왕용(王用)·하옥(何玉)·유걸(劉傑) 등이 장사하는 일로 먼저 이곳에 도착하였다가 신 등이 이른 것을 듣고, 청주 3병·엿 1쟁반·두부 1쟁반·떡 1쟁반을 가지고 와서 신과 종자들을 접대하고 말하기를, "우리 요동성(遼東城)은 귀국과 접했으므로 정의(情義)가 한 집안과 같습니다. 오늘 다행히 객지에서 만나게 되었으므로 감히 약소한 물품을 가져와서 예를 차리는 것입니다"라고 하였습니다. 신이 말하기를, "귀지(貴地)는 곧 옛날 고구려의 고도(故都)입니다. 고구려가 지금은 우리 조선의 땅이 되었으니, 땅의 연혁은 비록 시대에 따라 다르지만 실은 한 나라와 같습니다. 지금 내가 거의 죽을 뻔하다가 만 리 밖에서 표류 정박하여 사방을 돌아보아도 서로 아는 사람이 없었는데, 족하를 만나게 되고 또 후한 은혜를 받았으니, 한집안 골육의 친족을 본 듯합니다"라고 하였습니다. 진기는, "제가 정월에 길을 떠나서 2월 초길(初吉)[440]에 이곳에 도착했고 4월 초순쯤에 돌아가게 될 것이니 아마 다시는 보지 못할 듯합니다. 만약 먼저 제가 사는 지방을 지난다면 안정문(安定門) 안에 유학(儒學) 진영(陳瀛)이란 자가 있는데, 제 아들이니 저의 소식을 전해 주기 바랍니다" 운운하고는 서로 작별하고 떠났습니다. 신 등은 삿대로

板下閘은 南板閘을 가리키는 것이 아닌가 생각된다.

440_ 한 달을 4分하여 초하루부터 上弦까지를 初吉이라 한다.

배를 밀어 하진창(下津廠) 앞에 이르러 정박하였습니다.

16일—무성현(武城縣)**을 지났습니다**.

이 날은 맑았습니다. 위하(衛河)를 따라 북쪽으로 가서 배가권포(裵家圈鋪)에 이르니 동쪽은 하진현(夏津縣) 지방, 서쪽은 청하현(淸河縣) 지방이었습니다. 순검사(巡檢司)·손가신개구(孫家新開口)·초묘(草廟)·황가구(黃家口)·평하구(平河口) 등 포를 지나서 도구역(渡口驛)에 이르고, 또 상가도포(商家道鋪)를 지나서 무성현에 이르니 강이 성 서쪽을 둘러싸고 있었습니다. 강을 사이에 두고 진사문(進士門) 둘이 있고 또 기우당(祈雨堂)이 있었습니다. 밤새도록 가서 갑마영역(甲馬營驛)에 이르렀습니다.

17일—맑았습니다.

아침에 정가구(鄭家口)·하구포(河口鋪)·진가구포(陳家口鋪)를 지나서 은현(恩縣) 지방에 이르렀습니다. 백마하구포(白馬河口鋪)를 지나고 또 하방천무곡사(下方遷無谷寺)·하구포(河口鋪)를 지나서 양가장역(梁家莊驛)에 이르러 노를 저어 종각(鐘閣)을 지나 저녁에 고성현(故城縣) 앞에 이르러 정박하였습니다. 신이 부영에게 말하기를, "오늘밤은 달이 밝고 바람이 순한데 어찌 가지 않습니까?"라고 하였습니다. 부영이 말하기를, "당신은 강 한복판에 3구의 시체가 떠다니는 것을 보았습니까?"라고 하였습니다. "보았습니다." "이는 모두 도적이 죽인 것입니다. 이 지방은 연이은 흉년으로 서로 이끌어 도적이 된 사람이 많습니다. 그들은 또 당신들이 표류해서 행장을 모조리 잃어버린 것을 알지 못하고, 오히려 이방인은 반드시 귀중한 물건을 지니고 있을 것이라 여겨 모두 탐내는 마음이 있을 것입니다. 또 앞길에는 인가가 적고 도적은 많이 횡행하기 때문에 가지 않는 것입니다." "나의 이번 길에 영파부(寧波府)에서 도적을 만난 적이 있었는데, 평생에 서로 만나고 싶지 않은 것이 도적입니다." "무릇 중국의 인심은 북방은 억세고 남방은 유순합니다. 영파부의 도적은 강남 사람인 까닭에 비록 도적은 되었을지라도 대부분 약탈만 하고 사람은 죽이지 않으므로 당신이 그 몸을 보전할 수 있었던 것입니다. 이 북방 사람들은 약탈하면 반드시 사람을 죽여서 산골짜기에 던져 버리거나 강과 바다에 떠내려 보내기도 합니다. 오늘 떠다니는 시체를 보면 알 수 있을 것입니다."

18일—덕주(德州)를 지났습니다.

이 날은 맑았으나 큰바람이 모래를 날렸습니다. 새벽에 맹가구(孟家口)·병하구(兵河口)·마가(馬家) 등 포와 사녀수(四女樹)·문영문(文英門)·유피구포(劉皮口鋪)·득의문(得意門)·대부교(大浮橋)를 지나서 안덕역(安德驛)에 이르니 진훤이 신에게 묻기를, "귀국에서는 손님을 접대할 적에 차를 씁니까?"라고 하였습니다. 신이 말하기를, "술을 쓰지 차는 쓰지 않습니다"라고 하였습니다. "우리나라 사람들은 손님을 접대할 적엔 모두 차를 씁니다. 만약 인정이 두텁고 먼 곳에서 온 사람이 있으면 술을 쓰기도 합니다." 신이 부영에게 상국(上國)의 산(傘), 개(蓋), 관(冠), 대(帶), 대패(帶牌)의 제도를 물으니 부영이 말하기를, "산(傘)과 사모(紗帽)는 등급이 없습니다. 개(蓋)[441]는 1품과 2품은 겉이 다갈라(茶褐羅)[442]이고 안이 홍초(紅綃)[443]로서 삼첨은부도(三簷銀浮屠)[444]이고, 3품과 4품은 앞의 것과 같지만 부도(浮屠)가 홍색이고, 5품은 겉이 청라(青羅)이고 안이 홍초(紅綃)로서 이첨홍부도(二簷紅浮屠)이고, 7품 · 8품 · 9품은 겉이 청유초(青油綃)이고 안이 홍초(紅綃)로서 단첨홍부도입니다. 띠는 1품은 옥대(玉帶), 2품은 서대(犀帶), 3품은 화금(花金), 4품은 광금(光金), 5품은 화은(花銀), 6품은 광은(光銀), 7품 · 8품 · 9품은 각대(角帶)입니다. 패(牌)는 문관직(文官職)은 1품에서 9품까지는 모두 석패(錫牌)를 갖는데, 한 면에는 임명받은 위문(衛門)을 해서(楷書)로 쓰고, 한 면에는 '상천현대(常川懸帶)'[445]란 네 글자를 전서(篆書)로 써서 조예(皂隷)[446]가 이를 짊어지고, 무관직(武官職)으로 조예(皂隷)와 아문(衙門)이 있는 자 모두 이를 차고 있습니다"라고 하였습니다. "달단(韃靼)[447]이 침범하여 오기도 합니까?" "전에는 있었지만 지금은 각 변방에서 구역을 나누어 진수(鎭守)가 군마(軍馬)를 통할하며 늘 지키고 있기 때문에 침범하지 못합니다." 밤에 덕주성(德州城)을 지났는데 강은 성 서쪽을 둘러싸서 북쪽으로 흘렀습니다. 덕주성은 곧 옛날의 평원군(平原郡)으로서 토지는 넓고 사람은 조밀하였으며 상인들이 모여드는 곳이었

• • •

441_ 양산 모양으로 된 儀仗 용구. 비단실로 꾸민 것으로 빛깔에 따라 青蓋 · 紅蓋 · 黃蓋 · 黑蓋 등의 종류가 있다.

442_ 茶褐은 다갈색 즉 약간 검은 빛을 띤 적황색, 羅는 絲織物을 뜻한다.

443_ 붉은 색의 生絲로 만든 平織物을 뜻한다.

444_ 세 개의 챙을 달고 은 칠을 한 浮屠를 가리킨다.

445_ 常川이란 '항상'의 뜻, 常川懸帶는 '항상 차고 다닐 것'이란 뜻이다.

446_ 官衙의 청사에 숙직하고 문을 지키는 사람 및 문무관원을 시종하면서 잡일을 하는 사람을 말한다. 각 아문과 각 품의 관원에게 할당되는 수가 달랐다.

447_ 명대에는 몽골의 칭기즈칸 후예의 各部를 총칭하여 韃靼이라 하였다. 동쪽으로 兀良哈, 서쪽으로 瓦剌과 접했다. 永樂帝의 漠北 親征 이후 분산되어 遼東, 宣府와 甘肅 등지에서 활동했는데 天順 이후 점차 河套로 침투하기도 하였다.

습니다. 이름을 모르는 강 언덕에 이르러 정박하였습니다. 부영이 신에게 말하기를, "태상황제(太上皇帝)의 동모제(同母弟)가 덕망이 높았는데 노(魯) 지방에 봉함을 받고 노왕(魯王)이라 칭하여 이 덕주의 300여 리의 땅에 있었던 까닭에 당시 사람들이 '덕왕(德王)[448]'이라 불렀습니다"라고 하였습니다. 신이 말하기를, "덕왕은 무슨 이유로 경사에 있지 않고 외지에 있었습니까?"라고 하였습니다. "친왕(親王)[449]이 경사에 있으면 다른 뜻이 있을까 염려하는 까닭에 그들의 나이 16세 이상이 되기를 기다려서 모두 왕으로 봉하여 외지로 내 보내게 되는 것입니다." "산동에 있는 덕왕이 관할하는 곳은 복심(腹心)의 땅인데 마음대로 다스릴 수 있습니까?" "왕부(王府)의 각 관사(官司)의 관원이 정사를 관장하고 교수(教授)하는 관원도 있고 호위하는 관원이 있어, 왕은 그들과 함께 시서(詩書)를 강론하고 활쏘기와 말타기를 사열할 뿐입니다. 정사를 호령하는 일은 왕이 할 수 없고 모두 조정에서 나옵니다."

19일—양점역(良店驛)을 지났습니다.

이 날은 맑았습니다. 일찍 출발하여 피구포(皮口鋪)·고가봉포(高家鳳鋪)

• • •

448_ 德王은 英宗의 제2자이며 憲宗의 동생 朱見潾을 가리키는데, 成化3년德州에 親王으로 就藩하였다.

449_ 宗室의 爵號이다. 皇子가 親王이 되어 성년이 되면 封地로 가서 王府를 열었다. 金册과 金寶 등을 주었는데, 1년에 萬石을 祿으로 하였으며, 지위는 公侯의 위였다. 성년이 되면 비로소 封地로 나가 王府를 설치하였다. 官署와 護衛를 두었으며, 甲士는 兵部의 籍에 예속되었다. 태조는 일찍이 24명의 아들과 從孫 1명을 전국 각지에 봉한 바 있다. 永樂 연간 이후 그 세력이 약화되어 사실상 食祿을 받는 존재가 되었다.

를 지나서 오교현(吳橋縣) 지방에 이르렀습니다. 다시 나가구(羅家口)·고관창(高官廠) 등 포와 관왕묘(關王廟)를 지나서 제남부(濟南府) 지방의 양점역(良店驛)에 이르렀습니다. 또 상원아(桑園兒)·박피구포(薄皮口鋪)·낭가구포(狼家口鋪)·곽가구포(郭家口鋪)·구련와포(舊連窩鋪)를 지나서 연와역(連窩驛)에 이르렀다가 다시 연와체운소(連窩遞運所)에 이르러 숙박하였습니다.

20일—맑았습니다.

새벽에 왕가구포(王家口鋪)를 지나서 경주(景州) 지방의 임가구포(任家口鋪)에 이르렀습니다. 또 동광현(東光縣)을 지났는데 현치는 강의 동쪽 언덕에 있었습니다. 또 유방구포(油房口鋪)·북하구포(北下口鋪)를 지나서 남피현(南皮縣) 지방에 이르렀습니다. 북하천포(北下淺鋪)를 지나서 또 교하현(交河縣) 지방에 이르렀습니다. 조도만(曹道灣)·박두진(薄頭鎮)[450]을 지나서 신교(新橋)에 이르고 또 진무묘(鎮武廟)[451]·약왕묘(藥王廟)[452]·척가언군둔(戚家堰軍屯)을 지나서 밤 2경에 설가와리(薛家窩里) 앞에 이르러

450_ 萬曆《交河縣志》권1, 地理, 市集과 古蹟 등에 의하면 薄頭鎮의 '薄'은 '泊'字로 되어 있다. 泊頭鎮은 곧 新橋鎮으로서 交河縣治에서 동으로 50리 거리에 있는데, 5일과 10일에는 大集, 3일과 8일에는 小集이 열렸다.

451_ 鎮武廟의 '鎮'은 '眞'字의 誤記이다. 眞武廟는 交河縣에 모두 5곳이 있는데 본문의 그것은 泊頭鎮 西街에 있는 것을 가리킨다. 萬曆《交河縣志》권2, 建置, 祠廟.

452_ 藥王廟는 태고의 전설적인 제왕인 黃帝 때의 명의 扁鵲을 제사하는 사당이다. 明代 萬曆 연간에 전설상의 三皇 가운데 神農의 殿을 增建하고, 古今의 名醫를 함께 제사하였다. 한편 藥王廟는 交河縣에 모두 3곳이 있는데 본문의 그것은 泊頭鎮 河岸에 있는 것을 가리킨다. 萬曆《交河縣志》권2, 建置, 祠廟.

숙박하였습니다.

21일—창주(滄州)를 지났습니다.

이 날은 맑았습니다. 아침 일찍 삼진도(三鎭道)·풍가구(馮家口)·양교구(楊橋口)·전하남(磚河南)·전하남구(磚河南口) 등 포를 지나서 전하역(甎河驛)에 이르렀습니다. 또 왕가권구(王家圈口)·나가권구(羅家圈口)·홍피구(紅披口)·남관(南關) 등 포와 장로순검사(長蘆巡檢司)·염운사(鹽運司)[453]·체운소(遞運所)·종무과문(踵武科門)을 지나서 창주발부창(滄州撥夫廠)에 도착하였습니다. 창주성(滄州城)은 강의 동쪽 언덕에 접하여 있으니 곧 한(漢) 나라 때의 발해군(渤海郡)이었습니다. 운하 가에는 장대 위에 사람의 머리를 매달아 놓고 여러 사람에게 보이는 것이 바라보였습니다. 부영이 신에게 말하기를, "저것은 강도의 머리입니다. 한(漢)나라의 공수(龔遂)[454]가 단거(單車)로 이 지방에 들어와서 도적 떼를 평정하여 '칼을 팔아 소를 산다'[455]는 말이 나오게 되었습니다. 이 지방 도적이 사람을 약탈하고 죽이는 일이 많은 것은 옛날부터 그러하였습니다"라고 하였습니다. 또 연방문(聯芳門)·응규문(應奎門)·사간문(司諫門) 등을 지나서 장로체운

453_ 원명은 長蘆都轉運鹽使司로 滄州治의 서남쪽에 있다. 嘉靖《河間府志》권4, 宮室.

454_ 漢나라 南平陽 사람으로, 자는 少卿이다. 宣帝 초 渤海에 도적이 일어나 郡守가 잘 제압하지 못하였다. 선제는 龔遂를 渤海太守에 임명하여 결국 도적을 종식시킬 수 있었다. 후에 중앙으로 발탁되어 水衡都尉를 지냈다.

455_ 漢 宣帝때 발해 지역은 도적들이 劫掠하고 농사를 기피하는 풍조가 심했는데 龔遂가 太守로 부임한 뒤로 도적이 없어지고 권농 활동이 큰 성과를 거두어 백성들이 다투어 무기를 팔아 耕牛를 샀다는 고사를 말한다.《前漢書》권89,〈循吏傳59〉참조.

소(長蘆遞運所) 앞에 이르러 정박하였습니다. 신은 부영에게 묻기를, "회하를 지난 뒤부터 병부 · 형부 · 이부 각 관사(官司) 관원의 배가 계속 이어지고 끊이지 않는 것은 무슨 까닭입니까?"라고 하였습니다. "지금 천자께서 영명하시어 조신(朝臣)들 중 지난날의 잘못된 행위나 작은 과오를 범한 자들도 모두 강직(降職)하거나 폄출(貶黜)시키고 있습니다. 운하에서 석패(錫牌)를 차고 돌아가는 사람은 모두 폄직되어 고향으로 내려가는 조신들입니다. 전일에 소흥부에서 당신이 어디서 왔는지를 심문했던 총병관 황종도 폄직되어 돌아갔습니다." "조신들 중에는 폄직된 사람이 많은데, 어찌하여 환관의 무리들을 물리치지 않아 마음껏 행세하게 합니까?" "환관들 중에도 죽임을 당하고 강직되고 폄출된 사람 또한 이루 다 헤아릴 수 없습니다. 지금 운하로 경사에 가는 사람들은 모두 선제(先帝)께서 파견하셨던 자들이지만 돌아가면 또한 보전하기 어려울 것입니다. 전일에 만났던 태감 나공(羅公)과 섭공(聶公)도 모두 늦게 돌아왔다는 이유로 봉어(奉御)[456]의 직으로 폄직되었습니다." "지금 천하가 다시 요순(堯舜) 같은 군주를 만나서 원개(元凱)[457] 같은 이가 등용되고 사흉(四凶)[458] 같은 이가 폄출되어 조정은 맑아지

456_ 奉御는 본래 隋代 殿內省과 唐代 中書省의 예하기구인 六尙局의 長官이다. 六尙局 즉 尙食 · 尙藥 · 尙衣 · 尙舍 · 尙乘 · 尙輦에 각각 奉御가 2인씩 배치되어 사무를 관장했다. 隋代에는 正5品이었고, 唐代에는 正5品 이하였다. 이후 奉御직은 송대와 명대를 거치며 계속 유지되었고 隋 · 唐때와 유사하게 궁궐 내의 제반 실무를 담당했다.

457_ 元愷라고도 한다. 《左傳》에 의하면 高辛氏의 才子 8인을 八元이라 하고, 高陽氏 才子 8인을 八愷라 하였다고 한다. 후에 元愷는 황제의 輔佐대신을 칭하는 말로 사용되었다.

458_ 고대 4대 凶人으로 舜에 복종하지 않은 4개 부족의 수령 즉 渾敦, 窮奇, 檮杌, 饕餮을 말한다. 一說에는 궁기를 共工, 혼돈을 驩兜, 도철을 三苗, 도올을 鯀으로 보기도 한다.

고 사해(四海)는 편안해졌으니 또한 경하할 일이 아니겠습니까?" "그렇고 말고요. 우리 황제께서 멀리하시는 자는 소인과 환관입니다. 날마다 경연(經筵)[459]에 몸소 나아가 꾸준히 각로학사(閣老學士)[460]들과 시서(詩書)를 강론하고 정사(政事)를 의논해 마지않으십니다. 지난 3월 9일에는 몸소 국자감(國子監)[461]에 행차하여 선성(先聖)[462]에게 석전례(釋奠禮)를 거행하셨으니 유교를 숭상하고 도학(道學)을 존중하는 뜻이 또한 지극합니다." 신이 희롱하여 말하기를, "천자께서도 열국(列國)의 신하에게 절을 합니까?"라고 하였습니다. "공자는 만세의 스승인데 어찌 신하의 예절로 대우하겠습니까? 다만 천자가 석전례를 거행할 때에 찬례관(贊禮官)[463]이 '몸을 굽혀 절하시오'라 하면 천자께서 절하시려 합니다. 그럴 때 옆에 있는 또 다른 찬례관이 '공자는 일찍이 노나라 사구(司寇)였습니다'라 하면, 찬례관이 또 소리를 높여 '몸을 펴시오[平身]'라고 합니다. 예(禮)로는 당연히 절해야 하는데도 실상은 절하지 않는 것이니, 이는 선사(先師)[464]를 높이고 천자를 높이는 예로서, 양 쪽 모두 어긋나지 않은 것입니다." "공자의 도(道)는

459_ 황제가 經史를 講讀하는 儀制. 처음에는 시간과 장소가 유동적이었으나 正統元年(1436) 3월에 매월 2일, 12일, 22일에 文華殿에서 거행했는데 酷暑期와 酷寒期는 피하였다.

460_ 內閣의 學士를 가리킨다.

461_ 명대의 國學. 처음에는 南京에 京師國子學을 두었는데 洪武15년(1382)에 國子監으로 바꾸었다. 永樂元年(1403) 北京에도 두었는데 18년에 천도 후 원래의 경사국자감을 남경국자감, 북경의 국자감을 국자감으로 바꾸었다. 弘治年間에 국자감 내에 東西樓를 만드는 등 대대적인 수리를 거쳐 그 규모가 확대되었다.

462_ 先世聖賢 즉 孔子를 가리킨다.

463_ 國家祭禮時 황제의 儀禮를 도와주는 관리.

464_ 孔子를 가리킨다. 唐初에 孔子를 先師로 추존했다.

천지보다 크고 일월보다 밝으며 사시보다 믿음성이 있어 천하 만세로 두루 미쳐서 다함이 없습니다. 경대부(卿大夫)와 사서인(士庶人)은 그 도를 배워서 몸을 닦고, 제후는 그 도를 배워서 나라를 다스리고, 천자는 그 도를 배워서 천하를 다스리니 천자로부터 서인에 이르기까지 모두 마땅히 선성(先聖)과 선사(先師)를 대하는 예절로 섬겨야 할 것인데, 또한 노나라 사구란 칭호를 들어서 당연히 절해야 할 것인데도 어찌 절하지 않는 것입니까? 만약 사구를 들어서 공자를 일컫는다면 공자는 한 소국의 배신(陪臣)[465]인데 또한 어찌 천자의 존엄함을 굽혀서 그에게 제사하겠습니까?" 부영은 말이 없었습니다. 밤에 부영이 또 와서 신에게 말하기를, "방금 북경에서 온 사람이 하는 말이 '어느 상서(尙書)[466]와 어느 학사(學士)가 마주서서 무슨 대화를 나누었는데, 교위(校尉)[467]가 천자께 알리니 천자께서 금의위(錦衣衛)에 내리어 무슨 말을 했는지 심문하도록 명하셨다'고 합니다. 학사는 몸이 내각(內閣)에 있으며 지존(至尊)[468]께서 크고 작은 일을 모두 그와 더불어 의논하시는데, 지금 상서와 서로 마주 서서 말하니 사사로운 청탁이 있었던 것이

• • •

465_ 重臣이라고도 하는 陪臣은 원래 아래의 아래 단계의 신하를 가리키는데, 여기에서는 天子의 배신 즉 諸侯 밑의 卿大夫급임을 말한다. 《史記》〈孔子世家〉에 의하면 孔子는 卿급에 해당하는 司空·大司寇 등을 역임했다.

466_ 六部의 장관이다. 洪武元年(1368)에 처음 두었는데, 정3품이었으나, 13년에 中書省을 없애면서 그 品秩을 정2품으로 높였다. 또한 황제에 직속시켜 전국의 정무를 나누어 관장하였다.

467_ 明代의 扈從衛士이다. 원래는 拱衛司儀鑾司에 예속되었다가, 洪武15년(1382)에 錦衣衛에 예속되었다. 鹵簿의 儀仗을 떠받들어 잡거나 御駕 앞에서 관원을 宣召하는 등의 일을 담당하였는데, 민간의 壯丁 가운데 악질과 과실이 없는 자를 선발하여 充任하였다.

468_ 황제를 가리킨다.

아닌가 하여 이를 심문하게 하였던 것입니다"라고 하였습니다.

22일—홍제현(興濟縣)을 지났습니다.

이 날은 흐렸습니다. 새벽에 안도채포(安都寨鋪)[469]·청수왕가구포(清水王家口鋪)[470]를 지나서 건녕역(乾寧驛)에 이르니 홍제현의 현청은 건녕역(乾寧驛) 뒤에 있었습니다. 건녕역 앞에 큰집이 있었는데 진훤이 말하기를, "이것은 새 황후 장씨(張氏)[471]의 사저입니다. 전에 새 황제께서 황태자로 있을 적에 흠천감(欽天監)이, '황후의 별이 황하의 동남방에 비칩니다'라 아뢰니 선제께서 황하 동남방의 양가 규수 300여 인을 뽑아 모두 경사에 모이도록 명하셨습니다. 선제께서 황태후와 함께 다시 선발한 결과 장씨가 이에 뽑혀 정후(正后)가 되었습니다. 황후의 조부는 봉양지부(鳳陽知府)이었고 부친[472]은 관직은 없고 전에 국자감생(國子監生)[473]이었는데, 지금은 특별히 도독(都督)으로 배수되었다고 합니다"라고 하였습니다. 좌위포(左衛鋪)·유항구포(柳巷口鋪)·삼성사(三聖祠)[474]·반고묘(盤古廟)[475]·고토

469_ 嘉靖《興濟縣志》권上, 建置, 舖舍에 의하면 淺鋪 가운데 安都寨淺이 있는데 이를 가리키는 듯하다. 따라서 본문의 '塞'는 '寨'의 誤記이다.

470_ 嘉靖《興濟縣志》권上, 建置, 舖舍에는 '王家淺'으로만 표기되어 있다.

471_ 河北 興濟人. 成化23년(1487) 太子妃로 뽑혔다가 바로 그 해에 다시 皇后가 되었다. 弘治帝의 총애를 받아 一族이 대거 발탁되었는데 후에는 그들의 전횡이 물의를 빚기까지 하였다.

472_ 이름은 巒으로 鄕貢 자격으로 監生이 되었다. 딸이 孝宗의 敬皇后가 된 뒤 壽寧伯으로 봉해졌다.

473_ 明代 國子監에서 공부하는 학생의 통칭이다. 擧監, 貢監, 蔭監과 例監 등 여러 종류가 있다.

474_ 嘉靖《興濟縣志》권上, 建置, 祠廟에는 '三聖祠'가 아닌 '三聖廟'로 되어 있다.

최부가 소흥에서 보았다는 것과 같은 종류의 수차 그림(출전 : 《天工開物》)

강(高土崗)을 지나서 노대(蘆臺)의 옛 성[476]에 이르니, 성은 북쪽으로 청현(青縣)의 현청에 접해 있으며 모두 강의 서북쪽 언덕에 있었습니다. 청현의 앞은 통진하(通眞河)·보정하(保定河)·호타하(滹沲河)[477]의 세 강물이 만나는 곳이므로 '삼차(三叉)'라고 불렀습니다. 또 종루각(鐘樓閣)·사직단(社稷壇)·초범정(峭帆亭)·중주집(中州集)을 지나서 하간부(河間府) 지방에 이르니 하간부성(河間府城)은 강의 북쪽 7-8리쯤에 있었습니다. 또 유하역(流河驛)에 이르니 날이 벌써 어두웠습니다. 유하포(流河鋪)를 지나서 밤 2경에 하관둔(夏官屯)[478]에 이르러 정박하였습니다.

23일—정해현(靜海縣)을 지났습니다.

이 날은 맑았습니다. 축시(丑時)[479]에 배를 출발시켜 조대포(釣臺鋪)·남가구포(南家口鋪)·쌍당포(雙塘鋪)를 지나서 봉신역(奉新驛)에 이르니 봉신역은 정해현치(靜海縣治) 앞에 있었습니다. 신이 부영에게 말하기를, "수차(水車) 만드는 방법을 배우고 싶습니다"라고 하였습니다. 부영이 말하기를,

• • •

475_ 盤古는 天地를 처음 열었다는 전설상의 인물이다. 한편 盤古廟는 青縣治의 남으로 15리 거리에 있다. 元世祖15년(1278)에 修築했고, 永樂4년(1406)과 成化20년(1484)에 각각 重修하였다. 嘉靖《河間府志》권3, 古蹟.

476_ 青縣의 경계인 衛河의 서남측에 있고 둘레는 32리이다. 唐代에 이곳에 蘆臺軍節度를 둔 적이 있다. 嘉靖《河間府志》권3, 古蹟.

477_ 滹沱河 또는 滹池河라고도 한다. 嘉靖《河間府志》권3, 古蹟.

478_《士商類要》권1 '南京由漕河至北京水路程'에 의하면 唐官兒屯이 流河驛과 雙塘兒 사이에 위치하고 있다. 본문의 夏官屯이 唐官兒屯과 마찬가지로 流河驛과 雙塘兒 사이에 위치한 것을 보면, 唐官兒屯의 誤記일 가능성이 있다.

479_ 밤 1시에서 3시 사이.

"당신은 어디에서 수차란 것을 보았습니까?"라고 하였습니다. "지난번 소흥부를 지날 때 어떤 사람이 호수 언덕에서 수차를 운전하여 논에 물을 대고 있었습니다. 힘을 적게 들이면서 물을 많이 퍼 올리니 가뭄 시에 농사짓는데 도움이 될 것 같습니다." "그 제작 방법은 목공이 아는 바로서 나는 자세히 알지 못합니다." "과거 가우(嘉祐)[480] 연간에 고려에 신속(臣屬)된 탁라도(乇羅島)[481] 사람이 돛대가 부러져 표류되어 연안에 도착한 뒤 소주의 곤산현(崐山縣)에 이르렀습니다. 지현 한정언(韓正彦)[482]은 그에게 술과 음식을 접대하였는데, 돛대가 배에 박혀 움직일 수 없음을 보고는 공인(工人)을 시켜서 돛대를 수리하여 전축(轉軸)을 만든 다음 그 일으키고 넘어뜨리는 방법을 가르쳐 주도록 하였습니다. 그 사람은 기뻐하면서 두 손을 맞잡고 감사해 마지않았습니다.[483] 탁라는 곧 지금의 우리 제주입니다. 내가 제주에 갔다가 표류를 당하여 이곳에 왔으니 그 사람과 똑같습니다. 족하께서 또한 한공(韓公)처럼 마음을 쓰시어 수차의 제작법을 나에게 가르쳐 주시면 나도 또한 두 손을 맞잡으며 기뻐할 것입니다." "수차는 물을 푸는 데만 사용될 뿐이니 배울 것이 못됩니다." "우리나라는 논이 많은데 가뭄을 자주 만나게 됩니다. 만약 이 제작법을 배워 동방 백성에게 가르쳐서 농사짓는

480_ 宋仁宗의 年號로 1056년에서 1063년까지에 해당한다.

481_ '乇羅'는 제주의 舊名이다. 《三國遺事》에는 신라에 인접한 九韓, 즉 日本 · 中華 · 吳越 · 乇羅 · 鷹遊 · 靺鞨 · 丹國 · 女眞 · 濊貊 중 하나로 기록되어 있다. 고려 숙종 10년(1105)에 '乇羅'는 耽羅郡으로 이름이 바뀐다.

482_ 嘉靖《崑山縣志》권5, 官守.

483_ 嘉祐年間 乇羅島 사람이 崐山縣에 표착한 사실에 관한 얘기는 宋의 沈括이 편찬한《夢溪筆談》권24, 雜誌 1에 대동소이한 내용이 실려 있다.

일에 도움을 준다면 족하의 한 번 말하는 수고가 우리 동방 사람의 천만대의 무궁한 이익이 될 것입니다. 그 제작법을 잘 알아보시되 미진한 점이 있으면 수부(水夫)에게 물어서 나에게 명백히 가르쳐 주시기 바랍니다." "이 북방은 사토가 많고 논이 없는 까닭에 수차가 소용이 없으니 수부들이 어찌 그 제작법을 알겠습니까? 잠시 생각해 보겠습니다." 한 끼 밥을 먹을 동안에 부영이 기계의 형태와 운용 방법을 대략 이야기하였습니다. 신이 말하기를, "내가 본 것은 발로 움직이던데 이것은 손으로 움직이고 또 그 형태도 조금 다르니 무슨 이유입니까?"라고 하였습니다. "당신이 본 것은 도차(蹈車)일 것입니다. 그러나 이 방법이 가장 간편해서 한 사람만으로도 운전할 수 있습니다." "소나무로 만들 수 있습니까?" "소나무는 가벼워서 만들 수 없습니다. 틀은 위아래를 통하므로 삼나무를 쓰고, 장골(腸骨)은 느릅나무를 사용하고, 판(板)은 녹나무를 사용합니다. 그리고 수레의 중심은 대쪽을 사용하여 묶고, 앞 뒤 네 기둥은 커야 하고, 가운데 기둥은 조금 작아야 하며, 그 수레바퀴와 중심의 판자(板子)는 길이와 너비를 같게 해야 합니다. 만약 삼나무, 느릅나무, 녹나무를 얻지 못하면 모름지기 나무 결이 단단하고 질긴 것을 사용해야만 될 것입니다."[484] 또 독류순검사(獨流巡檢司) · 사령포(沙寧鋪)를 지나서 무청현(武淸縣) 지방에 이르고, 양청체운소(楊靑遞運所)를 지나서 사람들이 잠자리에 들 시각에 양청역(楊靑驛)에 이르렀는데, 지명은 모두 양유청(楊柳靑)이었습니다. 정박했다가 3경에 다시 배를 출발시켜 떠났

484_ 최부가 귀국한 후 成宗은 全羅道觀察使 李諿에게 최부의 지시를 받아 水車를 만들어 올리라고 성종19년 6월 24일에 명하였고, 8월 4일에 최부가 수차를 만들어 바쳤다. 《朝鮮成宗實錄》 19년 6월 丙辰 ; 《朝鮮成宗實錄》 19년 8월 乙未.

습니다.

24일 — 천진위(天津衛)를 지났습니다.

이 날은 흐렸습니다. 새벽에 직고성(直沽城)[485]을 지났는데 강의 이름은 고수(沽水)였습니다. 천진위성(天津衛城)에 이르렀는데 위하(衛河)는 남에서 북으로 흐르니 곧 신이 흐름을 따라온 강의 순류였으며, 백하(白河)는 북에서 남으로 흐르니 곧 신이 거슬러 가야 할 강의 역류였습니다. 두 강이 성의 동쪽에서 합류하여 바다로 들어갔습니다. 성은 두 강이 만나는 곳에 임해 있었습니다. 바다는 성의 동쪽 10여 리에 있었으니 곧 옛날 강회(江淮) 이남의 조운이 모두 큰 바다로 나갔다가 다시 이곳에 모인 뒤 경사로 가곤 하였습니다. 지금은 수로를 뚫어 열고 갑문을 설치하여 열고 닫으니 선박의 편리함이 천하에 통하게 되었습니다. 성안에 위사(衛司)와 좌위사(左衛司)·우위사(右衛司)[486]의 관사(官司)가 있어 해운 등의 일을 나누어 관장하였습니다. 성 동쪽에는 큰 사당이 강 언덕에 접해 있어 그 편액을 큰 글자로 썼는데, 신이 먼 데서 바라보니 그 위는 '천(天)'자, 그 아래는 '묘(廟)'자였지만 중간의 한 글자는 무슨 글자인지 알 수 없었습니다.[487] 강을 거슬러 올라가서 정자고(丁字沽)·해구리(海口里)·하동순경소(河東巡更所)·도화구(桃花口)·윤아만(尹兒灣)·포구아(蒲溝兒)[488]·하로미점(下老米店)을 지

• • •

485_ 靜海縣治에서 남쪽 100리 거리의 大直沽와 북쪽 90리 거리의 小直沽가 있는데 위치상 小直沽로 보인다. 嘉靖《河間府志》권1, 地理.

486_ 左衛는 永樂2년(1404), 右衛는 영락4년에 두었다. 嘉靖《河間府志》권4, 宮室.

487_ 중간의 글자는 '妃' 자가 아니면, '后' 자일 것이다.

나서 양촌역(楊村驛)에 이르니 양촌역 서쪽에는 또 순검사가 있었습니다.

25**일—흐렸습니다.**

아침 일찍 상로미점(上老米店)·백하리(白河里)·남채촌(南蔡村)·북채촌(北蔡村)·왕가무(王家務)·두구(杜口)·쌍천(雙淺)·몽촌(蒙村)·백묘아(白廟兒)·하서순검사(河西巡檢司)를 거쳐서 하서역(河西驛)에 이르니, 하서역은 체운소와 7-8보 거리였습니다. 부영이 신에게 말하기를, "절강삼사(浙江三司)에서 당신들의 표류한 일을 아뢰었는데, 표문(表文)은 원래 4월 1일까지가 시한입니다. 내가 표문을 받들고 와서 시한에 맞추지 못할까 하여, 이 역에서 역마(驛馬)를 타고 먼저 경사로 가겠습니다. 훗날에 병부 앞에서 만날 때 읍례(揖禮)를 하여 서로 아는 내색을 해서는 안 되니, 이는 새 천자의 법도가 엄숙하기 때문입니다"라고 하였습니다.

488_《行水金鑑》 권155, 運河水에 의하면 滿溝 다음에 下老米店이 있다. 蒲溝는 滿溝의 誤記일 가능성이 있다.

권3

26일—맑았습니다.

큰바람이 불어 모래 섞인 먼지가 하늘에 가득하여 눈을 뜰 수가 없었습니다. 순풍을 따라 앞으로 나아가 요아도구(要兒渡口), 하마두(下馬頭), 납초청(納鈔廳), 천비묘(天妃廟), 중마두(中馬頭), 거영아(車滎兒)[1], 상마두(上馬頭), 하서무(河西務), 토문루(土門樓), 엽청점(葉靑店), 왕가파도구(王家欛渡口), 노가오(魯家塢), 반증구(攀繒口)를 지나서 소가림리(蕭家林里) 앞 강가의 건너편 언덕에 이르러 정박하였습니다. 신의 배와 서로 마주보고 있는 곳에 10여 인이 위에 지붕을 얹은 뗏목을 타고 와서 대었습니다. 도적이 와서 겁탈하니 뗏목을 탄 사람도 또한 건장한 자라서 서로 치고 때렸습니다. 진훤은, "도적이 멋대로 때리고 빼앗기를 이와 같이 하니, 당신의 무리에게 분부하여 각자가 경계하도록 하고 조심스럽게 밤을 지내도록 하십시오" 라 운운하였습니다. 천진위(天津衛)로부터 북쪽은 고르게 깔린 흰모래가 끝없이 펼쳐져 있었습니다. 빈 들판엔 풀이 없고 오곡(五穀)이 자라지 않았

• • •

1_ 康熙《武淸縣志》권3, 地理, 堤岸에 '車營口'라는 명칭이 보인다.

으며 인가가 드물었습니다. 조조(曹操)[2]가 오환(烏丸)[3]을 정벌할 때 그 장수를 보내어 호타하(滹沱河)로부터 노사(潞沙)로 들어가게 했었는데[4] 노사가 곧 이곳이었습니다.

27일—맑고 큰바람이 불었습니다.

해뜰 무렵 화합역(和合驛)에 이르고 다시 곽현(漷縣)을 지났는데, 현치(縣治)는 강의 동쪽 언덕에 있었습니다. 마두순검사(馬頭巡檢司)와 최씨원정(崔氏園亭)[5]이 그 안에 있었습니다. 이곳에 이르니 모래더미가 높고 커서 구릉과 같았습니다. 또 화소둔(火燒屯), 공계점(公雞店), 이이사(李二寺), 장점아(長店兒), 대통관(大通關), 혼하구(渾河口), 토교순검사(土橋巡檢司)를 지나서 장가만(張家灣)에 이르니, 곧 여러 로(路)의 공부(貢賦)와 조공(朝貢) 그리고 상인[商賈] 등의 배가 모여드는 곳이었습니다.

• • •

2- 삼국시대 魏의 건국 기초를 세운 장군이다. 後漢 말에 黃巾賊의 亂을 진압하는 데 큰 공을 세웠고, 漢獻帝를 옆에 끼고서 권력을 휘둘렀다. 화북을 평정한 뒤 남하를 꾀하였으나, 208년 孫權 · 劉備의 연합군과 赤壁에서 싸워 크게 패한 뒤로 강남으로 세력을 뻗치지는 못하였다. 그는 정치상의 실권은 잡았으나 帝位에는 오르지 않았고, 토지 · 군사 · 조세제도를 정비하였다. 문학을 사랑하여 많은 문인들을 불러들였고, 자신도 詩賦에 뛰어난 재능이 있었다.

3- 북방 유목민족으로서 東胡族의 하나인 烏桓을 가리킨다. 烏桓이란 그들이 西漢初에 匈奴에게 패하여 烏桓山으로 이주해 들어가면서부터 불리게 된 이름이다. 烏桓은 漢 建安12년(207) 曹操의 공격을 받으면서 그 세력이 점차 쇠퇴하였다.

4- 曹操의 부하 袁尙 등은 烏丸을 공격하기 위해 수로를 파서 滹沱河로부터 泒水를 거쳐 潞沙로 들어갔다. 《日下舊聞考》 권108, 〈京畿〉 通州1.

5- 漷縣治 남쪽의 小安村에 邑人 崔禮가 金의 四鄕 敎諭가 되었다가, 金이 멸망하자 이곳에 隱居하며 園亭을 짓고 花卉를 심었다고 한다. 萬曆 《順天府志》 권1, 地理, 古蹟 ; 《明一統志》 권1, 順天府 등 참조.

28일—북경의 옥하관(玉河館)에 도착하였습니다.

이 날은 맑았습니다. 배를 놓아두고 당나귀를 타고 동악묘(東岳廟), 동관포(東關鋪)를 지나서 통진역(通津驛)이라고도 하는 노하수마역(潞河水馬驛)에 이르니 중문(中門)에 '환우통구(寰宇通衢)'라고 크게 씌어 있었습니다. 역 서쪽에는 체운소(遞運所)가 있고 서북쪽에는 통주(通州)의 옛 성이 있었습니다. 통로정(通潞亭)은 성 동남쪽에 있었으며 동쪽으로 백하(白河)가 감아 돌아 흐르고 있었는데, 백하는 일명 '백수하(白遂河)'라고도 하고 '동로하(東潞河)'라고도 불렀습니다. 신 등이 걸어서 성의 동문으로 들어가서 정표전공상의문(旌表田拱尙義門), 대운중창문(大運中倉門), 진사문(進士門)을 지나서 구성(舊城)의 서문으로 나오고, 또 신성제일포(新城第一鋪), 대운서창문(大運西倉門), 현령관(玄靈觀)을 지나서 또 신성(新城)의 서문으로 나오니, 신성은 구성과 서로 잇닿아 있었습니다. 통주는 곧 진(秦)의 상곡군(上谷郡)으로 지금은 순천부(順天府) 소속이었습니다. 주치(州治)의 남쪽에 통주위(通州衛), 좌위(左衛), 우위(右衛), 정변위(定邊衛), 신무중위(神武中衛)가 있었습니다. 신 등은 신성의 서문 밖에서 당나귀를 타고 영제사(永濟寺), 광혜사(廣惠寺)를 지나서 숭문교(崇文橋)에 이르니, 숭문교는 북경 성문 밖에 있었습니다. 양왕(楊旺)은 이관(李寬), 당경(唐敬), 하빈(夏斌), 두옥(杜玉) 등과 함께 신 등을 인도하여 걸어서 황성(皇城) 동남쪽에 있는 숭문문(崇文門)으로 들어가 회동관(會同館)[6]에 이르렀습니다. 경

6- 永樂初 北京으로 외국 사신들이 사방에서 조공을 하러 왔으므로 南京의 會同館 이외에 별도의 會同館을 북경의 內城 동남쪽에 세워 이들을 접대하였다. 永樂3년(1405)에는 烏蠻驛과 통합하였다. 正統6년(1441) 회동관을 남관과 북관으로 나누어 조선, 일본,

사는 곧 사이(四夷)가 조공하는 곳이므로, 회동본관 이외에 또 별관을 세워서 '회동관'이라 불렀습니다. 신 등이 머문 관사는 옥하(玉河)의 남쪽에 있었던 까닭에 '옥하관'이라고도 불렀습니다.

29일—병부(兵部)[7]에 이르렀습니다.

이 날은 맑았습니다. 양왕이 신 등을 안내하여 옥하관 문을 나오니 동쪽 거리에 다리가 보였습니다. 다리 양쪽 가에는 문을 세웠는데 '옥하교(玉河橋)'라는 편액이 달려 있었습니다. 서쪽 거리로 걸어서 상림원감(上林苑監)[8], 남훈방포(南薰坊鋪), 태의원(太醫院)[9], 흠천감(欽天監)[10], 홍려시(鴻

• • •

安南, 瓦剌 등의 사신은 남관, 女眞, 回回, 西番 등의 諸酋長들은 북관에서 각각 접대하였다. 최부 일행이 묵은 옥하관은 그 가운데 南館에 해당한다. 남관은 南薰坊의 翰林院 남쪽에 위치한다. 《大明會典》 권145, 兵部28, 會同館 ; 中國社會科學院考古研究所 編, 《明淸北京城圖》(地圖出版社, 1986) 등 참조.

7_ 六部의 하나로, 전국 武官의 選拔과 除授, 軍士의 선발과 훈련, 鎭戍·廐牧·郵傳·輿皀에 관한 政令을 관장하였는데, 中樞라고도 불렀다. 屬部로 武選, 職方, 車駕, 武庫의 4 淸吏司를 두었다. 部에는 尙書 1인, 左·右侍郎 각 1인을 두었고, 아래에 司務廳을 설치하여 司務 2인을 두었다. 淸吏司에는 각기 郎中, 員外郎, 主事 등을 두었다.

8_ 원문에는 '上林院監'으로 되어 있으나, '上林苑監'의 誤記이다. 《明一統志》 권1, 京師, 文職公署에 '上林苑監'으로 되어 있다.

9_ 주로 궁정에서 醫療를 관장하는 기구이다. 院使 1인(정5품), 院判 2인을 두었고, 아래의 屬官에 御醫 4인, 吏目 1인이 있었다. 醫術을 大方脈, 小方脈, 婦人, 瘡瘍, 針灸, 眼, 口齒, 接骨, 傷寒, 咽喉, 金鏃, 按摩, 祝由 등 13科로 나누었다. 醫官, 醫士, 醫生이 科를 나누어 일을 하였다. 아래에 生藥庫를 두어 內府御藥房과 표리를 이루었다. 밖으로는 府州縣의 惠民藥局과 邊關衛所의 醫官, 醫士와 醫生을 관할하였다.

10_ 天文과 曆算을 관장하는 관청이다. 監正과 監副 등의 正官을 두었으며, 아래에 主簿廳을 설치하였다. 屬官에는 五官正, 五官靈臺郎, 五官保章正, 五官挈壺正, 五官監候, 五官司曆, 五官司晨, 漏刻博士가 있었다. 天文, 漏刻, 回回, 曆의 4科로 나뉘어졌다. 本監의 官은 다른 官으로 옮길 수 없었으며, 자손이 이를 계승하였다. 특별한 旨가

臚寺)[11], 공부(工部)[12]를 지나 병부에 이르렀습니다. 상서(尙書) 여자준(余子俊)[13]이 한 청사에 앉아 있고, 하(何) 좌시랑(左侍郞)[14]과 완(阮) 우시랑(右侍郞)[15]이 다른 청사에 마주앉아 있으며, 낭중(郞中) 2인과 주사관(主事官)[16] 4인은 또 다른 청사에 나란히 앉아 있었습니다. 신 등이 시랑을 먼저 뵙고, 다음에 상서를 뵙고 난 뒤에 낭중과 주사관이 있는 청사로 갔습니다. 낭중

• • •

없으면 승진 발령되거나 致仕할 수 없었다. 결원이 생기면 本監에서 차례로 채워 보충하였다.

11_ 朝廷의 儀禮를 주관하는 기구이다. 처음에는 侍儀司, 殿庭儀禮司라 하였다가 洪武30년(1397)에 비로소 鴻臚寺라 불렀다. 국가의 典禮, 郊廟의 祭祀, 朝會, 大宴亨, 經筵, 册封, 進曆, 進春, 傳制, 奏捷, 外官의 朝覲, 諸蕃의 入貢, 百官使臣의 復命謝恩, 賜仮와 賜宴 등의 의식을 관장하였다. 장관으로 卿 1인을 두었고, 次官으로 左·右少卿 2인을 두었다. 首領官은 主簿廳의 主簿였다. 屬官에는 司儀와 司賓 2署의 署丞, 鳴贊, 序班과 外夷通事 등이 있었다.

12_ 明代 6部의 하나로, 국가의 각종 工役建設, 屯田, 山澤, 河渠, 水利의 政令을 관장하였다. 屬部로 營繕, 虞衡, 都水, 屯田의 4 淸吏司를 두었다. 部에는 尙書 1인, 左·右侍郞 각 1인을 두었고, 司務廳을 설치하여 사무처리기구로 하였으며 司務 2인을 두었다. 淸吏司에는 각각 郞中, 員外郞, 主事를 두었다. 관할기관에는 營繕所, 文思院, 鞍轡局, 皮作局, 寶源局, 顔料局, 軍器局, 節愼庫, 織染所, 雜造局, 抽分竹木局, 大通關提擧司와 柴炭司 등이 있었다.

13_ 字는 士英이다. 景泰 연간에 진사가 되어 戶部主事, 員外郞 등을 지냈다가, 天順 연간부터 西安知府 등의 지방관을 지냈다. 成化13년(1477)에 兵部尙書, 19년에 戶部尙書, 20년에 太子太保에 除授되었다. 23년에 다시 兵部尙書가 되었다. 변방에 邊城을 쌓는데 銀을 많이 소비하여 여러 차례 탄핵을 받았으며 재임 중에 죽었다.

14_ 何琮을 가리킨다. 《明憲宗實錄》 成化22년(1486) 3월 甲子조에 "通政使 何琮을 兵部右侍郞으로 승진시켰다"고 기록되어 있다. 崔溥의 기술에 잘못이 없다면 何琮은 당시 左侍郞으로 승진해 있었던 상태로 보인다. 한편 侍郞은 六部의 次官을 말한다. 洪武元年(1368)에 처음으로 설치하였으며 尙書를 도와 部의 일을 관장하였다.

15_ 阮勤을 가리킨다. 交趾 출신의 阮勤은 景泰 연간에 進士가 된 뒤 成化 연간에 陝西巡撫에서 兵部侍郞이 되었다. 《大淸一統志》 권104, 〈潞安府二〉.

16_ 6部의 司官 가운데 가장 낮은 직책으로 秩은 정6품이었다.

등은 신에게 표류해 온 일에 대해서는 다시 묻지는 않고, 뜰 안의 홰나무 그늘을 가리키며 시제(詩題)를 삼고는 절구(絶句)를 짓도록 하고, 또 도해(渡海)로써 시제를 삼고는 당률(唐律)[17]을 짓도록 하였습니다. 또 직방청리사(職方淸吏司)[18]의 낭중 대호(戴豪)의 안내에 따라 대청 위에 이르렀는데, 청사 벽에 천하의 지도가 걸려 있어 신이 지나온 지역이 한눈에 훤히 보였습니다. 낭중 등은 지도를 가리키면서 신에게 말하기를, "당신은 어디에서 출발하여 어디에 정박했습니까?"라고 하였습니다. 신은 손으로 배가 표류하기 시작한 땅과 지나온 바다와 정박했던 섬을 가리켰습니다. 가리킨 해로(海路)가 대유구국(大琉球國)의 북쪽을 지나고 있을 때 대(戴) 낭중이 말하기를, "유구 땅을 보았습니까?"라고 하였습니다. 신이 말하기를, "내가 표류하여 백해(白海)로 들어가 서북풍을 만나 남쪽으로 내려갔는데 멀리 보니 산 모양이 보일락 말락 했고 또 인가의 기색이 있어 유구의 땅인 듯했지만 확실하지는 않습니다"라고 말했습니다. "당신이 데리고 온 사람 중에 죽은 사람이 있습니까?" "우리 43인은 바다와 같은 황제의 은혜를 입어서 모두 목숨을 보전하여 올 수 있었습니다." "당신 나라에서 초상을 치를 적엔 주문공

...

17_ 律詩를 말한다. 五律과 七律 등이 있다.

18_ 兵部에 소속된 4 淸吏司의 하나이다. 洪武29년(1396)에 원래 兵部에 속해 있던 職方部를 고쳐 설치하였다. 郎中(정5품) 1인, 員外郎(종5품) 1인, 主事(정6품) 2인을 두었다. 洪武, 宣德 연간에 主事를 4인으로 증설하였다. 輿圖, 軍制, 城隍, 鎭戍, 簡練, 征討 등의 일을 관장하였다. 한편 淸吏司는 六部의 各部에 소속된 관서의 명칭으로 '司'라고 약칭한다. 吏部는 4司, 戶部는 13司, 禮部는 4司, 兵部는 4司, 刑部는 13司, 工部는 4司였다. 각 司에 郎中, 員外郎, 主事 등의 관원을 두었다. 明初에 6部에 소속된 것은 모두 屬部라고 불렀다. 洪武29년(1396) 8월에 屬部와 部가 쉽게 혼동된다고 여겨 명칭을 바꾸었다.

의 《가례》를 씁니까?" "우리나라 사람들은 아들을 낳으면 먼저 《소학(小學)》과 《가례》를 가르치고, 과거(科擧)에서도 또한 이에 정통한 사람을 뽑으며, 초상을 치를 때나 일상생활에서 한결같이 《가례》를 따릅니다." "당신의 국왕은 글 읽기를 좋아합니까?" "우리 국왕은 하루에 네 번 유신(儒臣)을 접견하고, 배우기를 즐겨하여 싫증을 내지 않으며 남의 장점을 취하기를 좋아하십니다." 다 묻고 나서는 신에게 떡과 차를 대접하였습니다. 당경이 신 등을 인도하여 옥하관으로 돌아왔습니다.

저녁에 우리말을 제법 할 줄 아는 하왕(何旺)이란 사람이 신에게, "당신 나라의 하책봉사(賀册封使)인 안처량(安處良)[19] 재상(宰相) 등 24인이 이 옥하관에서 40여 일을 머물다가 이 달 3월 22일에 돌아갔습니다"라 운운하였습니다. 신은 그들과 서로 만나지 못한 것을 한탄하였습니다. 하왕이 말하기를, "당신도 본국으로 돌아갈 것인데, 어찌 그리 심히 한탄하십니까?" 라고 하였습니다. "타향에서 고생에 시달려 초췌해지고 사고무친의 처지에 본국 사람을 만난다면 마치 부형을 만난 것과 같았을 것입니다. 더구나 아버지가 갓 돌아가셔서 어머니가 상사(喪事)를 치러야 하는데 아우는 어려서 경험이 부족하고, 집안은 또한 가난하여 조석(朝夕)도 보전하지 못하는 마당에 내가 바다에 표류되어 살았는지 죽었는지도 집에서는 알 수 없을 터인데, 다만 하늘에 솟구치는 큰 파도와 가없는 푸른 바다 속에서 배가 뒤집혀 필시 물고기 밥이 되었을 줄로 여길 것입니다. 가난한 집에서 거듭되는 상사

• • •

19_ 吏曹參判 안처량을 북경에 보내어 弘治帝의 中宮의 册封을 賀禮케 하였다. 한편 안처량은 돌아오다가 4월 15일 遼東에서 通事를 먼저 漢陽으로 보내 崔溥의 일을 급히 아뢴 바 있다. 《朝鮮成宗實錄》 19년 1월 21일 ; 4월 15일조 기사 참조.

를 치르게 되었으니 늙은 어머니와 어린 아우의 비통함이 어떻겠습니까? 내가 만약 안(安) 영공(令公)[20]의 행차를 만나서 같이 고향에 돌아갔다면 길에서 생기는 근심을 면할 수 있었을 것이며, 만약 함께 돌아가지 못하였더라도 그가 먼저 본국에 돌아가서 내 소식을 잘 전해 준다면 내 어머니와 아우의 아픔을 조금 덜어줄 수 있을 것인데, 하늘이 나를 돌보지 않아 겨우 7일이 어긋나 본국 사신을 만나지 못하게 되었으니 어찌 크게 한탄할 일이 아니겠습니까?"

4월 1일 — 맑았습니다.

새벽에 홍려시주부(鴻臚寺主簿)[21] 이상(李翔)[22]이 와서 신에게, "오늘 병부에서 당신의 일을 상주(上奏)하려고 하니 마음을 놓으셔도 되겠습니다. 표류에 관한 일은 당연히 예부(禮部)[23]에 보고해야 할 터인데, 절강(浙江) 삼사

• • •

20_ 원래는 中書令에 대한 尊稱이었으나 唐代에 節度使가 中書令을 겸하면서부터 점차 남용되어 후대에는 일반적인 尊稱으로 사용되기에 이르렀다.

21_ 主簿는 鴻臚寺 소속의 首領官으로서 소속 主簿廳에 1인을 두었다.

22_ 李翔은 곧 최부 일행의 표류안건에 관한 勅令을 가지고 곧 조선에 가게 된다. 謝恩使 成健이 馳啓하기를, "신이 遼東에 도착하니, 鎭撫 王憲이 신에게 말하기를, '海上에서 漂流한 당신 나라 사람이 43명인데, 序班 李翔이 勅令을 가지고 와서 근일에 이곳에 도착하였다가 당연히 당신의 나라에 가게 될 것입니다' 하고는, 아울러 李翔이 通書한 것을 보여 주었습니다." 《朝鮮成宗實錄》 19年 4月 戊午.

23_ 6部의 하나로서 전국의 儀禮, 祭祀, 饗宴, 貢擧, 封建, 朝貢, 藝術, 僧道 등 각종 政令 및 皇室과 宗藩의 칭호 및 官員의 謚號에 관한 일 등을 관장하였다. 屬部로 儀制, 祠祭, 精膳, 主客 의 4 淸吏司를 두었다. 部에는 尙書 1인, 左·右侍郞 각 1인을 두었으며, 아래에 司務廳을 설치하고 司務 2인을 두었다. 淸吏司에는 각각 郞中, 員外郞, 主事 등을 두었다. 관할기관에는 鑄印局, 敎坊司가 있으며, 主客司에서 會同館을 관리하였다.

(三司)가 병부에 직보를 하고 예부에는 보고하지 않았던 까닭에 예부가 그들을 벌주도록 상주하였으며, 병부 또한 지휘 양왕(楊旺)에게 곤장 20대를 쳤습니다"라 운운하였습니다. 또, "당신 나라의 사은사(謝恩使)[24]가 열흘 안에 반드시 이곳에 도착할 것이니, 당신은 머물러 기다렸다가 함께 돌아가는 것이 좋겠습니다"라고 하였습니다. 신이 말하기를, "나는 초상을 당하여 급히 집으로 돌아가는 중이므로 하루 동안 손 노릇 하는 것이 마치 3년을 보내는 것과 같으니, 청컨대 족하(足下)께서 내가 속히 돌아갈 수 있도록 주선해 주십시오"라고 하자 이상은 말없이 머리를 끄덕거렸습니다. 절강에서부터 그 후로는 통사(通事)를 만나 보지 못했는데, 이곳에 이르러서야 이 사람을 만나게 되었습니다.

2일—흐렸습니다.

회동관부사(會同館副使) 이서(李恕)가 와서 신 등에게, "당신들 43인은 본국에서 파견한 조공사절이 아니기 때문에 하루 한 사람에게 묵은 쌀 1승(升)을 지급할 뿐이고 반찬은 없습니다"라고 운운하였습니다. 신은 걸어서 회동관 문을 나오다가 마침 부영(傅榮)을 만났습니다. 옥하교 가에서 서로 이야기하다가 신이 묻기를, "내가 지나온 곳 가운데 절강에도 통주(通州)가 있고 북경에도 통주가 있으며, 서주부(徐州府)에도 청하현(淸河縣)이 있고

• • •

24_ 정기적인 使行은 아니지만 明朝 내지 淸朝가 조선에 대하여 은혜를 베풀었을 때 이에 보답하기 위하여 수시로 파견한 조선의 임시사절이다. 일에 따라 謝恩進表使, 進賀謝恩使 등 여러 이름을 붙여 수시로 보냈다. 사행의 구성은 正使, 副使, 書狀官, 堂上官 등 34인 이상이었다.

광평부(廣平府)에도 청하현이 있는데, 한 해내(海內)에서 이름이 같은 주현(州縣)이 있는 것은 무슨 까닭입니까?"라고 하였습니다. "명칭은 비록 우연히 같지만 관할하는 포정사(布政司)가 다르니 실제로 아무 지장이 없습니다."

3일—흐렸으며 저녁에 천둥 번개가 치고 우박이 내렸습니다.

이상이 와서 말하기를, "나는 실은 당신네 조선 통사입니다. 1-2일 전에 병부와 내정(內庭)[25]에서 일[26]이 있었던 까닭에 당신들에 관한 일을 상주하지 못했는데, 만약 오늘도 상주하지 못하게 된다면 내일은 반드시 상주하게 될 것입니다"라고 하였습니다. 신이 대답하기를, "천하의 곤궁한 자로서 나만한 사람은 없을 것입니다. 아버지는 이미 돌아가셨고 어머니는 또한 늙으셨으며, 아우는 어리고 약한데 집은 가난하니, 초상을 치르는 데 필요한 아무것도 없는 형편입니다. 내가 또한 표류하여 살았는지 죽었는지도 알리지 못했으니, 어머니와 아우는 어찌 내가 성천자(聖天子)의 큰 은혜를 입어 살아서 대국에 이른 것을 알겠습니까? 반드시 내 초상까지 아울러 치르며 슬픔이 하늘에 닿았을 것입니다. 청컨대 족하께서는 예부에 이 사실을 알려서 내가 이곳에 오래 머물지 않도록 해 주십시오"라고 하였습니다. "당신이 살아서 온 일은 당신 나라의 안처량 재상이 이미 자세히 알고 돌아갔습니다." "안 재상께서 어떻게 아셨습니까?" "절강진수(浙江鎭守)가 지휘 양

25_ 宮禁 즉 궁정 안을 뜻한다.

26_《明孝宗實錄》弘治元年 3월 壬辰 條에 兵部尙書 余子俊이 老疾을 이유로 致仕를 요청했으나 弘治帝가 이를 받아들이지 않았다는 내용이 실려 있지만, 이 일과 관계가 있는지는 알 수 없다.

노(楊輅)를 보내어 당신의 일을 육로로 밤낮으로 달려 보고하게 하여 3월 12일에 도착하였으므로, 안공(安公)이 주본(奏本)[27]을 베껴 가지고 갔습니다. 당신의 집에서는 4월 말 5월 초에 반드시 당신이 바다에서 죽지 않았음을 알게 될 것이니 근심할 것 없습니다. 그렇지만 당신의 사정이 매우 절박하여 참으로 가여워 도와줄 만하니 내가 마땅히 병부와 예부에 보고하겠습니다."

4일—맑았습니다.

하왕이 신을 자기 집으로 데리고 가서 음식을 대접하므로 신이 감사를 표하니 하왕이 말하기를, "멀리서 표류해 와서 사정이 딱하기 때문에 대접하는 것이니, 고마워할 필요 없습니다"라고 하였습니다.

5일—흐렸습니다.

양왕이 와서 신에게, "주본(奏本)은 초3일에 이미 예부로 내려갔습니다"라고 운운하였습니다.

6일—맑았습니다.

유구국의 진선(陳善), 채새(蔡賽) 등이 떡과 음식을 풍성하게 준비해 와서

27_《萬曆野獲編》 권20, 〈京職〉에 "今本章名色, 爲公事則曰題本, 爲他事則曰奏本"이라 하듯 원래는 신하가 황제에게 자신의 私事를 보고하는 문서였으나 실제로 명확히 구분되는 것은 아니다.

신과 종자들에게 대접하였습니다. 신은 그 은혜에 감격했으나 보답할 것이 없어 양식 5승을 덜어 그에게 주었더니 손을 내저으며 물리쳤습니다. 이때 유구국 사신인 정의대부(正議大夫)[28] 정붕(程鵬) 등 25인이 공물을 바치는 일로 와서 후관(後館)에 머물러 있었는데, 진선과 채새는 그의 종자였습니다. 예부가 실무를 담당하는 서리 왕민(王敏)을 보내어 양왕을 불렀습니다. 신이 무슨 일인가 물으니 왕민이 말하기를, "당신들[29]에 관하여 올린 주본(奏本)의 초본(抄本)이 나와 이 때문에 부른 것입니다"라고 하였습니다.

7일—부슬비가 내렸습니다.

예부의 서리 정춘(鄭春), 이종주(李從周) 등이 병부에서 예부로 보낸 자문(咨文)[30]을 가지고 와서 신에게 보여주었습니다. 그 글은 '절강삼사(浙江三司)의 보고에 의하면' 운운했는데 그 끝머리는 아래와 같습니다.

"최부의 안(案)은 절강포정사(浙江布政司)가 파견한 위임관인 지휘첨사(指揮僉事) 양왕(楊旺)을 시켜 호송케 하고, 연도(沿途)의 위소(衛所)에도 공문을 보내어 적절히 관군(官軍)을 차출(差出)하여 경사(京師)로 호송토록 한 것 외에 낱낱이 열거하여 제본(題本)[31]을 갖추어 올렸습니다. 본부관

28_ 散階의 명칭으로, 文官 정3품의 加授의 품계이다.

29_ 원문의 '你每'는 '你們'과 같으니 곧 '당신들'이란 뜻이다.

30_ 동급기관끼리 주고받는 공문서의 일종.

31_ 永樂 연간에 출현한 상행문서. 처음에는 京官이 황제에게 긴급한 公事를 보고하는데 사용되었다. 奏本에 비하여 크기는 조금 작지만 글자는 크게 썼다. 嘉靖 연간에 京城 內外에서 公事는 題本을 사용하게 하였다. 이로부터 京城 내외를 막론하고 官署

(本部官)[32]이 삼가 성지(聖旨)를 받들었는데 '해당 부(部)에서 알아서 하라'라는 내용이었습니다. 삼가 이를 받들어야 할 것입니다. 의안(議案)의 초본(抄本)을 직방청리사(職方淸理司)에 보내고 기다리는 동안 다시 본부(本部)의 명을 받고 절강포정사의 비문(批文)에 의거 파견된 지휘 양왕이 전항(前項)의 이인(夷人)을 호송하여 왔습니다. 조사해 보니 성화(成化) 6년(예종1년, 1470) 11월 중에 해당 절강진수(浙江鎭守) 등 관원이 아뢰고 송치해온 조선국의 풍랑 만난 김배회(金盃廻)[33] 등 7명을 본부에서 상주하여 허락을 받은 다음, 방한복을 적절히 지급해 주고 각력(脚力)과 구량(口糧)을 제공하여 본국으로 돌아가도록 한 바 있었습니다.[34] 지금 올라온 상기 의안(議

의 명의로 황제에게 올리는 데에는 점차 題本만을 사용하게 되었다.

32_ 本部官이란 兵部尙書를 뜻한다.

33_ 표류했던 金盃廻가 공술한 내용은 압축되어 있으나 대체로 최부의 상황과 유사한 점이 많다. "저희들이 지난해에 제주에서 貢物을 압송하여 서울에 도착해서 일을 마치고 本州로 돌아가다가, 해상에서 大風을 만나서 표류하게 되었는데, 무릇 13일 만에 중국의 浙江 지방에 도착하였습니다. 두 척의 배가 바닷가에 정박하여 있는 것을 보고, 저희들이 '朝鮮國'이라는 세 글자를 써서 배 위에 있는 사람에게 보였더니, 그 사람들이 우리 배에 와서 차와 죽을 먹여 주고, 이어 저희들을 데리고 한 小官人이 있는 곳에 이르렀습니다. 火炮를 쏜 뒤에서야 만나 주었으며, 5-6인을 시켜 大官人이 있는 곳으로 압송하였습니다. 또한 전과 마찬가지로 한 銀帶를 찬 관인이 와서 보고 말하기를, '정말 高麗 사람이다'라고 하고, 다음 날 사람을 시켜 한 늙은 閹人이 있는 곳으로 압송하였는데, 저희들의 根脚을 묻고서, 이어서 음식을 먹여 주고, 또 쌀 10斗를 준 다음에, 사람을 시켜 한 大官人이 있는 곳에 압송하였습니다. 사람마다 각각 氈毛·靑綿布·帖裏·裌裙·裌袴·鞋를 지급하고, 8일 동안 머물러 두며, 하루에 세 끼니를 먹여 주었습니다. 한 관인을 보내 北京으로 압송하여 5일 동안 머물러 두었다가, 聖節使에게 붙여 돌려보냈습니다." 《조선성종실록》 권9, 2년 1월 庚辰; 辛巳; 甲午.

34_ 《朝鮮成宗實錄》 2년 1월 庚辰 條와 辛巳 條의 기사에 1470년 8월 濟州人 김배회 등이 貢物을 바치러 서울에 왔다가 濟州로 되돌아가던 중 羅州 일대에서 풍랑을 만나

案)이 본부에 도착하였는데, 살펴보니 조선의 풍랑 만난 최부 등 43명은 비록 해양에서 정찰 중 체포한 이인(夷人)이기는 하지만, 이미 해당 절강진수·순안(巡按)·삼사(三司) 등의 관원이 회동하여 조사해 본 결과, 특별히 간세(姦細)한 사유가 없다는 것이었습니다. 하물며 각 이인(夷人)이 풍파에 밀려 떠다니느라 의복과 식량이 결핍되어 있는 만큼 조정에서 먼 나라 사람을 회유(懷柔)하는 대의(大義)로 헤아려 보더라도 응당 후하게 구휼해야 하니, 마땅히 예부(禮部)에 이문(移文)[35]을 보내어 갈아입을 옷을 적절히 지급해 주도록 해야 할 일이 아닐까 합니다.[36] 본부에서는 응당 관인(官人) 최부에게 참마(站馬)[37]와 늠급(廩給), 나머지 사람에게 각력(脚力)과 구량(口粮)을 지급해 주며 전 구간에 걸쳐 수레를 주어 행장을 싣게 하고, 해당 부(府)[38]에 이첩하여 관원 한 사람을 차출하여 호송토록 하며 연도(沿途)의 군위(軍衛)에서는 군부(軍夫)를 적절히 차출해서 호송토록 하되, 요동(遼東)에 이르러서는 진수(鎭守)·순안(巡按) 등 관원의 지시에 따라 별도로 통사(通事) 인원을 차출하여 조선 국경까지 보내주어 그들 스스로 돌아가

13일 만에 浙江에 漂着하여 北京으로 압송된 뒤 聖節使 일행과 함께 돌아온 일이 기록되어 있는데, 당시에도 兵部에서 禮部에 협조를 구하는 咨文을 보내었다고 한다.

35_ 戰國時代에 移書는 各國 사이, 각국의 官員 사이, 國內의 서로 예속 관계가 없는 官署 사이에 주고받는 일종의 平行문서였다. 漢代에 移書는 동급 기관끼리 주고받는 공문서가 되었고, 三國時代 이후 移文이란 이름으로 불리게 되었다.

36_ 원문의 '合無'는 공문서의 결론 부분에서 함부로 專斷하지 않고 완곡하게 자신의 의견을 제시할 때 쓰는 상투적인 표현이다.

37_ 驛站에 비치한 馬匹.

38_ 4월 21일 左軍都督府의 箚付에 의하면 해당 부는 左軍都督府를 가리킨다. 左軍都督府에는 京師의 일부 衛와 지방의 浙江都司, 遼東都司, 山東都司가 포함된다. 《諸司職掌》 권5, 〈兵部〉.

도록 해야 하겠지만, 풍랑 만난 이인(夷人)을 귀국시키는 일이고 또 삼가 '해당 부(部)에서 알아서 하라'라는 성지(聖旨)의 사리(事理)를 받들어 감히 마음대로 할 수 없는 일이기에 홍치(弘治) 원년 4월 1일 태자태보(太子太保)[39] 본부상서(本部尙書) 여(余)[40] 등이 제본(題本)을 갖추어 올렸고, 다음 날 성지(聖旨)를 받았는데 '옳다'라는 내용이었습니다. 삼가 이를 받들어야 할 것입니다. 응당 그대로 실행해야 하는 외에, 자문(咨文)을 보내오니 번거롭겠지만 본부에서 상주하여 받은 성지(聖旨)의 사리(事理)에 따라 삼가 그대로 시행하시기 바랍니다. 자문을 보냄."

신은 효자를 시켜 쌀을 술로 바꾸어서 정춘 등에게 주도록 하자 정춘이 신에게 말하기를, "우리 두 사람이 체면을 무릅쓰고 와서 선물을 달라는 것은 동전이든 토포(土布)든 다른 여러 가지 산물(產物)이든 가져다 쓰려고 하는 것이지, 술에 한번 취해 보자는 뜻이 아닙니다"라고 하였습니다. "나는 표류되어 사지도 보전치 못하다가 겨우 살게 되었으니 어찌 몸뚱이 외에 다른 것이 있겠습니까? 당신이 우리의 행장을 살펴보고 만약 한 가지 물건이라도 있으면 가져가시오." 천천히 그들의 의중을 살펴보니 신이 입은 옷에 생각이 있는 듯하였습니다. 신은 이정을 시켜서 양식을 덜어 돈 10문(文)을 바꾸어 그들에게 주었습니다. 이종주는 받지 않고서 신의 앞에 내던져 버리

39_ 太子三師의 하나로 太子太師, 太子太傅와 함께 모두 종1품이다. 太子三師는 明初에 東宮大臣으로 朝臣이 겸임하여 太子를 輔導하고 教諭하는 일을 관장하였다. 그 후에는 점차 虛銜이 되어 勳戚 내지 文武大臣의 加官 혹은 贈官으로 되어 太子를 輔導하는 職掌과는 사실상 관계가 없게 되었다.

40_ 4월21일 左軍都督府의 箚付에 의하면 余는 兵部尙書 余子俊을 가리킨다.

고는 정춘과 함께 몹시 성을 내면서 가 버렸습니다. 밤에 신이 문득 안의·이효지 등에게 말하기를, "송(宋) 나라 때 너희 제주 사람이 표류되어 소주(蘇州)에 이르렀는데, 그 배에 크기가 연밥만 한 삼씨가 있었다. 소주 사람이 이를 얻어서 심었더니 몇 년 후에는 점점 작아져서 보통 삼씨와 같아졌다.[41] 지금 너희 지방에 이른바 삼씨가 있는가?"라고 하였습니다. 안의가 말하기를, "그것은 옛날 일입니다. 지금은 보통 삼씨도 희귀한 까닭에 무릇 공천(公賤)의 공포(貢布)[42]를 거둘 적엔 모두 갈추포(葛麤布)를 바치게 되니, 나라에는 소용이 없고 백성에게는 해만 있습니다. 만약 공물을 지방에서 생산되는 물품에 따라서 해산물 같은 것으로 정한다면 편할 것입니다"라고 하였습니다.

8일—흐렸습니다.

국자감생(國子監生) 양여림(楊汝霖)·왕연(王演)·진도(陳道) 등이 흑두건(黑頭巾)을 쓰고 청금[43]단령(靑衿團領)을 입고 와서 말하기를, "당신 나라의 학도(學徒)들도 이 옷을 입습니까?"라고 하였습니다. "학동(學童)들은

41_ 宋 嘉祐年間(1056-1063)에 蘇州 崑山縣에 제주인 30여 명이 탄 배가 표착하였는데 배 안에 있던 연밥만 한 삼씨가 있어 후에 이를 심었더니 첫 해에는 그 크기가 연밥만 했으나 다음 해부터 점차 작아져 몇 년 후에는 中國의 보통 삼씨와 같이 된 적이 있다고 한다. 《夢溪筆談》 권24, 〈雜誌1〉 참조.

42_ 조선시대의 稅. 結稅로 바치는 베를 말하는데 奴는 1필 반, 婢는 1필이었다. 윤달이 있는 해에는 戶曹에서 노비에게 身布를 추가로 받았는데 노는 4자, 비는 2자 6치 6푼을 더 징수하였다.

43_ 청색 깃의 옷이란 뜻으로 학생이 입는 의복을 말한다. 先秦 시기에 학생만이 입는 복장으로 받아들여졌는데 후에는 儒生을 상징하게 되었다.

비록 궁벽한 마을에 있다 해도 모두 이 옷을 입습니다." "당신 나라에서도 경서(經書)만을 전공하는 사람이 있습니까?" "우리나라의 과거는 경서에 정통한 사람을 뽑기 때문에 학도들이 사서(四書)·오경(五經)을 열심히 연구합니다. 한 가지 경서만 전공한 사람은 유자(儒者)의 반열에 낄 수 없습니다."

9일—옥하관에 머물렀습니다.

이 날은 맑았습니다. 장원(張元), 장개(張凱) 형제의 집이 옥하관 앞에 문을 마주해 있었는데, 함께 왔기에 맞아들여서 환담하였습니다.

10일—옥하관에 머물렀습니다.

이 날은 맑았습니다. 이서가 신에게 말하기를, "당신들이 귀국하는 데 쓰일 거마(車馬)와 관문(關文)[44]이 왔으니, 당신은 이곳에 오래 머무르지 않게 될 것입니다"라고 하였습니다.

11일—옥하관에 머물렀습니다.

이 날은 흐렸습니다. 이상이 와서 신에게 말하기를, "당신 나라의 사은사(謝恩使)가 어찌하여 지금까지 오지 않는 것입니까?"라고 하였습니다. "길이 아주 멀어 그들의 거동이 더디고 빠름을 내가 헤아릴 수 없습니다. 제가

44_魏晉南北朝 시대에 기원한 평행문서의 일종. 宋代에는 中書省과 樞密院 및 동일 장관 통할 하의 각 기구 사이에 주고받는 문서로 쓰이다가 明淸시대에 이르러 평행문서로 널리 쓰였다.

이곳에 도착한 것은 국가의 일이 아닌데 특별히 대국의 깊은 은혜를 입어 살아서 본국으로 돌아가게 되었으니 하늘을 우러러 감사할 따름입니다. 다만 유랑하는 처지에 발이 묶인 몸이 시일만 지체시키면서, 나의 아버지 영구(靈柩) 앞에 곡을 하고 분묘(墳墓) 옆에 여막(廬幕) 살려고 하는 마음을 제대로 이루지 못하게 되니 이 때문에 통곡할 뿐입니다." "내가 이미 당신의 말을 예부에 상세히 보고했더니 예부에서 벌써 상주하였습니다. 가까운 시일 안에 반드시 돌아가게 될 것이니 걱정하지 마십시오." 또 왕능(王能)이란 사람은 우리말을 잘 하였는데 신에게 말하기를, "우리 할아버지와 아버지께서는 요동 동팔참(東八站)[45] 지방에 대대로 거주하면서 의주(義州)에 왕래하였으며 나 또한 고려 사람입니다. 내 나이 13세 때에 아버지를 잃고 어머니를 따라 살았는데, 되돌아보니 대략 31년간입니다. 나와 어머니는 함께 올량합(兀良哈)[46]에게 약탈되어 달단(韃靼)의 나라로 갔다가 마침내 살아 돌아와 이곳에서 살고 있습니다. 당신 나라의 사신이 오면 와서 서로 만나 보지 않은 적이 없었습니다"라고 하였습니다. 즉시 가진 돈으로 술을 사서 신과 종자들을 위로하여 주었습니다. 또 신에게 말하기를, "듣건대 당신의 종자(從者) 가운데 죽거나 실종된 사람이 없다고 하니 그렇습니까?"

45_ 義州에서 遼東都司가 있는 遼陽까지의 도로에 설치한 8개의 驛館으로 조선의 사신이 留宿하던 곳이었다. 八站은 鎭江城, 湯站堡, 鳳凰城, 鎭東堡, 鎭夷堡, 連山關, 甛水站, 狼子山站이었다.

46_ 吾都里, 兀狄哈 등과 함께 女眞 部族의 일파이다. 조선에서는 오랑캐라 불렀다. 永樂元年(1403) 올량합의 於虛出(阿哈出) 등의 來朝를 계기로 建州衛가 설치되었는데, 建州衛는 이후 女眞을 招撫하는 明의 전초기지의 역할을 맡게 되었다. 후에 올량합은 淸朝 皇室의 조상이 되는 오도리와 함께 建州女眞의 중심세력이 된다.

라고 하였습니다. "그렇습니다." "다행이 아니겠습니까? 대개 사람이 많고 시일이 많이 흐르게 되면 비록 평상시에 별 일이 없을 때에도 혹 병환으로 죽는 사람이 있는 법인데, 하물며 모진 바람을 만나 큰 바다를 지나왔는데도 한 사람도 죽지 않았으니 천고에 드문 일입니다. 생각건대 반드시 당신이 평소에 적선을 한 덕택일 것입니다." "이것은 황제의 은혜가 하늘처럼 덮어 만물로 하여금 각기 제 자리를 얻게 한 까닭에, 우리들 또한 다행히 이 목숨을 보전할 수 있었던 것입니다."

12일—**옥하관에 머물렀습니다.**

이 날은 아침에는 비가 내렸고 낮에는 흐렸습니다. 이해(李海)란 사람도 우리말을 알았는데 신에게 와서 말하기를, "내가 사신을 따라서 당신 나라에 다녀온 것이 벌써 여섯 차례입니다. 서거정(徐居正) 재상께서는 잘 계시겠지요?"라고 하였습니다.

13일—**옥하관에 머물렀습니다.**

이 날은 흐렸습니다. 장기(張夔)란 사람은 장원(張元)의 막내 동생으로서 총명함이 형보다 나았는데, 신에게 "쓸쓸하고 적막한 여관에서 무엇으로 소일합니까?"라 하면서 초(醋)와 장(醬)을 보내왔습니다.

14일—**옥하관에 머물렀습니다.**

이 날은 맑았습니다. 손금(孫錦)이란 사람이 신에게, "이같이 긴긴 여름날은 지내기가 어려울 것이므로 매우 딱하게 생각합니다"라 하고는 즉시 쌀

1되, 채소 1쟁반, 소금, 장, 초 각기 1그릇씩을 보내 왔습니다. 신은 정보를 보내 사례했더니 손금이 말하기를, "당신들이 진(陳) 땅에서 내뱉는 탄식[47]은 오로지 회동관(會同館) 관원이 품신을 올리지 않은 잘못 때문입니다. 황제께서 어찌 이 같은 사실을 아시겠습니까?"라고 하였습니다.

15일—옥하관에 머물렀습니다.

이 날은 맑았습니다. 예부에서 온 어떤 관리가 신의 관직, 성명과 데리고 온 사람의 성명을 물어서 적어 가지고 돌아갔는데 무엇을 하려는지 알 수 없었습니다.

16일—옥하관에 머물렀습니다.

이 날은 맑았습니다. 금의위(錦衣衛) 후소(後所)의 반검사(班劍司) 교위(校尉)인 손웅(孫雄)이란 사람이 왔기에 신이 말하기를, "빈 여관에 머물며 아무런 하는 일도 없이 벌써 보름을 지냈습니다. 언제나 귀국하게 될지 모르겠습니다"라고 하였습니다. 손웅이 말하기를, "예부에서 황제에게 상주하여 상 내려 주실 것을 청한 후에야 돌아가게 될 것입니다"라고 하였습니다. "우리들이 이곳에 온 것은 나랏일 때문이 아니고, 거의 죽을 뻔한 뒤인지라

47_《論語》〈衛靈公〉의 "在陳絶糧"에서 유래하는데 온갖 苦難 속에 처해 있음을 비유하는 말이다. 춘추시대의 陳은 현재 河南省 陳州를 수도로 하던 小國이었다. 衛國을 떠난 孔子는 黃河를 건너 동남쪽으로 향하여 山東의 小國인 曹나라로 가려 하였으나 曹나라에서 받아주지 않았다. 이에 西南으로 방향을 돌려 河南의 宋으로 간 뒤 다시 그 西南의 陳國으로 들어오게 되었다. 하지만 당시 陳은 吳의 침략을 당하고 있던 때였던 만큼, 공자 일행은 이곳에서 식량이 떨어져 끼니를 잇기도 힘든 형편이었다.

살아서 돌아가기만을 바랄 뿐입니다. 지금은 끊어질 듯하던 숨도 돌아왔고 말라버렸던 창자도 기름기가 돌고 다친 발도 다 나았고 쇠약했던 몸골도 이미 실해졌으니 모두 황상께서 먼 나라 사람을 품안에 넣어 어루만져주시는 은혜가 무겁고도 크기 때문입니다. 나는 대국에 조그마한 보탬도 없으면서 이런 무겁고도 큰 은혜를 입게 되어 진실로 몸 둘 곳도 없는데 또 어찌 상을 내리신다는 것입니까? 나의 소원은 얼른 고향에 돌아가서 늙은 어머니를 뵙고 돌아가신 아버지를 장사지내 나의 효도를 다하는 것입니다. 이 자식된 자의 간절한 심정을 예부가 어찌 알 수 있겠습니까?" "예부에서 근자에 일이 있었기 때문에 당신의 일이 지체되었습니다. 내가 마땅히 당신의 사정을 상서(尙書)에게 상세히 알린 후에 다시 와서 당신을 뵙겠습니다."

17일—옥하관에 머물렀습니다.

이 날은 부슬비가 내렸습니다. 유구국의 진선(陳善)·채새(蔡賽)·왕충(王忠) 등이 와서 본국으로 돌아가게 됨을 고하였습니다. 마침내 작은 부채 두 자루와 방석 두 닢을 신에게 선사하면서 말하기를, "물건은 매우 하찮은 것이지만 저희들의 정이 담겨 있습니다"라고 하였습니다. 신이 말하기를, "내가 족하와 알고 지낸 이유도 정에 있었던 것이지 물건에 있었던 것이 아닙니다"라고 하였습니다. 진선이 말하기를, "우리 국왕께서 일찍이 20년 전에 나의 아버지를 귀국에 보내어 다녀오게 하신 적이 있는데 귀국 사람들에게 큰 사랑을 받아 항상 은정(恩情)을 생각하셨습니다. 나 또한 대인과 친해졌으니 다행이 아니겠습니까?"라고 하였습니다.

18일—예부에 이르렀습니다.

이 날은 흐렸습니다. 사무를 주관하는 서리 왕환(王瑍)이 패자(牌子)[48]를 가지고 와서 신을 불렀습니다. 그 패자 속의 글은, '바다를 표류해 온 조선의 관원 최부를 불러 급히 관사(官司)로 가게 하라. 어김이 없어야 할 것이다' 운운하였습니다. 신은 왕환을 따라 남훈포(南薰鋪)를 지나서 문덕방(文德坊)에 이르렀습니다. 성의 정양문(正陽門)[49] 안에 대명문(大明門)[50]을 세웠는데, 대명문의 왼쪽은 문덕방(文德坊), 오른쪽은 무공방(武功坊)이었고, 정양문은 3층, 대명문은 2층이었습니다. 가서 예부에 이르니, 주객사낭중(主客司郎中)[51] 이괴(李魁), 주사(主事) 김복(金福), 왕운봉(王雲鳳) 등이 상서(尙書)[52] 주홍모(周洪謨), 예(倪) 좌시랑(左侍郎)[53], 장(張) 우시랑(右侍

48_ 통지서.

49_ 明淸時代 北京 內城의 正門이다. 俗稱으로 前門이라고도 한다.

50_ 正陽門을 들어가면 바로 大明門이 있는데 동으로 禮部, 서로는 前軍都督府의 사이에 위치한다. 淸代에는 大淸門이라 불렀지만 후에 철거되어 지금은 남아 있지 않다. 中國社會科學院考古硏究所 編, 《明淸北京城圖》(地圖出版社, 1986) 참조.

51_ 主客司는 禮部 소속 4 淸吏司의 하나로서 洪武29년(1396)에 원래 禮部 소속의 主客部를 고쳐 설치하였다. 郎中 1인(정5품), 員外郎 1인(종5품), 主事 1인(정6품)을 두었다. 土司와 변방지구의 각 민족 및 외국의 조공 왕래, 접대, 賞賜 등의 일을 관장하였다.

52_ 이 당시의 예부상서는 周洪謨이다. 《明史》 권184, 列傳72 周洪謨,.

53_ 倪左侍郎은 倪岳을 가리키는 듯하다. 天順8년(1464)에 進士가 된 倪岳은 成化22년(1486) 禮部右侍郎이 되어 弘治初에 左侍郎이 되었던 것으로 알려져 있다. 《明史》 권183, 列傳71, 倪岳 참조. 그런데 《明孝宗實錄》 弘治元年(1488) 12월 癸卯 條에는 "禮部右侍郎 倪岳을 左侍郎으로 승진시켰다"라는 내용이 실려 있어 혼란스럽다. 하지만 다음 각주에서 밝히는 바와 같이 成化23년부터 弘治2년까지 禮部右侍郎은 張悅이었다는 점에서 위 實錄에서 언급한 내용의 실상에 대해서는 고증이 필요하다. 아마 成化22년 右侍郎이 되었던 倪岳이 23년 張悅이 右侍郎이 되면서 실질적으로 左侍郎 역할을 하다가 12월에 들어와 정식으로 임명받았던 것이 아닐까 싶다.

郞)[54]의 명을 받들어 신에게 말하기를, "내일 아침에 함께 입조하면 의복을 상으로 줄 것이니, 길복(吉服)[55]으로 바꾸어 입도록 하오. 일을 마치면 즉시 돌아갈 수 있도록 할 것입니다"라고 하였습니다. 신이 대답하기를, "나는 표류할 때 풍랑을 견디지 못하여 행장을 모두 버리고 이 상복(喪服)만을 겨우 입고 왔으므로 다른 길복은 없습니다. 또 내가 친상을 당하여 길복을 입는 것이 예(禮)에 맞지 않을 듯하고, 상복 차림으로 입조하는 것은 의(義)에 맞지 않으니 청컨대 대인께서는 예제(禮制)를 참작하여 지시를 바꾸어 주시는 것이 어떻겠습니까?"라고 하였습니다. 이(李) 낭중은 신의 말을 여러 사람과 의논하다 한참을 지난 후에 서리 정춘(鄭春)을 시켜 신에게, "내일 아침 상 받을 때는 예를 차리는 절차가 없으니 따라온 아전으로 하여금 대신 상을 받도록 하고, 모레 황제의 은혜를 사례할 때는 당신이 몸소 황제에게 배례(拜禮)해야 하니 참석하지 않을 수 없습니다"라는 등의 말을 전하였습니다. 신은 옥하관으로 돌아왔습니다. 저녁에 손금(孫錦)이 또 좁쌀 2되와 장아찌 1그릇을 보내왔습니다. 어떤 사람이 여러 마리의 양떼를 몰고 옥하관 문을 지나갔는데, 그중 한 마리는 뿔이 네 개나 달려 있고 두 마리는 털이 길어 땅바닥에 드리웠습니다.

54_ 張悅을 가리킨다. 《明憲宗實錄》 成化23년(1487) 11월 辛酉 條에 工部右侍郞이었던 張悅을 禮部右侍郞으로 임명한 사실이 보인다. 한편 《明孝宗實錄》 弘治2년(1489) 7월 丁丑 條에 "禮部右侍郞 張悅을 吏部右侍郞으로 보직을 바꾸었다"고 하고 있다. 이를 통하여 張悅은 成化23년부터 弘治2년까지 右侍郞을 맡고 있었음을 확인할 수 있다.

55_ 禮服의 범칭.

19일—상을 받았습니다.

이 날은 흐렸습니다. 예부의 서리 정춘(鄭春), 왕민(王敏), 왕환(王瑍) 등이 와서 신의 손아랫사람 정보 등 40여 인을 데려갔으므로 신은 혼자 객관(客館)에 남았습니다. 정보 등이 대궐에 들어가 상을 받아 왔습니다. 신이 받은 것은 소저사의(素紵絲衣)[56] 1벌, 내홍단자원령(內紅段子圓領)[57] 1건(件), 흑록단자습자(黑綠段子褶子)[58] 1건, 청단자답호(靑段子褡䕶)[59] 1건, 신발 1쌍, 전말(氈襪)[60] 1대(對), 녹면포(綠綿布) 2필이고, 정보 이하 42인이 받은 것은 반오(胖襖)[61] 각 1건, 면고(綿袴)[62] 각 1건, 옹혜(翰鞋)[63] 각 1쌍이었습니다. 이상(李翔)이 돈을 달라고 하여 시장 가에서 돈 받고 글을 써 주는 사람에게 주어 홍려시(鴻臚寺)에 올리는 서장(書狀)을 쓰도록 하였는데, "조선국 사람 최부 등 : 〈상을 내려주신 데 대하여〉 바다에 표류되어 절강에 도착했다가 경사로 호송되어 왔는데 지금 황제께서 내려주시는 상으로 의복, 반오, 신발 등을 받았으니 마땅히 홍려시에 나아가서 이름을 등록하고, 4월 20일 아침에 황제의 은혜에 사례하겠습니다"라는 등의 내용이었습니다. 이상이 정보에게 말하기를, "당신의 상관(上官)에게 알려서 내일 아침에

56_ 紵絲는 비단으로 만든 衣服을 말한다. 素紵絲衣는 흰색 비단으로 만든 옷.

57_ 속을 붉은 색 비단으로 넣어 만든 둥근 깃의 公服.

58_ 검은 녹색 비단으로 만든 주름잡힌 옷.

59_ 푸른 색 비단으로 만든 안에 입는 옷.

60_ 털버선.

61_ 明代 九邊의 將士 및 錦衣衛의 군인이 입는 솜으로 만든 상의. 길이는 무릎까지 내려오고 소매는 좁은데, 안에는 솜으로 채워 만들었다.

62_ 면바지.

63_ 솜을 넣은 방한용 장화.

길복 차림으로 와서 황제의 은혜에 사례하도록 하시오"라고 하였습니다. 이름을 잊었지만 서(徐) 서반(序班)[64]이란 사람이 와서 정보 등이 갖춘 관대(冠帶)를 점검하고 숙배(肅拜) 절차의 의례를 가르쳐 주었습니다. 서 서반은 비록 통사라고는 했지만 우리말을 잘 알지 못하였습니다. 신은 정보를 시켜 문지기 1명과 같이 이상의 집을 찾아가서 신의 뜻을 알리기를, "친상은 진실로 자기의 진실을 다해야 하는 것인데 만약 화려한 옷을 입는다면 효가 아닙니다. 나 또한 자식된 자로서 어찌 경솔히 상복을 벗어 불효의 오명을 뒤집어 쓸 수 있겠습니까?"라고 하였습니다. 이상이 말하기를, "오늘 내가 예부상서 대감과 함께 이미 의논했는데, 지금 이 때는 친상이 가볍고 천은(天恩)이 무거우니 배사(拜謝)하는 예절을 그만둘 수 없습니다. 밤 4경쯤에 동장안문(東長安門)[65] 밖에서 상으로 하사받은 의복을 입도록 해야 하며, 어김이 없어야 합니다"라고 하였습니다. 저녁에 달단(韃靼)의 대령위(大寧衛) 남녀 15인이 그들의 본국에서 도망해 와서 서회동관(西會同館)에 묵었습니다.

20일—대궐에서 황제의 은혜를 사례했습니다.

이 날은 흐렸습니다. 축시(丑時)[66]에 이상이 자기 집으로부터 바로 신에게

• • •

64_ 鴻臚寺의 속관으로 종9품이다. 司儀署와 司賓署에 설치되었는데, 조정 의례의 侍班, 齊班, 糾儀와 傳贊 등의 일을 관장하였다.

65_ 지금 天安門 동남방에 있던 長安左門을 가리키나, 현재 철거되어 남아 있지 않다. 中國社會科學院考古研究所 編, 《明淸北京城圖》(地圖出版社, 1986) 참조.

66_ 새벽 1시부터 3시 사이.

와서 말하기를, "당신은 지금 관복을 갖추고 입조하여 황은에 사례해야 하니 지체할 수 없습니다"라고 하였습니다. 신은 머리 위의 상관(喪冠)을 가리키면서 말하기를, "친상을 당하여 비단옷을 입고 사모(紗帽)를 쓰는 것이 마음이 편하겠습니까?"라고 하였습니다. "당신이 빈소 곁에 있다면 당신의 아버지가 중하지만, 지금은 이곳에 있으니 황제가 계심을 생각할 따름입니다. 황제의 은혜가 있는데 만약 가서 사례하지 않는다면 인신(人臣)의 예절을 크게 잃는 것입니다. 그러므로 우리 중국의 예제는 재상이 친상을 당할 적에 황제께서 사람을 보내어 부의(賻儀)를 보내시면, 비록 초상 중에 있더라도 반드시 길복을 갖추고 달려가 대궐에 들어가 사례하고 난 후에 상복을 도로 입습니다. 황제의 은혜는 사례하지 않을 수 없으며, 사례한다면 반드시 대궐 안에서 해야 하고, 대궐 안은 상복 차림으로는 들어갈 수 없습니다. 이것은 형수가 물에 빠지면 손을 잡아 꺼내주는[67] 권도(權道)입니다. 당신이 지금 길복을 갖춰야 함은 상황이 그러하기 때문입니다." "어제 상을 받을

67_ 남녀 사이에 직접 물건을 건네지 않는 것이 禮의 正道이지만 형수가 물에 빠지는 위급한 상황에서는 손을 내밀어 구원하는 임기응변의 權道가 필요하다는 말이다. 출전과 번역문은 다음과 같다. "淳于髡曰, '男女授受不親, 禮與 ?' 孟子曰, '禮也.' 曰, '嫂溺則援之以手乎 ?' 曰, '嫂溺不援, 是豺狼也. 男女授受不親, 禮也. 嫂溺援之以手者, 權也' 曰, '今天下溺矣, 夫子之不援, 何也 ?' 曰, '天下溺, 援之以道, 嫂溺, 援之以手. 子欲手援天下乎 ?'" 《孟子》 〈離婁上〉. "순우곤이 물었다. '남녀가 주고받는 것을 직접 하지 않는 것이 禮입니까?' 맹자가 대답했다. '禮이다.' 순우곤이 물었다. '형수가 물에 빠지면 손으로 건져주오리까?' 맹자가 대답했다. '형수가 물에 빠진 것을 구원하지 않으면 이것은 승냥이와 이리이니, 남녀가 주고받음을 직접 하지 않는 것은 禮요, 형수가 물에 빠져 손으로 건져내는 것은 權道이다.' 순우곤이 물었다. '이제 천하 사람들이 물에 빠져 있습니다. 선생께서 구원하지 않는 것은 무엇 때문입니까?' 맹자가 대답했다. '천하 사람들이 물에 빠졌으면 道로써 건져주고, 형수가 물에 빠졌으면 손으로 건져주는 것인데, 그대가 손으로 천하 사람들을 건져내려고 하느냐?'"

때 내가 친히 받지 않았으니 지금 사은(謝恩)할 때도 따라온 아전 이하로 하여금 가서 배례하도록 하는 것이 어떻겠습니까?" "상을 받을 때는 배례하는 절차가 없으니 비록 대신 받아도 되지만, 지금은 예부와 홍려시가 함께 당신의 사은할 일을 의논한 뒤 상주하여 '조선의 관원 최부 등' 운운하였습니다. 당신은 당신들의 우두머리로서 어찌 태평스럽게 물러나 앉아 있을 수 있단 말입니까?"

신은 마지못해 정보 등을 거느리고 이상을 따라 걸어서 장안문[68]까지 이르렀으나 그래도 길복을 차마 입지 못하였습니다. 이상이 몸소 신의 상관(喪冠)을 벗기고 사모를 씌우며 말하기를, "국가에 일이 있으면 기복(起復)[69]하는 제도도 있습니다. 당신은 지금 이 문에서부터 길복을 입고 들어가 사은하는 예를 마치고 다시 이 문을 나올 때 다시 상복을 입게 되면 그 시간은 잠깐 사이일 뿐이니 한 가지에만 집착하여 권도가 없어서는 안 될 것입니다" 라고 하였습니다. 이 때 황성(皇城)의 바깥문이 열려, 상참(常參)[70]하는 조관(朝官)들이 죽 늘어서서 들어갔습니다. 신은 사세(事勢)에 몰려 길복을 입고 대궐에 들어갔습니다. 1층 문과 2층 두 대문을 지나서 들어가니 또 2층 대문이 있었는데 바로 오문(午門)[71]이었습니다. 군대의 위용은 엄정하였고 등불은 휘황하였습니다. 이상이 신을 중정(中庭)에 앉혔습니다. 조금

• • •

68_ 東長安門을 가리킨다. 中國社會科學院考古研究所 編, 《明清北京城圖》(地圖出版社, 1986) 참조.

69_ 친상으로 휴직하고 있는 관리를 복상 기간이 끝나기 전에 다시 기용하는 것.

70_ 唐代에는 황제가 前殿에서 群臣을 會見하는 것을 常參, 便殿에서 회견하는 것을 入閣이라 하여 구분했으나 후에는 일반적으로 入朝하는 것을 常參으로 부르게 되었다.

71_ 오늘날 紫禁城의 正門이다.

있으니 오문의 왼쪽에서 북을 치고 오른쪽에서 종을 치자 홍문(虹門) 셋이 활짝 열렸습니다. 문마다 두 마리의 큰 코끼리[72]가 지키고 있었는데 그 모습이 매우 기이하였습니다. 먼동이 틀 때 조관들이 차례대로 문 앞에 늘어섰습니다. 이상이 신을 인도하여 조관의 반열에 나란히 서게 하고 또 정보 등을 인도하여 별도로 1대(隊)를 만들어 국자감생(國子監生)의 뒤에 서게 하였습니다. 다섯 번 절하고 세 번 머리를 조아리고 난 뒤에 단문(端門)[73]으로 나오고, 또 승천문(承天門)[74]으로 나오니 승천문은 대명문(大明門)의 안쪽에 있었습니다. 다시 동쪽으로 장안좌문(長安左門)으로 나와서 다시 상복을 입고는 장안가(長安街)를 지나서 옥하관으로 돌아왔습니다.

이효지, 허상리, 권산 등은 모두 상으로 하사받은 옷을 가지고 신에게 와서 말하기를, "전에 정의(旌義) 사람이 현감(縣監) 이섬을 따라나섰다가 표류하여 이곳에 이르렀을 때는 황제께서 상을 내려주시는 은혜가 없었는데, 지금 우리들은 행차를 따라왔다가 특별히 이런 뜻밖의 상을 받고 황제의 앞에서 절을 하게 되었으니 행운이 아니겠습니까?"라고 하였습니다. 신이 말하기를, "어찌 우연이겠는가? 상이란 것은 공로가 있는 사람에게 주는 것이다. 너희들은 대국에 무슨 공로가 있는가? 표류되어서 죽을 뻔하다가 다시 소생하여 살아서 본국으로 돌아가게 되었으니 황제의 은혜는 이미

72- 嘉靖13년(1534) 조선의 進賀使 일행 가운데 일원인 蘇巡이란 자가 귀국 후 남긴《葆眞堂燕行日記》권3의 2월 30일 기사 가운데 午門 근처에서 코끼리 6마리를 보고 그 기이한 모습에 놀라워하는 내용을 전하고 있다.

73- 承天門과 午門 사이에 있다. 동쪽으로 太廟, 서쪽으로 社稷壇이 있다.

74- 지금의 天安門으로 皇城의 正門이다.

지극하다. 하물며 또 너희들의 비천한 신분으로서 황궁에 들어가 이런 상을 받게 되었음에랴! 너희들은 알고 있는가? 황제께서 우리를 어루만져 주시고 상을 내리시는 것은 모두가 우리 임금께서 하늘을 두려워하여 사대를 하신[75] 덕택이지 너희들이 스스로 가져온 것이 아니다. 너희들은 우리 임금의 덕을 잊지 말아야 한다. 황제의 상을 가벼이 여기지 말아야 할 것이니 이를 손상시키거나 잃어버리지 말고, 팔아서 다른 사람의 소유가 되지 않도록 하며, 너희 자손으로 하여금 대대로 지키도록 하여 영원히 간직하는 보물로 삼아라"라고 하였습니다.

21일—옥하관에 머물렀습니다.

이 날은 흐렸습니다. 백호(百戶) 장술조(張述祖)가 와서 말하기를, "나는 좌군도독부(左軍都督府)의 총병(總兵) 영감의 부름을 받아 당신을 요동으로 호송할 사람입니다. 병부 및 회동관의 관문(關文)이 모두 나왔으니 2-3일 사이에 당신들 모두 길을 떠나게 될 것입니다"라고 하였습니다. 소매 속에서 차출의 차부(箚付)를 꺼내어 보여 주었는데, 그 글은 다음과 같았습니다.

좌군도독부 : 〈해양 상황에 관한 건〉 경력사(經歷司)[76]에서 올린 정문(呈文)에 병부(兵部) 직방청리사(職方淸吏司)의 수본(手本)[77]에 의하면 '본부(本部)[78]의 명을 받들어 본부의 제본(題本)을 함께 발송하고, 본 직방청리사

• • •

75_《孟子》〈梁惠王下〉의 "以小事大者, 畏天者也"란 구절에서 유래한 말이다.

76_明代에 五軍都督府 외에 軍衛, 都察院과 通政司, 布政司, 按察司, 府 및 都轉運鹽使司 등에 설치하였다. 經歷과 都事 또는 知事를 두었으며 출납과 문서를 관장하였다.

77_兵部 職方淸吏司가 左軍都督府 經歷司에 보낸 平行文書의 일종.

가 올려 보낸 정문(呈文)을 본부의 명을 받아 내부(內府)[79]로 발송하고, 진수절강사설감태감(鎭守浙江司設監太監) 장경(張慶)의 상기 안건에 대한 제본(題本)의 초본(抄本)을 작성하여, 해당 도독부에 이첩(移牒)하여 관원 한 사람을 차출하여 호송토록 하고, 연도(沿途)의 군위(軍衛)에서는 군부(軍夫)를 적절히 차출하여 호위토록 하라. 요동(遼東)에 이르러 진수(鎭守)·순안(巡按) 등 관원의 지시를 받아 통사(通事) 인원을 따로 차출하여 조선과의 경계 지점까지 보내 주어 그들 스스로 돌아가도록 해야 한다. 풍랑 만난 외이(外夷)를 귀국시키는 일이고 또 삼가 '해당 부(部)에서 알아서 하라'라는 성지(聖旨)의 사리(事理)를 받들어 감히 마음대로 할 수 없는 일이기에, 홍치(弘治) 원년 4월 1일 태자태보본부상서(太子太保本部尙書) 여자준(余子俊) 등이 제본을 갖추어 올렸고, 다음 날 성지를 받았는데 '옳다'라는 내용이었습니다. 삼가 이를 받들어야 할 것입니다. 응당 그대로 실행해야 할 것입니다. 이 외에 해당 도독부의 경력사는 그 도독부에 정문(呈文)을 올려 본부(本部)에서 상주하여 받은 성지의 사리(事理)에 비추어 삼가 적절한 관원 1명을 파견하여 호송하도록 하고, 이어 진수요동태감(鎭守遼東太監) 위낭(韋朗)과 총병관(總兵官) 구겸(緱謙)[80] 및 연도의 군위(軍衛) 아문(衙門)에게 이첩하여 그대로 준수하여 시행하도록 하시기 바랍니다'라는 것으

78_ 여기서의 本部는 本部官 즉 兵部尙書를 뜻한다.

79_ 內廷을 가리킴.

80_ 成化말기에 韋朗과 緱謙이 서로 짜고 몽고의 내침을 황제에게 보고하지 않은 일이 있었다. 관련 기사는 아래와 같다. "及直·鉞用兵, 方論功而敵大入, 中官韋朗·總兵官緱謙等匿不以聞"《明史》列傳68, 强珍.

로, 함께 발송한 문서가 본 경력사에 도달하여 수본(手本)을 보낸다는 내용이었다.

좌군도독부 경력사에서 본 도독부에 정문을 올려 문서 내용에 의거하여 시행하라는 수본(手本)과 안정(案呈)이 본 도독부에 도달되었다. 응당 그대로 실행해야 할 것이다. 사유서를 갖춘 관련 인원을 자문(咨文)과 함께 보내는 한편, 차부(箚付)를 주어 본직(本職)[81]으로 하여금 바로 이인(夷人) 최부 등을 성심껏 호송하여 요동진수(遼東鎭守)와 총병관 구겸(緱謙)에게 데리고 가 인계하고, 따로 통사 인원을 차출하여 가는 사람들과 동반시켜 소홀히 지연되어 불편한 일이 생기지 않도록 해야 할 것이다. 차부(箚付)를 보냄.

22일—옥하관에 머물렀습니다.

이 날은 맑았습니다. 신은 이 달 초5일부터 머리 아픈 증세가 생겨 17일에는 조금 나았는데 이 날에 와서 갑자기 가슴이 아파 가슴과 배가 서로 뒤틀리고 손발이 마비되며 찬 기운이 몸에 퍼지더니 가쁜 숨이 겨우 목구멍에 걸려 있었습니다. 정보, 김중, 손효자, 고이복(高伊福)[82] 등이 축원을 올렸으나 아무 소용이 없었습니다. 거느리고 있는 사람들은 어찌할 바를 몰랐고 이정과 막금은 곁에서 통곡하였습니다. 성명을 모르는 한 사람이 자못 병 치료할 줄을 알았는데, 신의 위태함을 보고서 큰 침으로 신의 열 손가락 끝을 찌르니

• • •

81_ 명을 받은 百戶 張述祖를 가리킨다.
82_ 高伊福의 '伊'는 '以'의 잘못으로 앞에서 나온 결군 高以福이다.

검은 피가 마구 솟구쳤습니다. 그 사람은 "위태롭구나! 위태롭구나!"라고 말하였습니다. 김중과 정보가 달려가서 예부의 주객사(主客司)에 사실을 알렸습니다. 회동관의 보고도 이르자 예부는 즉시 태의원사(太醫院士) 주민(朱旻)을 보내어 신의 병을 치료케 하였습니다. 주민은 신의 맥박을 짚어 보고 말하기를, "이 증세는 본디 칠정(七情)[83]이 손상된 데다 감기가 겹쳐 생긴 것이니 조심해서 몸조리를 해야 합니다"라고 하였습니다. 정보는, "무슨 약으로 치료합니까?"라고 물었습니다. "향화대기탕(香火大氣湯)[84]으로 치료해야 합니다." 주민은 급히 태의원(太醫院)으로 달려가서 약을 가지고 왔는데 바로 가감칠기탕(加減七氣湯)[85]이었습니다. 손수 약을 달여서 신에게 마시게 하고 주민은 돌아갔습니다. 밤 2경에 신은 마셨던 약을 토해 버렸습니다.

23일—옥하관에 머물렀습니다.

이 날은 흐리고 천둥이 쳤습니다. 새벽에 주민이 또 와서 신의 맥박을 짚어보고 말하기를, "어제는 삼지이패(三遲二敗)[86]의 맥(脈)이 있었는데 오늘은 맥의 기운이 회생할 기색이 있으니 조리에만 전념해야 합니다"라고 하였습니다. 또 인삼양위탕(人蔘養胃湯)[87]을 달여서 먹여 주었습니다. 신은 약을

83_ 喜·怒·哀·懼·愛·惡·欲의 일곱 가지 감정을 말한다.

84_ 大氣湯은 음식물 등을 삼키기 어려울 때 먹는 약. 《普濟方》 권158 참조.

85_ 七氣湯은 구토를 다스리는 약. 《仁齋直指》 권7 참조.

86_ 醫書에서 말하는 遲脈과 敗脈으로 병이 위중한 상태를 말한다. 건강한 사람은 숨 한번 쉴 적에 4번 맥박이 뛰는데 3번만 뛰면 늦은 것이고 1-2번이면 위험한 것이다. 《脈訣刊誤》 권上 참조.

먹은 뒤로 몸이 점차로 안정이 되었습니다. 저녁에 이서(李恕)와 장술조(張述祖)가 함께 와서 신에게 말하기를, "내일 아침에 당신들이 본국으로 돌아가게 되었으나 지금 당신 병이 낫지 않았으니 26일에 떠나는 것이 어떻겠습니까?"라고 하였습니다. "나는 초상을 당하여 급히 돌아가다가 표류하어 타국에 머무르고 있으니, 사정이 매우 절박하여 하루를 지내는 것이 마치 3년 같습니다. 어제의 병이 오늘은 조금 나았으므로 수레 위에 누우면 갈 수 있으니 가기를 청합니다." 장술조가 말하기를, "그렇다면 내가 순천부(順天府)의 체운소(遞運所)에 가서 수레와 여마(驢馬)를 부탁해 놓고 오겠습니다"라고 하였습니다.

우리 명나라 태조고황제(太祖高皇帝)께서 남경에 도읍을 정하셨으니, 남경은 곧 금릉(金陵)으로서 육조(六朝)의 제왕(帝王)이 도읍으로 삼았던 곳이었습니다. 태종문황제(太宗文皇帝)께서 북평부(北平府)로 도읍을 옮겨서 북경이 되었지만 남경의 치소(治所)는 여전하였습니다. 남경의 기내(畿內)에는 응천부(應天府) 등 18부와 그에 속한 주현이 있고, 북경의 기내(畿內)에는 순천부 등 11부와 그에 속한 주현이 있었습니다. 양경(兩京) 기내의 부·주·현은 육부(六部)에 직속되어 있었습니다. 또 천하를 13 포정사로 나누었으니 산서(山西), 산동(山東), 하남(河南), 섬서(陝西), 절강(浙江), 강서(江西), 호광(湖廣), 사천(四川), 복건(福建), 광동(廣東), 광서(廣

87_찬 음식이나 세균성 음식을 먹고 소화기관이 냉해지면서 장염을 일으켜 복통과 설사를 하는 동시에 고열과 두통 등의 통증이 발생할 때 이를 치료하는 약.

西), 운남(雲南), 귀주(貴州)로서 여러 부·주·현을 통할하고 있었습니다. 또 도지휘사(都指揮司)와 위소(衛所)를 두어 방어하게 하였습니다. 부가 149, 주가 218, 현이 1105곳[88]이었습니다. 또 선위사(宣慰司)[89], 초토사(招討司), 선무사(宣撫司)[90], 안무사(安撫司) 등의 관사(官司)가 있었습니다.

경성(京城)은 곧 원(元) 나라 대도성(大都城)이었습니다. 영락(永樂) 연간 늘리고 넓혀 수축하였습니다. 성문은 9개가 있었으니, 그 남문이 정양문(正陽門)으로서 정양문의 오른쪽이 선무문(宣武門), 왼쪽이 숭문문(崇文門)이고, 그 동문은 동직문(東直門), 조양문(朝陽門), 그 서문은 서직문(西直門), 부성문(阜成門)이며, 그 북문은 안정문(安定門), 덕승문(德勝門)입니다. 성안에 또 황성(皇城)이 있고, 황성 안에 서원(西苑)[91], 태액지(太液池)[92], 경화도(瓊華島)[93], 만세산(萬歲山)[94], 사직단(社稷壇)[95], 태묘(太廟)[96]

···

88_ 天順5년(1461)에 간행된 《明一統志》의 圖敍에 동일한 부주현의 총수가 게재되어 있다. 한편 《明史》에는 宣德3년(1428)의 수치가 실려 있는데, 당시 전국의 府는 159, 州는 234, 縣은 1171이었고, 明末에는 그 총수가 각각 140, 193, 1138로 조정된 바 있다. 따라서 天順 연간의 위의 수치는 그 중간에 해당됨을 알 수 있다.

89_ 明의 西南 少數民族地區에 土司制度를 실행하면서 만들었다. 元朝의 舊稱을 답습하였으며, 少數民族의 首領이 세습하였다. 장관은 宣慰使(종3품)이고, 正官에는 同知(정4품) 1인, 副使(종4품) 1인, 僉事(정5품) 1인이 있다. 首領官으로는 經歷司의 經歷(종7품) 1인, 都事(정8품) 1인이 있다. 그 가운데 經歷은 대부분 流官으로 충임되었다.

90_ 위 宣慰司와 유사하나 다만 장관은 宣撫使(종4품)이고, 正官에는 同知(정5품) 1인, 副使(종5품) 1인, 僉事(정6품) 1인이 있었다. 首領官으로는 經歷司의 經歷(종8품) 1인, 知事(정9품) 1인, 照磨(종9품) 1인이 있다. 그 가운데 經歷은 대부분 流官으로 충임되었다.

91_ 오늘날의 北海公園과 中南海에 해당한다.

92_ 오늘날의 北海와 中海를 말한다.

가 있습니다. 황성의 장안좌문(長安左門) 남쪽에 종인부(宗人府)[97], 이부(吏部), 호부(戶部)[98], 예부(禮部)가 남쪽으로 차례로 있고, 종인부의 뒤편[99]에 병부(兵部), 공부(工部), 홍려시(鴻臚寺), 흠천감(欽天監), 태의원(太醫院)이 또한 차례로 남쪽으로 있으며, 장안우문(長安右門)의 남쪽에는 오군도독부(五軍都督府)[100]의 중부(中府) · 좌부(左府) · 우부(右府) · 전부(前府)가 또한 차례로 남쪽으로 있고, 후부(後府)는 중부(中府)의 뒤편에 있습니다. 후부의 남쪽에 행인사(行人司)[101], 태상시(太常寺) · 통정사사(通政使

93_ 오늘날의 北海公園 안의 瓊華島이다.

94_ 일명 煤山이라고도 하는데 紫禁城의 바로 북쪽에 있는 오늘날의 景山을 가리킨다.

95_ 永樂年間에 만들었는데 午門 밖의 서남쪽에 있다. 오늘날의 中山公園에 해당한다.

96_ 午門의 동남쪽에 있다. 永樂18년(1420)에 만들었는데 嘉靖11년(1532) 九廟로 바꾸어 15년에 완성되었다. 20년에 八廟가 落雷로 불에 탔으나 24년 重建되었다. 오늘날에는 勞動人民文化宮이 들어섰다.

97_ 洪武3년(1370)에 大宗正院을 설치하였다가 22년에 개명하였다. 勳戚大臣이 府의 일을 관리하였는데, 官을 두지 않아 일의 권한은 禮部에 예속하였다. 皇族의 屬籍, 玉牒의 修理, 宗室子女의 嫡庶, 名封, 嗣襲, 生卒, 婚嫁, 諡葬 등의 일을 관장하였다.

98_ 六部의 하나로 전국의 戶口, 土地, 賦稅, 재정수지 등의 政令을 관장하였다. 屬部로 河南, 山東, 山西, 陝西, 浙江, 江西, 湖廣, 廣東, 廣西, 四川, 福建, 雲南, 貴州의 12 淸吏司를 두었다. 部에 尙書 1인(정2품), 左 · 右侍郎 각 1인을 두었고, 아래에 司務廳을 설치하고 司務 2인을 두었다. 淸吏司에는 郎中, 員外郎, 主事 등을 두었다. 관할기관에는 寶鈔提擧司, 鈔紙局, 印鈔局, 寶鈔廣惠庫, 廣積庫, 贓罰庫, 甲字 · 乙字 · 丙字 · 丁字 · 戊字庫, 廣盈庫, 外承運庫, 承運庫, 行用庫, 太倉銀庫, 御馬倉 등이 있었다.

99_ 동쪽 뒤편임.

100_ 中軍, 左軍, 右軍, 前軍, 後軍의 5 都督府를 가리킨다. 최고의 군사기관으로 洪武13년(1380)에 大都督府를 나누어 설치하였다. 各府마다 左 · 右都督, 都督同知, 都督僉事 등의 官을 두었다. 아래에 經歷司를 설치하였다. 中軍의 斷事官이 五軍의 刑獄을 모두 담당하였다. 군대의 일을 관장하여 각 都指揮使司, 行都指揮使司 및 親軍 외의 각 京衛를 나누어 거느렸으며, 兵部에 보고하였다.

101_ 傳旨, 册封 등의 일을 관장하는 기구이다. 司正(정7품) 1인, 左 · 右司副(종7품) 각

司)[102]·금의위(錦衣衛)가 또한 차례로 남쪽으로 있고[103], 기수위(旗手衛)는 통정사(通政司)의 뒤편에 있습니다. 형부(刑部), 도찰원(都察院)[104], 대리시(大理寺)[105]는 모두 관성방(貫城坊)에 차례로 남쪽으로 있습니다. 또 한림원(翰林院)[106]은 옥하(玉河)의 서쪽, 첨사부(詹事府)[107]는 옥하의 동쪽에 있

1인, 行人(정8품) 37인을 두었다. 詔勅의 頒行, 宗室의 册封, 四方으로의 撫諭, 賢才의 초빙 및 賞賜, 慰問, 賑恤, 軍旅, 祭祀 등의 일은 그 行人을 파견하여 사신으로 나가게 하였다.

102_ 洪武10년(1377)에 설치하였는데, 洪武帝는 政事가 물 흐르는 것과 같이 늘 통하기를 바라는 마음에서 '通政'이란 명칭을 사용하였다. 通政使 1인, 左·右通政使 각 1인, 謄黃右通政 1인, 左·右參議 각 1인을 두었다. 그 부속기관으로 經屬司의 經歷과 知事가 있다. 帝命의 出納, 下情의 通達, 關防公文의 勘合, 四方臣民의 實封建言의 奏報, 陳情과 伸訴 및 軍情과 災異 등의 일을 관장하였다.

103_ 後軍都督府의 남쪽으로는 太常寺, 通政使司, 錦衣衛가 차례대로 있을 뿐 行人司는 後府의 서북쪽에 있어 崔溥의 傳言과는 다르다. 中國社會科學院考古研究所 編, 《明淸北京城圖》(地圖出版社, 1986) 참조.

104_ 洪武15년(1382)에 설치하였다. 左·右都御史, 左·右副都御史, 左·右僉都御史 등을 두었다. 아래에 經歷司, 司務廳, 照磨所, 司獄司를 설치하였다. 또 浙江 등 13道로 나누어 監察御史 110명을 두었다. 內外百司를 규찰하고 憲綱을 總領하며 飭法을 肅改하는 일을 관장하였다.

105_ 審議하고 刑獄을 바로잡는 등의 政令을 관장하였다. 卿이 長官이고 左·右少卿과 左·右寺丞이 卿을 보좌하였다. 하부기관에 司務廳이 있고, 司務 2인을 두었다. 左·右 2寺로 나누고 각각 寺正 1인, 寺副 2인, 評事 4인을 두었다. 刑部, 都察院, 五軍斷事官이 推問한 형사사건은 모두 大理寺가 復審한다. 大獄은 三法司가 會審하는데, 初審은 刑部와 都察院이, 覆審은 大理寺가 주관하였다. 弘治 전에는 大理寺에 刑具와 監獄이 설치되어 있었으나, 弘治 후에는 단지 案件만을 살필 뿐 죄수는 寺에 데려오지 않았다.

106_ 制誥, 修史, 圖書 등의 일을 관장하였다. 長官은 掌院學士이고, 그 아래에 侍讀學士, 侍講學士, 侍讀, 侍講, 修撰, 檢討 등의 官을 설치하였는데, 모두 翰林이라 불렀다. 明의 제도는 進士 가운데 庶吉士를 선발하고, 館을 설치하여 교습해서 考選에 대비케 하였다. 우수한 자는 編修와 檢討로 삼아 머물게 하고, 그 다음은 給事中 내지 御史로 삼았다. 內閣 및 吏部, 禮部의 尙書와 侍郞은 대부분 翰林院 출신이었다.

고, 국자감(國子監)은 안정문의 안, 광록시(光祿寺)는 동안문(東安門)의 안, 태복시(太僕寺)[108]는 만보방(萬寶坊)에 있습니다. 또 오병마사(五兵馬司)·부군사위(府軍四衛)·우림삼위(羽林三衛)·금오사위(金吾四衛)·호분좌위(虎賁左衛)·연산삼위(燕山三衛)·대흥좌위(大興左衛)·무양이위(武驤二衛)·등양이위(騰驤二衛)·영청이위(永淸二衛)·무공삼위(武功三衛)·제양위(濟陽衛)·제주위(濟州衛)·팽성위(彭城衛)·사이회동관(四夷會同館)과 순천부, 대흥현(大興縣)·완평현(宛平縣)의 치소(治所)가 있고, 원세조(元世祖)[109], 문천상(文天祥)[110], 옥황(玉皇) 등의 사당도 모두

• • •

107_ 洪武25년(1392)에 원래의 詹事院을 고쳐 설치하였다. 詹事(정3품) 1인, 少詹事(정4품) 2인, 府丞(정6품) 2인을 두었고, 아래에 主簿, 錄事, 通事舍人 등의 官을 두었다. 左·右春坊 및 司經局을 거느렸고, 職司는 太子를 輔導하는 것이었다. 府, 坊, 局의 官은 翰林院과 서로 겸임하여 侍讀, 試士, 修書가 모두 그 일에 참여하였다. 嘉靖 후에는 太子가 閣에 나아가 講讀할 때에는 매번 다른 官에 맡겼기 때문에 府, 坊, 局은 단지 翰林官이 거쳐 가는 것으로 되었다.

108_ 牧羊과 戰馬 등에 관한 政令을 관장하였다. 寺에는 卿(정3품)1인, 少卿 3인, 寺丞 4인을 두어 正官으로 하였다. 卿은 전체 牧馬에 관한 政令을 관장하고, 少卿 1인이 그 보조관이었다. 나머지 2인은 나누어 京營과 畿甸의 馬匹을 관장하였다. 네 寺丞은 나누어 京衛와 畿內 및 山東, 河南 6府의 모든 孳牧과 寄牧의 馬匹을 관장하였다. 屬官에는 主簿廳知事主簿, 常盈庫大使 등이 있었다. 하부의 아문에는 각 牧의 監正, 監副, 錄事 및 각 群의 群長 등이 있었다.

109_ 몽골 제국 제5대 칸(재위 1260-1294)인 元世祖이다. 이름은 쿠빌라이이고, 칭기즈칸의 손자이다. 憲宗 때 中國大總督이 되어 교묘한 經略으로 중국의 풍부한 자원과 인재를 얻어, 후일 元朝 성립의 요인을 만들었다. 막내아우 아릭부카와의 황제 쟁탈전에서 이긴 다음, 지금의 北京으로 수도를 옮겨 大都라 일컫고, 나라 이름을 元이라 하였다. 1279년에 南宋을 멸망시키고 이민족으로서 최초의 중국 통일을 이루었다.

110_ 南宋의 문신이자 시인으로, 호는 文山이다. 1255년 進士에 1등으로 합격하였다. 몽고군의 침입으로 도읍을 옮긴다는 소문이 떠돌자, 이에 반대하는 글을 올려 지방관에서 쫓겨났다. 송나라가 원나라에 항복하자 포로가 되었다가, 그 뒤 도망하여 원나라에 대항하였지만 五坡玲 전투에서 다시 잡혔으며, 자살하려고 독약을 먹었으나 실패하

성안에 있습니다. 천수산(天壽山)은 북쪽으로 100리 지점에 있으니 곧 황도(皇都)의 진산(鎭山)입니다. 산 아래에 영안성(永安城)이 있고 성안에는 장릉(長陵)[111], 헌릉(獻陵)[112], 경릉(景陵)[113]의 삼위(三衛)가 있었는데, 지금 대행황제(大行皇帝)인 성화황제(成化皇帝)가 이곳에 묻혔습니다. 서산(西山)·금산(金山)·각산(覺山)·천산(泉山)·앙산(仰山)·향산(香山)·노사산(盧師山)·평파산(平坡山)·한가산(韓家山)·쌍천산(雙泉山)·기반산(棋盤山)·취봉산(翠鳳山)·담자산(潭柘山)·옥천산(玉泉山)·오화산(五華山) 등의 여러 산들은 모두 성 서북쪽 30여 리 사이에 있는데, 산들이 우뚝 솟고 장대하며 황도를 껴안고 있어 억만 년의 터전을 튼튼히 하고 있습니다. 옥하는 연원이 옥천산(玉泉山)에서 나와 황성의 안쪽을 거쳐 도성의 동남방으로 나와서 대통하(大通河)가 되고, 고려장(高麗庄)에 이르러 상건하(桑乾河)와 함께 백하(白河)로 들어갑니다. 해자(海子)[114]가 둘이 있었으니, 하나[115]는 황성 서쪽의 3-4리쯤에 있었는데 여러 산의 물이 모두 이곳에 모여들었으며, 다른 하나[116]는 황성의 남쪽에 있는데 곧 금수(禽獸)를 가두어 기르

고 감옥에 갇혔다. 원나라 세조가 벼슬을 권하였으나 거절하였고, 그 뒤 사형되었다. 옥중에서 지은 시인 〈正氣歌〉가 유명하다.

111_ 成祖 永樂帝의 능.

112_ 仁宗 洪熙帝의 능.

113_ 宣宗 宣德帝의 능.

114_ 海子는 원래 垓子라고도 하여 적의 침입을 막기 위하여 성 주위에 빙 둘러가면서 파서 물을 채운 것을 말하지만, 북방 지역에서는 湖澤을 海子라 불렀다. 여기에서는 후자에 해당한다.

115_ 積水潭 즉 오늘날의 什刹海이다.

116_ 飛放泊 즉 오늘날의 南苑이다.

는 곳입니다. 그 외에 누각(樓閣)으로서는 피운각(披雲閣)·중심관(中心館)·영평정(永平亭)·포과(匏瓜)·옥천(玉泉)·남야(南野)와 같은 것들인데 일일이 열거할 수 없습니다.

북경은 곧 우(虞)[117]나라 유주(幽州)의 땅으로 주(周)나라가 연(燕)[118]·계(薊)[119]의 경계로 삼았던 곳이었습니다. 후위(後魏)[120] 이후로 오랑캐의 풍속을 익히게 되었는데 그 후 요(遼)나라 때는 남경이 되고, 금(金)나라 때는 중도(中都)가 되고, 원(元)나라 때는 또한 대도(大都)가 되어, 이적(夷狄)의 군주가 서로 잇달아 도읍을 세워 그 민풍(民風)과 토속(土俗) 모두가 오랑캐의 풍속을 이어받게 되었습니다. 지금 명나라가 옛날의 더러운 풍속을 깨끗이 씻어 버리고 좌임(左衽)[121]의 지방을 의관(衣冠)의 습속이 갖추어지도록 만들어, 조정의 문물의 성대함은 볼 만하였습니다. 그러나 민간에서는 도교와 불교를 숭상하지 유학은 숭상하지 않고, 장사를 직업으로 삼지 농사를 짓지 않으며, 의복은 짧으면서 좁고 남녀의 차이가 없었으며, 음식은 누린내 나는 것을 먹고 애어른이 한 그릇을 같이 쓰며, 아직도 오랑캐 풍속이 없어지지 않았으니 유감스러운 일이었습니다. 또한 북경의 산은 민둥산이고 냇물은 더러웠으며, 땅은 모래 섞인 흙이 날려 먼지가 하늘까지 가득

117_ 舜이 세웠다는 전설상의 왕조.

118_ 전국시대 燕國으로 오늘날 河北省 북부와 遼寧省 남부에 해당한다.

119_ 燕의 都城 서북쪽에 薊丘가 있었던 데서 이 지역을 薊라 불렀다. 오늘날 北京市 서남쪽에 해당한다.

120_ 北魏를 가리킨다.

121_ 옷을 입을 때 오른쪽 섶을 왼쪽 섶 위로 여밈.

차고 오곡은 풍성하지 않았습니다. 그 곳의 사람과 물자의 많음과 누대와 저자의 풍성함은 소주와 항주에는 미치지 못할 듯하였습니다. 성안에서 필요로 하는 물품은 모두 남경과 소주·항주로부터 온 것이었습니다.

조정에서는 신 등을 표류해 온 이인(夷人)으로 간주하여 문 지키는 관부(館夫) 유현(劉顯) 등으로 하여금 신 등을 지키게 하였고, 상사(上司)의 명문으로 된 품첩(稟帖)[122]을 받들고 와서 부르는 것이 아니면 마음대로 객관(客館)에서 나가지 못하게 하였으며, 아행(牙行)[123] 및 신분이 불분명한 무리들이 객관에 들어와서 서로 왕래하지 못하도록 하였기 때문에 유현이 엄중히 통제를 가하였고, 또 통사(通事)도 없으니 곧 장님이나 귀머거리와 마찬가지였으므로 조정에 사건이 생겨도 알 수가 없었습니다.

24일—회동관에서 길을 떠났습니다.

이 날은 맑았습니다. 백호 장술조가 아들 중영(仲英)과 함께 수레 3량을 순천부체운소(順天府遞運所)에서 청구해 가져왔습니다. 신은 말을 타고 종자들은 수레에 타기도 하고 당나귀를 타기도 하였습니다. 옥하교에서 나와 숭문문(崇文門)으로부터 다시 통주(通州)의 신성(新城)과 구성(舊城)

122_ 통지서.

123_ 牙行은 客商 대신 매매 업무를 하는 중간 상인으로 매매 과정에서 상품을 소개하거나 시장가격을 전하는 등의 역할을 맡았다. 그 외에 객상을 위하여 상품을 구매하고 車船人丁을 고용하거나 객상의 宿食을 제공하는 등의 일도 담당하였다. 牙行은 官府에서 발행하는 印信文簿에 객상의 鄕貫, 姓名, 路引의 字號, 物貨의 數目을 기재한 뒤 매달 官府에 가서 조사를 받아야 하였다.

을 지나서 노하역(潞河驛)에 이르니, 역리(驛吏) 이봉(李鳳)이 차를 끓여 와서 대접하였습니다.

25일 — 흐렸습니다.

백하(白河)를 지났는데, 백하는 오랜 가뭄으로 물이 얕았고, 대충 흙 다리를 만들어 놓았습니다. 또 화소둔(火燒屯)·조리포(照里鋪)·연각집(煙角集)·마의파(馬義坡)·하점포(夏店鋪)·유하둔(柳河屯)을 지나서 하점역(夏店驛)에 이르렀습니다. 지나온 광활한 들판 가운데는 민둥산이 길 북쪽의 10여 리 밖에 있었는데, 바라보니 마치 흙 언덕 같아 보였습니다. 그 위에 호천탑(昊天塔)이 있었으니 곧 통주(通州)의 고산(孤山)이었습니다. 통주는 평평한 들판에 있었으므로 높은 산은 없고 다만 이 산뿐이었습니다. 또 백부도포(白浮圖鋪), 동관체운소(東關遞運所)를 지나서 삼하현성(三河縣城) 남문으로 들어갔다가 진사문(進士門)을 지나서 태복분시(太僕分寺)에 이르렀는데, 삼하현은 칠도(七渡)·포구(鮑丘)·임구(臨泃)의 세 하천 가운데에 있는 까닭에 '삼하(三河)'라고 부르게 된 것입니다. 성안에 삼하현의 치소(治所)와 흥주후둔(興州後屯), 영주후둔(營州後屯) 등의 위(衛)가 있었습니다. 삼하현의 북쪽 15리 사이에 영산(靈山)과 고성산(古城山)이 있고, 그 서북방에는 토아산(兎兒山)·타산(駝山) 등이 있었습니다.

26일 — 흐렸습니다.

이른 아침에 이름은 잊었지만 삼하지현(三河知縣) 오(吳)씨[124], 현승(縣丞) 범(范)씨와 주부(主簿) 양(楊)씨가 쌀 1쟁반, 고기 1근, 술 1병, 소채 1쟁반을 가지고 찾아와 위로하였습니다. 다시 남문으로부터 나와서 초교점(草橋店)에 이르니, 초교점의 동쪽에 임구하(臨泃河)가 있었는데 풀을 쌓아 다리를 만들었습니다. 또 연둔포(煙屯鋪)·석비점(石碑店)·동령포(東嶺鋪)를 지나서 공락역(公樂驛)에 이르렀습니다.

27일—어양역(漁陽驛)에 이르러 사은사신(謝恩使臣)을 만났습니다.

이 날은 흐리고 밤에는 큰비가 내렸습니다. 백간포(白澗鋪)[125]·이십리포(二十里鋪)·십리포(十里鋪)를 지나서 어양역에 이르니, 어양역은 계주성(薊州城) 남쪽 5리가량에 있었습니다.[126] 어양역의 남쪽에 남관체운소(南關遞運所)가 있었는데 역승(驛丞)은 조붕(曹鵬)이었습니다. 계주는 곧 진한(秦漢)시대의 어양군(漁陽郡)인데 당나라 안록산(安祿山)[127]이 반란을 일으켜 점거했던 곳으로 후에 옛 계문관(薊門關)을 따서 '계주(薊州)'라고

• • •

124_康熙《三河縣志》〈秩官志〉를 보면 "盧穀, 景泰年任. 吳賢, 見宦業. 張鳴鳳, 由進士, 弘治年任"이라고 되어 있고, 官政志, 宦業을 보면 "吳賢, 河南儀封人, 弘治二年任 …"이라고 되어 있다. 최부가 만난 吳知縣이 吳賢을 가리킨다면 宦業에 기재된 '弘治二年'은 '元年'의 잘못일 것이다.

125_嘉靖《薊州志》권2, 郵驛, 鋪舍附에는 '百澗鋪'로 되어 있다.

126_民國《薊縣志》권8, 故事에 의하면 어양역은 薊州城 남문에서 3리의 거리이다. 嘉靖《薊州志》권2, 郵驛에 의하면 어양역의 舊名은 薊州驛이다.

127_唐玄宗 때 반란을 일으킨 무장이다. 6개 국어를 구사할 줄 알았던 그는 무역담당관이 되었고, 뒤에 范陽節度使 밑에서 무관으로서 공을 세워 范陽·河東節度使를 지냈다. 황태자와 당시 재상인 楊國忠이 玄宗과의 사이를 이간질하자, 755년 15만 대군을 거느리고 중원으로 쳐들어왔는데, 이를 '安祿山의 亂'이라 한다. 이듬해 스스로 大燕 황제라 칭하고, 한때 화북지방의 주요부를 점령하였다. 이듬해 후계자 문제로 둘째 아들인 安慶緒에게 살해당했다.

이름지었던 것입니다.[128] 반룡산(盤龍山)[129]은 서북방에 있고 공동산(崆峒山)은 동북방에 있었습니다. 성안에 계주의 치소와 계주위(薊州衛), 진삭위(鎭朔衛), 영주우둔위(營州右屯衛)의 치소가 있었습니다. 치소의 서북 모퉁이에 장감(張堪)[130]의 사당이 있었습니다. 장감이 어양태수(漁陽太守)였을 때 백성들에게 씨 뿌리고 심는 법을 가르쳤더니 동요(童謠)에, '보리 이삭 두 가닥이 패었네' 운운[131]했다 하였습니다. 이임할 때 그의 선정(善政)을 기리어 세운 사당이 새 것 같았습니다.

신 등이 길을 떠나려고 할 때 한 사람이 달려와서 "조선국 사신이 오고 있습니다"고 보고하였습니다. 신이 장술조에게 말하기를, "우리 본국 사신이 곧 도착할 터인데 만약 노상에서 만난다면 읍(揖) 한 번만 하고 지날 수밖에 없으니, 내 잠시 머물러 기다려서 고향 소식을 알고 싶습니다"라고 하니

• • •

128_ 秦漢시대에 설치된 漁陽郡은 魏晉시대에는 幽州에 속했는데, 隋代에 다시 漁陽郡을 두었다가 唐 開元18年(730)에 과거의 薊門關이 있었다는 이유로 薊州라 부르게 되었다. 《舊唐書》 권39, 〈志十九〉 地理2 ; 《明一統志》 권1, 〈京師〉 등 참조.

129_ 盤山의 다른 이름으로 그 외에 田盤山, 徐無山, 四正山 등으로도 불린다. 民國 《薊縣志》 권1, 地理.

130_ 後漢初의 인물로 16세 때 長安에서 공부하여 聖童이라 불려졌다. 光武帝가 즉위하자 郎中에 임명되었고, 후에 蜀郡太守가 되어 蜀의 公孫述을 평정하는 데 참여하였다. 이어 騎都尉에 임명되어 흉노를 격파하였으며, 漁陽太守가 되어 狐奴 지방에 稻田 8천여 頃을 개간케 하고 백성에게 농업을 진작시켰다. 큰 치적을 쌓아 백성으로부터 추앙을 받고, 흉노도 더 이상 공격을 해오지 않았다고 한다. 《後漢書》 권31, 列傳 제20.

131_ 班固의 《東觀漢記》 권15, 張堪에 장감이 漁陽太守였을 때 선정을 베풀어 稻田 8천여 頃을 정비하는 한편 경작 방법을 가르쳐주어 백성들의 생활이 넉넉해지자 "桑無附枝, 麥穗兩岐, 張君爲政, 樂不可支"라는 동요가 생겼다고 한다. 원문의 '麥秀兩岐'가 바로 '麥穗兩岐'로서 풍년의 조짐을 상징한다. 후대에는 지방관의 선정을 뜻하는 말로 그 의미가 확대되었다.

장술조가 "좋습니다"라고 하였습니다. 해질 무렵 사은사인 지중추부사(知中樞府事)[132] 성건(成健)[133], 서장관(書狀官)[134] 윤장(尹璋)과 최자준(崔自俊)·우웅(禹雄)·성중온(成仲溫)·김맹경(金孟敬)[135]·장우기(張佑奇)·한충상(韓忠常)·한근(韓謹)·오근위(吳近位)·김경희(金敬熙)·권희지(權熙止)·성후생(成後生)·이의산(李義山)·박선(朴琁)·정흥조(鄭興祖) 등이 와서 어양역 안으로 들어왔습니다. 신이 나아가서 사신을 중정(中庭)에서 뵈니 사신이 섬돌에서 내려와 역시 몸을 굽히면서 신에게 말하기를, "성상의 옥체도 평안하시고 나라도 무사하며 그대의 집이 있는 고향도 별

132_ 中樞府는 朝鮮前期 王命의 출납, 兵器, 軍政, 宿衛 등의 일을 맡았다. 1392년에 中樞院을 설치하였고, 정종2년(1400)에 三軍府로 고쳤다가 태종9년(1409)에 중추원으로 복구하였으나, 세조12년(1466) 중추부로 고쳐 文武 堂上官으로서 任職이 없는 자를 일정한 사무를 맡기지 않고 우대하는 의미로 두게 되었다. 정원은 領事(정1품) 1명, 判事 2명, 知事 2명, 同知事 7명, 僉知事 8명, 經歷 1명, 都事 1명을 두었다. 知中樞府事는 바로 위의 知事를 말한다.

133_ 조선 전기의 문신으로, 본관은 昌寧이고, 자는 子强이며 시호는 文惠이다. 세조8년(1462)에 司馬試에 합격하고 1468년 식년문과에 병과로 급제하여 檢閱, 典籍, 持平, 掌令, 執義 등 淸要職을 역임하였다. 1486년 도승지를 거쳐 이듬해에 경기도관찰사, 대사헌 등을 지냈으며, 1488년 謝恩使로 명나라를 다녀왔다. 이후에 성종의 각별한 총애를 받으면서 각 부의 判書職을 두루 거쳤다.

134_ 중국에 보내던 朝鮮 使節의 일행인 正使, 副使, 書狀官 등의 세 使臣 가운데, 書狀官은 기록관을 말하며 외교문서에 관한 직무를 분담하였다. 사행 중 매일 매일의 사건을 기록하고 돌아온 후에 왕에게 見聞한 바를 보고할 의무를 가지고 있었다. 비록 정사나 부사보다 지위는 낮았으나 行臺御史를 겸하여 일행을 감찰하고, 강을 건널 때에는 일행의 人馬와 卜駄 등을 점검하였다.

135_ 조선 전기의 驛官이다. 성종 원년(1470) 명나라에서 姜浩라는 사신이 와서 태평관에 머물러 있을 때 사신이 앵두를 보고 서로 對句를 짓자고 청했는데 여기에서 거침없이 응대하여 찬사를 받았다. 명나라 사신과의 聯句를 잘 지었다 하여 韓明澮로부터 鹿皮 한 장을 상으로 받았다. 1486년 賀正使 柳子光을 따라 통사로 北京에 다녀왔다.

탈이 없소. 임금께서 그대가 표류되어 간 곳이 없다는 소식을 들으시고, 예조(禮曹)[136]에 명을 내려 각 도(道)의 관찰사(觀察使)로 하여금 연해의 각급 관원에게 널리 알려 수색하기를 소홀히 하지 말고 속히 그 결과를 보고하도록 하셨소. 또 대마도와 일본 여러 섬의 사송인(使送人)에게 회답을 쓸 때 위의 사연을 함께 기록해서 널리 알릴 것을 우승지(右承旨)[137] 경준(慶俊)[138]이 아뢰자 이를 윤허하셨으니 성은을 어찌 헤아릴 수 있겠소?"라고 하였습니다. 신은 절하고 엎드렸다가 객관으로 물러 나와 김중 등에게 말하기를, "우리들은 미천한 백성이므로 마치 쓰르라미와 하루살이가 천지 간에 살다가 죽는 것[139]과 같아 살아도 천지의 이로움이 되지 못하고 죽어도 천지의 손실됨이 없는데, 어찌 성상의 염려가 미천한 백성에게 미치심이 이와 같을 줄을 생각했겠는가? 성상의 염려하심이 이와 같았으므로 우리들이

136_조선시대의 관청으로 南宮 혹은 春官이라고도 한다. 庶政을 집행하던 중앙 행정관청인 六曹의 하나이다. 禮樂, 祭祀, 宴享, 외교, 학교, 科擧 등을 맡아 관장하였다. 관원으로는 判書(정2품), 參判(종2품), 參議 각 1명을 두어 이를 三堂上 또는 禮堂이라 하였으며, 正郞(정5품), 佐郞(정6품) 등 堂下官 각 3명을 두어 이를 郞官이라 하였다.

137_조선시대의 관직으로 承政院에 소속되어 있던 정3품의 당상관직이다. 태종 원년(1401)에 승정원 소속 정3품 堂上官이었던 右承旨의 이름을 바꾼 것이며, 정원은 1명이다. 우승지는 禮曹와 그 부속 아문에 관련한 王命의 출납과 보고 업무를 맡아보았으나, 右代言으로 이름이 바뀌면서 戶口, 貢賦, 田稅 및 유통관계 사무와 관련한 戶房의 업무를 담당했다. 세종15년(1433)에 명칭이 다시 우승지로 환원되었다.

138_조선 전기의 문신으로, 본관은 청주이고, 자는 而善이다. 세조12년(1466) 강원도 別試文科에 2등으로 급제하고, 承政院注書, 工曹佐郞, 司諫院司諫 등을 거쳐 忠州牧使로 나갔다가 이어 掌隷院判決事, 承政院左副承旨 · 右副承旨를 거쳐 中樞府僉知事에 이르렀다.

139_출전은 다음과 같다. "朝菌不知晦朔, 蟪蛄不知春秋"《莊子》 권1, 〈內篇 逍遙遊〉; "春夏之月, 有蠛蠓者, 因雨而生, 見陽而死"《列子》 권5, 〈湯問〉.

거의 죽을 뻔하다가 다시 살아나게 된 것이다"라고 하였습니다. 김중 등도 또한 감격해 울었습니다. 조금 후에 서장관이 최자준과 함께 신이 머물고 있는 곳에 와서 고국에서 요즘 일어난 일들을 상세히 이야기하고, 이어서 말하기를, "처음에 표류되어 실종되었다는 보고를 듣고는 사람들이 모두 그대의 죽음을 탄식하고 있었는데, 성희안(成希顔)[140]만은 혼자 큰 소리로, '내 생각에 최부는 바다에서 죽지 않고 조만간에 반드시 살아서 돌아올 것이다' 운운하였소. 지금 와서 서로 만나 보게 되니 과연 그의 말이 맞았소"라고 하였습니다.

저녁에 사신이 신을 맞이하여 같이 앉아 신에게 저녁밥을 대접하고 배리(陪吏)들에게까지도 먹였습니다. 신이 사례하며 말하기를, "소인은 죄지은 것이 매우 무거운데도 스스로 죽지 못하여 재앙이 선인(先人)에게 미치게 되었는데, 빈소 곁에서 가슴을 치고 뛰면서 슬퍼하기도 전에 도리어 회오리바람에 몰린 바 되었으니, 오장이 무너지는 듯하여 다시 살아나기를 바랄 수 없었습니다. 다행히 민동(閩東)[141]에 도착하여 6천여 리를 지나는데 돌아보아도 의지할 데가 없었으며, 말소리를 알아듣지 못하니 비참하고 고생한

140_조선의 문신으로, 호는 仁齋이다. 成宗11년(1480) 생원이 되고 1485년 별시 문과에 급제하여 正字를 지냈다. 燕山君11년(1504) 이조참판 겸 부총관 때 양화도(楊花渡) 놀이에서 연산군의 횡포를 풍자한 시를 지어 바쳤다가 미움을 사 吏曹參判에서 종9품 副司勇으로 좌천되었다. 그 뒤 연산군의 정치가 더욱 난폭해지자, 그는 燕山君13년(1506) 박원종 등과 中宗反正을 일으켜 연산군을 몰아내는 데 공을 세우고 형조판서가 되었다. 이어 昌山府院君에 봉해지고 奏請使로 명나라에 가서 反正의 불가피성을 납득시켰다. 귀국한 뒤 우의정을 거쳐, 中宗5년(1513) 영의정에 이르렀다.

141_복건의 동부 지역을 뜻한다. 그러나 최부 일행이 도착한 곳은 閩東이 아닌 浙東 즉 浙江이므로 이는 착오이다.

일을 호소하려고 한들 누구에게 하겠습니까? 지금 영공(令公)을 만나니 마치 부모를 뵈는 것과 같습니다"라고 하였습니다. 사신이 말하기를, "나도 처음 동팔참(東八站)에서 안(安) 영공의 행차를 만나 그대가 살아서 절강 등지에 도착했다는 말을 듣고서는 매우 기뻐했는데, 오늘 서로 만나게 되니 다행이 아니겠소?"라고 하고, 또 말하기를, "나의 이번 행차에 말을 돌보던 자[養馬][142]가 중도에서 죽었소. 산을 넘고 물을 건너 만 리 길을 가노라면 모두 다 살아남기는 실로 어려운 일이오. 그대가 데리고 간 사람 중에도 죽은 사람이 있지 않겠소?"라고 하였습니다. "우리 43인은 다행히 죽지 않고 모두 함께 왔습니다." "실로 하늘이 살린 것이오! 실로 하늘이 살린 것이오! 그냥 살린 것이 아니라 실로 임금의 덕 때문이니 이야말로 기쁜 일이오." 신은 또 사신의 물음을 받고는 표류하고 기거(寄居)한 사유와 지나온 창해의 험한 물결과 산천의 뛰어난 유적과 풍속의 다른 점을 대략 진술하니 사신이 말하기를, "나는 이런 지방을 지나면서도 혼자 장관이라 생각했는데 그대가 보기에는 별 것이 아니겠구료"라고 하였습니다.

28일—아침에 비 내리다 흐렸습니다.

사신이 신을 불러 앞에 오게 하고는 또 아침밥을 접대했으며, 이어 구량(口糧) 10되, 입모(笠帽) 2개, 부채 10자루, 이중환(理中丸)[143] 20알과 여러 가지 음식물을 주었습니다. 또 신 등을 호송하는 백호(百戶)를 불러, "당신이 우

142_ 養馬는 말을 돌보는 직책

143_ 소화를 촉진하고 영양을 보하는 알약.

리나라 사람을 호송하면서 잘 보호해 주었으니 가상한 일이오, 가상한 일이오"라 하고는 입모, 부채 등 물건을 선사했으며, 또 모자와 부채를 신의 배리들에게도 나누어 주었습니다. 서장관도 신에게 여름 옷 한 벌과 베버선 한 쌍을 선사했으며, 최자준과 우웅도 각기 부채 두 자루를 전별하는 선사품으로 주었습니다. 사신이 또 신의 종자들에게 술과 고기를 각기 차등 있게 주고 위로하였습니다. 이어 신에게, "날씨가 점점 더워지는데 길은 아직 험하고 머니, 조금이라도 몸조리를 하지 않는다면 병이 생길 것이오. 애써 밥을 더 먹고 본국으로 잘 돌아가서 자당(慈堂)에게 효도를 하시오"라고 운운하였습니다. 이 때 이정이 술에 취한 데다 사신이 베푼 대접에 감격하여 갑자기 앞으로 뛰어나와 바다에 있을 때 물에 떴다 가라앉았다 하던 고생한 이야기를 빠짐없이 늘어놓았습니다. 신은 곧 하직을 고하고 작별하였습니다. 영제교(永濟橋)를 지나니 영제교는 어수(漁水)라고도 하는 용지하(龍池河)에 걸쳐 있었는데 백룡항(白龍港)으로 흘러 들어갔습니다. 민간에서는 이 다리를 바로 안록산이 축조한 것으로 전해지고 있었습니다. 또 태산동악묘(泰山東岳廟) · 오리점(五里店) · 팔리포(八里鋪) · 별산리(別山里) · 석하포(石河鋪) · 고수리(枯樹里)를 지나서 양번역(陽樊驛)에 이르렀습니다.

29일—옥전현(玉田縣)을 지나 천사(天使)[144]를 길에서 만났습니다.

이 날은 맑았습니다. 구유포(扣論鋪)를 지나서 채정교(采亭橋)에 이르니 채정교는 남수하(藍水河)에 걸쳐져 있었습니다. 달려서 옥전현에 이르러

• • •

144_ 天子 즉 중국의 皇帝가 파견한 使臣을 말한다.

남전문(藍田門)을 통하여 성안으로 들어가 남전체운소(藍田遞運所)에 이르렀습니다. 소천산(小泉山)과 서무산(徐無山)은 모두 동북방의 20-30리 사이에 있고 연산(燕山)은 서북방에 있어 성과의 거리가 20여 리였는데, 곧 소철(蘇轍)의 시에 이른바 '연산(燕山)은 긴 뱀과 같아, 천리에 걸쳐 오랑캐와 중국을 갈라놓았네'[145]라고 한 곳이었습니다. 신이 장술조에게 묻기를, "전해 듣건대 이 지방은 곧 한(漢)나라 우북평(右北平)의 땅이라 하니, 이광(李廣)[146]이 범을 쏘아서 활촉이 박혔다는 바위가[147] 어디에 있습니까?" 라고 하였습니다. "이곳에서 동북으로 30리 떨어진 지점에 무종산(無終山)이 있고, 무종산 아래에 무종국(無終國)[148]의 옛 터와 북평성(北平城)의 유지(遺址)가 있습니다. 북평성이 바로 이광이 사냥하러 나가서 바위를 만났던 곳입니다. 산 위에는 연소왕(燕昭王)[149]의 무덤도 있습니다." 신 등은 효자

• • •

145_《欒城集》 권16에 실린 〈燕山〉의 전문은 다음과 같다. "燕山如長蛇, 千里限夷漢. 首銜西山麓, 尾掛東海岸. 中開哆箕畢, 未路牽一線. 却顧汝漠平, 南來獨飛鴈. 居民異風氣, 自古習耕戰. 上論召公奭, 禮樂比姬旦. 次稱望諸君, 術畧亞狐管. 子丹號無策, 亦數游俠冠. 割棄何人斯, 腥臊久不澣. 哀哉漢唐餘, 左衽今已半. 玉帛非足云, 子女罹蹈踐. 區區用戎索, 久爾縻郡縣. 從來帝王師, 要在侮亡亂. 攻堅甚攻玉, 乘瑕易冰泮. 中原但堂治, 敵勢要自變. 會當挽天河, 洗此生齒萬."

146_漢武帝 때의 장군으로 집안이 대대로 射法에 뛰어나 文帝14년(기원전 166)에 良家子로서 匈奴의 토벌에 참가하였고, 吳楚七國의 亂에서도 위용을 떨쳤다. 漢武帝 시대에 들어와 衛靑 등과 함께 흉노를 토벌하여 성공하기도 하였으나, 元狩4년(기원전 119)에는 흉노 토벌 계획을 잘못 써서 軍中에서 자살하였다. 상으로 하사받은 것은 전부 부하에 나누어주었기 때문에, 병사들은 그를 위해 죽기를 바랄 정도였다고 한다.

147_《史記》 권109 〈李將軍列傳〉에 이광이 사냥을 나가서 돌을 범으로 생각하여 활을 쏘았더니 활촉이 돌에 박혔다는 故事가 전해진다.

148_춘추시대 國名.

149_戰國時代 燕나라의 군주(재위 기원전 311-기원전 279)이다. 기원전 315년에 연나라에 내란이 일어나자 齊나라가 기회를 틈타 공격하여 燕王과 그의 아들을 죽였다.

(孝子) 이무(李茂)의 정문(旌門)을 지나서 성의 동문으로 나왔는데, 동문은 곧 홍주좌둔위(興州左屯衛)의 문이었습니다. 가다가 한가장(韓家莊)을 지나서 2리가량을 가니 두 관인이 교자를 타고 왔습니다. 절월(節鉞)과 납패(鑞牌)를 가지고 앞에서 인도하는 사람이, "말에서 내리시오"라며 소리치기에 신은 즉시 말에서 내렸습니다. 두 관인은 신을 불러 앞에 오게 하고 말하기를, "당신은 어떤 사람이오?"라고 하였습니다. 신이 미처 대답하기 전에 상관인(上官人)[150]이 신으로 하여금 자기 손바닥에 쓰도록 했는데, 장중영(張仲英)이 재빨리 나타나 신의 성명과 함께 바람을 만나 표류되었다가 돌아가는 일을 상세히 진술하였습니다. 상관인은 신을 돌아보고, "당신 나라 사람들은 그대가 살아서 중국에 도착한 것을 이미 알고 있소" 운운하였습니다. 신은 감사하여 읍(揖)하고 물러 나와 그 관인이 누구인가를 물으니 장중영이 말하기를, "앞에 가신 분이 한림학사(翰林學士)[151] 동월(董越)이고, 뒤에 가신 분이 급사중(給事中) 왕창(王敞)입니다. 지난 달 황제의 칙서(勅書)를 받들고 당신 나라에 가서 반포하고 지금 돌아오는 길입니다"[152]라고 하였

• • •

韓나라에 유랑하고 있던 그가 귀국하여 기원전 311년에 즉위하였다. 자신을 낮추고 후한 폐물로 인재를 초빙하니, 樂毅 등이 연나라로 왔다. 그는 악의를 上將軍에 임명하였고, 국세가 날로 강해졌다. 기원전 284년에 각국이 연합하여 齊나라를 공격하는데, 악의를 파견하여 제나라를 공격하여 70여 성을 점령하였다.

150_ 長官에 대한 존칭.

151_ 翰林院은 掌院學士가 1인으로 정5품이다. 그 아래가 侍讀學士와 侍講學士로 각 2인이며 모두 종5품이다. 制誥, 史冊, 文翰의 일을 관장하였다. 제도를 연구하고 의논하며 문서를 상세히 알고 바로잡아 황제의 顧問에 대비하였다. 經筵에서 日講을 하였고, 實錄을 纂修하였으며, 史志諸書로 勅을 받든 것은 모두 맡아 하였다. 品秩은 비록 낮지만 지위는 우대받았다.

152_ 弘治帝가 太子였을 때 東宮侍講을 지낸 적이 있는 左春防右庶子 兼 翰林侍講 董越은

습니다. 또 양가점(兩家店), 사류하포(沙流河鋪)를 지나서 영제역(永濟驛)에 이르렀습니다.

30일—풍윤현(豐潤縣)**을 지났습니다.**

이 날은 흐렸습니다. 일찍 출발하여 환향하(還鄕河)라고도 하는 경수(浭水)에 이르렀는데 물길은 양하(梁河)로 흘러 들어갔습니다. 전해오는 이야기로는, '당태종(唐太宗)[153]이 요동을 정벌하고 돌아올 때에 지은 이름'이라고 하였습니다. 또 등운문(登雲門)을 지나서 풍윤현성(豐潤縣城) 서문에 이르니 서문의 겹성의 안에 화신묘(火神廟)가 있었습니다. 그 성으로 들어가 무안왕묘(武安王廟)[154], 등소문(騰霄門), 수의문(繡衣門)을 지나서 다시 성의 동문으로 나오니, 동문의 문미(門楣)[155]에는 '흥주전둔위(興州前屯衛)'라고 새겨 있었습니다. 동문 밖에 재성총포(在城總鋪)가 있고, 그 포의 동쪽

• • •

弘治帝의 즉위를 알리는 詔書를 들고, 頒詔正使의 신분으로 바로 弘治원년(1488) 2월 25일에 압록강을 건너 朝鮮에 들어왔다. 이때 工科右給事中 王敞이 副使로 동행하였다. 董越은 귀국 후에 《朝鮮賦》를 남겼다. 본인의 見聞과 조선 측에서 제공한 자료를 바탕으로 조선의 地志, 풍속, 산천, 인물, 畜産, 제도, 使行의 路程과 조선의 明使 접대 등을 정리 소개했다. 《朝鮮成宗實錄》 19년 2월 壬戌 ; 2월 癸亥 참조.

153_ 唐의 황제(재위 626-649)로, 이름은 李世民이다. 총명하고 사려가 깊으며, 무술과 병법에 뛰어난 동시에 결단력과 포용력도 갖추고 있어, 소년 시절부터 사람들의 신망이 두터웠다. 태자인 형과 동생을 죽이고 高祖를 강제 퇴위시킨 뒤 제위에 올랐다. 즉위한 뒤 돌궐을 비롯한 사방의 이민족을 누르고 세계 제국을 이루었다. 사사로운 마음을 멀리하고 백성을 불쌍히 여기는 지극히 공정한 정치를 하여, 이에 '貞觀의 治'라 칭송받았고, 뒤에 제왕 통치의 모범이 되었다.

154_ 關羽를 제사지내는 묘. 宋 建炎연간에 壯穆義勇武安王으로 賜額되었다. 《明一統志》 권70 참조.

155_ 문의 두 기둥 위에 가로로 댄 나무. 上引枋.

에는 동관체운소(東關遞運所)가 있었습니다. 체운소에 있는 전능(田能)이라는 관원은 수염과 눈썹이 하얀 노인이었는데 자못 간곡히 대접하려는 뜻을 보이면서, 장타리(藏垜吏)[156] 정문종(鄭文宗)을 꾸짖어 속히 수레를 준비하여 신 등을 보내게 하자 정문종은 발끈 성을 내며 전능의 수염을 뽑아 버렸습니다. 관아에서 상하의 예절같은 것이 전혀 없는 것이 이와 같은 정도였습니다. 풍윤현에는 아골산(鴉鶻山), 영응산(靈應山) 두 산이 서북쪽에 있고, 진궁산(陳宮山)이 북쪽에 있고, 애아구산(崖兒口山)이 동북쪽에 있고, 마두산(馬頭山), 명월산(明月山), 요대산(腰帶山) 등이 동쪽에 있었는데, 아골산만이 성에 가까웠습니다. 신 등은 또 임성포(林城鋪)[157]를 지나서 의풍역(義豐驛)에 이르렀습니다.

5월 1일—흐렸습니다.

새벽에 난주(灤州) 지방에 이르렀습니다. 중국에서는 난주를 상(商) 나라의 고죽국(孤竹國)이라 하고[158], 우리나라 이첨(李詹)[159]은 해주(海州)를 고죽국이라 하여 두 설이 다른데 어느 쪽이 옳은지 모르겠습니다. 또 철성포

• • •

156_ 庫藏의 庶務를 전담하는 관리.

157_ 萬曆《永平府志》권6, 公廨, 豐潤縣에 '垠城舖'로 되어 있다.

158_ 康熙《灤州志》권1, 世編에 의하면 商湯이 墨台(墨胎라고도 함. 伯夷·叔齊의 9世祖이다)를 孤竹(灤州의 故地)에 封했다고 한다.

159_ 麗末鮮初의 문신으로 본관은 新平이다. 자는 中叔이고, 호는 雙梅堂이다. 공민왕14년(1365) 監試에 합격하고, 공민왕17년(1368) 文科에 급제하여 여러 관직을 거쳤으나 유배생활도 두 차례나 하였다. 조선 건국 후 또한 여러 관직을 거쳐 知議政府事에 올라 登極使로 明에 다녀와서 正憲大夫가 되었다. 《三國史略》을 撰修했고 문장과 글씨에 뛰어났다. 저서에 《楮生傳》, 《雙梅堂集》 등이 있다.

(鐵城鋪)[160], 낭와포(狼窩鋪), 행아현(杏兒峴), 진자진(榛子鎭), 망우교점(忙牛橋店), 전자리포(佃子里鋪)[161]를 지나서 천안현(遷安縣) 지방의 신점체운소(新店遞運所)에 이르니, 그 동쪽이 칠가령역(柒家嶺驛)이었습니다. 그 역의 동북쪽 30리 밖으로 도산(都山), 망산(蟒山), 단산(團山), 황대산(黃臺山), 용천산(龍泉山), 쇄갑산(晒甲山) 등이 보였는데, 도산이 가장 높고 험준하며 특히 수려하였습니다.

2일—영평부성(永平府城)의 남쪽에 이르렀습니다.

이 날은 맑았습니다. 사하(沙河)를 지나서 난하(灤河)에 이르렀는데, 중간에 지난 곳으로 사와(沙窩), 색산(色山), 적봉(赤峯), 백불원(白佛院)[162], 석제자(石梯子) 등의 포(鋪)가 있었습니다. 난하는 원류가 장성 이북의 개평(開平)으로부터 시작되었는데, 북방 여러 산의 물이 합류하여 하나가 되고 하류는 정류하(定流河)가 되어 바다로 들어갔습니다. 신 등은 배를 타고 건넌 뒤 다시 7-8리를 가서 또 칠하(漆河)를 건넜습니다. 칠하는 비여하(肥如河)와 합류하여 영평부성 서남쪽을 감아 돌아 난하로 흘러 들어갔기 때문에 '호성하(護城河)'라고도 불렀습니다. 백이(伯夷)·숙제(叔齊)[163]의 사당

160_ 灤州의 鋪로서 서쪽으로 豊潤縣과의 경계가 된다. 光緖《灤州志》권10, 建置.

161_ 萬曆《永平府志》권6, 公廨, 灤州조에 '甸子鋪'로 되어 있다.

162_ 康熙《永平府志》권6, 公廨에 의하면 白佛院鋪의 '院'은 '店'字의 誤記이다. 石梯子鋪에서 서로 10리의 거리에 있다.

163_ 伯과 叔은 長幼를 나타낸다. 본래는 殷나라 孤竹國의 왕자였는데, 아버지가 죽은 뒤 서로 후계자가 되기를 사양하다가 끝내 두 사람 모두 나라를 떠났다. 그 무렵 주나라 武王이 은나라의 紂王을 討滅하여 周왕조를 세우자, 두 사람은 무왕의 행위가 仁義에 위배되는 것이라 하여 주나라의 곡식 먹기를 거부하고, 首陽山에 몸을 숨기고 고사리

은 칠하의 언덕 위에 있었습니다. 2리를 가서 영은문(迎恩門)·세영문(世英門)·관영문(冠英門)·상의문(尙義門) 등을 지나서 난하역(灤河驛)에 이르니, 난하역 북쪽 2리에 성이 있었습니다. 성 위에는 많은 누각이 죽 늘어서 있었으니 그중 하나가 망고루(望高樓)였습니다. 성안에는 영평부치(永平府治)와 노룡현(盧龍縣), 영평위(永平衛), 노룡위(盧龍衛), 동승좌위(東勝左衛)의 치소가 있었습니다. 부(府)는 곧 금(金) 나라 남경(南京)이고, 노룡은 옛날의 비자국(肥子國)[164]으로서 이른바 노룡새외(盧龍塞外)[165]란 곳입니다. 용산(龍山)·동산(洞山)·쌍자산(雙子山)·주왕산(周王山)·마안산(馬鞍山)·양산(陽山)·회산(灰山)·필가산(筆架山) 등 여러 산이 길게 잇달아 둘러싸고 있었으니, 또 하나의 절경이었습니다. 역 남쪽 언덕은 풍경이 좋았는데 그 위에 절이 있었습니다. 역승(驛丞) 백사경(白思敬)이, "이곳이 개원사(開元寺)입니다"라고 하였습니다. 그 때 금의위(錦衣衛)의 관인이 강도를 잡아 역 뒤에 있는 청사(廳舍)로 왔습니다.

3일—난하역에 머물렀습니다.

이 날은 맑았습니다. 장술조가 그 아들 중영을 북경으로 돌아가게 했는데, 중영이 잘못하여 병부에서 신 등을 광녕태감(廣寧太監)에게 넘겨주는 관문(關文)을 가지고 가버렸습니다. 장술조가 사람을 시켜 뒤쫓게 했는데 해가

• • •

를 캐어먹고 지내다가 굶어죽었다. 유가에서는 이들을 淸節之士로 기리고 있다.

164_ 춘추시대의 國名으로 商代에는 孤竹國이라 하였다.

165_ 《太平御覽》 권93, 〈皇王部〉18, 〈魏太祖武皇帝〉에 曹操가 烏丸을 공격할 때 군대를 盧龍塞外로 보내어 급습한 일이 전해진다.

저물어서야 돌아와 하는 수 없이 하루 더 묵게 되었습니다. 밤에 큰 천둥과 번개가 치면서 비가 내렸습니다.

4일—무령위(撫寧衛)에 도착하였습니다.

이 날은 맑았습니다. 동관체운소(東關遞運所)를 지나서 여조하(驢槽河)에 이르렀습니다. 여조하의 북쪽 언덕에는 구유 같은 큰돌이 있는데, 석조(石槽)라 호칭하였습니다. 전해오는 이야기로는, '당 나라 장과(張果)[166]가 당나귀를 먹이던 그릇'이라고 하였습니다. 또 국가포(國家鋪), 십팔리포(十八里鋪), 쌍망포(雙望鋪), 의원령포(儀院嶺鋪)[167], 노봉구포(蘆峯口鋪), 녹궁포(滰湾鋪)[168]를 지나서 양하(陽河)에 이르렀는데, 양하의 원류는 열타산(列陀山)에서 나옵니다. 무녕현성(撫寧縣城) 서쪽을 8리가량 지났습니다. 또 민장교장문(民壯敎場門)을 거쳐서 무령현성의 서문으로 들어가 관왕묘(關王廟)를 지나서 무령위에 유숙하였습니다. 토이산(兎耳山)[169], 화자산(鏵子山), 대숭산(大崇山), 연봉산(連峯山)[170] 등 여러 산들이 성의 남북을

166_속칭 張果老라고 하며, 唐代의 인물이다. 도교 8仙의 한 사람으로 전해진다. 中條山에 은거하였으며, 당시 사람들은 그에게 長生의 비술이 있다고 하였고, 스스로 수백세라고 하였다. 일찍이 武則天의 부름을 거절하였다. 開元22년(734)에 玄宗이 洛陽의 궁중에 불러들여 후한 예우를 하고는 治道와 신선의 일을 물었다. 銀靑光祿大夫의 직함과 通玄先生이란 호칭을 내렸으며, 은거하는 곳에 棲霞觀을 지어 주었다.

167_康熙《永平府志》권6, 公廨에는 義院嶺背陰鋪가 있어 본문의 儀院嶺鋪의 '儀'는 '義'字의 誤記로 보인다.

168_康熙《永平府志》권6, 公廨에 蘆峯口鋪에서 10리 거리에 綠灣鋪가 있는데 본문의 滰湾鋪가 이를 가리킬 가능성이 있다.

169_撫寧縣治의 서쪽에 있는 산으로서 두 개의 봉우리가 토끼의 귀처럼 솟아올라 兎耳山이라 부르게 된 것이다. 康熙《撫寧縣志》권2, 地理.

둘러싸고 있었습니다. 치소의 서쪽에 서관체운소(西關遞運所)가 있었습니다.

5일—유관역(楡關驛)**을 지났습니다.**

이 날은 맑았습니다. 청운득로문(靑雲得路門)을 지나 성 동문을 나간 다음 흥산포(興山鋪), 배시포(背時鋪)를 지나서 유관점(楡關店)에 이르렀습니다. 유관점이 옛날에는 관(關)이었으나 지금은 산해관(山海關)으로 옮겼습니다. 유관점 동쪽에 투하(渝河)가 있고 유하 상류 쪽에 임투산(臨渝山)이 있었습니다. 수(隋) 나라 개황(開皇) 연간에 고구려를 칠 때 한왕(漢王) 양(諒)[171]이 군사를 거느리고 유관을 나왔는데 바로 이곳이었습니다. 또 유관역, 반산포(半山鋪)를 지나서 가니, 길 서북쪽에 해양고성(海陽古城)이 있었습니다. 고성의 북쪽에는 열타산이 있었는데 열타산은 높이 솟아 여러 산의 으뜸이었습니다. 또 장과로하(張果老河)[172]를 지나서 낭자하(娘子河)에 이르니 해는 벌써 저물었습니다. 강가에 인가 서너 채가 있었으므로 그릇

170_ 撫寧縣治에서 동남 방향으로 30리 거리의 聯峰山을 지칭하는 듯하다. 그 속명은 蓮峰山이다. 康熙《撫寧縣志》권2, 地理.

171_ 隋나라 文帝의 아들인 楊諒을 가리킨다. 開皇元年(581)에 漢王에 봉해졌고, 17년에 幷州總管이 되었다. 자신이 천하의 정예부대가 있는 곳에 있고 또 태자 楊勇과 蜀王 楊秀가 서인으로 폐하여지는 것을 보고, 화가 자신에게 미칠까 우려하여 모반을 준비하였다. 突厥의 방어를 명목으로 크게 工役을 일으켜 군비의 마련과 인원의 확충에 주력하였다. 문제가 죽고 煬帝가 즉위하자 반란을 일으켰으나 실패하고, 서인으로 강등되었다가 후에 죽었다.

172_ 康熙《撫寧縣志》권2, 地理를 보면 撫寧縣治에서 동으로 50리 거리에 張果老河가 있고,《山海關志》권1, 地理, 山川을 보면 山海關城에서 서로 30리 거리에 張果老河가 있다. 본문의 張古老河의 '古'는 '果'字의 誤記이다.

을 빌려 밥을 지었습니다. 또 10여 리를 지나 이름 모르는 길거리에서 수레를 멈추었습니다.

6일—맑았습니다.

가다가 석하(石河)에 이르렀습니다. 남쪽에 오화성(五花城)[173]이 있었는데 당태종이 고구려를 정벌할 때 설인귀(薛仁貴)[174]가 쌓은 것이었습니다.[175] 천안역(遷安驛)에 이르니 천안역은 산해위성(山海衛城)[176] 서문 밖에 있었습니다. 성 동남쪽에는 고산(孤山)이 바닷가에 접해 있고 성 북쪽에는 각산(角山)[177]이 높이 솟았는데, 산해관이 그 복판에 있어 북으로 산을 등지고 남으로 바다를 면해 있는 10여 리가량의 거리가 오랑캐와 중국의 요충의 땅이었습니다. 진(秦)나라 장수 몽염(蒙恬)[178]이 쌓은 장성(長城)이 각산

• • •

173_ 다섯 개의 城砦가 서로 이어졌기 때문에 五花城이란 이름이 생겼다고 한다. 康熙《撫寧縣志》 권2, 地理.

174_ 唐나라 때의 장군으로, 絳州 龍門 출생이다. 당나라 고종 때 安東都護府의 총독으로 659년에 고구려에 침입하였다가 橫山에서 고구려 장군 溫沙門에게 패하여 돌아갔다. 668년에 羅唐 연합군에게 고구려가 망한 후, 당은 平壤에 安東都護府를 설치하고, 그는 檢校安東都護가 되었다. 그 후 吐蕃에게 패해 庶人이 되었다가, 다시 代州都督 등을 지내면서 突厥을 격파하였다.

175_《明一統志》 권5, 〈永平府〉에는 '唐太宗征遼時所築'이라 되어 있다.

176_ 山海衛는 山海關內에 설치한 衛로서 10千戶所를 거느리고 北平都指揮使司에 예속되었는데, 永樂 연간 遷都 이후 畿輔로 바뀌면서 北平都司가 혁파되고 後軍都督府에 직속되었다. 宣德初 左中 2千戶所를 遼東에 배속시키고 山海衛는 나머지 8千戶所를 관할하게 되었다. 《山海關志》 권1, 地理, 彊域.

177_ 雙峰이 뿔처럼 보이기 때문에 角山이라 불렸다고 한다. 《山海關志》 권1, 地理, 山川.

178_ 秦의 장군이다. 선조는 齊나라 사람이나 조부 때부터 진나라에서 장수로 활약하였다. 기원전 221년 齊나라를 멸망시킬 때 큰 공을 세웠다. 기원전 215년 匈奴 정벌

복판을 타고 나와 비스듬히 뻗어서 산해위(山海衛)의 동쪽 성이 되어 바다에까지 도달하였습니다. 동문체운소(東門遞運所)가 성안에 있었습니다.

7일—산해관을 지났습니다.

이 날은 맑았습니다. 조교(調橋)를 경유하여 산해위성 서문으로 들어가 유학문(儒學門)에 이르러 이른바 물맛이 달다는 쌍문정(雙文井)[179]을 물으니 사람들이 모두 쌍봉(雙峯)에 있다고 대답하였습니다. 보운문(步雲門)·급사방아원문(給事方亞元門)·영응묘(靈應廟)를 지나서 동북제일관(東北第一關)에 이르니 이른바 산해관이었습니다. 산해관의 동쪽에 진동공관(鎭東公館)이 있는데 병부주사관(兵部主事官) 한 명이 군리(軍吏)를 거느리고 항상 그 공관에 앉아서 동서로 지나가는 자들 모두를 시비를 가려서 드나들게 하니, 비록 물 긷는 아녀자나 나무하는 동자일지라도 모두 패(牌)를 주어서 증표로 삼도록 하였습니다.[180] 장술조가 신 등의 성명을 죽 써서 주사관에게 알리니, 주사관은 일일이 성명을 불러서 점검한 뒤에 나가게 하였습니다. 산해관 동쪽 성문으로 나왔는데 문 위에는 동관루(東關樓)가 세워져 있고, 문 밖에는 동관교(東關橋)가 해자(海子)에 걸쳐 있었습니다.

• • •

때 활약이 컸으며, 이듬해 만리장성을 완성하였다. 북쪽 변경을 경비하는 총사령관으로서, 上郡(陝西省 膚施縣)에 주둔하였다. 始皇帝가 죽자, 환관 趙高와 丞相 李斯의 계략으로 투옥되어 자살하였다.

179_《山海關志》 권1, 地理, 山川 ; 《明一統志》 권5, 〈永平府〉 등을 보면 山海衛城에는 70여 井水가 모두 염분이 많은데 오직 雙文의 두 井만이 물맛이 달다고 한다.

180_關法에 의하면 文憑을 검사하고, 나이와 용모를 따져 출입토록 하였다. 宣德9년(1434) 처음으로 兵部郎中이 와서 관장했는데 후에 主事로 바뀌었다고 한다. 《山海關志》 권2, 關隘.

산해관 밖에는 망향대(望鄉臺)와 망부대(望夫臺)가 있었습니다. 전해오는 이야기로는, '망부대는 곧 진 나라가 장성을 쌓을 때 맹강녀(孟姜女)[181]가 남편을 찾았던 곳'이라 하였습니다. 또 동요일포(東遼一鋪) · 진원포(鎮遠鋪)를 지나니 진원포의 동쪽 1리에 작은 강이 있었지만 그 이름은 기억하지 못합니다. 또 중전천호소성(中前千戶所城)을 지났는데 성은 광녕(廣寧)의 전둔위(前屯衛) 소속이었습니다. 성 동쪽에 또 작은 강이 있었습니다. 그곳을 지나 고령역(高嶺驛)에 이르니 고령역에는 성이 있었습니다. 이곳부터는 역에 모두 성을 쌓았으며 체운소도 한 성 안에 같이 있었습니다.

8일—전둔위를 지났습니다.

이 날은 흐렸습니다. 고령역 사람은 비할 데 없이 사나웠습니다. 신의 군인 문회(文廻)란 자가 당나귀를 재촉할 적에 그 역 사람이 몽둥이로 문회의 머리를 때려서 머리에서 피가 솟았습니다. 장술조가 신 등과 함께 가다가 전둔위에 이르러 전둔위의 관군도지휘(管軍都指揮) 성명(晟銘)에게 사실을 호소했더니 즉시 사람을 보내어 그 역 사람을 잡아 왔습니다. 신 등이 전둔위에 이르러 성 가까이 갔는데 성 서쪽 2리에 석자하(石子河)가 있어 성 남문을 경유하여 들어갔습니다. 영은문(迎恩門) · 승은문(承恩門) · 치정문(治政門) · 영안문(永安門) 등을 거쳐서 전둔위의 객관에 이르니 지휘

181_ 秦代의 여인으로 萬里長城을 울음으로 무너뜨렸다는 만리장성 축성공사에 얽힌 비극적인 전설의 여주인공이다. 暴政의 비극을 실화로써 말할 수 없으므로, 전설의 형태를 빌려 표현한 것으로 여겨진다. 내용은 秦始皇의 장성 건축에 징발된 范杞梁을 찾아간 그의 처 맹강녀가 남편은 이미 죽었다는 말을 듣고 성 밑에 쓰러져 울기 시작하자, 10일 만에 성이 무너지고 남편의 유골이 나타났다는 것이다.

양상(楊相)이 와서 잠깐 동안 이야기했는데 체구가 크고 훤칠하였습니다. 또 성 동쪽의 숭례문(崇禮門)으로 나가서 앞으로 갔습니다. 전둔위성(前屯衛城)은 곧 옛날 대녕로(大寧路) 서주(瑞州)의 땅이었습니다. 서쪽으로 산해관과 접한 큰산이 전둔위의 동북을 제압하고 있었습니다. 이 산이 바로 삼산(三山)으로 세상에서는 '삼산정(三山頂)'이라 부르고 있었습니다. 또 동악묘를 지나서 사하역성(沙河驛城)에 이르렀습니다. 성의 서쪽을 지나는 작은 강이 사하(沙河)였습니다.

9일—맑았습니다.

장공묘(張公墓), 쌍돈포(雙墩鋪), 왕공묘(王公墓)를 지나서 전둔위의 중후천호소성(中後千戶所城)[182]에 이르렀습니다. 남문을 거쳐 들어갔는데 남문이 서녕문(瑞寧門)이었습니다. 천호소(千戶所)의 객관에 이르러 천호 유청(劉淸)과 환담하다 헤어졌습니다. 다시 성 동쪽 경춘문(慶春門)으로 나와서 동관역(東關驛)에 이르렀습니다. 이 날 건넌 강이 셋이었는데 십자하(十子河), 구아하(狗兒河), 육주하(六州河)였습니다. 북쪽에는 은악산(殷惡山)이 있었습니다.

10일—맑았습니다.

곡척하포(曲尺河鋪), 대사하(大沙河)를 지나서 영원위(寧遠衛)[183]의 중우

182_ 中後千戶所는 寧遠衛城의 서남쪽에 있는데, 宣德3년(1428)에 설치되었다. 康熙《寧遠州志》 권1, 輿地.

183_ 寧遠衛城 泰和街에 있다. 宣德5년(1430)에 설치되었다. 康熙《寧遠州志》 권2, 建置.

천호소성(中右千戶所城)[184]에 이르렀습니다. 남훈문(南薰門)을 경유해 들어가서 무안왕묘(武安王廟)[185]를 거쳐 천호소의 객관에 이르렀습니다. 성 북쪽에서 바라보니 갑산(甲山)과 양각산(羊角山)[186]이 있었습니다. 다시 영화문(永和門)으로 나와 소사하(小沙河)를 지나 앞으로 가니 길 동남쪽에 소염장성(燒鹽場城)이 있었으며, 바닷가가 성의 동북쪽을 빙 둘러싸고 있었습니다. 달려서 조장역성(曹莊驛城)에 이르렀습니다.

11일—영원위를 지났습니다.

이 날은 맑고 큰바람이 불었습니다. 조장역(曹莊驛)으로부터 영원위성(寧遠衛城)에 이르니 성 남쪽에는 긴 담을 쌓았는데 담의 남쪽이 강무장(講武場)이었습니다. 여아하(女兒河)가 흘러 와서 성 동북쪽을 둘러서 서쪽으로 갔다가 남쪽으로 흘러갔습니다. 성 서쪽에는 철모산(鐵冒山)[187]이 있고 북쪽에는 입산(立山)과 홍라산(虹螺山)이 있고 남쪽에는 청량산(靑糧山)이 있었는데, 홍라산의 세 봉우리가 유독 빼어났습니다. 신 등은 성 남문으로 들어가 영은문(迎恩門)·진사문(進士門)·숭경문(崇敬門) 등의 문을 지나서 영은가(迎恩街)에 이르렀는데, 거리 가운데는 2층 누각을 지어 놓았습니다. 누각 서쪽에는 회원문(懷遠門), 북쪽에는 정변문(靖邊門), 동쪽에는 경

184_ 中右千戶所는 寧遠衛城에서 서남 방향에 있는데, 宣德 연간에 설치된 것이다. 康熙《寧遠州志》권1, 輿地.

185_ 西八里莊의 關帝廟를 가리킨다. 民國《遼陽縣志》권5, 壇廟.

186_ 寧遠衛城에서 서로 145리의 거리에 羊家山이 있다. 康熙《錦州府志》권1, 輿地.

187_《遼東志》권1 地理, 山川, 寧遠衛에는 '鐵帽山'으로 되어 있다.

양문(景陽門)이 있었습니다. 또 달려서 영원위(寧遠衛)의 객관에 이르러 조금 쉬었습니다. 성안에는 또 좌소(左所)·우소(右所)·중소(中所)·전소(前所)·후소(後所) 등이 있었습니다. 신 등이 춘화문(春和門)에서 성 동쪽으로 나가니 성 동쪽 4리가량에 성당온천(聖塘溫泉)이 있었습니다. 장술조가 신을 안내하여 이르니 과연 온탕(溫湯) 삼정(三井)이 있는데 욕실(浴室)을 만들어 놓았습니다. 또 상수포(桑樹鋪)[188]를 지나서 연산역(連山驛)에 이르니, 연산역 남쪽에는 호로투(胡蘆套), 서쪽에는 삼수산(三首山)[189], 북쪽에는 채아산(寨兒山)이 있었습니다. 연산역이란 명칭을 얻은 것은 이 때문이었습니다.

12일—맑았습니다.

가다가 오리하(五里河)를 지나서 탑산소성(塔山所城)에 이르니, 탑산소는 곧 영원위의 중좌천호소(中左千戶所)였습니다. 성 남문으로 들어가니 문은 곧 해녕문(海寧門)이었습니다. 진사문을 지나서 천호소의 객관에 이르고, 또 성 동문으로 나와 행산역(杏山驛)에 이르렀습니다. 행산역 동쪽에 행아산(杏兒山)이 있었기 때문에 붙은 이름이었습니다. 북쪽에는 또 장령산(長嶺山)이 있었습니다.

188_《盛京通志》 권30, 城池二, 錦州府, 寧遠州界內諸堡에는 '雙樹舖'로 되어 있다.

189_寧遠衛城의 동쪽에 있는 산으로서 사람 머리 모양을 한 봉우리가 셋이 있어 三首山이라는 이름이 지어졌다. 《遼東志》 卷 1.

13일—흐렸습니다.

가다가 중둔위(中屯衛)의 중좌천호소성(中左千戶所城)에 이르러 정안문(靖安門)으로 들어갔다가 정원문(定遠門)으로 나왔습니다. 능하역(凌河驛)에 이르니 능하역 북쪽에는 점무산(占茂山)이 있었습니다.

14일—맑았습니다.

능하역 성 동쪽에 소릉하(小凌河)가 있었습니다. 소릉하를 건너 형산포(荊山鋪)를 지나서 좌둔위(左屯衛)의 중좌천호소성(中左千戶所城)에 이르러 해녕문으로 들어갔다가 임하문(臨河門)으로 나왔습니다. 성 서쪽에는 자형산(紫荊山), 북쪽에는 소요사(逍遙寺)가 있었습니다. 성 동쪽 7-8리 밖에 또 대릉하(大凌河)가 있었는데, 두 강과의 사이가 40여 리였습니다. 흥안포(興安鋪)와 동악묘(東岳廟)는 대릉하 동쪽 언덕에 접해 있었습니다. 대릉하 동북쪽 6-7리 사이에 백사장(白沙場)이 있고 사와포(沙窩鋪)가 그 중간에 있었습니다. 흰모래가 바람에 날려서 포성(鋪城)을 꽉 메우니, 성의 1-2척만이 모래에 파묻히지 않았습니다. 십삼산역(十三山驛)에 이르니 성 동쪽에 십삼산(十三山)이 있었습니다. 13봉(峯)이 있어 '십삼산'이라 이름지었고, 역명도 이로 인해 얻어진 것이었습니다. 북쪽에는 소곤륜산(小昆侖山)과 웅봉산(熊奉山) 등 여러 산이 있었습니다. 관인이 역마를 타고 왔는데, 행낭에는 크기가 바가지만한 것이 있었습니다. 그 속에 술이 있었는데 쪼갠 뒤에야 마실 수 있었습니다. 장술조가 신에게 말하기를, "이 과실이 야자주(椰子酒)입니다. 영남(嶺南)[190]에서 많이 산출되는데 사람들은 간혹 이를 마시고 아이를 낳기도 합니다. 이는 곧 광동포정사(廣東布政司)가 지존(至

尊)에게 진헌(進獻)한 것인데 지존께서 다시 광녕태감(廣寧太監)에게 상으로 주신 것입니다"라고 하였습니다.

15일—맑았습니다.

산후포(山後鋪), 유림포(楡林鋪)를 지나서 여양역(閭陽驛)에 이르니, 산이 십삼산의 북쪽에서부터 옆으로 뻗어, 동쪽으로 달려 이 역의 북쪽을 거친 다음 광녕위(廣寧衛)의 북쪽에 이르렀다가 동쪽으로 갔습니다. 그 중간에 용왕봉(龍王峯)·보주봉(保住峯)·망해봉(望海峯)·분수봉(分水峯)·망성강(望城岡)·녹하봉(祿河峯)등 여러 봉우리가 있는데, 통틀어 이를 '의무려산(醫巫閭山)'[191]이라고 불렀습니다. 이 역이 바로 그 남쪽에 있었기 때문에 '여양(閭陽)'이라 한 것이었습니다. 일찍이 유관(楡關)에서 동쪽은 남으로 바다에 접하고 북으로 큰 산과 맞닿아 있는데 모두 토질이 조악한 불모의 땅이라고 들었습니다. 주산(主山)이 험준하여 푸른 하늘에 높이 솟아 있었는데 의무려산은 바로 이곳을 일컫는 것이었습니다.

190_ 越城, 都龐, 萌渚, 騎田, 大庾嶺의 五嶺 以南 지역으로 오늘날 廣東·廣西 2省과 越南 북부 일대에 해당한다.

191_ 巫는 無로 쓰기도 한다. 廣寧縣城에서 서쪽으로 10리의 거리에 있다. 舜이 12山을 封할 때 의무려산을 幽州의 鎭山으로 삼았다는 이유로 北鎭이라고도 한다. 康熙《錦州府志》권1, 輿地.

16일—광녕역(廣寧驛)에 이르러 성절사신(聖節使臣)[192]을 만났습니다.

이 날은 맑았습니다. 사탑포(四塔鋪)를 지나고 또 이포(二鋪)와 접관정(接官亭)을 거쳐서 광녕위성(廣寧衛城)에 이르렀습니다. 성 서쪽 영은문(迎恩門)을 경유해 들어가 진사방(進士坊)을 지나서 광녕역에 이르니, 성절사인 참판(參判)[193] 채수(蔡壽)[194], 질정관(質正官)[195] 김학기(金學起)[196], 서장관(書狀官) 정이득(鄭而得)과 민임(閔琳)·채연(蔡年)·박명선(朴明善)·유사달(庾思達)·오계문(吳誡文)·장량(張良)·이욱(李郁)·이숙(李塾)·이

・・・

192_聖節은 황제의 생일을 뜻한다. 聖節使臣은 곧 황제의 생일을 慶賀하기 위하여 파견된 조선의 사신 즉 聖節使를 말한다. 使節團의 구성은 모두 30명으로 정하였는데, 正使, 副使, 書狀官 각 1명, 代通官 3명, 護貢官 24명 등으로 이루어졌다. 그 밖에 從人은 일반적으로 250명 정도였으나, 영조31년(1755)에는 541명에까지 이르러 말썽을 빚기도 하였다.

193_조선시대 六曹에 속해 있던 종2품의 관직으로 亞卿이라고도 한다. 세종14년(1432)에 설치한 各曹의 判書 다음가는 차관으로, 정원은 각각 1명씩이다. 隷下 주요기관의 提調를 겸하였다. 고종31년(1894)의 甲午改革 이후에는 協辦(勅任官)이라 하였다.

194_조선 전기의 문신으로, 본관은 仁川이다. 자는 耆之이고, 호는 懶齋이다. 예종 원년(1469) 秋場文科의 初試, 覆試, 殿試에 장원, 조선 개국 이래 三場에서 연이어 장원한 두 사람 중의 한 사람이었다. 1478년 應教가 되어 都承旨 任士洪의 비행을 탄핵하여 좌천시켰다. 1479년 貞顯王后의 폐위를 반대했다가 파직당하였으나, 그 뒤 호조참판 등을 지냈다. 咸昌에 은거하여, 독서와 풍류로 여생을 보냈다.

195_조선시대 使臣의 일원으로 중국에 보내던 임시관직이다. 글의 音韻이나 제도와 사물 등 특정 사안에 관한 의문점을 중국에 가서 질문하여 알아오는 일을 맡아 하였는데, 조선 초기에는 冬至使와 聖節使 등의 使行에 정규사신의 일원으로 書狀官 등과 함께 동행했으나, 중기 이후에는 서장관이 질정관을 겸임하는 것이 관례화하였다.

196_조선 전기의 문신으로, 본관이 공주이고 자는 文伯이다. 세조6년(1460) 別試文科 丙科에 급제하였고, 관직은 直提學까지 지냈다. 承文院校理로 있던 성종9년(1478) 盧思愼, 姜希孟 등과 함께 纂集廳의 郎廳이 되어 《東文選》 편찬에 참여하였으며, 1482년에는 《蘇文忠公集》 가운데 어려운 부분을 주해하는 데 참여하였다. 서예에 뛰어나 세조 때 제1인자라 일컬어졌다.

형량(李亨良)·홍효성(洪孝誠)·정은(鄭殷)·신계손(申繼孫)·신자강(辛自剛)·윤중연(尹仲連)·김종손(金從孫)·김춘(金春) 등이 광녕역 안으로 말을 달려왔습니다. 서장관과 질정관이 먼저 신의 처소로 들어와서 고향과 나라 소식을 대강 이야기해 주었습니다. 신이 가서 사신에게 절하니 사신이 신을 상석으로 안내하고 말하기를, "뜻하지 않게 오늘 이곳에서 만나게 되었소. 그대를 표류시키고 살리는 것은 실로 하늘의 힘인데, 중국의 땅에 닿았으니 이는 곧 살길을 얻은 것이오"라고 하였습니다. 이어서 신에게 지나온 산천의 지리와 사람과 산물의 번성을 묻기에, 신이 대략 진술하였습니다. 사신도 절강 이남의 강산과 지방을 마치 전에 지나가 본 것처럼 이야기하고는 신에게 말하기를, "우리나라 사람으로서 대강(大江) 이남을 직접 본 이가 근자에 없었는데, 그대만이 두루 관람했으니 어찌 행운이 아니겠소?"라고 하였습니다. 신은 하직하고 물러 나왔습니다. 저녁에 사신이 또 사람을 시켜 묻기를, "그대는 표류되어 타국에 머무르고 있으니 물품과 식량 및 반찬이 반드시 모자랄 것이오. 모자란 것이 무엇이오? 내가 그것을 보충해 주겠소"라고 하였습니다. 신이 말하기를, "저는 황제의 두터운 은혜를 거듭 입어 살아서 이곳에 도착하였으니, 이곳을 지난 후에는 며칠 지나지 않아 본국에 이를 것입니다. 영공(令公)의 행차는 반드시 7월을 넘어야만 돌아오게 될 것이고, 객지에서 가진 물건 또한 한정이 있으므로 가벼이 남에게 주어서는 안 되는 것이니 감히 사양하겠습니다"라고 하였습니다. 사신은 신의 종자를 불러서 쌀 2되와 미역 2속(束)을 선사하면서 말하기를, "상중(喪中)에 손 노릇을 하는데 먹을 만한 것도 없을 것이기 때문에 보내는 것이오"라고 하였습니다. 달밤에 사신이 뜰 가운데 앉아 신을 불러 맞이해서

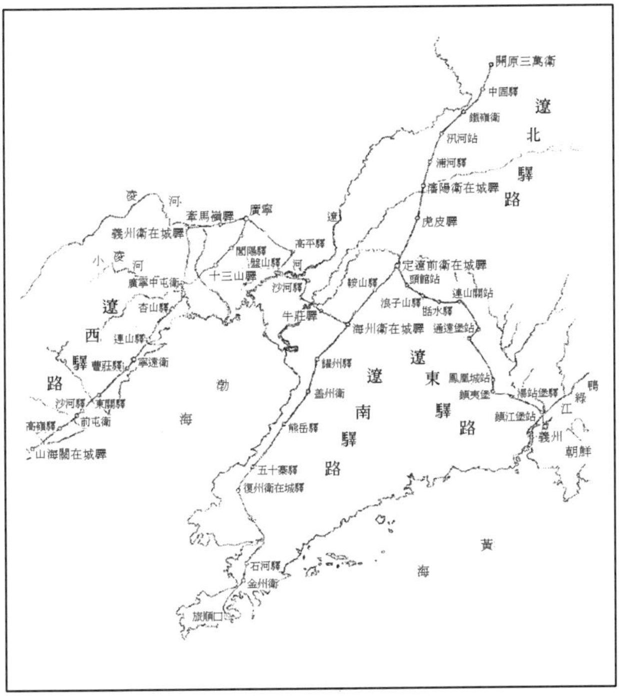

산해관으로부터 遼陽을 거쳐 의주에 이르는 역참로

술자리를 베풀어 위로해 주었습니다.

17일—광녕역에 머물렀습니다.

이 날은 맑았습니다. 사신이 서장관, 질정관과 함께 신의 처소에 와서 한참 동안 이야기하다가 헤어졌습니다. 저녁에 진수태감 위낭(韋朗), 도어사(都御史) 서관(徐鑵), 도사대인(都司大人) 호충(胡忠), 총병관 구겸(緱謙), 참장(參將)[197] 최승(崔勝)이 함께 의논해서 신 등이 표류해서 거의 죽을 뻔하다가 다시 살아났으니 그 정상이 딱하다는 이유로 역관(驛官)인 백호(百戶) 유원(柳源)을 시켜서 통돼지 1마리, 황주(黃酒) 4동이, 쌀 1되, 좁쌀 2곡(斛)을 가져와 위로하였으므로, 배리와 군인들에게 나누어 먹게 하였습니다.

18일—광녕역에 머물렀습니다.

이 날은 흐렸습니다. 장술조가 북경으로 간다고 작별하면서 신에게 말하기를, "천여 리 길을 수행하노라니 정이 깊이 들었습니다. 내 나이 이미 60이요, 다리 힘도 쇠약하니, 어찌 다시 족하와 만날 수 있겠습니까? 다만 생각컨대, 족하께서 만약 본국에서 뜻을 이루신다면 후일에 반드시 공물을 바치고 천자를 알현할 때가 있을 것입니다. 제 집은 순성문(順城門)[198] 안 석(石) 부마(駙馬)의 집 앞에 대문을 마주하고 있으니, 오늘의 정을 기억해 두셨다

197_ 武官의 하나로 總兵官 혹은 副總兵 밑에 두어졌다. 홀로 1路를 지키는 경우 分守라고 불렀다. 品級이 없고 定員이 없었다. 明初에는 勳戚으로 充任하였는데, 그 후 권한과 지위가 날로 내려갔다.

198_ 오늘날 북경의 宣武門.

가 한 번 찾아 주시지 않겠습니까?"라 하였습니다. 이어서 속옷을 벗어 오산에게 주었는데 대개 장술조가 길에서 오산을 수족(手足)으로 부렸기 때문이었습니다. 참장 최승은 김옥(金玉)으로 하여금 신 등을 맞이하게 했는데 김옥은 요동 사람으로서 우리말을 제법 할 줄 알았습니다. 신은 정보 등에게 김옥을 따라가게 했더니, 최승은 술상을 크게 차려 매우 융숭히 접대해 주었습니다.

19일—광녕역에 머물렀습니다.

이 날은 비가 내렸습니다. 태감, 총병관, 도어사, 도사, 참장 등이 유원과 역서기(驛書記) 왕례(王禮) 등을 시켜 의복, 모자, 가죽신 등을 싣고 광녕역에 와서 신과 종자들에게 나누어주었습니다. 신이 받은 것은, 생복청원령(生福靑圓領)[199] 1건(件), 백하포파(白夏布擺)[200] 1건, 백삼사포삼(白三梭布衫)[201] 1건, 대전모(大氈帽)[202] 1정(頂), 소의(小衣)[203] 1건, 백록피화(白鹿皮鞾)[204] 1쌍, 전말(氈襪) 1쌍이고, 정보 이하 42인이 받은 것은 1인당 백삼사포삼 각 1건, 소의 각 1건, 전모(氈帽) 각 1정, 가죽신 각 1쌍, 전말 각 1쌍씩이었

• • •

199_ 生은 生衣 즉 비단으로 만든 옷을 가리키고, 福은 福色 즉 紫色을 가리킨다. 圓領은 깃이 둥근 官服.

200_ 夏布는 곧 葛布이다. 苧麻纖維로 만든 베로서 夏衣를 만드는 데 적합하다. 江西, 湖南, 廣東, 四川 등지에서 많이 생산된다. 布擺는 면포로 만든 홑치마.

201_ 三梭布는 松江에서 생산되는 일종의 紵絲이다. 白三梭布衫은 흰색 삼사포로 만든 적삼을 일컫는다.

202_ 氈帽는 털모자를 뜻한다.

203_ 內衣의 일종.

204_ 白鹿의 가죽으로 만든 신발.

습니다. 그 외에 통돼지 1마리, 술 2동이를 주어 위로하였습니다. 유원이 신에게, "삼당(三堂)[205] 대감께서 당신이 본국에 돌아가면 오늘 받은 물건을 모두 국왕에게 아뢰어야 한다고 하셨습니다"라 운운하였습니다. 저녁에 정보 등 40여 인이 신의 앞에 죽 꿇어앉아서 말하기를, "예로부터 표류하면 배는 비록 파손되지 않더라도 마실 물이 떨어지기도 하고, 바다에 빠지기도 하고, 병들어 죽기도 해서 죽는 사람이 절반은 되었는데, 지금 우리들은 여러 번 환란을 겪었으나 죽은 자가 없었으니 이것이 첫 번째 행운입니다. 타국에 표류된 사람은 변장(邊將)에게 의심을 받아서 결박되기도 하고, 구금되기도 하고, 매 맞기도 하고, 또는 국문(鞫問)하여 조사를 당하기도 했는데, 지금 우리들은 한 사람도 구금당해 고생한 적이 없고, 이르는 곳마다 모두 환대를 받아 밥을 배불리 먹게 되었으니 이것이 두 번째 행운입니다. 이전에 정의현(旌義縣) 사람들은 이(李) 현감(縣監)을 따라서 표류하다가 죽은 자가 자못 많고 속박도 심했을 뿐더러 황도(皇都)에 도착해서는 상도 없었고 기갈에 시달리다가 겨우 살아서 돌아왔는데, 지금 우리들은 황도에 도착하니 황제께서 상을 내리시고 광녕에 도착하니 진수(鎭守), 삼사(三司)가 의복, 모자, 가죽신을 주어 군인들이 맨손으로 왔다가 가득 짊어지고 돌아가니 이것이 세 번째 행운입니다. 이 세 가지 행운이 어디에서 온 것인지 모르겠습니다"라고 하였습니다. 신이 말하기를, "이것은 모두 우리 성상께서 인(仁)으로써 백성을 어루만지고 성심으로써 대국을 섬기신 덕택이다"라고 하였습니다.

205_ 布政使와 按察使 및 都指揮使를 함께 지칭하는 말.

20일—흐리고 큰바람이 불었습니다.

찰원(察院)·보자사(普慈寺)를 지나 성의 동문으로 나오니 곧 태안문(泰安門)이었습니다. 또 종수교(鍾秀橋)·천수(泉水)·평전(平甸)·조구(潮溝) 등 포(鋪)를 지나서 반산역(盤山驛)에 이르니 지휘 양준(楊俊)이 와서 기다리고 있다가 차를 대접하였습니다. 역성(驛城) 북쪽에서 바라보니 흑산(黑山)·기산(岐山)·사산(蛇山)이 있었는데, 그 산들은 모두 의무려산의 동쪽 지맥(支脈)이었습니다.

21일—맑고 바람이 불었습니다.

요참포(要站鋪)를 지나서 고평역(高平驛)에 이르렀고, 청천포(淸泉鋪), 신하교(新河橋), 통하교(通河橋), 통하포(通河鋪)를 지나서 사령역(沙嶺驛)에 이르렀습니다.

22일—맑고 바람이 불었습니다.

고돈포(高墩鋪)를 지나서 신관문(新關門)에 이르니 장토성(長土城)[206]이 북쪽으로 장성(長城)에 붙어서 남쪽으로 뻗었고, 관문(關門)은 바로 그 복판에 있었으니 곧 성화(成化) 연간에 새로 쌓은 것이었습니다. 또 대대(大臺), 삼관묘(三官廟), 하만포(河灣鋪)를 지나서 삼차하(三汊河)에 이르니 삼차하가 곧 요하(遼河)였습니다. 그 원류는 개원(開原)의 동북으로부터 시작하여 철령(鐵嶺)을 지나 이곳에 이르러서 혼하(渾河), 태자하(太子

206_ 명대 遼東 지역에 쌓은 邊墻.

河)[207]와 합류해 하나가 되었기 때문에 삼차하라고 부르는 것이었습니다. 대개 요동 지대는 바다에 가깝지만 지대가 높아서 지류가 모두 역류하기 때문에 태자하와 혼하가 동쪽에서 서쪽으로 흘렀습니다. 또 이 지역 밖의 지류는 모두 북쪽에서 남쪽으로 흘러 굽이지고 빙 둘러서 모두 이곳으로 모이니 부교(浮橋)를 만들어 하류(河流)를 가로막아 끊었으며, 또 배를 당겨 건너게 되므로 요하도(遼河渡)라고 불렀습니다. 한 관인이 강가의 작은 청사에 앉아서 왕래하는 행인들을 살피고 있었습니다. 그 남쪽에는 성모양양묘(聖母孃孃廟)가 있었습니다. 또 임하교(臨河橋)를 지나서 우가장역(牛家莊驛)에 이르고, 다시 석정포(石井鋪)·사하재성포(沙河在城鋪)를 지나 재성역(在城驛)에 이르렀습니다. 재성역은 해주위(海州衛)의 성 서문 밖에 있었기 때문에 재성역이라 이름한 것이었습니다. 해주위 또한 큰 진(鎭)이었습니다. 동쪽에 서모성산(西牟城山)이 있었습니다.

23일—요양역(遼陽驛)에 도착하였습니다.

이 날은 흐렸다가 천둥이 쳤습니다. 재성역에서 위성(衛城)을 따라 서쪽으로, 북쪽으로 다시 동쪽으로 가서 체운소(遞運所), 토하포(土河鋪), 감천포(甘泉鋪)[208], 관왕묘(關王廟)를 지나 안산역(鞍山驛)에 이르니 안산역의 동쪽에는 요고산(遼高山), 서쪽에는 요하산(遼下山)이 있었습니다. 또 무안

207_民國《遼陽縣志》권2, 山川에는 '太子河'로 기재되어 있다. 康熙《遼陽州志》권7, 山川에도 太子河가 혼하 및 요하와 합류하여 三汊河를 이룬다고 하고 있다. 《方輿紀要》에 의하면 "太子河는 곧 옛 衍水이다. 燕 太子 丹이 衍水에 숨어들었기 때문에 後人이 太子河라 부르게 되었다"고 한다.

208_《全遼志》권1, 圖考, 遼陽城에는 '井泉鋪'로 되어 있다.

왕묘(武安王廟), 장점포(長店鋪)를 지나서 사하포(沙河鋪)에 이르니, 두 강물이 모두 포(鋪)의 동쪽과 서쪽을 두르고 있었는데 모두 '사하'라고 하였습니다. 대개 통주(通州)로부터는 사토가 많았기 때문에 '사하'라고 불리는 강이 많았습니다. 또 수산포(首山鋪)를 지나서 체운소성(遞運所城)에 이르렀으니, 체운소성이 곧 팔리장(八里莊)이었습니다. 접관정(接官亭)을 지나서 요양재성역에 이르렀는데, 역은 요동성의 서쪽에 있었습니다.

24일—맑았습니다.

우리말에 능통한 계면(戒勉)이란 중이 신에게 말하기를, "소승(小僧)은 본디 조선 사람인데, 소승의 할아버지가 이곳으로 도망 온 지 지금 벌써 3대가 되었습니다. 이 지방은 본국(本國)의 경계와 가까운 까닭에 왕래하는 본국 사람이 매우 많습니다. 중국 사람은 겁이 많고 용맹스럽지 못하여 도적을 만나면 모두 창을 던지고 도망해 숨어버리며, 또 활을 잘 쏘는 사람도 없어 반드시 본국인으로서 귀화한 사람을 뽑아서 정병(精兵)이라 하여 선봉으로 삼으니, 우리 본국의 한 사람이 중국사람 열 명, 백 명을 당할 수가 있습니다. 이 지방은 곧 옛날 우리 고구려의 도읍인데 중국에게 빼앗긴 지 천여 년이나 되었습니다. 우리 고구려의 옛 풍속이 아직도 없어지지 않아서 고려사(高麗祠)를 세워 근본으로 삼고, 공경하게 제사지내기를 게을리 하지 않으니 근본을 잊지 않기 때문입니다. 일찍이 듣건대, '새는 날아서 고향으로 돌아가고, 여우는 죽을 때 살던 굴로 머리를 돌린다'[209]고 하였으니, 우리들도

209_《淮南子》 권16 〈說林〉에 "鳥飛反鄕, 兎走歸窟, 狐死首丘"라는 말이 있다.

본국으로 돌아가서 살고 싶습니다. 다만 본국에서 도리어 우리들을 중국 사람으로 간주하여 중국으로 돌려보내면, 우리들은 반드시 외국으로 도망한 죄를 받아서 목을 잘리게 될 것입니다. 그러므로 마음은 가고 싶지만 발이 머뭇거릴 뿐입니다"라고 하였습니다. 신이 말하기를, "그대는 청정(淸淨)의 무리[210]이므로 깊은 산 속에 있어야 할 것인데 어째서 중의 관(冠)을 쓰고 속인(俗人)의 행동을 하면서 여염에 드나들고 있는가?"라고 하였습니다. "소승은 산 속에 들어간 지 오래됐는데 지금 관리에게 불려온 것입니다." "무슨 일로 부르던가?" "대행황제(大行皇帝)께서 불법을 존숭하시어 큰 사찰이 천하에 반을 차지하고, 방포(方袍)[211]가 편호(編戶)[212]보다 많았으며, 중들은 편안히 누워 있고 배부르게 먹으면서 수행하였습니다. 새 황제께서는 동궁으로 있을 때부터 중들을 미워하시더니 제위(帝位)에 오르시고는 아주 제거해 버릴 뜻을 가지셨습니다. 지금은 천하에 조칙(詔勅)을 내려 새로 설치한 암자는 모두 철거하도록 하고 도첩(度牒)[213]이 없는 중은 모조리 환속시키라는 명령이 성화(星火)보다 급하였습니다. 그런 까닭에 삼당(三堂) 대감께서 관리로 하여금 저를 불러서 오늘부터는 절을 부수고 머리를 기르도록 하라 운운하셨으니, 승도(僧徒)는 어디서 이 한 몸 받아 줄지를 살피고 있습니다." 신이 이르기를 "이것은 곧 사찰을 철거하여 민가로 만들고, 청동 불상을 부수어 구리 그릇으로 만들며, 깎은 머리를 기르게 하여

210_ 죄악과 번뇌를 멀리하여 세속을 떠난 승려를 말함.
211_ 方袍란 僧服을 뜻하는데 여기서는 승려를 가리킨다.
212_ 戶口册에 편입된 人家.
213_ 官府에서 僧尼에게 발급한 出家 증명서.

군적(軍籍)에 충당시키시려는 의도이니, 이제야 대성인(大聖人)께서 하시는 일이 비범함을 알겠다. 너희들은 일찍이 '황제폐하 만만세'라 축원하였다. 너희의 축원이 이와 같았고 대행황제의 불교를 숭상하심이 이와 같았으며 사찰과 중들의 번성이 또 이와 같았으나, 대행황제는 장수(長壽)하지 못하고 갑자기 세상을 떠나셨으니,[214] 너희가 축원한 수고로움은 어디 있는가?" 말이 채 끝나지도 않았는데 계면은 하직하고 물러가버렸습니다.

25일—맑았습니다.

통사인 천호 왕헌(王憲)과 백호 오새(吳璽)[215]가 와서 신에게 말하기를, "관부(館夫)가 당신들이 이곳에 며칠 묵었다는 사실을 말하지 않은 까닭에 우리들은 집에 있으면서 알지 못하여 와서 뵙는 것이 늦었습니다"라고 하였습니다. 오새는 마침내 정보, 김중 등을 이끌고 삼당(三堂) 대인의 앞에 나아가서 표류해서 온 전말을 고하였습니다. 삼당 대인은 곧 도지휘사(都指揮使)[216] 등옥(鄧玉), 분수총병관(分守總兵官) 한빈(韓斌), 포정사부사(布政使副使) 오옥(吳玉), 순안감찰어사(巡按監察御史) 진림(陳琳) 등이었습니니

214_ 成化帝는 재위 시 많은 佛寺와 道觀을 만들고 長生術을 추구했지만, 만 40세가 되지 못한 나이에 급사했다.

215_ 吳璽는 이때보다 4년이 지난 후에 鳳凰城의 鎭撫가 되었다. 《朝鮮成宗實錄》 23년 5월 乙酉.

216_ 都指揮使司 및 行都指揮使司의 장관으로 정2품이다. 都指揮同知, 都指揮僉事와 함께 한 省의 軍政을 관장하였다. 司의 일을 총괄하는 자는 掌印이라 하였다. 1인은 練兵을, 1인은 屯田을 통괄하였는데, 僉書라고 불렀다. 巡捕, 軍器, 漕運, 操練, 備御의 여러 직무를 모두 통괄하였다. 모두 流官으로 충임하였으며, 조정에서 선발하여 임명하였다.

다. 저녁에 지휘사(指揮使)[217]가 이속(吏屬)을 시켜 황주(黃酒) 3동이, 통돼지 1마리, 쌀 1되, 좁쌀 1되를 가지고 와서 신 등을 위로하였습니다.

26일—맑았습니다.

왕헌이 다시 와서 말하기를, "귀국과 해서위(海西衛), 모린위(毛鄰衛), 건주위(建州衛)[218]등으로 가는 길이 모두 이곳을 거치게 되는데, 귀국의 사신이 왕래할 때 접대하는 사람이 나와 오새 두 사람뿐입니다. 내가 지금 나이가 많아 더위를 견디지 못하므로 총병관께서 오새로 하여금 당신을 호송하게 하셨습니다. 오새도 좋은 사람이어서 당신은 본국으로 잘 돌아갈 수 있을 것이니 걱정하지 마십시오. 대개 먼 길을 여행 중에는 몸을 쉬지 못하고 먹고 자는 것을 제 때 하지 못하여 병이 쉽게 생깁니다. 그런 까닭에 몇 개월도 안 되는 사이에 귀국의 사신 가운데 한찬(韓瓚), 이세필(李世弼) 같은 이가 잇달아 길에서 죽었던 것[219]이니 먼 길을 간다는 것은 이처럼 어려운

217_ 都指揮使司의 장관으로 정3품이다. 指揮同知, 指揮僉事와 함께 衛의 일을 관장하였다. 전쟁이 있으면 그 휘하를 거느리고 主帥의 명령을 듣는다. 그 官은 대부분 세습하였다. 그 계승과 대체, 승진, 優給과 優養 및 소속의 軍政은 都指揮使司에 보고하였다. 보고는 都督府에 예속되었다가 兵部로 옮겨졌다.

218_ 명대에 동북지역 女眞族 취락지에 설치한 衛의 하나이다. 明初에 黑龍江 依蘭 일대에 거주하던 女眞人이 남으로 옮겨와 綏芬河 유역에 이르렀다. 永樂원년(1403)에 明朝廷은 여기에 建州衛를 설치하였고, 대략 永樂10년에 建州衛를 나누어 建州左衛를 별도로 두었으며, 正統7년(1442)에 建州右衛를 설치하였다. 이에 '建州三衛'라는 명칭이 있게 되었다.

219_ 同知中樞府事 韓僨을 가리키는 듯하다. 그런데 韓僨은 賀禮使로 북경에 가 聖節을 賀禮한 뒤 1487년 12월 12일 귀국하여 復命하였다. 도중에 객사하였다는 것은 사실과 다르다. 물론 이 당시 최부는 濟州에 있었으므로 이러한 사실을 알 수는 없었을 것이

것입니다. 지금 당신은 험한 파도와 월남(越南), 연북(燕北) 지방을 두루 다 거치면서도 자신과 종자들이 모두 온전히 돌아가게 되었으니, 하늘이 위험에 처하게 했다가 온전히 구해주시고 재앙 속에 빠트렸다가 복을 내려 주신 것을 알 수 있습니다"라고 하였습니다. 신이 말하기를, "내가 몸을 보전해 온 것은 모두 황제의 은혜 덕택이고, 또 저의 선친(先親)의 신령이 반드시 몰래 도와주신 공이 있기 때문일 것입니다"라고 하였습니다.

27**일—흐렸습니다.**

오새가 와서 말하기를, "총병관께서 나를 보내 타는 말 43필과 짐 싣는 말 15필로써 당신들을 귀국시키도록 하셨는데 그중 1필은 내가 탈 것입니다. 당신들의 행장이 대략 얼마나 됩니까?"라고 하였습니다. "우리 43인이 원래 지닌 행장은 합하여 실어도 한두 바리에 지나지 않고 황제에게 상으로 받은 반오(胖襖)와 면고(綿袴)가 모두 겨울옷이고, 그밖에 광녕에서 받은 의복과 가죽신 등 물품이 있을 뿐입니다." "행장이 적으면 길 가기가 편할 것입니다."

28**일—큰비가 내렸습니다.**

오새가 또 와서 말하기를, "오늘은 행장을 차려 떠나려 했는데 하늘이 비를 내리시니 어찌하겠습니까?"라고 하였습니다. 신이 말하기를, "나의 조급한 마음으로는 한 순간도 머물기 어려워 이 비를 근심하는 사람은 나 한 사람뿐

• • •

다. 한편 同知中樞府事 이세필은 諡册을 올리는 일을 賀禮하기 위하여 북경에 가다가 遼東에서 객사했음이 成宗19년 1월 2일 보고되었다. 《朝鮮成宗實錄》 18년 8월 甲申; 12월 戊辰 ; 12월 丁亥.

입니다. 올해에는 크게 가물어 2월부터 비가 내리지 않다가 오늘에야 다행히 비가 내리니 사람과 만물이 모두 기뻐합니다. 실로 하늘이 하신 일인데 무엇이라고 하겠습니까?"라고 하였습니다. "옳습니다! 옳습니다!"

요동[220]은 곧 옛날 우리 고구려의 도읍이었는데 당고종(唐高宗)[221]에게 멸망을 당하여 중원에 예속되었습니다. 오대(五代) 시대에 발해(渤澥) 대씨(大氏)[222]의 차지가 되었으나 후에 또 요(遼) 나라 · 금(金) 나라 · 원(元) 나라에게 병탄되었습니다. 성안에 도사(都司) · 찰원(察院) · 포정사(布政司) · 태복분사(太僕分司) · 열마사(閱馬司)가 있고, 또 좌위(左衛) · 우위(右衛) · 중위(中衛) · 전위(前衛) · 후위(後衛)가 있었습니다. 성 서쪽의 승평교(昇平橋)에서 숙청문(肅淸門) · 영은문(迎恩門) · 징청문(澄淸門) · 양무문(揚武門) · 위진문(威振門) · 사로문(四路門) 및 진사문(進士門) 등 팔좌(八座)로부터 고려시(高麗市) 사이에 민가는 번창하다고 할 만하니, 강남으로 가늠한다면 가흥부(嘉興府)와 서로 겨룰 만하였습니다. 다만 가흥은

· · ·

220_ 요동은 넓게는 遼河의 以東 지방을 가리키지만, 여기에서는 가장 좁은 의미의 '遼東' 즉 遼東都司가 위치한 遼陽을 가리킨다.

221_ 唐의 제3대 황제(재위 649-683)로서 즉위 초기에 永徽律令과 律疏를 제정하고 《五經正義》를 반포 발행하여, 唐의 典章制度를 모두 마무리지었다. 655년 새로 則天武后를 황후로 맞아들인 뒤부터는, 武后에게 점차 권력을 빼앗기게 되었다.

222_ 渤海의 시조인 高王(재위 699-719) 大祚榮을 가리킨다. 696년 李盡忠 등이 이끈 거란족의 반란을 이용하여 고구려 유민과 말갈족을 이끌고 자립을 꾀하였다. 699년 지금의 吉林省 敦化縣 지역인 東牟山에 도읍하여 나라를 세우고, 왕이 되어 국호를 震, 연호를 天統이라 하였다. 이후 唐은 유화정책으로 나와 唐中宗이 705년 사신을 보내 왔고, 大祚榮도 아들 大武藝를 唐에 보냄으로써 답례하였다. 713년에 국호를 渤海로 바꾸었다.

성 밖에까지 시가(市街)가 잇닿아 있었는데 요동의 성 밖은 닭 울음소리와 개 짖는 소리가 서로 들리지 않았으며 해자(垓字) 길 가에는 흙먼지만이 가득할 뿐이었습니다. 성 동쪽에는 또 동녕위성(東寧衛城)을 별도로 쌓았는데 수산(首山)[223]·천산(千山)·목장산(木場山)·낙타산(駱駝山)·태자산(太子山)·행화산(杏花山) 등 여러 산들이 성 서쪽·남쪽·동쪽으로 빙 둘러 있었으며, 그 북쪽은 평평하고 툭 트여서 끝이 없는 벌판이었습니다.

29일—요동에서 길을 떠났습니다.

이 날은 맑았습니다. 오새가 천호 전복(田福)과 함께 역에 이르러 신 등을 이끌고 출발하였습니다. 역성의 동문 밖으로 나와 채 1리도 되지 않는 곳이 요동성이었습니다. 두 성 사이에 관왕묘(關王廟)가 있었습니다. 가다가 올량합관(兀良哈館)[224]·태화문(泰和門)·안정문(安定門)을 지나서 우리 조선관(朝鮮館)[225]에 이르니, 조선관 앞에 푯말을 세워 '외천보국(畏天保國)'[226]이란 네 글자를 써 놓았습니다. 또 석하아(石河兒)를 지나서 고려동(高麗

223_《遼史》에 의하면 당태종이 고구려에 원정할 때 이곳에 주둔하고 石碑를 세워 戰功을 기록했다고 한다. 民國《遼陽縣志》권2, 山川.

224_거쳐가는 兀良哈 사람들을 접대하기 위하여 마련한 客館.

225_조선 使臣을 접대하기 위한 客館으로 康熙《遼陽州志》권10, 〈驛站〉에 舗遞의 항목으로 열거되어 있다. 《遼東志》의 〈遼東都司治衛山川地理之圖〉에 의하면 조선의 사신을 留宿시킨 懷遠館 즉 朝鮮館을 遼陽城 밖 동남방에 따로 지었다고 한다.

226_'畏天保國'이란 '하늘을 두려워하며 나라를 지킨다'는 것이지만, 여기서 '畏天'의 '天'이란 결국 '天子'나 '天朝'의 뜻으로 즉 明朝를 가리킨다. 《春秋集義》에 "以小事大者, 畏天者也. 畏天者, 保其國"이란 구절이 있다. 결국 '畏天保國'이란 네 글자를 朝鮮館 앞에 걸어 놓은 의미는 "明朝에 충실하게 事大를 함으로써 朝鮮을 잘 보존하도록 하라"는 암시가 들어있다고 볼 수 있을 것이다.

洞)으로 들어와 대석문령(大石門嶺)과 소석문령(小石門嶺)을 지나니, 두 영 사이에 왕(王) 도독(都督)의 무덤이 있었습니다. 또 유하아(柳河兒)·탕하아(湯河兒)·두건참(頭巾站)·낭자산(狼子山)을 지나서 현득채리(縣得寨里)에 이르러 쉬었는데, 마을에는 서너 채의 집이 있었습니다. 황혼(黃昏)을 틈타 마을 사람이 신의 모자갑을 훔쳐 갔는데 모자갑 속에는 사모(紗帽)·낭패(囊佩)와 강남 사람이 지어 준 시고(詩藁)가 들어있었습니다. 정보가 오새에게 알려서, 마을 사람을 수소문했으나 찾지 못하였습니다. 오새가 신에게 말하기를, "소홀히 간수하여 도적을 불렀으니 누구를 탓하겠습니까?"라고 하였습니다.

6월 1일—맑고 일식(日食)이 있었습니다.

현득령(顯得嶺)·청석령(青石嶺)을 넘었는데 두 영 사이에는 청석(青石)이 길에 가득하였습니다. 또 첨수하아(甛水河兒)를 지나서 서남쪽을 바라보니 높고 험준한 흑산(黑山)이 있었고, 상자동(橡子洞)에는 탑사(塔寺)가 있었습니다. 동남쪽으로 고령(高嶺)을 넘으니, 고개는 깎아지른 듯하고 바위는 꼬불꼬불하였습니다. 태자하(太子河)를 지나서 연산관(連山關)에 이르니 관(關)을 지키는 천호 동문(董文)이 신과 오새·전복·방상(房祥)·장용(張勇)·심영(沈榮)을 맞이하여 밥을 지어 접대해 주었습니다. 전복·방상·장용·심영 및 왕승(王升)·마총(馬摠)·홍걸(洪傑)·오세(吳洗)·김청(金淸)·주단(周端) 등과 백호 30인, 군인 200여 인, 관부(館夫) 10인은 모두 요동총병관(遼東總兵官)의 명으로 신 등을 호송하는 사람들이었습니다. 연산하(連山河)를 거슬러 올라가서 저녁에 백가장(百家莊)의 민가에 투숙

하였습니다.

2일—맑았습니다.

아침에 분수령(分水嶺)에 이르렀습니다. 분수령 이북은 지세가 북쪽으로 내려가 골짜기의 여러 물이 모두 태자하(太子河)로 모여 서쪽으로 요하(遼河)로 들어가고, 분수령 이남의 물은 모두 팔도하(八渡河)로 모이니 '분수령'이란 고개이름을 얻은 것은 이 때문이었습니다. 통원보(通遠堡)에 이르니 통원보에는 신성(新城)과 구성(舊城)이 있었습니다. 용봉산(龍峯山)은 그 뒤에 있고, 앞에는 용봉하(龍峯河)가 있었으며, 서남쪽에는 덕산(德山)이 있었습니다. 또 그 남쪽에 증산(甑山)이 있었는데 일명 '옹북산'(瓮北山)이라고도 하였습니다. 또 이해둔(李海屯)을 지나니 마을 사람이 말하기를, "어제 밤에 천호 마총이 관할하는 호송 군인들이 먼저 이곳에 도착했는데, 타고 온 말을 호랑이가 잡아채서 상처를 입혔습니다. 예로부터 이런 걱정은 없었기 때문에 이곳을 지나는 사람들은 모두 산길을 걷고 들에서도 유숙했는데, 지금 마침 이런 일이 있으니 또한 두려운 일입니다"라고 하였습니다. 사초둔하(斜哨屯河)를 지나는데 마침 물이 불어서 물살이 급하였습니다. 군인 고복이란 자가 미끄러져 넘어져서 떠내려갔는데, 오새가 마침 목욕하다가 빠진 것을 보고 건져 주었습니다. 이승둔(李勝屯)에 이르렀습니다.

3일—맑았습니다.

사초대령(斜哨大嶺)을 지나서 팔도하에 이르렀는데 강물을 여덟 번 건너는 데서 유래한 이름이었습니다. '반도하(半塗河)'라고도 부르는데 그것은 우리 조선의 경성(京城)으로부터 중국의 북경에 이르자면 이 강이 바로 그 중간의 절반에 위치하기 때문에 붙인 이름이었습니다. 또 장령아(長嶺兒)·설리참(薛里站)·백언령(白言嶺)·노가독(奴哥秃)·노가하아(奴哥河兒)·노가령(奴哥嶺)·간하아(干河兒)를 지나서 봉황산(鳳凰山)에 이르니, 동녕위(東寧衛)에서 이제 막 군부(軍夫)를 뽑아 이곳에 성을 쌓고 있었습니다. 오새(吳璽)[227]가 신에게 말하기를, "이 성은 귀국의 사신이 왕래할 때에 길이 막히는 것을 방지하기 위하여 쌓는 것입니다"라고 하였습니다. 개주성(開州城)·왕빈길탑리(王斌吉搭里)·여온자개하아(餘溫者介河兒)을 지나서 관득락곡(寬得洛谷)에 이르러 노숙하였습니다. 관득락곡의 동쪽에 해청산(海青山)이 있었는데, '송골산(松鶻山)'이라고도 하였습니다.

4일—압록강을 건넜습니다.

이 날은 맑았습니다. 이른 새벽에 탕산참(湯山站)과 이름을 기억할 수 없는 두개의 작은 강을 지나서 구련성(九連城)에 이르렀습니다. 성은 무너져버리고 흙으로 쌓은 옛 성터만 남아 있었는데 파사보(婆娑堡)라고도 하였습니다. 파사보 앞에 강이 있었으니 풍포(楓浦)였습니다. 다시 배로 오야강(吾夜江)을 건넜습니다. 두 강이 연원은 같으면서 나누어졌다가 다시 합쳐서 하나가 되었는데 통칭 '적강(狄江)'이라 하였습니다. 다시 배로 압록강을 건너니 목사(牧使)가 군관(軍官) 윤천선(尹遷善)을 보내어 신을 강가에서 위로해 주었습니다. 황혼에 또 배로 난자강(難子江)을 건넜는데 두 강 또한

227_吳璽는 4년 후에 명나라 사신 艾璞이 곧 조선으로 나갈 것이라는 소식을 조선에 알려주었다. 《朝鮮成宗實錄》 23년 5월 乙酉.

연원은 하나로서 나뉘어 흐르다가 다시 합류한 것이었습니다. 밤 3경에 말을 달려 의주성(義州城)으로 들어가니 의주성은 바로 당인(唐人)[228]과 야인(野人)[229] 등이 왕래하는 요충에 해당하였습니다. 성의 규모는 협소하고 퇴락했으며 성 안 민가도 보잘 것 없었으니 실로 유감스러운 일이었습니다.

우두 앞 바다에서 도저소(挑渚所)까지는 160여 리, 도저소에서 영해현(寧海縣)까지는 400여 리인데 모두 바닷가 외진 땅이므로 객관(客館)과 역사(驛舍)가 없었습니다. 월계순검사(越溪巡檢司)에 도착하니 비로소 포(鋪)가 있었고, 영해현에 도착하니 비로소 백교역(白嶠驛)이 보였습니다. 백교역에서 서점(西店)·연산(連山)·사명(四明)·거구(車廐)·요강(姚江)·조아(曹娥)·동관(東關)·봉래(蓬萊)·전청(錢淸)·서흥(西興)을 거쳐 항주부(杭州府)의 무림역(武林驛)에 이르렀는데, 도저소에서 이곳까지는 1천5백여 리였습니다. 또 무림역에서 오산(吳山)·장안(長安)·조림(皂林)·서수(西水)·평망(平望)·송릉(松陵)·고소(姑蘇)·석산(錫山)·비릉(毗陵)·운양(雲陽)을 거쳐 진강부(鎭江府)의 경구역(京口驛)에 이르렀는데, 항주에서 이곳까지는 천여 리였습니다. 양자강을 지나서 양주부(揚州府)의 광릉역(廣陵驛)에 이르렀는데 여기서부터는 길이 수로와 육로로 나뉘어졌습니다.

수로는 소백(邵伯)·우성(盂城)·계수(界首)·안평(安平)·회음(淮陰)·청구(淸口)·도원(桃源)·고성(古城)·종오(鍾吾)·직하(直河)·하비(下

228_ 漢族을 가리킨다.

229_ 동북 변경의 女眞族을 가리킨다.

邳)·신안(新安)·방촌(房村)·팽성(彭城)·협구(夾溝)·사정(泗亭)·사하(沙河)·노교(魯橋)·남성(南城)·개하(開河)·안산(安山)·형문(荊門)·숭무(崇武)·청양(淸陽)·청원(淸源)·도구(渡口)·갑마영(甲馬營)·양가장(梁家莊)·안덕(安德)·양점(良店)·연와(連窩)·신교(新橋)·전하(磚河)·건녕(乾寧)·유하(流河)·봉신(奉新)·양청(楊靑)·양촌(楊村)·하서(河西)·화합(和合)을 거쳐서 통주(通州)의 노하수마역(潞河水馬驛)에 이르는데, 양주에서 이곳까지는 합계 3천3백여 리였습니다. 육로는 대류(大柳)·지하(池河)·홍심(紅心)·호양(濠梁)·왕장(王莊)·고진(固鎭)·대점(大店)·수양(睢陽)·협분(夾溃)·도산(桃山)·황택(黃澤)·이국(利國)·등양(滕陽)·계하(界河)·주성(邾城)·창평(昌平)·신가(新嘉)·신교(新橋)·동원(東原)·구현(舊縣)·동성(銅城)·임산(荏山)·어구(魚丘)·태평(太平)·안덕(安德)·동광(東光)·부성(阜城)·낙성(樂城)·영해(瀛海)·근성(鄞城)·귀의(歸義)·분수(汾水)·탁록(涿鹿)을 거쳐서 고절역(固節驛)에 이르는데, 양주에서 이곳까지는 2천5백여 리였습니다.

수로에는 홍선(紅船)[230]이 있고 육로에는 포마(鋪馬)[231]가 있었습니다. 왕래하는 사자(使者)·공헌(貢獻)·상고(商賈)들은 모두 수로를 이용하였습니다. 만약 가뭄으로 인하여 갑하(閘河)의 물이 얕아져 배가 통행할 수 없거나 빨리 달려가서 급히 보고할 일이 있으면 육로를 이용하였습니다. 양주부는 남경과 가까워 단지 세 역(驛) 정도만큼 떨어진 거리였고, 또 복건

230_ 遞運所에 갖추어 놓은 배로서 300料에서 600料까지 4種이 있다. 紅油로 칠하여 꾸몄으므로 紅船으로 불렀는데 官用物資 등을 수송하였다.

231_ 陸驛 즉 馬驛에 갖추어 놓은 馬匹.

과 절강 이남 지방에서 모두 이 부(府)를 경유하여 황도(皇都)에 갔기 때문에 역로(驛路)가 매우 넓었습니다. 육로의 역은 그 사이의 거리가 60리 혹은 70-80리 정도 되었습니다. 수로의 역은 무림(武林)에서 오산(吳山)까지 30리, 노하(路河)에서 회동관(會同館)까지 40리였는데, 모두 수로 중의 육로였던 까닭에 그 사이가 가까웠습니다. 그 외에는 60-70리, 80-90리, 혹은 100리가 넘기도 하여 그 사이가 매우 멀었습니다. 포(鋪) 사이의 거리는 10리, 혹은 20-30리였습니다. 양주 이후로는, 물가에 천(淺)[232]을 6-7리, 혹은 10리마다 설치하여 이수(里數)를 기록하였습니다. 신의 경로는 우두앞 바다에서 도저소, 항주로 해서 북경의 회동관(會同館)에 이르렀으니 대개 합계 6천여 리였습니다.

회동관에서 노하(潞河)·하점(夏店)·공락(公樂)·어양(漁陽)·양번(陽樊)·영제(永濟)·의풍(義豊)·칠가령(七家嶺)·만하(灣河)·노봉구(蘆峯口)·유관(楡關)·천안(遷安)·고령(高嶺)·사하(沙河)·동관(東關)·조가장(曹家莊)·연산도(連山島)·행아(杏兒)·소릉하(小凌河)·십삼산(十三山)·여양(閭陽)·광녕(廣寧)·고평(高平)·사령(沙嶺)·우가장(牛家莊)·해주재성(海州在城)·안산(鞍山)·요양(遼陽) 등 역을 거쳐 요동성에 이르렀는데 요양은 곧 요동재성역(遼東在城驛)이었습니다. 역 사이의 거리가 30-40리, 혹은 50-60리였는데 합계 1천7백여 리였습니다. 산해관에서 안쪽은 10리마다 연대(煙臺)[233]를 설치하여 봉화(烽火)를 갖추어 놓았고 산해관

232_ 淺이란 얕은 여울에 배를 끌기 위하여 설치한 淺鋪를 가리키는데 일종의 교통시설에 해당한다. 주로 揚州府 高郵에서 徐州府 沛縣 일대 사이에 두어졌다.

233_ 봉화대를 말함.

을 지난 후에는 5리 간격으로 작은 돈대(墩臺)[234]를 설치하여 푯말을 세워서 이수(里數)를 기록하였습니다. 요동에서 두관(頭官)·첨수(甛水)·통원보(通遠堡)·사리(斜里)·개주(開州)·탕참(湯站) 등 여러 참(站)을 거쳐 압록강에 이르기까지 또 300여 리였습니다. 산해관에서 동쪽은 또 긴 원장(垣墻)[235]을 쌓고 보자(堡子)를 설치하여 야인(野人)을 방비하였습니다. 역체(驛遞)에는 모두 성이 있었으니 방어소(防禦所)와 같았습니다. 또 부(府)·주(州)·현(縣)을 두지 않고 위소(衛所)를 설치하여 역체의 관원 같은 것도 모두 군직(軍職)으로 채워 넣었습니다. 신이 또 전해 듣건대, 삼차하(三叉河)에서부터 또 한 길이 있어 해주위(海州衛)·서목성(西木城)·수안성(綉岸城)·앵나하둔(鶯拿河屯)·뇌방림자둔(牢房林子屯)·독탑리둔(獨塔里屯)·임강하둔(林江河屯)·포로호둔(蒲蘆葫屯)을 거쳐서 압록강에 이르는데 겨우 200리로서 중대로(中大路)라 합니다. 길 왼편에 옛 성터가 있어 황폐하여 안시리(安市里)가 되었는데 전해지는 말로는 '당 나라 군사를 막았던 곳'이라고 합니다. 명나라 홍무(洪武) 연간에 또 긴 원장을 쌓아 오랑캐를 방어했는데 머리 쪽이 진 나라 장성(長城)에 닿아 동쪽으로 나왔습니다. 삼차하에서 서쪽은 상세히 알 수 없지만 동쪽은 북으로 장정(長靜)·장녕(長寧)·장안(長安)·장승(長勝)·장용(長勇)·장영(長營)·정원(靜遠)·상유림(上楡林)·시방사(十方寺) 등 보(堡)를 지나고, 또 동으로 평락박보(平洛泊堡)를 거쳐서 심양성(瀋陽城)에 이르고, 또 북으로 포하(蒲河)·의

234_ 위급한 상황의 신호를 보내는 臺.

235_ 山海關에서 鴨綠江에 이르는 邊墻으로 遼東邊墻이라고도 한다.

로현(懿路縣)·범하(凡河)·철령위(鐵嶺衛)·요참(腰站) 등의 성을 지나서 개원성(開原城)에 이르고, 또 동쪽 무순소성(撫順所城)을 지나서 남으로 동주(東州)·마근단(馬跟單)·청하(淸河)·함장(鹹場)·애양(靉陽)·십차구(十叉口) 등 보를 거쳐 압록강에 이르렀는데 수천 리입니다. 정요좌(定遼左)[236] 25위(衛)의 돌아서 포진하고 있는 성(城)을 빙 둘러서 또 길이 있다고 하는데 확실하지는 않습니다.

봉화현(奉化縣)에서 남쪽은 모두 해변으로 고산준령과 기암괴석이 많고 시내가 빙 둘러 있으며 화훼(花卉)가 아름다웠습니다. 대강(大江)에서 남쪽은 습지와 호수가 많았지만 천태산(天台山)·사명산(四明山)·회계산(會稽山)·천목산(天目山)·천평산(天平山) 등 여러 산들이 그 사이에서 서로 얽혀서 가로 뻗어 있었습니다. 회하(淮河)에서 남쪽은 호수, 진흙, 습지가 많았고 북쪽은 솟아 오른 땅이 많았습니다. 운하의 방죽이 평지보다 높았으므로 언덕이 터져 물이 흘러내리면 수로와 육지의 모양이 바뀌었습니다. 제녕주(濟寧州)의 북쪽에 분수묘(分水廟)가 있었는데, 분수묘에서 남쪽은 물이 모두 남쪽으로 흐르고 북쪽은 모두 북쪽으로 흘렀습니다. 무성현(武城縣)에서 북쪽은 진흙이 많았고 장로(長蘆) 등지와 같은 곳은 개펄로서 염분이 많았으므로, 〈우공〉에서 이른바 '해변은 넓고도 소금기가 많다'[237]

236_ 左軍都督府 소속 遼東都司의 定遼左衛를 가리킨다. 明은 전국의 衛所를 五軍都督府로 나누어 각 도독부에 귀속시켰다. 左軍도독부에는 留守左衛를 비롯한 '在京'衛와 浙江都司, 요동도사, 산동도사 소속 위소가 귀속된다. 요동도사에는 定遼左衛를 비롯한 20개 衛가 포함된다. 《諸司職掌》 권5, 〈兵部〉.

237_ 원문에서 '斥'은 짜서 소금을 만들 수 있다는 말로 '鹵'와 같은 의미이다.

고 한 땅이 바로 이곳이었습니다. 천진위(天津衛)에서 북쪽은 물이 또 모두 남쪽으로 흘러 장가만(張家灣)에 이르는데 평평한 모래톱이 끝이 없어 바람 부는 대로 이리저리 흘러가고 있었습니다.

북경에 이르니 천수산(天壽山) 등 여러 산들이 북쪽에서 빙 둘러 있었으며, 그 서쪽 지산(支山)은 태항산(太行山)·왕옥산(王屋山) 등 여러 산에 이어져 하남(河南)의 경계에 도달하고, 그 동쪽 지산은 동쪽으로 달려서 삼하(三河), 계주(薊州)를 거쳐 옥전현(玉田縣)의 북쪽에 이르러 연산(燕山)이 되고, 또 동쪽으로 풍윤현(豊潤縣)을 거쳐 진자진(榛子鎭)에 이르러 다시 두 지산으로 나뉘어졌습니다. 그 남쪽 지산은 동쪽으로 난주(灤州)와 창려현(昌黎縣)을 지나서 갈석산(碣石山)에 이르러 바로 바다에 도달하고, 그 북쪽 지산은 연산의 산맥으로 죽 이어져 동쪽으로 천안(遷安), 영평(永平)을 거쳐서 무령(撫寧)의 동쪽에 이르러 바로 산해관에 도달했으며, 산해관 밖에서 또 산맥이 길게 연하여 동쪽으로 광녕위(廣寧衛)의 서북쪽에 이르러 의무려산(醫巫閭山)이 되었습니다. 북경에서 이곳에 이르기까지는 산들이 모두 민둥민둥하여 초목이 나지 않았습니다. 그 사이의 대강(大江)에서 북쪽, 태항산에서 동쪽, 연산, 의무려산에서 남쪽의 수천 리 사이는 사방의 들이 평탄하고 넓었습니다. 동쪽으로 큰 바다에 통하고 광녕(廣寧)의 동쪽과 해주위(海州衛)의 서쪽과 요동의 북쪽으로 길게 뻗어 들어가서 큰 들판이 되었으니 곧 이른바 학야(鶴野)란 곳입니다. 해주위의 동쪽에 비로소 안산(鞍山)이 얽혀 있고 남쪽이 천산(千山)이었습니다. 이 뒤부터는 중첩된 산봉우리들이 마치 죽 벌여 놓은 선창과 둘러 친 병풍 같았는데 동남쪽으로 압록강에 도달하고, 동쪽으로 야인(野人)의 땅으로 뻗어 들어갔습니다.

요동의 남쪽에 분수령(分水嶺)이 있으니, 분수령에서 북쪽은 물이 모두 북쪽으로 흐르고 남쪽은 모두 남쪽으로 흘렀습니다. 석문령(石門嶺)에서 남쪽은 산에 삼림이 우거지고 시냇물이 맑았습니다. 북경에서 압록강까지는 그 사이에 명색이 강이지만 모두 작은 내였으므로 비가 오면 물이 불었다가 가물면 말라버렸는데, 난하(灤河)와 삼차하(三叉河)만이 크고 그 다음이 백하(白河) · 대릉하(大凌河) · 소릉하(小凌河) · 태자하(太子河) · 팔도하(八渡河) 등의 강이었습니다. 대강에서 남쪽은 연한 돌이 많아 육로는 모두 돌을 캐서 길에 깔았는데, 진흙길을 가로지르거나 산등성이에 걸쳐 오르기도 했는데 영해현(寧海縣), 봉화현(奉化縣) 등지에 많았습니다. 수로는 모두 돌을 다듬어 홍문교(虹門橋)를 세우고 제방을 쌓아 강과 호수를 막았는데 오강현(吳江縣) 등지에 많았습니다. 회하(淮河)에서 북쪽은 돌다리 하나 없었는데 배로 부교(浮橋)를 놓기도 하고 나무다리를 대강 설치하기도 하였습니다. 육로는 모래 섞인 먼지가 공중에 가득하였습니다. 연산관(連山關) 이후부터는 조도(鳥道)[238]가 실과 같았으며, 거친 풀이 사방에 우거지고 모기가 얼굴을 물어뜯으므로 길가는 사람이 매우 고통스럽게 여겼습니다. 회하에서 남쪽은 대부분 비옥한 수전(水田)이어서 벼와 메조가 흔하였습니다. 서주(徐州)에서 북쪽은 수전이 없었으며, 요동에서 동쪽은 기후가 또 더디게 따뜻해지고 일찍 추워지므로 오곡은 잘 자라지 못하고 기장만 날 뿐이었습니다.

옛날에는 강소(江蘇) · 절강(浙江) · 복건(福建)의 이남에서 조운(漕運)

238_ 험준하고 좁은 산길.

할 적에는 모두 대강으로 모여들어 바다로 나가 노하(潞河)에 도달한 뒤 북경에 이르렀는데, 원(元) 나라의 순제(順帝)[239] 때에 와서 비로소 운하(運河)를 파서 제방을 쌓고 갑문을 설치하여 조운을 통하게 하였습니다.[240] 우리 영락(永樂) 연간에 이르러 황하(黃河)를 터서 회하로 끌어대고, 위하(衛河)를 이끌어 백하(白河)로 통하게 하였습니다.[241] 크게 수축(修築)을 하여서 쏟아지는 물은 보[堰]와 방죽[壩]을 설치하여 막고, 진흙이 가라앉은 물은 제방을 쌓아 막고, 물이 얕으면 갑문을 설치하여 저장하고, 물이 급히 내려가면 홍(洪)을 설치하여 늦추고, 물이 모이면 귀때를 설치하여 나누었습니다. 방죽 제도는 두 물의 안팎 양옆으로 돌로 쌓아 보[堰]를 만들고 그 보의 위에 두 개의 돌기둥을 세우는데, 돌기둥 위에 문처럼 나무를 가로지른 뒤, 그 가로지른 나무에 한 개의 큰 구멍을 뚫고, 또 나무기둥을 세워 가로지른 나무의 구멍에 맞춰서 수레바퀴처럼 돌도록 하고, 기둥 사이에 여기 저기 구멍을 뚫고 또 대나무를 쪼개 새끼를 만들어서 배를 얽어 나무기둥에 매고는 짤막한 나무를 여기 저기 있는 구멍에 끼워서 이를 고정시키고 배를 당겨 올립니다. 방죽 위로 올리는 것은 역류여서 어렵고 방죽 아래로 내려가는

...

239_ 원의 마지막 황제(재위 1333-1370)이다. 궁궐 안의 파벌 싸움으로 불우한 어린 시절을 보냈으나, 1332년에 황제가 된 친아우인 寧宗이 재위 43일 만에 죽자, 이듬해 황제가 되었다. 文宗(제9대) 이후의 漢文化 존중주의로 돌아가 遼, 金, 宋 세 나라의 역사를 편찬하는 등 원나라 문화의 전성기를 이루었다. 그러나 정치적, 재정적으로는 실패하여 1351년에는 홍건적의 난이 일어났고, 반란이 확대되어 1368년에 수도가 함락되자 피신하였다가 應昌에서 죽었다.

240_ 元 惠宗 至正11년(1351) 總治河防使 賈魯가 주관한 黃河 水利 사업을 가리킨다.

241_ 永樂 연간 宋禮 등이 주관한 會通河 일대의 水利 사업과 陳瑄 등이 주관한 淮河 유역의 水利사업을 가리키는 듯하다.

것은 순류여서 쉬웠습니다. 갑문 제도는 양 언덕에 돌 제방을 쌓고 가운데는 배 한 척이 지나갈 만하게 하고 또 넓은 판자로 그 흐름을 막아서 물을 모아 두는데, 판자의 많고 적음은 물의 깊고 얕음에 따라서 하였습니다. 또 나무 다리를 제방 위에 설치하여 사람들이 오고가게 하고, 다시 두 개의 기둥을 나무다리의 양옆에 세우기를 방죽 제도와 같이하여, 배가 이르면 그 다리를 치우고는 새끼로 기둥에 매고 넓은 판자를 당겨 올려서 그 흐름을 통하게 한 후에 배를 당겨서 지나가게 하고, 배가 지나가면 이를 다시 막았습니다. 홍(洪)의 제도도 양 언덕에 돌로 보[堰]를 쌓고, 그 보 위에 배를 끌 수 있는 길을 만들었는데 대나무로 만든 닻줄을 사용하여 이를 거슬러 당기니, 한 척의 배를 당기는 데 인부는 100여 명이 들고 소는 10여 마리 들었으며, 방죽 · 갑문 · 홍에 모두 관원이 있어 인부와 소를 모아놓고 배가 이르기를 기다리고 있었습니다. 제방과 귀때 모두 돌로 쌓았는데 더러 목책(木柵)인 것도 있었습니다. 절강진수(浙江鎭守)가 양왕(楊旺)을 시켜서 신 등을 황도(皇都)로 호송케 하였습니다. 기한이 4월 초1일이었기 때문에 양왕은 신 등을 거느리고 밤낮으로 독촉하여 가는데, 바람이 순풍이면 돛을 달고 바람이 역풍이면 배를 당겼으며, 물이 얕으면 상앗대를 쓰고 물이 깊으면 노로 저었습니다. 역에서는 식량을 지급하고 체운소에서는 배를 바꾸어 주었으니, 사자(使者)와 공헌(貢獻)이 왕래할 적에 모두 그렇게 하였습니다.

대개 백 리의 사이에서도 오히려 풍속이 다른 법인데 하물며 천하의 풍속은 일률적으로 논할 수 없는 것입니다. 그러나 대략 양자강으로 남북을 나누어 본다면 그 인가의 성쇠는 강남 여러 부 · 성(府城)과 현 · 위(縣衛)의 번화

· 웅장 · 화려함이 이루 다 말할 수 없습니다. 진(鎭) · 순검사(巡檢司) · 천호소(千戶所) · 채(寨)[242] · 역(驛) · 포(鋪) · 리(里) · 파(壩) 등의 소재지 부근에는 3-4리, 7-8리, 10여 리, 혹 20여 리 사이에 여염(閭閻)이 가득하고 상점이 즐비했으며, 누대(樓臺)는 서로 바라다 보이고 배는 죽 이어져 있었습니다. 주옥 · 금은 · 보화의 산출과 도량(稻粱) · 염철(鹽鐵) · 어해(魚蟹)의 풍부함과 염소 · 양 · 거위 · 오리 · 닭 · 돼지 · 당나귀 · 소의 축산과 송황(松篁) · 등종(藤棕) · 용안(龍眼) · 여지(荔枝) · 귤유(橘柚)의 물산은 천하의 으뜸이었습니다. 옛날 사람이 강남을 살기 좋은 아름다운 땅으로 보았던 것은 이 때문이었습니다. 강북의 양주(楊州), 회안(淮安) 같은 곳과 회하에서 북쪽의 서주(徐州), 제령(濟寧), 임청(臨淸) 같은 곳은 번화하고 풍부하기가 강남과 다를 바 없었는데 임청이 특히 번화하였습니다. 그 외에 관부(官府)의 소재지 또한 간혹 번성한 곳이 있었습니다. 진(鎭) · 채(寨) · 역(驛) · 포(鋪) · 리(里) · 집(集) · 취(嘴) · 창(廠) · 만(灣) · 오(塢) · 갑(閘) · 파(壩) · 천(遷) 같은 곳에는 인가가 그다지 번성하지 않고 마을도 쓸쓸하였습니다. 통주(通州)에서 동쪽은 인가가 점점 적어져서 산해관을 지나 100리를 가니 겨우 마을 하나가 있었으나 초가집 두세 채에 지나지 않았으며, 양 · 염소 · 닭 · 돼지 · 노새 · 낙타 · 소 · 말 등의 가축이 들판에 널려 있고 미류 · 버들 · 뽕 · 대추나무가 무성할 뿐이었습니다. 팔도하(八渡河)에서 남쪽은 거칠고 텅 비어서 인가가 없었습니다. 주택은 강남은 기와를 얹고 벽돌을 깔고

242_ 宋代 諸州나 중요 지역에 巡檢司가 두어져 그 소속 兵士의 屯所를 寨라고 불렀는데, 후에는 軍의 城寨가 두어진 곳이 村落化하여 寨라는 地名으로 바뀌게 되었다.

계단은 모두 다듬은 돌을 쓰는데 돌기둥을 세우기도 하여 모두 웅장하고 화려하였습니다. 강북은 조그마한 초가가 거의 절반이었습니다.

복식은 강남 사람들은 모두 넓고 큰 검은 속옷과 바지를 입었는데 능라(綾羅)·견초(絹綃)·필단(匹緞)으로 지은 옷이 많았습니다. 양모모(羊毛帽)·흑필단모(黑匹緞帽)·마미모(馬尾帽)를 쓰기도 하고, 두건과 머리띠로 머리를 싸매기도 하고, 귀가 없는 흑건(黑巾)이나 귀가 있는 흑건을 쓰기도 하였습니다. 관인은 사모(紗帽)를 쓰고 상인(喪人)은 백포건(白布巾)이나 추포건(麤布巾)을 씁니다. 가죽신을 신기도 하고 솜을 넣은 장화와 짚신을 신기도 했으며 또는 수건으로 다리를 감아서 버선을 대신하기도 하였습니다. 부녀가 입는 옷은 모두 좌임(左衽)이었습니다. 머리장식은 영파부(寧波府)에서 남쪽은 둥글면서 길고 크게 하고, 그 중간에 화려한 장식을 돌렸으며, 북쪽은 둥글면서 뾰족하여 마치 소뿔처럼 생겼습니다. 관음관(觀音冠)을 쓰기도 했는데 금과 옥으로 장식하여 보는 사람의 눈을 현란케 하였습니다. 비록 백발노인일지라도 모두 귀고리를 달았습니다. 강북의 복식도 대개는 강남과 같았지만 강북에서는 짧고 좁은 흰옷을 입기를 좋아하고, 가난하여 해진 옷을 입은 이가 10명에 3-4명은 되었습니다. 부녀의 머리장식 또한 둥글면서도 뾰족하여 닭의 부리와 같았습니다. 창주(滄洲)에서 북쪽은 여자의 옷이 좌임도 있고 우임(右衽)도 있었으나, 통주로부터는 모두 우임이었습니다. 산해관에서 동쪽은 사람들이 모두 누추하고 비루하며 의관은 남루하였습니다. 해주, 요동 등지에는 중국인·조선인·여진인이 섞여 살고 있었습니다. 석문령(石門嶺)에서 남쪽으로부터 압록강까지의 주민은 우리나라에서 이주한 사람들이어서 관(冠)과 의복과 말씨와 여인의 머리장식이 대개 우리나라와 같았습니다.

인심과 풍속은, 강남은 온화하고 유순하여 형제나 당형제(堂兄弟), 재종형제가 한 집에 같이 살기도 했는데, 오강현(吳江縣)에서 북쪽은 간혹 부자도 따로 살아 사람들이 모두 이를 그르게 여겼습니다. 남녀노소를 막론하고 모두가 승상(繩床)[243]과 의자에 걸터앉아서 일을 하였습니다. 강북은 인심이 사나워서 산동에서 북쪽은 한 집안 안에서도 화목하지 못하여 싸움 소리가 끊어지지 않았으며, 약탈하고 도적질하며 사람을 죽이는 일도 많았습니다. 산해관에서 동쪽은 사람들의 성품과 행실이 더욱 사나워서 오랑캐의 기풍이 강하였습니다. 또 강남 사람들은 글 읽기를 즐겨하여 비록 마을의 어린아이나 진부(津夫)와 수부(水夫)일지라도 모두 문자를 알고 있었습니다. 신이 그 지방에 이르러 글자를 써서 물어보면 산천, 고적, 토지, 연혁도 모두 환해서 상세히 알려 주었습니다. 강북은 배우지 못한 사람이 많았기 때문에 신이 물으려고 하면 모두 "나는 글자를 모른다"고 하였으니 곧 무식한 사람들이었습니다. 또 강남 사람들은 지소(池沼), 하천의 일로 직업을 삼으므로 거룻배에 종다래끼를 싣고 그물과 통발로 물고기를 잡는 사람들이 떼를 지었는데, 강북은 제령부(濟寧府)의 남왕호(南旺湖) 등지 외에는 물고기를 잡는 도구를 보지 못하였습니다. 또 강남의 부녀들은 모두 문밖을 나오지 않고 주루(朱樓)에 올라 주렴(珠簾)을 걷고 밖을 바라볼 뿐이며 길을 다니거나 밖에서 일하는 자가 없었는데, 강북은 밭 매는 일이나 노 젓는

243_ 접을 수 있는 의자로 胡床이라고도 한다. 隋代에는 交床으로 부르던 것을 唐代에 繩床이라 改名하였다.

일들을 모두 부녀자들이 직접 하였습니다. 서주와 임청 같은 지방의 부녀들은 화려한 단장을 하고 몸을 팔아서 생활을 하는 풍조가 있었습니다. 또 강남 사람은 관원이라 칭하는 자가 몸소 일을 하기도 하고 졸도(卒徒)라 칭하는 자가 호상(胡床)에 걸터앉기도 하였으며, 관대(冠帶)에는 무늬가 없고 존비에는 서열이 없었으니 전혀 예절이 없는 듯하였습니다. 그러나 관아(官衙)에서는 위의(威儀)가 정숙하고, 군중(軍中)에서는 호령이 엄정하고 대오가 바르며 감히 시끄럽게 구는 자가 없었습니다. 호령을 내릴 때 징 치는 소리가 들리면 원근에서 구름처럼 모여들어 뒤처지는 사람이 없었습니다. 강북도 그러했지만 산동에서 북쪽은 무릇 호령을 내릴 적에 회초리를 들지 않으면 정돈시킬 수 없었습니다. 또 강남의 무기로는 창·검·세모창·미륵창이 있고, 갑옷·투구·방패 등에는 모두 불로 '용(勇)'이라고 새겨 넣었지만 활과 화살·전마(戰馬)는 없었습니다. 강북에서야 비로소 활과 화살을 가진 사람이 있었고, 통주에서 동쪽과 요동 등지에서는 사람들이 모두 활쏘기와 말달리기를 일삼았지만 화살대는 나무로 만들었습니다. 또 강남에서는 얼굴을 단장하기를 좋아하여 남녀가 모두 거울달린 화장갑·빗·빗치개·칫솔 등을 가지고 다녔습니다. 강북도 그러했지만 이런 물건을 가지고 다니는 사람은 보지 못하였습니다. 강남은 시중에서 금은을 사용하고 강북은 동전을 사용하였습니다. 강남의 건달[244]은 주석으로 팔뚝을 묶고, 강북은 납으로 코를 뚫었습니다. 강남은 농업·수공업·상업에 힘을 썼는데 강북은 놀고먹는 무리가 많았습니다. 강남은 육로로 갈 때는 교자를

244_ 원문은 市兒이다. 市兒는 시정 바닥에서 활동하는 건달 혹은 무뢰배를 가리킨다.

이용하고 강북은 말이나 당나귀를 이용하였습니다. 강남은 좋은 말이 없었는데 강북은 말의 크기가 용(龍)과 같았습니다. 강남은 사람이 죽으면 거가대족(巨家大族)으로서 사당과 정문(旌門)을 세우는 자가 있고, 일반인은 대개 관(棺)을 사용하되 매장하지 않고 물가에 버리니,[245] 소흥부성(紹興府城) 가에는 백골이 쌓여 있었습니다. 강북의 양주 등지에서는 봉분을 강가나 밭가 혹은 마을 가운데에 만들기도 하였습니다. 강남은 상제와 중이 더러 고기를 먹지만 훈채는 먹지 않는데 강북은 모두 고기와 훈채를 먹었습니다. 이상이 강남과 강북의 다른 점입니다.

동일한 점은 귀신을 숭상하고 도교와 불교를 존숭합니다. 말할 때는 손짓을 하고 성낼 때는 입을 찡그리며 침을 뱉습니다. 변변찮은 음식을 한 탁자와 식기를 사용하여 젓가락을 돌려가며 먹습니다. 이는 입에 넣어서 씹고, 다듬잇방망이는 모두 돌을 사용하며, 맷돌을 돌릴 적에는 당나귀나 소를 부리고, 시점(市店)에는 주기(酒旗)를 세웁니다. 길가는 사람은 짐을 메기는 해도 머리에 이지는 않습니다. 사람들은 모두 상업을 직업으로 삼아 비록 고관이나 거가대족의 사람일지라도 몸소 저울을 소매 속에 넣고 다니면서 사소한 이익을 따집니다. 관부의 통상적인 형벌은 대나무 조각으로 매를 때리고 손가락을 끼우며 돌을 메도록 하는 것 등이었습니다. 그 외에 산천의 뛰어난 경치와 대사(臺榭)[246]의 고적으로서 인구에 회자되는 것들을 비록 붓이 다

• • •

245_ 水葬 또는 海葬이라고 부르는 漢族의 喪葬 풍속 중 한 가지로서 중국의 동남 연해지방에서 성행하였다. 사람이 죽으면 의식을 거행한 다음 물 속에 넣어 葬事를 지내는데, 때로는 棺을 해변에 두었다가 밀물이 들 때 자연스럽게 바다 속으로 쓸려 보내기도 한다. 《中國風俗辭典》(上海辭書出版社, 1990).

닳더라도 모두 기록할 수 없습니다. 신이 두루 돌아 본 것은 천재일우의 기회였지만, 상중(喪中)의 몸이라 감히 유람하며 구경하거나 빼어난 경치를 찾아보지 못하였고, 단지 배리(陪吏) 4인으로 하여금 날마다 표방(標榜)을 보고 지역을 묻도록 했으나, 하나를 건지면 만(萬)을 흘린 셈이므로 그 대략만을 기록할 따름입니다.

• • •

246_ 臺는 흙을 높이 쌓아 그 위에 세운 전망대, 榭는 목조로 높이 만든 정자.

금남 최(崔) 선생의 휘(諱)는 부(溥)이고 자(字)는 연연(淵淵)으로 희춘(希春)의 외조부이시다. 경술(經術)과 기개(氣槪)로 성종대(成宗代)에 벼슬길에 올라 시종으로 발탁되셨다. 일찍이 명을 받고 제주도에 갔다가 마침 부친상으로 급히 돌아오던 중, 폭풍우를 만나 중국의 태주(台州)에 표착(漂着)하셨다. 돌아와 도성 밖에 이르자 임금께서는 행록(行錄)을 바치도록 명하신 뒤, 이를 훑어보고 훌륭하다 여겨 드디어 이를 승문원(承文院)에 보관하게 하셨다. 그 글은 분량이 3권에 지나지 않지만 바다의 변화 상황과 절강 동남에서 북경 일대에 이르는 여정의 산천, 물산, 인물, 풍속이 선명하게 정리되어 있을 뿐 아니라, 선생의 경세(經世)의 재능도 열에 하나 정도는 엿볼 수 있다. 많이 듣고 널리 읽기를 원하는 이들 가운데 이를 보고자 하는 사람이 많았으나, 지금까지 80년간이나 조판 인쇄하여 널리 전파하지 못하였다. 희춘이 성은(聖恩)을 받아 새외(塞外)[1]로부터 돌아오자마자 이 책을

[1]-塞外란 원래 중국의 長城 以北 지역을 가리키지만 여기에서는 유희춘이 귀양살이를 한 곳을 의미한다.

조판할 것을 서둘러 생각하여 교정을 마쳤지만, 오직 일을 주관해 줄 분을 찾기 어려웠다. 마침 박식하고 단아한 오(吳) 공이 평안도 관찰사로 나가게 되어, 희춘이 편지로 간곡하게 위촉하였다. 공이 드디어 흔쾌히 수락하고, 정주(定州) 군수(郡守) 윤행(尹行) 후(侯)에게 분부하여 한가한 자들을 모아 그 일을 마무리지어 완성시키도록 하였다. 아! 이 책이 온전하지 못한 상태로 거의 100년이 되어 가는데, 이제 오랜 어둠 끝에 밝게 드러나 앞으로 세상에 널리 전해지게 되었으니, 어찌 다행한 일이 아니겠는가!

융경(隆慶)3년(1569) 용집(龍集)[2] 기사년 8월 16일 외손(外孫) 통정대부 성균관대사성지제교(通政大夫成均館大司成知製敎) 유희춘[3]이 삼가 씀.

• • •

2_ 龍은 木星 즉 太歲, 集은 星座를 말한다. 이 별은 1년에 天空을 한번 돌기 때문에 1년을 龍集이라 한다. 紀年을 표시할 때 주로 쓰이니 歲次란 뜻이다.

3_ 조선시대 문신으로 字는 仁中, 號는 眉巖, 諡號는 文節로 본관은 善山이다. 1537년 生員試에 합격한 뒤 다음해 別試文科에 급제하여 1544년 賜暇讀書를 하였고, 그 뒤 수찬·정언 등을 지냈으나 乙巳士禍 때 파직되었다. 명종2년(1547) 良才驛 壁書事件으로 제주도·함경도에서 19년 동안 유배생활을 하였다. 1565년 충청도 은진에 이배되었다가 2년 뒤인 1567년 선조가 즉위한 직후 삼정승의 상소로 석방되었다. 그 뒤 직강·응교를 거쳐 대사성·부제학·이조참판 등을 지냈다. 만년에는 왕명으로 경서의 口訣諺解에 참여하여 《大學》을 완성하기도 하였다. 經史에 밝았고 朱子學에 조예가 깊었다. 좌찬성에 추증되었고, 潭陽 義巖書院 등에 배향되었다. 저서로 《眉巖日記》, 《歷代要錄》, 《續蒙求》, 《新增類合》 등이 있고, 편서로 《國朝儒先錄》이 있다.

외조부 금남선생은 박학과 절개로 당대에 이름을 떨치셨다. 표해록은 또 중원(中原)을 묘사한 대문장이어서, 이를 읽어보고자 하는 사람들이 많았으나 널리 유포되지는 못하였다. 백춘(伯春) 이양원(李陽元) 공이 호남 관찰사로 나가실 때, 희춘이 교정본의 조판 인쇄를 간곡하게 위촉하였다. 이(李) 공은 지숙(止叔) 유홍(兪泓) 공에게 인계하며, 더욱 힘써 이를 도와주었다. 유(兪) 공이 드디어 용성(龍城)[1] 군수 정엄(鄭淹) 후(侯)에게 처리를 위촉하니, 몇 달이 걸려 일을 끝내게 되었다. 아! 이 책이 조판되어 전파되면 먼저 문자를 바로잡아 무궁하게 변치 않게 할 수 있을 뿐 아니라, 해동 사람들이 누속(陋俗)을 중화의 습속(習俗)으로 바꾸려는 의지에도 도움이 없지 않을 것이니, 어찌 다행한 일이 아니겠는가!

만력(萬曆) 원년(1573) 중추(中秋)의 달 밝은 밤에, 외손 가선대부동지중추부사겸동지경연성균관사(嘉善大夫同知中樞府事兼同知經筵成均館事) 유희춘이 삼가 발문을 씀.

[1]- 南原의 옛 이름.

漂海錄

卷之一

喪人臣崔溥，自濟州漂流，泊甌東，過越南，經燕北，以今六月十四日到青坡驛，敬奉　　傳旨，一行日錄撰集以　　進.

成化二十三年丁未秋九月十七日，臣以濟州三邑推刷敬差官　　陛辭而行至全羅道，率監司依事目所差光州牧吏程保[1]、和順縣吏金重及承仕郎李楨、羅州隨陪吏孫孝子、青岩驛吏崔(叵)〔巨〕[2]伊山、戶奴萬山等六人及司僕寺安驥崔根等，歸海南縣候風. 十一月十一日朝，與濟州新牧使許熙，同乘舟于舘頭梁. 十二日夕到泊濟州朝天舘.

弘治元年戊申正月三十日，陰. 晡時，臣之奴莫金，自羅州到濟州，賫喪服來告臣父之喪.

• • •

1- 程保 : 程普【장서】◆《朝鮮成宗實錄》19년 6월 丁巳 條에 '程保'로 기재되어 있다.

2- 崔巨伊山 : 崔叵伊山【동양】【양명】; 崔臣伊山【금택】; 崔巨伊山【장서】◆ 인명 '崔巨伊山'이 원문 가운데 여러 곳에 등장하므로 이에 근거하여 '巨'로 정정한다.

閏正月初一日，雨．牧使晨夕來吊，乃以水精寺僧智慈之船，固疾行，官船所不及，命兵房鎭撫高益堅、吳純等，回泊于別刀浦，以爲臣渡海之備．判官鄭詮遣軍官邊石山以吊．

初二日，陰．侵晨，臣詣別刀浦候風舘．旌義縣訓導崔角、鄕校生徒金鼎璘等二十餘輩、內需司典會朴重幹及崔根等，皆徒步以隨，至十五里許．少選，牧使馳至問慰．是日，臣之帶去吏程保、金重等封所治採　御[3]乘監牧場辨公·私賤，刷流移人，括濫占伴倘，冒認良民等文籍；及賫去全州府上濟州三邑帳籍十七册又一册，　濟州三邑官上各年帳·戶籍·軍籍等文書，輸付于牧使，藏之營廳，受書目回送而來．

初三日，漂流海中．是日，乍陰乍雨，東風微順，海色深靑．大靜縣監鄭詷瑞、訓導盧警，聞臣遇喪，馳來吊慰，與崔角、朴重幹、倭學訓導金繼郁、軍官崔仲衆、鎭撫金仲理等十餘人、學長金存麗、金[4]得禮、校生二十餘輩，俱送別[5]于浦口．存麗、得禮等止臣行，曰："老僕生長海國，諳經水路．漢拏山陰雨不調，必有風變，不可乘船．且《家禮》'始聞親喪遂行'註云：'日行百里，不夜行，雖哀戚猶避害也．'夜行尙不可，況過此大海，其可不愼乎?"座中或勸或止，日高不決．鎭撫安義來告曰："東風正好，可以去矣!"重幹、仲衆等亦勸行．臣遂告別登船，棹過五里，軍人權山、許尙理等皆

• • •

3_ 御乘監：𥞖乘監【금택】◆'御'의 誤記이다.

4_ 金得禮：得禮【장서】

5_ 送別：送【장서】

曰:"今日, 風勢若作若輟, 雲霾若卷若舒, 當如此風候不順之日, 行如此波濤險惡之海, 恐有後悔. 請還于別刀浦, 待風復行, 未爲晩也." 安義曰:"天之氣候, 非人預料. 頃刻之間, 安知有披雲覩天之理乎! 抑過此海者, 私船覆沒, 接踵相繼, 唯奉　王命朝臣前旌義縣監李暹外, 鮮有漂流敗沒者, 則都是　上德至重, 實天所知也. 況謀之衆口, 事未有濟. 豈可登程而復路, 以致稽緩乎?" 叱令張帆而行. 纔過大火脫島, 舟中人皆以謂舟向(叵)〔巨〕[6]要梁, 截海而上, 順風泊楸子島, 甚駛也, 權山不聽其言, 執其舵從風所指, 過愁德島而西. 海氣晦冥, 風弱雨作. 將近楸子島藏船處, 汐勢甚急, 天又昏黑, 督令格軍艣之. 軍人皆曰:"若此日發舡, 誰之過歟?" 皆懷逆心, 不聽從以力艣, 退流至草蘭島, 依西岸下矴而泊. 夜三更, 尙理曰:"此島雖碍東風, 三面通濶, 不合泊船. 今又有北風之漸, 進退無據, 將乃[7]何? 且此船不在初泊處, 漸却入海中, 所泊之矴, 怕或已破. 今計莫若擧矴稍前, 繫之于岸, 待天明棹入楸子可也." 遂擧矴, 果破矣. 棹之未及近岸, 爲北風所逆, 驅出無依之處. 雨猶不止, 風浪交惡, 隨濤上下, 莫知所適.

初四日, 漂入大洋中. 是日, 雨雹大風, 驚濤畏浪, 掀天鼓海, 帆席盡破. 舟以二檣高大, 尤易傾撓, 勢將覆壓, 命肖斤寶操斧去之, 高以福縛草苞附之舟尾以禦濤. 當午雨稍霽, 東風又大作, 載傾載浮, 聽其所之, 瞥眼間已入

6_ 巨要梁 : 叵要梁【동양】; 臣要梁【양명】【금택】; 巨要梁【장서】◆현재 '巨要梁'이란 지명이 존재하므로, '巨'로 정정한다.

7_ 奈何 : 乃何【동양】【양명】【금택】; 奈何【장서】◆뜻은 비슷하나, '어떻게 할까'라는 뜻의 '奈何'가 보다 적절할 것이다.

西海. 梢工指東北, 望有島若一點彈丸於漂渺[8]間, 曰: "彼疑乃黑山島也. 過此以往, 四無島嶼, 水天相接, 汗漫無涯之海." 人皆罔知攸措, 僵臥舟中. 臣令安義督軍人以取露治船等事. 有軍人高迴者作聲曰: "濟州海路甚險, 凡往來者, 皆待風累朔. 至如前敬差官, 在朝天館, 在水精寺, 通計凡三朔以候, 然後乃行. 今此行當風雨不定之時, 不占一日之候, 以至此極, 皆自取也." 餘軍皆曰: "埶已如此, 取露治船, 雖竭心力, 終亦必亡. 吾寧[9]用力而死, 莫如安臥以待死." 皆掩耳不從命, 或毆之亦不起. 宋眞殘[10]劣之甚者, 被毆而怒, 曰: "長壽哉! 此船也. 等至於破, 何不速破!" 程保曰: "濟州人心, 外癡內毒, 頑慢(戻)〔戾〕[11]悍, 以死爲輕, 故其言類如此." 臣意亦以謂溺死已決矣, 倘蒙天助, 幸不至於溺, 必漂流無定, 以至死日, 無如之何. 又憤軍人怠惰, 遂點檢同舟人, 則從者程保、金重、李楨、孫孝子、崔(巨)〔巨〕[12]伊山、莫金、萬山及濟州牧使所定送鎭撫安義、記官李孝枝、總牌許尙理、領船權山、梢工金高面、格軍金怪山・肖斤寶・金仇叱迴・玄山・金石貴・高以福・金朝迴・文迴・李孝台・姜有・夫命同・高內乙同・高福・宋眞・金都終・韓每山・鄭實、護送軍金粟・金眞音山・高迴・金松・高保終・梁達海・朴終回・金得時・任山海、官奴權松・姜

8_ 漂渺 : 漂緲 【장서】 ◆고려대학교 도서관 華山文庫 收藏의 東洋文庫本 零本 권1에만 '漂流'로 되어 있다

9_ 吾寧用力而死 : 吾與其用力而死 【양명】【금택】【장서】 ◆'寧'과 '與其'의 의미에는 차이가 없다.

10_ 殘劣 : 孱劣 【양명】【금택】【장서】 ◆'殘劣'와 '孱劣'의 의미는 비슷하다.

11_ 戾悍 : 戾悍 【동양】【금택】; 戻悍 【양명】【장서】 ◆문맥상 '戾'가 옳다.

12_ 崔巨伊山 : 崔巨伊山 【동양】【양명】【금택】; 崔巨伊山 【장서】 ◆주 2와 마찬가지로 '巨'로 수정한다.

內・李山・吳山等, 合自身凡四十三人. 臣招安義問曰:"我一喪人, 非官員例, 從者至煩, 甚爲未便. 濟州人乘舡者至三十五人, 何也?"安義曰:"我牧使所以盡心者, 對[13]以敬差官之禮. 且運大舡, 必用衆力, 然後可行. 况海路敻遠, 如於蔚島等處, 水賊盛行, 護送不可不嚴也."臣曰:"過海時, 當精擇運舡人及水路諳習者, 則數雖少可矣. 今此同舟人, 皆懈怠暴盭者, 虛張名數, 而無其實. 使船漂流, 致之死地, 徒增痛哭耳."叫謂軍人等曰:"我奔初喪, 情不可少留, 人或有勸之行. 爲人子者, 其可頃刻濡[14]滯乎? 汝等之同我見漂, 實由於我, 然勢亦使之然也. 况好生惡死, 人情所同, 汝等豈無欲生之心哉? 舟或破碎或沈覆則已矣, 觀舟今堅緻, 未易至破. 若不遇石嶼, 能修補刮水. 幸或風定波恬, 則雖流至他國, 可以得生. 今汝等亦有父母, 有妻兒, 有昆季親戚, 皆望汝生, 畏其不壽. 汝等則[15]不念其情, 不愛其身, 徒以咎我之心, 率相解體, 自歸死地, 惑之甚者."倘理等十餘人曰:"軍人皆頑鈍無識之徒. 故其用心不通若此, 然人各有心, 我等當[16]竭力從事, 斃而後已."夜風雨不止, 巨濤尤甚, 激入舳艫, 隨入隨取. 量可二更, 驚濤鼓蕩, 褁駕篷屋. 舟半沈, 衣服行李, 盡見沾濡. 凍寒砭骨, 命在瞬息. 臣握李楨手, 枕程保膝. 金重、孝子傍臣左右, 狼藉以待死. 傍有一人結項將絶, 李楨解其結[17], 則乃吳山也. 巨伊山、莫金等, 竭力汲水, 水猶不減. 臣以謂舟尙完固, 則

13_ 對以敬差官之禮 : 待以敬差官之禮【장서】◆'對'와 '待'는 의미상으로 조금 차이가 있다.

14_ 濡滯 : 留【장서】◆서로 비슷한 뜻이다.

15_ 汝等則 : 汝等【장서】

16_ 我等當 : 我等各【장서】◆의미상 '各'보다 '當'이 더 적절하다.

17_ 李楨解其結 : 李楨解其絶【장서】◆'매듭'의 뜻인 '結'이 적절하다.

自上激射，自隙漏入之水，不汲則坐待沈沒，汲之則庶有生理．勉强而起，叫權松攢燧得火，卷苞席以烘之．又叫斤寶、高福、高面等，親檢罅漏處，以補塞之．又解衣分給權山、高面、巨伊山、怪山、尙理等，以勸勉所事．程保、金重、孝子等亦散衣服，分諸軍人．軍人若仇叱迴、文迴、都終、每山、玄山等爭感奮出死力，刮水殆盡，舟僅獲全．不移時，舟又入石嶼錯亂中，權山運船不知所向，尙理、仇叱迴等，執篙無所施．幸賴天風驅出，得免碎破．

初五日，漂大洋中．是日，昏霧四塞，咫尺不辨．向晚，雨脚如麻．至夜，雨少止，怒濤如山，高若出青天，下若入深淵，犇衝擊躍，聲裂天地，胥溺臭敗，決在呼吸之間．莫金、權松等拉淚謂臣曰："勢已迫矣，無復望已，請替換衣服，以待大命之至．"臣如其言，懷印與馬牌，具喪冠與服，惴惴然按手祝天曰："臣在世，唯忠孝友愛爲心，心無欺罔，身無讎寃，手無殺害，天雖高高，實所鑑臨．今又奉　君命而往，犇父喪而歸，臣不知有何罪咎？倘臣有罪，罰及臣身可也，同舟四十餘人，無罪見溺，天其敢不矜憐乎？天若哀此窮人，返風息濤，使臣得再生於世，葬臣新死之父，養臣垂老之母，幸又得鞠躬於　丹墀之下，然後雖萬死無生，臣實甘心．"言未訖，莫金遽抱臣身，曰："一家人百年苦樂，皆仰此身，有如十盲仰一杖．今至於此，無復再見一家之人．"遂擗踊而哭．陪吏以下亦哭泣攢手以祈天祐．

初六日，漂大洋中．是日陰，風波少歇．始督仇叱迴等葺片席以爲帆，建桅竿以爲檣，劈舊檣之本以爲矴．隨風西向而去，顧見洪濤間有物，不知其大也. 其見於水上者, 如長屋廊, 噴沫[18]射天, 波飜浪駭. 梢工戒舟人, 搖手令勿語. 舟過甚遠, 然後梢工呼曰: "彼乃鯨也. 大則呑航, 小能覆舟. 今幸不相値, 我其更生更生矣." 入夜, 風濤還勁, 舟行甚疾. 安義曰: "嘗聞海有龍神甚貪. 請投行李有物, 以禳謝之." 臣不之應. 舟人皆曰: "人有此身, 然後有此物. 此物皆身外物." 爭檢有染衣服、軍器、鐵器、口粮等物, 投諸海. 臣亦莫之能禁.

初七日, 漂大洋中. 是日陰, 風勢甚惡, 波浪洶湧, 海色白. 旌義縣監蔡允惠嘗謂臣曰: "濟州父老云: '天晴日登漢拏山絶頂, 則遙望西南絶域海外, 若有白沙汀一帶者.'" 以今觀之, 非白沙, 乃望此白海而云也. 臣謂權山等曰: "在高麗時, 爾濟州朝大元, 自明月浦, 遇便風得直路, 七晝夜之間, 過白海, 渡大洋. 今我漂海, 直路散路, 不可知也. 幸得入白海之中, 則竊疑中國之界必近矣. 若得泊中國, 則中國是我父母之邦也. 當此時, 生我死我, 皆天所爲, 而風之順逆, 天實主張. 今東風不變, 已經累日, 則抑竊疑天必有生我之心也. 爾等其各勉人所當爲之事, 以聽天所命耳." 至暮, 風又變東而北, 權山猶指舵向西. 夜未央, 暴濤激躍, 又駕入天篷, 被人頭面, 人皆瞑目不能開. 領船、梢工皆痛哭, 莫知所爲. 臣亦知不免於死, 裂單衾纏身數圍, 縛之于舟中橫木, 盖欲死後屍與舟久不相離也. 莫金、巨伊山皆哭泣聯抱臣, 曰: "死且同歸." 安義大哭, 曰: "吾與其飮鹹水而死, 莫如自絶." 以弓絃自縊, 金粟救之得不死. 臣叫領船、梢工等曰: "舟已破乎?" 曰: "否." 曰: "舵

18_ 噴沫 : 噴沫【금택】◆'沫'의 誤記이다.

已失乎?”曰:“否.”卽顧謂巨伊山曰:“波濤雖險, 事勢雖迫, 舟實牢固, 不至易敗. 若能汲殆盡, 則庶幾得生. 汝實壯健, 汝又往首倡汲之.”巨伊山卽命欲汲, 汲水之器已盡破, 叫號無據. 安義卽以刀裂去小鼓面以爲器, 授巨伊山. 巨伊山與李孝枝、權松、都終、玄山等, 盡力以汲水, 猶深一膝. 孝子、程保、李楨、金重等, 或親自刮取, 或立督軍人仇叱迴等七八人, 相繼刮盡, 僅得不見敗沒.

初八日, 漂大洋中. 是日陰, 過午, 西北風又作. 舟復退流, 向東南徹夜而行. 臣謂權山、高面、以福等曰:“汝等執舵正船, 向方不可不知. 我嘗閱地圖, 自我國黑山島, 向東北行, 卽我忠淸、黃海道界也; 正北卽平安、遼東等處也; 西北卽古《禹貢》青州、兗州之境也; 正西卽徐州、楊州之域. 宋時, 交通高麗, 自明州浮海, 明州卽大江以南之地也; 西南卽古閩地, 今之福建路也; 向西南, 稍南而西, 卽暹羅、占城、滿剌加等國也; 正南卽大・小琉球國也; 正南而東, 卽女人國也, 一岐島也; 正東卽日本國也, 對馬州也. 今漂風五晝夜, 西向而來, 意謂幾至中國之地. 不幸又遭此西北風, 逆向東南, 若不至琉球國、女人國, 則必流出天海之外, 上達雲漢, 無有涯涘, 云如之何? 汝等其記我言, 正舵而去.”權山等曰:“天若開霽, 測以日月星辰, 猶未知海上四面, 今則雲霧陰翳, 日復一日, 晨昏晝夜, 俱不能記. 只以風之變作, 臆記四方耳, 安知正方之可辨乎?”聚首而哭.

初九日, 漂大洋中. 是日, 片雲綴天, 海色愈白. 至是舟久爲波濤所衝擊, 梁頭、風梢、鼻隅三板, 皆動撓欲拆, 水又漏嚙, 將有自破之漸. 斤寶、高面、尙理等，截纜索，纏舟頭尾，削木補之．遂相向泣且言曰："若此修船，非不盡心，然飢渴將近旬矣，目無所見，手足痿痺，身不能保，力不能盡，故修之亦不能牢實，其將奈何?"倏有海鷗羣飛而過．舟人望見喜，曰："嘗聞水鳥晝遊海上，夜宿島渚．我曹漂過滄溟萬里外，幸得見此鳥，則洲渚必不遠也．"臣曰："鷗非一種，或浮沈江湖之渚者有之，若海鷗則羣在漲海中，從潮飛翔，常以三月風至，乃還洲嶼．今時則正月，鷗之羣飛，正在大海之中之時．"語未畢，又見有鸕鶿數雙飛去，臣亦稍疑島嶼之或近也．當午南望，雲氣作陣，依俙見山様，且有人煙之氣，意謂琉球國地界，將往泊．少選，東風又作，舟復向西．至夜，風勢愈緊，疾驅如飛．

初十日，漂大洋中．是日雨，東風如昨．午後海色還靑．先是發濟州時，舟人無智，載陸水于鼻居舠以隨．自漂風後，相失莫値．所乘船中無一器甘水，未得漬炊．絶食絶飮，無可奈何．權松告于臣曰："觀舟中人或賫黃柑、淸酒而來，恣食無餘．請括聚輸之上藏，儲以救渴可也．"臣卽令巨伊山搜盡舟中行裝，得黃柑五十餘枚、酒二盆．謂孫孝子曰："同舟則胡越一心，况我等皆一國人，情同骨肉，生則一時俱生，死則一時俱死．唯此柑酒，一滴千金．汝其掌之，毋得濫費，以救舟人一刻之渴可也．"孝子視人之脣焦口爛者，均分飮食之，止令沃舌．數日，柑酒俱盡，或細嚼乾米，掬其溲溺以飮．未幾，溲尿又竭，胸膈乾燥，不出聲氣，幾至死域．至是因雨下，舟人或以手擎篷桀，取其溜滴者；或以笠帽若鼎器，貯其滲漉者；或屈席子，奉其灑汎者；或建桅檣中約紙繩，承其淋瀝者，期得些少一[19]勺，以舌舐之．安義曰："濕雨以衣，汁而取飮，所得誠多，但舟人之衣，皆爲鹹水所漬，雖濕雨而汁，亦不能飮，若之何其?” 臣卽點出所藏衣數領, 令巨伊山承雨霑洽, 取汁以貯, 幾至數瓶. 令金重用匙分飮之. 重執匙以擧, 舟人張口, 有如燕兒望哺然. 自是始能掉舌噓氣, 稍有向生之心.

十一日, 漂大洋中. 是日陰. 淸晨至一島, 石壁嵯峨甚險巇. 海波震蕩, 激上磊砦, 幾一二丈. 舟隨波直入, 勢迫擊碎, 權山大哭, 遂竭力運船. 孝子、程保等, 亦親攬帆邊阿絢, 視風波或縱或引. 時則水從海入島, 風從島出海, 舟從風回旋, 得免於患. 夕至一大島, 島又岩石削立, 欲泊舟不得. 以福脫衣躍入水中, 拽舟游泳, 緣島岸以繫. 舟人喜倒闌下覓溪流, 抔甘水而飮, 負汲欲做飯. 臣曰: “飢餓之極, 五臟塗附, 若驟得食飽, 則必死. 莫若先飮漿水, 繼之以粥, 適可而止可也.” 舟人皆煎粥而啜. 島無避風處, 故夜又縱舟而去.

十二日, 遇賊于寧波府界. 是日, 乍陰乍雨, 海色還白. 晡, 至巨島, 連綿如屛. 望有中船二艘, 皆帶懸居舠, 直指臣船而來. 程保等羅跪臣前, 曰: “凡事有經有權, 請解喪服, 權着紗帽團領, 以示官人之儀. 不然則彼必哄我爲劫賊, 加以僇辱矣.” 臣曰: “漂流海上, 天也, 屢經死地而復生, 天也, 到此島而遇此船, 亦天也. 天理本直, 安可違天以行詐乎?” 俄頃, 二船漸近相値. 一船可十餘人, 人皆穿黑襦[20]袴芒鞋, 有以手帕裹頭者, 有着竹葉笠棕皮簑者, 喧𠯈叫噪, 渾是漢語. 臣度其乃是中國人, 令程保書紙以遺曰: “ 朝鮮

• • •

19_ 期得些少一勺 : 期得些少勺 【양명】【금택】 ◆‘一’이 탈락되어 있다.

20_ 人皆穿黑襦袴芒鞋 : 人皆穿黑襴袴芒鞋 【양명】【금택】【장서】 ◆‘襦’와 ‘襴’의 의미는 유사하다.

國臣崔溥奉　王命，往海島，犇父喪過海，遇風漂到，不知是何國邑地也?" 其人復曰："此乃大唐國浙江寧波府地方." 又曰："要到本國去，湏到大唐好." 程保以手指其口，其人以陸水二桶來遺，棹舟東去. 臣令舟人艪入一島以依. 又有一艘亦帶懸居舠，有軍人可七八人. 其衣服語音，亦與前所見同. 來逆臣船，曰："你是何國人?" 臣又使程保答如前，因問曰："此何國地?" 其人指其島，曰："此卽大唐寧波府地下山也. 風水好，二日可回去." 臣又復曰："他國人遭風萬死之餘，幸到大國之境，喜得復生之地." 又問渠姓名謂誰. 其人答曰："我是大唐林大. 你若大唐去，帶你進去，你有寶貨，可遺我." 臣答曰："僕奉使臣，非商賈者流，且漂流浮沈之後，安有寶貨乎?" 卽減米粮以餽之. 其人受而復曰："此山繫船，不怕西北風，但南風不好，隨我繫船." 引臣船指一泊舟島，曰："此可泊可泊." 臣如其言，卽往泊之，果無風，環島中可藏船處也. 其西岸有二草屋，如鮑作干家者. 其人等泊舟于屋下. 臣之同舟人，久飢久渴久勞久不寢寐之極，得食以食，得風定處以泊，困憊支羸，相與枕藉乎舟中. 夜二更，所謂自稱林大者，率其黨二十餘人，或執鎗或帶斫刀而無弓箭，秉炬擁至，闌入臣船. 賊魁書曰："我是觀音佛，你有金銀，便覓看." 臣答曰："金銀非本國所產，初無有賫." 賊魁曰："你若官人，豈不賫來? 我當看看." 初臣及程保、李楨[21]、金重、孝子等，以濟州海外地，往來無期，具四節衣服數套而往. 至是賊魁卽叫其黨，窮搜臣及陪吏等包中衣裝、舟人糧物，輸載其船. 其所遺者，若衣之濃沾鹹水者及諸般書冊而已. 賊中

21_ 李楨 : 李植【금택】◆《朝鮮成宗實錄》19년 4월 戊申 條에서 '李楨'이 옳다는 것이 확인된다.

眇一目者，惡之尤甚．程保謂臣曰："賊之始至，示若從容，見我勢弱，馴成大賊．請一奮擊，以決死生．"臣曰："我舟人皆以飢渴垂死之後，奪氣於賊，故賊乘勢肆暴．若與相搏，則我輩皆死於賊手．莫如盡付行李，以乞生活耳．"賊魁又奪臣所賫印信、馬牌，納之懷袖．程保尾其後請還不得．臣曰："船中有物，可盡取去，印與馬牌，乃國之信，私無可用，可還我．"賊魁以印牌還．纔出篷窓，與其黨列立船舷，喧囂良久，旋入舟中．先脫程保衣袴，綑而杖之．次以斫刀，截臣衣紐，赤身剝脫，背手曲脚以綁之，以杖杖臣左臂七八下，曰："你若愛生，便出金銀．"臣大號曰："身可虀骨可碎，何所得金銀乎?"賊不曉臣言，解臣縛，許以寫意．臣卽寫之，賊魁怒，瞋目張喙，指程保而叫，指臣而叫，卽曳臣頭髮，還縛倒懸，荷斫刀指臣頸斮之，刀適誤下右肩隅，刃飜在上．賊又荷刀將斬臣，有一賊來把荷刀之臂以沮之．賊黨齊聲大叫，莫知所謂．是時，舟人惴惧失常，奔竄無地．唯金重、巨伊山等，攢手拜跪，冀活臣命．俄而，賊魁蹂躪臣身，喝嚇舟人，引其黨而出，截去臣船矴艪諸緣，投諸海．遂以其船導繂臣船，指放大洋，然後乘其船遁去，夜已闌矣．

十三日，復漂大洋中．是日陰，西北風大起，又流入無涯之海．臣及舟人所藏襦[22]衣，俱失於賊，所穿之衣，久漬鹹水，天且恒陰，不得曝乾，凍死之期逼矣；舟載儲粮，盡爲賊奪，餓死之期逼矣；舟以矴艪爲賊所投，假帆爲風所破，但隨風東西，隨潮出入，梢工無所施其力，沈沒之期亦逼矣．舟人皆塡噎

22_ 臣及舟人所藏襦衣 : 臣及舟人所藏襴衣 【양명】【금택】【장서】 ◆ '襦'와 '襴'의 의미는 유사하다.

莫能出聲，坐待死期．孝枝謂臣曰："我等之死，分內事也，只以敬差官之死爲痛惜耳．"臣曰："爾何以死地爲分內乎?"孝枝曰："我州邈在大海中，水路九百餘里，波濤視諸海，尤爲洶暴．貢船、商舶，絡繹不絶，漂沒沈溺，十居五六，州人不死於前，則必死於後．故境中男墳最少，閭閻之間，女多三倍於男．爲父母者，生女則必曰：'是善孝我者．'生男則皆曰：'此物非我兒，乃鯨鼉之食也．'我等之死，如蜉蝣出沒，雖在平日，亦豈以死於牖下爲心哉? 唯朝臣往來，從容待風，舟楫偎牢，故死於風波者，前古所罕．適丁今敬差官之身，天不陰佑，至於不測之地，是以痛哭耳．"

十四日，漂大洋中．是日晴．晡時，漂至一島，東西南三面，一望無際，唯可避北風處，顧以無矴爲憂．初發濟州時，舟甚大無載物，故輸若干石塊于舟中，使不撓動．至是，尙理等以絞索纏其石四箇，合爲假碇以留泊焉．安義與軍人等相與言，使之聞之於臣曰："此行所以至於漂死者，我知之矣．自古以來，凡往濟州者，皆祭於光州無等山祠及羅州錦城山祠，自濟州出陸者，又皆祭於廣壤、遮歸、川外、楚春等祠，然後行，故受神之祐，利涉大海．今此敬差官特大言非之，來不祭無等、錦城之祠，去不祭廣壤諸祠．慢神不敬，神亦不恤，使至此極，尙誰咎哉?"軍人和之，咸咎臣．權松獨曰："不然．前此李旌義暹，三日致齋，精祀廣壤等神，亦至漂流，幾死復甦．權敬差官景祐，俱不致祭，尙且往來快順，亡些子恙．則過海便否，在於待風之如何耳，豈關於神之祭不祭哉?"臣亦誨之曰："天地無私，鬼神默運，福善禍淫，唯其公耳．人有惡者，諂事以儌福，則其可福之乎? 人有善者，不惑邪說，不爲黷祭，則其可禍之乎? 曾謂天地鬼神爲諂事飮食，而降禍福於人乎? 萬萬無此理也. 況祭有常等, 士庶人而祭山川, 非禮也. 非禮之祭, 乃淫祀也, 淫祀以獲福者, 我未之見也. 爾濟州人, 酷好鬼神, 山澤川藪, 俱設神祠, 至如廣壤等堂, 朝夕敬祠, 靡所不至, 其於涉海, 宜無漂沈之患. 然而今日某船漂, 明日某船沈, 漂沈之船, 前後相望, 是果神有靈應歟? 祭能受福歟? 況今我同舟人不祭者, 唯我一人耳, 爾軍人皆誠心齋祭而來, 神若有靈, 豈以我一人不祭之故, 廢爾四十餘人齋祭之誠也? 我之漂船, 專是行李顚倒, 不善候風之所致, 反以廢祭尤我, 不亦惑乎?" 安義等猶以臣言爲迂濶, 不以爲是.

十五日, 漂大洋中. 是日陰, 海色赤而濁. 東風復起, 又順風指舵于西. 舟中人若朴從迴、萬山、李山等, 有疾病不堪事; 高保終、梁達海、高迴、金朝迴、任山海等, 自漂海以至是日, 臥不起動, 雖督之以(露)取〔露〕[23]等事, 聽之藐藐; 鄭實、夫命同、金得時、姜有、宋眞、金粟、姜內、吳山、高內乙同等, 十喚一應, 或有不得已而從事者; 肖斤寶、金怪山、高福、金松、金石貴、李孝台、金眞山等, 或晝勤夜怠, 或始勤終怠; 許尙理、權山、金高面、金仇叱迴、崔巨伊山、金都終、高以福、文迴、玄山、韓每山、權松、莫金等, 晝夜不怠, 以運船爲己任; 程保、金重、李楨、孫孝子、李孝枝、安義等, 或親自服役, 或檢督治船, 以期完事. 自遇賊復漂以後, 人皆無意於生, 漸不如前. 舟爲暴濤所擊, 爲日已久, 百孔千瘡, 旋塞旋缺, 罅漏有水, 將不勝汲. 臣曰: "漏水若此, 舟人之解體又若此,

23_ 取露 : 露取【동양】; 取露【양명】【금택】【장서】 ◆【동양】에도 앞의 다른 문장에서는 '取露'로 되어 있을 뿐 아니라, 또한 '取露'여야만 뜻이 통한다.

我其妄自尊大，坐見溺死，胡可哉?" 遂與程保等六人，親自刮水幾盡. 尙理以下十餘人，亦稍有奮力而起者. 夜無風而雨. 至一大島，爲汐勢所逆，欲依泊不得，中流海上.

十六日，到泊于牛頭外洋. 是日陰，海色赤黑中全濁. 西望連峯疊嶂，撑天包海，意有人煙. 駕東風而至，則見山上多有烽燧臺列峙，喜復到中國地界. 午後，風浪尤緊，雨下濛昧，舟從風所驅. 瞥然間忽漂至兩島間，傍岸而過，則望見有中船六隻列泊. 程保等請於臣曰："前至下山，不示以官人之儀，以招賊人，幾不免死. 今宜從權具冠帶，以示彼船." 臣曰："爾何以害義之事導我歟?" 保等曰："當此之時，與死爲鄰，何暇治禮義哉? 姑當行權，便取生道，然後以禮治喪，不害於義." 臣拒之曰："釋喪卽吉，非孝也，以詐欺人，非信也. 寧至於死，不忍處非孝非信之地，吾當順受以正." 安義來請曰："我姑着此冠帶，示若官人然." 臣曰："非也. 彼船若或如前所遇賊，猶之可也，若是好船，必驅我曹詣官府取供辭，汝將何辭以對? 少或不直，彼必生疑. 莫如守正之爲愈也." 俄而所謂六船，棹圍臣船，一船有人可八九，其衣服語音，亦與下山所遇海賊一般. 寫示臣等曰："看你異類，來從那裏?" 臣令程保亦寫以答曰："我是朝鮮國朝臣，奉　王事巡海島. 奔喪過海，被風而來. 不識此海何國地界?" 其人答曰："此海乃牛頭外洋，今隸大唐國台州府臨海縣界也." 程保以手指其口. 其人以水桶來遺，又指北有山，曰："此山有泉，你可取汲，做飯以吃. 你有胡椒，可送我二三兩." 臣答曰："本國不產胡椒，初不賫來." 其人等遂棹船稍却，圍包臣船，列立下矴，臣船亦依岸而泊. 令安義、巨伊山、尙理等下舟登山，通望人煙，則果是連陸處.

臣於此行所歷滄波，雖若一海，水性水色，隨處有異．濟州之海，色深青，性暴急，雖少風，濤上駕濤，激洑瀺潤，無甚於此．至黑山島之西猶然．行過四晝夜，海色白，越二晝夜愈白．又一晝夜還靑，又二晝夜還白，又三晝夜赤而濁，又一晝夜赤黑中全[24]濁．臣之行舟，視風從却，東西南北，萍漂無定，其間所見海色，大槩如此．自白而還青以後[25]，風力雖勁，濤不甚高．至還白以後，始有島碧，島皆岩壁，谺谷咸 礧砢，上載土，有雜卉香草，蓊蔚長靑．水性悠弱，若不遇大風，則罕見驚波駭浪之患．臣於遇賊復漂之海，亦如濟[26]州之海之險，則豈能復見得島渚乎?

○大抵每歲正月，正當隆寒之極，颶風怒號，巨濤震激，乘船者所忌．至二月漸得風和，濟州俗猶號爲燃燈節，禁不渡海．且江南潮人，亦不於正月浮海．至四月梅雨旣過，颯然淸風，海舶初回，謂之舶(趠)〔䠇〕風[27]．臣之漂海，適當風波險惡之時，海天霾曀，日復尤甚，檣帆維檝，或折或失．飢渴困苦，動經旬日，一日之間，溺敗之機，非一二度矣．然幸僅保性命，得泊海岸者，非特漬雨取汁，以沃焦腸，舟實牢緻儇駛，能壓風濤之故也．

十七日，捨舟登陸．是日雨．遲明，所謂六船擁來，語臣等曰："看你也是好人．隨我可行．你有奇物，送些與我．"臣答曰："漂流已久，所賫之物，盡撒海

24_ 又一晝夜赤黑中全濁 : 又一晝夜赤黑濁 【양명】【금택】【장서】 ◆ '中全'이 탈락되어 있다.

25_ 自白而還靑以後 : 自白而還靑 【양명】【금택】 ◆ '以後'가 탈락되어 있다.

26_ 濟州 : 淸州 【장서】 ◆'淸'은 오류이다.

27_ 舶趠風 : 舶趠風 【동양】 ◆'舶趠風'은 '舶䠇風'의 誤記가 명백하므로 정정한다.

中. 若指我生路, 所乘船楫, 皆恁的所有.”因問人居遠近, 其一人曰:“此地也, 近官府, 你要去不妨.”一人曰:“過前一里, 便有人家.”一人曰:“此處人家便遠, 不可止此.”臣又問官路遠近, 其一人曰:“台州府距此一百八十里.”一人曰:“一百五十里.”一人曰:“二百四十里.”其語端彼此有違, 不可信也. 其人等相率鬧擾, 爭入臣船, 目所寓雖些小物, 無不攘敓. 謂臣等曰:“不同我去, 我當作怒.”安義請舍船, 乘其人船, 隨其所去. 李楨欲擊殺一人以却之. 臣曰:“爾等之計皆非也. 觀彼人其言不實, 刦奪又甚, 情僞淺深, 未可知也. 彼若昔者下山海賊之類, 則從安義之計而從歸, 則彼必掉至絶島, 沈殺我等, 以滅其跡. 彼若或漁船若防禦之船, 則從李楨之計而擊殺, 則彼必掩其所爲, 反以我爲異國人來刦殺人云爾, 則大國之邊境騷然. 誣我爲賊, 語且不通, 難以辨明, 必皆爲邊將所戮. 爾等之計, 皆自取死途也, 莫若權辭以觀其勢.”臣謂其人曰:“我浮海日多, 飢渴困憊之極, 危命僅一線耳. 請做飯療飢, 然後同行.”其人等復曰:“你少留緩行.”即棹舟少却, 可二三里許, 復環臣船而泊. 以雨故皆入船倉中, 無觀望者. 臣謂同舟人曰:“看彼人言語動止, 也甚荒唐. 看此山已連陸路, 必通人居, 不於此時善處, 則我等之命, 懸其掌握, 終必爲海曲之鬼.”遂率陪吏等先下船, 諸軍人接踵而下, 冒雨穿林, 逃遁奔匿. 過二嶺, 嶺皆枕海, 有石如甬道. 行六七里, 得一里社. 臣謂陪吏軍人等曰:“同此生死之苦, 無異骨肉之親. 自此相保, 則可以全身而還. 汝等若遇患難則同救之, 得一飯則分吃之, 有疾病則相扶持之, 無一人亡失可也.”皆曰:“唯命.”又曰:“我國本禮義之國, 雖漂奔窘遽之間, 亦當示以威儀, 使此地人知我國禮節如是. 凡所到處, 陪吏等拜跪於我, 軍人等拜跪於陪吏, 無有過差. 且或於里前, 或於城中, 有羣聚來觀者, 必作揖禮, 無敢肆突.”皆曰:“唯命.”至其里, 則里中人老少男女爭怪臣等, 觀者如墻. 臣與從者趍而揖, 皆合袖鞠躬以答之. 臣即告以來自朝鮮之故. 有二人, 其容貌諒非庸人, 謂臣等曰:“你是朝鮮國人, 緣何入我國界? 你若是賊人, 若是進貢之人, 若是被風無定之人, 逐一寫來, 遞送還國.”臣曰:“我本朝鮮國臣, 奉 王命往海島, 奔父喪過海, 遭風見漂, 得到海岸, 舍舟緣陸, 望尋人煙而來, 乞諸大人, 聞于官府, 以活垂死之命.”即以所賫印信、冠帶、文書示之. 其二人覽畢, 指臣前鎭撫、陪吏等以次羅跪, 末端軍人等亦以次俯伏, 謂臣曰:“聞貴國禮義邦久矣, 果恊所聞.”即叫家僮, 將米漿茶酒以饋徧及軍人, 任其所飮. 指里前佛堂, 曰:“你可住此堂安歇.”臣至佛堂, 解濕衣以風. 未幾, 其二人又做飯來饋, 果皆忠厚人也, 而亡其職姓名. 俄而其二人來言:“你可起身, 送你好處.”臣問曰:“好處幾里?”其二人謊辭曰:“還有二里.”曰:“其地名何?”曰:“西里堂也.”曰:“雨甚路濘, 時又向晩, 奈何?”曰:“去處不遠, 不須憂矣.”臣從其言, 率從者登途而行, 則里中人或帶杖劍, 或擊錚鼓. 前途有聞錚鼓之聲者, 羣聚如雲, 叫號隳突, 夾左右擁前後而驅, 次次遞送. 前里如是, 後里又如是. 行過五十餘里, 夜已央矣.

十八日, 遇千戶許淸於路上. 是日大雨. 子半, 臣等因爲里人所驅, 路經一高阜, 松竹成藪. 遇有自稱隱儒姓王名乙源者, 憐臣冒夜衝雨, 艱楚被驅, 止里人少住, 問臣所從來. 臣亦告以漂風之故. 乙源惻然, 即呼酒勸臣. 臣曰:“我朝鮮人守親喪, 不飮酒食肉茹葷及甘旨之味, 以終三年. 蒙饋酒, 感恩則已深矣, 然我今當喪, 敢辭.”乙源遂饋臣以茶, 饋從者以酒, 因問曰:“你國亦有佛否?”答曰:“我國不崇佛法, 專尙儒術, 家家皆以孝悌忠信爲業.”乙源握臣手眷顧相別. 其里人驅臣等至一大嶺. 臣足如繭, 不能前進. 里人擁挽臣臂, 前引後推而過. 又遞至二十餘里. 其里中有大橋, 里人皆揮隅杖亂擊臣等, 肆虓劫奪大甚. 吳山者負臣馬鞍, 有一人敺擊攘去. 臣等被杖前驅, 顚仆哭泣, 過二嶺, 見遞他里, 向曙. 問其有大橋之里, 則人曰: "仙岩里也." 自登陸以來, 道傍觀者, 皆揮臂指頸, 作斬頭之狀以示, 臣等莫知其意. 行至蒲峯里, 雨少止. 有官人率軍吏而來, 問臣曰: "你是何國人? 怎麽到此?" 臣曰: "我乃朝鮮國人, 再登文科, 爲　國王近臣, 奉國事巡海島, 奔喪出陸, 遭風漂到于此. 飢渴萬死之餘, 僅續殘命, 復爲里人所驅, 辛苦萬端之極, 得遇官人於此, 是我得生之時也." 其官人卽先饋臣以粥, 隨以飯具, 又令臣從者做飯以吃. 臣問官人姓名職事, 有王适者曰: "此乃海門衛千戶許淸也. 守塘頭寨, 聞倭犯界, 專爲捕獲而來, 汝其愼之." 臣困臥路周四肢莫擧. 許淸謂臣曰: "我大唐法度嚴切. 你別處人, 不可久在此亂爲攪擾良民." 令軍吏等疾驅臣等. 行五里許有官廨, 乃唐頭寨也. 過一長堤, 可十餘里. 雨復大作. 臣跛行蹣跚, (專)〔全〕[28]未動脚, 中途僵仆, 曰: "我之筋力竭矣, 將及於死. 早知若此, 莫如死於海上之爲便." 程保以下, 亦對臣痛哭. 被軍吏甚督, 莫能少留. 李楨、孝枝、尙理、玄山等身實者, 相遞負臣以行. 過二嶺, 幾至三十餘里, 有人居甚繁盛, 前有佛宇. 天將暮, 雨不止. 故許淸欲留臣等于佛宇以經夜, 其里人皆以謂不可. 許淸謂臣曰: "此方人皆疑你爲劫賊, 故不許留. 你雖艱步, 不可不行." 令軍吏驅臣等, 過一大嶺. 夜二更, 至一川邊,

28_ 全未動脚 : 專未動脚 【동양】; 全未動脚 【양명】【금택】【장서】 ◆문맥상 '全'이 적절하다.

李楨等亦力盡，身且不保，不克負臣．從者等亦皆疲羸不能行．許清親執臣手以起，臣之兩足尰蹇，不運一步．高以福大怒，指臣曰："此漢此漢，無乃病狂歟？汝若艱苦，宜委四肢，莫之能起可也．"臣辱其言，自以謂：'我寧至死，宜死於此地．'復臥不起．從者率皆顚臥狼藉．許清令軍吏或督或毆，而不得驅焉．良久，又有一官人領兵擁炬而至．甲冑、鎗劒、彭排之盛，嗩吶、哱囉、喇叭、錚鼓、銃熢之聲，卒然重匝，拔劒使鎗，以試擊刺之狀．臣等驚駭耳目，喪魂褫魄，罔知所爲．官人與許清整軍威驅臣等．可三四里，有大屋舍，繚以城郭，如關防然，問之則乃於瀆場見桃知所，或云批驗所也．城中又有安性寺，止臣等于寺，許留宿焉．臣問其官人爲誰，則有僧云："此乃桃渚所千戶也．聞倭人犯境，領器械以備于此，因許千戶之報，率兵往驅你輩以來．然未知你心眞詐，明日到桃渚所，將訊汝．"

十九日，到桃渚所．是日大雨．兩千戶並馬驅臣等，冒雨以行．臣令程保告許清曰："我等漂海，浮沈飢渴，臨死復甦，僅保餘喘，得到貴境，得遇官人，得飽昨朝之飯，以爲得再生之地．乃於霖霪之雨，濘潦之途，顚坑仆谷，撥石衝泥，體凍脚微，心焦力盡．昨夕不得食，今早又不得食，又驅出冒大雨而行，我其殆將半塗而斃矣．"許清復曰："昨因你走不到官司，自取飢．今若便到，則官自供給，速去速去．"臣運步不得，仆路隈，四體委地不收．孝子、程保、金重、莫金、萬山、巨伊山等，環坐痛哭．適有牽牛而過者，程保告諸千戶曰："請解衣買此牛，以騎我員．"許清曰："我亦豈不憐你輩受此苦乎？緣拘國法，未得護汝耳．"李楨、孝枝、倘理等，又相代負臣過一嶺，可二十餘里，至一城，乃海門衛之桃渚所．行將近城七八里間，軍卒帶甲束戟銃熥彭排夾道塡街. 至其城, 則城有重門, 門有鐵扃, 城上列建警戍之樓, 城中市店聯絡, 人物繁富, 引臣等至一公舘許留焉. 臣之形容槁枯, 冠服塗泥, 觀者絶倒. 有姓名王碧者寫謂臣曰: "昨日已報上司, 倭船十四隻, 犯邊劫人, 你果是倭乎?" 臣曰: "我非倭, 乃朝鮮國文士也." 又有姓名盧夫容者, 自稱措大, 謂臣曰: "車同軌, 書同文, 獨你語音, 不同中國, 何也?" 臣答曰: "千里不同風, 百里不同俗. 足下怪聽我言, 我亦怪聽足下之言, 習俗然也. 然同得天所賦之性, 則我之性, 亦堯舜孔顏之性, 豈嫌於語音之有異哉?" 其人撫掌, 曰: "你奔喪, 可行朱文公《家禮》乎?" 臣答曰: "我國人守喪, 皆一遵《家禮》. 我當從之, 但爲風所逆, 迨今不得哭于柩前, 所以痛哭." 其人又問曰: "你作詩否?" 臣答曰: "詩詞乃輕薄子嘲弄風月之資, 非學道篤實君子所爲也. 我以格致誠正爲學, 不用意學夫詩詞也. 若或有人先倡, 不得不和耳." 又有一人寫臣掌上曰: "看你也不是(反)〔歹〕[29]人, 只以言語不同, 實同盲啞, 誠可憐也. 我告你一言, 你其記之, 善自處, 愼勿輕與人言. 自古倭賊屢劫我邊境, 故國家設備倭都指揮、備倭把總官以備之. 若獲倭則皆先斬後聞. 今你初繫舟處, 轄獅子寨之地, 守寨官誣汝爲倭, 欲獻馘圖功. 故先報云: '倭船十四隻, 犯邊劫人.' 將領兵往捕汝斬汝之時, 你輩先自捨舟, 投入人多之里, 故不得逞其謀矣. 明日把總官來訊你輩, 你其詳[30]辨之, 少有違

29_ 看你也不是歹人 : 看你也不是反人【동양】; 看你也不是歹人【양명】; 看你也不是互人【금택】【장서】 ◆고려대학교 도서관 華山文庫에 收藏된 東洋文庫本 零本에는 '歹'로 되어 있다. '反人'과 '歹人'은 비슷한 의미이지만, 일반적으로 '나쁜 사람'을 가리킬 때는 '歹人'이 더욱 적절하다.

30_ 你其詳辨之 : 你其詐辨之【장서】 ◆'詐'는 '詳'의 誤記이다.

誤[31], 事在不測"云云. 臣問其姓名, 則曰: "我所以言之者, 愛汝也, 危之也." 掉頭而去. 臣聞其言, 毛髮竪立, 卽語程保等. 保等曰: "路人指我等爲斬伐之狀者, 皆惑此謀故耳." 日夕, 千戶等官員七八人, 置一大卓, 環立卓邊, 引程保於前, 問曰: "你一起一十四隻船, 實否?" 保對曰: "否. 但一隻而已." 揮程保以出. 又引臣問曰: "你衆所駕原船幾隻?" 臣曰: "只一隻耳." 問曰: "我邊上瞭見倭船一十四隻, 同泊昨處海洋, 我因守寨官之報, 已報于上司大人, 你船十三隻, 置之何地?" 臣曰: "我之到海岸時, 有貴地人等乘船六隻, 同泊一海. 若要究六船人, 則我之船數可知矣." 問曰: "你以倭人, 登劫此處, 何也?" 臣曰: "我乃朝鮮人也, 與倭語音有異, 衣冠殊制, 以此可辨." 問曰: "倭之神於爲盜者, 或有變服, 似若朝鮮人者, 安知你非其倭乎?" 臣曰: "觀我行止擧動, 證我印牌、冠帶、文書, 則可辨情僞." 千戶等卽令臣拿印信等物來以質之. 因問曰: "你無乃以倭劫朝鮮人, 得此物乎?" 臣曰: "若少有疑我之心, 姑令送我北京, 與朝鮮通事員一話, 情實立見." 問曰: "你姓何名誰? 何州縣人? 何職官? 因何事幹到我邊境? 開寫情狀, 毋敢謊虛. 我其申報上司." 臣曰: "姓崔名溥, 住朝鮮國全羅道羅州城中. 再登文科, 簉仕朝著者有年. 去丁未秋九月, 奉　國王命往濟州等處海島, 今閏正月初三日, 犇父喪, 顚倒還家, 遭風漂海, 得到于此." 曰: "你父名何? 職何? 死在何地?" 臣曰: "父名澤, 格進士試, 以養親不仕. 闋孝服僅四載, 又死于羅州." 供畢後, 館臣于別館, 以供臣及從者. ◯我國人爲公爲私往來濟州, 或遭風無去處者, 不可枚悉, 終能生還者, 十百僅一二. 是豈盡沈於海波乎? 其漂入島夷若

31 _ 少有違誤 : 少有違設【장서】 ◆'設'은 '誤'의 誤記이다.

暹羅、 占城之國者, 無復望還, 雖或漂至中國之界, 亦爲邊人所誤, 誣以倭賊, 折馘受賞, 則誰能辨其情乎? 如臣等者, 若不先自下陸, 若無印牌之信, 豈復免於禍哉? 我國家若依中朝制, 凡百官給號牌、 錫牌, 篆書職姓名以旌異之, 奉使臣無大小給節鉞, 以尊　王命, 抑又沿海住人, 雖以私商過海者, 皆給號牌, 書某國某州縣某姓名某形某年甲以別之, 又置通事一員於濟州, 凡奉　使臣及三邑守令往還, 常川帶行, 以圖後慮, 然後庶可免於患.

二十日, 在桃渚所. 是日乍陰乍晴. 臣問桃渚所千戶姓名, 則乃陳華也. 華與一官人來看臣, 指臣笠, 曰: "此何帽子?" 臣曰: "此喪笠也. 國俗皆廬墓三年, 不幸如我漂流, 或不得已有遠行者, 則不敢仰見天日, 以堅泣血之心, 所以有此深笠也." 及至飯時, 許清引臣同卓. 座有一人以筯畫卓上曰: "你吃猪肉否?" 臣曰: "我國人守喪三年, 不食魚肉醯葷." 其人以別器盛素, 饌以饋臣. 許清又見臣之衣服沾濕未乾, 謂臣曰: "今日有陽, 可脫衣以晒之." 臣答曰: "我衣皆濕, 脫此則無可穿者, 不能晒也." 許清引臣坐諸面陽之地, 以令晒乾. 有一官人來問曰: "你國　王稱皇帝否?" 臣答曰: "天無二日, 安有一天之下有二皇帝乎? 我　王心誠事大而已." 又問曰: "你國官人果皆犀帶乎?" 曰: "一二品着金, 三四品着銀, 五六品以下, 皆着烏角而無犀帶." 又問曰: "你國有金銀否?" 曰: "金銀非本國所產." 曰: "然則何以有金銀帶?" 曰: "皆來貿上國, 所以貴也." 臣問其官人爲何人, 其人卽出公文以示, 則乃把總官先差此官人, 給牌星馳前去桃渚所, 護住臣等, 按臨重解, 毋得違悞者, 姓名卽薛旻也. 又有一人來, 曰: "我寧波府定海衛人, 因此處都司公差到此." 臣卽問曰: "寧波府有下山否?" 曰: "有之." 臣因言前日到泊下山逢海賊復漂之故. 其人曰:“我當持此文字, 告知府往問之.”臣問其姓名, 則王海也. 又有外人羣聚而至, 爭持紙筆以問, 不可勝對. 有官人密書以示曰:“此處人輕薄, 休與閑講.”

二十一日, 在桃渚所. 是日晴. 外人麇至觀臣. 王海指壁上一眞像, 曰:“你知此畫乎否?”曰:“不曉得.”海曰:“此乃唐朝進士鍾馗也.”臣曰:“鍾馗平生不得進士, 何以謂之進士?”海等喧噪大笑. 又有白髮老翁來, 臣問曰:“天台、鴈蕩等山, 距此地幾里?”翁答曰:“天台山在天台縣北, 距此二日程, 天台山之南一日程, 有鴈蕩山.”臣又問:“此城主山何?”曰:“石柱山也.”引臣出門, 指點石柱山, 則果石壁作山, 當山頂有大石如柱形. 臣曰:“自此距北京幾里?”翁曰:“五千八百有餘里.”問:“距楊子大江幾里?”翁曰:“在北二千有餘里.”臣又擧李暹所泊楊州府以問曰:“距此幾里?”翁曰:“在楊子江之北. 你去過江, 則便是楊州之境也.”又問:“距南京幾里?”翁曰:“在西北二千餘里. 然皆臆料耳, 未敢的知”云云. 有大官人前呵後擁, 軍儀整肅而至, 坐于皇華館. 問之則乃把總松門等處備倭指揮劉澤也. 招[32]臣等來前, 曰:“以汝類私越邊境, 本當處以軍法, 恐其中情有可矜, 姑未盡戮. 有無侵犯上國情狀, 從實供寫施行.”臣供曰:“姓崔名溥, 居朝鮮國全羅道羅州城中. 再登文科, 爲國王近臣. 去丁未九月十七日, 奉　王命爲濟州等處敬差官. 濟州在南海中, 距羅州水路千餘里. 同年十一月十二日渡海, 推刷人丁, 事未竣, 今戊申正月三十日, 聞父喪, 閏正月初三日, 不候風便, 顚倒過海, 爲風所

32_ 招臣等來前 : 抬臣等來前【양명】【금택】

逆. 驚濤掀浪, 載沈載傾, 飢食渴水, 十生九死, 以今月十二日到泊名不知海島. 有漁船來問曰: '你是何國人?' 答以朝鮮國人漂流之故, 因問: '此何國地面?' 其人答曰: '此大唐國寧波府下山'云云. 其夜有賊船二十餘人來, 以斫刀恐嚇欲斬, 攘奪衣粮行裝等物, 遂截去艪矴而去, 復漂流大洋. 十七日, 又到泊地名不知海岸, 又有漁船六隻列立. 恐其如前所遇海賊之類, 捨舟緣陸, 過二嶺六七里許有人居, 相次遞送. 夜至仙岩里, 其里人爭以隅杖亂擊劫奪. 遞至一處, 遇有官人, 驅至于此城." 又問曰: "你登第何年? 歷仕幾官? 所帶人住何州縣地? 行李有何器械? 原有船幾隻?" 臣曰: "我於成化丁酉, 格進士試第三人; 壬寅, 中文科乙科第一人, 爲校書館著作, 爲博士, 爲軍資監主簿, 爲成均館典籍, 爲司憲府監察, 爲弘文館副修撰, 爲修撰; 丙午, 中文科重試乙科第一人, 爲弘文館副校理, 爲龍驤衛司果, 爲副司直. 所帶人陪吏四人, 光州牧吏程保、(化)〔和〕[33]順縣吏金重、羅州牧吏孫孝子、濟州牧吏李孝枝, 伴率一人李楨, 京都人, 鎭撫一人安義, 濟州人, 驛吏一人崔巨伊山, 羅州青巖驛人, 奴子莫金等二人, 濟州官奴權松等四人, (好)〔護〕[34]送軍金粟等九人, 船格軍許尙理等二十人, 皆濟州人. 所乘船只一大隻, 檣帆桅楫, 遭風而失, 矴艪遇賊而失. 所賫之物, 印信一顆、馬牌一隻、紗帽、角帶、所治文書、重試榜錄、書册、弓一張、刀一把及各人所穿衣裳外, 無他器械." 把總官卽點印信等物, 又問曰: "汝國地方遠近幾何? 府州

33_ 和順縣 : 化順縣【동양】【양명】【금택】; 和順縣【장서】◆화순현의 漢字는 和順縣이 옳으므로, 이에 근거하여 바로잡는다.

34_ 護送軍 : 好送軍【동양】【양명】【금택】; 護送軍【장서】◆'護送하는 軍人'을 가리키는 '護送軍'로 바로잡는다.

幾何? 兵粮約有幾何? 本地所產, 何物爲貴? 所讀詩書, 尊崇何典? 衣冠、禮樂, 從何代之制? 一一寫述, 以憑査考.”臣曰:“本國地方, 則無慮數千餘里, 有八道, 所屬州府郡縣, 總三百有餘, 所產卽人材、五穀、馬牛雞犬, 所讀而尊崇者, 四書五經, 衣冠、禮樂, 則一遵華制, 兵粮則我以儒臣, 未曾經諳, 未詳其數.”又問曰:“汝國與日本、琉球、高麗相通乎?”臣曰:“日本、琉球, 俱在東南大海中, 相距隔遠, 未相通信, 高麗革爲今我朝鮮.”又問曰:“汝國亦朝貢我朝廷否?”臣曰:“我國每歲如聖節、正朝, 貢獻愈謹.”又問曰:“汝國用何法度? 別有年號乎?”臣曰:“年號、法度, 一遵大明.”把總官問畢, 因曰:“汝邦屢歲朝貢, 義有君臣之好, 旣無侵逆之情, 當遇以禮, 各宜安心, 勿生他慮. 轉送赴京, 遣還本土, 急促行裝, 不許稽緩.”卽饋以茶果. 臣卽做謝詩以拜, 把總官曰:“不要拜.”臣不知所言, 敢拜之, 把總官亦起, 相對答禮.

二十二日, 在桃渚所. 是日陰. 把總官又引臣於前, 將昨日招辭, 刪削下山遇賊、仙岩毆擊等事及文繁處, 令臣更寫一幅. 薛旻立卓邊謂臣曰:“此文字報上司, 以達于　皇帝, 文宜簡略. 故我老爹刪繁就簡, 令你改寫, 你勿疑也.”臣不肯寫, 曰:“供辭當以直, 文雖繁何害也? 且所刪者, 乃遇賊之事, 却添一言曰:‘軍人衣服俱有’云云, 沒我遇賊情實, 抑何意歟?”薛旻密寫示曰:“今　皇帝新卽位, 法令嚴肅, 若見你前所供辭, 　帝意必謂‘盜賊盛行’, 歸罪邊將, 非細事也. 爲你計, 當以生返本國爲心, 不宜好爲生事也.”臣聞[35]

35_ 臣聞 : 臣門【장서】◆‘門’은 ‘聞’의 誤記이다.

其言以爲然，卽擧筆隨所删寫之．薛旻又謂臣曰："你旣爲軍資監主簿，何以曰不知兵粮之數?"臣曰："我爲軍資監，未滿月見遞，故未詳其數．"又問曰："你浮海上，不食幾日?"臣曰："自初三日至十一日．"曰："然則何不至於餓死?"臣曰："間或嚼乾米，飮尿溲，尿又盡，待天雨漬衣汁飮，以續一髮之命，不死幸耳．"又問曰："你年齒幾何?"臣曰："三十有五歲．"又問："你辭家幾日?"臣曰："月已六度圓矣．"曰："你思家山否?"臣曰："父已云亡，慈母在堂，哭之已變國俗，又以我爲溺死，益篤傷慟之心．我今生到異邦，念及至此，無日不痛哭．"曰："爲人臣者，國耳忘家．你因王事，漂到于此，當移孝爲忠，何憶家爲?"臣曰："求忠臣於孝子之門，未有不盡孝於親而忠於君者．況風樹不止，日迫西山，安得而不思吾亡父與慈母乎?"又問曰："你國王姓諱何?"臣曰："孝子不忍擧父母之名，故聞人過失，如聞父母之名．況爲臣子，其可以國君之諱，輕與人說乎?"曰："越界無妨．"臣曰："我不是朝鮮之臣乎? 爲人臣者，其可以越界而負其國，異其行，變其言乎? 我則不如是也．"薛旻卽將與臣問答之辭呈于把總官，把總官或讀或點頭，顧謂臣曰："明日差官送你起程．凡有隨身行李依件寫來，免致前路失所．"臣退舍館．有王匡者，許淸之鷹犬也，或嚇或誘，誅求無厭．臣之行李無物，無以應之．至是又來，言曰："我每大人之恩不可不報．"臣解所着襦[36]帖裏，以與許淸之子隆．

○台州，古東甌國之地，在閩之東越之南，而牛頭外洋等處轄臨海縣地，又在台州東南絶徼，風氣溫暖，亘[37]雨少日，實炎荒瘴癘之方．臣當正月而

• • •

36_ 臣解所着襦帖裏 : 臣解所着襴帖裏【양명】【금택】【장서】◆'襦'와 '襴'는 서로 유사한 뜻이다.

37_ 亘雨少日 : 恒雨少日【장서】; 亘雨少日【양명】【금택】◆ '恒'과 '亘'은 通用字이다.

到，氣候與三四月同，牟麥欲穗，笋芽方盛，桃杏滿開．又山川高大，林藪屛翳，人物繁夥，苐宅壯麗，別是一區天地也．

二十三日，自桃渚所登程．是日陰．把總官又引臣及從者於前，令臣𠮧姓名點數．差千戶翟勇及軍吏二十餘人，護送臣等于總兵官．臣及陪吏等，俱乘轎以行．梁達海奸狡者，托病扶杖，似不能步，把總官亦許轎，乘轎者凡八人．翟勇、許淸、王匡等與臣等過山場、烏頭二嶺，間有三大川．烏頭嶺下又有鑑溪．許淸邀臣等于溪邊人家，做飯以饋．又行過塘頭、蒲峯等地，犯夜至一道傍佛宇而宿．其前里閈卽仙岩里．自桃渚所至此，乃臣前此被驅所經之路也．夜，許淸、翟勇，鞫其里長，捕其奪馬鞍者，報于官，還馬鞍于臣．軍人所見奪笠子網巾等物，俱不得．

○凡爲劫盜者殺越人于貨，肆暴無忌．今江南人雖或被利心所使，爲盜爲劫者有之，然下山之盜不殺臣等，且有遺物，仙岩之人不隱所劫，竟還奪鞍，可以觀風氣柔弱，人心不甚暴惡之驗也．

二十四日，至健跳所．是日晴．曉過穿岩里．里西有山，戴石壁，屹立穹窿，有大竇洞，望如虹門，里之得名以此．又過田嶺，嶺上有僧作佛宇橫道路，行人從寺中以過．臣等平地雖或乘轎，嶺峻路險下轎步行爲多．至此寺百技跛行，寺僧憐之，煎茶以供．少留，行至海浦，有兵船具戎器，循浦上下，示以水戰之狀．臣從鼻居舠以渡，則乃是健跳所也．城臨海岸．所千戶李昂，軀幹壯大，容儀丰美，具甲冑兵戎，導臣等入城門．門皆重城，鼓角銃熥，聲震海岳．其嗩吶等大小角末端皆上曲鉤，向吹者眉目間．城中人物苐宅視桃渚所尤豐盛. 李昂引臣至一客館, 與翟勇、許淸、王匡、王海等及所之有姓莊也尹也, 亡其名, 俱是厚重老官人, 皆環立卓之左右, 問臣以漂流之故. 臣略陳首末云云. 李昂請升堂行賓主之禮. 昂由西階, 臣由東階而上, 相對再拜後, 昂饋臣茶果, 又饋臣之從者以酒肉, 頗示忠款之意. 姓尹老官人引程保等, 詣私第飮食之, 因見其妻妾子女以展禮. 其人心淳庬如此. 有一人以丙午年登科小錄來示臣曰: "此吾的登科第榜錄也." 又指點錄中'張輔'二字, 曰: "此吾的姓名也." 因問曰: "你國亦貴其登科者乎?" 曰: "然." 曰: "我國制, 草茅士登第者, 皆官給俸祿, 旌表門閭, 剌銜亦書賜進士及第某科某等人"云云. 引臣至其家, 則其家前街果以雕龍石柱, 作二層三間之門, 金碧眩曜, 其上大書'丙午科張輔之家'之標. 輔盖以己之登第誇示臣. 臣亦以浮誕之言誇之, 曰: "我再中科第, 歲受米二百石, 旌門三層, 足下其不及於我矣." 輔曰: "何以知之?" 臣曰: "我之旌門, 遠莫致之, 我有文科重試小錄在此." 卽撥示之. 輔於錄中, 見臣職姓名, 下跪曰: "我殆不及矣."

二十五日, 到越溪巡檢司. 是日陰霾. 李昂、許淸、王匡及莊也尹也, 俱送臣于海上. 昂握臣手, 曰: "我與足下千載一時, 萬里一見, 一別兩地, 無復再見." 臣於船上敍別, 曰: "僕之來也, 將軍以百千兵甲, 環城擁闐, 旌旗凌亂, 錚鼓轟馳, 則將軍之示遠人嚴矣; 僕之寓舘也, 升堂禮莫愆, 饋食意益彌, 開心見誠, 一見如舊, 則將軍之待遠人寬矣; 及僕之去也, 步出城西, 遠送海曲, 扶僕登船, 敍辭以別, 則將軍之送遠人厚矣. 僕一遠人也, 相逢未一日也, 而嚴以示之, 寬以待之, 厚以別之, 其意固有在也. 盖我朝鮮, 地雖海外, 衣冠文物, 悉同中國, 則不可以外國視也. 況今大明一統, 胡越爲家, 則一天之下，皆吾兄弟．豈以地之遠近，分內外哉？況又我國恪事天朝，貢獻不怠，故天子亦禮以待之，仁以撫之，懷綏之化，至矣盡矣．而僕朝鮮之臣也，將軍亦天子分閫之臣也，則其體天子字小之心，而待遠人至於此極，斯不亦忠矣乎哉？其間情意之篤，則僕旣感之深矣，然不得一日之暇，與將軍及莊、尹兩官人，從容談話，展布所懷，百歲之間，萬里之外，雲樹之望，曷維[38]其已？"又別許淸，曰："將軍與王足下匡，遇我於蒲峯之里，飽我於飢渴之極，生我於萬死之餘，以至杜瀆場，以至桃渚所，以至於此城，崎嶇數百〔里〕[39]之地，扶護七八日之間，其恩情之篤，不勝枚悉．一別之後，會面難期，祗增黯然．"遂告別，與翟勇同舟過大海．勇謂臣曰："浮此海而去，西可望天台山，今適[40]雲霧四塞，不得觀望"云云．夕至(濘)〔寧〕[41]海縣之越溪巡檢司．城在山巓，軍卒皆帶甲，列立海傍．勇與其徒，下舟入城，留臣等于海岸，莫知所爲．

二十六日，過寧海縣．是日雨．巡檢司對岸有越溪鋪．自鋪前舍舟乘陸，從溪岸而步．溪之通海口甚廣闊，不知其源之所從來．行過西洋嶺、許家山，至市奧鋪，鋪中人饋茶數椀．又行至白嶠嶺，有軍卒二十餘人，擔轎來迎

• • •

38_ 曷維其已 : 曷有其已【장서】◆ '曷維其已'는《詩經》〈國風〉邶風 綠衣의 구절로서, '維'가 옳다.

39_ 崎嶇數百里之地 : 崎嶇數百之地【동양】; 崎嶇數百里之地【양명】【금택】【장서】◆ 문맥상 '里'가 들어가야 하므로, 이에 근거하여 바로잡는다.

40_ 今適雲霧四塞 : 今逿雲霧四塞【장서】

41_ 寧海縣 : 濘海縣【동양】【양명】【금택】; 寧海縣【장서】◆浙江省의 縣名으로서【동양】의 다른 부분에도 '寧海縣'으로 되어 있으므로, 이에 근거하여 '濘'을 '寧'으로 바로잡는다.

臣等. 臣等八人, 又乘過進士坊, 至寧海縣之白嶠驛. 驛在縣治之中. 有知縣姓唐者, 供饋臣等, 期至於飽. 因乘轎冒雨而行, 過桐山鋪、梅林鋪、江洼嶺、缸窯鋪、海口鋪. 其間有三大川、二大橋, 亡其名. 夜二更, 至西店驛以宿. 驛有甲兵警戍, 如防禦所.

二十七日, 在西店驛. 是日, 大風大雨, 溪澗水漲, 不得已留于西店驛.

二十八日, 到連山驛. 是日大雨. 翟勇謂臣曰: "我大唐法令嚴整, 少有遲緩, 必致罪責. 今雖大雨, 不可復留." 勇之軍吏及臣之從者, 俱不欲, 曰: "今日雨大至, 水溢洞壑, 不可行." 勇曰: "洞壑潦水, 滿而復除, 且此驛支給, 亦有限量, 昨日之留, 已爲不可." 遂與臣等冒雨過堋墟鋪、拆開嶺、山隍鋪, 又過大嶺、方門鋪, 至雙溪鋪. 鋪北有雙溪, 溪水漲溢, 人皆以衣而涉. 經尚田鋪, 止宿奉化縣之連山驛. 縣距驛東二里. 知縣姓名杜安也. 驛丞見臣等雨透沾衣, 肌寒帶粟, 遂煨榾柮於堂前. 臣及從者環坐親炙使自溫. 有一人自外至, 橫怒肆毒, 蹴踏榾柮之火. 臣等惴惧奔匿, 勇及驛丞, 俱被辱焉. 勇謂臣曰: "外有一人說你是劫賊之人, 阻當驛[42]官不要供給. 我與他說汝是讀書君子, 他復肆暴. 你可寫狀, 告他搶去衣包云云, 呈于知縣." 臣曰: "彼人之惡, 誠欲可懲, 但以不見奪之物, 誣爲强奪, 伏人非罪, 甚悖於理. 今足下護我等而來, 治他以喝衆侵暴之罪, 亦不爲無辭." 勇卽寫狀, 送于縣官.

42_ 阻當驛官 : 阻當倅官 【장서】 ◆'倅' 은 물론 '驛'의 誤記이다.

二十九日，過寧波府．是日雨．翟勇與臣等乘轎過大川．川畔有佛宇，極華麗．前有五浮圖雙大塔．又過虛白觀、金鍾鋪、南渡鋪，至廣濟橋．橋跨大川，橋上架屋，橋長可二十餘步．橋所在之地，卽寧波府界，舊爲明州時所建也．又行至三里有大橋，橋之北有進士里．又行至十餘里，又有大橋，橋上亦架屋，與廣濟橋同而差小，忘其名．橋之南有文秀鄕．又過常浦橋，至北渡江，乘小舠而渡．自牛頭外洋西北至連山驛，羣峯列岫，糾紛繚繞，溪澗巖壁，縈紆錯亂．至此江則平郊廣野，一望豁如，但見遠山如眉耳．江之北岸築一壩，壩卽挽舟上過之處．壩之北築堤鑿江，有鼻居舠繞岸列泊．勇引臣等乘其舠，過石橋十三，行二十餘里．江之東堤，閭閻撲地．其西南望有四明山．山西南連天台山，東北連會稽、秦望等山，卽賀知章少時所居也．棹至寧波府城，截流築城，城皆重門，門皆重層，門外重城，水溝亦重．城皆設虹門，門有鐵扃，可容一船．(掉)〔棹〕[43]入城中，至尙書橋，橋內江廣可一百餘步．又過惠政橋、社稷壇．凡城中所過大橋，亦不止十餘處，高宮巨室，夾岸聯絡，紫石爲柱者，殆居其半，奇觀勝景，不可殫錄．棹出北門，門亦與南門同．城周廣狹不可知．府治及寧波衛、鄞縣治及四明驛，俱在城中．至過大得橋，橋有三虹門．雨甚，留泊江中．

二月初一日，過慈溪縣．是日雨．經新淸橋、進士鄕，至宋石將軍廟．廟大如官府，立旌表之門．自府城至此十餘里間，江之兩岸，市肆舸艦，坌集如雲．過此後，松篁橙橘，夾岸成林．又過茶亭、景安鋪、繼錦鄕、兪氏貞節

43_ 棹入城中 : 掉入城中【동양】【양명】【금택】 ◆문맥상 '棹'이 옳으므로 바로잡는다.

門，至西鎭橋，橋高大．所過又有二大橋．至西壩廳，壩之兩岸，築堤以石，斷流爲堰，使與外江不得相通，兩傍設機械，以竹綯爲纜，輓舟而過．至西(璵)〔嶼〕鄕[44]之新堰，堰舊爲刹子港顔公堰，後塞港廢堰爲田，導水東滙，至于廣利橋之南．置此壩，外捍江湖，輓濟官船，謂之新堰，槩與西壩同．至此又輓舟而過．過新橋、開禧橋、姚平處士之墓，至慈溪縣．棹入其中，有經元門、鍾英門、都堂里門、都憲橋、進士門、德星橋、寶峯門，　至臨淸亭前，少停舟．夜又泝江而北，至雞報泊于岸待曙．而問其江，則乃姚江也．江邊有驛，乃車廐驛也．驛丞乃秦高也．

初二日，過餘姚縣．是日陰．早發船遡西北而上．江山高大，郊野平鋪，人煙稠密，景物萬千．日夕過五靈廟、驛前鋪、姚江驛、江橋，至餘姚縣．江抱城而西，有聯錦鄕曹墅橋，橋三虹門．又過登科門、張氏光明堂，夜三更到下新壩，壩又與前所見新堰同．又輓舟過壩，經一大橋，有大樹數十株，列立江中．將曙到中壩，壩又與下新壩同．又輓舟逆上江，卽上虞江也．

初三日，過上虞縣．是日晴．過二大橋而上．江之南有官人乘轎而來，乃上虞知縣，自縣來也．縣距江岸二三里許．又過黃浦橋、華渡鋪、蔡墓鋪、大板橋、步靑雲門、新橋鋪，至曹娥驛，驛丞，徐深也．驛北有壩．舍舟過壩，步至曹娥江亂流而渡．越岸又有壩．壩與梁湖巡檢司，南北相對．又舍舟過壩而步西二里至東關驛．復乘船過文昌橋、東關鋪、景靈橋、黃家堰鋪、

44_ 西嶼鄕 : 西嶼鄕【동양】◆ 원문은 '西璵鄕'으로 되어 있으나, 이는 '西嶼鄕'의 誤記이다. 成化《寧波府志》 권4, 閭里考 慈溪縣 참조.

瓜山鋪、陶家堰鋪、(苐)〔茅〕洋鋪.[45] 夜四更，至一名不知江岸留泊.

初四日，到紹興府. 是日晴. 撑鑑水而上. 水自鏡湖一派來繞城中. 日出時到紹興府. 自城南泝鑑水，而東而北過昌安鋪，(掉)〔棹〕[46]入城. 城有虹門，當水口，凡四重，皆設鐵扃. 過有光相橋等五大橋及經魁門、聯桂門、(祐)〔佑〕聖觀[47]、會水則碑，可十餘里許有官府. 翟勇引臣等下岸，其闤闠之繁，人物之盛，三倍於寧波府矣. 摠督備倭署都指揮僉事黃宗、巡視海道副使吳文元、布政司分守右參議陳潭，連坐于澂清堂北壁，兵甲笞杖，森列於前，置一卓. 引臣至卓邊，西向而立. 問以臣之姓名、所住之鄉、所筮仕之官、所漂風之故、所無登劫之情狀、所賫器械之有無. 臣答以答把總官之辭，却添載下山逢賊、仙巖遇杖之事，所賫行李，又添馬鞍一部. 三使相卽下把總官所報狀以示臣，曰："是何供辭前後詳略不同乎?" 臣曰："把總官初問，只答以漂流到泊之情. 今日布政三司更問，詳擧遇賊等事耳." 三使相徐謂臣曰："供辭有違，汝實有罪. 汝宜謄寫前辭，無一字加減"云云. 臣便寫之. 三使相又謂臣曰："他日你到杭州，鎭守太監、綉衣、三司大人，到北京，兵部、禮部，亦更問汝情，其亦以是答之. 少有相違，大不可也." 又問曰："初以汝類爲倭船刦掠，將加捕戮. 汝若是朝鮮人，汝國歷代沿革、都

45_ 茅洋鋪 : 苐洋鋪【동양】◆ 원문은 '苐'로 되어 있으나, '茅'의 誤記이다.《浙江通志》권89, 驛傳下 會稽縣 참조.

46_ 棹入城 : 掉入城【동양】【양명】【금택】; 棹入城【장서】◆ 문맥상 '棹'이 옳으므로, 이에 근거하여 바로잡는다.

47_ 佑聖觀 : 祐聖觀【동양】◆ 원문은 '祐'로 되어 있으나, '佑'의 誤記이다. 萬曆《紹興府志》권22, 祠祀 참조.

邑、山川、人物、俗尙、祀典、喪制、戶口、兵制、田賦、冠裳之制，仔細寫來，質之諸史，以考是非.”臣曰:“沿革、都邑，則初檀君與唐堯並立，國號朝鮮，都平壤，歷世千有餘年. 周武王封箕子于[48]朝鮮，都平壤，以八條教民，今國人以禮義成俗始此. 厥後燕人衛滿，亡命入朝鮮，逐箕子之後箕準，準奔馬韓以都焉. 其間或爲九韓，或爲二府，或爲四郡，或爲三韓，年代久遠，不能盡述. 至西漢宣帝時，新羅朴氏初立國，高勾麗高氏、百濟扶餘氏相繼而起，三分舊朝鮮之地. 新羅據東南界，都慶州. 高勾麗據西北界，都遼東，都平壤，又屢遷厥邦，忘其地. 百濟據中西南界，都稷山，都廣州，都漢陽，都公州，都扶餘. 當唐高宗朝，新羅文武王與唐兵滅高勾麗，又滅百濟，合三國爲一. 後甄萱叛據全州，弓裔叛據鐵原，高麗王氏，功高德盛，國人推戴，弓裔自竄，甄萱自投，新羅王封府庫，籍郡縣來降，再合三國，都開城，傳世幾五百年. 今革爲我　朝鮮，都漢陽，盖將百年于玆矣. 山川則長白山在東北，一名白頭山. 橫亘千餘里，高二百餘里，其巓有潭，周八十餘里. 東流爲豆滿江，南流爲鴨綠江，東北流爲速平江，西北流爲松花江，松花下流，卽混同江也. 妙香山在北，金剛山在東，有一萬二千餘峯，智異山在南，九月山在西，右四山極高峻，多奇蹟. 三角山，卽國都鎭山. 大同江、薩水、臨津渡、漢江、洛東江、熊津、豆恥津、榮山津， 已上川之大者. 人物則新羅金庾信・金陽・崔致遠・薛聰、百濟階伯、高勾麗乙支文德、高麗崔冲・姜邯贊・趙冲・金就礪・禹倬・鄭夢周、我　朝鮮不可歷數. 俗尙則尙禮義，明五倫，重儒術. 每春秋行養老宴、鄕射禮、鄕飮

48_ 周武王封箕子于朝鮮 : 周武王封箕子千朝鮮【금택】◆‘千’은 ‘于’의 誤記이다.

酒禮. 祀典則社稷、宗廟、釋奠、諸山川. 刑制從大明律. 喪制從朱子《家禮》. 冠裳遵華制. 戶口、兵制、田賦, 我以儒臣未知其詳." 又問曰: "所謂推刷人丁, 何事?" 臣曰: "濟州在大海中, 水路甚險甚遠. 凡有犯罪者, 皆逃入以避, 久爲逋逃之藪, 故往刷之." 又問曰: "濟州距我中國幾里?" 臣虛張水路之遠曰: "不可知其詳也. 大抵船遇便風於大海, 則日可行千里, 今我自濟州浮海, 折晝夜則凡二十九日, 爲大風所驅, 疾行如飛, 到泊于中國海岸. 則自中國距濟州路, 大槩數萬餘里矣." 又問曰: "汝國與我朝廷相距遠近幾何?" 臣曰: "傳聞自我國都過鴨綠江, 經遼東城, 抵　皇都, 三千九百有餘里." 總兵官三使相, 卽饋臣以茶果, 仍書單(字)〔子〕[49]以賜. 單(字)〔子〕[50]中: "送崔官禮物, 猪肉一盤、鵝二隻、鷄四翼、魚二尾、酒一罇、米一盤、胡桃一盤、菜一盤、笋一盤、麵筋一盤、棗一盤、豆腐一盤." 又賜饌粮等物于陪吏軍人有差. 臣卽做謝詩再拜, 三使相亦起, 答禮致恭. 又謂臣曰: "看汝謝詩, 此地方山川, 汝何知之詳? 必此地人所說." 臣曰: "四顧無親, 語音不通, 誰與話言? 我嘗閱中國地圖, 到此臆記耳." 對畢, 臣與三四官人, 拱立卓邊. 有翟勇之軍吏一人在外頭, 毆打臣之從者金都終有傷. 臣寫以示諸官人, 一官人奔告于總兵官. 總兵官拿其毆打人, 治罪杖之, 又杖勇以不能馭下之罪. 臣等退, 復沿湖棹出城外. 過迎恩橋, 至蓬萊驛前留泊. 夕, 知府姓周及會稽、山陰兩縣官, 皆優送糧饌.

49_ 單子 : 單字【동양】【양명】【금택】【규장】【장서】; 單子【화산】 ◆ '單子'는 다른 사람에게 보내는 물건의 품목을 적은 종이를 가리키므로, 문맥상 '子'가 옳다. 이에 근거하여 바로잡는다.

50_ 위의 주 49와 동일.

初五日，至西興驛. 是日晴. 總兵官等三使相並轎，曉到蓬萊驛，復引臣及從者，拿行裝至前，討東搬西以撿點之. 臣所賫，則印信一顆，馬牌一隻，馬鞍一部， 諸文書册入大・小箱二箇， 衣、衾、笠、纓、銅碗入小皮袋一箇，冠帽幷匣. 程保、金重、孫孝子、李楨、安義、李孝枝、崔巨伊山及奴子二人，則無所賫，與軍人同包. 軍人所賫，或包或袋或無. 點畢，謂臣曰："汝可先去杭州，鎭守太監、綉衣、三司大人更問之，一一辨對，無有舛錯." 又饋臣等以茶果. 臣辭退，總兵官，盖指指揮僉事而言也. 紹興府卽越王舊都，秦、漢爲會稽郡，居浙東下流. 府治及會稽・山陰兩縣及紹興衛之治、臥龍山，俱在城中. 會稽山在城東十餘里，其他若秦望等高山，重疊崒嵂，千巖萬壑，競秀爭流于東西南三方. 北濱大海，平衍無丘陵. 蘭亭在婁公埠上天章寺之前，卽王羲之修禊處. 賀家湖在城西南十餘里，有賀知章千秋觀舊基. 剡溪在秦望山之南(剩)〔嵊〕縣[51]之地，距府百餘里，卽子猷訪戴逵之溪也. 江流有四條；一出台州之天台山，西至新昌縣，又西至嵊縣，北經會稽、上虞而入海，是爲東小江；一出山陰西北，經蕭山縣東，復山陰抵會稽而入海，是爲西小江；一出上虞縣東，經餘姚縣，又東過慈溪縣，至定海而入

51_ 嵊縣 : 剩縣 【동양】 ◆ 원문은 '剩縣'으로 되어 있으나, '剩'은 '嵊'의 誤記이다. 《明一統志》 권45, 紹興府 建置 참조.

海，是爲餘姚江，是臣所經之江；一出金華之東陽，浦江、義烏合流至諸暨縣，經山陰，至蕭山入浙江，是爲諸暨江．其間泉源支派，滙溺堤障，會屬從入者，如脉絡藤蔓之不絶．臣又遡鑑水而西，經韻田鋪、嚴氏貞節門、高橋鋪，至梅津橋．距岸五里許有山隆起，東有石壁削成，前有二大石人立．其一天作，人形逼眞．又過融光橋，至柯橋鋪，其南有小山，山脊有古亭基，人以謂'蔡邕見椽竹，取爲笛之柯亭之遺址'也．又過院社橋、白塔鋪、淸江橋，至錢淸驛，江名乃一錢江也．夜過塩倉舘、白鶴鋪、錢淸鋪、新林鋪、蕭山縣地方，至西興驛，天向曙矣．江名卽西興河也．

初六日，到杭州．是日陰．西興驛之西北，平衍廣闊，卽錢塘．江水潮壯則爲湖，潮退則爲陸，杭州人每於八月十八日潮大至，觸浪觀潮之處也．臣等自驛前舍舟登岸，乘車而行可十餘里，至浙江，復乘舡而渡．江流曲折傍山，又有反濤之勢，故謂之浙江，浙一作淛．江闊可八九里，江長西南直抵福建路，東北通海．華信所築捍潮之塘，自團魚嘴至范村，約三十里，又至富陽縣，共六十餘里．石築尙完固如新．故又謂江爲錢塘江也．臣至其塘，復緣岸步行，則西望六和塔，臨江畔．行過延聖寺、浙江驛，至杭州城南門，重城疊門，門有三層樓．入其城，過文魁門、靈順宮、肅憲門、澄淸門、南察院、祐聖殿、土地廟、芝松坊鋪，至武林驛．自城門至此驛，約十餘里矣．翟勇伴臣等，因雨留一日外，無留滯，或夜行遠涉千有餘里之地，鎭守太監張慶，猶責勇以遲緩之罪，杖之．夕，驛丞楊秀祿，以饌物來惠．

初七日，在杭州．是日陰．詰朝，太監使官人來問曰："鄭麟趾、申叔舟、成三問、金浣之、趙惠、李思哲、李邊、李堅已上，俱係朝鮮人物，是何官職，一一開報來知.”臣答曰：“鄭麟趾、申叔舟、李思哲，俱位至一品；成三問位至三品；李邊、金浣之、趙惠、李堅，則我以後進之士，不知其人之職品.”有姓名顧壁掌驛中事者來，謂臣等曰：“你所食之物，係是朝廷與的，作數支銷，待一年有文簿到部.本驛丞貴州夷人，專不曉得人事，就如孩童一般，不會禀上司，以致你等食不敷也.”又曰：“來此看人都是閑人，不可與他說話，有傷神氣”云云.夕，按察提調學校副使鄭大人，與一大人偕到于驛，招臣至前，問曰：“你國科目之制如何?”臣曰：“有進士試、生員試、文科・武科試，又有文・武科重試.”又問曰：“其試士如何?”臣曰：“每於寅、申、巳、亥年秋，聚儒生精業者，試以三場；初場疑義論中二篇；中場賦表記中二篇；終場策文一道，取若干人.翌年春，又聚入格者，試以三場；初場背講四書五經，取通四書三經者；中場賦表記中二篇；終場策文一道，取[52]三十三人.又聚三十三人，試以策文一道分次第，謂之登文科第，許放榜，賜紅牌，給花盖，遊街三日後，又　賜恩榮宴、榮親宴、榮墳宴，許通出仕之路.”又問曰：“文章體格如何?”臣曰：“表倣宋元播芳，記論倣唐宋，義拈出五經文，疑拈出四書文爲題，並遵華格，策文倣《文選》對策.”又問曰：“你治何經?”臣曰：“四書五經，雖未精硏，粗嘗涉躐.[53]”又問曰：“經書你可歷數其名?”臣曰：“庸、學、論、孟爲四書，易、詩、書、春秋、禮記爲五經.”又問曰：“易字何義?”臣曰：“以易字形言之，則合日月字也，以易字義言

52_ 取三十三人 : 聚三十三人【규장】◆‘聚’는 ‘取’의 誤記이다.

53_ 粗嘗涉躐 : 粗嘗涉獵 【양명】【금택】【규장】【장서】◆ ‘躐’과 ‘獵’은 通用字이다.

之，則有交易變易之義.”又問曰：“易之位數，寓於何物?”臣曰：“河出圖，洛出書，聖人則之.”又問曰：“非圖書，則不能作易乎?”臣曰：“天下萬物，皆有數，雖見賣兎者，亦可以推測易中之位數也.”兩大人相顧目擊，謂臣曰：“你實讀書士，此地人固不識也.”鄭大人忘其名，號東園子，齋名卽復齋.

初八日，在杭州.是日陰.顧壁來，謂臣曰：“今聽說，將你等事，差人晝夜馳奏北京，直待回報，方放回.自此城至北京，水路幾五千餘里，你留此必多日矣.”臣曰：“我到此，言語有異，實同盲聾，望足下如此聞見，隨卽開說，以恤遠人.”壁曰：“國法甚嚴，律條甚重，漏泄夷情，新例充軍.凡我所言，不可與人見，只可自知.”點頭而去.有二官人來，云：“都總太監欲討看總兵官所驗點你弓一張、刀一把”云云，遂收去.有一人來，問曰：“景泰年間，我國給事中官張寧，奉使你國，做〈却金亭詩〉《皇華集》，你曉得否?”臣對曰：“張給事到我國，著《皇華集》，其中題〈漢江〔樓〕〉[54]詩，‘光搖靑雀舫，影落白鷗洲，望遠天疑盡，凌虛地欲浮’之句，尤稱藉.”其人喜形於色，又云：“張給事致仕在家，家在嘉興府之海塩縣，距此百里.張公到此杭城，聞朝鮮文士漂海來，欲問朝鮮事，留待累日，前一日回去.”問其人姓名，則乃王玠，係給事甥也.有自稱陳梁者來，言曰：“區區曾與張寧靖之大人，往你國回還.”臣曰：“張公位至何官?緣何不仕在家?”陳曰：“張公官至都給事，後任都御史，因無子不仕，四十二歲，回家養病.”

54_漢江樓：漢江【동양】；漢江樓【양명】【금택】【규장】【장서】

初九日，在杭州．是日晴．昨來取弓刀官人又來，曰："你弓刀，鎭守老爹留下看．"臣曰："唯命．"顧壁又來，言曰："海上軍官行來文書，開說你還有船一十四隻在海逞功．今巡按御史說'旣有船十四隻，原何不捉拿來？'以此罪他．鎭守及三司，議論不一，緣你供辭明辨，審知非倭．今已議定，差了指揮楊旺，送你赴京，轉送你回，並無他話．還有三四日在此，你宜可寬心．"又布政司大人徐圭、按察司副使魏福，同坐驛客館，引臣等曰："送你還國，你可放心好還．"臣卽做詩以謝，還退舍．北京人李節來見臣之衣服糸藍縷，面目蒙垢，謂臣曰："此地人以冶容是尙，故凡看你等，皆驚笑，以謂朝鮮人類皆若是，可於面陽地，洗濯你身．"臣卽令從者各自浣澣，遂與程保等面陽環坐，洗去塵垢．李節又來，指點臣之皮膚盡換，足爪脫落，曰："此是困於患難，不恤身膚之驗也．"臣曰："我在海時，喉嘔血數匊，口無津三日．今又認膚爲鹹水所砭而換，足爲徒跣險阻而傷．嘗聞'身體髮膚，不敢毁傷，孝之始也．'我之體膚之傷若此，其眞不孝之子爾．"節曰："無傷也．非你欲傷，天實傷你，雖傷何傷？不須傷心．"李節之友人，失其姓名，袖《小學》一部，因節以遺臣，欲求詩．臣曰："無功而受人之賜，是傷廉之地，敢辭．"節曰："此人欲求一詠以爲記爾．"臣曰："做得詩不好，擧得筆亦不好，以不好易人之好，非所欲也．"其人還袖去．李節謂臣曰："交以道，接以禮，則孔子亦受，是何(郤)〔卻〕[55]之之甚？"臣曰："彼人非是肯捨册也，意在得詩．則交不以道，接不以禮，我若一受，則是賣詩取直，故(郤)〔卻〕[56]之．"節唯唯而退．夕，李節

55_ 是何卻之之甚 : 是何郤之之甚【동양】【양명】【금택】【규장】【장서】◆ '郤'은 '卻'의 誤記이며, 또한 '卻'은 '却'의 本字이다.

56_ 위의 주 55와 동일.

與其友金太等三人來饋臣及從者.

初十日, 在杭州. 是日晴. 顧壁來言曰: "你去京師, 前路不可不知. 我國蘇、杭及福建、廣東等地, 販海私船, 至占城國、回回國地, 收買紅木、胡椒、番香, 船不絶, 十去五回, 其路絶不好. 唯赴京一水河路, 十分好也, 故琉球、日本、暹羅、滿剌加等國進貢, 俱從福建布政司泊船, 到此府, 過嘉興, 至蘇州, 天下紗羅段匹及諸寶貨, 皆出於蘇. 自蘇州過了常州, 至鎭江府, 過楊子江, 江距此府千餘里. 其江洶惡, 如無風浪, 方可渡. 過此江, 直至京, 河路幾至四十日程. 你衆人喜得春天, 若是夏天炎熱, 蒸燻患病, 何以得去? 且山東、山西、陝西三布政司, 連年旱荒, 人食人肉, 民各失所. 過楊子江, 行千有餘里, 便到山東地面, 你衆深自計較, 可也." 因贈以笋, 曰: "此素食也, 你便可吃. 貴國亦有此笋否?" 臣曰: "我國南方有笋, 五月乃生." 顧壁曰: "此地冬春交生正月方盛, 大者十餘斤. 貴國與此地風土有異."

十一日, 在杭州. 是日陰. 楊秀祿、顧壁共來見臣. 壁曰: "我杭城西山八盤[57]嶺有古刹, 名'高麗寺'. 寺前有二碑記古跡, 距此十五里. 即趙宋時, 高麗使來貢而建也. 你國人越境, 尙且造寺, 則其崇佛之意, 可知矣." 臣曰: "此則高麗人所建也. 今我朝鮮, 闢異端, 尊儒道, 人皆以入孝出恭、忠君信友, 爲職分事耳. 若有髡首者, 則並令充軍." 壁曰: "凡人不事佛, 則必祀神, 然則你國事鬼神否?" 臣曰: "國人皆建祠堂, 以祭祖禰, 事其當事之鬼神, 不

57_ 八盤嶺 : 八般嶺 【규장】【장서】 ◆'般'은 '盤'의 誤記이다.

尙滀祀.”俄而楊秀祿辭出. 壁以一公文示臣, 乃杭州府報前路各府縣驛送臣等文也. 其文曰:“杭州府:〈爲海洋聲息事〉. 奉浙江等處承宣布政使司箚付抄, 蒙欽差鎭守浙江司設監太監張慶、巡按浙江監察御史暢亨會案前事, 「據揔督浙江備倭署都指揮僉事黃宗、巡視海道浙江按察司副使吳文元呈, 幷定海、昌國等衛及台州府等衙門各狀申報, 《弘治元年閏正月十七日, 瞭見海門衛桃渚千戶所牛頭外洋有船, 使入師子寨》等因. 爲照, 係干海洋船隻重事, 就經併行揔督、巡海、分守、分巡官員, 督令把揔幷所屬沿海軍衛巡司出海等官, 部領軍船哨究, 操守隄備. 續據署都指揮僉事黃宗等呈, 備桃渚千戶所申, 《該千百戶柳春等, 帶領旗軍, 前去臨海縣二十都, 與同當地火甲, 獲住人船, 押送到所審問, 語言難辨, 據寫姓名來歷緣由, 抄單呈報前來.》會同巡按浙江監察御史暢亨議, 看得單內開《審夷人崔溥, 雖據供寫, 朝鮮國人往濟州等處海島, 爲暴風所逆, 得到 天子大國之界》等情. 但恐夷人多詐, 眞僞難測, 況無開報所泊船內, 曾否點撿有何器械、幷別項行李等件, 俱合勘審. 又經行據揔督備倭署都指揮僉事黃宗、巡視海道副使吳文元、分守右參議陳潭、分巡副使楊峻呈, 《該把揔松門等衛所備倭指揮同知劉澤呈送夷人四十三人, 會同審據一人寫名云云, 再三會審無異, 隨將印信、馬牌、枋錄、文籍、冠帽、衣包等件, 點看明白, 給與崔溥等收領, 及將所獲夷船, 拖閣上塢外, 備由連人幷刀一把、弓一張解送到職.》會同浙江都布按三司掌印都指揮僉事崔徿、左布政使徐圭、副使魏福, 覆審相同. 緣係遭風外夷人船事理, 擬合通行. 除外, 仰抄領人案回司.」照依會案內事理, 卽將崔溥等, 本司給批差委指揮僉事楊旺, 管送赴京. 及行所屬驛遞, 應付差去官員廩給、站船, 幷伴送軍餘及崔溥等口粮、紅船、脚力. 合行前路官司, 一體應付. 其發去刀一把、弓一張, 轉發官庫收貯, 取庫收繳報. 仍仰徑自會　奏施行.' 先具抄案依准, 各另呈來."

十二日, 在杭州. 是日晴. 臣謂程保等曰: "顧壁誠心待我, 凡所聞所見, 悉告無隱, 俾我不迷. 恩情甚重, 欲表信物, 顧我行李一無些子之儲. 所有者, 只此衣耳. 我欲解以與之." 保等曰: "前日解一衣, 贈許千戶, 今日又解贈顧公, 則所穿之衣, 只一件耳. 迢遞萬里之路, 敝誰改爲?" 臣曰: "古人以一衣三十年者有之. 我之作客他鄕, 只在一年之間, 今時日漸燠, 一布衣足以當之. 且虫也魚感恩, 亦欲報之, 而況於人乎?" 卽解衣與壁, 壁揮手以却. 臣曰: "朋友之賜, 雖車馬不拜, 况此矮小之衣乎? 昔韓退之留衣以別大顚, 則臨別留衣, 卽古人之意也." 壁曰: "本欲却之, 恐阻盛意." 受而去之.

○浙江布政司, 東南至海, 南至福建界, 管十一府州, 統七十六縣. 內有杭州爲第一, 卽五代時吳越國, 宋高宗南渡遷都之地, 所謂臨安府也. 府治、仁和・錢塘兩縣之治及鎭守府、都司、布政司、塩運司、按察院、塩法察院、中察院、府學、仁和學、錢塘學、武林驛, 俱在城中. 城中又有吳山, 其景最好. 上有十廟, 伍子胥廟、三茅觀、四聖廟等也. 又有九井、三潭, 吳山大井爲上, 郭婆上八眼、下八眼、中八眼、西寺等井居次, 又以小溝浚西湖之井, 導入城中. 府之鎭, 乃武林山也. 西湖在城西二里, 南北長, 東西徑十里, 山川秀發, 歌管騈闐之地. 竹閣在廣化院, 白樂天所建. 樂天詩'宵眠竹閣間'者此也. 岳鄂王墓在棲[58]霞嶺口. 冷泉亭在靈隱寺

58_ 岳鄂王墓在棲霞嶺口 : 岳鄂王墓在樓霞嶺口 【규장】 ◆ '樓'는 '棲'의 誤記이다.

前飛來峯下，古誌，‘許由嘗飮於靈隱澗’者此也. 表忠觀在龍山南，有東坡所撰碑. 風篁嶺在放牧馬場西，卽東坡訪辨才之處. 南屛山在興敎寺後. 崖壁剝落之餘，唯存司馬溫公隷書家人卦及米元章書‘琴臺’二字，坡詩‘我識南屛金鯽魚’者此也. 蘇公隄與興敎寺相對，東坡守杭時所築，長十餘里，中有六橋. 旌德觀在蘇公隄第一橋下. 袁韶奏請建祠，取錢塘名人自許由至張九成及節婦五人等三十九人，摘傳立祠. 豐樂樓在城西涌金門外西湖岸，其北有環碧園. 玉蓮堂在涌金門，城北門內又有涌金池. 玉壺園在錢塘門外，東坡詠南漪堂杜鵑花卽此也. 門西有先得樓. 雲洞園在昭慶寺北，花柳參差，中有婦人墓. 石函橋在水磨頭，白樂天〈湖石記〉云：‘錢塘一名上湖，北有石函’者是也. 摠宜[59]園在德生堂西，摘東坡詩‘淡粧濃抹摠相宜’二字，御書堂扁. 斷橋在摠宜園西，所謂‘斷橋斜日岸烏紗’者此也. 西石頭在石函橋西，秦始皇東巡浮海纜船之地. 孤山在西湖孤山路西，山之東有林和靖隱廬古基及墓. 三賢祠在蘇公隄第三橋下，乃白文公、林和靖、蘇文忠公祠. 已上古蹟，皆顧壁所與臣說話. 杭卽東南一都會，接屋成廊，連衽成帷，市積金銀，人擁錦繡，蠻檣海舶，櫛立街衢，酒帘歌樓，咫尺相望，四時有不謝之花，八節有常春之景，眞所謂別作天地也.

十三日，自杭州登程. 是日陰. 指揮楊旺護臣等自武林驛起程，行二十餘里，至城北門，門有三層重城，外門又二層，榜曰‘武林之門’. 城內所過層門十四、大橋十餘、廟三、鋪二. 臣乘驢疾驅，或不記其名. 所可記者，唯水

59_ 摠宜：摠直【규장】◆‘直’은 ‘宜’의 誤記이다.

亭公館、解元門、眞教寺、登瀛洲門、雲鳳門、觀光門、進士坊、貢院、亨衢門、千勝廟、晏公廟而已. 重城外有吳山驛, 驛前又有吳山鋪, 又三大橋、四門, 皆忘其名. 自門外可十餘里間, 市肆相接, 亦與城中一般. 行至天妃宮, 宮前卽德勝壩河. 河邊畫舫紼纚, 不可勝數. 楊旺與其弟楊昇及松門衛千戶傅榮、錢塘人陳萱及從者李寬・夏斌・唐敬・杜玉等七八人同一船, 臣與陪吏等及北京人李節、金太同一船, 臣之帶去人許尙理等同一舡. 過(溥)〔普〕濟橋[60], 橋有三虹門, 橋上有華光寺、江漲橋. 橋有四虹門, 橋上有江漲鋪. 至香積寺前小留焉, 寺有兵房吏、典簿吏, 寺卽東坡所遊之地也. 自德勝壩至此, 溫州、處州、台州、嚴州、紹興、寧波等浙江以南商船俱會, 檣竿如簇. 夜過通示橋等三橋, 橋以水廣, 皆設五虹門, 甚高大.

十四日, 過崇德縣. 是日陰. 泝謝村河而東, 則其南岸石築新堤, 長三十餘里. 問之則都・布・按三司所新築也. 過十二里洋、堅濟橋、普安橋、大尹廟, 水卽鴻麗河, 河上官廨, 乃塘(西)〔棲〕鎭[61]也. 有官人韓紳謂臣曰: "你母奶奶知你到此否?" 臣曰: "海天茫茫, 鴈杳魚沈, 母必以我爲已葬魚腹中. 傷母心, 不孝于親, 莫我若也. 今蒙大國厚恩, 生還故鄕, 則母子相見, 有勝隧下之融融矣." 因過夸塘橋、萬壽橋、福祿壽橋、福德橋、普濟橋、彭和橋, 問其水名, 則丞沈河也. 又過恩榮門、大德新橋、三里橋、

• • •

60_ 普濟橋 : 溥濟橋【동양】◆ 원문은 '溥濟橋'라고 되어 있으나, 이는 '普濟橋'의 誤記이다. 萬曆《杭州府志》권45, 橋梁 ; 民國《杭州府志》권7, 교량1 참조.

61_ 塘棲鎭 : 塘西鎭【동양】◆ 원문은 '塘西鎭'으로 되어 있으나, 이는 '塘棲鎭'의 誤記이다.《一統路程圖記》권7, 杭州府・官塘至鎭江府水路 참조.

山川壇、(浯)〔語〕溪橋[62]，到崇德縣，知縣趙希賢，字堯卿，餽以糧饌甚優．水夫謂臣曰："所過有長安驛，大人知否?" 臣曰："我不知也." 水夫曰："此則楊指揮從者陳萱私討支供粮饌，不使大人知也." 又自崇德河撦舟而上，過終橋稅課局、永安橋、養濟院、朔義門，所過大虹橋有六七．夜三更，過皀林驛，徹夜而行．

十五日，過嘉興府．是日晴．泝三塔灣，過三塔鋪，至龍淵勝境之前，有三大塔臨河岸．地之得名以此．又過龍王廟、嘉禾遞運所、趙氏貞節門、社稷壇、香珠橋，至西水驛．驛前建石柱，作屋廊於河中百餘步，纜舟於廊下．驛丞何榮以詩三絶見遺，臣亦和之．榮另將菜饌、乾雞八、帶魚等物以贈，曰："我朝郎中祁順、行人張謹，曾使朝鮮，著《皇華集》．國人賡和，徐居正居首列也．其詩有曰：'明皇若問三韓事，文物衣冠上國同.' 今見足下，誠千載一遇，蒙不棄復承和詩．謹奉薄禮，少助舟中一膳，希目入，幸甚." 臣曰："祁郎中文章淸德，人所欽慕，今爲甚麼官職? 張行人亦任甚麼職事?" 榮曰："祁郎中見貶，爲貴州石阡府知府，今已卒矣．張行人被罪，今充錦衣衛之軍." 因問曰："徐居正今爲寧馨官職?" 臣曰："爲議政府左贊成." 榮曰："居正文章，亦海東人物也." 自西水驛過一大橋，至嘉興府，即古[63]檇李城，越敗吳之地．城中有府治及秀水、嘉興兩縣之治．河抱城，自東南而南而西而北．其屋宇[64]宏壯，景物繁華，亦與寧波府同．臣自城南過杉靑閘，至唐丞相

• • •

62_ 語溪橋 : 浯溪橋 【동양】 ◆ 원문은 '浯溪橋'로 되어 있으나, 이는 '語溪橋'의 誤記이다. 光緖《石門縣志》권2, 建置 참조.

63_ 即古檇李城 : 即右檇李城 【규장】【장서】 ◆ '右'는 '古'의 誤記이다.

陸贄故里，里在城西，有旌門在河之畔．又經安洋門、雲程門、丹兵橋、永福橋、松靑巡檢司．夜又冒雨順風，達曙至平望驛而泊．

十六日，過吳江縣，至蘇州府．是日陰．才牽舟遡平望河，過迎恩門、安德橋、大石橋、長老鋪、野湖、(鴛鴦)〔鶯脰〕湖[65]．湖岸石築堰，可十餘里．又過吳江湖石塘、大浦橋、徹浦橋，至九里石塘，塘限太湖．太湖卽《禹貢》'震澤底定'，周職方'楊州藪曰具區'是也．或謂之'五湖'，以其長五百餘里故名，范蠡所遊[66]處也．湖中有洞庭東・西兩山，一名'苞山'．一目千里，崇巖疊隖，點綴於浩渺間．湖之東北有靈岩山下瞰焉，一名'硯石山'，卽吳築館娃於硯石者此也．山去姑蘇山十里，山勢連續，抱太湖．湖北又有一山，望之渺茫，乃橫山也．至太湖壖，壖石築跨湖之南北．可五十餘里，卽垂虹橋，虹門無慮四百餘穴，窪窪相續．其大者，若木莊、萬頃等橋也．循太湖壖而北，過龍王廟、太湖廟、祝聖門．門前有大塔，塔十四層，層皆架屋，望之若登天梯．又過駐節門，至松陵驛，小停舟而過．過恩榮門、會元門、都室造士門、進士門、譽髦門、儒學、大明橋、登科門．所謂大湖壖，又通跨驛前里閈中，直抵吳江縣，其間又有石大橋，虹門凡七十餘穴．驛與縣皆在大湖之中，屋舍壯麗，下鋪礎砌，上建石柱，以營湖水縈廻，檣帆束立於閭閻之中，所謂'四面漁家繞縣城'者此也．棹過三里橋、迎恩菴，泝尹山湖而上．問

64_ 其屋宇宏壯 : 其屋宇宏壯 【장서】 '宇'는 '宇'의 誤記이다.

65_ 鶯脰湖 : 鴛鴦湖 【동양】 ◆ 원문은 '鴛鴦湖'로 되어 있으나 '鶯脰湖'의 誤記이다. 《明史》卷86, 河渠志 참조.

66_ 范蠡所遊處也 : 范蠡所其處也 【규장】 ◆'其'는 '遊'의 誤記이다.

西望一山，則乃絲子山．其北有山，卽姑蘇山也．松江在尹山湖之東．又棹過尹山鋪、尹山橋，左有造舟作浮橋，可三里許．至寶帶橋，橋又有虹門五十五穴，正舟車往來之衝，跨〔儋〕〔澹〕臺湖[67]，湖山饒景，望若橫帶，卽鄒應博[68]所重建也．夜三更，傍蘇州城東而南而西，至姑蘇驛前．自寶帶橋至此驛，兩岸市店相接，商舶輳集，眞所謂東南一都會也．

十七日，留泊姑蘇驛前．是日晴．蘇州卽古吳王闔閭使伍子胥城而都之．城周又與杭州同，府治及吳縣、長洲縣之治，皆在城中．城之胥門，舊有姑蘇臺，今廢爲驛．植木水中爲涀柱，作石堤三面，皇華樓據其前，昭陽樓建于後．臣問諸傳榮曰："此驛若是姑蘇臺之址，則卽古吳王所築臺之處乎?" 榮曰："非也．古所謂姑蘇臺在姑蘇山，吳王闔閭因山起臺，夫差侈大之，遺址猶存．紹興間又築臺於此，名姑蘇以存故事，今又廢而爲驛，又於城中築臺，扁以'姑蘇'之名"云云．東有遞運所，又有山海鎭，而太湖之水，由石塘注運河，由城東而西，以達于驛．因伍子胥所居，又名'胥湖'．湖廣可百餘步，北抱市衢．縈廻映射闌楯之間，光景浮動．而城西諸山，天平一峯，號爲郡鎭．其郡山之勝，曰靈岩、五塢、仰天、秦臺，秩秩有序，而驛適臨之，眞景致也．當午有按察御史二大人姓王若宋者來驛中，待我禮賓館，問："你官何品?" 臣對曰："五品官．" 又曰："你能詩否?" 臣曰："我國士子皆以經學[69]窮理

67_ 澹臺湖 : 儋臺湖 【동양】 ◆ 원문은 '儋臺湖'로 되어 있으나, 이는 '澹臺湖'의 誤記이다. 隆慶《長洲縣志》권10 水部, 城外運河 참조.

68_ 卽鄒應博所重建也 : 卽鄒應傅所重建也 【장서】 ◆ '傅'는 '博'의 誤記이다.

69_ 我國士子皆以經學窮理爲業 : 我國士子皆以經字窮理爲業 【장서】 ◆ '字'는 '學'의 誤

爲業，嘲弄風月爲賤，故我亦不學詩詞.”又問曰：“箕子封朝鮮，今有後否？且有廟墓祀事不廢否？”臣對曰：“箕子之後箕準爲衛滿所逐，奔馬韓以立都，後爲百濟所滅，今無嗣．箕子廟在平壤，國家每歲春秋，降香祝牲幣以致祭.”又問曰：“你國有何長技，能却隋唐之兵乎？”臣曰：“謀臣猛將，用兵有道，爲兵卒者，率皆親上死長．故以高勾麗一偏小之國，猶足以再却天下百萬之兵．今則合新羅、百濟、高勾麗爲一國，物衆地大，財富兵强，忠智之士，車載斗量，不可勝數.”二大人問畢，命外郎奉米一盤、荳腐一盤、麵筋一盤以餽．臣作詩以謝．又有官人姓鄭者求和約軒詩韻，臣卽次之，其官人又以米六㪷、鵝一隻、菜一盤、胡桃一盤來贈． 又有羅太監家僮姓柳者，年纔十五六，言詞淸雅．自城中來饋，以及從者．李節、金大[70]，亦買饌來饋．夜三更，又乘月掉舟而北，過閶門，閶門之外有通波亭臨湖，舊名‘高麗亭’．宋元豐間所築，以待高麗朝貢之使．亭前接屋連檣，舳艫如櫛．(掉)〔棹〕[71]至接官亭以泊．亭之西望有大塔，卽寒山禪寺，所謂‘姑蘇城外寒山寺’者也．問其地名，則曰楓橋，問其水名，則曰射瀆河也．

○蘇州古稱吳會，東瀕于海，控三江帶五湖，沃野千里，士夫淵藪．海陸珎寶，若紗羅綾段，金銀珠玉，百工技藝，富商大賈，皆萃于此．自古天下以江南爲佳麗地，而江南之中以蘇杭爲第一州，此城尤最．樂橋在城中，界吳、長洲兩縣治間．市坊星布，江湖衆流，通貫吐納乎其中，人物奢侈，樓

記이다.

70_ 2月 13日자를 보면 ‘大’는 ‘太’의 誤記이다.

71_ 棹至接官亭以泊 : 掉至接官亭以泊【동양】【양명】【금택】【규장】; 棹至接官亭以泊【장서】◆문맥상 ‘노를 젓는다’의 뜻의 ‘棹’가 옳으므로 바로잡는다.

臺聯絡. 又如閶門馬頭之間, 楚商閩船, 輻輳雲集. 又湖山明媚, 景致萬狀. 但臣等乘夜到姑蘇譯, 翌日又不喜觀望, 又乘夜傍城而過. 故白樂天所謂'七堰八門六十坊'、'三百九十橋'及今廢舊添新, 勝景奇迹, 俱不得記之詳也.

十八日, 至錫山驛. 是日晴. 遲明, 有官人姓吳名邈者與楊旺同舟, 遺臣書曰: "聞公佳士, 欲識韓荊, 楊同僚亦在小舟. 希移玉一會, 可無辭焉." 陳萱者導臣而往. 臣與程保至其船, 吳、楊共一卓, 環置交椅, 揖臣同坐, 饋以茶飯, 展禮甚謹. 臣等自楓橋遇便[72]風, 懸帆而北, 東有虎丘寺, 有塔, 西有方山, 亦有塔, 皆望如柱天. 過射瀆鋪、趙王涇橋, 至滸墅鎭, 鎭前有鈔關. 南北往來船到此灣泊, 點檢然後乃行. 有太監姓羅者, 原在浙江管織染等事, 今亦過蘇州向北京, 先來泊于此. 有御史三大人來餞于船上, 邀臣至前, 遇以禮, 語臣曰: "你是禮義國好人, 我諸大人相敬你." 因問曰: "天順、成化年間, 有太監奉勅使你國, 你可歷指姓名?" 臣答曰: "天順年間, 我未免襁褓之中, 國家所干事, 皆不曉得. 成化年間, 鄭太監同、姜太監玉、金太監興, 相繼來使." 又書示曰: "鄭、姜、金太監, 皆已作古, 唯金太監在北京." 臣曰: "'作古'二字不曉得." 答曰: "中國人謂死者爲作古, 謂已作古人矣." 因問曰: "你國謂何?" 臣曰: "謂之'物故'." 問曰: "物故何義?" 臣曰: "物, 事也, 故, 無也, 謂死者無復所能於事." 又問曰: "你國尊何經?" 臣對曰: "儒士皆治四書五經, 不學他伎." 又曰: "你國亦有學校否?" 臣對曰: "國都有成均館, 又有宗學、中學、東學、西學、南學, 州府郡縣皆有鄉校, 又有鄉學堂,

72_ 臣等自楓橋遇便風 : 臣等自楓橋遇使風 【양명】【금택】【규장】 ◆'使'는 '便'의 誤記이다.

又家家皆有局堂." 又問曰: "崇尊古昔何聖賢?" 臣曰: "尊崇[73]大成至聖文宣王." 又問曰: "你國喪禮行幾年?" 臣曰: "一從朱文公《家禮》, 斬衰、齊衰皆三年 大功以下, 皆有等殺." 又曰: "你國禮有幾條? 刑有幾條?" 臣曰: "禮有吉、凶、軍、賓、嘉, 刑有斬、絞、流、徒、杖、笞, 一從《大明律》制." 又曰: "你國用何正朔? 用何年號?" 臣曰: "一遵大明正朔、年號." 又曰: "今年是何年號?" 臣曰: "弘治元年." 又曰: "日月不久, 何以知之?" 臣曰: "大明初出海上, 萬邦所照, 況我國與大國爲一家, 貢獻不絶, 何以不知?" 又曰: "你國冠服與中國同否?" 臣曰: "凡朝服、公服、深衣、圓領, 一遵華服, 唯帖裏襞積少異." 因令臣招陪吏以下來, 行上下酒禮. 臣令程保以下揖讓行禮. 太監與三大人擊目談笑, 因以米二十㪷、猪肉一盤、菜一盤、藥果一盤、酒五器饋之. 臣等謝退. 遂乘船過普圓橋、普恩橋[74]、滸墅鋪、吳家店、張公鋪、不平得勝橋[75]、通兵橋[76]、望(高)〔亭〕巡檢司[77]、馬墓鋪、純安橋, 乘夜而行, 四更, 到錫山驛留泊.

十九日, 至常州府. 是日晴. 詰朝, 無錫縣知縣, 忘其姓名, 來遺饌物. 自驛過建渡橋, 入無錫縣治之中, 縣卽古句吳太伯所都. 過建虹橋、都憲門、

73_ 尊崇 : 崇尊 【규장】【장서】 ◆ '尊崇'와 '崇尊'은 倒置字로서 같은 의미이다.

74_ 普思橋 : 普恩橋 【동양】 ◆ 원문은 '普恩橋'로 되어 있으나, '普思橋'의 誤記인 듯하다. 隆慶《長洲縣志》 권12, 橋梁 참조.

75_ '太平得勝橋'의 誤記이다.

76_ 通吳橋 : 通兵橋 【동양】 ◆ 원문은 '通兵橋'로 되어 있으나, '通吳橋'의 誤記인 듯하다. 光緒《無錫金匱縣志》 권5, 橋梁 참조.

77_ 望亭 : 望高 【동양】 ◆ 원문은 '望高'로 되어 있으나, '望亭'의 誤記이다. 康熙《常州府志》 권12, 公署 ; 正德《常州府志續集》 권6, 官寺 참조.

少司寇第、億豐橋、進士坊，至錫山之下，山在縣西北間．又自錫山過十里鋪、高橋巡檢司、(藩)〔潘〕葑鋪[78]、洛社鋪、石瀆橋、橫林鎭鋪、橫林橋、戚墅鋪、興明橋，至劒井．井在東岸，作屋以覆，卽瑞氣升騰之地．日夕，過丫鴈鋪、大橋，至采菱橋．橋之東西，皆作二層，閣以當路，卽進士牌樓也．又過大虹橋三，至常州府，從東水關入城．府治及武(晉)〔進〕縣[79]之治，俱在城中．所過虹橋，亦至七八．行十餘里，至毗陵驛少泊，又出自西水關．府卽延陵郡吳季子采邑，湖山之美，亭臺之設，自古稱道．又過遞運所、沛河橋，至(牛)犇〔牛〕大壩[80]，扌牽舟上岸，纔度壩限，日曙矣．

二十日，過呂城驛，至鎭江府．是日晴，午後雲暗．朝過長店鋪[81]、呂城鎭巡檢司、泰定橋，至呂城驛．過呂城壩、呂城閘、呂城鋪、淸徽觀[82]、靑龍橋、唐家溝、柵口鋪、陸朝鋪、慈雲寺、聖墅鋪、七星橋[83]、長樂

78_ 潘葑鋪 : 藩葑鋪 【동양】 ◆ 원문은 '藩葑鋪'로 되어 있으나, '潘葑鋪'의 誤記이다. 正德《常州府志續集》 권4, 橋梁 無錫 ; 康熙《常州府志》 권12, 公署, 無錫縣 참조.

79_ 武進縣 : 武晉縣 【동양】 ◆ 원문은 '武晉縣'으로 되어 있으나, '武進縣'의 誤記이다. 《明一統志》 권10, 常州府, 建置 참조.

80_ 犇牛 : 牛犇 【동양】 ◆ 원문은 '牛犇'으로 되어 있으나, '犇牛'의 誤記이다. 正德《常州府志續集》 권6, 官寺, 武進縣, 참조.

81_ 張店鋪 : 長店鋪 【동양】 ◆ 원문은 '長店鋪'로 되어 있으나, '張店鋪'의 誤記로 보인다. 正德《常州府志續集》 권6, 官寺, 武進縣에 의하면 鋪司名에 張店이 있기 때문이다.

82_ 淸微觀 : 淸徽觀 【동양】 ◆ 원문은 '淸徽觀'으로 되어 있으나, '淸微觀'의 誤記인 듯하다. 乾隆《鎭江府志》 권20, 寺觀에 의하면 呂城鎭에 淸微觀이 있다. 淸微觀의 舊名은 崇壽院으로 元 延祐 연간에 창건되었다.

83_ 七里橋 : 七星橋 【동양】 ◆ 원문은 '七星橋'로 되어 있으나, '七里橋'의 誤記인 듯하다. 乾隆《鎭江府志》 권18, 津梁, 丹陽縣에 의하면 丹陽縣 동쪽 7里 漕渠 珥瀆口에 七里橋가 있다.

鋪、定善院、惠政橋，到雲陽驛，河名卽潤河．又過雲陽橋、承恩門、鬼神壇、寧眞觀[84]、新橋、新河橋，至丹陽縣，縣枕河邊．過縣經新廟、廣福橋、七星廟[85]、栢岡廟，夜過減水閘、萬景湖、新豊鎭．大雨，徹夜行，至鎭江府新門．

二十一日，至楊子江．是日陰．臣等自南水關，泝(專)〔甎〕城河[86]，傍府城而南而西，過新壩，至京口驛留泊．夕步過京口閘，至通津遞運所，通津水淺，必待潮至，乃可通大江，故改乘船，留待潮候，以爲渡江之備．李節、金太等別臣曰："隨路重蒙看顧，今日相別，君向楊州，我向儀眞．我於春暮，又向北京，尋到會同館來看你．"鎭江府卽潤州城，孫權徙丹徒，築鐵瓮城，謂之京城．府治及丹徒縣之治在城中．城東又有鐵瓮地，而無其城．向吳亭在城西南，北固山在西北，卽梁武帝所名也．戴公山在西南，卽宋武帝所遊也．甘露寺、多景樓，俱在城東北．焦山、銀山，俱建巨刹在城北．金山在大江之中，與銀山相對，上有龍延寺，卽宋眞宗夢遊之地．府城東北隅臨江岸，江卽楊子江，俗呼'洋子江'．江廣二十餘里，源出岷山，會漢水經南京，至此府朝宗于海，卽《禹貢》'岷山導江'者此也．東通吳會，西接漢沔，北達淮泗，南距閩浙，眞四方都會之地也．

• • •

84_ 光緖《丹陽縣志》권11, 寺觀을 보면 '凝眞觀'이 있는데 誤記일 가능성이 있다.

85_ 七里廟 : 七星廟 【동양】◆원문은 '七星廟'로 되어 있으나, '七里廟'의 誤記인 듯하다. 《士商類要》 권1, '杭州府由蘇州至揚州府水路'에 의하면 丹陽縣 雲陽驛에서 7리 떨어진 곳에 七里廟가 있다.

86_ 甎城河 : 專城河 【동양】◆원문은 '專城河'로 되어 있으나, '甎城河'의 誤記이다. 乾隆《鎭江府志》 권4, 城隍에 의하면 洪武元年에 鎭江府城을 甎城으로 지었다고 한다.

二十二日，至廣陵驛．是日晴，自水府神祠開船，至楊子江，江邊五六里，盪舟於陸者，前後相望．臣等懸帆至江之中，金山下江豚戲浪，若戰馬羣奔然．至西津渡馬頭石堤，建木竿於水中，以爲長橋．往來者皆纜舟於橋下，緣橋登堤岸．江淮勝槩樓，當道崢嶸，臣等步由樓下，過瓜洲鎭，至是禮河，一名鎭上河，復乘船而行．楊旺使傅榮謂臣曰："你國有韓老老入在我國，知否?" 臣曰："聞有韓氏者入　大國耳．" 旺曰："正是此韓氏，卽你國婦人入我國爲大行皇帝乳母．今已作古，起墳于天壽寺．" 榮曰："此指揮卽監葬韓氏者，故問云耳．" 過攀桂門、南京[87]甎廠、祈求雨[88]澤祠、七錢鋪、花家園鋪、魚井鋪、衿城澤、楊子鋪，至楊子橋，橋廢只有閣懸標，又有橋倉．日暮，過淸涼鋪，夜至廣陵驛．驛北一里，卽楊州府城也．城中有府治及楊州衛、江都縣治、兩淮運鹽司．

二十三日，過楊州府．是日雨．朝發廣陵驛，過楊州府城．府卽舊隋江都之地，江左大鎭．十里珠簾、二十四橋、三十六陂之景，爲諸郡最，所謂'春風蕩城郭，滿耳沸笙歌'之地．臣等由舟而過，不得觀望，所可見者，鎭淮樓而已．樓卽城南門，有三層．沿河而東而北，過夏國公神道廟、觀音堂、懷遠將軍蘭公之塋、晏公廟、黃巾壩、北來寺、竹西亭鋪、收釘廳、楊子灣巡檢司、灣頭關荒廟、鳳凰橋墩、淮子河鋪、河泊八塔鋪、第伍淺鋪、稅課局、四里鋪、邵伯寶公寺、迎恩門，所過有閘二座．至邵伯驛，驛北有

87_ 南京甎廠 : 南東甎廠【장서】◆'東'은 '京'의 誤記이고, '京'과 '京'은 同字이다.

88_ 祈求雨澤祠 : 祈求兩澤祠【규장】◆'兩'은 '雨'의 誤記이다.

邵伯大湖. 棹傍湖邊二三里許, 至邵伯遞運所, 因水張風亂, 不得夜過湖, 故經宿焉. 自杭城所經衛所, 亦遞差百戶以護送之. 有楊州衛百戶趙鑑者謂臣曰:“前六年間, 你國人李暹, 亦漂來到此還國, 你曉得否?”臣曰:“然.”因問暹之漂還始末, 鑑曰:“暹起初被風打, 到楊州掘港寨, 守寨官張昇差百戶桑愷, 領軍捉獲, 拘囚獄中. 有一巡檢言說:‘放在西方寺安歇’, 推所乘舡所去處, 留在幾一箇月, 沿海備禦都指揮郭大人, 見暹有‘布帆十幅不遮風’之句, 知其爲好人, 以賓朋相待.”又問臣曰:“你所到泊海岸至此凡幾里?”臣曰:“自牛頭外洋至桃渚所, 至杭州, 又至楊州, 所過路無慮二千五百有餘里.”鑑曰:“暹到此, 猶以遠於家山爲憂, 今你所憂, 倍於暹矣.”臣曰:“暹則徒以路遠爲憂, 我所痛者父新死未斂, 母垂老在堂, 子職已虧, 客路愈遠, 悲痛之心, 天蒼地黑.”

二十四日, 至盂城驛. 是日晴. 自邵伯遞運所, 沿邵伯湖新塘, 過邵伯巡檢司、邵伯鎭、馬家渡鋪、三溝鋪、腰鋪、露筋列女祠、露筋鋪、王琴鋪、八里鋪. 新塘石築, 長可三十餘里. 又沿新開湖, 夜二更, 到盂城驛, 驛在高郵州城南三里.

二十五日, 過高郵州. 是日陰. 雞報時, 發盂城驛, 過高郵州, 州卽古邗州. 邗溝一名寒江, 回抱南北水路之要衝. 州城枕大湖, 湖卽高郵湖也. 江湖之勝, 人物之繁, 亦江北一澤國. 蓋夏禹時江淮未通, 故《禹貢》‘沿于江海, 達于淮泗’, 至吳王夫差, 始開邗溝, 隋人廣之, 舟楫[89]始通焉. 又至西河塘, 塘在湖邊, 木柵長七十有餘里. 湖中有島, 島有七公廟, 望之微[90]茫如仙觀焉. 又過樊將軍廟、前總鋪、塘頭鋪、巡檢司、張家鋪、井亭鋪、塘灣鋪，至界首驛，驛與遞運所，東西相對. 陳萱以軍吏，隨楊旺而來，稍解文字，故旺任以書手. 萱貪婪無比，奸詐莫甚，至是怒我軍人金(栗)〔粟〕[91]訴諸旺，旺拿粟決杖十餘. 臣令程保告于旺曰："指揮當護送我等而已，擅自決杖我異國人，亦有法文乎? 我有軍衆，實同盲啞. 雖或違誤，便當開說，在所矜恤，反爲傷打，非　上國護送遠人之道也."旺不能答. 傅榮密告於臣曰："楊公元是北京人，調來杭州衛，他不讀書不諳[92]事. 我屢次諫他，他不聽我們說，敢行悖理之事，不足責他"云云. 又冒雨行，過子嬰淺，沿界首大湖，湖邊亦有長堤. 過巡檢司、槐角樓，夜泊(范)〔氾〕水鋪[93]前.

二十六日，至淮陰驛. 是日陰. 過(范)〔氾〕光大湖[94]及寶應大湖，至安平驛，又過寶應縣治，過白[95]馬大湖及白馬鋪、黃浦鋪、平河橋、里涇河、鎭店、十里亭鋪，夜泊淮陰驛. 自氾水鋪至此百餘里間，東岸築長堤，或石築或木柵，綿連不絶.

• • •

89_ 舟楫始通焉 : 舟揖始通焉 【규장】 ◆ '노'란 뜻에서 나아가 '배'의 뜻을 지닌 '楫'이 옳다.

90_ 望之微茫如仙觀焉 : 望之徵茫如仙觀焉 【양명】 ◆ '徵'은 '微'의 誤記이다.

91_ 金粟 : 金栗 【동양】 ◆ 원문의 '金栗'은 '金粟'의 誤記이므로 바로잡는다.

92_ 他不讀書不諳事 : 他不讀書不暗事 【규장】【장서】 ◆ '暗'은 '諳'의 誤記로서 정반대의 뜻이 된다.

93_ 氾水鋪 : 范水鋪 【동양】 ◆ 원문은 '范水鋪'로 되어 있으나, '氾水鋪'의 誤記이다. 雍正《揚州府志》 권8, 河渠, 寶應縣 참조.

94_ 氾光大湖 : 范光大湖 【동양】 ◆ 원문은 '范光大湖'로 되어 있으나, '氾光大湖'의 誤記이다. 萬曆《揚州府志》 권6, 河渠下, 寶應縣 참조.

95_ 過白 : 白過 【금택】 ◆ 倒置字로서 뜻도 통하지 않는다.

二十七日，過淮安府．是日雨．淮陰驛對岸馬頭城門外有漂母祠，其北又有胯下橋，卽韓信寄食受辱之地．驛又與遞運所接，遞夫廠相對．自驛棹舟，傍淮安府，府卽舊東楚州，實東南重鎭．其舊城內有府治、山陽縣治、淮安衛及都堂府、總兵府、御史府等諸司．舊城之東，又築新城，新城之中有大河衛，餘司未及設．新舊城間，隔一里許，湖水襟帶于兩城之內外，而城與人居，皆在平島中．過自南渡門而北，至淮河，其間有金龍四大王廟、浮橋亭、龍興塔、鍾樓殿、雷神店、西湖河嘴、老和尙塔、鈔廳、板閘、移風閘、鳳翥門、工部廠、淸江閘、騰蛟起鳳門、淸江輻輳門、淸江閘、常盈倉門、天妃廟、東嶽仁聖宮、靈慈宮、平江恭襄侯廟[96]、漕運府、總廠東街、總廠西街、福興閘、玄帝祠、佑聖祠、新藏[97]閘．又其間有鳳陽中都、鳳陽左衛、龍虎右衛、龍江左衛、豹韜衛、豹韜前衛、淮安衛、大河衛、鎭江衛、高郵衛、楊州衛、儀眞衛、水軍左衛、水軍右衛、府軍前衛、泗州衛、邳州衛、壽州衛、長淮衛、廬州衛等． 淮南、江北、江南諸衛會于此造船，俱有廠．大抵大江、淮河四五百里間，地多大浸巨湖，如邵伯湖、高郵湖、界首湖、白馬湖等，湖之大者，四面無際．是日，冒大雨過淮河，一名黃河．臣問諸傅榮曰："以《禹貢》觀之，黃河過積石、龍門、華陰、底柱、大伾諸山，又過洚水、大陸，爲九河爲逆河，東北入于海，淮水過桐柏山，會泗、沂，東入于海．林之奇以謂：'河下流兗受

96_《江南通志》 권40과 《山東通志》 권21 등에는 '恭襄侯廟'가 아닌 '恭襄侯祠'라고 되어있으나, '廟'와 '祠'는 민간에서 널리 통용되었다.

97_ 正德《淮安府志》 권6, 規制2, 公署를 보면 閘名은 '新藏'이 아니라 '新莊'이라 되어 있다.

之，淮下流徐受之.’然則淮與河源出不同，流派不同，入海之地亦不同，今合爲淮河，何也?”榮曰：“在我　大明朝，鑿河路注之淮，合流入海，河失故道，與《禹貢》有異”云云. 淮河實衆水所滐. 黃河與淮水，合流爲西河，濟、漯、汶水，與洙[98]、泗水合流，又會汴水，又東會于沂水爲東河. 西河水色黃，故謂之黃河，東河水色靑，故謂之淸河. 二河合流于此，摠謂之淮河. 河廣可十餘里，深無底，水流暴急. 河邊有耿七公神祠，又有龜山臨河. 趙鑑語臣曰：“此山足有神物，狀如獼猴，縮鼻高額，靑軀白首，目光若電. 諺傳[99]：‘大禹治水時，以大索鎖此物，命住于此，俾淮水安流.’今人有圖此物之形者，免淮濤風水之難.”臣曰：“此眞怪誕不經之說，不足信也.”鑑默然. 臣等過河遡東河而上，至淸口驛. 夜經淸河縣，至泊無人煙之岸. 嘗聞淸河縣治，有韓信城、甘羅城，夜過不能見.

二十八日，陰大風. 搘舟逆風遡淸河口，過三汊淺鋪. 又遡白洋河，夜半至泊河岸，地名不知.

二十九日，晴. 曉發行，過張思忠淺[100]、白廟淺，至桃源驛. 驛西有三結義廟，卽劉備、關羽、張飛之廟也. 驛中又有去思碑. 遡龍溝河，過桃源縣而北，又過崔鎭，昏，至古城驛.

• • •

98_ 與洙 : 與洙【양명】◆‘洙’은 ‘洙’의 誤記이다.

99_ 諺傳 : 諺傳【규장】【장서】◆‘傳’는 ‘傳’의 誤記이다.

100_ 張泗沖 : 張思忠【동양】◆원문은 ‘張思忠’으로 되어 있으나, ‘張泗沖’의 誤記이다. 《淸一統志》淮安府 2 참조.

三十日，過宿遷縣．是日陰．朝自古城驛，過武家溝，遡白洋河、陸家墩、小河口，至鍾吾驛．驛前有皇華、蜚英、雙桂等門，驛北乃宿遷縣也．又過遞運所，順風張帆，疾行若飛．過皂河、青墩、沙方[101]等淺，夜三更，至直河驛．五更，大震電雨雹．

三月初一日，過邳州．是日陰．由直河驛，過龍江、匙頭灣、合沂等淺，沂水自東北流合于此河．行至下[102]邳驛，驛在州城南．邳州，古剡子國，城東有剡子廟，即仲尼問官處．西有艾山，卽魯公、齊(候)〔侯〕[103]相會之地．又有半河山，山上有羊山寺．又有石磬山，距河岸六七里．《禹貢》‘泗濱浮磬’註云：‘下邳有石磬山，或以爲古取磬之地．’未知是否．自杭[104]州以北，則地盡平野，間或有遠山．洋子江以北，一無丘陵，至此始見此等山，亦不高大，如我國南山然．邳之知州姓李、邳州衛指揮姓韓，來見臣，遇以禮，以麵筋一盤、荳腐一盤、素菜二盤餽之．自驛前西轉過邳州城，又過一津，渡白浪口、乾溝兒．雞報，過新安遞運所，平明至新安驛．臣等自遡東河以後，河水廣闊，兩岸高峻，不能時時觀望．

初二日，過房村驛．是日少雨大風．自新安驛，過馬家淺、雙溝、豐·

101_沙坊 : 沙方 【동양】 ◆ 원문은 ‘沙方’으로 되어 있으나, ‘沙坊’의 誤記인 듯하다.《士商類要》권1 ‘南京由漕河至北京水路程’ 참조.

102_行至下邳驛 : 行至不邳驛 【장서】 ◆‘不’은 ‘下’의 誤記이다.

103_齊侯相會之地侯 : 齊候相會之地 【동양】【양명】【금택】; 齊侯相會之地 【규장】【장서】 ◆ 諸侯를 가리키는 것이므로 ‘侯’자가 옳다. 이에 근거하여 바로잡는다.

104_自杭州以北 : 自杬州以北 【규장】【장서】 ◆‘杬’은 ‘杭’의 誤記이다.

沛・蕭・碭四縣夫廠及房村集，又過金龍顯聖靈廟，至呂梁小洪，以竹索緷舟而上，過尼陀寺，西岸有關羽、(蔚)〔尉〕遲公[105]、趙昻之廟．又過房村驛，至呂梁大洪，洪在呂梁山之間．洪之兩傍，水底亂石，巉巖峭立，有起而高聳者，有伏而森列者．河流盤折，至此開岸，豁然奔放，怒氣噴風，聲如萬雷，過者心悸神怖，間有覆舟之患．東岸築石堤，鑿齟齬以決水勢．雖鼻居舠，必用竹綯，須十牛之力，然後可挽而上．臣等自青山龍神祠前，逆洪水過形勝樓，夜過工部分司、王家橋、李家橋、老聃廟，至水首廟前．洪之湍急處可八九里．陳萱謂臣曰："此呂梁洪也．大禹疏鑿以後，有秦叔寶者，管修此洪"云云．臣曰："《禹貢》'治梁及岐'注云：'梁，呂梁山也．'酈道元云：'呂梁之石崇竦，河流激盪，震動天地．'此洪無奈[106]是乎?" 萱曰："果若然也．但《禹貢》呂梁載在冀州，此洪轄徐州，爲可疑耳．"

初三日，過徐州．是日雨大風．曉過九女塚、子(方)〔房〕山[107]，至雲龍山．山上有石佛寺，甚華麗．其西有戲馬臺、拔劍泉．又過蝗虫集、夫廠、廣運倉、國儲門、火星廟，至彭城驛，登庸門、進士[108]朱軒在驛前．徐州府城在驛西北二三里．徐州，古大彭氏國，項羽自稱西楚霸王，定都於此，城

105_ 尉遲公 : 蔚遲公【동양】◆ 원문은 '蔚遲公'으로 되어 있으나, '尉遲公'의 誤記이다. 嘉靖《徐州志》권8, 人事 참조.

106_ 此洪無奈是乎 : 此洪無乃是乎【장서】◆ '乃'와 '奈'는 서로 비슷한 뜻이나, '奈'가 보다 적절하다.

107_ 子房山 : 子方山【동양】◆ 원문은 '子方山'으로 되어 있으나 '子房山'의 誤記이다. 嘉靖《徐州志》권4 地理, 山川 참조.

108_ 進士朱軒在驛前 : 進七朱軒在驛前【규장】◆ '七'은 '士'의 誤記이다.

之東有護城堤. 又有黃樓舊基, 卽蘇軾守徐時所建. 蘇轍有 〈黃樓賦〉, 至今稱道. 臣等自驛過夫廠, 廠在兩水交流之中. 過至百步洪, 泗、洙、濟、汶、沛水合流, 自東北, 汴、睢二水合流, 自西北至徐州城北. 泗清汴濁, 會流南注于是洪, 洪之湍急處, 雖不及呂梁之遠, 其險峻尤甚, 亂石錯雜, 磊砢如虎頭鹿角, 人呼爲'翻船石'. 水勢奔突, 轉折壅遏, 激爲驚湍, 湧爲急溜, 轟震霆, 噴霰雹, 衝決倒瀉, 舟行甚難. 臣船自工部分司清風堂之前, 用人窔百餘, 徇兩岸扌牽路, 以竹索縛舟, 逆挽而上. 臣與傅榮等上岸, 由扌牽路步行, 見鋪石堅整, 問於榮曰: "治此路者其有功於後世乎!" 榮曰: "在昔此路湫隘, 稍遇水張, 無路可尋, 水退則土去石出, 艱於步履. 近年郭昇、尹庭用相繼修補, 用石板甃砌, 扣以鐵錠, 灌以石灰, 故若此堅且固矣." 夜至汴、泗交流之會留泊.

初四日, 晴. 撦舟至遞運所, 所前有起鳳門、沐浴堂. 又以舟爲橋截河流, 號爲大浮橋. 橋之上下, 檣竿如束, 撥橋中二舟, 以通往來船, 船過, 還以所撥之舟復爲橋. 臣船過是橋及搭應夫廠, 至泊于蕭縣之水次倉前河畔.

初五日, 過(劉)〔留〕城鎭[109]. 是日晴. 曉發船, 過九里山至洞山, 山有十王殿. 又過秦梁洪鋪[110]、茶城店、梁山寺, 至境山市鎭[111]. 山有上下寺, 皆

109_ 留城鎭 : 劉城鎭 【동양】 ◆ 원문은 '劉城鎭'으로 되어 있으나, '留城鎭'의 誤記이다. 嘉靖《徐州志》 권7, 人事, 漕政 참조.

110_ 嘉靖《徐州志》 권7, 人事에는 秦梁洪淺이라고 표기되어 있다.

111_ 嘉靖《徐州志》 권4, 地理上 ; 권7, 人事 등에 의하면 境山鎭이 있어, 본문의 '市'는

巨[112]刹. 又過集殿、白廟兒鋪[113]、夾溝淺, 至夾溝驛, 驛丞忘其姓名, 不從陳萱之言, 供饋臣等甚優. 贈杜玉以一㪷米, 萱與玉爭奪, 玉批[114]萱額. 自驛至黃家閘, 閘上有眉山萬翼碑. 臣令程保告楊旺請觀之. 旺不肯, 强而後許之. 其碑撰略曰: "洪惟我朝太祖高皇帝, 龍飛淮甸, 混一寰宇, 迺建都南京, 以臨天下. 暨我太宗文皇帝, 紹基鴻業, 遷都北京. 于時方嶽諸鎭及四夷, 朝聘貢賦, 每歲咸會於畿內. 而滇蜀、荊楚、甌越、閩淛, 悉由楊子江泛東海, 沿流北入天津, 度潞河詣京師. 其江海之闊, 風波之險, 京儲轉輸爲難. 故我太宗文皇帝慮東南海運之艱, 乃召股肱大臣, 往徐、楊、淮、濟, 度地勢, 順水性, 東自瓜洲, 西自儀眞, 咸作土貝以截之, 俾不泄於江. 仍因近世舊矢見, 鑿漕引水爲河, 而總會于楊, 由楊到淮, 由淮至徐, 由徐至濟. 自濟以南, 則水勢南下接黃河, 會淮入海, 自濟以北, 則水勢北流接衛河, 會白河, 亦入於海.　　上復以地形南北, 高下不一, 分泄水勢, 無以貯蓄, 非經久計, 仍命有司置閘, 或五七里一閘, 或十數[115]里一閘, 瀦水濟舟, 迨今淵源不竭. 自是方嶽蕃鎭, 與夫四夷朝聘會同, 及軍民貢賦轉輸、商賈貿易, 皆由於斯, 而舟楫之利, 始通乎天下, 以濟萬民, 無復江海風濤之厄. 我太宗是作, 實纘禹之功, 補天之不足, 開萬世大平之盛典也. 矧徐迺古彭城, 東方大郡, 襟淮帶濟, 爲南北兩京喉舌! 徐之北黃家村之東, 有山溪一派, 南流入

衍으로 보인다.

112_ 皆巨刹 : 皆臣刹 【금택】 ◆'臣'은 '巨'의 誤記이다.

113_ 嘉靖《徐州志》권7, 人事에는 白廟兒淺이라고 표기되어 있다.

114_ 玉批萱額 : 玉枇萱額 【규장】【장서】 ◆'枇'는 '批'의 誤記이다.

115_ 十數 : 數十 【장서】 ◆'十數'가 옳다.

閘，水勢涵湧，多泼流走沙，壅塞淤淺，舟楫經此，恒爲阻隘，民甚病焉．天順戊寅春，有司具疏聞于朝，我英宗睿皇帝丕纘洪休，益篤前烈，迺召有司，立閘以通之，設官以理之．自是舟楫往來，無復前患"云云．閘官開閘，令人栥才牽上臣船以過．　又行過義井、黃家鋪[116]　(候)〔侯〕村鋪[117]、李家中鋪[118]、新興閘、新興寺、(劉)〔留〕城鎭，夜三更，至謝溝閘．

初六日，過沛縣．是日晴．曉過沽頭下閘、沽頭中閘、社學、沽頭上閘、(刀)〔刁〕陽湖[119]、金溝兒淺有上中下三處，至沛縣，縣卽漢高祖故里也．縣之東北有河，卽泡河．河之越岸有高墩，其前建旌門，(摽)〔標〕[120]以'歌風臺'之名，卽高祖歌大風之處也．縣之東南有泗亭驛，卽高祖少爲泗上亭長之處也．河之西岸有圯橋[121]，卽張良取履處．飛雲閘在河口．臣等泝其河，歷其閘，觀其臺，訪其橋，至驛前，驛距河三十步．傅榮謂臣曰："足下觀我大國制度，以謂何如？自江南抵北都，舊無河路，自至正年間以來，始爲通路之計[122]．至我太宗朝，置平江(候)〔侯〕[123]以治之，疏淸源，濬濟、沛，鑿淮陰，

116_ 嘉靖《徐州志》권7, 人事에는 '黃家淺'으로 되어 있다.

117_ 侯村鋪 : 候村鋪【동양】◆원문은 '候村鋪'로 되어 있으나, '侯村鋪'의 誤記이다. 嘉靖《徐州志》권7, 人事, 漕政 참조.

118_ 李家中鋪는 李家淺을 가리키는 듯하다. 嘉靖《徐州志》권7, 人事, 漕政 참조.

119_ 刁陽湖 : 刀陽湖【동양】◆원문은 '刀陽湖'로 되어 있으나, '刁陽湖'의 誤記이므로 바로잡는다. 民國《沛縣志》권4, 河防, 湖澤 참조.

120_ 標以'歌風臺'之名 : 摽以'歌風臺'之名【장서】◆문맥상 '標'가 옳다.

121_ 河之西岸有圯橋 : 河之西岸有圯撟【장서】◆'撟'는 '橋'의 誤記이다.

122_ 始爲通路之計 : 始爲通路之訐【장서】◆ '訐'는 '計'의 誤記이다.

123_ 平江侯 : 平江候【동양】【양명】【금택】【규장】; 平江侯【장서】◆平江侯는 爵位를 나타내는 것이므로, '侯'가 옳다. 또한《明史》권153, 列傳41 陳瑄傳에 의하면 陳瑄

以達于大江，一帶脉絡，萬里通津，舟楫攸濟，功保萬全，民受其賜，萬世[124]永賴.”臣曰：“嚮非此河路，則我等於崎嶇萬里之路，有百技[125]跛行之苦，今乃安臥舟中，以達遠路，不知顚仆之虞，其受賜亦大矣.”是日，自驛過水母神廟，冒夜而行.

初七日，乍陰乍雨．晩過廟道口、湖陵城閘，至兗州府地方，兗州卽舊魯國也．過沙河驛少泊，又過孟陽泊閘，至八里灣閘，閘西卽魚臺縣地．縣前有觀魚臺，卽魯隱公觀魚之處，縣之得名亦以此．又過上・下淺二鋪、河西集場，至穀亭閘，登河岸以望，則東北望渺茫間，有山不甚高峻．傅榮指其山，曰：“彼卽尼丘山，孔子所生處也.”山之下有孔里、洙・泗・沂水．又東北望，若有高山連亘數百里，如雲氣然．榮指其山，曰：“彼乃泰山，卽古岱宗山．虞舜及周天子東巡狩之處也．此行若緣陸路，經兗州曲阜縣，則尼丘可經，洙、泗可涉，孔里可觀，泰山可近望矣.”過玉皇廟，至南陽閘以泊.

初八日，過魯橋驛．是日陰．自南陽閘，過棗林閘，至魯橋驛，驛前有魯橋閘，東道齊魯，西連鉅野，南引淮楚，北抵京師，四通之路．閘西有黑硯池，池水黑．有太監姓劉者，封王赴京，其旌旗、甲冑、鍾鼓、管絃之盛，震盪江河，及是閘，劉以彈丸亂射舟人，其狂悖如此．陳萱曰：“此舟中內官，如此歪爲.”傅榮問諸臣曰：“貴處亦有此太監否?”臣曰：“我國內官，只任宮中洒

• • •

이 平江伯에서 平江侯로 추봉되었음을 알 수 있으므로 이에 근거하여 바로잡는다.

124_ 萬世永頼 : 萬歲永頼 【장서】 ◆‘世’와 ‘歲’의 어느 글자라도 뜻은 통한다.

125_ 有百技跛行之苦技 : 有百枝跛行之苦 【규장】【장서】 ◆ ‘枝’는 ‘技’의 誤記이다.

掃、傳命之役，不任以官事.”榮曰：“ 太上皇帝信任宦官，故若此刑餘人，持重權爲近侍，文武官皆趨付之.”萱曰：“醫、道、佛三法，貴國何重?”臣曰：“我國重儒術，醫方次之，有佛而不好，無道法.”萱曰：“成化 皇帝最重道、佛二法，今 新皇帝一切禁之.”臣問曰：“貴地今當大明之時，皆稱大唐，何也?”榮曰：“此無他，因大唐時傳習之舊而云，習俗然也.”臣又問曰：“自我到此，貴地人皆指我等，曰：‘大大的鳥也機’，此何等語也?”榮曰：“此日本人呼我處大人之訓．此方人恐你等從日本來，故有此言.”臣等自魯橋閘，過通利王廟、魯津橋，至五樓橋，東魯諸水，交流于此．又過師家莊下·上鋪、仲家鋪、仲家淺閘，至新閘．傳榮謂臣曰：“此閘卽都水監丞也先不華所建也．會通河至此地，沙土漬淤，水勢散渙[126]，不能負舟，前後置牐．自新店至師氏莊，猶淺澀有難處，每漕船過此，上下畢力終日叫號，進寸退尺，必資車於陸而運，自立此新牐以後，舟行得其安且順也”云云．牐之東有河神祠，西有公署，署南有遐觀臺．臺上構亭，以東與鄒嶧山對，扁曰‘瞻鄒’．臣等過其牐，夜過新店閘以行.

初九日，至濟寧州．是日晴．欲曙過閘，則乃石(福)〔佛〕閘[127]也．又過趙村閘，至南城驛，少停舟而行．又過眞武廟，至下新閘，閘在越河口迤西(入)〔八〕[128]百餘尺．越河東密邇天井閘，北對會通河，二水縱橫十字然．由

126_水勢散渙：水勢散澳【규장】【장서】◆‘澳’는 ‘渙’의 誤記이다.

127_石佛閘：石福閘 【동양】◆원문은 ‘石福閘’으로 되어 있으나, ‘石佛閘’의 誤記이다. 石佛閘에서 다시 북으로 7리를 가면 趙村閘이다. 萬曆《兗州府志》권19, 河渠 참조.

128_八百餘尺：八百餘尺【규장】【장서】◆ 원문의 ‘入’은 ‘八’의 誤記이므로 바로잡는다.

閘河而西者，或至流覆，遡越河而上者，艱於逆輓，置此閘於兩口之下，時水盈縮而閂縱之．閘之西北二十里許，有獲麟堆，卽'西狩獲麟'之處，今嘉祥縣地也．臣等過其閘，至濟寧州城，則東北有泗從曲阜，洸從徂徠，合魯城東，來入漕河達淮，以入于海．踰淮爲南京，西北有鉅湖，東分入漕河，北分臨淸，出衛河以達于海，踰海爲北京，兩京相望三千餘里外．水皆從濟寧中分，城之東畔洸河，西畔濟河，二河縈抱，合流于城南底．兩河之中有土阜，阜自東北起，蜿蜒而來，殆千有餘里．阜之上有觀瀾亭，卽孫蕃所建也．由亭下至通津橋，橋當城南門道．橋南有靈源弘濟王廟，至宿于廟西北河岸．

初十日，至開河驛．是日晴大風．曉發濟寧城，西過分水閘，至南旺湖，湖瀰漫無際，但西望遠山而已．其東有靑草茂塞之衍，卽《禹貢》'大野旣(瀦)〔豬〕'[129]之澤．今爲湮塞者湖中築石長堤，名'官堰'．臣等沿堤岸順風而北，過馬長坡、安民[130]、牢正、曹井[131]等鋪，至鉅野縣地方．過火頭灣、白嘴兒[132]、黃沙灣、小長溝等鋪、大長滿集，又至嘉祥縣地方．過大長溝、十字河、寺前、孫村[133]等鋪，又至汶上縣地方．過界首鋪、老坡閘，至分水龍王廟，有大水自東北來，至廟前分南・北派．南派卽臣所已經，順

129_ 大野旣豬 : 大野旣瀦【동양】◆출전은〈禹貢〉의 '大野旣豬'로서 '瀦'는 '豬'의 誤記이다.

130_ 萬曆《兗州府志》권19, 河渠를 보면 運河淺舖의 하나로 安居淺이 있는데 '民'은 '居'의 誤字일 가능성이 있다.

131_ 萬曆《兗州府志》권19, 河渠를 보면 運河淺舖의 하나로 曹井橋淺이 있어 '橋'字가 생략이 된 듯하다.

132_ 萬曆《兗州府志》권19, 河渠에 '兒'字가 생략되어 있다.

133_ 萬曆《兗州府志》권19, 河渠에 孫村舖는 孫家淺(舖)으로 되어 있다.

流南下，北派卽臣所將往，逆流北上．廟當其二水之分，故以分水名．問其東北來大水，則人曰'濟河之源'也，未詳其實．楊旺與其徒入廟中，焚香禮神以祭，令臣等亦拜．臣曰："祭山川，諸侯事，爲士庶人者，特祭祖考耳．少踰其分，非禮也．非禮之祭，人爲諂，神不享．故我在本國，不敢拜山川之神，況可拜異國之祠乎？"陳萱曰："此祠，乃龍王祠也，有靈跡．故過此者，皆致恭拜祭，然後行．不然則必有風濤之險．"臣曰："觀於海者難爲水．我已經數萬里大海暴濤之險，若此中土中[134]江河之水[135]，不足畏也．"語未畢，萱告于旺曰："此人不要拜，亦不可屈其志"云云．又過闞城鋪，至開河驛，夜已三更矣．所謂官堰，至闞城鋪而絶．堰中有閘，相間或八九里、或十餘里，凡[136]十有四，堰之長，亦過百餘里．

十一日，晴．過開河鎭[137]、劉家口、表家口[138]、開渠、頭山津、張八口[139]、步家口等鋪，至東平州地方，東平，卽《禹貢》'東原底平'者，沙土瀆泥，水性下濕之地．又過靳家口、栗家莊[140]、李家口[141]、劉家莊、王忠

134_ 土中江：土之江【장서】◆'之'는 '中'의 誤記이다.

135_ 河之水：河之木【규장】◆'木'은 '水'의 誤記이다.

136_ 凡十有四：九十有四【장서】◆'九'는 '凡'의 誤記이다.

137_ 萬曆《兗州府志》권19, 河渠을 보면 문상현의 淺鋪 가운데 開河淺이 있는데 원문의 '鎭'는 생략해야 할 듯하다.

138_ 萬曆《兗州府志》권19, 河渠을 보면 문상현의 淺鋪 가운데 袁家口淺이 있는데 '表'는 '袁'의 誤字로 보인다.

139_ 萬曆《兗州府志》권19, 河渠를 보면 문상현의 14개 천포 가운데 하나로 '張八老口淺'이 있는데 '老'가 생략이 된 듯하다.

140_ '栗家莊'은 '果家莊'으로 표기되어 있다. 萬曆《兗州府志》권19, 河渠.

141_ '李家口'는 '李家莊'으로 표기되어 있다. 萬曆《兗州府志》권19, 河渠.

口[142]、馮家莊、長張口等鋪，至安山閘，登岸四望，則有山連綿西北間．問之則若梁山，若土山，若孝堂山．或謂孝堂，卽郭巨埋子得金之山也．夜至安山驛．

十二日，至東昌府．是日晴．過堡粮倉、安山保[143]、譯家花[144]、積水湖口[145]、蘇家莊、邢家莊、沙孤堆[146]等鋪及戴家廟，至金線[147]閘遞運所，所前有經魁門．門右人家，掛雕籠畜有鳥，其形如鳩，其味赤而長，其吻微黃而鉤，其尾長八九寸，眼黃背靑，頭與胸水黑色．其性曉解人意，其語音淸和圓轉，曲節分明，人或有言，皆應之．臣與傅榮往觀之，謂榮曰："此鳥能言，其無乃鸚鵡乎?" 榮曰："然." 臣曰："此卽隴西鳥也，我卽海東人也．隴西、海東，相距數萬餘里，今日得相見於此，得非幸乎? 但我與此鳥客他鄕，同也，思故國，同也，形容之憔悴，亦同也，觀此鳥，彌增悲嘆之情." 榮曰："此鳥長在籠中，終死他國，今足下好還貴國，盡職君親，胡可謂之同也?" 鸚鵡亦有言，似若有知然．又至壽(長)〔張〕縣[148]地方，過戴家廟・劉家口・

142_ '王忠口'는 '王仲口'로 표기되어 있다. 萬曆《兗州府志》권19, 河渠.

143_ 萬曆《兗州府志》권19, 河渠를 보면 '安山保'는 '安山上淺(舖)'과 '下淺'으로 표기되어 있다.

144_ '譯家花'는 '譚家莊'으로 표기되어 있다. 萬曆《兗州府志》권19, 河渠.

145_ '積水湖口'는 '積水湖'로 표기되어 있다. 萬曆《兗州府志》권19, 河渠.

146_ '沙孤堆'는 '沙堆'로 표기되어 있다. 萬曆《兗州府志》권19, 河渠.

147_ 至金線閘遞運所 : 至金綿閘遞運所【장서】◆'綿'은 '線'의 誤記이다.

148_ 壽張 : 壽長【동양】◆원문은 '壽長'으로 되어 있으나, '壽張'의 誤記이다. 東漢시대에 壽良縣을 壽張縣으로 改名하였다. 明 洪武 3년(1370) 壽張縣을 須城과 陽谷 2縣으로 나누었다가 13년 다시 壽張縣을 두었다. 治所는 오늘날 山東 陽谷縣의 동남쪽에 있는 壽張集에 위치한다. 牛平漢, 《明代政區沿革綜表》(中國地圖出版社, 1997) 등 참조.

戴洋・張家莊・沙灣等鋪、感應祠, 至東(河)〔阿〕縣[149]地方. 過沙灣淺鋪、大河神祠、安家口鋪、北浮橋、掛劍鋪、通汴梁、通濟閘、汉河、沙灣巡檢司、兩河口、鍾樓閣、鼓樓閣、雲津門, 到荊門驛, 驛丞引臣及傅榮于皇華堂前饋茶. 又過平河水鋪、新添鋪、荊門上・下閘, 至陽穀縣地方. 夜過灣東鋪、張家口鋪、七級上・下閘、周家店閘、阿城上・下閘、李海務閘, 至崇武驛, 夜五更矣. 東昌府卽舊齊之聊・攝地, 城在驛北三四里河岸. 城中有府治、聊城縣治及按察司、布政司南司、平山衛、預備倉、宣聖廟、縣學.

十三日, 過清陽驛. 是日晴. 過通濟橋閘、東岳廟、進士門、東昌遞運所、兌粮廠, 又過堤口、稍長閘、柳行口、房家莊、白廟、雙渡兒、呂家灣、(校)〔梭〕堤[150]等鋪. 河之東卽堂邑縣地方, 西卽博平縣地方. 又過洪家口、梁家口等鋪及梁家閘、感應神祠. 又過表家灣[151]・馬家灣・老堤頭・中閘口等鋪、土橋閘、新開口鋪、函谷洞、減水閘, 至清平縣地方. 又過(趍)〔趙〕家口鋪[152], 至清陽驛. 又過朱家灣・丁家口・十里井・李家口等鋪、戴家灣閘, 乘月達曙而行.

149_ 東阿 : 東河 【동양】 ◆ 원문은 '東河'으로 되어 있으나, '東阿'의 誤記이다. 牛平漢, 《明代政區沿革綜表》(中國地圖出版社, 1997) 참조.

150_ 梭隄 : 校堤 【동양】 ◆ 원문은 '校堤'로 되어 있으나 '梭隄'의 誤記이다. 萬曆《東昌府志》 권14, 河渠 참조.

151_ 萬曆《東昌府志》 권14, 河渠를 보면 博平縣의 淺舖로 袁家灣淺이 있는데 '表'는 '袁'의 誤字일 가능성이 크다.

152_ 趙家口鋪 : 趍家口鋪 【동양】 ◆ '趍家口鋪'는 '趙家口鋪'의 誤記이다. 萬曆《東昌府志》 卷14, 河渠 참조.

十四日，晴．至臨淸縣之觀音寺前，寺在兩河交流之嘴，東西設四閘以貯水．寺東以舟作浮橋，以通于縣．縣城在河之東岸半里許，縣治及臨淸衛治，俱在城中，在兩京要衝，商旅輻輳之地．其城中及城外數十里間，樓臺之密、市肆之盛、貨財之富、船(泊)〔舶〕[153]之集，雖不及蘇・杭，亦甲于山東，名於天下矣．臣等沿淸泉河而北，過漏浮關、藥局、新開上閘、衛河廠、板下閘、大浮橋，至淸源驛前留宿．

十五日，朝大雷電以雨，午後陰．有遼東人陳玘、王鑽、張景、張昇、王用、何玉、劉傑等，以商販事先到于此，聞臣等之至，以淸酒三壺、糖餳一盤、荳腐一盤、大餠一盤來饋臣及從者，且曰："我遼東城，地鄰貴國，義同一家．今日幸得相見於客旅之中，敢將薄物，以爲禮耳．" 臣曰："貴地卽古高勾麗故都．高勾麗今爲我　朝鮮之地，地之沿革，雖因時有異，其實同一國也．今我喘息九死之餘，漂泊萬里之外，四顧無相識之人，得遇諸足下，又受厚惠，如見一家骨肉之親．" 玘曰："我於正月起程，二月初吉到此，四月初旬間回還，恐不得再相見也．若先過賤地安定門內，問有儒學陳瀛者，吾兒也，好傳吾消息"云云，相別而去．臣等撐舟至下津廠前留泊．

十六日，過武城縣．是日晴．沿衛河而北，至裴家圈鋪，東爲夏津縣地方，西爲淸河縣地方．過巡檢司、孫家新開口、草廟、黃家口、平河口等鋪，

153_ 船舶之集：船泊之集【동양】【양명】【금택】【규장】【장서】；船舶之集【화산】◆문맥상 '舶'이 옳으므로 이에 근거하여 바로잡는다.

至渡口驛，又過商家道鋪，至武城縣，河抱城西．隔河有進士二門，又有祈雨堂．徹夜行，至甲馬營驛．

十七日，晴．朝過鄭家口、河口鋪、陳家口鋪，至恩縣地方．過白馬河口鋪，又過下方遷無谷寺、河口鋪，至梁家莊驛，移棹過鍾閣，夕至故城縣前留泊．臣謂傅榮曰："今夜月白風便，何以不去？"榮曰："你見此河中有漂尸三箇乎？"臣曰："見之．"榮曰："此皆盜殺之也．此方連遭匈歉，相率而爲盜者多．又不知你等爲漂流行李掃地，反以爲異邦人必賫貴物，皆有欲利之心．又前路人煙鮮少，盜多肆行，故不去也．"臣曰："我之此行，已遇寧波府之盜，平生不願相逢者，盜也．"榮曰："大抵中國人心，北方則强悍，南方則柔順．寧波之盜，江南人也，故雖或爲盜，類皆劫而不殺人，你所以保其身也．此北方人，劫則必殺人，或置之溝壑，或漂之河海．今日所見漂屍，可知矣．"

十八日，過德州．是日晴，大風揚沙．平明，過孟家口・兵河口・馬家等鋪、四女樹、文英門、劉皮口鋪、得意門、大浮橋，至安德驛，陳萱問臣曰："貴國人對客酬酢用茶否？"臣曰："用酒不用茶．"萱曰："我地人對客，皆用茶．若有情厚遠來人，則或有用酒者．"臣問傅榮以　上國傘、蓋、冠、帶、帶牌之制，榮曰："傘與紗帽無等級．蓋則一品・二品茶褐羅表、紅綃裏、三簷銀浮屠；三品・四品與前同，而浮屠則紅；五品青羅表、紅綃裏、二簷紅浮屠；七・八・九品青油綃表、紅綃裏、單簷紅浮屠．帶則一品玉，二品犀，三品花金，四品光金，五品花銀，六品光銀，七・八・九品角．牌則文職自一品至九品，皆有錫牌，一面（揩）〔楷〕[154]書所任衛門，一面篆書'常川懸帶'四字，皀隷背之，武職有皀隷、衙門，皆佩之."臣又問"韃靼或有入寇否?"榮曰："彼時有之，今各邊有分方鎭守，總兵軍馬，常樣守禦，故不得來犯."夜過德州城，河抱城西而北．城卽古平原郡也，土廣人稠，商旅所會．至泊名不知河岸．傅榮謂臣曰："　大上皇帝同母弟有賢德，封魯地，號魯王，在此德州境三百餘里之地，故時人稱爲'德王'."臣曰："德王何以不在京師，在外方乎?"榮曰："親王在內，恐有他意，故待年十六歲以上者，皆封爲王，出之于外."臣曰："德王在山東所轄腹裏之地，亦自擅號令政事乎?"榮曰："王府各司之官掌諸政，有教授之官，有護衛之官，王與之講詩書、閱射御而已．號令政事，王不得有爲，一出於朝廷."

十九日，過良店驛．是日晴．早發過皮口鋪、高家鳳鋪，至吳橋縣地方．又過羅家口、高官廠等鋪、關王廟，至濟南府地方良店驛．又過桑園兒、薄皮口鋪、狼家口鋪、郭家口鋪、舊連窩鋪，至連窩驛，又至連窩遞運所而泊.

二十日，晴．曉過王家口鋪，至景州地方任家口鋪．又過東光縣，縣治在河之東岸．又過油房口鋪[155]、北下口鋪，至南皮縣地方．過北下淺鋪，又至交河縣地方．過曹道灣、薄頭鎭，至新橋，又過鎭武廟、藥王廟、戚家堰軍屯，夜二更，至泊薛家窩里前.

154_ 一面楷書所任衛門 : 一面揩書所任衛門 【동양】 ◆ 원문의 '揩'는 문맥상 '楷'의 誤記이므로 바로잡는다.

155_《行水金鑑》 권155, 運河水에는 '油坊兒'로 되어 있다.

二十一日，過滄州．是日晴．早過三鎭道、馮家口、楊橋口、磚河南、甎河南口等鋪，　至甎河驛．　又過王家圈口・羅家圈口・紅披口・南關等鋪、長蘆巡檢司、鹽運司、遞運所、踵武科門，到滄州撥夫廠．州城臨河之東岸，卽漢之渤海郡也．河邊有望竿上懸人頭以示衆．傳榮謂臣曰：“彼乃强盜首也．漢之龔遂以單車，入此地平羣盜，有‘賣劒買牛’之說．此地盜多劫殺人，自昔猶然．”又過聯芳、應奎、司諫等門，至泊長蘆遞運所前．臣問諸傳榮曰：“自過淮河以後，若兵部、刑部、吏部等各司之官之舡，絡繹不絶，何也?”榮曰：“今　天子聖明，朝臣以舊日所爲，或致小過者，皆降貶之．河路中帶錫牌而歸者，皆見貶下鄕朝士也．前日在紹興府，問你所從來之總兵官黃宗，亦貶罷歸．”臣曰：“朝臣貶秩者多，何以不斥宦寺之徒，使得意以行?”榮曰：“宦官見殺降貶者，亦不可勝計．今在河進京者，皆　先帝所差，回則亦難保．前日相見太監羅公、聶公，皆因回遲，貶作奉御之職．”臣曰：“當今天下，再得堯舜之君，擧元凱，黜四凶，朝廷肅淸，四海妥帖，不亦賀乎?”榮曰：“正是正是．我　皇帝遠之者，小人與宦官也．日親經筵，與閣老學士講詩書、論政事，亹亹不已．以今三月初九日，躬幸國子監，釋奠先聖，崇儒重道之意亦至矣．”臣戲之曰：“天子亦拜於列國之臣乎?”榮曰：“孔子，萬世之師，豈以人臣之禮待之乎? 但天子當釋奠時，贊禮官曰：‘鞠躬拜．’天子欲拜，傍又有一贊禮官曰：‘孔子曾爲魯司寇．’贊禮官又唱曰：‘平身．’禮當拜而實不拜，此尊先師尊天子之禮，兩不悖也．”臣曰：“孔子之道，大於天地，明於日月，信於四時，達之天下萬代而無窮．卿、大夫、士、庶人學其道，以修其身，諸侯學其道，以治其國，天子學其道，以平治天下，則自天子以至於庶人，皆當事以先聖先師之禮，又何擧魯司寇之稱，當拜而不拜乎?

若擧司寇以稱孔子, 則孔子是一小國陪臣, 又安可屈天子之尊以祀之乎?" 榮嘿然. 夜間榮又來語臣曰: "方才京中來者言: '有一尙書與一學士對立, 不知所言, 校尉拿告于 天子, 命下錦衣衛, 監問所言何事.' 學士身居內(閤)〔閣〕[156], 至尊有大小事, 皆與議, 今與尙書相對言, 尤恐有私囑, 故問之."

二十二日, 過興濟縣. 是日陰. 曉過安都(塞)〔寨〕(口)鋪[157]、淸水王家口鋪[158], 至乾寧驛, 興濟縣之治, 在驛之後. 驛前有巨家, 陳萱曰: "此 新皇后張氏之私第也. 初 新皇帝爲皇太子時, 欽天監奏: '后星照河之東南.' 先帝命選河東南良家女子三百餘人, 皆聚京師. 先帝與皇太后更選, 張氏中選, 封爲正后. 后之祖, 知鳳陽府, 父無職, 舊爲國子監生, 今特拜爲都督" 云. 過左衛鋪、柳巷口鋪、三聖祠[159]、盤古廟、高土崗, 至蘆臺舊城, 城北接靑縣之治, 俱在河之西北岸. 縣前通眞、保定、滹沲三河所會, 故謂之三叉. 又過鍾樓閣、社稷壇、峭帆亭、中州集, 至河間府地方, 府城在河之北七八里許. 又至流河驛, 日已昏暯. 過流河鋪, 夜二更, 至泊夏官屯[160].

二十三日, 過靜海縣. 是日晴. 丑時開船, 過釣臺鋪、南家口鋪、雙塘

156_ 學士身居內閤 : 學士身居內閣 【동양】 ◆원문의 '閤'는 문맥상 '閣'의 誤記이므로 바로잡는다.

157_ 安都寨口鋪 : 安都塞口鋪 【동양】 ◆'安都塞口鋪'는 '安都寨淺'의 誤記이다. 嘉靖《興濟縣志》卷上, 建置, 舖舍 참조.

158_ 嘉靖《興濟縣志》卷上, 建置, 舖舍에는 '王家淺'으로만 표기되어 있다.

159_ 嘉靖《興濟縣志》卷上, 建置, 祠廟에는 '三聖祠'가 아닌 '三聖廟'라 되어 있다.

160_ 唐官兒屯 : 夏官屯 【동양】 ◆'夏官屯'은 '唐官兒屯'의 誤記일 가능성이 있다.《士商類要》卷1 '南京由漕河至北京水路程' 참조.

鋪，至奉新驛，驛在靜海縣治之前．臣語傅榮曰："願學水車之制．"榮曰："你於何地，見所謂水車乎?"臣曰："曩者過紹興府時，有人在湖岸運水車，以灌水田．用力小而上水多，可爲當旱農稼之助．"榮曰："其制，木工所知，我未之詳．"臣曰："昔嘉祐中，高麗臣屬乇羅島人，檣摧桅折，風漂抵岸，至蘇州崐山縣．知縣事韓正彥犒以酒食，見其舊桅植舟木上不可動，使工人爲治桅造轉軸，教其起倒之法．其人喜，捧手而輾．乇羅，卽今我濟州也．我往濟州，見漂來此，亦與其人一般．足下亦以韓公之心爲心，教我以水車之制，則我亦捧手而喜．"榮曰："水車只用汲水而已，不足學也．"臣曰："我　國多水田，屢値旱乾．若學此制，以敎東民，以益農務，則足下一唇舌之勞，可爲我東人千萬世無窮之利也．望深究其制，有未盡，則問諸水夫，明以敎我．"榮曰："此北方地多沙土，無水田，故水車無所用，此水夫安知其制? 我姑思之．"食頃間，榮略語機形之制、運用之方．臣曰："我所見，轉之以足，此則運之以手，且其形制小異，何也?"榮曰："你所見必是蹈車者．然不若此制最便，止用一人，可以運之．"臣曰："可造以松木否?"榮曰："松木輕，不可造．其機通上下用杉木，其腸骨用楡木，其板用樟木．其車腸用竹片約之，前後四柱要大，中柱差小，其車輪、腹板長短、廣(俠)〔狹〕[161]如之．如不得杉、楡、樟等木，須用木理堅韌者方可．"又過獨流巡檢司、沙寧鋪，至武淸縣地方，過楊靑遞運所，人定時至楊靑驛，地名都是楊柳靑也．留泊移時，三更，復開舡而行．

161_ 廣狹如之 : 廣俠如之【동양】【양명】【금택】【규장】; 廣狹如之【장서】◆문맥상 '狹'이 옳으므로, 이에 근거하여 바로잡는다.

二十四日，過天津衛．是日陰．曉過直沽城，河名，卽沽水也．至天津衛城，衛河自南而北，卽臣所沿來之下水也，白河自北而南，卽臣所遡去之上水也．二河合流于城之東以入海．城臨兩河之會．海在城之東十餘里，卽舊時江淮以南漕運，皆浮大海，復會于此，以達京師．今則疏鑿水道，置閘閉[162]縱，舟楫之利，通于天下．城中有衛司及左衛・右衛之司，分治海運等事．城東有巨廟臨河岸，大書其額，臣遠而望之，其上'天'字，其下'廟'字，其中一字，不知某字也．遡河過丁字沽、海口里、河東巡更所、桃花口、尹兒灣、蒲溝兒、下老米店，至楊村驛，驛西又有巡檢司．

二十五日，陰．早經上老米店、白河里、南蔡村、北蔡村、王家務、杜口、雙淺、蒙村、白廟兒、河西巡檢司，至河西驛，驛與遞運所，相距七八步．傅榮謂臣曰："淛江三司奏你等漂風之事，表本限在四月初一日．我奉表而來，恐未及限，自此驛乘馹先到京師．他日於兵部前相遇，莫敢揖禮以示相知之意，　新天子法度嚴肅故"云．

162_ 置閘閉縱 : 置閘閑縱【양명】【금택】【규장】【장서】◆'閑'은 '閉'의 誤記이다.

二十六日，晴. 大風，沙塵漲天，目不能開. 順風而行，過要兒渡口、下馬頭、納鈔廳、天妃廟、中馬頭、車榮兒[163]、上馬頭、河西務、土門樓、葉青店、王家欐渡口[164]、魯家塢[165]、攀繒口[166]，至泊蕭家林里前河之越岸. 臣船相對處，有十餘人乘桴，架屋桴上，亦來泊. 有賊人來劫奪，乘桴人亦强健者，相與搏擊. 陳萱曰："盜肆行毆掠若此，其分付你衆，各自相警，小[167]心過夜"云云. 自天津衛以北，白沙平鋪，一望無際. 曠野無草，五穀不生，人煙鮮少. 卽曹操征烏丸時，遣其將，自滹沱河入潞沙，潞沙卽此地也.

二十七日，晴大風. 平明至和合驛，又過漷縣，縣治在河之東岸. 馬頭巡檢司、崔氏園亭在其中. 至此沙堆高大，如丘陵然. 又過火燒屯、公雞店、李二寺、長店兒、大通關、渾河口、土橋巡檢司，至張家灣，卽諸路貢賦、朝貢、商賈之船之所集處也.

163_ 康熙《武淸縣志》권3, 地理, 堤岸에 '車營口'라는 명칭이 보인다.
164_《士商類要》권1 '南京由漕河至北京水路程'에는 '王家擺渡口'로 되어 있다.
165_《士商類要》권1 '南京由漕河至北京水路程'에는 '魯家渡'로 되어 있다.
166_《士商類要》권1 '南京由漕河至北京水路程'에는 '搬罾口'로 되어 있다.
167_ 小心過夜 : 盜心過夜【장서】◆'조심스럽게'라는 뜻의 '小心'이 옳다.

二十八日，至北京玉河館．是日晴．舍舟乘驢，過東嶽廟、東關鋪，至潞河水馬驛，一名通津驛，中門大書‘寰宇通衢’．驛西有遞運所，西北有通州舊城．通潞亭在城之東南，東抱白河，白河一名‘白遂河’，或謂之‘東潞河’．臣等步入城之東門，過旌表田拱尙義門、大運中倉門、進士門，出舊城西門，又過新城第一鋪、大運西倉門、玄靈觀，又出新城西門，城與舊城相接．通州卽秦之上谷郡也，今轄于順天府．州治之南，有通州衛左衛・右衛、定邊衛、神武中衛．臣等於新城西門外，乘驢過永濟寺、廣惠寺，至崇文橋，橋在北京城門之外．楊旺與李寬、唐敬、夏斌、杜玉等，引臣等步入皇城東南崇文門，行至會同館．京師乃四夷所朝貢之地，會同本館之外，又建別館，謂之‘會同館’．臣等所寓之館，在玉河之南，故亦號爲‘玉河館’．

二十九日，詣兵部．是日晴．楊旺引臣等出玉河館門，顧見東衢有橋．橋兩傍建門，扁曰‘玉河橋’．步由西衢，過上林(院)〔苑〕監[168]、南薰坊鋪、大醫院、欽天監、鴻臚寺、工部， 至兵部． 有尙書余子俊坐一廳， 左侍郎姓何、右侍郎姓阮，對坐一廳，郎中二員、主事官四員，連坐一廳．臣等先謁侍郎，次謁尙書，然後詣郎中、主事官廳．郎中等不復問臣以漂來事，指庭中槐陰爲題，令做絶句，又以渡海爲題，令做唐律．又有職方淸吏司郎中戴豪，引臣至廳上，廳壁掛天下地圖，臣所經之地，一見瞭然．郎中等指謂臣曰：“你發自何地， 泊于何地?”臣以手指其漂舟之地、所歷之海、所泊之

168_ 上林苑監 : 上林院監 【동양】 ◆ 원문은 ‘上林院監’으로 되어 있으나, 이는 ‘上林苑監’의 誤記이다. 《明一統志》 卷1, 京師, 文職公署 참조.

渚. 海路正經于大琉球國之北, 戴郎中曰:"你見琉球地乎?"臣曰:"我漂入白海之中, 遇西北風南下, 望見山樣在有無中, 且有人煙之氣, 恐是琉球界也, 然未可的知." 又問曰:"你所帶來人有死亡者乎?"臣曰:"我四十三人, 賴 皇恩如海, 皆得保性命而來." 又問曰:"你國治喪, 用文公《家禮》否?"臣曰:"我 國人生子, 先教以《小學》、《家禮》, 科擧亦取精通者, 及其治喪居家, 一皆遵之." 又問:"你 國王好書否?"臣曰:"我 王一日四接儒臣, 好學不厭, 樂取諸人." 問畢, 饋臣餅茶. 唐敬引臣等還玉河館. 夕, 有姓名何旺者, 頗解我 國言, 來謂臣曰:"你國賀册封使安宰相處良等二十四人來此館, 留四十餘日, 今三月二十二日還程"云云. 臣嘆其不得相見. 何旺曰:"你亦還 國, 何嘆之甚?"臣曰:"憔悴他鄕, 四顧無親, 若見本國人, 則如見父兄. 且父新死母當喪, 弟又少不更事, 家又貧窶, 不保朝夕之際, 我適漂海, 其存其沒, 家莫聞知, 徒以爲鯨濤鼓天, 滄海無涯, 必見臭載, 葬身魚腹. 以貧窶之家, 治重疊之喪, 其老母弱弟之痛爲如何也? 我若得遇安令公之行, 一時還鄕, 則得免道路之虞, 若不得同歸, 他先歸國, 好傳吾消息, 則可以少舒母弟之痛, 天不恤我, 只隔七日間, 不得相見本 國之使, 胡可不自痛恨也?"

四月初一日, 晴. 詰朝, 鴻臚寺主(薄)〔簿〕[169]李翔來謂臣曰:"今日兵部將你事入奏, 你可寬心. 漂流事, 當報禮部, 浙江三司直報兵部, 不報于禮部, 故禮部入奏罪他, 兵部亦杖指揮楊旺二十"云云, 且曰:"汝國謝恩使, 十日間

169_ 主簿 : 主薄 【동양】【양명】【금택】【규장】; 主簿 【장서】 ◆ 主簿는 관직명이므로 '薄'은 '簿'의 誤記이다. '薄'을 '簿'로 바로잡는다.

必到于此，汝可留待同歸可也.” 臣曰：“我奔初喪，一日作客，如過三秋，請足下圖我速還.” 李翔點頭. 自浙江以來不見通事之人，至此方見此人.

初二日，陰. 會同館副使李恕來謂臣等曰：“你四十三人，不係本國差來進貢人，一日一人支給，止是陳老米一升而已，無塩饌”云云. 臣步出館門，適遇(傳)〔傅〕[170]榮. 相話于玉河橋邊，臣問曰：“我所經處浙江有通州，北京亦有通州；徐州府有清河縣，廣平府亦有清河縣. 一海內州縣有同名者，何耶?” 榮曰：“名雖偶同，所管布政司有異，實無害也.”

初三日，陰，夕雷電雨雹. 李翔來曰：“我實你朝鮮通事也. 前一二日，兵部及　內庭有事，故不入奏你等事，今日若又不奏，則明日必入奏之.” 臣答曰：“天下之窮人，莫如我也. 父已死，母又老，弟幼弱，家貧窶，治喪所需，皆闕如也. 我又漂流，未報存亡，母與弟豈知我得蒙　聖天子鴻恩，生到大國乎? 必幷治我喪，悲慟極天. 請足下告于禮部，使我毋久留于此.” 翔曰：“你之生來事，你國安宰相處良已詳回還.” 臣曰：“安宰相何以知之?” 翔曰：“浙江鎭守差指揮楊輅，將你事緣陸路晝夜馳報，於三月十二日來到，安公謄寫奏本而去. 你家當於四五月之交，必知你不死於海，不足憂也. 但你之情理甚切，誠可憐恤，我當告于兵部、禮部.”

170_適遇傳榮 : 適遇傅榮 【동양】【양명】【금택】【규장】; 適遇傳榮 【장서】 ◆傅榮은 인명으로 본문의 여러 곳에 나온다. ‘傳’은 ‘傅’의 誤記이므로, ‘傳’을 ‘傅’로 바로잡는다.

初四日，晴．何旺引臣至其家饋饌，臣謝之．旺曰：“漂流遠來，情可矜憐，故饋之，不必謝也．”

初五日，陰．楊旺來謂臣曰：“奏本，初三日已下禮部”云云．

初六日，晴．琉球國人陳善、蔡賽等，盛辦餅饌來饋臣及從者．臣感其恩，無以報之，卽減粮五升以與之，揮手却之．時琉球使正議大夫程鵬等二十五人，以進貢來寓後館，善與賽盖其從者也．禮部遣辦事吏王敏喚楊旺．臣問其何事，敏曰：“你每進的本抄出來了，因此來叫．”

初七日．洒雨．禮部吏鄭春、李從周等，賫兵部所移禮部咨來示臣．其文‘據浙江三司所報’云云．其末端云：“其崔溥案，仰浙江布政司差委官指揮僉事楊旺管送，及行沿途衛所，量撥官軍，防護赴京外，開坐具本．該本部官欽奉　聖旨‘該部知道’，欽此欽遵．抄出送司案，候間續奉本部送據浙江布政司批差指揮楊旺伴送前項夷人前來．查得成化六年十一月內，該浙江鎭守等官奏送朝鮮國遭風夷人金盃迴等七名，本部已經奏准，量給禦寒衣服及應付脚力口粮還國去訖．今該前因案呈到部，看得朝鮮遭風夷人崔溥等四十三名，雖係海洋哨獲夷人，已該浙江鎭守、巡按、三司等官，會同審驗，別無姦細情由．况各夷風波飄蕩，衣粮缺乏，揆之朝廷柔遠大體，相應優恤，合無行移禮部，量給替換衣服．本部應付官崔溥站馬廩給，餘人脚力口粮，通與車輛，裝載行李，及行該府差官一員伴送，沿途軍衛，量撥軍夫防護，至遼東聽鎭巡等官另差通事人員，送朝鮮地界，令其自行回還．緣係處置遭風外夷歸國, 及奉　欽依'該部知道'事理, 未敢擅便. 弘治元年四月初一日, 太子太保本部尙書余等具題, 次日奉聖旨'是', 欽此欽遵. 擬合通行. 除外, 合開咨前去, 煩照本部奏奉欽依內事理, 欽遵施行. 須至咨者." 臣令孝子將米粮換酒, 以饋鄭春等. 春謂臣曰: "我二人來討些人情面皮, 或銅錢, 或土布, 或諸般產物, 以去用耳, 意不在一醉也." 臣曰: "我當漂海, 四體不保, 僅能得生, 豈有身外之物乎? 你看吾行李, 若有一物, 便將去之." 徐觀其意, 意在臣之所穿衣. 臣令李楨減糧換錢十文以贈之. 李從周不受, 撒之臣前, 與鄭春盛怒而去. 夜, 臣偶謂安義、李孝枝等曰: "當在宋時, 爾濟州人漂至蘇州界, 其船有麻子, 如蓮仁大. 蘇人得而種之, 後年差小, 與尋常麻子一般. 今爾土有所謂麻子乎?" 義曰: "此, 古代事也. 今則尋常麻子, 亦且稀貴, 故凡公賤收貢, 皆納葛麤[171]布, 無用於國, 有害於民. 若貢以隨土所產如海物, 則庶可便矣."

初八日, 陰. 國子監生員楊汝霖、王演、陳道等, 戴黑頭巾, 穿青衿團領, 來曰: "你國學徒亦服此乎?" 臣曰: "幼學雖在窮村僻巷者, 皆服之." 又曰: "你國亦有專經否?" 臣曰: "我　國科擧, 取精通經書者, 故學徒精硏四書五經. 其專治一經者, 不得齒儒者之列."

初九日, 在玉河館. 是日晴. 有張元・張凱兄弟家住館前對門, 共來邀話.

171_ 皆納葛麤布 : 皆納葛麌【규장】【장서】◆'麌'(廘와 同字)는 '麤'의 誤記이다.

初十日，在玉河館．是日晴．李翊謂臣曰："你等還國車馬、關文來，你不久在此．"

十一日，在王河館．是日陰．李翔來謂臣曰："你國　謝恩使，何至今不來乎?"臣曰："道路遼遠，他行止遲速，我不能料念．惟僕之到此，不係國家事，特蒙　大國深恩，生還本國，祇自仰天祝手而已．但瑣尾逗遛，遷延日月，不得全吾哭柩廬墓之心，所以痛哭耳．"翔曰："我已詳說你言于禮部，禮部已入奏．近當回還，勿憂也．"又有姓名王能者，善曉解我國言語，謂臣曰："我祖父世居遼東東八岾之地，來往義州，我亦是高麗人也．我年十三，父沒，隨母而居，退計三十一年間，我與母俱爲兀良哈所掠，轉往韃靼之國，竟得生返，仍居于此．若有你國使來，未嘗不來相看也．"卽以所將錢換酒，慰臣及從者．又語臣曰："聞你從者無有亡失，然乎?"臣曰："然．"能曰："得非幸乎? 盖人口衆而爲日多，則雖平居無事，間有患死者，況遭被惡風，過盡大海，一無亡失，千古所稀．想必你於平昔積善所致也．"臣曰："此是皇恩覆冒，使萬物各得其所，故我等亦幸得保此生也．"

十二日，在玉河館．是日朝雨午陰．有姓名李海，亦解我國語音，來語臣曰："我從使臣往還你國已六度矣．徐宰相居正，尙亡恙乎?"

十三日，在王河館．是日陰．張夔者，張元之季也，聰慧勝兄，謂臣曰："寂寥旅館，何以消過日月?"以醋醬來遺．

十四日，在玉河館．是日晴．有姓名孫錦者謂臣曰："若此夏日之長，難以經過，我甚憐之．"卽餽臣以米一斗、菜一盤、鹽·醬·醋各一器．臣令程保往謝之，錦曰："你等在陳之嘆，專是會同館官員不取稟之過也．皇帝豈知若此乎?"

十五日，在王河館．是日晴．有官吏自禮部來問臣職姓名及帶來人姓名，寫以歸，莫知何爲．

十六日，在王河館．是日晴．有錦衣衛後所班劒司校尉孫雄者來，臣曰："寓空館無所事，淹留已過旬望．不知何日還國?"雄曰："禮部　奏聞討賞，然後可回去．"臣曰："我等來此，不因國家事，九死之後，只求生還耳．今則殘喘已壯，焦腸已沃，傷足已完，瘦骨已實，都是　皇上懷撫遠人之恩，重且大也．我無一絲毫之補於　大國，得蒙此重大之恩，固已措[172]躬之無地矣，又何有賞賜之爲哉? 我所願，早還家山，覲老母葬死父，以終吾孝．此人子之切情，禮部豈能知道?"雄曰："禮部近有事，故致令汝事稽緩．我當詳告汝情于尙書，後又來看你．"

十七日，在王河館．是日洒雨．琉球人陳善、蔡賽、王忠等來告回國．遂以矮扇二把、蹋席二葉贈臣，曰："物雖至薄，情實有在．"臣曰："我所以遇

172_ 固已措躬之無地矣 : 固已楷躬之無地矣【양명】【금택】【규장】【장서】◆'楷'은 '措'의 誤記이다.

知於足下者，在情不在物也.”陳善曰：“我國王曾在二十年前，差我父送貴國回還，大爲人人見愛，常想恩情．我又得與大人相善，得非幸乎?”

十八日，詣禮部．是日陰．辦事吏王瑍，持牌子來叫臣．其牌書‘仰喚朝鮮漂海夷官崔溥，火速赴司，毋違’云云．臣從王瑍，過南薰鋪，至文德坊．城之正陽門內，建大明門，門之左爲文德坊，右爲武功坊，正陽三層，大明二層也．行至禮部，主客司郎中李魁、主事金福·王雲鳳等承尙書周洪謨、左侍郎倪、右侍郎張之命，謂臣曰：“明早引入　朝，給賞衣服，可易吉服．事畢便打發回去.”臣對曰：“我漂海時，不勝風浪，盡撒行李，僅守此喪服來，無他吉服．且我當喪卽吉，恐不合於禮，且以喪服入　朝，義又不可，請大人斟酌禮制，更示何如?”李郞中將臣言歷議，良久，使吏鄭春謂臣曰：“明早受賞時，無展禮節次，可令你從吏代受，明後日謝　恩時，你親拜　皇帝，不可不參”云云．臣還王河館．夕，孫錦又以粟二斗、醬瓜一器來餽之．有一人驅羣羊，過玉河館門而去，其一羊有四角，二羊毛長垂地．

十九日，受賞賜．是日陰．禮部吏鄭春、王敏、王瑍等來叫臣之手下程保等四十餘人以歸，臣獨留館．程保等入闕庭，受賞賜而來．臣所受，素紵絲衣一套、內紅段子圓領一件、黑綠段子褶子一件、青段子褡褸一件、韡一雙、氈襪一對、綠綿布二匹，程保以下四十二人，胖襖各一件、綿袴各一件、鞨鞋各一雙．李翔討錢，與市傍寫書求錢者寫狀，報鴻臚寺云：‘朝鮮國人崔溥等爲　賞賜事．爲因漂海到於浙江，解送到京，今蒙　欽賞衣服、胖襖、韡韈等件，合赴鴻臚寺報名，四月二十日早謝　恩’云云．翔謂程保曰：

“告你官，明早以吉服來謝　皇帝之恩.”有徐序班者，忘其名，來點程保等具冠帶，教以肅拜節次之儀. 徐雖號爲通事，不善解我國之語. 臣令程保同把門者一人，往尋李翔之家，告臣意曰：“親喪固所自盡也，若服華盛之衣，謂之非孝. 我亦人子，其可輕釋喪服，處身於非孝之名乎?”翔曰：“今日我與禮部尙書大人已議之，當是時，親喪輕天恩重，拜謝之禮，不可廢也. 夜四更時分，東長安門外，都要　賞賜衣服來，莫悞.”夕，韃靼大寧衛男女十五人，自其國逃來，寓于西會同館.

二十日，謝　恩于大內. 是日陰. 丑時，李翔自其家來，謂臣曰：“你今具冠服，入朝謝　恩，不可緩也.”臣指頭上喪冠，曰：“當此喪，衣夫錦戴紗帽，於心安乎?”翔曰：“你在殯側，則爾父爲重，今在于此，知有　皇帝而已. 皇帝有恩，若不往謝，大失人臣之禮. 故我中國禮制，宰相遇喪，　皇帝遣人致賻，則雖在初喪，必具吉服，馳入　闕拜謝，然後反喪服. 盖以　皇恩不可不謝，謝之則必於　闕內，闕內不可以衰麻入. 此嫂溺援手之權也. 你今從吉，事勢然也.”臣曰：“昨日受賞之時，我不親受，今謝　恩之時，亦令從吏以下往拜若何?”翔曰：“受之之時，無拜禮節次，雖代受可也，今則禮部鴻臚寺，俱議你謝　恩事，已入奏云：‘朝鮮夷官崔溥等’云云. 你爲爾等之班首，其可安然退坐乎?”臣不得已率程保等，從李翔步至長安門，猶不忍穿吉服. 李翔親脫臣喪冠，加以紗帽，曰：“若國家有事，則有起復之制. 汝今自此門吉服而入，行謝禮畢，復出此門時，還服喪衣，只在頃刻間耳，不可執一無權也.”時皇城外門已啓鑰，常參朝官，魚貫而入. 臣迫於事勢，服吉服入闕. 過一層門、二層二大門而入，則又有二層大門，乃午門也. 軍威嚴整，燈燭輝煌. 李翔坐臣於中庭. 有頃, 擊鼓於午門之左訖, 撞鐘於午門之右訖, 三虹門洞開. 門各有二大象守之, 其形甚奇偉. 昧爽, 朝官以次列班於門前. 李翔引臣齒於朝班, 又引程保等別作一隊, 序於國子監生員之後. 五拜三叩頭後, 出自端門, 又出承天之門, 門在大明門之內. 又東出長安左門, 復穿喪服, 過長安街, 還于玉河館. 李孝枝、許尙理、權山等, 皆帶　賞賜衣袴, 來謁于臣曰: "前此旌義人從李縣監暹, 亦漂到于此, 　皇帝無賞賜之恩, 今我等從行次來, 特蒙此不意之賞, 展拜於皇帝之前, 得非幸歟?" 臣曰: "夫豈偶然哉? 賞者, 賞有功也. 汝等有何功於大國乎? 漂死復甦, 生還本國, 　皇帝之恩, 亦已極矣. 況又以汝賤陋, 得入彤闈, 受此賞賜! 汝等其知之乎? 帝之撫我賞我, 都是我　王畏天事大之德, 非汝等所自致. 汝其勿忘我　王之德. 勿輕　帝賜, 勿壞, 勿失, 勿賣, 以爲他人之有, 使汝子孫世守, 永爲寶藏也."

二十一日. 在玉河館. 是日陰. 有百戶張述祖來言曰: "我是左軍都督府總兵老爹所差送你遼東者也. 兵部及會同館關文, 皆已出了. 二三日間, 你們都起程了." 袖出差箚付以示之, 其文曰: "左軍都督府: 〈爲海洋聲息事〉. 該經歷司案呈, '准兵部職方清吏司手本, 「奉本部連送該本部題, 該本司案呈, 奉本部送於　內府, 抄出鎭守浙江司設監太監張慶題前事. 轉行該府, 差官一員伴送, 沿途軍衛量撥軍夫防護, 至遼東聽鎭巡等官另差通事人員, 送至朝鮮地界, 令其自行回還. 緣係處置遭風外夷歸國, 及奉　欽依《該部知道》事理, 未敢擅便, 弘治元年四月初一日, 太子太保本部尙書余子俊等具題, 次日奉　聖旨《是》, 欽此欽遵. 擬合通行. 除外, 仰行該府經歷司呈府，照依本部奏奉　欽依內事理，欽遵差委的當官一員伴送．仍行鎭守遼東太監韋朗、總兵官緱謙幷沿途軍衛衙門，　一體欽遵施行．」連送到司，合用手本前去．'左軍都督府經歷司呈府，依文施行，手本案呈到府．擬合通行．除備由連人移咨外，合箚仰本職卽將夷人崔溥等，用心防護，伴送前去遼東鎭守總兵官緱謙處交割，另差通事人員伴去人．毋致踈延不便．須至箚付者．"

二十二日，在玉河館．是日晴．臣自是月初五日，得疾首之證，十七日向愈，至是日，卒得心痛，胃膈相戾，手足不仁，冷氣遍身，喘息危在喉咽間．程保、金重、孫孝子、高伊福等，呪之無効．帶率人等，罔知攸措，李(禎)〔楨〕[173]、莫金在傍哭泣．有一人不知姓名，頗知醫病，見臣危殆，以大針針臣十指端，黑血迸湧．其人曰："殆哉殆哉．"金重、程保奔告于禮部主客司．會同館之報又至，禮部卽差(大)〔太〕醫院[174]士朱旻，來救臣病．旻胗臣脉曰："此證本緣七情所傷，重之以感寒，因得此疾，用心調理．"程保問曰："治以何藥?"旻曰："用香火大氣湯治之．"旻疾走大醫院，賫藥來，乃加減七氣湯也．手自調煎以飮臣，旻告去．夜二更，臣嘔所飮之藥．

二十三日，在玉河館．天陰而雷．詰朝，朱旻又來點臣脉，曰："昨日看得三遲二敗之脉，今日脉氣有回生之理，專要調治．"又煎人蔘養胃湯以飮之．臣

173_ 李楨 : 李禎【동양】◆원문의 '李禎'은 '李楨'의 誤記이므로 바로잡는다.
174_ '太'자의 양각 일부가 떨어져 나간 것으로 보인다.

服藥以後，體漸平和．向夕，李恕、張述祖偕來，謂臣曰："明早你輩還國，今你病不好，可於二十六日起程，何如?" 臣曰："我奔初喪，漂寄他國，情理甚切，一日之過，實同三秋．昨者病，今日小愈，車上臥在，可以去矣，請行．" 述祖曰："然則我詣順天府遞運所，討車輛驢馬來．"

○我　大明太祖高皇帝定都于南京，　南京卽金陵，　六朝帝王所都之地．

太宗文皇帝遷都于北平府，爲北京，然南京之治，亦自若也．南京畿內應天府等十八府，有所屬州縣，北京畿內有順天府等十一府，亦有所屬州縣．兩京畿府州縣，直隷六部．又分天下爲十三布政司，曰："山西、山東、河南、陝西、浙江、江西、湖廣、四川、福建、廣東、廣西、雲南、貴州．" 以統諸府州縣．又錯置都司、衛所以防禦之．府一百四十九，州二百十八，縣一千一百有五．又有宣慰、招討、宣撫、安撫等司．

○京城卽元之大都城也．永樂間，增廣修築．城門有九，其南正陽，正陽之右爲宣武，左爲崇文，其東東直、朝陽，其西西直、阜成．其北安定、德勝．

城之中又有皇城，　皇城之中有西苑、太液池、瓊華島、萬歲山、社稷壇、太廟．皇城之長安左門南，宗人府、吏部、戶部、禮部以次而南，宗人府之後，兵部、工部、鴻臚寺、欽天監、大醫院亦以次而南，長安右門南，五軍都督府中・左・右・前亦以次而南，後府在中府之後．後府之南，行人司、大常寺、通政使司、錦衣衛亦以次南，　旗手衛在通政之後．　刑部、都察院、大理寺皆於貫城坊以次而南．又翰林院在玉河之西，詹事府在玉河之東，國子監在安定門之內，光祿寺在東安門之內，太僕寺在萬寶之坊．又有五兵馬司、府軍四衛、羽林三衛、金吾四衛、虎賁左衛、燕山三衛、大興左衛、武驤二衛、騰驤二衛、永淸二衛、武功三衛、濟陽衛、濟州衛、彭城衛、四夷會同之館及順天府、大興・宛平兩縣之治, 元世祖、文天祥、玉皇等廟, 俱在城中. 天壽山在北一百里, 卽皇都鎭山. 山下有永安城, 城內有長陵、獻陵、景陵三衛, 今大行成化 皇帝葬于此. 西山、金山、覺山、泉山、仰山、香山、盧師、平坡、韓家、雙泉、棋盤、翠鳳、潭柘、玉泉、五華諸山, 俱在城西北三十餘里間, 巑岏磅礴, 拱向 皇都, 以固億萬年之基. 玉河源出玉泉山, 經皇城大內中, 出都城東南爲大通河, 至高麗庄, 與桑乾河俱入白河. 海子有二, 一在皇城西三四里, 諸山之水皆匯焉, 一在城南, 卽域養禽獸之所. 其他有樓若披雲閣[175]、若中心館[176]、若永平亭[177]、若匏瓜・玉泉・南野之類, 不可枚數.

○北京卽虞之幽州之地, 周爲燕薊之分. 自後魏以來, 習成胡俗, 厥後遼爲南京, 金爲中都, 元亦爲大都, 夷狄之君, 相繼建都, 其民風土俗, 皆襲胡風. 今 大明一洗舊染之汚, 使左衽之區, 爲衣冠之俗, 朝廷文物之盛, 有可觀焉. 然其閭閻之間, 尙道佛不尙儒, 業商賈不業農, 衣服短窄, 男女同制, 飮食腥穢, 尊卑同器, 餘風未殄, 是可恨者. 且其山童, 其川汙, 其地沙土揚起, 塵埃漲天, 五穀不豐. 其間人物之夥, 樓臺之盛, 市肆之富, 恐不及於蘇杭. 其城中之所需, 皆自南京及蘇杭而來.

○朝廷視臣等以漂海夷人, 令把門館夫劉顯等直臣等, 非奉上司明文禀帖呼喚, 不許擅自出館, 亦不許容放牙行及無籍之徒, 入館串引交通, 故劉顯嚴加防制. 且無通事, 就與盲聾同類, 故凡 朝廷有事, 不得聞而知之.

175_《明一統志》 권1, 順天府, 宮室에는 '披雲樓'로 되어 있다.
176_《明一統志》 권1, 順天府, 宮室에는 '中心閣'으로 되어 있다.
177_《明一統志》 권1, 順天府, 宮室에는 '永平館'으로 되어 있다.

二十四日，自會同館發程．是日晴．百戶張述祖與其子仲英，討車三輛於順天府遞運所而來．臣則騎馬，從者或坐車，或乘驢．從玉河橋，出自崇文門，復過通州新・舊城，至潞河驛，驛吏李鳳煎茶來饋．

二十五日，陰．過白河，河以久旱水淺，略設土橋．又過火燒屯、照里鋪[178]、煙角集[179]、馬義坡[180]、夏店鋪、柳河屯，至夏店驛．所過曠野中，有童山在路之北十餘里外，望之如土阜然．上有昊天塔，卽通州之孤山也．通州在平野，無高山，只有此山而已．又過白浮圖鋪、東關遞運所，入三河縣城南門，過進士門，至大僕分寺，縣在七渡、鮑丘、臨泃[181]三河之中，故名．城中有縣治及興州後屯、營州後屯等衛．縣之北十五里間，有靈山、古城山，其西北有兎兒山、駝山等山．

二十六日，陰．清早，三河知縣姓吳、縣丞姓范、主簿姓楊，俱失其名，以飯米一盤、肉一斤、酒一瓶、菜一盤，來問慰．復出自南門，至草橋店，店之東有臨泃[182]河，積草爲橋．又過煙屯鋪、石碑店、東嶺鋪，至公樂驛．

二十七日，至漁陽驛，遇　謝恩使臣．是日陰，夜大雨．過白澗鋪[183]、二

178_《畿輔通志》 권44, 舖司, 順天府, 通州에 의하면 '召里店舖'로 되어 있다.

179_《畿輔通志》 권44, 舖司, 順天府, 三河縣에 의하면 '烟郊舖'로 되어 있다.

180_《畿輔通志》 권44, 舖司, 順天府, 三河縣에 의하면 '馬已乏舖'로 되어 있다.

181_臨泃三河之中 : 臨洵三河之中【금택】◆'洵'자의 양각 일부가 떨어졌거나 인쇄불량으로 보인다.

182_위의 주 181과 동일.

十里鋪、十里鋪，至漁陽驛，驛在薊州城南五里許．驛之南有南關遞運所，驛丞乃曹鵬也．薊州卽秦漢漁陽郡，唐安祿山叛據之，後取古薊門關以名．盤龍山在西北，崆峒山在東北．城中有州治及薊州衛、鎭朔衛、營州右屯衛治．所治西北隅有張堪廟．堪爲漁陽太守時，敎民種植，童謠云：'麥秀兩歧'云云，有去思立廟如新．臣等欲起程時，有一人馳報云：'朝鮮國使臣來．'臣語諸張述祖曰："我本國使臣來在一刻間，若於路上相逢，則不過一揖而過，我姑留待，以認本國家山之事．"述祖曰："諾．"日晡，　謝恩使知中樞成健、書狀官尹璋及崔自俊、禹雄、成仲溫、金孟敬、張佑奇、韓忠常、韓謹、吳近位、金敬熙、權熙止、成後生、李義山、朴琁、鄭興祖等來寓驛中．臣詣謁　[184]使臣于中庭，使臣下階，亦俯伏[185]語臣曰："　上體平安，國家無事，爾家鄕亦亡恙．　上聞爾漂海無歸處，　啓下禮曹，令各道觀察使通諭沿海各官，不輕搜覓，急速啓聞．且於對馬島及日本諸島使送人書契修答時，右辭緣幷錄　通諭，右承旨慶俊次知　啓依允，聖恩何可量哉?"臣拜伏[186]退舍，謂金重等曰："我等，小民也，如蟪蛄蠛蠓之生死於天地中，生不爲天地之益，死不爲天地之損，豈意　聖念及於小民若此若此?聖念若此，我等所以萬死得一生也．"金重等亦感泣．少選，書狀官與崔自俊，偕到于臣所寓，備語鄕國邇來之事，因曰："初聞漂沒之報，人皆以汝死

183_ 嘉靖《薊州志》권2, 郵驛, 鋪舍附에는 '百澗鋪'로 되어 있다.

184_ 臣詣謁　使臣于中庭 : 臣詣謁使臣于中庭【규장】【장서】◆한 글자의 빈 칸이 없다.

185_ 亦俯伏語臣曰 : 亦俯伏語臣曰【장서】◆'伏'자의 양각 일부가 떨어졌거나 인쇄불량으로 보인다.

186_ 臣拜伏退舍 : 臣拜伏退舍【장서】◆'伏'자의 양각 일부가 떨어졌거나 인쇄불량으로 보인다.

爲嘆, 成希顔獨大言曰'我心以爲崔溥不死海, 早晩必生還'云云. 及今相遇, 果驗其言." 當昏, 使臣邀臣同坐, 饋臣以晩飯, 下及陪吏. 臣謝曰:"小人罪逆深重, 不自死滅, 禍延先人, 未及擗踊于殯側, 反爲颶(毋)〔母〕[187]所驅, 五內分崩, 無復望生. 幸到閩東, 行過六千餘里間, 亦顧眄無親, 語音不曉, 悲辛艱楚, 欲訴誰因? 今遇令公, 如見父母." 使臣曰:"我初於東八岾, 遇安令公之行, 聞爾生到浙江等處, 喜氣欲顚, 今日邂逅, 顧非幸歟?" 又曰:"我之此行, 有養馬者, 中途斃死. 跋涉[188]萬里, 俱生實難. 爾帶去人, 亦有死者否?" 臣曰:"凡我四十三人, 幸得不死, 與之偕來." 使臣曰:"天實生之, 天實生之. 非徒生之, 實由 上德, 是可喜也." 臣又承 使臣之問, 略陳漂寓之故, 所過滄溟之險, 山川之勝跡, 風俗之有異. 使臣曰:"我行過此等地, 獨以爲壯觀, 爾之眼界, 難爲水也."

二十八日, 朝雨而陰. 使臣呌臣至前, 又饋早飯, 因贈以口粮十㪷、笠帽二事、扇十把、理中二十丸及諸般饌物. 又呌伴送臣等之百戶, 語曰:"你送我國人, 善自護恤, 嘉喜嘉喜." 贈以笠帽、扇子等物, 又分帽、扇于臣之陪吏等. 書狀官亦餽臣以夏衣一領、布韈一雙, 崔自俊、禹雄亦各以扇二柄爲行贐. 使臣又犒臣之從者以酒肉, 各有差. 因謂臣曰:"日漸熏熱, 路猶阻長, 少不調護, 疾病纏身. 努力加餐, 好還本國, 以孝慈闈"云云. 時有李(禎)〔楨〕[189]醉感 使臣所饋, 突入前, 極陳在海浮沉之苦. 臣卽告

187_ 反爲颶母所驅 : 反爲颶毋所驅【동양】◆ 원문의 '毋'는 문맥상 '母'가 옳다. '颶母'는 '颶風'과 같은 뜻으로 '거센 폭풍'을 의미한다.

188_ 跋涉萬里 : 跋踄萬里【규장】◆'踄'는 '涉'의 誤記이다.

辭而別. 過永濟橋, 橋跨龍池河, 一名'漁水', 流入白龍港. 諺傳此橋乃安祿山所築也. 又過泰山東岳廟、五里店、八[190]里鋪、別山里、石[191]河鋪、枯[192]樹里, 至陽樊驛.

二十九日, 過玉田縣, 遇　天使於道上. 是日晴. 過扣諭鋪, 至采亭橋, 橋跨藍水河. 馳至玉田縣, 由藍田門入城, 至藍田遞運所. 小泉・徐無等山, 俱在東北二三十里間, 燕山在西北, 距城二十餘里, 卽蘇轍詩所謂'燕山如長虫也, 千里限夷漢'者也. 臣問諸張述祖曰: "傳聞此地乃漢右北平之地, 李廣射虎沒羽之石, 在何方?" 述祖曰: "距此東北三十里有無終山, 山下有無終國舊基及北平城遺址. 城卽李廣出獵遇石之處. 山上又有燕昭王之塚." 臣等又過孝子李茂旌門, 出城東門, 門卽興州左屯衛之門也. 行過韓家莊二里許, 遇有二官人乘轎而至. 有節鉞、鑞牌, 前導者呵曰: "下馬." 臣卽下馬. 二官人呼臣來前, 曰: "你是何許人?" 臣未及對, 上官人令臣寫其手掌. 有張仲英奄至, 備陳臣之姓名及遭風漂還之事. 上官[193]人顧謂臣曰: "你國人已知你生到中國"云云. 臣謝揖而退, 問其官人爲誰, 仲英曰: "前去者乃翰林學士董越, 後者乃給事中王敞. 前月間奉　皇帝勅, 往頒你國, 今是回還之時也." 又過兩家店、沙流河鋪, 至永濟驛.

189_ 李楨 : 李禎【동양】; 李楨【장서】◆원문의 '李禎'은 '李楨'의 誤記이므로 바로잡는다.

190_ 八里鋪 : 人里鋪【규장】◆'人'은 '八'의 誤記이다.

191_ 石河鋪 : 右河鋪【규장】【장서】

192_ 枯樹里 : 枯樹里【장서】◆'枯'는 '枯'의 양각 일부가 떨어진 것으로 보인다.

193_ 上官人顧謂臣曰 : 上宮人顧謂臣曰【규장】◆'宮'은 '官'의 誤記이다.

三十日，過豐潤縣．是日陰．早發行至浭水，一名還鄕河，下流入梁河．諺傳'唐太宗征遼還時所名．'又過登雲門，至豐潤縣城西門，門之重城內，有火神廟．入其城，過武安王廟、騰霄門、繡衣門，復出城東門，門之楣刻書'興州前屯衛'．門外有在城總鋪，鋪之東有東關遞運所．所有官員姓名田能也，鬚眉皓白，頗示款待之意，詰藏垜吏鄭文宗，速討車輛，以送臣等，文宗咈然怒撥田能之鬚．其大無官衙上下之節類如此．縣有鵶鶻、靈應二山在西北．陳宮山在北，崖兒口山在東北．馬頭、明月、腰帶三山在東，唯鵶鶻近城．臣等又過林城鋪[194]，至義豐驛．

五月初一日，陰．曉，至灤州地方．中國以灤州爲商之孤竹國，我國李詹以海州爲孤竹國，二說不同，未知孰是．又過鐵城鋪、狼窩鋪、杏兒峴、榛子鎭、忙牛橋店、佃子里鋪[195]，至遷安縣地方新店遞運所，其東卽柒家嶺驛．驛之東北三十里外，望有都山、蟒山、團山、黃臺、龍泉、晒甲等山，都山尤高峻特秀．

初二日，至永平府城南．是日晴．過沙河，至灤河，其間所過，有沙窩、色山、赤峯、白佛院、石梯子等鋪．灤河源自口北開平而來，北方諸山之水，合流爲一，下流爲定流河，入于海．臣等舟渡行七八里，又渡漆河．河與肥如河[196]合流，繞永平府城西南，流入灤河，故又名'護城河'．伯夷、叔齊廟，在

194_ 萬曆《永平府志》권6, 公廨, 豐潤縣에 '垠城鋪'로 되어 있다.
195_ 萬曆《永平府志》권6, 公廨, 灤州조에 '甸子鋪'로 되어 있다.
196_ 河與肥如河合流 : 河與肥如何合流 【규장】【장서】 ◆'何'는 '河'의 誤記이다.

河之岸上. 行二里, 過迎恩、世英、冠英、尙義等門, 至灤河驛, 驛北二里有城. 城上列建成樓, 其一乃望高樓也. 城中有府治及盧龍縣、永平衛、盧龍衛、東勝左衛治所. 府卽金之南京, 盧龍卽古[197]肥子國, 所謂盧龍塞外者也. 有龍山、洞山、雙子、周王、馬鞍、陽山、灰山、筆架諸山, 聯綿回抱, 亦一形勝之地. 驛之南阜有景致, 其上有寺. 驛丞白思敬曰:"此開元寺也." 時有錦衣衛官人拿的强盜來驛後廳.

初三日, 在灤河驛. 是日晴. 張述祖令其子仲英還于北京, 仲英誤懷兵部交付臣等于廣寧太監之關文而去. 述祖使人追之, 日暮乃返, 故不得已而留. 夜, 大雷電以雨.

初四日, 至撫寧衛. 是日晴. 過東關遞運所, 至驢槽河. 河之北岸, 有大石如槽, 號爲石槽. 諺傳'唐張果飼驢之器.' 又過國家鋪、十八里鋪、雙望鋪、儀院嶺鋪[198]、蘆峯口鋪、㵾滈鋪[199], 至陽河, 河源出列陀山, 經撫寧縣城西八里許. 又過民壯敎場門, 入撫寧縣城西門, 過關王廟, 寓于撫寧衛. 兎耳、鏵子、大崇、連峯諸山, 圍城之南北. 治西有西關遞運所.

197_ 盧龍卽古肥子國古 : 盧龍卽占肥子國【규장】◆'占'은 '古'의 양각 일부가 떨어진 것으로 보인다.

198_ 康熙《永平府志》권6, 公廨에는 義院嶺背陰鋪가 있어 본문의 儀院嶺鋪의 '儀'는 '義'字의 誤記로 보인다.

199_ 康熙《永平府志》권6, 公廨에 蘆峯口鋪에서 10리 거리에 綠灣鋪가 있는데 본문의 㵾滈鋪가 이를 가리킬 가능성이 있다.

初五日，過楡關驛．是日晴．過靑雲得路門，出城東門，過興山鋪、背時鋪，至楡關店．店舊爲關，今移爲山海關．店之東有渝河，河之上有臨渝山．隋開皇中伐高句麗時，漢王諒帥兵出楡關者，卽此地也．又過楡關驛、半山鋪而行，路西北有海陽古城．城之北有列陀山，山高聳爲諸山之雄．又過張(古)〔果〕老河[200]，至娘子河，日已薄暮．河邊有人居三四屋，借器做飯．又過十餘里，停車于名不知路街．

初六日，晴．行至石河．南有五花城，乃唐太宗征高句麗時薛仁貴所築也．至遷安驛，驛在山海[201]衛城西門外．城之東南有孤山臨海濱，城北有角山屹立，山海關當其中，北負山，南帶海，相距十餘里間，爲夷夏要險之地．秦將蒙恬所築長城，跨出于角山之腹，迤邐爲衛之東城，以達于海．有東門遞運所在城中．

初七日，過山海關．是日晴．由調橋入山海衛城西門，至儒學門，問所謂味甘之雙文井，人皆以雙峯答之．過步雲門、給事坊[202]亞元門、靈應廟，至東北第一關，卽所謂山海關也．關之東有鎭東公館，有兵部主事官一員，率軍吏常川坐館，東西行人皆譏察是非以出入之，雖汲婦、樵童，亦皆給牌以表

200_ 張果老河 : 張古老河 【동양】 ◆ '張古老河'는 '張果老河'의 誤記이다. 康熙《撫寧縣志》권2, 地理 참조.

201_ 驛在山海衛城西門外 : 驛在山河衛城西門外 【규장】 ◆'河'로 되어 있으나, '河'는 '海'의 誤記이다.

202_ 給事坊亞元門 : 給事方亞元門 【금택】【규장】【장서】

驗. 張逑祖列寫臣等姓名, 告主事官, 主事官一一呼名姓點之, 然後乃出. 出自關東城門, 門之上建東關樓, 門外有東關橋, 跨海子. 關外有望鄕臺、望夫臺. 諺傳'望夫臺卽秦築城時, 孟姜女尋夫之處.' 又過東遼一鋪、鎭遠鋪, 鋪之東一里有小河, 不記其名. 又過中前千戶所城, 城轄于廣寧之前屯衛也. 城東又有小河. 過至高嶺驛, 驛有城. 自此以後, 驛皆築城, 遞運所同在一城中.

初八日, 過前屯衛. 是日陰. 高嶺驛人, 頑悍暴橫之無甚者. 臣之軍人文廻者催驢時, 驛人以杖杖文廻之頭顱迸血. 張逑祖與臣等行至前屯衛, 遡于衛管軍都指揮晟銘, 卽差人拿其驛人. 臣等至衛, 將近城, 城西二里有石子河, 由城南門而入. 過迎恩、承恩、治政、永安等門, 至衛館, 指揮楊相來暫話, 容貌魁偉者. 又出城東崇禮門而行. 前屯衛城卽舊大寧路瑞州之地. 有大山, 西連山海關而來鎭于衛之東北. 卽三山, 俗謂之'三山頂'. 又過東嶽廟, 至沙河驛. 城西所過小水, 卽沙河也.

初九日, 晴. 過張公墓、雙墩鋪、王公墓, 至前屯衛之中後千戶所城. 由南門而入, 門卽瑞寧門也. 至所館, 與千戶劉淸話別. 復出自城東慶春門, 而行至東關驛. 是日所渡河有三, 曰十子、狗兒、六州等. 河北有殷惡山.

初十日, 晴. 過曲尺河鋪、大沙河, 至寧遠衛之中右千戶所城. 由南薰門而入, 過武安王廟, 至所館. 城之北望有甲山、羊角山. 復出自永和門, 過小沙河而行, 路東南有燒塩場城, 海浦環抱于城之東北. 馳至曹莊驛城.

十一日，過寧遠衛．是日晴，大風．自曹莊驛至寧遠衛城，城南又築長垣，垣南乃講武場．女兒河來繞城東北而西而南注之．城之西有鐵冒山[203]，北有立山、虹螺山，南有青粮山，虹螺三疊獨秀起．臣等由城南門而入，過迎恩、進士、崇敬等門，至迎恩街，街中作二層樓．樓西懷遠門，北靖邊門，東景陽門．又馳至衛館，少歇．城中又有左・右・中・前・後五所．臣等從春和門出城東，城東四里許，有聖塘溫泉．張述祖引臣至，則果有溫湯三井，建浴室．又過桑樹鋪[204]，至連山驛，驛之南有胡蘆套，西有三首山，北有寨兒山．驛之得名以此．

十二日，晴．行過五里河，至塔山所城，所卽寧遠衛之中左千戶所也．由城南門而入，門卽海寧門也．過進士門，至所館，又由城東門而出，至杏山驛．驛東有杏兒山故名．北又有長嶺山．

十三日，陰．行至中屯衛之中左千戶所城，由靖安門而入，從定遠門而出．至凌河驛，驛北有占茂山．

十四日，晴．驛之城東，有小凌河．渡河過荊山鋪，至左屯衛之中左千戶城，由海寧門而入，從臨河門而出．城西有紫荊山，北有逍遙寺．城之東七八里外，又有大凌河，兩河相距可四十餘里．興安鋪、東岳廟，臨河之東岸．

203_《遼東志》卷1, 地理, 山川, 寧遠衛에는 '鐵帽山'으로 되어 있다.
204_《盛京通志》 卷30, 城池二, 錦州府, 寧遠州界內諸堡에는 '雙樹舖'로 되어 있다.

河之東北六七里間，有白沙場，沙窩鋪當其中．白沙隨風簸(楊)〔揚〕[205]，塡塞鋪城，城之不沒於沙僅一二尺．到十三山驛，城東有十三山．以有十三峯故名，驛亦因山得名．北又有小昆侖、熊奉諸山．有官人乘馹而至，行橐有物大如瓢．其中有酒，劈然後可飮．張述祖謂臣曰："此果乃椰子酒也．嶺南多產，人或飮此爲生產者．此則乃廣東布政司進獻　至尊，至尊又賞廣寧太監的．"

十五日，晴．過山後鋪、楡林鋪，到閭陽驛，有山自十三山之北，橫亘東走，過此驛之北，以抵于廣寧衛之北而東．其中有龍王、保住、望海、分水、望城崗、祿河等諸峯，通謂之醫巫閭山．此驛正當其陽，故名閭陽．嘗聞出楡關以東，南濱海，北限大山，盡皆粗惡不毛．主山峭拔，摩空蒼翠，乃醫巫閭，正謂此也．

十六日，至廣寧驛，遇　聖節使臣．是日晴．過四塔鋪，又過二鋪及接官亭，至廣寧衛城．由城西迎恩門而入，過進士坊，至廣寧驛，　聖節使參判蔡壽、質正官金學起、書狀官鄭而得及閔琳、蔡年、朴明善、庾思達、吳誠文、張良、李郁、李塾、李亨良、洪孝誠、鄭殷、申繼孫、辛自剛[206]、尹仲連、金從孫、金春等，馳至驛中．書狀、質正先入臣所寓，略語鄕國之音．臣往拜于使臣，使臣引臣上座，曰："不意今日得相見於此．漂

205_ 白沙隨風簸揚 : 白沙隨風簸楊【규장】【장서】◆의미상으로 볼 때, '楊'은 '揚'의 誤記이다.

206_ 辛自剛 : 辛自問【규장】◆人名으로서 辛自剛이 옳다.

汝活汝，天實使之，到泊中國界，是乃得生之地.”因問臣以所歷山川、形勝、人物、繁夥，臣略陳之.　使臣亦語浙江以南江山地方，如語曾經之地，謂臣曰:“我國人物，親見大江以南者，近古所無，汝獨歷覽若此，豈非幸乎?”臣辭退.夕，　使臣又使人問曰:“汝漂寄他國，行李粮饌，必有缺乏.缺乏何物?我其補之.”臣曰:“我則重蒙　皇帝厚恩，生到于此，過此後，不數日間，馳至本國.令公之行，必過七月乃還，則客中有物，亦有限量，不可輕與人，敢辭.”　使臣招臣之從者，以米二㪷、藿二束贈之，曰:“喪中作客，無物可食，故以餽之.”夜乘月，　使臣坐中庭，邀臣至前，設酌以慰.

十七日，在廣寧驛.是日晴.　使臣與書狀、質正，俱到臣所寓，良久話別.夕，鎭守太監韋朗、都御史徐鑵、都司大人胡忠、總兵官緱謙、參將崔勝同議，以臣等漂死復生，情可矜憐，令驛官百戶柳源將全猪一頭、黃酒四盆、稻米一㪷、粟米二斛來慰，臣分諸陪吏、軍人等，以飮食之.

十八日，在廣寧驛.是日陰.張述祖告別向北京，謂臣曰:“隨路千有餘里，情志有甚戀慕.我年已耳順，脚力且衰，豈復與足下相再見乎?第念足下若得志於本國，則他日必有進貢朝天之時.我家在順城門內石駙馬家前對門，其記今日之情，可賜一問否?”因解襯衣，贈吳山，盖述祖在途，嘗以吳山爲手足故也.參將崔勝令金玉邀臣等，玉，遼東人也，頗解我國語.臣令程保等從玉以往，勝大設酒饌，甚盛以饋.

十九日，在廣寧驛.是日雨.太監、總兵官、都御史、都司、參將等，令柳源及驛寫字王禮等，載衣服、帽鞾等件來驛，分給臣及從者．臣所受，生福青圓領一件、白夏布擺[207]一件、白三梭布衫一件、大氈帽一項、小衣一件、白鹿皮鞾一雙、氈襪一雙，程保以下四十二人，每人白三梭布衫各一件、小衣各一件、氈帽各一項、鞾各一雙、氈韈各一雙．又犒以全猪一頭、酒二盆．源謂臣曰："三堂老爹說你回國[208]，以今日所受之物，俱要啓于

國王前"云云．夕，程保等四十餘人，羅跪臣前，曰："自古漂流，船雖或不敗，或渴水，或陷海，或病死，死者十居其半，令我等屢經患難，俱無死傷，此一幸也．漂到他國者，或致邊將所疑，或細縛，或拘囚，或鞭(樣)〔撻〕[209]，隨之以鞫問按驗之，今我等一無被拘困苦，到處皆敬待，飽以餐飯，此二幸也．前此旌義人從李縣監而漂死者頗多，拘攣亦甚，到　皇都，無賞賜，飢渴困苦，僅得生還，今我等到皇都，皇帝有賞賜，到廣寧，鎭守、三司賜衣裳帽鞾，軍人空手而來重負而還，此三幸也．凡此三幸，莫知其所由致也．"臣曰："此皆由我　聖上仁以撫衆，誠以事大之德也．"

二十日，陰，大風．過察院、普慈寺，出城東門，即泰安門也．又過鍾秀橋、泉水、平甸、潮溝等鋪，至盤山驛，有指揮楊俊來待饋以茶．驛城北望有黑山、岐山、蛇山，山皆醫巫閭之東支也．

207_ 布擺 : 布木罷【규장】【장서】◆'布擺'가 '면포로 만든 홑치마'라는 뜻이므로 '擺'가 옳다.

208_ 三堂老爹說你回國 : 三堂老爹說你回固【규장】◆'固'는 '國'의 誤記이다.

209_ 或鞭撻 : 或鞭樣【동양】◆원문의 '樣'은 문맥상 '撻'의 誤記이므로 바로잡는다.

二十一日，晴而風．過要站鋪，至高平驛，過淸泉鋪、新河橋、通河橋、通河鋪，至沙嶺驛．

二十二日，晴而風．過高墩鋪，至新關門，有長土城，北附長城而南，關門正當其中，卽成化年間所新築也．又過大臺、三官廟、河灣鋪，至三汊河，河卽遼河也．源自開原東北，經鐵嶺，至此與渾河、(泰)〔太〕子河[210]合流爲一，故名三汊．盖遼地瀕海而高亢，支河皆逆流，故泰子、渾河，皆自東而西．又有境外支河，皆自北而南，曲折縈迴，俱會于此，作浮橋，橫截河流，又挽舟而渡，號爲遼河渡．有一官人坐于河岸小廳，以譏察往來行人．其南有聖母孃孃廟．又過臨河橋，到牛家莊驛，又過石井鋪、沙河在城鋪，至在城驛．驛在海州衛之城西門外，故名．衛亦巨鎭也．東有西牟城山．

二十三日，至遼陽驛．是日，陰而雷．自驛傍衛城而西而北而東，過遞運所、土河鋪、甘泉鋪[211]、關王廟，至鞍山驛，驛之東有遼高山，西有遼下山．又過武安王廟、長占鋪，至沙河鋪，有二水俱帶于鋪之東西，名皆沙河．盖自通州以來，地多沙土，故水以沙河得名者多．又過首山鋪，至遞運所城，城卽八里莊也．過接官亭，至遼陽在城驛，驛在遼東城西．

二十四日，晴．有僧戒勉者能通我國語音，謂臣曰："僧系本朝鮮人，僧祖

210_太子河 : 泰子河【동양】◆원문의 '泰子河'는 '太子河'의 誤記이다. 民國《遼陽縣志》권2, 山川 ; 康熙《遼陽州志》권7, 山川 ; 《方輿紀要》참조.
211_《全遼志》권1, 圖考, 遼陽城에는 '井泉鋪'로 되어 있다.

父逃來于此，今已三世矣．此方地近本國界，故本國人來往者甚夥．中國人最怯懦無勇，若遇賊，皆投戈奔竄，且無善射者，必抄本國人向化者，以謂精兵，以爲先鋒，我本國一人，可以當中國人什百矣．此方卽古我高句麗之都，奪屬中國千有餘載．我高句麗流風遺俗，猶有未殄，立高麗祠，以爲根本，敬祀不怠，不忘本也．嘗聞'鳥飛返故鄕，狐死必首丘．'我等亦欲返本國以居．但恐本國反以我等爲中國人，刷還中國，則我等必服逃奔之罪，身首異處．故心欲往而足趦趄耳．" 臣曰："汝以淸淨之流，宜在深山之中，何爲僧冠俗行，出入於閭閻之中乎?" 勉曰："僧入山中久矣，今爲官吏所招來．" 臣曰："招以何事?" 勉曰："　大行皇帝尊崇佛法，巨[212]刹半於天下，方袍多於編戶，僧等安臥飽食，以修釋行．　新皇帝自爲東宮，素惡僧徒，及卽位大有剪去之志．今則　下詔天下，凡新設寺庵，並令撤去，無度牒僧刷令還俗之令，急於星火．故三堂老爹令吏招僧，自今日壞寺長髮云云，僧徒顧安所容一身乎?" 臣曰："此乃撤寺刹爲民舍，毁銅佛爲器皿，髮髡首充軍伍之漸，乃知大聖人之所爲，出於尋常萬萬也．汝徒嘗祝釐曰：'　皇帝陛下萬萬歲．'汝之祝釐如是，　大行皇帝之崇佛如是，寺刹僧佛之盛又如是，　大行皇帝壽未中身，八音遏密，汝之祝釐之勤，安在哉?" 言未旣，勉辭謝而退．

二十五日，晴．通事千戶王憲、百戶吳璽來語臣曰："館夫不說你輩留此經日，故我等在家不知，所以來看之晚也．" 璽遂引程保、金重等，詣三堂大人根前，告以漂來首末．三堂大人卽都指揮使鄧玉、分守總兵官韓斌、布

212_ 巨刹半於天下 : 臣刹半於天下【금택】【규장】◆문맥상으로 '巨'가 옳다.

政司副使吳玉、巡按監察御史陳琳等也. 夕, 指揮使令吏將黃酒三盆、全猪一頭、稻米一㪷、粟米一斛, 來犒臣等.

二十六日, 晴. 王憲復來, 曰:“貴國及海西、毛鄰、建州等衛, 皆路經于此, 貴國　使臣往來, 接待唯我與吳璽二人耳. 我今年老畏暑, 故總兵官差璽伴送你. 璽亦好人, 你可好還本國, 可勿憂也. 大抵道途之遠, 客旅之中, 四體不得息, 寢食不以時, 疾病易以纏. 故不數月間, 貴國　使臣若韓瓚、李世弼相繼道死, 其行道若是其難也. 今你則歷盡鯨濤鼉浪、越南、燕北, 全其身全其從者而還, 天所以置諸危而全之, 措諸禍而福之, 從可知矣.”臣曰:“我之保全而來, 都是　皇恩所賜, 抑又我先人亡靈, 必有陰佑之功故也.”

二十七日, 陰. 吳璽來, 曰:“總兵官差我以騎馬四十三匹、馱載馬十五匹, 送你等還國, 其中一匹, 乃我所騎也. 你等行李, 約有多少?”臣曰:“我四十三人, 原有行李合而載之, 不滿一二馱, 但受賞於　皇帝之胖襖綿袴, 皆冬節之衣, 又有所受於廣寧衣韈等物耳.”璽曰:“行李少則行路可便矣.”

二十八日, 大雨. 吳璽又來, 曰:“今日治任將行, 天雨雨奈何?”臣曰:“以我式遄之心, 難過一刻之留, 憂此雨者, 我一人而已. 今年大旱, 自二月不雨, 以至于今, 幸而得雨, 則其喜之者, 人與萬物也. 天實爲之, 謂之何哉?”璽曰:“正是正是.”

○遼東卽舊我高句麗之都, 爲唐高宗所滅, 割屬中原. 五代時爲渤澥(太)〔大〕[213]氏所有, 後又爲遼、金、胡元所併. 城中有都司、察院、布政司、大僕分司、閱馬司，又有左・右・中・前・後衛．自城西昇平橋，以至肅淸、迎恩、澄淸、楊武、威振、四路等門及進士門八座，以至高麗市間，民居可謂繁夥，揆之江南，可與嘉興府相頡頑矣．但嘉興城外，市闠相接，遼東城外，雞鳴狗吠，不得相聞，海子路傍，塚土纍纍耳．城東又別築東寧衛城，首山、千山、木場、駱駝、太子、杏花諸山，環拱于城之西南東，其北則平曠無垠之野．

二十九日，自遼東登程．是日晴．吳璽與千戶田福偕至驛，引臣等行．出驛城東門外，不一里，乃遼東城也．兩城間有關王廟．行過兀良哈館、泰和門、安定門，至我　朝鮮館，館前立(摽)〔標〕[214]，扁'畏天保國'四字．又過石河兒，入高麗洞，過大石門嶺、小石門嶺，兩嶺間有王都督墓．又過柳河兒、湯河兒、頭巾站[215]、狼子山[216]，至顯得寨里而歇，里有三四家．乘昏，里人偸去臣之帽匣，匣中藏紗帽、囊佩及江南人所贈詩稾．程保告于璽，訊里人索之不得．璽謂臣曰："慢藏誨盜，尙誰咎乎?"

六月初一日，晴，日食．逾顯得嶺、靑石嶺，二嶺間靑石塡路．又過甛水

· · ·

213_ 국명으로는 보통 '渤海'로 더 많이 쓰이며 '太氏'는 '大氏'가 옳다.

214_ 館前立標 : 館前立摽【동양】; 館前立標【장서】◆'摽'는 문맥상 '標'의 誤記이므로 바로잡는다.

215_ 頭關站 : 頭巾站【동양】◆원문의 '頭巾站'은 '頭關站'의 誤記일 가능성이 있다. 民國《遼陽縣志》卷2, 山川 참조.

216_ 浪子山 : 狼子山【동양】◆원문의 '狼子山'은 '浪子山'의 誤記일 가능성이 있다. 民國《遼陽縣志》卷2, 山川 참조.

河兒，西南望有黑山高險，椽子洞有塔寺．東南踰高嶺，嶺巉岩盤曲．過泰子河，至連山關，守關千戶董文邀臣及吳璽、田福、房祥、張勇、沈榮，做飯以饋．福、祥、勇、榮及王升、馬惣、洪傑、吳洗、金清、周端等及百戶三十人、軍人二百餘人、館夫十人，皆遼東總兵官所差護送臣等者也．泝連山河而上，暮投白家莊民家．

初二日，晴．朝至分水嶺．自嶺以北，地勢北下，谿壑諸水，俱會于泰子河，西入于遼[217]河，自嶺以南之水，俱會于八渡河，嶺之得名以此．至通遠堡，堡有新・舊城．龍峯山當其後，前有龍峯河，西南有德山．又其南有甑山，一名‘瓮北山’．又過李海屯，里人曰："昨夜，千戶馬牟忽所管護送軍人，先到于此，有虎攬傷所乘馬．自昔無此患，故過此者，皆山行野宿，今適有之，亦可畏也．" 過斜哨屯河，時水漲湍急暴下．軍人高福者蹉跌赴流，吳璽適浴，見其溺而援之．至李勝屯．

初三日，晴．過斜哨大嶺，至八渡河，以其八渡其水故名．或謂之‘半塗河’，以其自我　朝鮮京城，至中國北京，此河正在其中界兩半故名．又過長嶺兒、薛里站、白言嶺、奴哥禿、奴哥河兒、奴哥嶺、干河兒，至鳳凰山，東寧衛方才撥軍夫，築城于此．吳璽謂臣曰："此城乃爲貴國　使臣往來，防道梗而築也．" 過開州城、王斌吉塔里、餘溫者介河兒，至寬得洛谷，露宿焉．谷之東有海青山，又名‘松鶻山’．

217_ 西入于遼河 : 西入于連河 【장서】 ◆‘連’은 ‘遼’의 誤記이다.

初四日，渡鴨綠江．是日晴．淸晨，過湯山站、名不記二小河，至九連城．城頹只有土築舊址[218]，又謂婆娑堡．堡前有江，卽楓浦也．又舟渡吾夜江．二江同源而分，復合爲一，通謂之‘狄江’．又舟渡鴨綠江，牧使遣軍官尹遷善，慰臣于江邊．薄暮，又舟渡難子江，二江亦以一而分，下又合流．夜三更，馳入義州城，城正當唐人、野人等往來之衝．城之制，狹小頹殘，城中里閈零落，良可恨也．

○自牛頭外洋至桃渚所一百六十餘里，自桃渚所至寧海縣四百餘里間，俱是沿海僻地，無館驛．到越溪巡檢司，始有鋪，到寧海縣，始見白嶠驛．自白嶠過西店、連山、四明、車廏、姚江、曹娥、東關、蓬萊、錢淸、西興，至杭州府武林驛，自桃渚所至此一千五百有餘里也．又自武林過吳山、長安、皀林、西水、平望、松陵、姑蘇、錫山、毗陵、雲陽，至鎭江府京口驛，自杭州至此一千有餘里也．過楊子江，至楊州府廣陵驛，自此以後，路分水陸．水路則有邵伯、盂城、界首、安平、淮陰、淸口、桃源、古城、鍾吾、直河、下邳、新安、房村、彭城、夾溝、泗亭、沙河、魯橋、南城、開河、安山、荊門、崇武、淸陽、淸源、渡口、甲馬營、梁家莊、安德、良店、連窩、新橋、磚河、乾寧、流河、奉新、楊靑、楊村、河西、和合，至通州潞河水馬驛，自楊州至此共三千三百有餘里也．陸路則有大柳、池河、紅心、濠梁、王莊、固鎭、大店、睢陽、夾濟、桃山、黃澤、利國、滕陽、界河、邾城、昌平、新嘉、新橋、東原、舊縣、銅城、荏山、魚丘、大平、安德、東光、阜城、樂城、瀛

218_ 舊址 : 舊坫【규장】◆‘坫’은 ‘址’의 誤記이다.

海、鄞城、歸義、汾水、涿鹿，至固節驛，自楊州至此二千五百有餘里也．水有紅船，陸有鋪馬．凡往來使命、貢獻、商賈，皆由水路．若或因旱乾，閘河水淺，不能通船，或[219]有火馳星報之事，則由陸路．盖楊州府近南京，只隔三驛，且閩淛以南，皆路經此府，以達　皇都，故驛路甚大．陸驛相距，或六十里，或七八十里．水驛則自武林至吳山三十里，自潞河至會同館四十里，皆水路中之陸路，故相距近．其他則或六七十里、八九十里，或過百里，相距甚遠．鋪之相距，或十里，或二三十里．自楊州後，水邊又設淺，或六七里，或十餘里，以記里．臣所經自牛頭外洋至桃渚所，至杭州，至北京會同館，大槩共六千有餘里．自會同館，過潞河、夏店、公樂、漁陽、陽樊、永濟、義豐、七家嶺、灤河、蘆峯口、楡關、遷安、高嶺、沙河、東關、曹家莊、連山島、杏兒、小凌河、十三山、閭陽、廣寧、高平、沙嶺、牛家莊、海州在城、鞍山、遼陽等驛，至遼東城，遼陽卽遼東在城驛．驛相距，或三四十里，或五六十里，共千七百有餘里．山海關以內，十里置煙臺，以備烽火，過關後，又間五里置小墩，立標以記里．自遼東，過頭官、甛水、通遠堡、斜里、開州、湯站等站，至鴨綠江，又三百有餘里．山海關以東，又築長墻，置堡子，以防野人．驛遞皆有城，與防禦所一般．又不設府州縣，置衛所，雖若驛遞之官，皆以軍職塡之．臣又傳聞，自三叉河，又有一路，過海州衛、西木城、綉岸城、鶯拿河屯、牢房林子屯、獨塔里屯、林江河屯、蒲蘆葫屯，至鴨綠江，僅二百餘里，亦是中大路．路左有舊城基，廢爲安市里，諺傳'拒唐兵處'．大明洪武間，又築長墻以禦胡，

219_ 或有火馳星報之事 : 成有火馳星報之事【장서】◆'成'은 '或'의 誤記이다.

頭接秦長城迤東而來. 三叉河以西不可詳也, 以東則北過長靜、長寧、長安、長勝、長勇、長營、靜遠、上楡林、十方寺等堡, 又東過平洛泊堡, 至(潘)〔瀋〕陽城[220], 又北過蒲河、懿路縣、凡河、鐵嶺衛、腰站等城, 至開原城, 又過東撫順所城, 南至東州、馬跟單、清河、鹹場、靉陽、十叉口等堡, 至鴨綠江, 凡數千餘里. 回抱定遼左二十五衛巡城, 亦有路云云, 然未可的知.

○奉化縣以南並海濱, 多高山峻嶺, 奇岩亂石, 溪澗縈繞, 花卉明媚. 大江以南, 地多塗泥瀰瀦, 然天台、四明、會稽、天目、天平諸山, 錯綜橫亘乎其間. 淮河[221]以南, 地多湖浸泥淖沮洳, 以北則地多墳起. 漕河跟岸, 高於平地, 決囓流移, 水陸變遷. 濟寧州之北, 有分水廟, 自廟以南, 水勢皆南下, 以北則皆北下. 武城縣以北, 地多泥沙, 若長蘆等處, 斥鹵多鹹, 卽《禹貢》'海濱廣斥'之地. 天津衛以北, 水勢又皆南下, 通至張家灣, 平沙無際, 隨風流轉. 至北京則天壽等諸山, 環拱于北, 其西支則通連大[222]行、王屋諸山, 以達于河南之境, 其東支則東走過三河、薊州, 至玉田縣之北爲燕山, 又東過豐潤縣, 至榛子鎭, 又分爲二支. 其南支則東過灤州昌黎縣, 至碣石山, 直抵于海, 其北支則通連燕山之脉, 東過遷安、永平, 至撫寧之東, 直抵于山海關, 關外又蜿蜒而東, 至廣寧衛之西北爲醫巫閭山. 自北京以至于此, 山皆童禿不毛. 其間, 大江以北, 大行以東, 燕山·醫巫閭以南數千里間, 四野平衍. 東通大海, 延入于廣寧之東、海州衛之西、遼東之北爲大

220_ 瀋陽 : 潘陽 【동양】 ◆ 원문의 '潘陽'은 '瀋陽'의 誤記이므로 '瀋陽'으로 정정한다.

221_ 淮河以南 : 淮海以南 【규장】 ◆ '海'는 '河'의 誤記이다.

222_ 지명으로 '太行'의 誤記인 듯하다. 이하의 '大行'도 마찬가지이다.

野，即所謂鶴野也．海州衛之東，始有鞍山縈紆，而南爲千山．自此以後，羣峯疊嶂，如列戟圍屛，東南抵于鴨綠江，東入野人之境．遼東之南，有分水嶺，自嶺以北，則水勢皆北下，以南則皆南下．石門嶺以南，山多林木茂密，澗水澄碧．自北京以至鴨綠江，其間名爲河者，都是小川，皆雨漲旱乾，唯灤河、三叉河爲大，其次若白河、大·小凌河、泰子、八渡等河也．大江以南，地多軟石，陸則皆鑿石鋪路，或橫截瀉淖，跨上山脊，如寧海、奉化縣等處爲多．水則皆鍊石建虹門橋，築堤捍江湖，如吳江縣等處爲多．淮河以北，一無石橋，或有造舟爲浮橋，或有略設木橋者．陸路則沙塵漲天．自連山關以後，鳥道如線，荒草四合，蚊虻撲面，行者甚苦．自淮河以南，地多水田沃饒，稻梁爲賤．徐州以北無水田，遼東以東，天又晚煥早寒，五穀不盛，惟黍生之．在昔江淛福建以南漕運，皆會于大江，浮于海，達于潞河，以至于北京，迨胡元順帝時，始鑿運河，築堤置閘，以通漕轉．至我永樂間，決黃河，注于淮，導衛河，通于白河．大加修築，水瀉則置堰壩以防之，水淤則置堤塘以捍之，水淺則置閘以貯之，水急則置洪以逆之，水會則置嘴以分之．壩之制，限二水內外兩傍，石築作堰，堰之上植二石柱，柱上橫木如門，橫木鑿一大孔，又植木柱當橫木之孔，可以輪廻之，柱間鑿亂孔，又劈竹爲綯纏舟結於木柱，以短木爭植亂孔以戾之，輓舟而上．上壩逆而難，下壩順而易．閘之制，兩岸築石堤，中可容過一船，又以廣板塞其流以貯水，板之多少，隨水淺深．又設木橋於堤上，以通人往來，又植二柱於木橋兩傍，如壩之制，船至則撤其橋，以索繫之柱，勾上廣板通其流，然後木奢舟以過，舟過復塞之．洪之制，兩岸亦築石堰，堰上治捧路，亦用竹糸覽以逆挽之，挽一船，人巭則百餘人，牛則十餘頭，若壩若閘若洪，皆有官員，聚人巭牛隻以待船．至堤塘與嘴皆石築，亦或有木柵者．浙江鎭守差楊旺，送臣等于皇都．限在四月初一日，故楊旺率臣等督行晝夜，順風則懸帆，逆風則木牽舟，水淺則撑舟，水深則棹舟．驛支口糧，遞運所換船，凡使命及貢獻往來皆然．

○大抵百里之間，尙且風殊俗異，況乎天下風俗，不可以一槩論之．然其大槩以楊子一江分南北而觀，其人煙盛衰，則江以南諸府城縣衛之中，繁華壯麗，言不可悉．至若鎭、若巡檢司、若千戶所、若寨、若驛、若鋪、若里、若壩所在附近，或三四里，或七八里，或十餘里，多或至二十餘里間，閭閻撲地，市肆夾路，樓臺相望，舳艫接纜．珠玉・金銀・寶貝之產、稻粱・鹽鐵・魚蟹之富、羔羊・鵝鴨・雞豚・驢牛之畜、松篁・籐棕・龍眼・荔枝・橘柚之物甲于天下．古人以江南爲佳麗地者以此．江以北若楊州、淮安及淮河以北若徐州、濟寧、臨清，繁華豐阜，無異江南，臨清爲尤盛．其他若官府所治之城，則亦間有富盛繁夥者．若鎭、若寨、若驛、若鋪、若里、若集、若嘴、若廠、若灣、若塢、若閘、若壩、若遷之間，人煙不甚繁盛，里閈蕭條．通州以東，人煙漸少，過山海關行百里，僅得一里社，不過二三草屋，唯羔羊雞猪驢駱牛馬之畜，籠絡原野，楊柳桑棗之樹，茂翳交柯．八道河以南，荒曠無人居．其苐宅，則江南，盖以一瓦，鋪以甎，階砌皆用鍊石，亦或有建石柱者，皆宏壯華麗．江北，草屋矮小者，殆居其半．其服飾，則江南人皆穿寬大黑襦袴，做以綾羅、絹綃、匹段者多．或戴羊毛帽、黑匹段帽、馬尾帽，或以巾帕裹頭，或無角黑巾、有角黑巾．官人紗帽，喪者白布巾，或麤布巾．或着鞾，或着皮鞋、革翁鞻、芒鞻，又有以巾子纏脚，以代襪者．婦女所服皆左衽．首飾，則[223]寧波府以南，圓而長而大，其端中約華飾，以北，圓而銳，如牛角然．或戴觀音冠，飾以金玉，照耀人目. 雖白髮老嫗, 皆垂耳環. 江北服飾, 大槩與江南一般, 但江北好着短窄白衣, 貧匱懸鶉者, 十居三四. 婦女首飾, 亦圓而尖, 如雞喙然. 自滄洲以北, 女服之衽, 或左或右, 至通州以後, 皆右衽. 山海關以東, 其人皆麤鄙, 衣冠糸藍縷. 海州、遼東等處人, 半是中國, 半是我國, 半是女眞. 石門嶺以南, 至鴨綠江, 都是我國人移住者, 其冠裳語音及女首飾, 類與我國同. 人心、風俗, 則江南和順, 或兄弟、或堂兄弟・再從兄弟, 有同居一屋, 自吳江縣以北, 間有父子異居者, 人皆非之. 無男女老少, 皆踞繩床交椅, 以事其事. 江北人心强悍, 至山東以北, 一家不相保, 鬪毆之聲, 礮鬧不絶, 或多有劫盜殺人. 山海關以東, 其人性行尤暴悍, 大有胡狄之風. 且江南人以讀書爲業, 雖里閈童稚及津夫、水夫, 皆識文字. 臣至其地, 寫以問之, 則凡山川、古蹟、土地、沿革, 皆曉解詳告之. 江北則不學者多, 故臣欲問之, 則皆曰: "我不識字" 就是無識人也. 且江南人業水虞, 乘舴艋, 載笭箵, 以罩罾笱箄取魚者千百爲羣. 江北則唯濟寧府南旺湖等處外, 不見捕魚之具. 且江南婦女, 皆不出門庭, 或登朱樓, 捲珠簾以觀望耳, 無行路服役於外. 江北則若治田棹舟等事, 皆自服勞. 至如徐州、臨淸[224]等地, 華粧自鬻, 要價資生以成風. 且江南人號爲官員者, 或親執役, 爲卒徒者, 或踞胡床, 冠帶無章, 尊卑無位, 似若殊無禮節. 然在官衙, 則威儀整肅, 在軍中, 則號令嚴切, 正伍循次, 無敢喧囂. 一出令時, 聞一錚聲, 遠近雲集, 莫或有後. 江北亦然, 但山東以北, 凡出令, 非鞭朴不能整之. 且江南戎器, 則有鎗、劒、矛、戟, 其

• • •

223_ 則寧波府以南 : 於寧波府以南 【금택】【장서】 ◆ 문맥상 '則', '於' 두 글자 모두 뜻이 통한다.

224_ 臨淸等地 : 臨靑等地 【규장】【장서】 ◆ '靑'은 '淸'의 誤記이다.

甲、胄、楯等物，皆火書'勇'字，然無弓箭戰馬．江北始有帶弓箭者，通州以東及遼東等地，人皆以弓馬爲業，然箭竿以木爲之．且江南好冶容，男女皆帶鏡奩、梳、篦、刷牙等物．江北亦然，但不見帶之者．江南市中使金銀，江北用銅錢．江南市兒以錫約臂，江北以鉛穿鼻．江南力農工商賈，江北多有遊食之徒．江南陸路行用轎，江北或馬或驢．江南無良馬，江北馬大如龍．江南人死，巨家大族，或立廟旌門者有之，常人略用棺不埋，委之水傍，如紹興府城邊，白骨成堆．江北如楊州等地，起墳塋或於江邊、或田畔里閈之中．江南喪者、僧人或食肉不食葷，江北則皆血食茹葷．此江南、江北之所以異也．其所同者，尙鬼神，崇道佛，言必搖手，怒必蹙口唾沫．飮食麁糲，同卓同器，輪筯以食．蟣蝨必咀嚼，砧杵皆用石，運磨使驢牛，市店建帘（摽）〔標〕[225]．行者擔而不負戴．人皆以商賈爲業，雖達官巨家，或親袖稱錘，分析錙銖之利．官〔府〕[226]常刑，如竹片決杖、趲指、〔擔石〕[227]之屬．其他若山川形勝、臺榭古蹟有膾炙人口者，雖禿盡毛穎，不能悉記．而臣之歷覽，千載難又，然在衰絰之中，不敢觀望遊賞，採取勝槩，秪令陪吏四人逐日觀標榜，問地方，掛一漏萬，記其大略耳．

225_ 市店建帘標 : 市店建帘摽 【동양】 ◆ 원문의 '摽'는 '標'의 誤記이므로 '標'로 정정한다.

226_ 官府常刑 : 官　常刑 【동양】 ; 官府常刑 【양명】【금택】【규장】【장서】 ◆ 【동양】에는 '府'자가 탈락되어, 빈칸으로 남아 있으나 【양명】【금택】【규장】【장서】에는 '府'로 되어 있어, 이에 근거하여 보충한다.

227_ 擔石之屬 : 　　之屬 【동양】 ; 擔石之屬 【양명】【금택】【규장】【장서】 ◆ 【동양】에는 이 두 자가 탈락되어 빈칸으로 남아 있으나 【양명】【금택】【규장】【장서】에는 '擔石'으로 되어 있어, 이에 근거하여 보완한다.

錦南崔先生諱溥，字淵淵，希春之外祖父也．以經術氣節，遭遇　成廟，擢寘侍從．嘗奉　命往耽羅，適奔父喪，爲風所逆，漂到中國之台．還至都城外，　上命撰進一行日錄，覽而嘉之，遂俾藏于承文院．其文字卷不過三，而不唯狀大洋變化，自甌徂燕一路，山川、土產、人物、風俗，粲然森列，而先生經濟之才，亦可得其什一．求多聞務博覽之士願見者衆矣，而至今八十年間，未有鋟梓以廣其傳者．希春自塞外蒙　恩還朝，亟思所以壽是書者，校正旣了，唯以主張措畵爲難得．會博雅吳公出按關西，希春以書懇屬．公遂欣然而諾，定州守尹侯行[228]鳩游手完其役，而訖于成．噫！是書殘缺沈淪且百年，今乃得顯於久晦之餘，將大行于斯世，豈非幸也歟？隆慶三年龍集己巳八月旣望，外孫通政大夫成均館大司成知製　教柳希春謹識．(陽明文庫本)

228_定州守尹侯行鳩游手完其役：鳩游手完其役【규장】◆'定州守尹侯行' 여섯 글자가 누락되어 있다.

外祖錦南先生，以博學壯節名一世．漂海一錄，又摹寫中原之鉅筆也，願見者衆，而流布未廣．李公伯春陽元之觀察湖南也，希春以校正本鋟梓懇(屬)〔囑〕[229]．李公交龜兪公止叔泓，又以是勗．兪公遂囑龍城宰鄭侯淹措辦，閱數月而工告訖．噫！是書之壽而播，不唯爲先正文字，圖不朽於無窮，於東人用夏變陋之志，亦不爲無助，何其幸歟？萬曆元年中秋生明，外孫嘉善大夫同知、中樞府事兼同知　經筵成均館事柳希春謹跋．(金澤文庫本)

229_ 希春以校正本鋟梓懇囑：希春以校正本鋟梓懇屬【금택】；希春以校正本鋟梓懇囑【규장】◆문맥상 '囑'이 적합하므로 '囑'으로 정정한다.

부록

최부 일행 인명록

최부 일행 경유지명 일람표

표해록 판본 6종 대교표

최부 일행 인명록

구분	이름	비고
추쇄경차관(推刷敬差官)	최부(崔溥)	
광주목리	정보(程保)	최부가 제주도에 갈 때 데리고 간 사람들
화순현리	김중(金重)	
승사랑	이정(李楨)	
나주배리	손효자(孫孝子)	
청암역리	최거이산(崔巨伊山)	
호노(戶奴)	만산(萬山)	
가노(家奴)	막금(莫金)	
진무(鎭撫)	안의(安義)	항해·통솔·기록을 담당한 사람들
기관(記官)	이효지(李孝枝)	
총패(總牌)	허상리(許尙理)	
영선(領船)	권산(權山)	
사공(梢工)	김고면(金高面)	
격군[格軍]	김괴산(金怪山)	선박에서 노를 젓는 군인들
	소근보(肖斤寶)	
	김구질회(金仇叱廻)	
	현산(玄山)	
	김석귀(金石貴)	
	고이복(高以福)	
	김조회(金朝廻)	
	문회(文廻)	
	이효태(李孝台)	
	강유(姜有)	
	부명동(夫命同)	
	고내을동(高內乙同)	

구분	이름	비고
결군[格軍]	고복(高福)	
	송진(宋眞)	
	김도종(金都終)	
	한매산(韓每山)	
	정실(鄭實)	
호송군 (護送軍)	김속(金粟)	호송을 책임진 사람들
	김진음산(金眞音山)	
	고회(高廻)	
	김송(金松)	
	고보종(高保終)	
	양달해(梁達海)	
	박종회(朴終回)	
	김득시(金得時)	
	임산해(任山海)	
관노(官奴)	권송(權松)	제주의 官奴들
	강내(姜內)	
	이산(李山)	
	오산(吳山)	

최부 일행 경유지명 일람표

月	日	經由地
閏1	**12**	浙江省 寧波府 下山
	13	(漂流)
	14	(漂流)
	15	(漂流)
	16	台州府 臨海縣 牛頭 外洋
	17	→西里堂(50여 里)
	18	→(20여 里)仙岩里→蒲峯里→(5里)塘頭寨→(10여 里)堤防→(30여 里)佛寺→(3·4里)桃知所·安性寺
	19	→(20여 里)海門衛桃渚所
	20	桃渚所
	21	桃渚所
	22	桃渚所
	23	→山場→烏頭→鑑溪→塘頭→蒲峯→佛寺(仙岩里)
	24	→穿岩里→田嶺→海浦→健跳所
	25	→寧海縣 越溪巡檢司
	26	→越溪鋪→西洋嶺　許家山→市奧鋪→白嶠嶺→進士坊→白嶠驛→桐山鋪→梅林鋪→江汼嶺→舡江鋪→海口鋪→西店驛
	27	西店驛
	28	→堋墟鋪→托開嶺→山隍鋪→大嶺→方門鋪→雙溪鋪→雙溪→尙田鋪→奉化縣 連山驛
	29	→佛寺→盧白觀→金鐘鋪→南渡鋪→廣濟橋→(3里)進士里→(10里)文秀鄉→常浦橋→北渡江→寧波府城→尙書橋→惠政橋→社稷壇→過大得橋→四明驛

2 **1** →新淸橋→進士鄕→宋 石將軍 祠堂(府城↔10여 里)→茶亭→景安鋪→繼錦鄕 兪氏貞節門→西鎭橋→西壩 廳壩→西璵鄕 新堰→新橋→開禧橋→姚平處士의 무덤→慈溪縣→經元門→鍾英門→都堂里門→都憲橋→進士門→德星橋→寶峯門→臨淸亭→姚江→車廏驛

2 →五靈廟→驛前鋪→姚江驛→江橋→餘姚縣→聯錦鄕 曹墅橋→登科門→張氏光明堂→下新壩→中壩→上虞江

3 →(2·3里)上虞縣→黃浦橋→華渡橋→蔡墓鋪→大板橋→靑雲門→新橋鋪→曹娥驛→曹娥江→(2里)東關驛→文昌橋→東關鋪→景靈橋→黃家堰鋪→爪山鋪→陶家堰鋪→茅洋鋪

4 →鑑水→紹興府→昌安鋪→光相橋→經魁門→聯桂門→祐聖觀→會水則碑→(10里)官府→迎恩橋→蓬萊驛

5 →鑑水→韻田鋪→嚴氏貞節門→高橋鋪→梅津橋→融光橋→柯橋鋪→院杜橋→白塔鋪→淸江橋→錢淸驛(一錢江)→鹽倉觀→白鶴鋪→錢淸鋪→新林鋪→蕭山縣→西興驛(西興河)

6 →(10여 里)浙江→錢塘江→延聖寺→浙江驛→杭州城 南門(→文魁門→靈順宮→肅憲門→澄淸門→南察院→祐聖殿→土地廟→芝松坊鋪)→(10여 里)武林驛

7 杭州 武林驛

8 杭州 武林驛

9 杭州 武林驛

10 杭州 武林驛

11 杭州 武林驛

12 杭州 武林驛

13 →(20여 里)城 北門(水亭公館→解元門→眞敎寺→登瀛州門→雲鳳門→觀光門→進士坊→貢院→亨衢門→千勝廟→晏公廟)→吳山驛(吳山鋪)→天妃宮→德勝壩→溥濟橋(華光寺)→江漲橋(江漲鋪)→香積寺→通示橋

14 →謝村河(30여 里)→十二里洋→堅濟橋→普安橋→大尹廟→鴻麗河→塘西鎭→夸塘橋→萬壽橋→福祿壽橋→福德橋→普濟橋→彭和橋→丞沈河→恩榮門→大德新橋→三里橋→山川壇

→浯溪橋→崇德縣→崇德河→終橋→稅課局→永安橋→養濟院→朔義門→皂林驛

15 →三塔灣→三塔鋪→龍淵→龍王廟→嘉禾遞運所→趙氏貞節門→社稷壇→香珠橋→西水驛→嘉興府→杉青閘→安洋門→雲程門→丹兵橋→永福橋→松靑巡檢司→平望驛

16 →平望河→迎恩門→安德橋→大石橋→長老鋪→野湖→鴛鴦湖→吳江湖 石塘→大浦橋→徹浦橋→九里石塘→太湖堤防→龍王廟→太湖廟→祝聖門→駐節門→松陵驛→恩榮門→會元門→都室造士門→進士門→譽髦門→儒學→大明橋→登科門→吳江縣→三里橋→迎恩菴→尹山湖→尹山鋪→尹山橋→寶帶橋→僧臺湖→蘇州城 동쪽→姑蘇驛

17 閶門→接官亭

18 →楓橋→射瀆鋪→趙王涇橋→滸墅鎭→鈔關→普圓橋→普恩橋→滸墅鋪→吳家店→張公鋪→不平得勝橋→通兵橋→望高巡檢司→馬墓鋪→純安橋→錫山驛

19 →建渡橋→無錫縣治→建虹橋→都憲門→少司寇第→億豐橋→進士坊→錫山→十里鋪→高橋→巡檢司→蕃窨鋪→洛社鋪→石瀆橋→橫林鎭鋪→橫林橋→戚墅鋪→興明橋→劍井→亇鴈鋪→大橋→采菱橋(進士牌樓)→東水關→常州府城→(10여 里)毗陵驛→西水關→遞運所→沛河橋→牛犇大壩

20 →長店鋪→呂城鎭→巡檢司→泰定橋→呂城驛→呂城壩→呂城閘→呂城鋪→淸徽觀→靑龍橋→唐家溝→栅口鋪→陸朝鋪→慈雲寺→聖墅鋪→七星橋→長樂鋪→定善院→惠政橋→雲陽驛(潤河)→雲陽橋→承恩門→鬼神壇→寧眞觀→新橋→新河橋→丹陽縣→新廟→廣福橋→七星廟→柏岡廟→減水閘→萬景湖→新豐鎭→鎭江府 新門

21 →南水關→專城河→鎭江府城→新壩→京口驛→京口閘→通津遞運所

22 →水府神祠→西津渡 馬頭石堤→江淮勝槪樓→瓜洲鎭→是禮河(鎭上河)→攀桂門→南京甎廠→祈求雨澤祠→七錢鋪→花家園鋪→魚井鋪→衿城澤→揚子鋪→揚子橋→淸涼鋪→廣陵驛

23 →揚州府城→鎭淮樓→夏國公 神道廟→觀音堂→懷遠將軍 蘭公

무덤 → 晏公廟 → 黃巾壩 → 北來寺 → 竹西亭鋪 → 收釘廳 → 揚子灣巡檢司 → 灣頭關荒廟 → 鳳凰橋 → 墩淮子河鋪 → 河泊八塔鋪 → 第伍淺鋪 → 稅課局 → 四里鋪 → 邵伯寶公寺 → 迎恩門 → 邵伯驛(邵伯太湖) → (2里)邵伯遞運所

24 → 邵伯湖新塘 → 邵伯巡檢司 → 邵伯鎭 → 馬家渡鋪 → 三溝鋪 → 腰鋪 → 露筋烈女祠 → 露筋鋪 → 王琴鋪 → 八里鋪 → 新開湖 → 盂城驛

25 → (3里)高郵州(邗溝) → 西河塘 → 樊將軍廟 → 前總鋪 → 塘頭鋪 → 巡檢司 → 張家鋪 → 井亭鋪 → 塘灣鋪 → 界首驛(遞運所) → 子嬰淺 → 界首大湖 → 范水鋪

26 → 范光大湖 → 寶應大湖 → 安平驛 → 寶應縣治 → 白馬大湖 → 白馬鋪 → 黃浦鋪 → 平河橋里 → 涇河鎭店 → 十里亭鋪 → 淮陰驛(↔范水鋪100여 里)

27 → 淮安府 → 南渡門 → 金龍四大王廟 → 浮橋亭 → 龍興塔 → 鐘樓殿 → 雷神店 → 西湖河 → 嘴老和尙塔 → 鈔廳板閘 → 移風閘 → 鳳翥門 → 工部廠 → 淸江閘 → 騰蛟起鳳門 → 淸江輻輳門 → 淸江閘 → 常盈倉門 → 天妃廟 → 東嶽仁聖宮 → 靈慈宮 → 平江恭襄侯廟 → 漕運府 → 總廠東街 → 總廠西街 → 福興閘 → 玄帝祠 → 祐聖祠 → 新藏閘 → (鳳陽中都 → 鳳陽左衛 → 龍虎右衛 → 龍江左衛 → 豹韜衛 → 豹韜前衛 → 淮安衛 → 大河衛 → 鎭江衛 → 高郵衛 → 楊州衛 → 儀鎭衛 → 水軍左衛 → 水軍右衛 → 府軍前衛 → 泗州衛 → 邳州衛 → 壽州衛 → 長淮衛 → 廬州衛) → 淮河 → 東河 → 淸口驛 → 淸河縣

28 → 淸河口 → 三汊淺鋪 → 白洋河

29 → 張思忠淺 → 白廟淺 → 桃源驛 → 龍溝河 → 桃源縣 → 崔鎭 → 古城驛

30 → 武家溝 → 白洋河 → 陸家墩 → 小河口 → 鐘吾驛 → 遞運所 → 皂河 → 靑墩 → 沙方 → 直河驛

3 1 → 龍江 → 匙頭灣 → 合沂 → 下邳驛 → 邳州城 → 白浪口乾溝兒 → 新安遞運所 → 新安驛

2 → 馬家淺 → 雙溝 → 豐縣夫廠 → 沛縣夫廠 → 蕭縣夫廠 → 碭縣夫廠 → 房村集 → 金龍顯聖靈廟 → 呂梁小洪 → 尼陀寺 → 房村驛 → 呂梁大洪 → 靑山龍神祠 → 洪水 → 形勝樓 → 工部分司 → 王家橋 → 李家橋 → 老聃廟 → 水首廟

3 →九女塚→子方山→雲龍山→蝗蟲集→夫廠→廣雲倉→國儲門→火星廟→彭城驛→登庸門→夫廠

4 →遞運所→大浮橋→搭應夫倉→蕭縣 水次倉

5 →九里山→洞山→秦梁洪鋪→茶城店→梁山寺→境山市鎮山→集殿→白廟兒鋪→夾口淺→夾溝驛→黃家閘→義井→黃家鋪→候村鋪→李家中鋪→新興閘→新興寺→劉城鎮→謝溝閘

6 →沽頭下閘→沽頭中閘→社學→沽頭上閘→刀陽湖→金溝兒淺→沛縣→泡河→飛運閘→(泡河↔30里)泗亭驛→水母神廟

7 →廟道口湖→陵城閘→兗州府→沙河驛→孟陽泊閘→八里灣閘→上淺鋪→河淺鋪→河西集場→穀亭閘→玉皇廟→南陽閘

8 →棗林閘→魯橋驛→魯橋閘→通利王廟→魯津橋→五樓橋→師家莊→下上鋪→中家鋪→仲家淺閘→新閘→新店閘

9 →石福閘→趙村閘→南城驛→眞武廟→下新閘→濟寧州城→觀蘭亭→通津橋→靈源弘濟王廟

10 →分水閘→南旺湖→官堰→馬長坡→安民牢→正曹井鋪→鉅野縣→火頭灣→白嘴兒→黃沙灣→小長溝→大長滿集→嘉祥縣→大長溝→十字河→寺前孫村→汶上縣→界首鋪→老坡閘→分水龍王廟→闞城鋪→開河驛

11 →開河鎭→劉家口→表家口→開渠頭→山津→張八口→步家口→東平州→靳家口→栗家莊→李家口→劉家莊→王忠口→馮家莊→長張口→安山閘→安山驛

12 →堡糧倉→安山保→驛家花→積水湖口→蘇家莊→邢家莊→沙孤堆→戴家廟→金綿閘遞運所→壽長縣→戴家廟→劉家口→戴洋→張家莊→沙灣→感應祠→東河縣→沙灣淺鋪→大河神祠→安家口鋪→北浮橋→掛劍鋪→通汴梁→通濟閘→汉河沙灣→巡檢司→兩河口→鍾樓閣→鼓樓閣→雲津門→荊門驛→平河水鋪→新添鋪→荊門 上閘·下閘→周家店閘→阿城 上閘·下閘→李海務閘→崇武驛

13 →通濟橋閘→東岳廟→進士門→東昌遞運所→兌糧廠→堤口稍長閘→柳行口→房家莊→白廟→雙渡兒→呂家灣→校堤鋪→洪家口→梁家口→梁家閘→感應神祠→表家灣→馬家灣→老堤頭→中閘口→土橋閘→新關口鋪→函谷洞→減水閘→淸

平縣→趨家口鋪→清陽驛→朱家灣→丁家口→十里井→李家口→戴家灣閘

14 →臨清縣　觀音寺→清泉河→漏浮關→藥局→新關上閘→衛河廠→板下閘→大浮橋→清源驛

15 →下津廠

16 →衛河→裵家圈鋪→巡檢司→孫家新開口→草廟→黃家口→平河口→渡口驛→商家道鋪→閘馬營驛

17 →鄭家口→河口鋪→陳家口鋪→恩縣→白馬河口鋪→下方遷無谷寺→河口鋪→梁家莊驛→鐘閣→故城縣앞

18 →孟家口→兵河口→馬家鋪→四女樹→文英門→劉皮口鋪→得意門→大浮橋→安德驛→德州城

19 →皮口鋪→高家鳳鋪→吳橋縣→羅家口→高官廠→關王廟→濟南府　良店驛→桑園兒→薄皮口鋪→狼家口鋪→郭家口鋪→舊連窩鋪→連窩驛→連窩遞運所

20 →王家口鋪→景州 任家口鋪→東光縣→油房口鋪→北下口鋪→南皮縣→北下淺鋪→交河縣→曹道灣→薄頭鎭→新橋→鎭武廟→藥王廟→戚家堰軍屯→薛家窩里

21 →三鎭道→馮家口→楊橋口→磚河南→磚河南口→磚河驛→王家圈口→羅家圈口→紅披口→南關→長蘆巡檢司→鹽運司→遞運所→踵武科門→滄州撥夫廠→聯芳門→應奎門→司諫門→長蘆遞運所

22 →安都塞口鋪→清水王家口鋪→乾寧驛→左衛鋪→柳巷口鋪→三聖祠→盤古廟→高土崗→蘆臺故城→鐘樓閣→社稷壇→峭帆亭→中州集→河間府→流河驛→流河鋪→夏官屯

23 →釣臺鋪→南家口鋪→雙塘鋪→奉新驛→獨流巡檢司→沙寧鋪→武淸縣→楊青遞運所→楊青驛

24 →直沽城→天津衛城→丁字沽→海口里→河東巡更所→桃花口→尹兒灣→蒲溝兒→下老米店→楊村驛

25 →上老米店→白河里→南蔡村→北蔡村→王家務杜口→雙淺蒙村→白廟兒→河西巡檢司→河西驛

26 →要兒渡口→下馬頭→納鈔廳→天妃廟→中馬頭→車榮兒→

上馬頭→河西務→土門樓→葉青店→王家欐渡口→魯家塢→攀繪口→蕭家林里

27 →和合驛→漷縣→馬頭巡檢司→崔氏園亭→火燒屯→公雞店→李二寺→長店兒→大通關→渾河口→土橋巡檢司→張家灣

28 →東岳廟→東關鋪→潞河水馬驛(通津驛)→城 東門→旌表田拱尙義門→大運中倉門→進士門→舊城西門→新城第一鋪→大運西倉門→玄靈觀→新城 西門→永濟寺→廣惠寺→崇文橋→崇文門→會同館→玉河館

29 北京 玉河館

30 北京 玉河館

4 1 北京 玉河館

2 北京 玉河館

3 北京 玉河館

4 北京 玉河館

5 北京 玉河館

6 北京 玉河館

7 北京 玉河館

8 北京 玉河館

9 北京 玉河館

10 北京 玉河館

11 北京 玉河館

12 北京 玉河館

13 北京 玉河館

14 北京 玉河館

15 北京 玉河館

16 北京 玉河館

17 北京 玉河館

18 北京 玉河館

19 北京 玉河館

20 北京 玉河館

21 北京 玉河館

22 北京 玉河館

23 北京 玉河館

24 →玉河橋→崇文門→通州의 新城・舊城→潞河驛<4.24>

25 →白河→火燒屯→照里鋪→煙角集→馬義坡→夏店鋪→柳河屯→夏店驛→白浮圖鋪→東關遞運所→三河縣城 南門→進士門→太僕分寺

26 →草橋店→煙屯鋪→石碑店→東嶺鋪→公樂驛

27 →白澗鋪→二十里鋪→十里鋪→漁陽驛

28 →永濟橋→泰山東岳廟→五里店→八里鋪→別山里→石河鋪→枯樹里→陽樊驛

29 →扣踰鋪→采亭橋(藍水河)→玉田縣→藍田門→藍田遞運所→孝子 李茂의 旌門→城 東門(興州左屯衛 門)→韓家莊→兩家店→沙流河鋪→永濟驛

30 →洄水(還鄉河)→登雲門→豐潤縣城 西門→火神廟→武安王廟→騰霄門→繡衣門→在城總鋪→東關遞運所→林城鋪→義豐驛

5 1 →灤州→鐵城鋪→狼窩鋪→杏兒峴→榛子鎮→忙牛橋店→佃子里鋪→遷安縣 新店遞運所→柒家嶺驛

2 →沙河→沙窩→色山→赤峯→白佛院→石梯子→灤河→(7・8里)漆河→(2里)迎恩門→世英門→冠英門→尙義門→灤河驛

3 灤河驛

4 →東關遞運所→驢槽河→國家鋪→十八里鋪→雙望鋪→儀院嶺鋪→蘆峯口鋪→漾潸鋪→陽河→民壯敎場門→撫寧縣城 西門→關王廟→撫寧衛

5 →青雲得路門→撫寧縣城 東門→興山鋪→背時鋪→榆關店→榆關驛→半山鋪→張古老河→娘子河

6 →石河→遷安驛

7 →調橋→山海衛城 西門→儒學門→步雲門→給事方→亞元門→靈應廟→山海關→東門→東關樓→東關橋→東遼一鋪→鎮

遠鋪→中前千戶所城→高嶺驛

8 →前屯衛→迎恩門→承恩門→治政門→永安門→前屯衛 客館→崇禮門→東岳廟→沙河驛城

9 →張公墓→雙墩鋪→王公墓→前屯衛 中後千戶所城(瑞寧門→慶春門)→東關驛<5.9>

10 →曲尺河鋪→大沙河→寧遠衛 中右千戶所城(南薰門→武安王廟→千戶所 客館→永和門)→小沙河→曹莊驛城

11 →寧遠衛城→城南門→迎恩門→進士門→崇敬門→迎恩街→寧遠衛 客館→春和門→聖塘溫泉→桑樹鋪→連山驛

12 →五里河→塔山所城(海寧門→進士門→千戶所 客館)→杏山驛

13 →中屯衛 中左千戶所城(靖安門→定遠門)→凌河驛

14 →小凌河→荊山鋪→左屯衛 中左千戶城→海寧門→臨河門→十三山驛

15 →山後鋪→楡林鋪→閭陽驛

16 →四塔鋪→二鋪→接官亭→廣寧衛城(迎恩門→進士坊→廣寧驛)

17 廣寧驛

18 廣寧驛

19 廣寧驛

20 →察院→普慈寺→泰安門(廣寧衛城 東門)→鍾秀橋→泉水→平甸→潮溝→盤山驛

21 →要站鋪→高平驛→淸泉鋪→新河橋→通河橋→通河鋪→沙嶺驛

22 →衛城→高墩鋪→新關門→長土城→大臺→三官廟→河灣鋪→三汊河→臨河橋→牛家莊驛→石井鋪→沙河在城鋪→在城驛

23 →遞運所→土河鋪→甘泉鋪→關王廟→鞍山驛→武安王廟→長店鋪→沙河鋪→首山鋪→遞運所城(八里莊)→接官亭→遼陽在城驛

24 遼陽在城驛

25 遼陽在城驛

26 遼陽在城驛

27 遼陽在城驛

28 遼陽在城驛

29 →關王廟→兀良哈館→泰和門→安定門→朝鮮館→石河兒→高麗洞→大石門嶺→王都督墓→小石門嶺→柳河兒→湯河兒→頭巾站→狼子山→縣得寨里

6 1 →顯得嶺→靑石嶺→甛水河兒→高嶺→太子河→連山關→連山河→百家莊

2 →分水嶺→通遠堡→李海屯→斜哨屯河→李勝屯

3 →斜哨大嶺→八渡河→長嶺兒→薛里站→白言嶺→奴哥禿→奴哥河兒→奴哥嶺→干河兒→鳳凰山→開州城→王斌吉塔里→餘溫者介河兒→寬得洛谷

4 →湯山站→九連城→婆娑堡→楓浦→吾夜江→鴨綠江→難子江→義州城

표해록 판본 6종 대교표

▮ 일러두기

(1) 闕字는 ◯으로 표기.

(2) 대교표의 卷-張-行-字는 6종의 판본 중 〈화산문고본〉과는 일치하지 않고, 나머지 5개 판본은 일치한다.

(3) 字의 개념

異體字 : 同字, 古字, 略字, 俗字의 통칭

同字 : 字形이 다르지만 뜻이 완전히 같은 字

略字 : 字形의 일부를 간략화한 字

通用字 : 다른 글자이지만 뜻의 일부가 같아서 경우에 따라 서로 통용되는 字

譌字 : 오류로 인해 잘못 쓰인 글자가 관행적으로 계속 쓰여서 결국 본래의 올바른 字와 혼용되는 字

衍 字 : 문장 중에 쓸데없이 끼인 字

別 字 : 字形과 의미가 모두 다른 별개의 글자. 아래 표에서는 字形이 유사하여 通用字나 同字 등으로 혼동될 경우에만 別字임을 명기하고, 別字임이 자명한 경우에는 명기하지 않음

卷-張-行-字	동양문고본	양명문고본	금택문고본	규장각본	장서각본	화산문고본	비고	
							異體字와 通用字	正誤
1-1a-10-5	保	保	保		普	普		普는 保의 誤記
1-1b-1-10	岩	岩	岩		巖	巌	岩은 巖의 俗字 巌은 巖의 略字	
1-1b-1-14	巨	巨	臣		巨	巨	巨와 巨는 同字	臣은 巨의 誤記
1-1b-2-15	等	等	等		䓁	䓁	䓁은 等의 俗字	
1-2a-5-12	御	御	⿰禾卸		御	御		⿰禾卸는 御의 誤記
1-2a-7-14	冒	冒	冐		冒	冒	冒와 冐는 通用字	
1-2b-4-6	⿰忄尉	⿰忄尉	⿰忄尉		慰	慰	⿰忄尉와 慰는 同字	
1-2b-6-5	金	金	金		○	○		闕字
1-2b-6-13	軰	軰	輩		軰	軰	輩는 輩와 同字 軰는 輩의 俗字	
1-2b-6-16	別	別	別		○	別		闕字
1-3a-5-5	卷	卷	卷		卷	捲	卷과 捲은 通用字	
1-3a-9-14	唯	唯	唯		惟	惟	唯와 惟는 通用字	
1-3b-4-5	巨	臣	臣		巨	巨	巨와 巨는 同字	
1-3b-8-10	舡	舡	舡		舡	舩	舡과 舩은 通用字	
1-4a-1-2	濶	濶	濶		濶	潤	濶은 潤의 俗字	
1-4a-2-2	乃	乃	乃		奈	奈		문맥상 奈가 적절
1-4b-2-16	渺(流)	渺	渺		緲	緲	渺와 緲는 同字	(流)는 고려대소장 零本 동양문고본
1-4b-4-13	网	网	网		罔	罔	罔은 网의 俗字	
1-5a-1-10	寧	與其	與其		與其	與其		문맥상 같은 의미
1-5a-2-2	以	以	以		以	而		而는 以의 誤記
1-5a-3-2	殘	孱	孱		孱	孱		孱劣이 殘劣보다 적절
1-5a-4-1	等	等	等		䓁	⿱艹厗	䓁, ⿱艹厗은 等의 俗字	
1-5a-5-5	戾	戻	戾		戻	戾		문맥상 戾가 옳음
1-5a-9-6	巨	巨	巨		巨	巨	巨와 巨는 同字	
1-5b-1-2	船	船	船		舡	船	舡과 船은 通用字	

1-5b-2-15	廻	廻	廻		回	回	廻와 回는 同字	
1-5b-9-16	對	對	對		待	待		문맥상 같은 의미
1-5b-10-9	舡	舡	舡		舡	船	舡과 船은 通用字	
1-6a-2-15	舡	舡	舡		舩	船	舡, 舩, 船은 通用字	
1-6a-4-15	舡	舡	舡		舩	船	舡, 舩, 船은 通用字	
1-6a-7-5	濡	濡	濡		留	留		문맥상 같은 의미
1-6b-3-12	則	則	則		○	○		闕字
1-6b-7-2	當	當	當		各	各		當이 各보다 적절
1-7a-2-8	結	結	結		絶	絶		문맥상 유사한 뜻
1-7a-5-16	攢	攢	攢		攢	鑽	攢은 鑽과 通用字	
1-7a-6-1	得	得	得		淂	得	淂은 得의 俗字	
1-7a-10-1	廻	廻	廻		廻	囘	囘는 回(廻)의 古字	
1-7b-2-14	廻	廻	廻		廻	囘	囘는 回(廻)의 古字	
1-7b-3-12	碎破	碎破	碎破		碎破	破碎		顚倒字. 의미동일
1-7b-10-13	唯	唯	唯		唯	惟	唯와 惟는 通用字	
1-7b-6-8	淵	淵	淵		淵	洲		洲는 淵의 誤記
1-7b-8-13	換	換	換		換	攙	換과 攙은 同字	
1-7b-10-13	唯	唯	唯		唯	惟	唯와 惟는 通用字	
1-8a-8-7	遽	遽	遽		遽	據		遽抱가 더 적절
1-8b-3-2	廻	廻	廻		廻	囘	囘는 回(廻)의 古字	
1-8b-6-2	沫	沫	沫		沫	沬		沬는 沫의 誤記
1-8b-8-4	能	能	能		能	則		문맥상 則도 가능
1-9a-6-14	遙	遙	遙		遙	遼	遙와 遼는 通用字	
1-9a-8-5	此	此	此		此	○		闕字
1-9a-9-11	明	明	明		明	明	明과 明은 通用字	
1-9a-10-11	渡	渡	渡		渡	淚		淚는 渡의 誤記
1-9b-8-6	篷	篷	篷		篷	蓬	篷과 蓬은 通用字	
1-9b-10-11	于	于	于		于	乎		乎는 于의 誤記
1-10a-3-13	絃	絃	絃		絃	弦	絃과 弦은 通用字	
1-10a-4-3	得	得	得		淂	得	淂은 得의 俗字	

1-10a-7-12	健	健	健		健	健	健과 健은 同字	
1-10a-7-17	倡	倡	倡		倡	唱	倡과 唱은 通用字	
1-11b-3-13	天海	天海	天海		天海	海天		天海가 적절
1-12a-2-15	鷗	鷗	鷗		鷗	鴎	鷗와 鴎는 同字	
1-12a-5-14	之	之	之		之	○		闕字
1-12a-5-6	鷗	鷗	鷗		鷗	鴎	鷗와 鴎는 同字	
1-12a-6-8	鷲	鷲	鷲		⿰就鳥	⿰就鳥	鷲와 ⿰就鳥는 同字	
1-12a-10-3	鷗	鷗	鷗		鷗	鳴		鳴은 鷗의 誤記
1-12b-7-14	得	得	得		淂	得	淂은 得의 俗字	
1-12b-10-8	唯	唯	唯		唯	惟	唯와 惟는 通用字	
1-13a-4-7	竭	竭	竭		竭	渴	竭과 渴은 通用字	
1-13a-8-8	一	○	○		一	一		판각 박락
1-13a-9-4	汁	汁	汁		汁	汴		汴은 汁의 誤記
1-13a-10-2	鹹	鹹	鹹		鹹	醶	醶(醎)은 鹹의 俗字	
1-13b-4-2	始能	始能	始能		始能	○		闕字
1-14a-7-9	乃	乃	乃		乃	及		及은 乃의 誤記
1-14b-2-14	屢	屢	屢		屢	累	屢와 累는 通用字	
1-14b-5-12	襦	襔	襔		襔	襔		襦와 襔은 의미 유사
1-14b-6-3	裹	裹	裹		裹	褁	裹와 褁는 同字	
1-14b-9-2	犇	犇	犇		犇	奔	犇과 奔은 同字	
1-15a-1-8	湏	湏	湏		須	須	湏는 須의 俗字	
1-15b-3-13	繫	繫	繫		繫	係	繫와 係는 通用字	
1-15b-4-10	繫	繫	繫		繫	係	繫와 係는 通用字	
1-15b-7-4	干	干	干		干	于		于는 干의 誤記
1-15b-9-11	贏	贏	贏		贏	嬴	贏와 嬴은 通用字	
1-16a-5-8	楨	楨	植		楨	楨		植은 楨의 誤記
1-16a-9-1	鹹	鹹	鹹		醎	醶	醶(醎)은 鹹의 俗字	
1-16b-8-10	囂	囂	囂		囂	⿰口囂	囂와 ⿰口囂는 同字	
1-16b-9-5	袴	袴	袴		袴	袴	袴는 袴의 本字	
1-17a-1-15	號	號	號		號	呼	號와 呼는 通用字	

1-17a-3-14	瞋	瞋	瞋		瞋	嗔	瞋과 嗔은 通用字	
1-17a-6-8·9	○	○	○		○	欲		欲은 衍字
1-17a-8-11	唯	唯	唯		唯	惟	唯와 惟는 通用字	
1-17a-9-5	兾	兾	兾		兾	冀	兾는 冀의 俗字	
1-17b-4-13	襦	襴	襴		襴	襴		襦와 襴은 의미 유사
1-19a-2-11	祐	祐	祐		祐	佑	祐와 佑는 通用字	
1-19a-6-6	旋	旋	旋		旋	旋	旋과 旋은 同字	
1-19b-1-1	唯	唯	唯		唯	惟	唯와 惟는 通用字	
1-20a-3-1	廢	廢	癈		廢	廢	癈와 廢는 通用字	
1-20a-5-13	迂	迂	迂		迂	迂	迂는 迂의 本字	
1-20a-10-1	廻	廻	廻		廻	回	廻와 回는 同字	
1-20b-1-7	露取	取露	取露		取露	取露		取露가 적절
1-20b-3-3	等	等	等		等	○		闕字
1-21b-2-13	間	間	間		間	○		闕字
1-21b-6-3	義	義	義		義	我		害義가 적절
1-21b-7-2	鄰	鄰	鄰		隣	隣	鄰은 隣의 本字	
1-22a-1-3	着	着	着		著	着	着은 著의 俗字	
1-22a-3-2	曹	曹	曹		曹	曺	曺는 曹의 俗字	
1-22a-3-12	辭	辭	辭		辞	辭	辭는 辭의 俗字	
1-22b-8-15	急	急	急		惡	急		惡은 急의 誤記
1-22b-9-8	瀟	瀟	瀟		瀟	瀟	瀟와 瀟은 通用字	
1-22b-9-13	此	此	此		此	愈		愈는 此의 誤記
1-23a-2-10	中仝	○	○		○	中仝		闕字
1-23a-4-10	以後	○	○		以後	以後		闕字
1-23a-5-14	岩	岩	岩		岩	巖	岩은 巖의 俗字	
1-23a-5-17	䜪	䜪	䜪		䜪	谽	䜪과 谽은 同字	
1-23a-6-5	圡	圡	圡		土	圡	圡는 土의 俗字	
1-23a-8-9	濟	濟	濟		淸	濟		淸州는 濟州의 誤記
1-23b-3-11	回	回	回		回	廻	回는 廻와 同字 廻는 廻의 俗字	
1-23b-5-15	動	動	動		動	僮		僮은 動의 誤記

1-23b-6-9	機	機	機		機	幾	機와 幾는 通用字	
1-23b-6-16	幸	幸	幸		幸	○		闕字
1-23b-8-7	駛	駛	駛		駃	駃	駛와 駃은 通用字	
1-24a-9-9	小	小	小		小	少	小와 少는 通用字	
1-24b-4-15	掉	掉	掉		掉	棹		掉와 棹는 別字
1-24b-9-16	途	途	途		途	道	途와 道는 通用字	
1-25a-2-12	少	少	少		少	小	小와 少는 通用字	
1-25a-8-7	冒	冒	冒		冐	冒	冐는 冒의 俗字	
1-25b-9-16	墻	墻	墻		墻	堵	墻과 堵는 通用字	
1-25b-8-13	唯	唯	唯		唯	惟	唯와 惟는 通用字	
1-26a-6-7	陸	陸	陸		陸	陸	陸은 陸과 同字	
1-26b-4-12	二	二	二		二	一		一은 二의 誤記
1-26b-8-11	途	途	途		途	道	途와 道는 通用字	
1-27b-6-3	隅	稜	稜		稜	稜	隅와 稜은 通用字	
1-27b-9-8	岩	岩	岩		岩	巖	岩은 巖의 俗字	
1-27b-6-13	大	大	大		太	太	大와 太는 通用字	
1-28a-6-9	是	是	是		是	時		時는 是의 誤記
1-28b-4-16	專	全	全		全	全		全이 專보다 적절
1-28b-8-8	實	實	實		實	宲	宲는 實의 略字	
1-29b-1-15	劒	劒	劒		釰	劒	劒과 釰은 同字	
1-30a-6-10	途	途	途		途	道	途와 道는 通用字	
1-30b-10-7	引	引	引		引	因		因은 引의 誤記
1-31a-1-4	槁枯	槁枯	槁枯		槁枯	枯槁		顚倒字. 의미동일
1-31a-6-17	怪	怪	怪		怪	怪	怪는 怪의 俗字	
1-31a-9-15	你	你	你		你	爾	你는 爾의 俗字	
1-31b-6-16	反	歹	互		互	互		歹이 적절. 互는 誤記
1-31b-9-3	屢	屢	屢		屢	累	屢와 累는 通用字	
1-32a-5-2	總	總	總		總	摠	總과 摠은 同字	
1-32a-5-10	詳	詳	詳		詐	詳		詐는 詳의 誤記
1-32a-5-16	誤	誤	誤		設	誤		設은 誤의 誤記

1-33a-7-6	斡	斡	斡		斡	斡		幹이 적절
1-33b-9-14	賊	賊	賊		賊	◯		闕字
1-34a-4-11	商	商	商		商	啇	商과 啇은 通用字	
1-34b-8-12	晒	晒	晒		晒	曬	晒는 曬의 俗字	
1-34b-9-13	晒	晒	晒		晒	曬	晒는 曬의 俗字	
1-35a-8-9	總	總	總		總	摠	總과 摠은 同字	
1-35a-10-2	悞	悞	悞		誤	誤	悞와 誤는 通用字	
1-35b-7-1	閑	閑	閑		閑	閒	閑과 閒은 通用字	
1-36a-7-7	距	距	距		距	拒	距와 拒는 通用字	
1-36b-4-7	總	總	總		總	摠	總과 摠은 同字	
1-36b-5-2	招	抬	抬		招	招		抬는 招의 誤記
1-37b-3-7	岩	岩	岩		岩	巖	岩은 巖의 俗字	
1-38a-2-15	化	化	化		和	和		化順은 和順의 誤記
1-38a-6-15	好	好	好		護	護		好는 護의 誤記
1-38b-2-1	總	總	總		總	摠	總과 摠은 同字	
1-39a-6-1	屢	屢	屢		屢	累	屢와 累는 通用字	
1-40a-2-8	聞	聞	聞		門	聞		門은 聞의 誤記
1-40b-2-13	慟	慟	慟		痛	痛	慟과 痛은 通用字	
1-41a-9-3	穤	糯	糯		糯	糯		穤와 糯은 의미 유사
1-41b-2-2	亘	亘	亘		恒	恒	亘과 恒은 通用字	
1-41b-3-13	笋	笋	笋		笋	筍	笋과 筍은 同字	
1-42a-6-11	鞠	鞠	鞠		鞫	鞫	鞠은 鞫과 同字	
1-42b-1-6	◯	◯	◯		◯	里		里에 무관하게 의미 통함
1-42b-9-2	船	船	船		舡	舡	舡과 船은 通用字	
1-45a-7-7	維	維	維		有	有		有는 維의 誤記
1-45b-4-13	濘	濘	濘		寧	寧		寧海縣이 맞음
1-45a-10-11	◯	里	里		里	里		闕字
1-45b-3-17	適	適	適		逩	適		逩은 適의 誤記
1-46a-2-4	嶠	嶠	嶠		嶠	嶠	嶠와 嶠는 同字	

1-46a-4-1	嶠	嶠	嶠		嶠	橋	嶠와 橋는 通用字	
1-46a-7-4	亡	亡	亡		忘	忘	亡과 忘은 通用字	
1-46b-6-15	土冊	土冊	土冊		土冊	壇		壇은 土冊의 誤記
1-47a-5-1	驛	驛	驛		亻辛	驛		亻辛은 驛의 誤記
1-47b-10-16	巖	巖	巖		岩	巌	岩은 巖의 俗字 巌은 巖의 略字	
1-49b-4-6	姚	姚	姚		女屯	姚	女屯는 姚의 略字	餘姚縣이 타당
1-49b-6-17	姚	姚	姚		女屯	姚	女屯는 姚의 略字	餘姚縣이 타당
1-50b-4-13	掉	掉	掉		棹	棹		掉는 棹의 誤記
1-51b-10-1	于	于	千		于	于		千은 于의 誤記
1-53b-2-13	逃	逃	逃		迯	遁	迯는 逃의 俗字 遁과 逃는 通用字	
1-54a-1-15	字	字	字		字	子		子가 字보다 적절
1-54b-3-5	馭	馭	馭		馭	御	馭와 御는 通用字	
2-1a-4-7	撿	撿	撿	撿	撿	檢	撿과 檢은 同字	
2-1a-7-16	巨	巨	臣	巨	巨	巨	巨와 巨는 同字	
2-1b-1-9	等	等	等	艹寺	艹寺	等	艹寺은 等의 俗字	
2-2a-9-4	滙	滙	滙	滙	滙	匯	滙와 匯는 同字	
2-2b-6-17	塩	塩	塩	塩	塩	鹽	塩은 鹽의 俗字	
2-2b-10-2	闊	闊	闊	闊	闊	濶	濶은 闊의 俗字	
2-3a-3-9	舡	舡	舡	船	船	船	舡과 船은 通用字	
2-4a-5-10	丞	丞	丞	丞	丞	承	丞과 承은 通用字	
2-4a-6-12	禀	禀	禀	稟	稟	禀	禀은 稟의 俗字	
2-4a-7-14	閑	閑	閑	閑	閑	間	閑과 間은 通用字	
2-4a-8-11	夕	夕	夕	夕	夕	○		闕字
2-4b-10-7	榮墳宴	榮墳宴	榮墳宴	榮墳宴	榮墳宴	○		闕字
2-4b-3-8	塲	塲	塲	塲	塲	場	塲은 場의 譌字	
2-4b-4-10	策文	對策	策文	對策	對策	對策		같은 의미
2-4b-5-5	聚	聚	聚	聚	聚	取		取는 聚의 誤記
2-4b-7-4	策文	對策	策文	對策	策文	策文		같은 의미
2-4b-7-8	取	取	取	聚	取	取		聚는 取의 誤記

2-4b-8-4	策文	對策	策文	對策	策文	策文		같은 의미
2-5a-3-5	策文	對策	對策	對策	對策	對策		같은 의미
2-5a-4-15	躐	獵	獵	獵	獵	獵		躐과 獵은 別字
2-5a-5-5	可歷	可歷	可歷	可歷	可歷	○		闕字
2-5a-5-7	數	數	數	數	數	數	數는 數의 俗字	
2-5b-1-5	數	數	數	數	數	數	數는 數의 俗字	
2-6a-6-16	○	樓	樓	樓	樓	樓		闕字
2-6a-7-9	鷗	鷗	鷗	鷗	鴎	鷗	鷗와 鴎는 同字	
2-6a-9-14	塩	塩	塩	塩	塩	鹽	塩은 鹽의 俗字	
2-6b-2-5	玠	玠	玠	玠	玠	价		价는 玠의 誤記
2-7a-3-4	㝎	㝎	㝎	㝎	㝎	定	㝎은 定의 略字	
2-7a-4-1	回	回	回	回	回	囘	囘는 回의 古字	
2-7a-8-4	繿	繿	繿	繿	繿	繿	繿과 繿은 同字	
2-7a-8-6	面	面	面	面	面	靣	面과 靣은 同字	
2-7a-10-6	面	面	面	面	面	靣	面과 靣은 同字	
2-7b-5-1	鹹	鹹	鹹	鹹	鹹	醎	醎(醎)은 鹹의 俗字	
2-8a-6-13	郤	郤	郤	郤	郤	郄	郤은 郄의 本字	郤, 郄은 却의 誤記
2-8b-1-5	船	船	船	船	船	舡	舡과 船은 通用字	
2-8b-1-14	收	收	收	收	收	収	収는 收의 略字	
2-9a-8-10	盤	盤	盤	盤	盤	般		般은 盤의 誤記
2-9b-7-9	示	示	示	示	示	視		視는 示의 誤記
2-10a-3-10	㝎	㝎	㝎	㝎	㝎	定	㝎은 定의 略字	
2-10a-4-13	年	年	年	年	年	軍		軍은 年의 誤記
2-10a-7-6	揚	揚	揚	揚	揚	總	總과 摠은 同字	
2-10a-8-2	揚	揚	揚	揚	揚	摠	揚과 摠은 同字	
2-10a-9-7	隄	隄	隄	隄	隄	堤	隄와 堤는 通用字	
2-10b-2-8	到	到	到	到	到	渡		渡는 到의 誤記
2-10b-8-3	撿	撿	撿	撿	撿	檢	撿과 檢은 同字	
2-11a-4-2	枋	枋	枋	枋	枋	榜		榜은 枋의 誤記
2-11a-8-15	遭	遭	遭	遭	遭	遭	遭는 遭의 俗字	

2-11a-8-4	圭	圭	圭	圭	圭	堅		堅은 圭의 誤記
2-11b-4-16	收	收	收	收	收	収	収는 收의 略字	
2-11b-5-3	收	收	收	收	收	収	収는 收의 略字	
2-11b-10-12	以	以	以	以	以	而		而는 以의 誤記
2-12a-2-16	敝	敝	敝	敝	敝	弊	敝와 弊는 通用字	
2-12a-5-16	扵	扵	扵	扵	扵	於	扵는 於의 俗字	
2-12a-8-4	大	大	大	大	大	太	大와 太는 通用字	
2-12b-4-8	塩	塩	塩	塩	塩	鹽	塩은 鹽의 俗字	
2-13a-1-15	廣	廣	廣	廣	廣	◯		闕字
2-13a-3-5	棲	棲	棲	樓	棲	捿		樓,捿는 棲의 誤記
2-13a-7-10	唯	唯	唯	唯	唯	猶		猶는 唯의 誤記
2-13a-9-3	鯽	鯽	鯽	鯽	鯽	蝍		蝍는 鯽의 誤記
2-13b-3-7	豐	豐	豐	豐	豊	豊	豊은 豐의 略字	
2-13b-9-8	隄	隄	隄	是	隄	堤	隄와 堤는 通用字	
2-13b-9-10	揔	揔	揔	楤	揔	總	摠과 總은 同字	楤은 揔의 誤記
2-13b-9-11	宜	宜	宜	直	宜	宜		直은 宜의 誤記
2-13b-10-8	抹	抹	抹	抹	抹	沫		沫이 抹보다 적절
2-13b-10-9	揔	揔	揔	揔	揔	摠	揔과 摠은 同字	
2-14a-4-16	隄	隄	隄	隄	隄	堤	隄와 堤는 通用字	
2-14a-7-6	袵	袵	袵	袵	袵	衽	袵과 衽은 同字	
2-14b-4-13	廟	廟	廟	廟	廟	廟	廟는 廟의 略字	
2-14b-5-13	唯	唯	唯	唯	惟	惟	唯와 惟는 通用字	
2-15a-3-16	舡	舡	舡	船	舡	舩	舡, 船, 舩은 通用字	
2-15a-7-10	小	小	小	小	少	少	小와 少는 通用字	
2-15a-8-2	簿	簿	簿	簿	簿	籍		籍은 簿의 誤記
2-15a-10-2	商	商	商	商	商	商	商과 商은 通用字	
2-16b-4-9	步	步	步	步	步	◯		闕字
2-16b-4-16	丞	丞	丞	丞	丞	承	丞과 承은 通用字	
2-16b-5-16	饌	饌	饌	饌	饌	[illegible]	[illegible]은 饌의 略字	
2-17a-2-6	行	行	行	行	行	◯		闕字

2-17a-7-6	古	古	古	右	右	古		右는 古의 誤記
2-17a-9-9	宇	宇	宇	字	字	宇		字는 宇의 誤記
2-17a-10-15	丞	丞	丞	丞	丞	承	丞과 承은 通用字	
2-17b-10-5	遊	遊	遊	其	遊	遊		其는 遊의 誤記
2-18a-3-6	硯	硯	硯	硯	硯	峴		峴은 硯의 誤記
2-18a-10-8	小停	小停	小停	小停	小停	少渟	小와 少는 通用字	
2-18b-2-7	大	大	大	太	太	太	大와 太는 通用字	
2-18b-4-8	大	大	大	大	太	太	大와 太는 通用字	
2-18b-4-17	下	下	下	下	下	不		不은 下의 誤記
2-18b-5-12	廻	廻	廻	廻	廻	回	廻와 回는 同字	
2-19a-2-11	博	博	博	博	傅	愽		傅와 愽은 博의 誤記
2-19a-4-12	商	商	商	商	商	商	商과 商은 通用字	
2-19a-7-3	閭	閭	閭	閭	閭	廬		廬는 閭의 誤記
2-19b-1-14	臺	臺	臺	臺	臺	坮	臺는 臺의 略字. 坮는 臺와 通用字	
2-20a-5-7	學	學	學	學	字	字		字는 學의 誤記
2-20b-3-1	偏	偏	偏	偏	偏	褊		褊은 偏의 誤記
2-20b-5-17	人	人	人	人	人	○		闕字
2-21a-3-10	豐	豐	豐	豊	豊	豊	豊은 豐의 略字	
2-21a-4-15	掉	掉	掉	掉	棹	棹		掉는 棹의 誤記
2-21b-4-15	商	商	商	商	商	商	商과 商은 通用字	
2-21b-7-1	而	而	而	而	而	之		之는 而의 誤記
2-22a-5-10	便	使	使	使	便	便		使는 便의 誤記
2-22a-6-2	丘	丘	丘	丘	丘	邱	丘와 邱는 通用字	
2-22a-7-17	闢	開	開	開	開	闢	開은 闢의 俗字	
2-22b-5-5	得	得	得	得	淂	得	淂은 得의 俗字	
2-22b-7-5	唯	唯	唯	唯	惟	惟	唯와 惟는 通用字	
2-22b-7-7	太	太	太	大	大	太	大와 太는 通用字	
2-23a-2-11	伎	伎	伎	伎	伎	技	伎와 技는 通用字	
2-23a-6-6	尊崇	尊崇	尊崇	崇尊	崇尊	崇尊		倒置字. 의미 동일
2-23a-7-4	禮	禮	禮	礼	礼	禮	礼는 禮의 古字	

2-23a-7-16	禮	禮	禮	礼	礼	禮	礼는 禮의 古字	
2-23a-9-2	禮	禮	禮	礼	礼	禮	礼는 禮의 古字	
2-23b-5-14	中國	中國	中國	中國	中國	中原		유사한 의미
2-23b-8-1	禮	禮	禮	礼	礼	禮	礼는 禮의 古字	
2-23b-8-11	禮	禮	禮	礼	礼	禮	礼는 禮의 古字	
2-23b-9-10	㪷	㪷	㪷	㪷	㪷	斗	㪷는 斗의 俗字	
2-24a-2-9	𨑨	𨑨	𨑨	𨑨	𨑨	巡	𨑨과 巡은 同字	
2-24a-2-14	鋪	鋪	鋪	鋪	鋪	舖		
2-24a-7-9	豐	豐	豐	豊	豊	豊	豊은 豐의 略字	
2-24a-7-14	至	至	至	至	至	致		致의 至는 衍字
2-24b-1-5	氣	氣	氣	氣	氣	◯	氣는 氣의 略字	闕字
2-24b-4-2	關	關	關	開	開	關	開은 關의 俗字	
2-24b-6-6	關	關	關	開	開	關	開은 關의 俗字	
2-24b-8-13	度	度	度	度	度	渡		渡는 度의 誤記
2-25a-4-16	河	河	河	何	河	河		何는 河의 誤記
2-25a-7-13	減	減	減	减	减	减	减은 減의 俗字	
2-25a-8-1	湖	湖	湖	湖	湖	潮		潮는 湖의 誤記
2-25a-8-3	豐	豐	豐	豊	豊	豊	豊은 豐의 略字	
2-25a-9-17	關	關	關	關	開	關	開은 關의 俗字	
2-25b-6-13	鐵	鐵	鐵	鐵	鐵	鐵	鐵은 鐵의 略字	
2-25b-8-1	鐵	鐵	鐵	鐵	鐵	鐵	鐵은 鐵의 略字	
2-26a-9-7	邊	邊	邊	邉	邊	邉	邉은 邊의 譌字	
2-26b-3-11	當道	當道	當道	當道	當道	◯		闕字
2-26b-5-1	船	船	船	船	船	舟	船과 舟는 通用字	
2-26b-10-3	亰	亰	亰	亰	東	京	亰은 京과 同字	東은 京(亰)의 誤記
2-26b-10-8	雨	雨	雨	兩	雨	雨		兩은 雨의 誤記
2-27b-3-17	泊	泊	泊	泊	泊	伯		伯은 泊의 誤記
2-27b-4-5	伍	伍	伍	伍	伍	五		五는 伍의 誤記
2-28a-4-4	舡	舡	舡	舡	舡	舩	舡과 舩은 通用字	
2-28b-5-10	列	列	列	列	烈	烈	烈女와 列女는 通用字	

2-29a-4-16	楫	楫	楫	揖	楫	楫		揖은 楫의 誤記
2-29a-6-14	微	徵	微	微	微	微		徵은 微의 誤記
2-29b-7-10	諳	諳	諳	暗	暗	暗	通用字	暗은 諳의 誤記
2-29b-9-2	冒	冒	冒	冒	冐	冐	冐는 冒의 俗字	
2-29b-8-9	理	理	理	理	理	逆		문맥상 의미가 같음
2-30a-2-15	過百	過白	白過	過白	過白	過白		白過는 誤記
2-30a-7-13	胯	胯	胯	胯	胯	跨		跨는 胯의 誤記
2-30b-6-12	河	河	河	河	河	何		何는 河의 誤記
2-31a-7-8	𠀍	𠀍	𠀍	巨	巨	巨	𠀍와 巨는 同字	
2-31b-8-8	洙	泆	洙	洙	洙	洙		泆은洙의 誤記
2-31b-10-6	靑	靑	靑	靑	靑	淸		淸은 靑의 誤記
2-31b-10-10	淸	淸	淸	淸	淸	靑		靑은 淸의 誤記
2-32a-4-10	傳	傳	傳	傅	傅	傳		傅는 傳의 誤記
2-32b-10-5	蜚	蜚	蜚	蜚	蜚	飛		飛는 蜚의 誤記
2-32b-10-8	桂	桂	桂	桂	桂	溪		溪는 桂의 誤記
2-33a-6-4	下	下	下	下	不	石		不, 石은 下의 誤記
2-33a-8-4	候	候	候	侯	侯	侯		候는 侯의 誤記
2-33a-8-14	山	山	山	山	山	其		其는 山의 誤記
2-33b-1-7	杭	杭	杭	杬	杬	杭		杬은 杭의 誤記
2-33b-2-2	逺	逺	逺	逺	逺	遠	逺은 遠의 俗字	
2-33b-2-1	丘	丘	丘	丘	丘	邱	丘와 邱는 通用字	
2-33b-3-14	之	之	之	之	之	州		州는 之의 誤記
2-33b-6-8	津	津	津	津	津	鎭		鎭은 津의 誤記
2-33b-8-7	闊	闊	闊	濶	濶	濶	濶은 闊의 俗字	
2-33b-7-10	少	少	少	少	少	小	小와 少는 通用字	
2-33b-10-7	豐	豐	豐	豊	豊	豊	豊은 豐의 略字	
2-33b-10-10	碭	碭	碭	碭	碭	楊		楊은 碭의 誤記
2-34a-2-7	陀	陀	陀	陀	陀	院		院은 陀의 誤記
2-34a-6-17	悸	悸	悸	悸	悸	悖		悖는 悸의 誤記
2-34a-8-12	湏	湏	湏	湏	湏	須	湏는 須의 俗字	

2-34b-2-12	踈	踈	踈	踈	踈	踞		踞는 踈의 誤記
2-34b-4-10	元	元	元	元	元	源		源은 元의 誤記
2-34b-5-12	奈	奈	奈	奈	乃	乃		문맥상 奈가 적절
2-34b-10-4	臺	臺	臺	𡊣	𡊣	臺	𡊣는 臺의 略字	
2-35a-1-15	士	士	士	七	士	士		七은 士의 誤記
2-35a-4-10	樓	樓	樓	楼	楼	楼	楼는 樓의 俗字	
2-35a-5-5	轍	轍	轍	轍	轍	軾		軾은 轍의 誤記
2-35a-10-9	虎	虎	虎	乕	乕	虎	乕는 虎의 俗字	
2-35a-10-14	呼	呼	呼	呼	呼	以		以는 呼의 誤記
2-35b-1-14	湧	湧	湧	湧	湧	注		注는 湧의 誤記
2-35b-2-1	轟	轟	轟	叓	叓	轟	叓는 轟의 略字	
2-35b-3-12	巭	巭	巭	巭	巭	功夫	功夫는 巭의 破字	
2-35b-6-13	昔	昔	昔	昔	昔	㫺		㫺은 昔의 誤記
2-35b-6-17	隘	隘	隘	隘	隘	溢		溢은 隘의 誤記
2-36a-8-15	巨	巨	臣	巨	巨	巨	巨와 巨는 同字	臣은 巨의 誤記
2-36a-9-16	氶	氶	氶	氶	氶	承	氶과 承은 通用字	
2-36b-1-4	㪷	㪷	㪷	㪷	㪷	斗	㪷는 斗의 俗字	
2-36b-1-12	批	批	批	枇	枇	批		枇는 批의 誤記
2-36b-9-10	闊	闊	闊	濶	濶	濶	濶은 闊의 俗字	
2-37a-7-1	復	復	復	復	復	後		後는 復의 誤記
2-37a-8-14	七	七	七	七	七	十		十은 七의 誤記
2-37a-9-2	十數	十數	十數	十數	數十	數十		數十은 十數의 誤記
2-37a-9-7	瀦	瀦	瀦	瀦	瀦	瀦	瀦와 瀦는 同字	
2-37b-1-4	商	商	商	啇	啇	啇	商과 啇은 通用字	
2-37b-2-2	乎	乎	乎	于	乎	乎	乎는 于와 通用	
2-37b-3-5	實	實	實	宲	宲	實	宲는 實의 略字	
2-37b-6-11	水	水	水	水	水	也		水가 적절
2-37b-6-16	浟	浟	浟	洑	洑	洑	洑은 浟의 略字	
2-38a-8-3	摽	摽	摽	摽	標	標		標는 摽의 誤記
2-38a-8-7	臺	臺	臺	臺	𡊣	坮	𡊣는 臺의 略字	

							坮는 臺와 通用字	
2-38a-10-11	橋	橋	橋	橋	撟	橋		撟는 橋의 誤記
2-38a-10-15	取	取	取	取	耳	拾	取와 耳는 通用字	
2-38b-1-17	臺	臺	臺	臺	坮	荎	坮,荎는 臺의 略字	
2-38b-2-7	驛	驛	驛	驛	驿	驛	驿은 驛의 略字	
2-38b-5-1	計	計	計	計	訃	訃		訃는 計의 誤記
2-38b-5-10	候	候	候	候	侯	侯		候는 侯의 誤記
2-38b-7-15	世	世	世	世	歲	世		문맥상 유사의미
2-38b-9-3	技	技	技	枝	枝	枝		枝는 技의 誤記
2-39a-3-9	舊	舊	舊	旧	旧	舊	旧는 舊의 俗字	
2-39a-4-17	臺	臺	臺	坮	坮	荎	臺, 坮, 荎는 臺의 略字	
2-39a-7-5	登	登	登	登	登	望		望은 登의 誤記
2-39b-5-13	陽	陽	陽	陽	陽	達		達은 陽의 誤記
2-40a-1-7	歪	歪	歪	歪	歪	碔	碔은 歪의 破字	
2-40b-4-1	過	過	過	過	過	○		闕字
2-40b-6-11	聞	聞	聞	聞	聞	○		闕字
2-40b-8-3	渙	渙	渙	澳	澳	渙		澳는 渙의 誤記
2-41a-7-17	入	入	入	八	八	入		入은 八의 誤記
2-43a-3-7	大海	大海	大海	大海	大海	○		闕字
2-43a-3-17	中	中	中	中	之	中		之는 中의 誤記
2-43a-4-4	水	水	水	木	水	水		木은 水의 誤記
2-43a-7-17	凡	凡	凡	凡	九	凡		九는 凡의 誤記
2-43b-1-13	沱	沱	沱	沱	沱	沱	沱와 沱는 通用字	
2-43b-2-7	口	口	口	口	口	○		闕字
2-43b-3-2	口	口	口	口	口	○		闕字
2-43b-4-12	則	則	則	則	則	○		闕字
2-43b-5-15	得	得	得	淂	淂	得	淂은 得의 俗字	
2-43b-9-8	線	線	線	線	綿	線		綿은 線의 誤記
2-43b-10-15	鳩	鳩	鳩	鳩	鳩	鷗		鷗는 鳩의 誤記
4-44a-1-9	鉤	鉤	鉤	鉤	鉤	鉤	鉤는 鉤의 俗字	

2-44a-5-14	卽	卽	卽	卽	卽	則	卽과 則은 通用字	
2-44a-6-17	扵	扵	扵	扵	扵	於	扵는 於의 俗字	
2-44a-3-13	言	言	言	言	言	◯		闕字
2-44b-1-3	言	言	言	言	言	◯		闕字
2-44b-4-5	橋	橋	橋	橋	橋	◯		闕字
2-44b-4-7	劒	劒	劒	釼	釼	劒	劒과 釼은 同字	
2-44b-6-5	丞	丞	丞	丞	丞	承	丞과 承은 通用字	
2-45b-2-5	口	口	口	口	口	◯		闕字
2-45b-9-10	船	船	船	船	船	船	船과 船은 通用字	
2-45b-9-11	泊	泊	泊	泊	泊	舶		泊은 舶의 誤記
2-46a-1-14	河	河	河	河	河	下		下는 河의 誤記
2-46a-4-16	商	商	商	商	商	商	商과 商은 通用字	
2-46a-9-6	勾	勾	勾	勾	勾	◯		闕字
2-47a-1-9	商	商	商	商	商	商	商과 商은 通用字	
2-47b-9-10	之	之	之	之	之	◯		闕字
2-48b-3-11	佩	佩	佩	佩	佩	佩	佩는 佩의 略字	
2-48b-7-4	商	商	商	商	商	商	商과 商은 通用字	
2-50a-8-14	舡	舡	舡	舡	舡	船	舡과 船은 通用字	
2-50b-6-11	回遲	回遲	回遲	回遲	回遲	遲回		遲回는 回遲의 誤記
2-51b-5-3	嘿	嘿	嘿	嘿	嘿	默	嘿과 默은 同字	
2-51b-5-14	才	才	才	才	才	自		自는 才의 誤記
2-51b-8-4	身	身	身	身	身	自		自는 身의 誤記
2-52a-3-4	苐	苐	苐	第	第	第	苐는 第의 俗字	
2-52a-7-4	職	職	職	耺	耺	職	耺은 職의 略字	
2-52a-7-10	生	生	生	生	生	至		至는 生의 誤記
2-52b-3-7	暯	暯	暯	暮	暮	暮	暯과 暮는 通用字	
2-52b-10-17	木	木	木	木	木	水		水는 木의 誤記
2-53a-4-14	軸	軸	軸	軸	軸	舳		舳는 軸의 誤記
2-54a-1-6	車輪	車輪	車輪	車輪	車輪	輪車		輪車는 車輪의 誤記
2-54a-1-13	俠	俠	俠	俠	狹	狹		俠은 狹의 誤記

2-54b-2-10	閉	閑	閑	閑	閑	閑		閑은 閉의 誤記
2-54b-2-5	鑿	鑿	鑿	鑿	鑿	鑿	鑿과 鑿은 通用字	
2-55a-3-2	限	限	限	限	限	根		根은 限의 誤記
3-1a-6-7	船	船	船	舡	舡	船	舡과 船은 通用字	
3-1a-9-9	小	小	小	小	盜	小		盜는 小의 誤記
3-1b-1-4	煙	煙	煙	烟	烟	煙	煙과 烟은 同字	
3-1b-5-10	丘	丘	丘	丘	丘	邱	丘와 邱는 通用字	
3-1b-6-2	雞	雞	雞	雞	雞	鷄	雞와 鷄는 同字	
3-1b-6-12	關	關	關	關	關	關	開은 關의 俗字	
3-1b-7-15	商	商	商	商	商	商	商과 商은 通用字	
3-1b-8-1	船	船	船	舡	舡	舡	舡과 船은 通用字	
3-1b-10-3	嶽	嶽	嶽	岳	岳	岳	嶽과 岳은 同字	
3-1b-10-6	關	關	關	關	關	關	關은 關의 俗字	
3-2a-4-6	旌	旌	旌	旋	旋	旋	旌과 旋은 同字	旌이 일반적
3-2b-2-8	館	館	館	館	館	舘	舘은 館의 俗字	
3-2b-9-2	坐	坐	坐	㘴	㘴	坐	坐와 㘴는 同字	
3-3a-1-15	官廳	官廳	官廳	官廳	官廳	廳官		廳官은 官廳의 誤記
3-3b-3-12	文公	文公	文公	文公	文公	朱文公		文公은 朱文公의 약칭
3-3b-4-12	學	學	學	學	學	學	學은 學의 略字	
3-3b-8-2	等	等	等	等	䒭	䒭	䒭은 等의 俗字	
3-4a-2-7	嘆	嘆	嘆	嘆	嘆	歎	嘆과 歎은 同字	
3-4a-10-17	隔	隔	隔	鬲	隔	隔	鬲은 隔의 俗字	
3-4b-3-13	薄	薄	薄	薄	簿	簿		薄은 簿의 誤記
3-4b-4-17	○	○	○	○	○	之		之는 衍字
3-5a-3-13	塩	塩	塩	塩	塩	鹽	塩은 鹽의 俗字	
3-5a-3-14	饌	饌	饌	饌	饌	饌	饌은 饌의 略字	
3-5a-4-7	傳	傳	傳	傳	傳	傳		傳은 傳의 誤記
3-5b-5-17	慟	慟	慟	慟	慟	痛	慟과 痛은 通用字	
3-6b-8-1	撥	撥	撥	抜	抜	拔	抜는 拔의 俗字	

3-7a-2-16	遭	遭	遭	遭	遭	遭	遭는 遭의 俗字	
3-7a-4-10	粮	粮	粮	粮	粮	糧	粮과 糧은 同字	
3-7a-7-10	驗	驗	驗	驗	驗	諗	諗은 驗의 俗字	
3-7a-8-14	廷	廷	廷	廷	廷	廷	廷과 廷은 同字	
3-7a-9-1	體	體	體	体	体	体	体는 體의 略字	
3-7b-2-7	撥	撥	撥	扳	撥	拔	扳는 拔의 俗字	
3-7b-4-11	歸	歸	歸	皈	皈	皈	歸와 皈는 同字	
3-7b-6-5	太	太	太	大	大	太	太와 大는 通用字	
3-8a-2-9	體	體	體	體	體	體	體와 體는 同字	
3-8a-5-1	糧	糧	糧	粮	粮	粮	粮과 糧은 同字	
3-8a-6-1	與	與	與	与	与	与	与는 與의 俗字	
3-8a-8-17	與	與	與	與	與	如		如는 與의 誤記
3-8a-9-8	爾	爾	爾	甭	甭	甭	甭는 爾의 略字	
3-8b-1-3	收	收	收	収	収	収	收와 収는 同字	
3-8b-1-8	麤	麤	麤	麌	麌	麤		麌(麃)는 麤(麤,麁)의 誤記
3-8b-4-7	衿	衿	衿	衿	衿	襟	衿과 襟은 通用字	
3-10b-1-13	嘆	嘆	嘆	歎	歎	歎	嘆과 歎은 同字	
3-10b-4-3	職	職	職	耺	耺	耺	耺은 職의 略字	
3-10b-4-14	歸	歸	歸	皈	皈	皈	歸와 皈는 同字	
3-10b-7-1	劍	劍	劍	釰	釰	劍	劍과 釰은 同字	
3-11a-3-14	措	棤	棤	棤	棤	措		棤은 措의 誤記
3-12a-7-15	眀	眀	眀	明	明	明	眀은 明과 同字	
3-12a-8-15	眀	眀	眀	明	明	明	眀은 明과 同字	
3-12b-1-6	驅	驅	驅	駈	駈	驅	驅는 駈와 同字	
3-12b-4-17	歸	歸	歸	皈	皈	歸	歸와 皈는 同字	
3-12b-7-14	韓	韓	韓	韓	韓	韓	韓은 韓과 同字	
3-13a-1-17	於	於	於	於	於	○		闕字
3-13b-9-14	爾	爾	爾	甭	甭	爾	甭는 爾의 略字	
3-14a-10-8	爾	爾	爾	甭	甭	爾	甭는 爾의 略字	
3-14b-9-12	頃	頃	頃	頃	頃	項		項은 頃의 誤記

3-15a-7-14	旌	旌	旌	旌	旋	旋	旌과 旋은 同字	旌이 일반적
3-15b-7-4	○	○	○	○	○	衣		衣는 衍字
3-16a-6-13	途	途	途	途	途	道	途와 道는 通用字	
3-16b-1-8	等	等	等	䓁	䓁	䓁	䓁은 等의 俗字	
3-18a-3-10	臥	臥	臥	臥	臥	臥	臥는 臥의 俗字	
3-19a-9-13	寶	寶	寶	宝	宝	寶	宝는 寶의 俗字	
3-19b-2-14	濟	濟	濟	濟	濟	濟	濟는 濟의 略字	
3-19b-6-8	獻	獻	獻	獻	獻	獻	獻은 獻의 俗字	
3-20a-10-1	舊	舊	舊	旧	旧	舊	旧는 舊의 俗字	
3-20b-2-5	商	商	商	商	商	商	商과 商은 通用字	
3-20b-5-11	臺	臺	臺	臺	臺	坮	坮는 臺와 通用字	
3-21a-6-12	舊	舊	舊	旧	旧	旧	旧는 舊의 俗字	
3-21a-8-15	略	略	略	畧	畧	畧	略과 畧은 同字	
3-22a-7-4	丞	丞	丞	丞	丞	承	丞과 承은 通用字	
3-23a-1-1	伏	伏	伏	伏	⿰亻大	⿰亻大		⿰亻大은 伏의 誤記
3-23a-1-14	爾	爾	爾	爾	尔	爾	尔는 爾의 略字	
3-23a-2-1	亡	亡	亡	無	無	無	亡과 無는 通用字	
3-23a-2-6	爾	爾	爾	尔	尔	爾	尔는 爾의 略字	
3-23a-2-16	曹	曹	曹	曹	曹	曺	曺는 曹의 俗字	
3-23a-6-15	伏	伏	伏	伏	⿰亻大	⿰亻大		⿰亻大은 伏의 誤記
3-23b-3-6	嘆	嘆	嘆	歎	歎	歎	嘆과 歎은 同字	
3-23b-6-11	逆	逆	逆	逆	⿺辶羊	逆		⿺辶羊은 逆의 誤記
3-24a-1-11	爾	爾	爾	尔	尔	爾	尔는 爾의 略字	
3-24a-3-7	途	途	途	途	途	道	途와 道는 通用字	
3-24a-3-11	涉	涉	涉	踄	涉	涉		踄는 涉의 誤記
3-24a-3-16	實	實	實	實	宲	實	宲는 實의 略字	
3-24a-4-1	爾	爾	爾	尔	尔	爾	尔는 爾의 略字	
3-24a-5-14	實	實	實	實	宲	實	宲는 實의 略字	
3-24a-6-1	實	實	實	宲	宲	實	宲는 實의 略字	
3-24a-6-8	實	實	實	宲	宲	實	宲는 實의 略字	

3-24a-9-11	爾	爾	爾	尔	尔	爾	尔는 爾의 略字	
3-24b-2-9	㪷	㪷	㪷	㪷	㪷	斗	㪷는 斗의 俗字	
3-24b-6-13	韈	韈	韈	韈	襪	襪	韈과 襪은 通用字	
3-24b-6-15	雙	雙	雙	雙	𨘘	𨘘	𨘘은 雙의 俗字	
3-24b-7-3	雄	雄	雄	雄	碓	碓		碓는 雄의 誤記
3-24b-10-14	禎	禎	禎	禎	楨	楨		楨은 禎의 誤記
3-25a-4-10	八	八	八	人	八	八		人은 八의 誤記
3-25a-4-16	石	石	石	右	右	右		右는 石의 誤記
3-25b-4-6	舊	舊	舊	旧	旧	旧	旧는 舊의 俗字	
3-25b-6-7	旋	旋	旋	𣃘	𣃘	𣃘	旋門의 旋. 旋과 𣃘은 同字	
3-26a-1-10	遭	遭	遭	𨗿	𨗿	𨗿	𨗿는 遭의 俗字	
3-26a-1-17	官	官	官	宮	官	官		宮은 官의 誤記
3-27b-1-15	河	河	河	何	何	何		何는 河의 誤記
3-27b-5-6	樓	樓	樓	楼	楼	楼	楼는 樓의 俗字	
3-27b-5-12	樓	樓	樓	楼	楼	楼	楼는 樓의 俗字	
3-27b-9-7	聯	聯	聯	聯	聯	縣		縣은 聯의 誤記
3-28b-2-4	場	場	場	塲	塲	塲	塲은 場의 譌字	
3-29a-5-13	遷	遷	遷	迁	迁	迁	迁은 遷의 俗字	
3-29a-6-2	海	海	海	河	海	海		河는 海의 誤記
3-29b-3-13	坊	坊	方	方	方	方		저본에 따라 坊
3-30a-3-17	于	于	于	于	于	子		子는 于의 誤記
3-30a-10-15	卽	卽	卽	卽	卽	耶		耶는 卽의 誤記
3-31b-10-17	寧	寧	寧	宋	宋	寧	宋은 寧의 俗字	
3-32b-4-5	楊	楊	楊	楊	揚	揚		楊은 揚의 誤記
3-32b-7-9	至	至	至	至	至	臸		臸의 至는 衍字
3-32b-10-9	獻	獻	獻	献	献	献	献은 獻의 俗字	
3-33a-1-2	太	太	太	太	太	大	太와 大는 通用字	
3-33a-5-5	崗	崗	崗	崗	岡	岡	崗과 岡은 通用字	
3-33b-4-14	繼	繼	繼	継	継	継	継는 繼의 俗字	

3-33b-5-1	剛	剛	剛	問	剛	剛		問은 剛의 誤記
3-33b-6-7	略	略	略	畧	畧	畧	畧은 略과 同字	
3-33b-8-6	實	實	實	宲	宲	實	宲는 實의 略字	
3-34a-3-1	辭	辭	辭	辭	辭	辭	辭는 辭의 俗字	
3-34a-4-2	粮	粮	粮	粮	粮	糧	粮과 糧은 同字	
3-34a-7-16	辭	辭	辭	辭	辭	辭	辭는 辭의 俗字	
3-34a-8-11	㪷	㪷	㪷	㪷	㪷	斗	㪷는 斗의 俗字	
3-34b-2-3	到	到	到	到	到	到到		到到의 到는 衍字
3-34b-9-15	戀	戀	戀	戀	戀	戀	戀은 戀의 俗字	
3-35a-4-7	途	途	途	途	途	道	途와 道는 通用字	
3-35b-1-11	擺	擺	擺	檑	檑	檑		檑는 擺의 誤記
3-35b-5-5	韈	韈	韈	韈	韈	襪	韈와 襪는 通用字	
3-35b-6-13	國	國	國	固	國	國		固는 國의 誤記
3-35b-7-17	等	等	等	朩	朩	等	朩은 等의 俗字	
3-35b-8-14	船	船	船	舡	舡	舡	舡과 船은 通用字	
3-36a-3-16	旌	旌	旌	旌	旌	旋	旌과 旋은 同字	旌이 일반적
3-37a-8-3	𢀳	𢀳	𢀳	𢀳	巨	巨	𢀳와 巨는 同字	
3-38b-2-15	𢀳	𢀳	臣	臣	巨	巨	𢀳와 巨는 同字	
3-38b-3-5	袍	袍	袍	袍	袍	抱		抱는 袍의 誤記
3-38b-6-1	庵	庵	庵	庵	庵	菴	庵과 菴은 通用字	
3-39a-9-6	根	根	根	根	根	眼		根前과 眼前은 같은 의미.
3-40a-8-2	匹	匹	匹	匹	匹	疋	匹과 疋은 同字	
3-40b-9-11	澥	澥	澥	澥	澥	澥	澥는 澥의 俗字	
3-41a-1-1	大	大	大	大	大	太	大와 太는 通用字	
3-41a-5-14	雞	雞	雞	雞	鷄	鷄	雞는 鷄의 本字	
3-41b-4-1	摽	摽	摽	摽	摽	標		摽는 標의 誤記
3-41b-8-8	囊	囊	囊	囊	囊	囊	囊은 囊의 略字	
3-41b-8-9	佩	佩	佩	佩	佩	佩	佩는 佩의 略字	
3-41b-8-17	稾	稾	稾	稾	藁	稿	稾, 藁, 稿는 通用字	

3-42a-5-10	沈	沈	沈	沈	沈	洗		洗는 沈의 誤記
3-42a-6-7	惣	惣	惣	惣	摠	摠	惣은 摠의 譌字	
3-42a-9-2	暮	暮	暮	暮	暯	暮	暯과 暮는 通用字	
3-42b-1-14	遼	遼	遼	遼	連	連		連은 遼의 誤記
3-43b-1-17	址	址	址	坫	址	址		坫은 址의 誤記
3-44b-9-12	船	船	船	舡	舡	舡	舡과 船은 通用字	
3-44b-10-7	商	商	商	啇	啇	啇	商과 啇은 通用字	
3-44b-10-15	因	因	因	回	曰	因	曰는 因의 俗字	回는 因의 誤記
3-45a-1-8	船	船	船	船	船	舩	船, 船, 舩은 通用字	
3-45a-1-9	或	或	或	或	成	或		成은 或의 誤記
3-45a-4-4	距	距	距	距	距	拒		拒는 距의 誤記
3-45b-2-10	豐	豐	豐	豊	豊	豊	豊은 豐의 略字	
3-46a-5-1	岸	岸	岸	岸	岸	岸	岸과 岸은 同字	
3-46b-10-1	河	河	河	海	河	河		海는 河의 誤記
3-47a-7-10	大	大	大	太	太	太	大와 太는 通用字	
3-47a-9-12	豐	豐	豐	豊	豊	豊	豊은 豐의 略字	
3-47b-9-6	羣	羣	羣	群	群	羣	羣은 群의 本字	
3-48a-9-17	略	略	略	畧	畧	畧	略과 畧은 同字	
3-48b-4-2	惟	惟	惟	唯	唯	唯	唯와 惟는 通用字	
3-48b-4-3	黍	黍	黍	黍	黍	黍	黍와 黍는 通用字	
3-49a-5-10	下	下	下	下	下	上		上은 下의 誤記
3-49a-9-12	繫	繫	繫	繫	繫	係	繫와 係는 通用字	
3-49a-9-15	勾	勾	勾	句	句	句	勾는 句의 俗字	
3-50a-7-9	雞	雞	雞	鷄	鷄	鷄	雞는 鷄의 本字	
3-50a-10-14	豐	豐	豐	豊	豊	豊	豊은 豐의 略字	
3-50b-4-4	煙	煙	煙	煙	煙	烟	煙과 烟은 同字	
3-51a-3-2	裹	裹	裹	裹	裹	褁	裹와 褁는 同字	
3-51a-6-3	袵	袵	袵	衽	衽	衽	袵과 衽은 同字	
3-51a-6-6	則	則	於	則	於	於		문맥상 則과 於 모두 가능

3-51b-1-7	雞	雞	雞	鷄	雞	鷄	雞는 鷄의 本字	
3-51b-2-1	衽	衽	衽	袵	衽	袵	衽과 袵은 同字	
3-51b-2-13	衽	衽	衽	袵	袵	袵	衽과 袵은 同字	
3-51b-3-9	繿	繿	繿	繿	藍	藍	繿과 藍은 同字	
3-52a-3-10	稚	稚	稚	稚	稚	稺	稚와 稺는 同字	
3-52a-8-8	羣	羣	羣	群	群	羣	羣은 群의 本字	
3-52b-2-7	淸	淸	淸	靑	靑	靑		靑은 淸의 誤記
3-53a-5-5	鈆	鈆	鈆	鉛	鉛	鉛	鈆은 鉛의 俗字	
3-53a-5-13	商	商	商	商	商	商	商과 商은 通用字	
3-53a-7-17	巨	巨	巨	巨	巨	巨	巨와 巨는 同字	
3-53a-8-14	略	略	略	畧	畧	畧	略과 畧은 同字	
3-53b-4-9	器	器	器	噐	噐	器	噐는 器의 本字	
3-53b-6-10	商	商	商	商	商	商	商과 商은 通用字	
3-53b-6-17	巨	巨	巨	巨	巨	巨	巨와 巨는 同字	
3-53b-7-14	○	府	府	府	府	府		闕字
3-53b-8-7	○	擔石	擔石	擔石	擔石	擔石		闕字
3-54a-2-15	略	略	略	畧	畧	略	略과 畧은 同字	

찾아보기

가흥부(嘉興府) 144, 166, 169, 326
가흥현(嘉興縣) 169
감수(鑑水) 117, 134
강교(江橋) 116
강내(姜內) 37, 61
강도현치(江都縣治) 192
강유(姜有) 37, 61
강창교(江漲橋) 164
강창포(江漲鋪) 164
거구역(車廐驛) 115
거요량(巨要梁) 33
건도소(健跳所) 99, 101, 103
견훤(甄萱) 123, 124
경력사(經歷司) 277-279
경주(景州) 123, 125, 237
경호(鏡湖) 117
고구려(高句麗) 123, 125, 126, 176, 181, 232, 304, 305, 321, 325, 326
고내을동(高內乙同) 37, 61
고려(高慮) 43, 46, 83, 93, 124, 150, 250, 266
고려사(高麗寺) 150
고려사(高麗祠) 321
고려시(高麗市) 326
고려정(高麗亭) 177
고보종(高保終) 37, 61
고복(高福) 37, 39, 61, 329
고산(孤山) 162, 289, 305
고산로(孤山路) 162
고소대(姑蘇臺) 174
고소산(姑蘇山) 171, 172, 174
고소역(姑蘇驛) 173, 178
고우주(高郵州) 196, 197
고이복(高以福) 34, 37, 45, 51, 61, 74, 279
고익견(高益堅) 28

고회(高廻) 35, 37, 61
공리(孔里) 219
공원(貢院) 163
공자(孔子) 79, 147, 157, 209, 219, 240, 241, 268
공주(公州) 123
곽현(漷縣) 250
관광문(觀光門) 163
관두량(舘頭梁) 27, 28
관와궁(舘娃宮) 171
관왕묘(關王廟) 237, 303, 320, 327
관우(關羽) 204, 208
광녕(廣寧) 307, 318, 325, 333, 336
광녕역(廣寧驛) 312, 314-137
광동(廣東) 147, 281
광주(廣州) 123
광주(光州) 58
구동(甌東) 25
구리석당(九里石塘) 170
구월산(九月山)은 124
구한(九韓) 122
궁예(弓裔) 123, 124
권산(權山) 32, 33, 36, 39, 43-47, 50, 61, 276
권송(權松) 37, 39, 40, 45, 49, 59, 61, 92
금강산(金剛山) 124
금산(金山) 189, 191, 286
금의위(錦衣衛) 168, 241, 268, 284, 302
금화현(金華縣) 134
기순(祁順) 167
기준(箕準) 122, 175
김계욱(金繼郁) 31
김고면(金高面) 36, 39, 45, 47, 61
김괴산(金怪山) 36, 39, 61
김구질회(金仇叱廻) 37, 39, 41, 45, 61
김도종(金都終) 37, 39, 45, 61, 129
김득례(金得禮) 31
김득시(金得時) 37, 61
김석귀(金石貴) 37, 61
김속(金粟) 37, 44, 61, 92, 198
김송(金松) 37, 61
김정린(金鼎璘) 29
김조회(金朝迴) 37, 61
김존려(金存麗) 31
김중(金重) 26, 30, 36, 39, 45, 50, 55, 56, 62, 76, 92, 131, 293, 294, 279, 280, 323
김중리(金仲理) 31
김진산(金眞山) 61
김진음산(金眞音山) 37, 61

나주(羅州) 27, 28, 59, 82, 88, 92
낙동강(洛東江) 125

난정(蘭亭) 132
난주(灤州) 300, 336
남병산(南屛山) 159
노경(盧警) 31
노부용(盧夫容) 78
누공부(婁公埠) 132

단교(斷橋) 161
단양현(丹陽縣) 186
달단(韃靼) 235, 266, 273
담대호(澹臺湖) 173
당서진(塘棲鎭) 165
대강(大江) 46, 187, 189, 218, 315, 335-337
대동강(大同江) 124
대마주(對馬州) 46
대명교(大明橋) 172
대석교(大石橋) 170
대유구국(大琉球國) 46, 254
대포교(大浦橋) 170
대화탈도(大火脫島) 33
덕주(德州) 234, 236
도지소(桃知所) 75
동구국(東甌國) 97
동소강(東小江) 133
동양(東陽) 134
동정동산(洞庭東山) 170
동정서산(洞庭西山) 170, 171
동창부(東昌府) 227, 229
동하현(東河縣) 229
두독장(杜瀆場) 75, 106
등영주문(登瀛州門) 163

마한(馬韓) 122, 175
막금(莫金) 28, 36, 39-41, 44, 61, 76, 92, 279
만경교(萬頃橋) 171, 187
만랄가(滿剌加) 46, 148
만산(萬山) 27, 36, 61, 76
맹강녀(孟姜女) 307
면수(沔水) 189
명월포(明月浦) 43
명주(明州) 46, 111
몽염(蒙恬) 305
묘향산(妙香山) 124
무녕위(撫寧衛) 303
무등산(無等山) 58, 59
무림산(武林山) 157
무석현(無錫縣) 184
무성현(武城縣) 233, 335
문회(文迴) 37, 39, 61
미산만익비(眉山萬翼碑) 213

미원장(米元章) 159
민(閩) 46, 97, 178
민산(岷山) 189

박간풍(舶趕風) 66
박종회(朴終回) 37, 61
박중알(朴重斡) 29, 31, 32
반검사(班劍司) 268
방촌역(房村驛) 207, 208
백낙천(白樂天) 157, 161, 178
백두산(白頭山) 124
백문공(白文公) 162
백하(白河) 247, 251, 286, 289, 337, 338
범려(范蠡) 170
변석산(邊石山) 29
변재(辨才) 159
별도포(別刀浦) 28, 29, 32
병방리(兵房吏) 164
보대교(寶帶橋) 173
보제교(普濟橋) 164, 165
복건(福建) 147, 156, 191, 281, 294, 332, 337
봉화현(奉化縣) 110, 113, 335, 337
부명동(夫命同) 37, 61
부양현(富陽縣) 136
부여(扶餘) 123
부영(傅榮) 164, 174
부차(夫差) 174, 197
북경(北京) 82, 87, 93, 94, 120, 142, 145, 146, 154, 164, 180, 187, 195, 198, 214, 216, 220, 224, 240, 241, 251, 255, 257, 281, 287, 302, 316, 324, 329, 333, 336, 337, 346
북고산(北固山) 188
비왜도지휘(備倭都指揮) 80
비왜파총관(備倭把摠官) 80
비자국(肥子國) 302
비주(邳州) 205-207
비주위지휘(邳州衛指揮) 207
비험소(批驗所) 75

사마온공(司馬溫公) 159
사명산(四明山) 112, 335
사수(泗水) 189, 197, 202, 206, 211, 212, 219, 224
사은사(謝恩使) 257, 265, 292
사자산(絲子山) 172
사촌하(謝村河) 165
산동(山東) 148, 160, 231, 236, 281, 342, 343
산서(山西) 148, 281
산양현치(山陽縣治) 200

산음(山陰) 132
산해관(山海關) 304, 305-308, 333, 334, 336, 340-342
산해진(山海鎭) 174
살수(薩水) 125, 126
삼각산(三角山) 124
삼결의묘(三結義廟) 204
삼한(三韓) 122, 167
삼현사(三賢祠) 162
상우강(上虞江) 116
상우현(上虞縣) 116, 133
상전포(尙田鋪) 110
상주(常州) 148
서거정(徐居正) 167, 168, 267
서문(胥門) 174, 251, 282, 299, 303, 305, 306, 320
서석두(西石頭) 161
서소강(西小江) 133
서주(徐州) 45, 202, 209-216, 308, 337, 340, 343
서하당(西河塘) 197
서호(西湖) 157, 160, 162
서호(胥湖) 175
서흥하(西興河) 135
석주산(石柱山) 87
석천부(石阡府) 168
섬계(剡溪) 133
섬라(暹羅) 46, 83, 148
섬서(陝西) 148, 281
성삼문(成三問) 137, 138
성희안(成希顔) 294
소공제(蘇公隄) 159, 160, 162
소근보(肖斤寶) 34, 37, 39, 47, 61
소동파(蘇東坡) 158-160, 161, 164
소문충공(蘇文忠公) 162
소산현(蕭山縣) 133-135
소양루(昭陽樓) 174
소유구국(小琉球國) 46
소주(蘇州) 147, 148, 173, 177, 178, 180, 231, 245, 264, 288
소현(蕭縣) 207, 212
소흥(紹興) 164, 174
소흥부(紹興府) 117, 132, 239, 245
속평강(速平江) 124
손권(孫權) 188, 204
손효자(孫孝子) 27, 36, 39, 45, 49, 50, 55, 62, 76, 92, 131, 263, 279
송강(松江) 172
송릉역(松陵驛) 172
송문위천호(松門衛千戶) 164
송진(宋眞) 36, 37, 61
송화강(松花江) 124

수덕도(愁德島) 33
수수현(秀水縣) 169
수장현(壽長縣) 228
수정공관(水亭公館) 163
수정사(水精寺) 28, 35
수차(水車) 244-246
수홍교(垂虹橋) 171
숙천현(宿遷縣) 205
순시해도부사(巡視海道副使) 119, 153
순안어사(巡按御史) 145
순안절강감찰어사(巡按浙江監察御史) 151, 152
숭덕하(崇德河) 166
숭덕현(崇德縣) 165, 166
승침하(丞沈河) 165
승현(嵊縣) 133
신라(新羅) 59, 122, 123, 125, 127, 176, 245
신숙주(申叔舟) 137, 138
신창현(新昌縣) 133
쌍계(雙溪) 110

악악왕(岳鄂王) 157
안덕교(安德橋) 170
안록산(安祿山) 290, 296
안산역(安山驛) 227, 320
안성사(安性寺) 75
안의(安義) 32, 33, 35-37, 41, 43-45, 58, 61-64, 67, 92, 131, 264
안찰사(按察司) 165, 230
안찰사부사(按察司副使) 145
안처량(安處良) 255, 258
안탕산(鴈蕩山) 87
압록강(鴨綠江) 124, 126, 128, 299, 330, 334-337, 341
앙천산(仰天山) 175
야선불화(也先不華) 222
야호(野湖) 170
양곡현(陽穀縣) 229
양달해(梁達海) 37, 61, 97
양승(楊昇) 164
양왕(楊旺) 145, 154, 163, 164, 178, 179, 191, 192, 198, 214, 225, 226, 251, 252, 257, 259-261, 339
양자강(洋子江) 87, 148, 156, 187, 189, 191, 197, 207, 214, 331, 339
양주부(揚州府) 87, 193, 196, 331, 332
양주위(揚州衛) 192, 201
양준(楊埈) 153, 318
양회운염사(兩淮運鹽司) 192
어양역(漁陽驛) 290, 292
엄주(嚴州) 164

여양(閭陽) 312, 333
여요강(餘姚江) 134
여요현(餘姚縣) 116, 133
여인국(女人國) 46
역전포(驛前鋪) 116
연금향(聯錦鄕) 116
연등절(燃燈節) 65
연북(燕北) 25, 324
연산관(連山關) 328, 337
연석산(硯石山) 171
연주(兗州) 45, 202
영암산(靈岩山) 171, 175
영원위성(寧遠衛城) 309
영은문(迎恩門) 169, 194, 302, 307, 309, 314, 326
영은암(迎恩菴) 172
영파부(寧波府) 51-53, 85, 86, 88, 111, 113, 119, 169, 234, 341,
영해현(寧海縣) 106, 107, 331, 337
예모문(譽髦門) 172
오강현(吳江縣) 169, 172, 337, 342
오강호(吳江湖) 170
오령묘(五靈廟) 116
오문원(吳文元) 119, 120, 151, 153
오산(吳山) 37, 156, 157, 331, 333
오순(吳純) 28
오오산(五塢山) 175
오월국(吳越國) 156
오자서(伍子胥) 173, 175
오현(吳縣) 174, 178
오호(五湖) 170, 177
옥전현(玉田縣) 296, 336
옥하관(玉河館) 251, 252, 255, 265, 267-269, 271, 276, 277, 279, 280
온주(溫州) 164
올량합(兀良哈) 266
올량합관(兀良哈館) 327
와룡산(臥龍山) 132
왕광(王匡) 96, 101, 104, 106
왕희지(王羲之) 132, 159
요강(姚江) 115, 331
요강역(姚江驛) 116
요고산(遼高山) 320
요동(遼東) 45, 123, 262, 277, 278, 299, 325-327, 334, 336, 337, 341, 343
요양역(遼陽驛) 320, 333
요하(遼河) 319, 329
용금문(涌金門) 160, 160
용왕묘(龍王廟) 166, 171, 225
〈우공(禹貢)〉 45,170, 189, 197, 202, 206, 209, 225, 226, 335
운봉문(雲鳳門) 163

울도(蔚島) 37
원소(袁韶) 160
월남(越南) 25, 324
월왕(越王) 132, 170
위만(衛滿) 122, 175
유관역(榆關驛) 304
유구(琉球) 148, 254
유성진(留城鎭) 213, 216
유택(柳澤) 88, 153
윤산호(尹山湖) 172
윤하(潤河) 186
은산(銀山) 189
은영문(恩榮門) 165, 172
은현(鄞縣) 113, 233
의오강(義烏江) 134
의주성(義州城) 330
이산(李山) 37, 61
이섬(李暹) 32, 59, 87, 194, 195, 276
이정(李楨) 27, 36, 39, 45, 55, 62, 67, 74, 78, 92, 131, 263, 279, 296
이효지(李孝枝) 36, 45, 57, 62, 74, 78, 92, 131, 264, 276
이효태(李孝台) 37, 61
인화현(仁和縣) 156
일기도(一岐島) 46
일본(日本) 16,46, 93, 148, 251, 293,
임산해(任山海) 37, 61
임안부(臨安府) 156
임진도(臨津渡) 125
임청현(臨淸縣) 231
임해현(臨海縣) 64, 97, 152
임화정(林和靖) 162

자계현(慈溪縣) 114, 115, 134
장경(張景) 136, 151, 153, 232, 278
장구성(張九成) 160
장근(張謹) 167
장녕(張寧) 143
장로포(長老鋪) 170
장백산(長白山) 124
장주현(長洲縣) 174, 178
적강(狄江) 330
전당(錢塘) 135, 160, 161, 164
전당현(錢塘縣) 156
전둔위(前屯衛) 307, 308
전부리(典簿吏) 164
전주(全州) 123
절강(浙江) 132, 134, 135, 164, 179, 191, 256, 257, 272, 281, 295, 315, 332, 337, 346
절강성(浙江省) 52
절강포정사(浙江布政司) 156, 260, 261

점성(占城) 46
점성국(占城國) 83, 147
정덕관(旌德觀) 160
정보(程保) 26, 30, 36, 39, 45, 50-56, 62-64, 73, 76, 81, 92, 101, 131, 146, 154, 155, 179, 183, 198, 213, 268, 272, 273, 275, 276, 279, 280, 316-318, 323, 328
정사서(鄭嗣瑞) 31
정실(鄭實) 37, 61
정양문(正陽門) 270, 282
정인지鄭麟趾) 137, 138
정전(鄭詮) 29
정해위(定海衛) 85, 151
정해현(定海縣) 134, 244
제기강(諸暨江) 134
제기현(諸暨縣) 134
제주(濟州) 25-28, 30, 33, 35-37, 43, 49, 59, 60, 64-66, 82, 83, 88, 92, 152, 194, 245, 261, 264
조선관(朝鮮館) 327
조조(曹操) 204, 250
조천관(朝天館) 28, 35
주객사(主客司) 280
주절문(駐節門) 172
지리산(智異山) 124
지자(智慈) 28
직방청리사(職方淸吏司) 254, 261, 277
진강부(鎭江府) 148, 186-189, 331
진고(秦高) 115
진교사(眞敎寺) 163
진대산(秦臺山) 175
진망산(秦望山) 112, 132, 133
진사문(進士門) 115, 172, 230, 233, 251, 289, 309, 310, 326
진사방(進士坊) 107, 163, 184, 314
진수태감(鎭守太監) 120, 131, 136, 153, 316
진시황(秦始皇) 161, 175
진택(震澤) 170
진훤(陳萱) 164, 166, 179, 198, 209, 213, 220, 221, 226, 234, 242, 249

창국위(昌國衛) 151
창주(滄州) 238
창형(暢亨) 151, 152
처주(處州) 164
천수사(天壽寺) 192
천장사(天章寺) 132
천진위(天津衛) 247, 249, 335
천태산(天台山) 87, 106, 112, 335
천평산(天平山) 175, 335

철원(鐵原) 123
청양역(淸陽驛) 230, 231
청주(靑州) 45
청파역(靑坡驛) 25
청하현(淸河縣) 203, 233, 257, 258
체운소(遞運所) 174, 185, 198, 199, 205, 212, 227, 238, 248, 251, 281, 300, 307, 320, 339
초란도(草蘭島) 33
총의원(摠宜園) 161
최각(崔角) 29, 31
최거이산(崔巨伊山) 27, 36, 39, 44, 45, 49, 50, 56, 61, 64, 76, 92 131
최근(崔根) 27, 29
최부(崔溥) 25, 27, 52, 72, 74, 85, 94, 102, 104, 107, 110, 138, 152-154, 246, 252, 256, 260-262, 270, 272, 275, 279, 290, 294, 324
최중중(崔仲衆) 31, 32
추응박(鄒應博) 173
추자도(楸子島) 33, 34, 194
축성문(祝聖門) 171

태산(泰山) 219
태자하(太子河) 319, 320, 328, 329, 337
태주(台州) 97, 133, 164, 346
태주부(台州府) 64, 67, 151
태호묘(太湖廟) 171
통사(通事) 83, 257, 258 262, 273, 278, 279, 288, 292, 323

팔반령(八盤嶺) 150
평망역(平望驛) 169
평망하(平望河) 169
평양(平壤) 121, 123, 176
포강(浦江) 134
포산(苞山) 170
풍교(楓橋) 177, 179
풍악루(豊樂樓) 160
풍윤현(豊潤縣) 299, 300, 336
풍황령(風篁嶺) 159

하영(何榮) 167, 168
하지장(賀知章) 112, 133
하진현(夏津縣) 233
한강(漢江) 125, 143
한노로(韓老老) 192
한매산(韓每山) 37, 39, 61
한수(漢水) 189
한신(韓信) 199
한양(漢陽) 123, 124
한퇴지(韓退之) 155

합려(闔閭) 173, 174
항주(杭州) 120, 131, 135, 136, 137, 142, 145, 147, 150, 154, 156, 159, 162, 163, 173, 178, 195, 200, 206, 231, 288, 331, 333
해남현(海南縣) 27
해문위(海門衛) 78, 152
해염현(海鹽縣) 144
해원문(解元門) 163
향적사(香積寺) 164
허상리(許尙理) 32, 34, 36, 39, 47, 58, 61, 62, 64, 74, 78, 92, 164, 276
허희(許熙) 27
현산(玄山) 37, 45, 39, 61, 74
혼동강(混同江) 124
홍려시(鴻臚寺) 252, 272, 275, 283
홍려하(鴻麗河) 165
화광사(華光寺) 164
황종(黃宗) 119, 151-153, 239
황화관(皇華館) 88
황화루(皇華樓) 174
《황화집(皇華集)》 143, 167
회계군(會稽郡) 132, 177, 189
회계산(會稽山) 112, 132, 335
회동관(會同館) 187, 251, 252, 257, 268, 277, 280, 288, 333
회수(淮水) 189, 197, 202, 203, 215, 216, 224
회안부(淮安府) 199, 200
회원문(會元門) 172
회음역(淮陰驛) 198, 199
회회국(回回國) 148
횡산(橫山) 171
후풍관(候風舘) 29
휴리성(携李城) 169
흑산도(黑山島) 35, 45, 64
흥교사(興教寺) 159
흥제현(興濟縣) 242

崔溥 漂海錄 譯註

초판 발행 2006년 1월 25일
초판 3쇄 2016년 4월 25일

옮긴이 朴元熇
펴낸곳 고려대학교출판문화원
www.kupress.com
kupress@korea.ac.kr
02841 서울특별시 성북구 안암로 145
02-3290-4230, 4232
Fax 923-6311
찍은곳 한국컴퓨터인쇄정보

ISBN 89-7641-570-1 93810
값 25,000원
* 잘못 만들어진 책은 바꿔드립니다.